… SCHWEIZERISCHES PRIVATRECHT

Schweizerisches Privatrecht

Herausgegeben von

ROLAND VON BÜREN – CHRISTINE CHAPPUIS – DANIEL GIRSBERGER –
ERNST A. KRAMER – THOMAS SUTTER-SOMM – PIERRE TERCIER –
WOLFGANG WIEGAND

Das «Schweizerische Privatrecht» wurde begründet von

MAX GUTZWILLER – HANS HINDERLING –
ARTHUR MEIER-HAYOZ – HANS MERZ

Frühere Herausgeber

CHRISTOPH VON GREYERZ – JACQUES-MICHEL GROSSEN –
ARTHUR MEIER-HAYOZ – PAUL PIOTET – ROGER SECRÉTAN –
WERNER VON STEIGER – FRANK VISCHER

Helbing Lichtenhahn Verlag

«Schweizerisches Privatrecht»
erscheint in französischer Sprache
unter dem Titel:

«Traité de droit privé suisse»

ZEHNTER BAND

Konsumentenschutz im Privatrecht

Herausgegeben von

ERNST A. KRAMER

Prof. Dr. iur. Dr. h.c.
Ordinarius für Privatrecht an der Universität Basel

Helbing Lichtenhahn Verlag

Bibliographische Information Der Deutschen Bibliothek
Die Deutsche Nationalbibliothek verzeichnet diese Publikation in der Deutschen Nationalbibliografie; detaillierte bibliografische Daten sind im Internet über http://dnb.d-nb.de abrufbar.

Alle Rechte vorbehalten. Dieses Werk ist weltweit urheberrechtlich geschützt. Insbesondere das Recht, das Werk mittels irgendeines Mediums (grafisch, technisch, elektronisch und/oder digital, einschliesslich Fotokopie und downloading) teilweise oder ganz zu vervielfältigen, vorzutragen, zu verbreiten, zu bearbeiten, zu übersetzen, zu übertragen oder zu speichern, liegt ausschliesslich beim Verlag. Jede Verwertung in den genannten oder in anderen als den gesetzlich zugelassenen Fällen bedarf deshalb der vorherigen schriftlichen Einwilligung des Verlags.

© 2008 by Helbing Lichtenhahn Verlag, Basel
IISBN 978-3-7190-2501-4 (Helbing & Lichtenhahn Verlag)
www.helbing.ch

Vorwort

Der sich seit den Sechziger Jahren des letzten Jahrhunderts weltweit entwickelnde rechtspolitische Gedanke eines spezifischen Schutzes der Letztverbraucher bezieht sich klarer Weise nicht auf das Privatrecht allein. «Massnahmen zum Schutz der Konsumentinnen und Konsumenten» sind gemäss Art. 97 Abs. 1 BV vom Bund integral in der ganzen schweizerischen Rechtsordnung zu setzen, also etwa auch im Verwaltungsrecht, Strafrecht, Prozessrecht und Wettbewerbsrecht. Dass die Anerkennung einer typischer Weise gegebenen strukturellen (wirtschaftlichen, informationellen, organisatorischen) Unterlegenheit des nicht professionell agierenden Konsumenten, konsequent zu Ende gedacht, auch dem Privatrecht (namentlich dem Vertrags- und Haftpflichtrecht) eine grundsätzlich neue Dimension zuwachsen liess, wurde in der Schweiz, wenn überhaupt, nur zögerlich zur Kenntnis genommen. Gesetzgeberische Interventionen, wie namentlich das BG vom 23.3.1962 über den Abzahlungs- und Vorauszahlungsvertrag, wurden als punktuelle Korrekturen mit dem eher pragmatisch begründeten Ziel eines «verstärkten Sozialschutzes» interpretiert, waren aber nur vereinzelt Anlass zu einem prinzipiellen Überdenken des «inneren Systems» des schweizerischen Privatrechts. Dessen «Philosophie» wurde weiterhin – trotz des 1981 in die Verfassung (Art. 31^{sexies} aBV) aufgenommenen Konsumentenschutzartikels – vom Primat der Handels- und Gewerbefreiheit geprägt.

Diese Zurückhaltung wirkt bis heute nach. Zwar hat der schweizerische Gesetzgeber im Anschluss an die gescheiterte EWR-Abstimmung (6.12.1992) eine ganze Reihe europarechtlicher Richtlinien zum Konsumentenschutz «autonom nachvollzogen», in zentralen Fragen ist das schweizerische Privatrecht aber seither wieder hinter den europäischen Standard zurückgefallen, weil die Sorge, neue Normen würden zu einer «Bevormundung» des «mündigen» Konsumenten führen und den liberalen Wirtschaftsplatz Schweiz beeinträchtigen, heute ganz im Vordergrund steht (vgl. die Medienmitteilung des Bundesrats vom 9.11.2005 [zitiert bei KOLLER-TUMLER, in diesem Band, S. 49]). So fehlt – dies ist das gravierendste Defizit – in der Schweiz immer noch eine klare gesetzliche Grundlage für eine verschärfte Inhaltskontrolle von Allgemeinen Geschäftsbedingungen, so wie sie in der EU in Gestalt der Klauselrichtlinie von 1993 vorgesehen ist und in unseren Nachbarländern Deutschland und Österreich bereits seit 1976 bzw. 1979 gesetzlich verankert war. Dass sich das Bundesgericht angesichts dieser Abstinenz des Gesetzgebers – trotz verheissungsvoller Programmatik in BGE 123 III 292 (297f.) – im Ergebnis weiterhin in Zurückhaltung übt, erscheint nicht unverständlich. Auch die Fernabsatzrichtlinie von 1997 und die Verbraucherkaufrichtlinie von 1999 haben bis jetzt keine Spuren im schweizerischen Privatrecht hinterlassen; die Vernehmlassungsvorlage zu einem BG über den elektronischen Geschäftsverkehr (Teilrevision des Obligationenrechts und des Bundesgesetzes gegen den unlauteren Wettbewerb) vom Januar 2001, in welcher neben den im Titel des geplanten BG ange-

Vorwort

sprochenen Materien auch wichtige allgemeine kaufrechtliche Teilrevisionen «versteckt» waren, wurde vom Bundesrat im November 2005 fallen gelassen.

Bei allem Bedauern über konsumentenschutzrechtliche Defizite des schweizerischen Privatrechts sollte das Erreichte in seiner Bedeutung nicht heruntergespielt werden. Diesen «acquis hélvétique» nach einer grundsätzlichen theoretischen Einleitung in seinen wichtigsten Ausformungen zusammenfassend zu präsentieren, ist das primäre Anliegen des vorliegenden Bandes. «SPR» dokumentiert dadurch sinnfällig, dass sich der Gedanke eines spezifischen privatrechtlichen Schutzes der Konsumentinnen und der Konsumenten inzwischen tatsächlich zu einer neuen Dimension des schweizerischen Privatrechts entwickelt hat. Eine Reihe von Überlegungen *de lege ferenda* mag gleichzeitig Ansporn sein, beim bisher Erreichten nicht stehen zu bleiben.

Überlegungen *de lege ferenda*: Damit ist gleichzeitig gesagt, dass der vorliegende Band in mancherlei Aussage nicht *sine ira et studio* verfasst ist. Hintergrund dieses rechtspolitischen Engagements ist jeweils der Verfassungsauftrag des Art. 97 Abs. 1 BV sowie der in der EU erreichte Schutzstandard, der freilich keineswegs als sakrosankt empfunden werden sollte.

Der Verfasserin und den Verfassern der einzelnen Abschnitte, Frau MARLIS KOLLER-TUMLER und den Herren ALEXANDER BRUNNER, SÉBASTIEN CHAULMONTET, BERND STAUDER und FRANZ WERRO, sei herzlich für ihre Beiträge gedankt; einigen Verfassern auch noch ganz besonders für ihre Geduld, die sie nach Ablieferung ihrer Beiträge bis zur jetzt erfolgten Drucklegung unter Beweis gestellt haben.

Basel, im Frühling 2008   ERNST A. KRAMER

Inhaltsübersicht

1. Teil:
Einführung in die Grundlagen des privatrechtlichen Konsumentenschutzes 1

MARLIS KOLLER-TUMLER

2. Teil:
Der vertragliche Konsumentenschutz 109

1. Kapitel: Allgemeine Geschäftsbedingungen 111

ALEXANDER BRUNNER

2. Kapitel: Haustürgeschäfte 197

ALEXANDER BRUNNER

3. Kapitel: Konsumkreditrecht 217

BERND STAUDER

4. Kapitel: Reiserecht 291

BERND STAUDER

3. Teil:
Produktehaftpflicht 409

FRANZ WERRO/SÉBASTIEN CHAULMONTET

Inhaltsverzeichnis

Vorwort VII
Abkürzungsverzeichnis XXV
Allgemeine Literatur und Materialien XXXV

1. Teil: Einführung in die Grundlagen des privatrechtlichen Konsumentenschutzes 1
MARLIS KOLLER-TUMLER

A. Einleitung 11

B. Die unterschiedlichen Konsumentenschutzkonzepte 13
    I. Formal-abstrakte Gleichheit als Ausgangspunkt 13
    II. Marktkomplementäre Information 14
    III. Marktkompensatorischer Sozialschutz 14
    IV. Gestuftes Kompensationsmodell zur Korrektur von Marktversagen 15
    V. Fazit 15

C. Die Entwicklung des Konsumentenrechts in der EU 16
    I. Übersicht und Rechtsgrundlage 16
        1. Verbraucherpolitik 17
        2. Der Grundsatz der Subsidiarität 18
    II. Nützliche Fundstellen zum Europäischen Verbraucherrecht 19
    III. Verbraucherschutzrichtlinien im Spannungsfeld zwischen Mindest- und Vollharmonisierung 19
    IV. Überprüfung und Angleichung des gemeinschaftlichen Besitzstandes im Konsumentenschutz 23
    V. Vom passiven zum aktiven Verbraucher 27
    VI. Ein Schritt hin zu einem Europäischen Vertragsrecht? 28

D. Die Entwicklung des Konsumentenrechts in der Schweiz 32
    I. Konsumentenschutzgebot mit Verfassungsrang 32
        1. Die Verfassungsnorm von 1981 32
        2. Die Revision von 1999 34

Inhaltsverzeichnis

    3. Verfassungsmässiges Gebot zur Austarierung von
       Ungleichgewichtslagen 35
  II. Die Entwicklung der Gesetzgebung zwischen 1981 und 1992 36
    1. UWG 36
    2. IPRG 37
       a) Schutz berechtigter Erwartungen des Konsumenten 39
       b) Annäherung durch Rom I? 40
    3. KIG 42
  III. Von Eurolex zu Swisslex 43
  IV. Gescheiterte Gesetzesvorlagen oder: Swisslex und nicht weiter? . . . 45
    1. Das geplante Bundesgesetz über den elektronischen
       Geschäftsverkehr 45
    2. Das geplante Bundesgesetz über Teilzeitnutzungsrechte an
       Immobilien 51
  V. Das Ende des «autonomen Nachvollzugs» europäischen Rechts? . . 53
  VI. Ausdehnung des Konsumentenschutzes mittels Auslegung autonom
    nachvollzogenen Rechts? 54

E. Konsumentenvertragsrecht 56

  I. Anbieter und Konsument als Rechtsfiguren 56
    1. Umschreibung von Verbraucher und Unternehmer in den
       EU-Richtlinien 57
    2. Konsument und Anbieter in schweizerischen Rechtsnormen . . . 57
    3. Verbraucher und Unternehmerbegriff im Recht unserer
       Nachbarländer 58
    4. Gemeinsamer Kerngehalt 59
  II. Der Konsumentenvertrag als Basisvertrag 61
    1. Abstellen auf den Vertragszweck 62
       a) Engerer oder weiterer Schutzbereich möglich 63
       b) Weiter Vertragszweck im Lugano-Übereinkommen 64
       c) Engerer Vertragszweck im Gerichtsstandsgesetz 64
       d) Konsequenzen für die Rechtsanwendung 65
    2. Erkennbarkeit des Zwecks 70
    3. Beschränkung des Schutzes auf privat Handelnde 72
  III. Vertragsrechtliche Kompensationsinstrumente 74
    1. Informationspflichten 75
       a) Markttransparenz und Kosteneffizienz 76
       b) Grenzen von Informationspflichten 76
       c) Sanktionen 78
    2. Formvorschriften 79
    3. Widerrufsrechte 82
       a) Das «pacta sunt servanda»-Argument 83

            b) Die verschiedenen Widerrufsrechte 84
            c) Folgen der Ausübung des Widerrufsrechts 85
            d) Die Weiterentwicklung in der EU und in der Schweiz 86
        4. Beweiserleichterungen 87
        5. Halbzwingende Normen 88
        6. Inhaltskontrolle von Allgemeinen Geschäftsbedingungen 88

F. **Exkurs: Prozessualer Konsumentenschutz – neue schweizerische ZPO** . 89
    I. Zugang zum Recht 89
    II. Massnahmen in der EU 90
    III. Heutige Rechtslage in der Schweiz 92
    IV. Die Schweizerische Zivilprozessordnung 93
        1. Schlichten vor Richten 93
        2. Mediation 95
        3. Urteilsvorschlag und Entscheid durch die Schlichtungsbehörde . 95
        4. Vereinfachtes Verfahren 96

G. **Anhang** 98
    1. Elektronischer Geschäftsverkehr 98
    2. Timesharing 104

2. Teil: Der vertragliche Konsumentenschutz 109

1. Kapitel: Allgemeine Geschäftsbedingungen 111
ALEXANDER BRUNNER

A. **Einleitung** 118

B. **Grundlagen** 119
    I. Handelsrecht (Unternehmens-AGB) 119
    II. Konsumrecht (Konsumenten-AGB) 122

C. **Präventive Kontrolle der AGB** 124
    I. Präventive Verwaltungskontrolle der AGB (VAG) 124
        1. Abstrakte AGB-Kontrolle nach VAG 124

Inhaltsverzeichnis

	2. Deregulierung des VAG	124
	3. Ergebnis	126
II.	Konsumenteninformationsrecht (KIG)	127
	1. Konditionen-Wettbewerb nach KIG	127
	2. AGB-Kollektivverträge nach KIG	128
	3. Ergebnis	128

D. Wettbewerbsrechtliche Kontrolle der AGB 130

    I. Kartellrecht (KG) 130
        1. Abstrakte AGB-Kontrolle nach KG 130
        2. Zur aktuellen Praxis der AGB-Kontrolle nach KG 131
        3. Ergebnis 132
    II. Lauterkeitsrecht (UWG) 132
        1. Abstrakte AGB-Kontrolle nach UWG 132
        2. Zur aktuellen Praxis der AGB-Kontrolle nach UWG 134
        3. Ergebnis 134

E. Vertragsrechtliche Kontrolle der AGB 135

    I. Abschlusskontrolle der AGB 135
        1. Konkrete AGB-Kontrolle des Vertragsabschlusses 135
        2. Auslegungsgrundsatz (Vertrauensprinzip) 136
        3. Unklarheitsregel (Erklärungswille) 138
        4. Ungewöhnlichkeitsregel (Geschäftswille) 139
        5. Ergebnis 141
    II. Inhaltskontrolle der AGB 142
        1. Konkrete AGB-Kontrolle des Vertragsinhalts 142
        2. Indirekte Inhaltskontrolle (Vertrauensprinzip) 142
        3. Direkte Inhaltskontrolle (Gesetzesrecht) 143
        4. Ergebnis 146

F. Dokumentation der Gesetzgebungsvorstösse zu den AGB 147

    I. Jüngere Vorstösse im Parlament zu den AGB 147
        1. Motion Leemann 1994 147
        2. Parlamentarische Initiative Sommaruga 2002 150
        3. Motion Leuthard 2003 154
        4. Parlamentarische Initiative Sommaruga 2006 155
    II. Aktuelle Empfehlungen von Expertenkommissionen zu den AGB . 156
        1. Empfehlung der Eidgenössischen Kommission für Konsumentenfragen (EKK) betreffend Allgemeine Geschäftsbedingungen vom 12. Juni 1997 156

2. Empfehlung der Eidgenössischen Kommission für Konsumentenfragen (EKK) betreffend Allgemeine Geschäftsbedingungen vom 3. Juni 2003 160
   3. Expertenentwurf Brunner/Rehbinder/Stauder – VE-KSchG 2003 172
   4. Vorentwurf Expertenkommission Totalrevision VVG 2006 179
  III. Vorlage zur Vernehmlassung Teilrevision KIG – Entwurf vom 14. Juli 2005 180
   1. Entwurf vom 14. Juli 2005 zur Änderung des Obligationenrechts 180
   2. Begründung des Entwurfs vom 14. Juli 2005 (Auszug aus den Erläuterungen)..................................... 182
   3. Ablehnung durch den Bundesrat am 21. Dezember 2005 187

G. AGB und Europarecht 188
   I. Zur Frage der Europaverträglichkeit des Schweizer Rechts 188
   II. EU-Richtlinie über missbräuchliche Vertragsklauseln 1993 189

2. Kapitel: Haustürgeschäfte 197
ALEXANDER BRUNNER

A. Systematische Einordnung von Art. 40aff. OR 201
   I. Allgemeines Privatrecht 201
   II. Sonderprivatrecht (Konsumrecht) 202
   1. Unternehmen (Anbieter)............................... 202
   2. Privathaushalte (Konsumenten) 202
   III. Geltungsbereich des Sonderprivatrechts 203

B. Modalitäten des Vertragsabschlusses mit Konsumenten 203
   I. Klassischer Vertragskonsens (Art. 1 OR) 203
   1. Antrag 203
   2. Annahme 204
   3. Konsens der Parteien und Vertragsgeltung 204
   II. Strukturelle Probleme vorvertraglichen Verhaltens im Konsumrecht 205
   1. Besonderes Anbieterverhalten 205
   2. Besonderes Konsumentenverhalten 207
   3. Ausgleich struktureller Problemlagen 208

C. Gesetzliche Regelungen der strukturellen Problemlagen 209

    I. Anbieterverhalten des Reisendengewerbes im öffentlichen Recht .. 209
    II. Aggressive Verkaufsmethoden im Lauterkeitsrecht 210
    III. Widerrufsrecht im Allgemeinen Teil des Obligationenrechts 210
    IV. Widerrufsrecht im besonderen Konsumvertragsrecht 212

D. Rechtsfolgen des Widerrufsrechts 214

    I. Rechtsfolgen für die Vertragsgeltung 214
        1. Widerruf der Willenserklärung des Konsumenten 214
        2. Widerrufsrecht und Nichtigkeit des Konsumvertrags 214
        3. Widerrufsrecht und Anfechtbarkeit des Konsumvertrags 215
    II. Rechtsfolgen für bereits erbrachte Leistungen und Gegenleistungen 215

3. Kapitel: Konsumkreditrecht 217
BERND STAUDER

A. Grundlagen 224

    I. Geschichte 224
    II. Zielsetzung 227
        1. Rechtsvereinheitlichung 227
        2. Sozialschutz 229
    III. Auslegung 230
        1. Verfassungskonforme Auslegung 230
        2. Richtlinienkonforme Auslegung 231

B. Anwendungsbereich 231

    I. Persönlicher Anwendungsbereich 232
        1. Kreditgeber 232
        2. Konsument 233
    II. Sachlicher Anwendungsbereich 233
        1. Konsumkredit 234
            a) Kredit 234
            b) Formen 234
        2. Sonderregelungen 236
            a) Leasing 237
            b) Kredit- und Kundenkarten 239
            c) Überziehungskredit 240

Inhaltsverzeichnis

3. Grenzen des Anwendungsbereichs	240
a) Bereichsausnahmen	241
aa) Gratiskredite	241
bb) Bagatell- und Grosskredite	241
cc) Kurzfristige Kredite	242
dd) Grundpfandgesicherte Kredite	242
ee) Durch Sicherheiten gedeckte Kredite	242
ff) Dienstleistungen von Versorgungsbetrieben	243
b) Eingeschränkte Anwendung des KKG	244
aa) Leasing	244
bb) Kredit- und Kundenkarten; Überziehungskredite	244
III. «Annexe» Verträge	244
1. Kreditvermittlung	244
2. Sicherungsverträge	246
3. Schuldenregulierungsverträge	247

C. System der Überschuldungsprävention   248

I. Grundlagen und Grenzen des präventiven Ansatzes	249
II. Kreditfähigkeitsprüfung	250
1. Unterstellte Kredite	250
2. Prüfungskriterien	251
a) Grundlagen	251
b) Grundmodell	252
aa) Relevantes Einkommen	253
bb) Fiktive Amortisationsdauer	255
c) Sondermodelle	255
d) Transparenz der Prüfungskriterien	257
III. Modalitäten der Kreditfähigkeitsprüfung	257
IV. Sanktionen	259

D. Schutz der Vertragsentschliessungsfreiheit des Konsumenten   262

I. Konsumkreditwerbung	262
II. Gültigkeitserfordernisse des Vertrags	263
1. Form	263
2. Inhaltsanforderungen	264
3. Zustimmungserfordernisse	267
4. Sanktionen	267
a) Nichtigkeitsfolgen bei Konsumkrediten (ausser Leasingverträgen)	268
b) Nichtigkeitsfolgen bei Leasingverträgen	269

III.	Widerrufsrecht	270
	1. Voraussetzungen und Ausübungsmodalitäten	270
	2. Rechtsfolgen	271

E. Schutz bei Vertragsabwicklung 273

I.	Höchstzinssatz	273
II.	Verteidigungsrechte des Konsumenten in Dreiecksverhältnissen	276
	1. Einredenerhalt bei Zession	276
	2. Einwendungsdurchgriff	277
	3. Wechsel- und Checkverbot	281
III.	Recht auf vorzeitige Rückzahlung	282
	1. Grundsätze	282
	2. Kündigungsrecht bei Leasingverträgen	283
IV.	Verzug des Konsumenten bei der Rückzahlung des Kredits	284

F. Ausblick 286

4. Kapitel: Reiserecht 291
BERND STAUDER

A. Grundlagen des Reiserechts 300

I.	Erscheinungsformen	300
II.	Rechtsquellen	301

B. Pauschalreiserecht 303

I.	Grundlagen	303
	1. Zielsetzung	303
	2. Geltende Vorschriften	304
	3. Auslegung	304
	4. Verfahren	306
	5. Internationales Privatrecht	307
	a) Gerichtsstand	307
	b) Anwendbares Recht	308
II.	Anwendungsbereich	309
	1. Sachlicher Anwendungsbereich	309
	a) Angebot von mindestens zwei touristischen Hauptleistungen	309

b) Im Voraus festgelegte Verbindung	310
c) Gesamtpreis	312
2. Persönlicher Anwendungsbereich	312
a) Veranstalter	313
b) Konsument	314
3. Einschränkungen	314
a) Sachlicher Anwendungsbereich	314
b) Persönlicher Anwendungsbereich	315
c) Anwendbare Vorschriften	315
III. Konsumenteninformation und Vertragsschluss	316
1. Vorvertragliche Information	317
a) Werbung	317
aa) Mindestinhalt	317
bb) Verbindlichkeit der Prospektangaben	319
b) Informationen vor Vertragsschluss	319
aa) Vertragsbedingungen	320
bb) Reiseformalitäten	321
cc) Identität des Luftfahrtunternehmens	321
dd) Weitere Informationspflichten	322
2. Vertragsschluss	323
a) Einbeziehung von ARB	323
b) Ausnahmen	324
aa) Telefonbuchung	325
bb) Buchung am Flughafen	325
cc) Internetbuchung	325
3. Vertragliche Information	326
a) Reisebestätigung	326
b) Information vor Reisebeginn	328
IV. Vertragsrechtliche Schutzbestimmungen	329
1. Vertragsänderungen vor Reiseantritt	330
a) Stellung eines Ersatzreisenden	330
aa) Voraussetzungen	330
bb) Rechtsfolgen	331
b) Wesentliche Vertragsänderung	332
aa) Preiserhöhung	332
bb) Sonstige Vertragsänderungen	334
cc) Wahlrechte des Konsumenten	336
aaa) Information des Konsumenten	336
bbb) Annahme der Vertragsveränderung	337
ccc) Rücktritt und Teilnahme an einer Ersatzreise	337
dd) Schadenersatz wegen Nichterfüllung	339
c) Annullierung der Pauschalreise	339
aa) Annullierung durch den Veranstalter	339
bb) Annullierung durch den Konsumenten	342

Inhaltsverzeichnis

2. Gewährleistung für Reisemängel	343
a) Begriff des Reisemangels	343
b) Beanstandungsobliegenheit	345
c) Gewährleistungsrechte	347
aa) Fortsetzung der Reise	348
aaa) Ersatzmassnahmen	348
bbb) Selbstabhilfe	349
ccc) Preisminderung	350
bb) Kündigung der Reise	351
aaa) Voraussetzungen	352
bbb) Rechtsfolgen	353
d) Verjährung	354
3. Haftung für Schadenersatz	354
a) Voraussetzungen	355
aa) Vertragsverletzung	356
bb) Verantwortlichkeit	356
aaa) Einstandspflicht für Verhalten der Leistungsträger	356
bbb) Kausalhaftung	357
cc) Schaden	358
aaa) Materieller Schaden	358
bbb) Seelische Unbill	359
ccc) Andere Schäden	359
ddd) Entgangene Urlaubsfreude	360
dd) Kausalität	362
aaa) Allgemeines Lebensrisiko	362
bbb) Versäumnisse des Kunden	362
b) Grenzen der Haftung	363
aa) Haftungsentlastung	363
aaa) Verhalten unbeteiligter Dritter	364
bbb) Höhere Gewalt, nicht vorhersehbare oder nicht abwendbare Ereignisse	365
ccc) Beistandspflicht des Veranstalters	365
bb) Haftungseinschränkungen	366
aaa) Internationale Übereinkommen	366
bbb) Vertragliche Regelungen	368
c) Beanstandungsobliegenheit, Reklamationsfrist, Verjährung	369
V. Insolvenzschutz	369
1. Gesetzliche Regelung	370
a) Grundlagen	371
b) Voraussetzungen	372
c) Inhalt	372
aa) Erstattung bezahlter Beträge	373

Inhaltsverzeichnis

	bb) Rückreise	374
	d) Nachweis der Insolvenzabsicherung	376
	2. Praxis der Insolvenzabsicherung	377

C. Reisevermittlung 378

    I. Grundlagen 379
        1. Formen des Vertriebs von Reiseleistungen 379
        2. Rechtliche Qualifizierung der Vermittlung von Reisedienstleistungen 380
            a) Abgrenzung Reisevermittlungs-/Pauschalreisevertrag 380
            b) Reisevermittlung als Auftrag 381
    II. Vermittlung von Pauschalreisen 382
        1. Handeln des Reisebüros für den Reiseveranstalter 383
        2. Interessenwahrungspflichten gegenüber dem Kunden 384
            a) Beratungspflichten 385
            b) Informationspflichten 386
            c) Sonstige Interessenwahrungspflichten 387
    III. Vermittlung einzelner Reiseleistungen 389
        1. Preisangabe bei Individualreisen 389
        2. Interessenwahrungspflichten 390
            a) Beratungspflichten 391
            b) Informationspflichten 392
            c) Sonstige Interessenwahrungspflichten 393
    IV. Verantwortlichkeit 394

D. Überbuchung, Annullierung oder Verspätung von Flügen 395

    I. Anwendungsbereich 395
        1. Sachlicher Anwendungsbereich 395
        2. Persönlicher Anwendungsbereich 396
    II. Voraussetzungen der Ausgleichs-, Unterstützungs- und Betreuungsleistungen 397
        1. Nichtbeförderung 397
        2. Annullierung und Verspätung von Flügen 398
    III. Die Leistungspflichten des ausführenden Luftfahrtunternehmens . 399
        1. Betreuungsleistungen 400
        2. Unterstützungsleistungen 400
            a) Bei Nichtbeförderung und Annullierung 400
            b) Bei Verspätung 401
        3. Ausgleichsleistungen 402
            a) Rechtsnatur und Höhe des Ausgleichsanspruchs 402

	b) Besonderheiten bei freiwilligem Verzicht auf die Beförderung	403
	c) Entlastungsmöglichkeiten bei Annullierung des Fluges	403
	aa) Rechtzeitige Information	403
	bb) Aussergewöhnliche unvermeidbare Umstände	404
IV.	Konkurrenzen	405
	1. Montrealer Übereinkommen	405
	2. Pauschalreiserecht	406

3. Teil: Produktehaftpflicht 409

FRANZ WERRO/SÉBASTIEN CHAULMONTET

A. Einleitung 414

B. Voraussetzungen der Haftung 416

- I. Allgemeine Voraussetzungen 416
  - 1. Ersatzfähige Schäden nach PrHG 416
    - a) Personenschaden 416
    - b) Sachschaden 416
  - 2. Immaterielle Unbill 418
- II. Spezifische Voraussetzungen 419
  - 1. Herstellerin 419
    - a) Tatsächliche Herstellerin 420
    - b) Quasiherstellerin 420
    - c) Importeur 420
    - d) Subsidiäre Haftung des Lieferanten 421
  - 2. Produkt 422
    - a) Produktbegriff 422
    - b) Grenzfälle 424
  - 3. Fehler 425
    - a) Begriff des fehlerhaften Produkts 426
- III. Verschiedene Fehlertypen 428
  - 1. Fabrikationsfehler 428
  - 2. Konstruktionsfehler 429
  - 3. Instruktionsfehler 430
  - 4. Beurteilung des Fehlers 431
    - a) Allgemeines 431
    - b) Beurteilung des Fabrikationsfehlers 431
    - c) Beurteilung des Konstruktionsfehlers 433
      - aa) Fiktive Definition der Sicherheit 433
      - bb) Grenzen des Consumer Expectation Test 434

		aaa) Offensichtlich gefährliche Produkte	434
		bbb) Fehlen berechtigter Sicherheitserwartungen	435
	cc)	Risk-Utility Test	436

C. **Verteidigungsmittel der Herstellerin** 438

    I. Entlastungsgründe nach Art. 5 PrHG 438
        1. Fehlendes Inverkehrbringen 439
        2. Kein Fehler zum Zeitpunkt des Inverkehrbringens 442
        3. Herstellung zu privaten Zwecken 443
        4. Herstellung des Produkts nach verbindlichen, hoheitlich
           erlassenen Vorschriften 444
        5. Ausschluss von Entwicklungsrisiken 444
           a) Zeitpunkt der Erkennbarkeit des Entwicklungsfehlers 446
           b) Ermittlung des Stands von Wissenschaft und Technik 446
           c) Kenntnisstand und Sorgfaltspflicht der Herstellerin 448
        6. Entlastungsbeweis der Herstellerin eines Grundstoffes oder
           eines Teilprodukts 449
    II. Haftungsausschluss oder -reduktion bei Verschulden des
       Geschädigten 450

D. **Verbot der Haftungsbeschränkung** 452

E. **Verjährung und Verwirkung** 453

F. **Konkurrenzen** 454

    I. Allgemeine deliktische Haftung und Haftung nach PrHG 454
    II. Vertragliche und deliktische Haftung 457

G. **Solidarhaftung** 458

    I. Haftung im Aussenverhältnis 459
    II. Haftung im Innenverhältnis 460

Stichwortverzeichnis 463

Abkürzungsverzeichnis

a(.)	alt
A. = Aufl.	Auflage
a.A. = A.A.	anderer Ansicht
a.a.O.	am angeführten Ort
AB	Amtliches Bulletin der Bundesversammlung
ABl.	Amtsblatt der EG/EU
ABl. C	Amtsblatt der EG/EU (C Mitteilungen und Bekanntmachungen)
ABl. L	Amtsblatt der EG/EU (L Rechtsvorschriften)
ABl.EG	Amtsblatt der EG
Abs.	Absatz
aBV	alte Bundesverfassung vom 29.5.1874 (BS 1 3)
AcP	Archiv für die civilistische Praxis (Deutschland)
AG	1. (deutsches) Amtsgericht
	2. Die Aktiengesellschaft (Deutschland)
	3. Aargau
AGB	Allgemeine Geschäftsbedingungen
AGBG	Gesetz zur Regelung des Rechts der Allgemeinen Geschäftsbedingungen vom 9.12.1976 (Deutschland)
AGB-Gesetz	Gesetz über die Allgemeinen Geschäftsbedingungen (allgemein)
AGVE	Aargauische Gerichts- und Verwaltungspraxis
AHV	Alters- und Hinterlassenenversicherung
AJP	Aktuelle Juristische Praxis
Alt.	Alternative
a.M.	anderer Meinung
AmtGer	Amtsgericht
AmtlBull.	Amtliches Bulletin der Bundesversammlung
Anm.	Anmerkung
AppGer.	Appellationsgericht
ARB	Allgemeine Reisebedingungen
art.	article(s)
Art.	Artikel
ARV	Amt für Raumordnung und Vermessung (Zürich)
AS	Amtliche Sammlung der Bundesgesetze und Verordnungen
ASDA = SVLR	Association suisse de droit aérien
AT	Allgemeiner Teil
ATF = BGE	Recueil officiel des arrêts du Tribunal fédéral suisse
Aufl. = A.	Auflage
AVB	Allgemeine Versicherungsbedingungen

Abkürzungsverzeichnis

AVE	Allgemeinverbindlicherklärung
Az.	Aktenzeichen
B2B	Business to Business
B2C	Business to Consumer
BAZL	Bundesamt für Zivilluftfahrt
BBl	Bundesblatt
BBT	Berner Bankrechtstag
Bd.	Band
BE	Bern
betr.	betreffend
BezGer	Bezirksgericht
BG	Bundesgesetz
BGB	Bürgerliches Gesetzbuch vom 18.8.1896 in der Fassung der Bekanntmachung vom 2. Januar 2002 (Deutschland)
BGB-InfoV	Verordnung über Informationspflichten nach Bürgerlichem Recht, Abdruck in BGBl. 2002 I Nr. 2 vom 8.1.2002, letzte Änderung am 28.3.2002 in BGBl. 2002 I Nr. 20 vom 26.3.2002.
BGBl	(öst.) Bundesgesetzblatt
BGBl.	(deutsches) Bundesgesetzblatt
BGBM	BG vom 6.10.1995 über den Binnenmarkt, SR 943.02
BGE	Amtliche Sammlung der Entscheidungen des Schweizerischen Bundesgerichtes
BGer	Bundesgericht
BGG	BG vom 17.6.2005 über das Bundesgericht (Bundesgerichtsgesetz; SR 173.110)
BGH	Bundesgerichtshof (Deutschland)
BGHZ	Entscheidungen des Bundesgerichtshofes in Zivilsachen (Deutschland)
BIGA	Bundesamt für Industrie, Gewerbe und Arbeit
BJ	Bundesamt für Justiz
BJM	Basler Juristische Mitteilungen
BK	Berner Kommentar
BL	Basel Landschaft
BR	Bundesrat
BR = DC	Baurecht
BS	Basel-Stadt
BS	Bereinigte Sammlung der Bundesgesetze und Verordnungen 1848–1947
BSE	Bovinen Spongiformen Enzephalopathie
BSK	Basler Kommentar zum Schweizerischen Privatrecht
bspw.	beispielsweise
Bst.	Buchstabe
BT	Besonderer Teil

Abkürzungsverzeichnis

BT-Drucks.	Drucksache des Deutschen Bundestages
BV	Bundesverfassung der Schweizerischen Eidgenossenschaft vom 18.4.1999, SR 101
BVerfG	Bundesverfassungsgericht (Deutschland)
BVerfGE	Entscheidungen des Bundesverfassungsgerichts (Deutschland)
bzw.	beziehungsweise
c.	contra/contre
ca.	circa
Cal. App.	California Appellate Reports
Cal. Rptr.	California Reporter
CE = EG	Communauté européenne
CCR = CFR = GRR	Cadre Commun de Référence
CFR = GRR = CCR	Common Frame of Reference
ch	schweizerisch
CISG	Convention on Contracts for the International Sale of Goods
CJ	Cour de justice
CJCE = EuGH	Cour de Justice des Communautés européennes
CO = OR	1. Code des obligations du 30.3.1911, RS 220 2. Consumer Ombudsman
Corp.	Corporation
CR	Commentaire romand
d(.)	deutscher/s
D.	Recueil Dalloz (France)
DC = BR	Droit de la construction
ders.	derselbe
DGfR	Deutsche Gesellschaft für Reiserecht
dgl.	der(die/das)gleiche
d.h.	das heisst
dies.	dieselbe(n)
Diss.	Dissertation
E	Entwurf
E.	Erwägung
E-	Electronic
EC	European Community
ECLJ	European Consumer Law Journal
EDA	Eidg. Departement für auswärtige Angelegenheiten
EEE = EWR	Espace économique européen
EFTA	European Free Trade Association
EG	Einführungsgesetz
EG = CE	Europäische Gemeinschaft
EGBGB	Einführungsgesetz zum Bürgerlichen Gesetzbuch vom 18.8.1896 (Deutschland)

Abkürzungsverzeichnis

EGV	Vertrag zur Gründung der Europäischen Gemeinschaft vom 25.3.1957 (seit der Änderung durch den Vertrag über die Europäische Union vom 7.2.1992)
eidg./Eidg.	eidgenössisch
EG ZSJ/BE	Bernisches Einführungsgesetz zur schweizerischen Zivlprozess-, Strafprozess- und Jugenstrafprozessordnung
EJPD	Eidg. Justiz- und Polizeidepartement
EKK	Eidg. Kommission für Konsumentenfragen
E-KKG	Entwurf eines Gesetzes über den Konsumkredit vom 24.12.1998
E.L.Rev	European Law Review
endg.	endgültig
E-OR	Entwurf zur Änderung von Vorschriften des Obligationenrechts (vgl. ZertES)
et al.	et alii
etc.	et cetera
EU	Europäische Union
EuGH	Europäischer Gerichtshof/Gerichtshof der Europäischen Gemeinschaften
EuGVO = EuGVVO	Verordnung (EG) Nr. 44/2001 des Rates vom 22. Dezember 2000 über die gerichtliche Zuständigkeit und die Anerkennung und Vollstreckung von Entscheidungen in Zivil- und Handelssachen, ABl. EG Nr. L 12/1 vom 16.1.2001
EuGVÜ	(Brüsseler) Übereinkommen über die gerichtliche Zuständigkeit und die Vollstreckung gerichtlicher Entscheidungen in Zivil- und Handelssachen vom 27.9.1968
EU-RL	EU-Richtlinie
EuZW	Europäische Zeitschrift für Wirtschaftsrecht
e.V.	eingetragener Verein
EVÜ	Übereinkommen über das auf vertragliche Schuldverhältnisse anzuwendende Recht vom 19.6.1980
EWG	Europäische Wirtschaftsgemeinschaft
EWGV	Vertrag zur Gründung der Europäischen Wirtschaftsgemeinschaft vom 25.3.1957 (vor der Änderung durch den Vertrag über die Europäische Union vom 7.2.1992)
EWR = EEE	Europäischer Wirtschaftsraum
EWS	Europäisches Wirtschafts- & Steuerrecht (Deutschland)
f./ff.	folgende/fortfolgende (Seite/n)
FMG	Fernmeldegesetz vom 30.4.1997, SR 784.10
Fn./FN	Fussnote
Fr.	Franken
FR	Freiburg/Fribourg
FS	Festschrift
FZR = RFJ	Freiburger Zeitschrift für Rechtsprechung

Abkürzungsverzeichnis

GAV	Gesamtarbeitsvertrag
GE	Genf
Ger	Gericht
GestG	BG vom 24.3.2000 über den Gerichtsstand in Zivilsachen, SR 272
gl.M.	gleicher Meinung
GmbH	Gesellschaft mit beschränkter Haftung
GOSG/BE	Bernisches Gesetz über die Organisation der Gerichtsbehörden und der Staatsanwaltschaft
GR	1. Gemeinsamer Referenzrahmen 2. Graubünden
GRR = CCR = CFR	Gemeinsamer Referenzrahmen
HAVE	HAVE – Haftung und Versicherung
HGer	Handelsgericht
h.L.	herrschende Lehre
Hrsg.	Herausgeber
HS	Halbsatz
IATA	International Air Transport Association
ICLQ	International and Comparative Law Quarterly
i.d.F.	in der Fassung
i.d.R.	in der Regel
i.E.	im Ergebnis
i.e.S.	im engeren Sinn
IKO	Informationsstelle für Konsumkredit
Inc.	Incorporated
inkl.	inklusive, einschliesslich
insb. = insbes.	insbesondere
IPR	Internationales Privatrecht
IPRax	Praxis des internationalen Privat- und Verfahrensrechts (Deutschland)
IPRG	BG vom 18.12.1987 über das internationale Privatrecht, SR 291
i.S.	1. in Sachen 2. im Sinne
i.S.d.	im Sinne des
ISO	International Organisation for Standardisation
i.S.v.	im Sinne von
i.V.(m.)	in Verbindung (mit)
JBl	Juristische Blätter (Österreich)
JCP	1. Journal of Consumer Policy 2. La Semaine Juridique, Juris-classeur périodique (France)
JdT	Journal des Tribunaux (Lausanne)
JKR	Jahrbuch des schweizerischen Konsumentenrechts

Abkürzungsverzeichnis

JZ	Juristenzeitung (Deutschland)
Kap.	Kapitel
KantGer	Kantonsgericht
KassGer	Kassationsgericht
KG	1. BG vom 6.10.1995 über Kartelle und andere Wettbewerbsbeschränkungen (Kartellgesetz), SR 251
	2. Kommanditgesellschaft
KIG	BG vom 5.10.1990 über die Information der Konsumentinnen und Konsumenten, SR 944.0
KJ	Kritische Justiz (Deutschland)
KK	Krankenkasse(n)
KKG 1993 = aKKG	BG vom 8.10.1993 über den Konsumkredit
KKG	BG vom 23.3.2001 über den Konsumkredit, SR 221.214.1
KMU	Kleine oder/und mittlere Unternehmen
KOM	Kommission der Europäischen Union
KritV	Kritische Vierteljahresschrift für Gesetzgebung und Rechtswissenschaft (Deutschland)
KSchG	BG zum Schutz der Verbraucher (= Konsumentenschutzgesetz) vom 8. März 1979 (Österreich)
LCC = KKG	LF du 23.3.2001 sur le crédit à la consommation, RS 221.214.1
LCD = UWG	LF du 19.12.1986 contre la concurrence déloyale, RS 241
LF = BG	Loi fédérale/Legge federale
LG	(deutsches) Landgericht
lit.	litera, lettre
LP = SchKG	LF du 11.4.1889/16.12.1994 sur la poursuite pour dettes et la faillite, RS 281.1
Ltd.	Limited
LU	Luzern
LugÜ	Übereinkommen über die gerichtliche Zuständigkeit und die Vollstreckung gerichtlicher Entscheidungen in Zivil- und Handelssachen vom 16.9.1988, SR 0.275.11
LVF = PRG	LF du 18.6.1993 sur les voyages à forfait, RS 944.3
m.	mit
M.	Meinung
m.a.W.	mit anderen Worten
mbH	mit beschränkter Haftung
MDR	Monatsschrift für deutsches Recht
m.E.	meines Erachtens
m.H.	mit Hinweis(en)
Mio.	Million
MJ	Maastricht Journal of European and Comparative Law
MK = MünchKomm	Münchener Kommentar zum Bürgerlichen Gesetzbuch (Deutschland)

Abkürzungsverzeichnis

MO	Motion
MünchKomm	Münchener Kommentar zum Bürgerlichen Gesetzbuch (Deutschland)
MV	Militärversicherung
MVG = LAM	BG vom 19.6.1992 über die Militärversicherung, SR 833.1
m.w.H.	mit weiteren Hinweisen
m.w.N.	mit weiteren Nachweisen
N	1. Nationalrat, Conseil National 2. Note
NE	Neuenburg
N.E.	North Eastern Reporter
NJW	Neue Juristische Wochenschrift (Deutschland)
nnv	noch nicht veröffentlicht
Nr.	Nummer
NR	Nationalrat
NZZ	Neue Zürcher Zeitung
OGer	Obergericht
OGH	Oberster Gerichtshof (Österreich)
o.J.	ohne Jahresangabe
öJZ	Österreichische Juristen-Zeitung
OLG	(deutsches) Oberlandesgericht
OR = CO	Obligationenrecht vom 30.3.1911, SR 220
P.2d	Pacific Reporter, Second Series
PBV	V vom 11.12.1978 über die Bekanntgabe von Preisen, SR 942.211
PECL	Principles of European Contract Law
PI	Parlamentarische Initiative
PKG	Praxis des Kantonsgerichts von Graubünden
PO	Postulat
Pra	Die Praxis
PRG = LVF	BG vom 18.6.1993 über Pauschalreisen, SR 944.3
PrHG = LRFP	BG vom 18.6.1993 über die Produktehaftpflicht (Produktehaftpflichtgesetz), SR 221.112.944
PrH-RL	Richtlinie 85/374/EWG des Rates vom 25. Juli 1985 zur Angleichung der Rechts- und Verwaltungsvorschriften der Mitgliedstaaten für die Haftung für fehlerhafte Produkte, ABl. Nr. L 210/29 vom 7.8.1985, geändert durch RL 1999/34 EG vom 10.5.1999, ABl Nr. L 141/20 vom 4.6.1999
ProdHaftG	Gesetz über die Haftung für fehlerhafte Produkte vom 15.12.1989 (Deutschland)
RBOG	Rechenschaftsbericht des Obergerichts des Kt. Thurgau an den Grossen Rat
Rdnr.	Randnummer
recht	Recht, Zeitschrift für juristische Ausbildung und Praxis

REDC	Revue européenne de droit de la consommation
rev.	revidiert
RFJ = FZR	Revue fribourgeoise de jurisprudence
RK	Rechtskommission
RL	Richtlinie
RLeG	Richtlinie 2000/31/EG über bestimmte rechtliche Aspekte der Dienste der Informationsgesellschaft, insbesondere des elektronischen Geschäftsverkehrs, im Binnenmarkt vom 8. Juni 2000 (Richtlinie über den elektronischen Geschäftsverkehr), ABl. EG Nr. L 178/1 vom 17.7.2000
Rn.	Randnummer
Rom I	Verordnung des Europäischen Parlaments und des Rates über das auf das vertragliche Schuldverhältnis anzuwendende Recht
RPW	Recht und Politik des Wettbewerbs (Publikationsorgan der Schweizerischen Wettbewerbsbehörden)
RRa	ReiseRecht Aktuell (Deutschland)
Rs.	Rechtssache
Rspr.	Rechtsprechung
RVJ = ZWR	Revue valaisanne de jurisprudence/Zeitschrift für Walliser Rechtsprechung
Rz(.)	Randziffer
S = StR	Ständerat
S.	1. Satz
	2. Seite
s.	siehe
s.a.	siehe auch
SA = AG	Société anonyme
SAG	Die schweizerische Aktiengesellschaft
SBB	Schweizerische Bundesbahnen
SchKG = LP	BG vom 11.4.1889/16.12.1994 über Schuldbetreibung und Konkurs, SR 281.1
SEC	Secrétariat de la Commission européenne
SECO/seco	Staatssekretariat für Wirtschaft
SemJud = SJ	La Semaine Judiciaire
SG	St. Gallen
SIA	Schweizerischer Ingenieur- und Architektenverein
sic!	Zeitschrift für Immaterialgüter-, Informations- und Wettbewerbsrecht
SIWR	Schweizerisches Immaterialgüter- und Wettbewerbsrecht
SJ = SemJud	La Semaine Judiciaire
SJK = FJS	Schweizerische Juristische Kartothek
SJZ	Schweizerische Juristenzeitung
Slg.	Sammlung (der Entscheidungen des EuGH)

Abkürzungsverzeichnis

SLK	Schweizerische Lauterkeitskommission
SO	Solothurn
sog.	sogenannt
SPR	Schweizerisches Privatrecht
SR	Systematische Sammlung des Bundesrechts
SR = StR	Ständerat
StGB	Strafgesetzbuch vom 21.12.1937, SR 311.0
StR = SR	Ständerat
SVG	Strassenverkehrsgesetz vom 19.12.1958, SR 741.01
SVLR = ASDA	Schweizerische Vereinigung für Luft-Recht
SVZ	Schweizerische Versicherungs-Zeitschrift
SZIER = RSDIE	Schweizerische Zeitschrift für Internationales und Europäisches Recht
SZW = RSDA	Schweizerische Zeitschrift für Wirtschaft
t.	tome
Teilbd.	Teilband
Tz.	Teilziffer
u.a.	1. unter anderem 2. und andere
u.dgl.	und dergleichen
u.E.	unseres Erachtens
UK	United Kingdom
UN	United Nations
UNIDROIT	Institut international pour l'unification du droit; International Institute for the Unification of Private Law
Unterabs.	Unterabsatz
Urt.	Urteil
USA = US	Vereinigte Staaten von Amerika
usw.	und so weiter
u.U.	unter Umständen
UWG = LCD	BG vom 19.12.1986 gegen den unlauteren Wettbewerb, SR 241
v.	versus
v.a.	vor allem
VAG	BG vom 23.6.1978 betreffend die Aufsicht über die privaten Versicherungseinrichtungen (Versicherungsaufsichtsgesetz), SR 961.01
VD	Waadt
VE	Vorentwurf
Verb.	Verbindung
VerbrKrG	Verbraucherkreditgesetz vom 17.12.1990 (Deutschland)
VerbrKr-RL	Verbraucherkredit-Richtlinie vom 22.12.1986/22.2.1990 (EU)
VerwGer.	Verwaltungsgericht

vgl.	vergleiche
VKKG	Verordnung vom 6. November 2002 zum Konsumkreditgesetz, SR 221.214.11
VKKP	Veröffentlichungen der schweizerischen Kartellkommission und des Preisüberwachers
VN	Versicherungsnehmer
VO = O	Verordnung
Vorbem.	Vorbemerkung
VPB	Verwaltungspraxis der Bundesbehörden
VRPG	(bernisches) Gesetz über die Verwaltungsrechtspflege vom 23.5.1989
VS	Wallis
VuR	Verbraucher und Recht (Deutschland)
VVG	BG vom 2.4.1908 über den Versicherungsvertrag, SR 221.229.1
WEKO	Wettbewerbskommission
WTO	Word Trade Organisation (Welthandelsorganisation)
www	World Wide Web
Z.	Ziffer
z.B.	zum Beispiel
ZBJV	Zeitschrift des Bernischen Juristenvereins
ZEK	Zentralstelle für Kreditinformation
ZertES	Entwurf eines Bundesgesetzes über Zertifizierungsdienste im Bereich der elektronischen Signatur (ZertES), BBl 2001, 5716
ZEuP	Zeitschrift für Europäisches Privatrecht
ZG	Zug (Kanton)
ZGB	Schweizerisches Zivilgesetzbuch vom 10.12.1907, SR 210
ZH	Zürich
ZHR	Zeitschrift für das gesamte Handels- und Wirtschaftsrecht (Deutschland)
Ziff.	Ziffer
ZIP	Zeitschrift für Wirtschaftsrecht (Deutschland)
zit.	zitiert
ZK	Zürcher Kommentar
ZPO = PCC	1. kantonale Zivilprozessordnung 2. Schweiz. Zivilprozessordnung
ZR	Blätter für zürcherische Rechtsprechung
ZSR	Zeitschrift für schweizerisches Recht
z.T.	zum Teil
ZVglRWiss	Zeitschrift für Vergleichende Rechtswissenschaft (Deutschland)
ZZZ	Schweizerische Zeitschrift für Zivilprozess- und Zwangsvollstreckungsrecht

Allgemeine Literatur

(Vergleiche insbesondere auch die Literaturangaben in den Literaturverzeichnissen zu den einzelnen Beiträgen.)

AUBERT JEAN-FRANÇOIS/EICHENBERGER KURT/MÜLLER JÜRG-PAUL/RHINOW RÉNÉ/SCHINDLER DIETRICH (Hrsg.), Kommentar zur Bundesverfassung der Schweizerischen Eidgenossenschaft vom 29. Mai 1874, Basel/Bern/Zürich 1987 ff. (zit.: aBV-Komm.-AUTOR/IN).

Berner Kommentar, grundsätzlich jeweils in der aktuellen Auflage (zit.: BK-AUTOR/IN, N 5 zu Art. 2 ZGB).

BRUNNER ALEXANDER/REHBINDER MANFRED/STAUDER BERND (Hrsg.), Jahrbuch des Schweizerischen Schweizerisches Konsumentenrechts JKR, Bern 1995 ff.

BUCHER EUGEN, Schweizerisches Obligationenrecht, Allgemeiner Teil, 2. Aufl, Zürich 1988 (zit.: AT).
– Schweizerisches Obligationenrecht, Besonderer Teil, 3. Aufl., Zürich 1988 (zit.: BT).

ENGEL PIERRE, Traité des obligations en droit suisse, 2. Aufl., Bern 1997 (zit.: Traité).

GAUCH PETER, Der Werkvertrag, 4. Aufl., Zürich 1996 (zit.: Werkvertrag).

GAUCH PETER/SCHLUEP WALTER R./REY HEINZ, Schweizerisches Obligationenrecht, Allgemeiner Teil, Bd. II, 8. Aufl., Zürich 2003.

GAUCH PETER/SCHLUEP WALTER R./SCHMID JÖRG, Schweizerisches Obligationenrecht, Allgemeiner Teil, Bd. I, 8. Aufl., Zürich 2003.

GIRSBERGER DANIEL/HEINI ANTON/KELLER MAX/KREN KOSTKIEWICZ JOLANTA/SIEHR KURT/VISCHER FRANK/VOLKEN PAUL (Hrsg.), Kommentar zum Bundesgesetz über das Internationale Privatrecht vom 1. Januar 1989, 2. Aufl., Zürich 2004 (zit.: ZK-AUTOR/IN).

GUGGENHEIM DANIEL, Les contrats de la pratique bancaire suisse, 4. Aufl., Genf 2000.

GUHL THEO/AUTOR, Das Schweizerische Obligationenrecht, 9. Aufl., Zürich 2000.

HONSELL HEINRICH, Schweizerisches Haftpflichtrecht, 4. Aufl., Zürich 2005 (zit.: Haftpflicht),
– Schweizerisches Obligationenrecht, Besonderer Teil, 8. Aufl., Bern 2006 (zit.: OR BT).

Allgemeine Literatur

HONSELL HEINRICH/VOGT NEDIM PETER/GEISER THOMAS (Hrsg.), Zivilgesetzbuch I, Art. 1–456, Basler Kommentar, 3. Aufl., Basel/Genf/München 2006 (zit.: BSK ZGB I-AUTOR/IN),
– Zivilgesetzbuch II, Art. 457–977 und Art. 1–61 SchT ZGB, Basler Kommentar, 3. Aufl., Basel/Genf/München 2007 (zit.: BSK ZGB II-AUTOR/IN).

HONSELL HEINRICH/VOGT NEDIM PETER/SCHNYDER ANTON K. (Hrsg.), Internationales Privatrecht, Basler Kommentar, 2. Aufl., Basel/Genf/München 2007 (zit.: BSK IPRG-AUTOR/IN).

HONSELL HEINRICH/VOGT NEDIM PETER/WATTER ROLF (Hrsg.), Obligationenrecht II, Art. 530–1186, Basler Kommentar, 3. Aufl., Basel/Genf/München 2008 (zit.: BSK ZGB II-AUTOR/IN).

HONSELL HEINRICH/VOGT NEDIM PETER/WIEGAND WOLFGANG (Hrsg.), Obligationenrecht I, Art. 1–529, Basler Kommentar, 4. Aufl., Basel/Genf/München 2007 (zit.: BSK ZGB II-AUTOR/IN).

KOLLER ALFRED, Schweizerisches Obligationenrecht: Allgemeiner Teil, Bd. I und II, Bern 2006.

LOMBARDINI CARLO, Droit bancaire suisse, Zürich 2002 (zit.: Droit bancaire).

Münchener Kommentar, grundsätzlich in der jeweils aktuellen Ausgabe (zit.: MünchKomm-AUTOR/IN).

OFTINGER KARL/STARK EMIL, Schweizerisches Haftpflichtrecht,
– Bd. I, Allgemeiner Teil, 5. Aufl., Zürich 1995 (zit.: I),
– Bd. II/1, Besonderer Teil, 4. Aufl., Zürich 1987 (zit.: II/1),
– Bd. II/2, Besonderer Teil, 4. Aufl., Zürich 1989 (zit.: II/2),
– Bd. II/3, Besonderer Teil, 4. Aufl., Zürich 1991 (zit.: II/3).

REY HEINZ, Ausservertragliches Haftpflichtrecht, 4. Aufl., Zürich 2008.

SCHLUEP WALTER R, Innominatverträge, in Schweizerisches Privatrecht, Bd. VII/2, Basel/Stuttgart 1979.

SCHWENZER INGEBORG, Schweizerisches Obligationenrecht, Allgemeiner Teil, 4. Aufl., Bern 2006.

SPÜHLER KARL/TENCHIO LUCA/INFANGER DOMINIK (Hrsg.), Bundesgesetz über den Gerichtsstand in Zivilsachen (GestG), Basler Kommentar, Basel/Genf/München 2001)

STAEHELIN ADRIAN/BAUER THOMAS/STAEHELIN DANIEL (Hrsg.), Kommentar zum Bundesgesetz über Schuldbetreibung und Konkurs, Basel/Frankfurt a.M. 1998 (zit.: SchKG-AUTOR/IN).

STAUDER BERND/FAVRE-BULLE XAVIER, Droit de la consommation, Loi sur les voyages à forfait, Code des obligations, articles 40*a*-40*f* CO, Loi sur le crédit à la consommation, Commentaire (Commentaire romand, Extrait du Code des obligations I), Basel/Genf/München 2004.

STAUDER BERND/KOLLER-TUMLER MARLIS, Abzahlungsrecht (Kommentar zu den Art. 226a–228 OR), Konsumkreditrecht (Kommentar zum Bundesgesetz über den Konsumkredit vom 8. Oktober 1993), Kommentar zum Schweizerischen Privatrecht, Sonderedition, Basel/Frankfurt a.M. 1996.

STEINAUER PAUL-HENRI, Les droits réels,
- t. I: Introduction à l'étude de droits réels/Possession et registre foncier/ Dispositions générales sur la propriété/Propriété par étages, 3. Aufl., Bern 1997 (zit.: Droits réels I).
- t. II: Propriété foncière/Propriété mobilière/Généralités sur les droits réels limités/Les servitudes foncières 3. Aufl., Bern 2002 (zit.: Droits réels II).
- t. III: Servitudes personnelles/Charges foncières/Droits de gage immobiliers/ Droits de gage mobiliers, 3. Aufl., Bern 2003 (zit.: Droits réels III).

TERCIER PIERRE, Les contrats spéciaux, 3. Aufl., Zürich 2002 (zit.: Contrats).

THÉVENOZ LUC/WERRO FRANZ (Hrsg.), Commentaire romand, Code des obligations art. 1–529, Basel/Genf/München 2003 (zit. CO-AUTOR/IN).

WERRO FRANZ, La responsabilité civile, Bern 2005.

Zürcher Kommentar, grundsätzlich jeweils in der aktuelle Auflage (zit.: ZK-AUTOR, N 2 zu Art. 8 ZGB).

Materialien

Botschaft des Bundesrates an die Bundesversammlung betreffend den Entwurf zu einem Bundesgesetz über den Abzahlungs- und Vorauszahlungsvertrag vom 26. Januar 1960, BBl 1960 I 523 ff. (zit. Botschaft Art. 226a ff. OR).

Botschaft zu einem Bundesgesetz über die Konsumenteninformation und zu einem Bundesgesetz über die Änderung des Obligationenrechts (Die Entstehung der Obligation) vom 7. Mai 1986, BBl 1986 II 354 ff. (zit. Botschaft KIG bzw. Art. 40a ff. OR).

Botschaft über das Folgeprogramm nach der Ablehnung des EWR-Abkommens vom 24. Februar, BBl 1993 I 805 ff. (zit. Botschaft und entsprechendes Gesetz, z.B. KKG 93, PrHG, VVG 93 usw.).

Botschaft betreffend die Änderung des Bundesgesetzes über den Konsumkredit vom 14. Dezember 1998, BBl 1999 3155 ff. (zit. Botschaft KKG 98).

Botschaft zu einem Bundesgesetz gegen den unlauteren Wettbewerb (UWG) vom 18. Mai 1983, BBl 1983 II 1009 (zit. Botschaft UWG).

1. Teil:
Einführung in die Grundlagen des privatrechtlichen Konsumentenschutzes

MARLIS KOLLER-TUMLER

Dr. iur., Fürsprecherin, Lehrbeauftragte an der Universität Bern

Inhaltsübersicht

A. Einleitung 11

B. Die unterschiedlichen Konsumentenschutzkonzepte 13
    I. Formal-abstrakte Gleichheit als Ausgangspunkt 13
    II. Marktkomplementäre Information 14
    III. Marktkompensatorischer Sozialschutz 14
    IV. Gestuftes Kompensationsmodell zur Korrektur von Marktversagen ... 15
    V. Fazit 15

C. Die Entwicklung des Konsumentenrechts in der EU 16
    I. Übersicht und Rechtsgrundlage 16
        1. Verbraucherpolitik 17
        2. Der Grundsatz der Subsidiarität 18
    II. Nützliche Fundstellen zum Europäischen Verbraucherrecht ... 19
    III. Verbraucherschutzrichtlinien im Spannungsfeld zwischen Mindest- und Vollharmonisierung ... 19
    IV. Überprüfung und Angleichung des gemeinschaftlichen Besitzstandes im Konsumentenschutz ... 23
    V. Vom passiven zum aktiven Verbraucher 27
    VI. Ein Schritt hin zu einem Europäischen Vertragsrecht? ... 28

D. Die Entwicklung des Konsumentenrechts in der Schweiz 32
    I. Konsumentenschutzgebot mit Verfassungsrang 32
        1. Die Verfassungsnorm von 1981 32
        2. Die Revision von 1999 34
        3. Verfassungsmässiges Gebot zur Austarierung von Ungleichgewichtslagen ... 35
    II. Die Entwicklung der Gesetzgebung zwischen 1981 und 1992 ... 36
        1. UWG 36
        2. IPRG 37
            a) Schutz berechtigter Erwartungen des Konsumenten ... 39
            b) Annäherung durch Rom I? 40
        3. KIG 42
    III. Von Eurolex zu Swisslex 43
    IV. Gescheiterte Gesetzesvorlagen oder: Swisslex und nicht weiter? ... 45
        1. Das geplante Bundesgesetz über den elektronischen Geschäftsverkehr ... 45

  2. Das geplante Bundesgesetz über Teilzeitnutzungsrechte an
    Immobilien 51
 V. Das Ende des «autonomen Nachvollzugs» europäischen Rechts? ... 53
 VI. Ausdehnung des Konsumentenschutzes mittels Auslegung autonom
   nachvollzogenen Rechts? 54

E. Konsumentenvertragsrecht 56

 I. Anbieter und Konsument als Rechtsfiguren 56
  1. Umschreibung von Verbraucher und Unternehmer in den
   EU-Richtlinien 57
  2. Konsument und Anbieter in schweizerischen Rechtsnormen ... 57
  3. Verbraucher und Unternehmerbegriff im Recht unserer
   Nachbarländer 58
  4. Gemeinsamer Kerngehalt 59
 II. Der Konsumentenvertrag als Basisvertrag 61
  1. Abstellen auf den Vertragszweck 62
   a) Engerer oder weiterer Schutzbereich möglich 63
   b) Weiter Vertragszweck im Lugano-Übereinkommen 64
   c) Engerer Vertragszweck im Gerichtsstandsgesetz 64
   d) Konsequenzen für die Rechtsanwendung 65
  2. Erkennbarkeit des Zwecks 70
  3. Beschränkung des Schutzes auf privat Handelnde 72
 III. Vertragsrechtliche Kompensationsinstrumente 74
  1. Informationspflichten 75
   a) Markttransparenz und Kosteneffizienz 76
   b) Grenzen von Informationspflichten 76
   c) Sanktionen 78
  2. Formvorschriften 79
  3. Widerrufsrechte 82
   a) Das «pacta sunt servanda»-Argument 83
   b) Die verschiedenen Widerrufsrechte 84
   c) Folgen der Ausübung des Widerrufsrechts 85
   d) Die Weiterentwicklung in der EU und in der Schweiz 86
  4. Beweiserleichterungen 87
  5. Halbzwingende Normen 88
  6. Inhaltskontrolle von Allgemeinen Geschäftsbedingungen 88

F. Exkurs: Prozessualer Konsumentenschutz – neue schweizerische ZPO . 89

 I. Zugang zum Recht 89
 II. Massnahmen in der EU 90

Inhaltsübersicht

    III. Heutige Rechtslage in der Schweiz 92
    IV. Die Schweizerische Zivilprozessordnung 93
        1. Schlichten vor Richten 93
        2. Mediation 95
        3. Urteilsvorschlag und Entscheid durch die Schlichtungsbehörde . 95
        4. Vereinfachtes Verfahren 96

G. Anhang 98

    1. Elektronischer Geschäftsverkehr 98
    2. Timesharing 104

Einführung in die Grundlagen des privatrechtlichen Konsumentenschutzes

Literatur: ABEGGLEN SANDRO, Die Aufklärungspflichten in Dienstleistungsbeziehungen, insbesondere im Bankgeschäft, Diss. Bern 1995; AMSTUTZ MARC, Interpretatio multiplex: Zur Europäisierung des schweizerischen Privatrechts im Spiegel von BGE 129 III 335, in Rhinow René et al. (Hrsg.), Privatrecht und Methode, Festschrift für Ernst A. Kramer, Basel 2004, S. 67 ff.; VON BAR CHRISTIAN/ZIMMERMANN REINHARD, Grundregeln des Europäischen Vertragsrechts, Teil I und II, München 2002, Teil III, München 2004; BAUMGÄRTEL GOTTFRIED, Gleicher Zugang zum Recht für alle. Ein Grundproblem des Rechtsschutzes, Berlin 1976; BENÖHR HANS-PETER, Konsumentenschutz vor 80 Jahren – Zur Entstehung des Abzahlungsgesetzes vom 16.05.1894, ZHR 138 (1974), 492; BERTI STEPHEN V., Besondere Verfahrensarten gemäss dem bundesrätlichen Entwurf für eine schweizerische Zivilprozessordnung, ZZZ 15 (2007), 339 ff.; BIERI LAURENT, L'application du droit privé suisse reprenant de manière autonome des directives communautaires, AJP 2007, 708 ff.; BRÖNNIMANN JÜRGEN, Verfassungsrechtliche Probleme des einfachen und raschen Verfahrens, ZSR 108 (1989) I 351 ff.; DERS., Kantonales Konsumentenverfahren, in Brunner Alexander/Rehbinder Manfred/Stauder Bernd (Hrsg.), Jahrbuch des Schweizerischen Konsumentenrechts (JKR) 1999 (Bern 2000), S. 17 ff.; BRUNNER ALEXANDER, Neues Konsumentenschutzrecht im revidierten UWG, plädoyer 1990, 36 ff.; DERS., Der Konsumentenvertrag im schweizerischen Recht, AJP 1992, 591 ff.; DERS., Konsumentenrecht (Eurolex-Swisslex) – ein Überblick, in Weber Rolf H./Thürer Daniel/Zäch Roger (Hrsg.), Aktuelle Probleme des EG-Rechts nach dem EWR-Nein, Zürich 1993, S. 108 ff.; DERS., Was ist Konsumentenrecht, in Brunner Alexander/Rehbinder Manfred/Stauder Bernd (Hrsg.), Jahrbuch des Schweizerischen Konsumentenrechts (JKR) 1995 (Bern 1995), S. 31 ff.; DERS., Neue Entwicklungen im Konsumrecht, SJZ 97 (2001), 241 ff.; DERS., Kommentierung der Art. 21 und 22 GestG, in Spühler Karl/Tenchio Luca/Infanger Dominik (Hrsg.), Kommentar zum schweizerischen Zivilprozessrecht; DERS., Zur Verbands- und Sammelklage in der Schweiz, in Walder-Richli Hans-Ulrich (Hrsg.), Festschrift für Richard Frank, Zürich 2003, S. 37 ff.; DERS., Konsumentenschutz im VVG: Postulate des Konsumrechts, in HAVE-Tagung Totalrevision VVG, Tagungsband, Zürich 2006, S. 131 ff. (zit. VVG); DERS., Konsumverträge – Begriff, Typologie und wirtschaftsrechtliche Bedeutung, in Brunner Alexander/Rehbinder Manfred/Stauder Bernd (Hrsg.), Jahrbuch des Schweizerischen Konsumentenrechts (JKR) 2004 (Bern 2007) S. 1 ff.; DERS., Zur Konsumenteninformation im schweizerischen Recht, in Thévenoz Luc/Reich Norbert (Hrsg.), Droit de la consommation – Konsumentenrecht – Consumer Law, Liber amicorum Bernd Stauder, Zürich/Baden-Baden 2006, S. 51 ff.; DERS., Kommentierung der Art. 114 und 120 IPRG, in Basler Kommentar Internationales Privatrecht, 2. Aufl. Basel 2007; BÜHLMANN ESCHMANN BARBARA, Der Konsumentenschutzartikel in der Bundesverfassung im Rahmen der schweizerischen Wirtschaftsverfassung, Diss. Zürich 1991; BYDLINSKI PETER, Formgebote für Rechtsgeschäfte und die Folgen ihrer Verletzung, in Schulze Reiner/Ebers Martin/Grigoleit Hans Christoph (Hrsg.), Informationspflichten und Vertragsschluss im Acquis communautaire, Tübingen 2003, S. 141 ff.; CALAIS-AULOY JEAN, La notion de consommateur en droit français et en droit communautaire, in Thévenoz Luc/Reich Norbert (Hrsg.), Droit de la consommation – Konsumentenrecht – Consumer Law, Liber amicorum Bernd Stauder, Zürich/Baden-Baden 2006, S. 65 ff.; CARONI PIO, Der «demokratische» code unique von 1881 – Eine Studie zur ideologischen Beziehung von Sonderrecht und Demokratie, in Caroni Pio (Hrsg.), Das Obligationenrecht 1883–1983, Berner Ringvorlesung zum Jubiläum des schweizerischen Obligationenrechts, Bern/Stuttgart 1984; DAUNER-LIEB BARBARA, Verbraucherschutz durch Ausbildung eines Sonderprivatrechts: Systemkonforme Weiterentwicklung oder Schrittmacher der Systemveränderung?, Diss. Tübingen 1982; DECKERT MARTINA, Paradigmenwechsel im Privatrecht?, in Furrer Andreas (Hrsg.), Europäisches Privatrecht im wissenschaftlichen Diskurs, Bern 2006, S. 85 ff.; DENKINGER FLEUR, Der Verbraucherbegriff: eine Analyse persönlicher Geltungsbereiche von verbraucherrechtlichen Schutzvorschriften in Europa, Berlin 2007; DREHER MEINRAD, Der Verbraucher – Das Phantom in den opera des europäischen und deutschen Rechts, JZ 1997, 167 ff.; DREXL JOSEF, Die wirtschaftliche Selbstbestimmung des Verbrauchers – Eine Studie zum Privat- und Wirtschaftsrecht unter Berücksichtigung gemeinschaftsrechtlicher Bezüge, Tübingen 1998 (zit. Selbstbestimmung);

DERS., Zwingendes Recht als Strukturprinzip des Europäischen Verbrauchervertragsrechts?, *in* Coester Michael et al. (Hrsg.), Privatrecht in Europa. Vielfalt, Kollision, Kooperation. Festschrift für Hans Jürgen Sonnenberger, München 2004, S. 771 ff. (zit. Zwingendes Recht); FAVRE-BULLE XAVIER, L'Article 31^sexies de la Constitution fédérale, Bilan de plus de onze ans de protection des consommateurs, AJP 1993, 265 ff.; FLUME WERNER, Vom Beruf unserer Zeit für Gesetzgebung, ZIP 2000, 1427 ff.; FOUNTOULAKIS CHRISTIANA, Der Vorentwurf zu einem Bundesgesetz über den elektronischen Geschäftsverkehr, *in* Information & Recht, Basel 2002, S. 57 ff.; FREI OLIVER, Der Abschluss von Konsumentenverträgen im Internet, Diss. Zürich 2001; FUHRER STEPHAN, Konsumentenschutz im VVG, Sicht der Versicherungsunternehmen, *in* HAVE-Tagung Totalrevision VVG, Tagungsband, Zürich 2006, S. 143 ff.; FURRER ANDREAS (Hrsg.), Europäisches Privatrecht im wissenschaftlichen Diskurs, Bern 2006; GEISER THOMAS/KRAUSKOPF PATRICK/MÜNCH PETER (Hrsg.), Schweizerisches und Europäisches Wettbewerbsrecht, Handbücher der Anwaltspraxis 9, Basel 2005; GMÜR ROLAND, Rechtsschutz aus der Sicht des Konsumenten, ZSR 107 (1988) II 441 ff.; GRUNDMANN STEFAN, Europäisches Schuldvertragsrecht – Das europäische Recht der Unternehmensgeschäfte, Berlin/New York 1999; DERS., Europäisches Handelsrecht – vom Handelsrecht des laissez faire im Kodex des 19. Jahrhunderts zum Handelsrecht der sozialen Verantwortung, ZHR 163 (1999), 635 ff.; HARTMANN STEPHAN, Die vorvertraglichen Informationspflichten und ihre Verletzung – Klassisches Vertragsrecht und modernes Konsumentenschutzrecht, Diss. Freiburg 2001; HEIDERHOFF BETTINA, Gemeinschaftsprivatrecht, München 2005; HEUER DENNIS, Der Code de la consommation, eine Studie zur Kodifizierung des französischen Verbraucherrechts, Frankfurt 2002; HEUSEL WOLFGANG, European Contract Law – Towards a European Frame of Reference, *in* ERA Forum, Special Issue 2006; HIGI PETER, Der Fahrnismietvertrag über Konsumgüter und das Leasing nach KKG, *in* Brunner Alexander/Rehbinder Manfred/Stauder Bernd (Hrsg.), Jahrbuch des Schweizerischen Konsumentenrechts (JKR) 2004 (Bern 2007), S. 47 ff.; VON HIPPEL EIKE, Der Schutz des Schwächeren (UTB 1203), Tübingen 1982 (zit. Schutz); DERS., Verbraucherschutz, 3. Aufl., Tübingen 1986; HOEREN THOMAS, Der virtuelle Yeti – Probleme eines europäischen Verbraucherschutzrechts, *in* Weber Rolf H./Hilty Reto M./Auf der Maur Rolf (Hrsg.), Geschäftsplattform Internet, Zürich 2000, S. 275 ff.; HOMMELHOFF PETER, Verbraucherschutz im System des deutschen und europäischen Privatrechts, Heidelberg 1996; HÖNN GÜNTHER, Kompensation gestörter Vertragsparität. Ein Beitrag zum inneren System des Vertragsrechts, München 1982; HONSELL HEINRICH, Kaufrecht und elektronischer Geschäftsverkehr, *in* Internet-Recht und Electronic Commerce Law, Bern 2003, S. 211 ff. (zit. Kaufrecht); HONSELL HEINRICH/PIETRUSZAK THOMAS, Der Vernehmlassungsentwurf zu einem Bundesgesetz über den elektronischen Geschäftsverkehr, AJP 2001, 771 ff.; HRISTIC MARIANNE, Zwingende und teilzwingende Gerichtsstände des Gerichtsstandgesetzes, unter Einbezug des internationalen Verfahrensrechts, Diss. Zürich 2002; IMHOFF-SCHEIER ANNE-CATHERINE, Protection du consommateur et contrats internationaux, Diss. Genf 1981 = Schweizer Studien zum internationalen Recht, Bd. 22; JACCARD MICHEL, Les devoirs d'information précontractuelle et la vente à distance dans l'avant-projet de loi fédérale sur le commerce électronique, *in* Implications nationales et internationales du commerce électronique, Bern 2002, S. 17 ff.; JANSEN NILS/ZIMMERMANN REINHARD, Grundregeln des bestehenden Gemeinschaftsrechts, JZ 2007, 1113 ff.; JAUN MANUEL, Die teleologische Reduktion im schweizerischen Recht, Diss. Bern 2001; JÖRG FLORIAN S., Informationspflichten im E-Commerce, *in* Internet-Recht und Electronic Commerce Law, Bern 2003, S. 15 ff.; JÖRG FLORIAN S./ARTER OLIVER, Ein kritischer Blick auf den Entwurf zum Bundesgesetz über den elektronischen Geschäftsverkehr, AJP 2002, 165 ff.; KAU CHRISTIAN, Vertrauensschutzmechanismen im Internet, insbesondere im E-Commerce, Diss. Freiburg i.Br., Karlsruhe 2006; KENNY MEL, Evaluierung der 2004er-Kommissionsmitteilung zum Europäischen Vertragsrecht, AJP 2005, 288 ff.; KIND SANDRA, Die Grenzen des Verbraucherschutzes durch Information – aufgezeigt am Teilzeitwohnrechtegesetz, Berlin 1998; KLETT KATHRIN, Vom Beruf alte Fragen neu zu stellen – zur vertraglichen Äquivalenz, *in* Forstmoser Peter/Honsell Heinrich/Wiegand Wolfgang (Hrsg.), Richterliche Rechtsfortbildung in Theorie und Praxis, Festschrift für Hans Peter Walter, Bern 2005, S. 351 ff.; KOCH HARALD, Verbraucherprozessrecht: verfahrensrechtliche Gewährleistung des Verbraucherschutzes, Heidelberg 1990; KOLLER THOMAS, Das Sanktionensystem des Konsumkreditrechts, *in* Wiegand Wolfgang (Hrsg.), Das neue Konsumkreditgesetz (KKG), BBT Bd. 1, Bern 1994, S. 81 ff. (zit. BBT); DERS., «Gewinnversprechen» und das Bundesgericht – eine Gewinn versprechende Rechtsprechung?, *in* Forstmoser Peter/Honsell Heinrich/Wiegand Wolfgang (Hrsg.), Richterliche Rechtsfortbildung in Theorie und Praxis, Festschrift für Hans Peter Walter, Bern 2005, S. 377 ff.; KOLLER-TUMLER MARLIS, Der Konsumentenvertrag im schweizerischen Recht. Zur Entstehungsgeschichte eines neuen Rechtsbegriffs, Diss. Bern 1995 (zit. Konsumentenvertrag); DIES., E-Banking und Konsumentenschutz, *in* Wiegand Wolfgang, E-Banking. Rechtliche Grundlagen, BBT Bd. 8, Bern 2002, S. 143 ff. (zit. E-Banking); DIES., Konsumkreditverträge nach revidiertem KKG – eine Einführung, *in* Brunner Alexander/Rehbinder Manfred/Stauder Bernd (Hrsg.), Jahrbuch des Schweizerischen Konsumentenrechts (JKR) 2002 (Bern 2004), S. 40 ff.; KÖNDGEN JOHANNES, Der Eurolex-Entwurf eines Konsumkreditgesetzes – auch ohne EWR ein gutes Gesetz für die Schweiz?, AJP 1993, 278 ff.; KÖTZ HEIN, Europäisches Vertragsrecht, Bd. 1, Tübingen 1996; KRAMER ERNST A., Die Krise des liberalen Vertragsdenkens, 1974 (zit. Krise); DERS., Konsumentenschutz als neue Dimension des Privat- und Wettbewerbsrechts, ZSR 98 (1979) I 49 ff.; DERS., Die Lebenskraft des Schweizerischen Obligationenrechts, ZSR 102 (1983) I 241 ff.; DERS., Zur Konzeption des Konsumentenschutzrechts. Ein Bericht über die Lage in Österreich und der Schweiz vor dem Hintergrund der aktuellen deutschen Diskussion, KritV 1986, 270 ff.; DERS., Teleologische Reduktion – Plädoyer für einen Akt methodentheoretischer Rezeption, *in* Rechtsanwendung in Theorie und Praxis, Symposium zum 70. Geburtstag von Arthur Meier-Hayoz, ZSR Beiheft 15, Basel 1993, 65 ff. (zit. Beiheft ZSR); DERS., Die konsumentenrechtlichen Defizite des schweizerischen Kaufrechts vor dem Hintergrund der europäischen Rechtsentwicklung, *in* Brunner Alexander/Rehbinder Manfred/Stauder Bernd (Hrsg.), Jahrbuch des Schweizerischen Konsumentenrechts (JKR) 1998 (Bern 1998), S. 205 ff.; DERS., Bausteine für einen «Common Frame of Reference» des europäischen Irrtumsrechts, ZEuP 2007, 247 ff.; KREN KOSTKIEWICZ JOLANTA, Konsumentenverfahren und Internationales Zivilprozessrecht (IPRG und LugÜ), *in* Brunner Alexander/Rehbinder Manfred/Stauder Bernd (Hrsg.), Jahrbuch des Schweizerischen Konsumentenrechts (JKR) 1999 (Bern 2000), S. 132 ff.; DIES., Kommentierung der Art. 114 und 120 IPRG, *in* Zürcher Kommentar zum Bundesgesetz über das Internationale Privatrecht (IPRG) vom 18. Dezember 1987, 2. Aufl. 2004; KRUMMENACHER PETER, Konsumentenleasing. Zur Anwendbarkeit des Konsumkreditgesetzes und zwingender Bestimmungen des Mietrechts auf Konsumentenleasingverträge, Diss. Luzern 2007; LANGER DIRK, Verträge mit Privatkunden im Internet, Diss. Genf 2003; LURGER BRIGITTA, Grundfragen der Vereinheitlichung des Vertragsrechts in der Europäischen Union, Wien/New York 2002; MANKOWSKI PETER, Beseitigungsrechte. Anfechtung, Widerruf und verwandte Institute, Tübingen 2003; MEDICUS DIETER, Wer ist ein Verbraucher, *in* Leser Hans G./Isomura Tamotsu (Hrsg.), Wege zum japanischen Recht, Festschrift für Zentaro Kitagawa, Berlin 1992, S. 471 ff. (zit. FS Kitagawa); DERS., Abschied von der Privatautonomie im Privatrecht? Erscheinungsformen Gefahren Abhilfen, Köln 1994; MEIER ISAAK, Streitbeilegung im bilateralen Konsumentenstreit – Auf der Suche nach dem optimalen gerichtlichen und aussergerichtlichen Verfahren zur Streitbeilegung im Konsumentenrecht, *in* Brunner Alexander/Rehbinder Manfred/Stauder Bernd (Hrsg.), Jahrbuch des Schweizerischen Konsumentenrechts (JKR) 1999 (Bern 2000), S. 35 ff.; MERZ HANS, Privatautonomie heute – Grundsatz und Rechtswirklichkeit = Heft 95 der Schriftenreihe der Juristischen Studiengesellschaft Karlsruhe, Karlsruhe 1970; MICKLITZ HANS-W., Rechtsprechungsübersicht zum Europäischen Verbraucherrecht: Vertrags- und Deliktsrecht, EWS (Europäisches Wirtschafts- und Steuerrecht) 2006, 1 ff.; MICKLITZ HANS-W./REICH NORBERT, Europäisches Verbraucherrecht – quo vadis?, VuR online, abrufbar unter: http://www.vur-online.de/beitrag/2007_04_2.html; NYFFELER FRANZ, Die Anwendung autonom nachvollzogener Normen des EU-Rechts, *in* Festschrift 100 Jahre Aargauischer Anwaltsverband, Zürich/Basel/Genf 2005, S. 35 ff.; PFEIFFER THOMAS, Der Verbraucherbegriff als zentrales Merkmal im europäischen Privatrecht, *in* Schulte-Nölke Hans/Schulze Reiner (Hrsg.), Europäische Rechtsangleichung und nationale Privatrechte, Baden-Baden 1999, S. 21 ff. (zit. Rechtsangleichung); DERS., Der Verbraucher nach § 13 BGB, *in* Schulze Reiner/Schulte-Nölke Hans (Hrsg.), Die Schuldrechtsreform vor dem Hintergrund des Gemeinschaftsrechts, Tübingen 2001, S. 134 ff. (zit. Verbraucher); PICHONNAZ PASCAL, La protection du consommateur en droit des contrats, *in* Thévenoz Luc/Reich Norbert (Hrsg.), Droit de la consommation – Konsumentenrecht – Consumer Law, Liber amicorum Bernd Stauder, Zürich/Baden-Baden 2006, S. 323 ff.; RAISER LUDWIG, Vertragsfreiheit heute, JZ 1958, 1 ff.; REHBINDER MANFRED, Zum Rechtsbegriff des Konsumenten, *in* Brunner Alexander/Rehbinder Manfred/Stauder Bernd (Hrsg.), Jahrbuch des Schweizerischen Konsumentenrechts (JKR) 1995 (Bern 1995), S. 59 ff.; DERS., Soziologisches zum Information Highway, *in* Hilty Reto M. (Hrsg.), Information Highway, Bern 1996, S. 99 ff. (zit. Information Highway); REICH NORBERT, Markt und Recht – Theorie und Praxis des Wirtschaftsrechts in der Bundesrepublik Deutschland, Darmstadt 1977 (zit. Markt und Recht); DERS., Schutz und Förderung diffuser Interessen durch die Europäische Gemeinschaft, 1. Aufl., Baden-Baden 1989; DERS., Europäisches Verbraucherschutzrecht – Binnenmarkt und Verbraucherinteresse, Baden-Baden 1993 (zugleich 2. völlig neu bearbeitete Aufl. von Schutz und Förderung diffuser Interessen); DERS., Das Phantom «Verbraucherrecht» – Erosion oder Evolution des Privatrechts?, JZ 1997, 609 (zit. Phantom); DERS., Die Stellung des Verbraucherrechts im «Gemeinsamen Referenzrahmen» und im optionellen Instrument – Trojanisches Pferd oder Kinderschreck, *in* Thévenoz Luc/Reich Norbert (Hrsg.), Droit de la consommation – Konsumentenrecht – Consumer Law, Liber amicorum Bernd Stauder, Zürich/Baden-Baden 2006, S. 357 ff. (zit. Stellung); DERS., Der Common Frame of Reference und Sonderprivatrechte im «Europäischen Vertragsrecht», ZEuP 2007, 161 ff.; REICH NORBERT/MICKLITZ HANS-W., Europäisches Verbraucherrecht, 4. Aufl., Baden-Baden 2003; REICH NORBERT/NORDHAUSEN ANNETTE, Verbraucher und Recht im elektronischen Geschäftsverkehr, Baden-Baden 2000; REIFNER UDO, Alternatives Wirtschaftsrecht am Beispiel der Verbraucherverschuldung – Realitätsverleugnung oder soziale Auslegung im Zivilrecht, Neuwied 1979 (zit. Alternatives Wirtschaftsrecht); DERS., Renting a Slave, European Contract Law in the Credit Society, *in* Wilhemsson Th. et al. (Hrsg.), Private Law and the Cultures of Europe, Leiden 2007, S. 325 ff.; REMIEN OLIVER, Zwingendes Vertragsrecht und Grundfreiheiten des EG Vertrages, Tübingen 2003; RHINOW RENÉ, Art. 31^{sexies} BV, *in* Aubert Jean-François et al. (Hrsg.), Kommentar zur Bundesverfassung der Schweizerischen Eidgenossenschaft vom 29. Mai 1874, Basel/Zürich/Bern 1996 ff.; RIESENHUBER KARL, System und Prinzipien des Europäischen Vertragsrechts, Berlin 2003 (zit. System); DERS., Europäisches Vertragsrecht, Lehrbuch, 2. Aufl., Berlin 2006 (zit. Lehrbuch); ROTH WULF-HENNING, Europäischer Verbraucherschutz und BGB, JZ 2001, 481 ff.; ROTT PETER, Informationspflichten in Fernabsatzverträgen als Paradigma für die Sprachproblematik im Vertragsrecht, ZVglRWiss 1999, 382 ff.; SACHSE KATHRIN, Der Verbrauchervertrag im internationalen Privat- und Prozessrecht, Tübingen 2006; SCHERPE JENS, Aussergerichtliche Streitbeilegung, Tübingen 2002; SCHMELZER MIKAEL, Der Konsumentenvertrag. Betrachtung einer obligationenrechtlichen Figur unter Berücksichtigung des IPR und der europäischen Rechtsangleichung, Diss. St. Gallen 1995; SCHNYDER ANTON K., Europäische Privatrechtsharmonisierung und die Schweiz – ein zunehmend dornenvolles Spannungsverhältnis, *in* Furrer Andreas (Hrsg.), Europäisches Privatrecht im wissenschaftlichen Diskurs, Bern 2006, S. 189 ff.; SCHÖBI FELIX, Der Online-Vertrieb von Versicherungen und der Schutz des Konsumenten, HAVE 2003, 205 ff.; DERS., Ein Vertragsrecht für das digitale Zeitalter, *in*: Trüeb Hans R. (Hrsg.), Aktuelle Rechtsfragen des E-Commerce, Zürich 2001, S. 47 ff.; DERS., Das Bundesgesetz vom 19. Dezember 2003 über Zertifizierungsdienste im Bereich der elektronischen Signatur (ZertES), *in* Schlauri Simon/Jörg Florian S./Arter Oliver (Hrsg.), Internet-Recht und Digitale Signaturen, Bern 2005, S. 17 ff.; DERS., Die vermögende Privatperson: Ein neuer Stern am Begriffshimmel des Konsumentenrechts?, *in* Thévenoz Luc/ Reich Norbert (Hrsg.), Droit de la consommation – Konsumentenrecht – Consumer Law, Liber amicorum Bernd Stauder, Zürich/Baden-Baden 2006, S. 459 ff., SCHROETER ULRICH G., Europäischer Verfassungsvertrag und Europäisches Privatrecht, ZEuP 2006, 515 ff.; SCHULTE-NÖLKE HANS/TWIGG-FLESSNER CHRISTIAN/EBERS MARTIN (Hrsg.), EG-Verbraucherrechtskompendium – Rechtsvergleichende Studie – abrufbar unter http://ec.europa.eu/consumers/cons_int/safe_

shop/acquis/comp_analysis_de.pdf; SCHULZE REINER, Der Acquis Communautaire und die Entwicklung des europäischen Vertragsrechts, in Schulze Reiner/Ebers Martin/Grigoleit Hans Christoph (Hrsg.), Informationspflichten und Vertragsschluss im Acquis communautaire, Tübingen 2003 (zit. Acquis); SCHULZE REINER/EBERS MARTIN/GRIGOLEIT HANS CHRISTOPH (Hrsg.), Informationspflichten und Vertragsschluss im Acquis communautaire, Tübingen 2003; SCHWINTOWSKI HANS-PETER, Informationspflichten und effet utile – auf der Suche nach einem effektiven und effizienten europäischen Sanktionensystem, in Schulze Reiner/Ebers Martin/ Grigoleit Hans Christoph (Hrsg.), Informationspflichten und Vertragsschluss im Acquis communautaire, Tübingen 2003, S. 267 ff.; SEILER WOLFGANG, Verbraucherschutz auf elektronischen Märkten, Tübingen 2006; STAEHELIN ADRIAN, Die bundesrechtlichen Verfahrensvorschriften über konsumentenrechtliche Streitigkeiten – ein Überblick, in Meier Isaak/Riemer Hans Michael/Weimar Peter, Recht und Rechtsdurchsetzung, Festschrift für Hans Ulrich Walder, Zürich 1994, S. 125 ff.; STAUDER BERND, Der Konsumentenschutz nach dem EWR-Abkommen (Art. 72 EWR-A), in EWR-Abkommen, Zürich/Bern 1992, S. 451 ff. (zit. EWR); DERS., Konsumkreditrecht – Das Bundesgesetz über den Konsumkredit vom 8. Oktober 1993, AJP 1994, 675 ff.; DERS., Europäisches Konsumentenrecht, eine Einführung, JKR 1995 (Bern 1995), S. 75 ff.; DERS., L'influence de la jurisprudence de la CJCE sur le droit des contrats de consommation en Suisse, in Werro Franz/Probst Thomas (Hrsg.), Das schweizerische Privatrecht im Lichte des europäischen Gemeinschaftsrechts, Bern 2004, S. 75 ff. (zit. influence); DERS., Le consommateur – enfant chéri ou mal-aimé du législateur, in Chappuis Christine/Foëx Bénédict/Thévenoz Luc (Hrsg.), Le législateur er le droit privé. Colloque en l'honneur du professeur Gilles Petitpierre, Genf/Zürich/Basel, S. 145 ff.; DERS., Die Europäisierung des schweizerischen Privatrechts – das Beispiel des Reiserechts, in Boele-Woelki Katharina/Grossheide Willem (Hrsg.), The future of European Contract Law, Liber Amicorum E.H. Hondius, Kluver Law International, 2007, S. 265 ff. (zit. Europäisierung); STAUDER BERND/LANGER DIRK/SCHAFFELHUBER UWE, Die Entwicklung des europäischen Konsumentenrechts 1995–2001, JKR 2001 (Bern 2002), S. 195 ff.; STRAUB RALF MICHAEL, Fehlende und fehlerhafte Produktinformationen als Sachmangel im neuen europäischen und schweizerischen Warenkaufrecht, in «nur, aber immerhin», Festgabe für Anton K. Schnyder zum 50. Geburtstag, Zürich 2002, S. 167 ff.; STRYCK JULES, Consumer Protection and Fair Competition – One Fight?, in Thévenoz Luc/Reich Norbert (Hrsg.), Droit de la consommation – Konsumentenrecht – Consumer Law, Liber amicorum Bernd Stauder, Zürich/Baden-Baden 2006, S. 497 ff.; STUDER URS W./RÜEGG VIKTOR/EIHOLZER HEINER, Luzerner Zivilprozess, Kriens 1994; TAMM MARINA, Das Grünbuch der Kommission zum Verbraucheracquis und das Modell der Vollharmonisierung – eine kritische Analyse, EuZW 2007, 756 ff.; TONNER KLAUS, Die Rolle des Verbraucherrechts bei der Entwicklung eines europäischen Zivilrechts, JZ 1996, 533 ff.; ULTSCH MICHAEL, Der einheitliche Verbraucherbegriff – §§ 13,14 BGB. Nationale Vereinheitlichung im Lichte europäischer Vorgaben, Baden-Baden 2006; WAGNER GERHARD, Die soziale Frage und der gemeinsame Referenzrahmen, ZEuP 2007, 180 ff.; WALTER HANS PETER, Gesetzliche Inkohärenzen und richterliche Rechtsfortbildung, in Geiser Thomas et al. (Hrsg.), Privatrecht im Spannungsfeld zwischen gesellschaftlichem Wandel und ethischer Verantwortung, Festschrift für Heinz Hausheer, Bern 2002, S. 19 ff.; WALTHER FRIDOLIN, Kommentierung von Art. 22 GestG, in Kellerhals Franz/von Werdt Nicolas/Güngerich Andreas (Hrsg.), Gerichtsstandsgesetz – Kommentar zum Bundesgesetz über den Gerichtsstand in Zivilsachen, 2. Aufl., Bern 2005; WEBER-STECHER URS, Internationales Konsumvertragsrecht. Grundbegriffe, Zuständigkeit, Anerkennung und Vollstreckung sowie anwendbares Recht, Diss. Zürich 1995; DERS., Unterlassungsklagen von Konsumentenorganisationen unter besonderer Berücksichtigung der EG-Richtlinie über Unterlassungsklagen zum Schutz der Verbraucherinteressen, in Brunner Alexander/Rehbinder Manfred/Stauder Bernd (Hrsg.), Jahrbuch des Schweizerischen Konsumentenrechts (JKR) 1999 (Bern 2000), S. 155 ff.; WERRO FRANZ/PROBST THOMAS, La jurisprudence de la CJCE en matière de droit privé et son influence sur la pratique du droit suisse, in Epiney Astrid/Egbuna-Joss Andrea/Wyssling Markus (Hrsg.), Schweizerisches Jahrbuch für Europarecht 2005/2006, Bern/Zürich 2006, S. 453 ff.; WICHTERMANN JÜRG, Privatautonomie und Verbraucherschutz:

Das Konsumentenkreditrecht als Versuch zur Überwindung eines (scheinbaren) Widerspruchs, *in* Armbrüster Christian et al. (Hrsg.), Privatautonomie und Ungleichgewichtslagen – Jahrbuch Junger Zivilrechtswissenschaftler 1995, Stuttgart 1996, S. 215 ff.; WIEACKER KARL, Das Sozialmodell der klassischen Privatrechtsgesetzbücher und die Entwicklung der modernen Gesellschaft (Karlsruhe 1953), *in* Industriegesellschaft und Privatrechtsordnung, 1974, S. 9 ff.; WIEDENMANN KAI-UDO, Vebraucherleitbilder und Verbraucherbegriff im deutschen und Europäischen Privatrecht, Diss. Heidelberg 2003, Frankfurt a.M. 2004; WIEGAND WOLFGANG/MARTI MARIO, Das Bundesgesetz über den elektronischen Geschäftsverkehr – Die rechtliche Erfassung des E-Commerce, *in* Nationale und internationale Bezüge des E-Commerce, Bern 2002, S. 37 ff.; WIEGAND WOLFGANG et al. (Hrsg.), Privatrecht im Spannungsfeld zwischen gesellschaftlichem Wandel und ethischer Verantwortung, Festschrift für Heinz Hausheer, Bern 2002; WILHELMSSON THOMAS, Private Law Remedies against the Breach of Information Requirements of EC LAW, *in* Schulze Reiner/Ebers Martin/Grigoleit Hans Christoph (Hrsg.), Informationspflichten und Vertragsschluss im Acquis communautaire, Tübingen 2003, S. 245 ff.; ZIMMERMANN REINHARD, Der «Codice Gandolfi» als Modell eines einheitlichen Vertragsrechts für Europa?, *in* Mansel Heinz-Peter et al. (Hrsg.), Festschrift für Erik Jayme, Bd. II, München 2004, S. 1401 ff.

> *«Der Gesetzgeber muss Sonne und Wind gleich verteilen: wo es notwendig ist, muss er durch zwingende Rechtssätze dem Schwachen Schutz gewähren; er kann aber nicht seine Aufgabe dem Billigkeitsgefühl oder den Konkurrenzrücksichten eines Vertragsteils überlassen.»* [1]

A. Einleitung

Zwar wird als erste gesetzliche Regelung der Welt, die ausdrücklich «zum Schutz der verbrauchenden Bevölkerung» erlassen wurde, das deutsche Abzahlungsgesetz von 1894 genannt,[2] doch gilt als Geburtsstunde des Konsumentenschutzgedankens gemeinhin der 15. März 1962 – der Tag, an dem sich der damalige amerikanische Präsident, John F. Kennedy, mit seiner berühmt gewordenen Verbraucherbotschaft an den Kongress wandte und Grundrechte für alle Verbraucher pos-

---

[1] Minister Steinbach, in Ehrenzweigs Assekuranz-Jahrbuch, 1885, S. 258; zitiert nach der Botschaft des Bundesrates vom 2.2.1904 zu dem Entwurfe eines Bundesgesetzes über den Versicherungsvertrag, BBl 1904 (Nr. 6) S. 263.

[2] So BENÖHR, ZHR 138 (1974), 492, mit Hinweis auf die Materialien zum deutschen Abzahlungsgesetz (RGBl. I, 450) und TONNER, JZ 1996, 536. Dass auch in der Schweiz nur wenig später erste Konsumentenschutzgedanken aufkamen, zeigt die Debatte zum Versicherungsvertragsgesetz. Vgl. dazu KUHN MORITZ W./MÜLLER-STUDER R. LUKA/ECKERT MARTIN K., Privatversicherungsrecht, 2. Aufl., Zürich 2002, S. 90: *«Das VVG darf daher aus heutiger Sicht als eigentliches Konsumentenschutzgesetz bezeichnet werden.».*

tulierte.³ Basierend auf diesen hat der EWG-Rat in den Jahren 1975 und 1981 zwei Programme für eine Politik zum Schutz und zur Unterrichtung der Verbraucher verabschiedet,⁴ in denen er fünf fundamentale Konsumentenrechte formulierte. Es sind dies:

(1) das Recht auf Schutz seiner Gesundheit und Sicherheit,
(2) das Recht auf Schutz seiner wirtschaftlichen Interessen,
(3) das Recht auf Wiedergutmachung seines wirtschaftlichen Schadens,
(4) das Recht auf Unterrichtung und auf Bildung und
(5) das Recht auf Vertretung (das Recht, gehört zu werden).

Diese Verbraucherrechte, die sich aus der *wirtschaftlich schwachen Stellung des Konsumenten* einerseits und der *Übermacht der Anbieter* andererseits ableiten, sind im Rahmen der Schaffung eines europäischen Binnenmarktes und der damit verbundenen Rechtsangleichung durch Verabschiedung einer Reihe von Konsumentenschutzrichtlinien⁵ sukzessive realisiert worden. Auch der schweizerische Gesetzgeber ist nicht untätig geblieben. Er hat – wenigstens zeit- und phasenweise – Teile der europäischen Konsumentenrechtsentwicklung mit- bzw. autonom nachvollzogen und vereinzelt gar eigenständig weiterentwickelt.

Obwohl heute die Begriffe *Konsument* und *Konsumentenschutz* bzw. *Verbraucher* und *Verbraucherschutz*⁶ in aller Munde sind, sind sie immer noch schwer fassbar.⁷ Zwar herrscht mittlerweile Einigkeit darüber, dass die Position des Konsumenten im Wirtschaftsprozess gestärkt werden muss, doch wird um die Frage nach einer adäquaten rechtlichen Ausgestaltung nach wie vor gerungen. Da oft höchst umstritten ist, wer in welcher Situation wovor geschützt werden soll, wird die betreffende Messlatte nicht nur in den einzelnen Staaten, sondern häufig auch in den verschiedenen Gesetzen ein und desselben Staates unterschiedlich hoch angelegt – je nachdem, welches konsumentenpolitische Leitbild sich im jeweiligen Gesetzgebungsprozess durchzusetzen vermochte. Einigkeit besteht immerhin über das Wesen des Konsumentenschutzrechts. *Dieses besteht darin, ein typisches, nicht aber notwendigerweise individuell gegebenes Machtgefälle zwischen Anbieter und Konsument auszugleichen.*

---

3 Special Message to the Congress on Protecting the Consumer Interest (abgedruckt bei v. HIPPEL, Schutz, S. 281 ff.).
4 ABl. C 91/1 vom 5.4.1975 bzw. C 92 vom 25.4.1975 und ABl. C 133 vom 3.6.1981.
5 Vgl. dazu die Übersicht unten S. 19 f.
6 Die Worte Verbraucher und Konsument bzw. Unternehmer und Anbieter werden im Folgenden synonym verwendet.
7 «Ein Phantom» nannte noch vor zehn Jahren DREHER, JZ 1997, 167 ff., den Verbraucher bzw. REICH, JZ 1997, 609 f., das Verbraucherrecht.

B. Die unterschiedlichen Konsumentenschutzkonzepte

I. Formal-abstrakte Gleichheit als Ausgangspunkt

Unser Privatrecht geht von der formal-abstrakten Gleichheit aller Rechtssubjekte aus. Die Überwindung feudalistischer Strukturen, mithin der Weg «from status to contract» (MAINE), gilt als bedeutende Errungenschaft des 19. Jahrhunderts. Selbstbestimmung und damit einhergehend Selbstverantwortung bilden im Zeitpunkt der Kodifikation von BGB und ZGB/OR die Kernpunkte der Privatautonomie, wobei schon das Vertragsrecht jener Zeit Mechanismen zum Schutz der rechtsgeschäftlichen Entscheidungsfreiheit kannte (Formzwang für bedeutende Rechtsgeschäfte, Vertragsauflösungsmöglichkeit bei Täuschung, Drohung und Irrtum, Schutzvorschriften für Minderjährige und Urteilsunfähige, aber auch das Verbot übermässiger rechtsgeschäftlicher Bindung und der Grundsatz, wonach Dauerschuldverhältnisse aus wichtigen Gründen vorzeitig beendet werden dürfen).[8]

Bald fanden erste soziale Schutzgedanken (z.B. im Miet- und Arbeitsrecht, beim Abzahlungsvertrag und bei der Bürgschaft) Eingang in die Gesetzgebung und relativierten den formalen Charakter des Vertragsrechts weiter.

Mit Aufkommen des Massenmarktes stellte sich zunehmend die Frage, ob und inwieweit den *Verbrauchern als Gruppe* gegenüber den kommerziellen Anbietern ein zusätzlicher, besonderer Schutz zur «Kompensation gestörter Vertragsparität» (HÖNN) zukommen soll. Damit erhielt die Frage nach der *materiellen Vertragsgerechtigkeit*[9] eine neue Brisanz.[10] Rasch entwickelten sich verschiedene Denkmodelle verbraucherpolitischen Handelns, nach denen der Gesetzgeber auf ganz unterschiedliche Weise in die Pflicht genommen werden sollte. Diese lassen sich, ohne auf Einzelheiten einzugehen,[11] wie folgt charakterisieren:

---

[8] Zum Vertragsmodell der damaligen Zeit vgl. etwa WIEACKER, S. 22 ff., und HÖNN, S. 5 f.
[9] Die Publikationen dazu sind Legion. Vgl. zum Schutz des Schwächeren im Zivilrecht grundlegend WEITNAUER (1975), S. 17 ff., und VON HIPPEL (1982), S. 2 ff., siehe auch RAISER, JZ 1958, 1 ff.; MERZ (1970), S. 1 ff., S. HÖNN (1982), S. 18 ff. Allerdings gab es immer auch Stimmen, die in der Erfüllung konsumentenrechtlicher Postulate eine im Vertragsrecht unerwünschte Gleichmacherei sehen und eine Rückkehr zur formalen Freiheit postulieren. So etwa MEDICUS, Abschied von der Privatautonomie im Privatrecht?, (1994), S. 11 ff. Eine gute Übersicht über die verschiedenen Paradigmen des Verbraucherprivatrechts findet sich bei SEILER (2006), S. 20 ff.
[10] KRAMER, Krise, S. 21, hat schon vor bald vierzig Jahren darauf hingewiesen, dass die formale Freiheit nur einen «rechtlichen Mechanismus» zur Verfügung stellt, ohne darauf Rücksicht zu nehmen, ob dieser auch wirklich benutzt werden kann.
[11] Näheres dazu findet sich bei WIEDENMANN, S. 49 ff. und schon bei KRAMER, KritV 1986, 272 ff.

II. Marktkomplementäre Information

Die Anhänger einer auf dem liberalen Wettbewerbsmodell basierenden, traditionellen Wirtschaftspolitik gehen davon aus, dass der Konsument als letzter Nachfrager am Markt dem Anbieter von seiner Marktmacht her prinzipiell gleichgestellt ist. Für den Gesetzgeber bestehe daher grundsätzlich kein Anlass, die Konsumenten als spezielle Gruppe zu schützen. Seine Aufgabe liege vielmehr darin, den Wettbewerb aufrecht zu erhalten und allenfalls vereinzelte, auf fehlende Markttransparenz und auf Informationsdefizite der Nachfrager zurückzuführende Ungleichgewichte auszutarieren. Im Vordergrund dieser, vor allem von DAUNER-LIEB[12] weiterentwickelten, «liberalen» bzw. «marktkomplementären» Theorie stehen die intellektuellen und wirtschaftlichen Defizite der Verbraucher, die durch Schaffung eines *Informationsmodells* zu beseitigen sind. Befürwortet wird die Einführung von Regeln zur vorvertraglichen Aufklärung des Verbrauchers mit der Folge eines Schadensersatzanspruchs aus culpa in contrahendo und eine auf Allgemeine Geschäftsbedingungen begrenzte Inhaltskontrolle von Verträgen.

III. Marktkompensatorischer Sozialschutz

Für die Verfechter eines alternativen Wirtschaftsrechts geht das Informationsmodell zu wenig weit. Nach ihnen gibt es typische Regelungsbedürfnisse, die in Abhängigkeit von einer sozialen Rolle generell-abstrakt beschreibbar und personell zuordnungsfähig sind. Der Konsument wird einer bestimmten sozialen Schicht zugehörig verstanden, die ein ausgleichbedürftiges Defizit an Rechtsschutz aufweist. Verbunden mit dieser Ausgangsposition ist die Forderung nach einer Abkehr von überkommenen Grundprinzipien des Obligationen- und Wettbewerbsrechts bzw. nach einer Reform des Wirtschaftsrechts in Richtung seiner Sozialisierung. Der Gesetzgeber habe *marktkompensatorisch*[13] zu handeln, verhaltenswissenschaftliche Ergebnisse in seine Weichenstellung miteinzubeziehen und ganz generell einen *gerechten Interessenausgleich* herbeizuführen. Die Vertreter dieser «*sozialen* bzw. *marktkompensatorischen» Theorie* gehen unterschiedlich weit in ihren Forderungen. Der wohl bekannteste Exponent, UDO REIFNER, postuliert eine komplette Uminterpretation des Zivilrechts unter Einbeziehung sozialer Bindungen.[14]

---

[12] S. 54 ff.
[13] Der Begriff stammt von REICH, Markt und Recht, S. 198 ff.; vgl. auch REICH/NORDHAUSEN, S. 20 ff.
[14] Vgl. die Schriften REIFNERS, vom *Alternativen Wirtschaftsrecht* (1979) über *Finanzdienstleistungen und Verbraucherschutz* (2001) bis hin zu *Renting a slave* (2007) je m.w.H.

IV. Gestuftes Kompensationsmodell zur Korrektur von Marktversagen

In beiden obgenannten Modellen herrscht Einigkeit darüber, dass im Falle eines «Marktversagens» materielle Korrekturregelungen erforderlich sind. Nach modernen Konsumentenschutzkonzeptionen ist die Ausübung von Vertragsfreiheit so zu sichern, dass auch die unterlegene Partei ihre Entscheidung weitestgehend selbstbestimmend fällen kann.[15] Das geschieht in einem ersten Schritt durch die Statuierung von vorvertraglichen und vertraglichen Informations- und Warnpflichten. Da aber die Herbeiführung des vertragsmässigen Ausgleichs oftmals nicht (oder jedenfalls nicht allein) an Informationsasymmetrien scheitert, bedarf es unter Umständen eines direkteren Eingriffs in den Vertragsmechanismus selbst.[16] Dieser *weitergehende, korrigierende Eingriff des Gesetzgebers* (durch inhaltliche Vorgaben wie etwa der Statuierung von halbzwingenden Normen oder von Widerrufsrechten) hat nach heute herrschender Überzeugung jedoch im Rahmen eines gestuften Kompensationsmodells, d.h. nur in typisierten Fallgestaltungen und unter Beachtung des Verhältnismässigkeitsgrundsatzes zu erfolgen.[17] Als letztes Glied sind sodann die Gerichte bei der Anwendung der vom Gesetzgeber geschaffenen Schutznormen gefordert, eine Auslegung im Lichte des Schutzzwecks vorzunehmen.

V. Fazit

Die Konsumentenschutzdiskussion ist einerseits ein (Wirtschafts-)Politikum, wobei man sich mit gesellschaftspolitischen Grundsatzfragen, wie etwa derjenigen nach der Berechtigung des herrschenden Marktparadigmas und der politischen Funktion des Wettbewerbs, auseinanderzusetzen hat. Sie gibt aber im Rahmen der Entwicklung von Gesetzgebung und Rechtsprechung immer auch Anlass zu grundsätzlichen rechtstheoretischen Diskussionen um den Wert und die Weiterentwicklung des allgemeinen Privatrechts.[18] Während die liberalen Privatrechts-

---

[15] Vgl. DREXL, Selbstbestimmung, S. 7 ff., 35 ff.
[16] Dazu KIND, S. 101 ff.; ROTH, in Schulte-Nölke, S. 23 ff.
[17] Näheres bei WIEDENMANN, S. 61 ff.
[18] Die bundesgerichtliche Rechtsprechung hat immer wieder Anlass gegeben, einen Funktionswandel des Privatrechts zu berücksichtigen. So hat das Bundesgericht in BGE 129 III 35 aus dem Verbot des Verstosses gegen die guten Sitten (ausnahmsweise) eine privatrechtliche Kontrahierungspflicht der Post abgeleitet. Dieser Entscheid war Anlass zur Studie «Soziales Vertragsrecht» von AMSTUTZ/ABEGG/KARAVAS, mit der die Autoren (allerdings in nicht leicht verständlicher Sprache) den Wandel des Privatrechts hin zu einem «Zivilverfassungsrecht der polykontexturalen Gesellschaft» aufzeigen wollen. Viel früher schon hat WIEGAND, recht 1990, 143, mit Blick auf die bundesgerichtliche Rechtsprechung zu den sog. Verhaltenspflichten eine grundlegende Strukturveränderung der Schuldverhältnisse ausgemacht, die es ermöglicht, das Risiko zwischen den Vertragspart-

kodifikationen des ausgehenden 19. Jahrhunderts sich am Leitbild eines für alle Bürger möglichst gleichen Rechts orientierten, ist im Zuge eines veränderten gesellschaftlichen Umfelds dieser Grundgedanke längst mehr oder weniger offen durchbrochen worden. Beim Verbraucherrecht geht es um mehr als um die Schaffung eines «Sonderprivatrechts für Ungleichgewichtslagen»[19]. Ziel ist nicht primär der Schutz sozial Schwacher, sondern die «Herstellung einer vernünftigen Marktsituation»[20]. Ausgangspunkt dazu ist eine Differenzierung zwischen *Business-to-Business-(B2B)-* und *Business-to-Consumer-(B2C)-*Geschäften. Für letztere, die sog. Konsumgeschäfte, wurden im Laufe der vergangenen Jahrzehnte sowohl im materiellen Recht wie auch im Prozessrecht verschiedene Sondernormen geschaffen, mittels derer die Selbstbestimmung der Gruppe der Konsumenten gegenüber den Anbietern (wieder) hergestellt werden soll. Richtig verstanden sind diese Normen nicht als Angriff auf die Privatautonomie zu sehen, sondern als deren systemimmanentes Korrektiv.

C. Die Entwicklung des Konsumentenrechts in der EU

I. Übersicht und Rechtsgrundlage

In der Europäischen Gemeinschaft entwickelte sich der Konsumentenschutz seit Mitte der 70er Jahre ganz langsam von einem «Schutz diffuser Interessen»[21] hin zu einem eigentlichen Verbraucherrecht.[22] Heute gehört dieses unbestrittener-

---

nern beliebig zu verteilen. *«So erwünscht und legitim es ist, mit Hilfe derartiger Verhaltenspflichten Ungleichgewichtslagen auszutarieren und in einem gewissen Grade soziale Kompensation zu betreiben ..., so offenkundig sind die Gefahren eines solchen Vorgehens ... Die Möglichkeiten ... Risikoverlagerungen herbeizuführen stellen nur ein dogmatisches Instrumentarium dar. Die eigentliche Entscheidung fällt auf der Wertungsebene.»*

[19] So der Titel des Beitrags von LIEB, AcP 178 (1978), 196 ff.
[20] So REHBINDER, JKR 1995, S. 61. Das deutsche Bundesverfassungsgericht hat schon 1989 festgehalten: «Handelt es sich um eine typisierbare Fallgestaltung, die eine strukturelle Unterlegenheit des einen Vertragsteils erkennen lässt und sind die Folgen des Vertrages für den unterlegenen Vertragsteil ungewöhnlich belastend, so muss die Zivilrechtsordnung darauf reagieren und Korrekturen ermöglichen» (BVerfGE 89, 215 ff., 232).
[21] Beispielhaft der Wandel im Titel einer der bekanntesten konsumentenrechtlichen Monographien: REICHS *Schutz und Förderung diffuser Interessen durch die Europäische Gemeinschaft* (1989) ist in zweiter und dritter Auflage (1993/96) erschienen unter dem Titel *Europäisches Verbraucherschutzrecht – Binnenmarkt und Verbraucherinteresse*; die 4. Auflage (zusammen mit MICKLITZ) aus dem Jahre 2006 heisst tout simple *Europäisches Verbraucherrecht*.
[22] Vgl. auch STAUDER, JKR 1995, S. 75 ff., und STAUDER/LANGER/SCHAFFELHUBER, JKR 2001, S. 195 ff.

massen zum zentralen *acquis communautaire*. Die ausdrückliche Anerkennung der Verbraucherpolitik und die Implementierung subjektiver Rechte der Konsumenten im Unionsvertrag von Maastricht (1992[23]) und im Vertrag von Amsterdam (1997[24]) waren wichtige Meilensteine auf dem Weg dort hin.[25]

1. Verbraucherpolitik

Rechtsgrundlage und Ziel der europäischen Verbraucherpolitik finden sich in Art. 153 EGV:

«*(1) Zur Förderung der Interessen der Verbraucher und zur Gewährleistung eines hohen Verbraucherschutzniveaus leistet die Gemeinschaft einen Beitrag zum Schutz der Gesundheit, der Sicherheit und der wirtschaftlichen Interessen der Verbraucher sowie zur Förderung ihres Rechtes auf Information, Erziehung und Bildung von Vereinigungen zur Wahrung ihrer Interessen.*
(2) Den Erfordernissen des Verbraucherschutzes wird bei der Festlegung und Durchführung der anderen Gemeinschaftspolitiken und -massnahmen Rechnung getragen.
(3) Die Gemeinschaft leistet einen Beitrag zur Erreichung der in Absatz 1 genannten Ziele durch
   a) Massnahmen, die sie im Rahmen der Verwirklichung des Binnenmarkts nach Artikel 95 erlässt
   b) Massnahmen zur Unterstützung, Ergänzung und Überwachung der Politik der Mitgliedstaaten
(4) Der Rat beschliesst gemäss dem Verfahren des Artikels 251 und nach Anhörung des Wirtschafts- und Sozialausschusses die Massnahmen nach Absatz 3 Buchstabe b.
(5) Die nach Absatz 4 beschlossenen Massnahmen hindern die einzelnen Mitgliedstaaten nicht daran, strengere Schutzmassnahmen beizubehalten oder zu ergreifen. Diese Massnahmen müssen mit diesem Vertrag vereinbar sein. Sie werden der Kommission mitgeteilt.»

---

[23] Der am 7.2.1992 in Maastricht unterzeichnete Vertrag über die Europäische Union (EGV) trat am 1.11.1993 in Kraft. Er enthielt in Art. 129a die erste eigenständige primärrechtliche Verankerung des Verbraucherrechts.

[24] Der Vertrag von Amsterdam wurde am 2.10.1997 unterzeichnet und trat am 1.5.1999 in Kraft. In ihm wird Art. 129a EGV in Art. 153 EGV überführt; es werden eigenständige Verbraucherrechte geschaffen und die gemeinschaftsrechtlichen Kompetenzen erweitert.

[25] Das neueste Regelungswerk, der EU-Reformvertrag von Nizza (geschlossen am 11.12.2002, in Kraft seit 1.2.2003) hat am Stellenwert des Verbraucherschutzes nichts geändert. Der (gescheiterte) Verfassungsvertrag hingegen hätte die Unionskompetenzen im Verbraucherrecht wohl erhöht (vgl. dazu SCHROETER, ZEuP 2006, 553 ff.).

Diese Norm zeigt auf exemplarische Weise das fast unlösbare Spannungsfeld, in welchem sich das europäische Verbraucher(schutz)recht befand und befindet. Einerseits will die EU alles daran setzen, um die Interessen der Verbraucher zu wahren und ihnen ein *hohes Schutzniveau* zu gewährleisten, andererseits stehen Fragen der *Marktöffnung* bis hin zu einem *einzigen grossen europäischen Binnenmarkt*[26] im Vordergrund. REICH hält treffend fest, dass die Schutzpolitik für die Gemeinschaft nur insoweit eine Rolle spielt, als sie die Wahlfreiheit einzelner Verbraucher erhöht: «Der Ansatz ist also ein liberal-freihandelsbezogener, nicht dagegen ein sozialstaatlich-schutzbezogener»[27]. Konsumentenschutz wird in der EU vor allem dann propagiert und gefördert, wenn und soweit er dazu führt, dass die EU-Bürger vermehrt grenzüberschreitend tätig werden (z.B. durch Reisen, Kauf, Kreditaufnahme etc.).

2. Der Grundsatz der Subsidiarität

Konsumentenschutz bildet nach Art. 153 EGV einen selbständigen Politikbereich innerhalb der EU. Die Gemeinschaft hat aber weder eine Monopolstellung noch gar eine ausschliessliche Zuständigkeit zum Erlass von Verbraucherrecht. Das in Art. 5 Abs. 2 des EG-Vertrages[28] definierte *Prinzip der Subsidiarität* findet grundsätzlich auch hier Anwendung. Es besagt, dass Entscheidungen auf einer möglichst bürgernahen Ebene zu treffen sind, wobei zu prüfen ist, ob ein gemeinschaftliches Vorgehen angesichts der nationalen, regionalen oder lokalen Handlungsmöglichkeiten wirklich gerechtfertigt ist. Mit der Subsidiarität gekoppelt sind die Grundsätze der Verhältnismässigkeit und der Notwendigkeit, d.h. die Massnahmen der Union dürfen nicht über das zur Verwirklichung der Vertragsziele notwendige Mass hinausgehen.[29]

---

[26] Die Vollendung des Binnenmarktes per 31.12.1992 war ein grosses Ziel der einheitlichen Europäischen Akte von 1987 (ABl. L 169 vom 29.6.1987).
[27] Verbraucherrecht, 4. Aufl. 2003, S. 19.
[28] *«Die Gemeinschaft wird innerhalb der Grenzen der ihr in diesem Vertrag zugewiesenen Befugnisse und gesetzten Ziele tätig.*
  In den Bereichen, die nicht in ihre ausschliessliche Zuständigkeit fallen, wird die Gemeinschaft nach dem Subsidiaritätsprinzip nur tätig, sofern und soweit die Ziele der in Betracht gezogenen Massnahmen auf Ebene der Mitgliedstaaten nicht ausreichend erreicht werden können und daher wegen ihres Umfangs oder ihrer Wirkungen besser auf Gemeinschaftsebene erreicht werden können.
  Die Massnahmen der Gemeinschaft gehen nicht über das für die Erreichung der Ziele dieses Vertrags erforderliche Mass hinaus.»
[29] So die Grundsätze im Netzwerk für Subsidiaritätskontrolle, abrufbar unter: http://www.cor.europa.eu/subsidinet/de/sub_hist.htm.

II. Nützliche Fundstellen zum Europäischen Verbraucherrecht

Die Rechts- und Politikentwicklung in der EU unterstehen einem ständigen Wandel. Für allgemeine Informationen dienen die folgenden offiziellen Links:
 – *Rechtsakte* der EU sind abrufbar unter: http://www.eur-lex.europa.eu/de/index.htm
 – *Entscheidungen des EuGH* sind abrufbar unter: http://curia.eu.int/de/content/juris/index.htm [30]
 – Das *Portal für Verbraucherfragen* findet sich unter (wobei hier die Informationen zunehmend nur noch auf Englisch angeboten werden): http://ec.europa.eu/consumers/index_de.htm

III. Verbraucherschutzrichtlinien im Spannungsfeld zwischen Mindest- und Vollharmonisierung

Richtlinien sind das wichtigste Mittel zur Angleichung von Privatrechtsvorschriften in der Europäischen Union. In den Jahren 1985–2005 wurden über 20 Gemeinschaftsrichtlinien erlassen, die dem allgemeinen oder sektoriellen Konsumentenschutz (und natürlich immer auch der Erleichterung grenzüberschreitender Transaktionen) dienen.[31] Deren wichtigste sind die Folgenden:
- Richtlinie 84/450 EWG des Rates vom 10. September 1984 zur Angleichung der Rechts- und Verwaltungsvorschriften der Mitgliedstaaten über irreführende Werbung,[32] geändert durch die Richtlinie 97/55/EG vom 6. Oktober 1997 zwecks Einbeziehung der vergleichenden Werbung[33] (sog. Werbungs-RL)
- Richtlinie 85/374/EWG des Rates vom 25. Juli 1985 zur Angleichung der Rechts- und Verwaltungsvorschriften der Mitgliedstaaten über die Haftung für fehlerhafte Produkte[34] (sog. Produktehaftungs-RL)
- *Richtlinie 85/577/EWG des Rates vom 20. Dezember 1985 betreffend den Verbraucherschutz im Falle von ausserhalb von Geschäftsräumen geschlossenen Verträgen[35] (sog. Haustürgeschäfte-RL)
- Richtlinie 87/102/EWG des Rates vom 22. Dezember 1986 zur Angleichung der Rechts- und Verwaltungsvorschriften der Mitgliedstaaten über den Verbrau-

---

[30] Ein Überblick über die Rechtsprechung des EuGH zum Konsumentenrecht findet sich auch bei MICKLITZ (Rechtsprechungsübersicht). Hilfreich sind auch die Law-links von FRIDOLIN WALTER: www.law-links.ch.
[31] Vgl. im Einzelnen die Aufzählung im Grünbuch zum Verbraucherschutz in der Europäischen Union vom 2.10.2001 (KOM [2001] 531, endg.), S. 4 ff
[32] ABl. L 250 vom 19.9.1984, S. 17 ff.
[33] ABl. L 290 vom 23.10.1997, S. 18 ff.
[34] ABl. L 210 vom 7.8.1985, S., 29 ff.
[35] ABl. L 372 vom 31.12.1985, S. 31 ff.

cherkredit³⁶, geändert durch die Richtlinie 98/7/EG vom 16. Februar 1998³⁷ und die Richtlinie 90/88/EWG vom 22. Februar 1990³⁸ (sog. Verbraucherkredit-RL)
- *Richtlinie 90/314/EWG des Rates vom 13. Juni 1990 über Pauschalreisen³⁹ (sog. Pauschalreise-RL)
- *Richtlinie 93/13/EWG des Rates vom 5. April 1993 über missbräuchliche Klauseln in Verbraucherverträgen⁴⁰ (sog. AGB- oder Klausel-RL)
- *Richtlinie 94/47/EG des Europäischen Parlaments und des Rates vom 26. Oktober 1994 zum Schutz der Erwerber im Hinblick auf bestimmte Aspekte von Verträgen über den Erwerb von Teilzeitnutzungsrechten an Immobilien⁴¹ (sog. Timesharing-RL)
- *Richtlinie 97/7/EG des Europäischen Parlaments und des Rates vom 20. Mai 1997 über den Verbraucherschutz bei Vertragsabschlüssen im Fernabsatz⁴² (sog. Fernabsatz-RL)
- *Richtlinie 98/6/EG des Europäischen Parlaments und des Rates vom 16. Februar 1998 über den Schutz der Verbraucher bei der Angabe der Preise der ihnen angebotenen Erzeugnisse⁴³ (sog. Preisangabe-RL)
- *Richtlinie 98/27/EG des Europäischen Parlaments und des Rates vom 19. Mai 1998 über Unterlassungsklagen zum Schutz der Verbraucherinteressen⁴⁴ (sog. Unterlassungsklagen-RL)
- *Richtlinie 99/44/EG des Europäischen Parlaments und des Rates vom 25. Mai 1999 zu bestimmten Aspekten des Verbrauchsgüterkaufs und der Garantien für Verbrauchsgüter⁴⁵ (sog. Verbrauchsgüterkauf-RL)
- Richtlinie 2001/95/EG des Europäischen Parlaments und des Rates vom 3. Dezember 2001 über die allgemeine Produktsicherheit⁴⁶ (sog. Produktsicherheits-RL)

Die älteren Verbraucherschutzrichtlinien basieren grundsätzlich auf dem Prinzip der *Mindestharmonisierung*. Dies ermöglicht es den Mitgliedstaaten, bei der Umsetzung in nationales Recht, zu Gunsten der Konsumenten strengere Bestimmungen zu erlassen oder beizubehalten.⁴⁷ Neuere Richtlinien und Richtlinien-

---

36 ABl. L 42 vom 12.2.1987, S. 48 ff.
37 ABl. L 101 vom 1.4.1998, S. 17 ff.
38 ABl. L 61 vom 10.3.1990, S. 14 ff.
39 ABl. L 158 vom 23.6.1990, S. 59 ff.
40 ABl. L 95 vom 21.4.1993, S. 29 ff.
41 ABl. L 280 vom 29.10.1994, S. 83 ff.
42 ABl. L 144 vom 4.6.1997, S. 19 ff.
43 ABl. L 080 vom 18.03.1998, S. 27 ff.
44 ABl. L 166 vom 11.6.1998, S. 51 ff.
45 ABl. L 171 vom 7.7.1999, S. 12 ff.
46 ABl. L 11 vom 15.1.2002, S. 4 ff.
47 Die Mitgliedstaaten sind auch in der Art und Weise der Erreichung des Richtlinienziels bis zu einem gewissen Grade frei. So regeln viele Richtlinien nicht selbst, was bei Normverstössen zu geschehen hat. Gemäss der Rechtsprechung des EuGH (Urteile vom 21.9.1989

vorschläge tendieren hingegen zur *Vollharmonisierung* eines bestimmten Regelungsbereichs, meist kombiniert mit der Anwendung des *Prinzips der gegenseitigen Anerkennung* oder des *Herkunftslandsprinzips* im nicht harmonisierten Bereich.

Vollharmonisierung bedeutet, dass die Mitgliedstaaten im Anwendungsbereich einer Richtlinie keine strengeren Bestimmungen als die auf Gemeinschaftsebene festgelegten anwenden dürfen. Das Prinzip der gegenseitigen Anerkennung verpflichtet die Mitgliedstaaten in ihrem Hoheitsgebiet, Produkte (Waren, aber auch Dienstleistungen, Schulabschlüsse etc.) zu akzeptieren, die legal in einem anderen Mitgliedsstaat hergestellt und vermarktet werden. Das Herkunftslandsprinzip besagt, dass Anbieter einzig den Rechtsvorschriften desjenigen Landes unterstehen, in dem sie niedergelassen sind (wobei diese natürlich den EU-Mindestvorgaben entsprechen müssen).

Ob sich diese neuen Ansätze – von denen man nicht zu Unrecht eine Nivellierung des Verbraucherschutzes nach unten befürchtet[48] – durchsetzen werden, ist derzeit noch ungewiss (vgl. dazu auch unten IV.). Mit den folgenden Richtlinien wurden jedenfalls erste «Breschen in das Bollwerk der Minimalharmonisierung»[49] geschlagen:

– Richtlinie 2000/31/EG des Europäischen Parlaments und des Rates vom 8. Juni 2000 über bestimmte rechtliche Aspekte der Dienste der Informationsgesellschaft, insbesondere des elektronischen Geschäftsverkehrs, im Binnenmarkt[50] (sog. «Richtlinie über den elektronischen Geschäftsverkehr» – «E-Commerce-Richtlinie»)
– Richtlinie 2002/65/EG des Europäischen Parlaments und des Rates vom 23. September 2002 über den Fernabsatz von Finanzdienstleistungen an Verbraucher und zur Änderung der Richtlinie 90/619/EWG des Rates und der Richtlinien 97/7/EG und 98/27/EG (sog. Finanzdienstleistungs-Fernabsatz-RL)[51]
– Richtlinie 2005/29/EG des Europäischen Parlaments und des Rates vom 11. Mai 2005 über unlautere Geschäftspraktiken im binnenmarktinternen Geschäftsverkehr zwischen Unternehmen und Verbrauchern und zur Änderung der Richtlinie 84/450/EWG des Rates, der Richtlinien 97/7/EG, 98/27/EG und 2002/65/EG des Europäischen Parlaments und des Rates sowie der Verordnung

---

in der Rs. C-68/88, Kommission/Griechenland, und vom 8.6.1994 in der Rs. C-383/92, Kommission/Vereinigtes Königreich) haben sie bei der Umsetzung der Richtlinie im nationalen Recht Sanktionen vorzusehen, die *wirksam, verhältnismässig und abschreckend* sein müssen. Ob sie dies aber mittels privat-, straf- oder verwaltungsrechtlichen Mitteln tun, bleibt ihnen überlassen.

[48] Vgl. u.a. KENNY, AJP 2005, 292 unter Hinweis auf HOWELLS/WILHELMSSON, EC Consumer Law: has it come of age?, 8 E. L. Rev. 2003, 370, 383.
[49] Bild nach MICKLITZ/REICH, VuR online, 2007 (4).
[50] ABl. L 178 vom 17.07.2000, S. 1 ff.
[51] ABl. L 271 vom 9.10.2002, S. 16 ff.

(EG) Nr. 2006/2004 des Europäischen Parlaments und des Rates (Richtlinie über unlautere Geschäftspraktiken)[52]
– Richtlinie 2006/123/EG des Europäischen Parlaments und des Rates vom 12. Dezember 2006 über Dienstleistungen im Binnenmarkt[53].

In die gleiche Richtung geht die vor längerer Zeit in Angriff genommene Totalrevision der Verbraucherkreditrichtlinie.[54] Hier hat sich eine zumindest partielle Vollharmonisierung (im Rahmen der Begriffsbestimmungen der Richtlinie) durchgesetzt.[55] Auch für die Timeshare-Richtlinie liegt ein Änderungsvorschlag vor,[56] der einerseits neue Produkte und Vertragsausgestaltungen, die heute nicht unter die Vorschriften fallen, miteinbeziehen will, andererseits auch ausdrücklich dafür sorgen soll, «dass die Verbraucher in der gesamten EU gleichermassen geschützt sind»[57]. Ausserdem sollen auf dem Markt für Teilzeitnutzungsrechte und bestimmte andere Urlaubsprodukte gleiche Wettbewerbsbedingungen geschaffen werden.

---

[52] ABl. L 149 vom 11.6.2005, S. 22 ff.
[53] ABl. L 376 vom 27.12.2006, S. 36 ff.; von den Mitgliedstaaten umzusetzen bis zum 28.12.2009. Wenngleich es sich bei dieser Richtlinie nicht um eine Verbraucherschutzrichtlinie im eigentlichen Sinne handelt, hat sie doch weitgehende Auswirkungen auf das Verbraucherrecht.
[54] Der zweite, geänderte Vorschlag vom 7.10.2005, KOM (2005) 483 endg., wurde lange und intensiv diskutiert. Kurz vor dem totalen Scheitern hat man schliesslich doch noch zu einer Einigung gefunden. Am 7.4.2008 billigte der Rat der Europäischen Union für Verkehr, Telekommunikation und Energie (sic!) die neue vom EU-Parlament am 16.1.2008 verabschiedete Richtlinie über Verbraucherkreditverträge und zur Aufhebung der Richtlinie 87/102/EWG.
[55] Vgl. die Erwägungsgründe 9 und 9a im Dokument über die politische Einigung (öffentliche Beratung) vom 16.5.2007, abrufbar unter http://www.consilium.europa.eu/cms3_applications/applications/openDebates/openDebates-PREVIEW.ASP?id=309&lang=de&details=YES&cmsID=1105, wo es heisst: *«Eine vollständige Harmonisierung ist notwendig, um allen Verbrauchern in der Gemeinschaft ein hohes und vergleichbares Mass an Schutz ihrer Interessen zu bieten und um einen echten Binnenmarkt zu schaffen. Den Mitgliedstaaten sollte es deshalb nicht erlaubt sein, von dieser Richtlinie abweichende einzelstaatliche Bestimmungen beizubehalten oder einzuführen.»* ... bzw. *«Mit den Begriffsbestimmungen dieser Richtlinie wird der Bereich der Harmonisierung festgelegt. Die Verpflichtung der Mitgliedstaaten zur Umsetzung der Bestimmungen der Richtlinie sollte sich daher nur auf den durch diese Begriffsbestimmungen festgelegten Bereich erstrecken. Unbeschadet dieser Richtlinie sollten die Mitgliedstaaten jedoch im Einklang mit dem Gemeinschaftsrecht die Bestimmungen der Richtlinie auch auf Bereiche anwenden können, die nicht in deren Geltungsbereich fallen.»*
[56] Vorschlag für eine Richtlinie des Europäischen Parlaments und des Rates über den Schutz der Verbraucher im Hinblick auf bestimmte Aspekte von Teilzeitnutzungsrechten, langfristigen Urlaubsprodukten sowie des Wiederverkaufs und Tausches derselben vom 7.6.2007, KOM (2007) 303 endg.
[57] Vgl. die Pressemitteilung unter: http://europa.eu/rapid/pressReleasesAction.do?reference=IP/07/775&format=HTML&aged=0&language=DE&guiLanguage=en.

IV. Überprüfung und Angleichung des gemeinschaftlichen Besitzstandes im Konsumentenschutz

Mit Blick auf die Einführung des Euro-Bargeldes als europäische Währung per 1.1.2002 und der Zunahme des elektronischen Geschäftsverkehrs hielt die Kommission in ihrem *Grünbuch zum Verbraucherschutz in der Europäischen Union vom 2.10.2001*[58] fest, dass die gemeinschaftlichen Verbraucherschutzvorschriften der natürlichen Entwicklung des Marktes und den neuen Geschäftspraktiken nicht zu folgen vermögen. Es sei daher zu untersuchen, wie ein wirksamerer Verbraucherschutz verwirklicht werden könne. Zu denken sei an eine Vereinfachung und Harmonisierung der bestehenden Gemeinschaftsvorschriften, sowie – sofern möglich – an eine Deregulierung. In der Mitteilung zur *verbraucherpolitischen Strategie der Jahre 2002–2006*[59] vermerkte die Kommission sodann, mit der nunmehr erfolgten Einführung des Euro sei für die Verbraucher eine wesentliche psychologische Hemmschwelle beim Einkauf in anderen Mitgliedstaaten weggefallen. Das habe aber entgegen den Erwartungen nicht zu mehr grenzüberschreitendem Konsum geführt. Grund seien die unterschiedlichen Verbraucherschutzvorschriften in den einzelnen Mitgliedstaaten. Die Verbraucher wüssten nicht, inwieweit sie bei Einkäufen im Ausland geschützt seien, sie beschränken ihre Wahl daher auf die im eigenen Land erhältliche Produkte und Dienstleistungen.[60]

Im Februar 2003 legte die Kommission unter dem Titel «*Ein kohärentes Europäisches Vertragsrecht*» einen *Aktionsplan* vor,[61] der drei Ziele anvisierte: (a) Die Konsolidierung, Verbesserung und disziplinierte Weiterentwicklung des Bestandes an gemeinschaftsrechtlichen Regelungen des Vertragsrechts (des sog. acquis communautaire); (b) die Erarbeitung von europaweit annehmbaren Allgemeinen Geschäftsbedingungen und (c) ein sog. *optionelles Instrument,* eine allgemeine Rechtsregelung der EU, die von Vertragspartnern gewählt oder abgewählt werden kann. Als Hilfsmittel soll ein *«Gemeinsamer Referenzrahmen»* (GRR – teilweise auch GR genannt) bzw. ein Cadre Commun de Référence (CCR), Common Frame of Reference (CFR) dienen.[62]

---

[58] KOM (2001) 531.
[59] KOM (2002) 208 endg. = ABl. 2002 C 137 vom 8.6.2002, S. 2 ff.
[60] A.a.O., 2.3.3.
[61] Mitteilung der Kommission an den Rat und das Europäische Parlament vom 12.2.2003, KOM (2003) 68, endg. (ABl. 2003 C 63/1).
[62] Auf der Homepage der Direktion für Verbraucherfragen wird der GRR als Langzeitprojekt umschrieben, «das den europäischen Gesetzgeber (Kommission, Rat und Europäisches Parlament) mit einem ‹Werkzeugkasten› bzw. einem Handbuch versorgen soll, das bei der Überarbeitung von schon bestehendem Recht und bei der Vorbereitung von neuen Rechtsakten im Bereich des Vertragsrechts genutzt werden soll». Weiter heisst es: «Dieser Werkzeugkasten könnte Grundprinzipien des Vertragsrechts, Schlüsselkonzepte und Modellvorschriften enthalten.» Vgl. http://ec.europa.eu/consumers/cons_int/safe_shop/fair_bus_pract/cont_law/index_de.htm#developments.

Mit dem GRR werde ein *gemeinsames* hohes Verbraucherschutzniveau, der Abbau von Binnenmarktschranken sowie eine Vereinfachung der Rechtsvorschriften angestrebt, damit das Vertrauen sowohl der Verbraucher als auch der Unternehmer in den Binnenmarkt gestärkt werde. Acht Verbraucherschutzrichtlinien[63] sollen «daraufhin überprüft werden, ob damit diese Ziele insbesondere angesichts der darin enthaltenen ‚Mindestharmonisierungs-Klauseln' auch tatsächlich erreicht werden». Dabei sei insbesondere zu ermitteln, «inwieweit die derzeitigen Richtlinien insgesamt und jeweils einzeln den Verbraucherschutz- und Binnenmarktzielen der Kommission in der Praxis gerecht werden».[64]

In der Literatur ist dieses Vorgehen vielfach scharf kritisiert worden[65]. Die Frage der Abschaffung der Mindestharmonisierung sei eine politische und daher auch von den politischen Instanzen zu entscheiden. Es gehe nicht an, dass die Kommission das über die gemeinschaftlichen Mindestvorschriften hinausgehende Konsumentenrecht «auf dem Altar des Binnenmarktes zu Gunsten der Anbieter opfern» wolle. Damit masse sie sich eine ausschliessliche Kompetenz im Bereich des Konsumentenvertragsrechts an, die den Grundsätzen der Subsidiarität und der mitgliedstaatlichen Verantwortung diametral zuwiderlaufe.[66]

Die Kommission führte in ihrer Mitteilung *Europäisches Vertragsrecht und Überarbeitung des gemeinschaftlichen Besitzstands: weiteres Vorgehen* vom 11.10.2004[67] aus, bis Ende 2007 würden ca. 180 Wissenschaftler einen Entwurf des GRR vorlegen. Begleitende Workshops und Seminare ermöglichen eine frühzeitige Mitwirkung der Interessengruppen und der Mitgliedstaaten. 177 Mitglieder – einen Querschnitt der verschiedenen Mitgliedstaaten und Berufsgruppen darstellend[68] – zusammengefasst in einem Netzwerk (CFR-Net), sollen die Berücksichtigung der Bedürfnisse der Nutzer und des praktischen Kontextes, in dem die Normen angewendet werden müssen, garantieren. Zuletzt werde der Abschlussbericht der Forscher einem «Praxistauglichkeitstest» unterzogen.[69] Bei der danach anstehenden Strategieentscheidung über die Notwendigkeit einer Abänderung der bestehenden Richtlinien werde die Kommission sodann gegebenenfalls «bei Vorschlägen zur Verbesserung der Qualität und Kohärenz des jetzigen Besitzstandes und künftiger vertragsrechtlicher Instrumente auf das Instrumentarium des GRR zurückgreifen». Gleichzeitig werde der GRR der Vereinfachung des Besitzstandes dienen.[70]

---

[63] In der obigen Aufzählung auf S. 19f. mit einem * markiert.
[64] KOM (2004) 651, 4.
[65] DECKERT, S. 85ff., stellt gar die Frage, ob es sich bei den Mitteilungen der Kommission um eine «Revolution von oben» handle (S. 99ff.).
[66] Vgl. statt vieler REICH, Stellung, S. 382, und weiterführend DERS., Common Frame, ZEuP 2007, 171ff.
[67] KOM (2004) 651, endg.
[68] Jedenfalls nach der Meinung der Kommission. Verschiedene Autoren bezweifeln dies, so z.B. WAGNER, ZEuP 2007, 189.
[69] A.a.O., Ziff. 3.2.2.
[70] A.a.O., Ziff. 2.1.1.

Geplant ist damit letztlich die Harmonisierung der vertragsrechtlichen Elemente der verschiedenen Richtlinien. Diese sind im Verlaufe der Jahre von unterschiedlichen Gremien erarbeitet worden und weichen in vielen Punkten ohne sachlichen Grund voneinander ab.

In den Jahren 2005 und 2007 folgten zwei *Fortschrittsberichte* durch die Kommission [71] und zwei *Entschliessungen* des Europäischen Parlaments. [72] Während die Kommission als Reaktion auf die kritischen Stimmen in der Literatur und in den Vernehmlassungen den GRR als «geeignetes Rechtsinstrument für eine bessere Rechtssetzung» anpries und ausdrücklich festhielt, der GRR laufe «weder auf eine in breitem Rahmen angelegte Harmonisierung des Privatrechts noch auf die Schaffung eines Europäischen Zivilgesetzbuches heraus» [73], scheint das EU-Parlament einem solchen Ansinnen gar nicht so abgeneigt zu sein. Es befürwortete jedenfalls die Erarbeitung eines umfassenden GRR-Projekts, das Fragen des allgemeinen Vertragsrechts abdecken und sich nicht auf Verbraucherverträge beschränken soll, und betonte in seinem Bericht, «dass ein einheitlicher Binnenmarkt ohne weitere Schritte hin zu einer Harmonisierung des Zivilrechts nicht vollständig funktionsfähig ist», dass daher bei Zustimmung der zuständigen politischen Instanzen, als langfristiges Ergebnis durchaus ein komplettes europäisches Zivilgesetzbuch herauskommen könnte. Im zweiten Bericht relativierte es seine Aussagen dahin, dass «die Arbeit an dem Projekt – selbst wenn schlussendlicher Zweck und rechtliche Form des GRR noch nicht klar sind – gut und unter Berücksichtigung der Tatsache geleistet werden soll, dass das langfristige Ergebnis ein verbindliches Rechtsinstrument sein könnte. Sämtliche verschiedenen möglichen Optionen für den Zweck und die rechtliche Form eines künftigen Rechtsinstrumentes sollten offen gehalten werden». [74]

Am 8. Februar 2007 legte die Kommission ein *«Grünbuch zur Überprüfung des gemeinschaftlichen Besitzstandes im Verbraucherschutz»* [75] vor, das die Ergebnisse hinsichtlich der acht überprüften Richtlinien zur Diskussion stellt. Als zentrale Sachfragen, die einer für Konsumenten und Anbieter tauglichen Lösung zugeführt werden müssen, referiert sie:

(1) *Neuere Entwicklungen am Markt* (Stichwort: Verbraucher in der digitalen Welt), denen die eher präskriptiv denn grundsatzorientierten Richtlinien nicht mehr gerecht werden;

---

[71] Vgl. Erster jährlicher Forschungsbericht zum europäischen Vertragsrecht und zur Überprüfung des gemeinschaftlichen Besitzstandes vom 23.9.2005, KOM (2005) 456 endg., bzw. Zweiter Fortschrittsbericht zum Gemeinsamen Referenzrahmen vom 25.7.2007, KOM (2007) 447 endg.
[72] Entschliessung vom 23.3.2006 (P6_TA(2006)0109) und vom 7.9.2006 (P6_TA(2006)03529).
[73] 2. Fortschrittsbericht, S. 13.
[74] 2. Bericht Ziff. B. 4.
[75] KOM (2006) 744 endg. Eine kritische Analyse derselben findet sich bei Tamm, EuZW 2007, 756 ff.

(2) *Rechtszersplitterung*, die zum einen eine Folge der Mindestharmonisierung und der damit verbundenen unterschiedlich hohen Verbraucherschutzniveaus in den einzelnen Mitgliedstaaten ist, zum anderen aber auch darauf zurückgeht, dass viele Aspekte in den Richtlinien uneinheitlich geregelt oder offen gelassen wurden;
(3) *Mangel an Vertrauen* in den grenzüberschreitenden Online-Handel.

Als mögliche Optionen für die Zukunft werden drei Ansätze zur Wahl gestellt, ein vertikaler, ein kombinierter und ein verzichtender. Wähle man den *vertikalen Ansatz* (Option I*)*, so könnten die acht zu überprüfenden Richtlinien gesondert revidiert werden, allerdings um den Preis weiter bestehender unabgestimmter Rechtsbegriffe. Der (aus einem horizontalen Instrument in Verbindung mit einem vertikalen Vorgehen) *kombinierte Ansatz* (Option II) hätte demgegenüber den Vorteil, dass man Gemeinsamkeiten aus den Richtlinien extrahieren und quasi in einem allgemeingültigen Rahmengesetz vor die Klammer nehmen könnte,[76] während der auf ein Tätigwerden auf legislativer Ebene *verzichtende Ansatz* (Option III), nicht nur die Wertungswidersprüche zwischen den einzelnen Richtlinien beibehalten, sondern auch die Rechtszersplitterung zementieren wenn nicht gar vergrössern würde.[77]

In der «*Verbraucherpolitischen Strategie der Jahre 2007–2013*»[78] hält die Kommission unmissverständlich fest, Sinn und Zweck der laufenden Überprüfung der Verbraucherschutzbestimmungen sei, «das EU-Verbraucherrecht moderner zu gestalten und zu vereinfachen und das Regelungsumfeld *im Sinne der Wirtschaft wie auch der Verbraucher*[79] zu verbessern». Der EU bleibe angesichts der Wachstums- und Beschäftigungsziele keine andere Wahl, als den Binnenmarkt zu stärken. Das erfordere jedoch zwingend *die Harmonisierung bestimmter Aspekte*. Die Kommission strebe aber nicht nach einer Nivellierung nach unten. Ihr Ziel werde ein hohes Schutzniveau sein. Sie wolle bis zum Jahr 2013 allen Bürgern und Bürgerinnen in der EU deutlich vor Augen führen können, «dass sie ohne Bedenken überall in der EU einkaufen können, ob im Laden um die Ecke oder im Internet, weil sie sich darauf verlassen können, gleichermassen rechtlich geschützt zu sein. Ebenso soll damit Gewerbetreibenden unmissverständlich klar gemacht werden, dass sie ihre Waren überall hin verkaufen können, wenn sie nur einige wenige unkomplizierte einheitliche Regeln beachten»[80].

---

[76] Diesem Allgemeinen Teil könne u.U. ein Besonderer Teil zum Kaufrecht folgen.
[77] Vgl. zur Kritik MICKLITZ/REICH, a.a.O.
[78] Mitteilung der Kommission vom 13.5.2007 an den Rat, das Europäische Parlament und an den Europäischen Wirtschafts- und Sozialausschuss «Verbraucherpolitische Strategie der EU (2007–2013) Stärkung der Verbraucher – Verbesserung des Verbraucherwohls – wirksamer Verbraucherschutz» KOM (2007) 99 endg./2 (sprachlich korrigierte Fassung).
[79] Hervorhebung durch die Autorin.
[80] A.a.O. S., 15. Die Generaldirektion Gesundheit und Verbraucherschutz der Europäischen

C. Die Entwicklung des Konsumentenrechts in der EU

V. Vom passiven zum aktiven Verbraucher

Während es den ersten Richtlinien noch darauf ankam, den passiven, d.h. den umworbenen Verbraucher vor nachteiligen Geschäften zu schützen, die ihren Entstehungsgrund im Absatzverhalten des Anbieters hatten, geht es zunehmend darum, den aktiven Konsumenten, d.h. denjenigen, der von sich aus als Nachfrager am – auch grenzüberschreitenden – Markt auftritt, abzusichern. Zu dieser Entwicklung hat unter anderem das Aufkommen des E-Commerce beigetragen, denn hier wird die Unterscheidung zwischen aktivem und passivem Konsumenten verwischt, wenn nicht gar hinfällig. Der E-Commerce spricht beide Gruppen gleichermassen an,[81] und es ist nicht einzusehen, weshalb derjenige, der beim Internet-Surfen auf ein Angebot trifft, weniger schutzwürdig sein soll als derjenige, der direkt (etwa via E-Mail) beworben wird.

Mit diesem Wandel geht die Entwicklung vom *passiven zum aktiven Verbraucherleitbild* einher.[82] Ausgangspunkt der Schaffung von Verbraucherleitbildern war die Rechtsprechung des deutschen Bundesgerichtshofes und des EuGH bei

---

[81] Kommission hat schon im Jahre 2005 ein an die Allgemeinheit gerichtetes hübsch bebildertes Programm ins Netz gestellt, das unter *http://europa.eu.int/comm/consumers/cons_info/10principles_en.htm* in 20 Sprachen heruntergeladen werden kann. Dort heisst es: «*Die Förderung der Rechte und des Wohlergehens der Verbraucher gehört zu den Grundwerten der EU, was sich auch in ihrer Gesetzgebung widerspiegelt. Die Mitgliedschaft in der Europäischen Union bedeutet zusätzlichen Schutz für die Verbraucher. Im Folgenden werden 10 Grundsätze beschrieben, die Verbraucherinnen und Verbraucher in allen EU-Ländern gleichermassen schützen. Geschildert wird das Mindestschutzniveau, das alle EU-Länder ihren Verbrauchern gewähren müssen. Wie Ihre Rechte im Einzelnen aussehen und wie Sie sie geltend machen können, hängt davon ab, wie die EU-Rechtsvorschriften in einzelstaatliches Recht umgesetzt worden sind, und dürfte daher von Land zu Land unterschiedlich sein. Sie sollten im Übrigen wissen, dass Ihnen nationale Verbraucherschutzvorschriften in einigen Fällen durchaus ein höheres Schutzniveau bieten.*
1. Kaufen Sie, was Sie wollen und wo Sie es wollen.
2. Wenn etwas nicht funktioniert, schicken Sie es zurück.
3. Hohe Sicherheitsstandards für Lebensmittel und andere Konsumgüter.
4. Informieren Sie sich über das, was Sie essen.
5. Faire Verträge.
6. Wenn Verbraucher ihre Meinung ändern.
7. Preisvergleiche leichter gemacht.
8. Keine Irreführung der Verbraucher.
9. Schutz im Urlaub.
10. Wirksame Beschwerdemöglichkeiten bei grenzübergreifenden Streitigkeiten.»

[81] Näheres zum Verbraucherschutz im E-Commerce findet sich bei KOLLER-TUMLER, E-Banking und Konsumentenschutz, S. 143 ff. Eine gute Übersicht über das weite Feld geben sodann die Dissertationen von LANGER (2003) und von KAU (2006), je mit einer Fülle weiterer Nachweise. Weit über das Gebiet des E-Commerce hinaus geht die Schrift von SEILER, für den die Rechtsprobleme der elektronischen Märkte (ab S. 172 ff.) nur als Aufhänger dienen zu einer allgemeinen Untersuchung über Möglichkeiten und Grenzen eines regulativen Paradigmenwechsels im Verbraucherprivatrecht.

[82] Ausführlich WIEDEMANN, S. 198 ff.

der Kontrolle des Wettbewerbsrechts. Während der BGH die Frage nach der Irreführung von Werbung aus dem Blickwinkel eines *«flüchtigen Verbrauchers»* betrachtete,[83] schaffte der EuGH die «Kunstfigur» des *«mündigen und verständigen Durchschnittsverbrauchers».*[84] Vom Konsumenten als «Promotor des Binnenmarktes»[85], wird heute erwartet, dass er sich als durchschnittlich verständiger, informierter und angemessen aufmerksamer Marktteilnehmer situationsadäquat verhält.[86]

Die Implementierung von Verbraucherleitbildern hat Hilfsfunktion; weder ersetzt sie die anhand der jeweiligen konkreten Rechtsfragen zu entscheidenden Wertungen[87], noch führt sie angesichts der nach wie vor unterschiedlichen Anwendungsbereiche der verbraucherschützenden Richtlinien zu einem einheitlichen europäischen Verbraucherbegriff.

VI. Ein Schritt hin zu einem Europäischen Vertragsrecht?

Schon früh realisierte man, dass nicht nur das unterschiedlich hohe Verbraucherschutzniveau, sondern generell die unterschiedlichen Vertragsrechtssysteme der

---

[83] Nachweise bei SEILER, S. 165 Fn. 681 f.
[84] Erstmals explizit im Entscheid vom 16.7.1998 in der Rs. C-210/96, Gut Springenheide. In casu wollte die Lebensmittelüberwachungsbehörde dem Gut Springenheide die Angabe «6-Korn – 10 frische Eier» verbieten, da diese geeignet sei, den Käufer über bestimmte Vermarktungsformen für Eier in die Irre zu führen, wenn die 6 Korn nur 60% einer Futtermischung ausmachten. Der EuGH wies das deutsche Vorlagegericht an, darauf abzustellen, wie ein durchschnittlich informierter, aufmerksamer und verständiger Durchschnittsverbraucher diese Angabe wahrscheinlich auffassen wird (wobei es zulässig sei, zur Beurteilung dieser Frage auf Sachverständigengutachten oder eine Verbraucherbefragung zurückzugreifen).
Diese Rechtsprechung wurde bestätigt im Entscheid vom 13.1.2000 in der Rs. C-220/98, Estée Lauder/Lancaster: *«Wenn auch auf den ersten Blick wenig dafür spricht, dass ein durchschnittlich informierter, aufmerksamer und verständiger Durchschnittsverbraucher erwartet, dass eine Creme, deren Bezeichnung das Wort ‹Lifting› enthält, dauerhafte Wirkung hat, so ist es doch Sache des nationalen Gerichts, unter Berücksichtigung aller massgeblichen Gesichtspunkte zu prüfen, wie es sich im vorliegenden Fall verhält.»*
[85] ROTH, JZ 2001, 481.
[86] Auch im Schweizerischen Wettbewerbsrecht wird auf den Durchschnittskonsumenten abgestellt. So stellt das Bundesgericht im Urteil 4P.321/2006 vom 15.5.2007 fest, die Vorinstanz sei zu Recht davon ausgegangen, dass der Durchschnittskonsument den Hinweis «gratis» in der Werbung für die von Coop lancierte Kreditkarte SUPERCARDplus so versteht, dass im Unterschied zu anderen Kreditkarten keine fixe Jahresgebühr erhoben werde. Es sei kaum anzunehmen, dass *der durchschnittlich aufmerksame Konsument* aufgrund der Werbung für eine «Gratis»-Kreditkarte «annimmt, sämtliche mit dieser Karte angebotenen Dienstleistungen würden unentgeltlich erbracht» (Hervorhebung durch mich).
[87] So auch RIESENHUBER, S. 267, und SEILER, S. 159.

C. Die Entwicklung des Konsumentenrechts in der EU

Mitgliedländer ein Hindernis auf dem Weg zu einem einzigen, grossen, europäischen Binnenmarkt darstellen.[88] Seit längerem existiert denn auch eine Reihe von *Rechtsvereinheitlichungsprojekten* meist privater, akademischer Gruppierungen.[89] Bereits Ende der 70er Jahre – zu einer Zeit, als der Ausdruck Binnenmarkt noch nicht geboren war – formierte sich unter der Leitung des dänischen Professors OLE LANDO die so genannte «Kommission für Europäisches Vertragsrecht» (Lando-Kommission). Als Ergebnis ihrer 20-jährigen Arbeit legte sie in drei Teilen (1995, 2000 und 2003) die *Principles of European Contract Law (PECL)* vor.[90] Da die Mitglieder der Lando-Kommission teilweise parallel an anderen Forschungsprojekten, so insbesondere auch an UNIDROIT[91], beteiligt waren, gibt es eine enge inhaltliche Abstimmung zwischen den PECL und dem Regelwerk der *Unidroit-Principles of International Commercial Contracts*, welche seit 1994 (seit 2004 in revidierter Fassung) vorliegen.[92] Darüber hinaus ist auch die «Accademia dei Giusprivatisti Europei» unter der Leitung von GIUSEPPE GANDOLFI (Gandolfi-Gruppe) zu erwähnen, welche 2002 in Pavia ein *erstes Buch zu einem Europäischen Vertragsgesetzbuch*[93] vorgelegt hat.[94]

Im Nachgang zu einer viel beachteten Tagung, die 1997 während der niederländischen Ratspräsidentschaft unter dem Stichwort «Towards a European Civil Code» in Den Haag stattfand,[95] dehnte die EU ihre Aktivitäten über das Konsumentenrecht auf den Bereich des europäischen Vertragsrechts aus.[96] Daraufhin bildete sich einerseits eine aus über 100 Mitgliedern bestehende «Study

---

[88] Vgl. Entschliessungen vom 26.5.1989 zu den Bemühungen um eine Angleichung des Privatrechts der Mitgliedstaaten (ABl. C 158 vom 26.6.1989, S. 400) und vom 6.5.1994 zur Angleichung bestimmter Bereiche des Privatrechts in den Mitgliedstaaten (ABl. C 205 vom 25.7.1994, S. 518).

[89] Eine gute Übersicht über die verschiedenen Akteure findet sich auf der Homepage des Instituts für Internationales und ausländisches Privatrecht der Universität Köln, die auch Links zu den Seiten verschiedener Arbeitsgruppen zum Europäischen Privatrecht und ihren Dokumenten bietet. Vgl. http://www.ipr.uni-koeln.de/eurpriv/arbeitsgruppen.htm.

[90] Die PECL sind im englischen Original veröffentlicht worden. Nunmehr liegen auch Übersetzungen in anderen Sprachen vor, abrufbar unter: http://frontpage.cbs.dk/law/commission_on_european_contract_law. Vgl. auch VON BAR/ZIMMERMANN, Grundregeln, Teil I–III.

[91] UNIDROIT (*Institut international pour l'unification du droit – International Institute for the Unification of Private Law*) ist eine internationale Organisation mit Sitz in Rom, welche sich zum Ziel gesetzt hat, die internationale Vereinheitlichung des Zivilrechts zu fördern.

[92] Die UNIDROIT-Principles sind auf Englisch und Französisch abrufbar unter: http://www.unidroit.org.

[93] Der Originaltext ist französisch, diese wie auch die deutsche, englische, spanische und italienische Fassung sind abrufbar unter: http://www.accademiagiusprivatistieuropei.it.

[94] Dazu ZIMMERMANN, FS Jayme, Band II 2004, S. 1401 ff.

[95] Vgl. den Tagungsbericht von ERIK JAYME in IPRax 1997, 375.

[96] Der Europäische Rat von Tampere hatte 1999 eine Studie angeregt, die über die Notwendigkeit Aufschluss geben sollte, ob im Bereich des materiellen Zivilrechts zur Beseitigung von Hindernissen für das reibungslose Funktionieren von zivilrechtlichen Verfahren die zivilrechtlichen Vorschriften der Mitgliedstaaten angeglichen werden müssen. Vgl. Ziff. 39 des Dokuments SI (1999) 800.

Group on a European Civil Code» (Vorsitz CHRISTIAN VON BAR), die sich als Nachfolgerin der Lando-Kommission versteht und ihre Ergebnisse als *«Principles of European Law»* veröffentlicht.[97] Andererseits fanden sich in der «European Research Group on Existing EC Private Law» (der sog. «Acquis Gruppe») unter der Koordination von HANS SCHULTE NÖLKE über 40 Rechtswissenschaftler zusammen, um ausgehend vom Richtlinienrecht an einer systematischen Gliederung des bestehenden Gemeinschaftsrechts zu arbeiten und so die Gemeinsamkeiten des entstehenden gemeinschaftlichen Zivilrechts zu erläutern. Mit dem acquis communautaire als Ausgangspunkt ihrer Forschungen verfolgt die Gruppe, die vor kurzem ihre *«Principles of the Existing EC Contract Law»*, die sog. Acquis-Principles (ACQP) veröffentlich hat,[98] einen ganz neuen Ansatz.[99]

Die «Study Gruppe» und die «Acquis Gruppe» sind seit 2005 Teil des CoPECL Network of Excellence,[100] einer Dachorganisation,[101] die verschiedene Universitäten, Institutionen, Organisationen und Forscher vereint, die Expertisen für den Gemeinsamen Referenzrahmen abgeben. Der GRR[102] hat sich damit zu einem juristischen Grossprojekt[103] entwickelt, in welches die Europäische Union viel Geld und Prestige investiert. Das Europäische Parlament hat in seiner Entschliessung vom 23. März 2006 klar zum Ausdruck gebracht, dass die Initiative zum GRR die

---

[97] Vgl. beispielhaft Principles of European Law, Study Group on a European Civil Code, Sales (PEL S), München 2008.

[98] Der Text ist teilweise online zugänglich auf der Homepage der acquis-Gruppe, http://www.acquis-group.org. Eine erste kritische Würdigung der Arbeiten findet sich bei JANSEN/ZIMMERMANN, JZ 2007, 1113 ff.

[99] Vgl dazu SCHULZE, Acquis, S. 3 ff.

[100] Vgl. http://www.copecl.org.

[101] Gemäss eigener Definition verfolgt das CoPECL-Projekt in seiner Gesamtheit auf dem Gebiet der Privatrechtsvereinheitlichung in Europa folgende miteinander verknüpfte und ineinander übergehende Ziele: (1) Erarbeitung eines «Gemeinsamen Referenzrahmens» (Common Frame of Reference) für Europäisches Vertragsrecht und damit verbundene Rechtsgebiete für die Europäische Union, (2) Überwindung der Fragmentierung der Forschungsaktivitäten auf diesem Gebiet, (3) Unterstützung von Gesetzgebern, Rechtspraxis und Rechtswissenschaft sowie (4) nachhaltige Forschungsintegration und Verbreitung der Erkenntnisse.

[102] Nach Meinung WAGNERS, ZEuP 2007, 182, ursprünglich eine *ad hoc*-Erfindung der Kommission.

[103] So verwundert denn auch nicht, dass die Literatur zum GRR innert kürzester Zeit ein unüberschaubares Quantum erreicht hat, weshalb an dieser Stelle nur auf einige wenige Publikationen hingewiesen wird. So auf die Beiträge des ZEuP-Symposiums, welches 2006 in Graz stattgefunden hat, abgedruckt in ZEuP 2007 (ZIMMERMANN, 109 ff.; FLESSNER, 112 ff.; BLAUROCK, 118 ff.; SCHULZE, 131 ff.; TRSTENJAK, 145 ff.; REICH, 161 ff.; WAGNER, 180 ff.; MARTINY, 212 ff.; ZOLL, 229. ff.; KRAMER, 247 ff.; MAGNUS, 260 ff.; BASEDOW, 280 ff.; TILLMANN, 288 ff., und KLEINSCHMIDT, 294 ff.) sowie auf die (schon fast «halbamtlichen») Publikationen der Europäischen Rechtsakademie (ERA), vgl z.B. HEUSEL in: ERA Forum, Special Issue 2006, S. 4 ff., und den sich bei Manz im Druck befindlichen Tagungsband der Zivilrechtlichen Abteilung des 4. Europäischen Juristentags, der das Thema im Mai 2007 in Wien diskutiert hat.

wichtigste im zivilrechtlichen Bereich darstelle, wobei das zu entwickelnde Recht ein Allgemeines sein solle, mithin sowohl für den Rechtsverkehr zwischen Unternehmern (B2B) als auch für den Rechtsverkehr zwischen Unternehmern und Verbrauchern (B2C) anwendbar sein müsse.[104]

Dass die Bestrebungen zu einem solchen Referenzrahmen oder gar zu einer Vertragsrechtsvereinheitlichung ganz unterschiedlich eingeschätzt werden, verwundert nicht. Während viele die längerfristige Schaffung eines Europäischen Zivilgesetzbuches oder zumindest eines gemeinsamen Vertragsrechts – und sei es nur zufolge von wirtschaftlichen Realitäten[105] – begrüssen,[106] warnen andere vor dem Untergang jahrhundertelang gewachsener Strukturen.[107] Ob eine europäische Privatrechtsharmonisierung aus Schweizer Sicht zu begrüssen ist, weiss ich nicht.[108] Wenngleich es momentan schwer vorstellbar scheint, dass sich allein aus dem bisher vorhandenen europäischen Verbraucherrecht die Grundlage einer eigenen europäischen Regelbildung für das gesamte Vertragsrecht extrahieren lässt bzw. dass es gelingen könnte, sich auf mehr als nur auf wenige Grundprinzipien zu einigen,[109] so ist doch der Prozess ein höchst spannender und es ist schade, dass Schweizer Forscher hier weitgehend aussen vor bleiben. Immerhin haben wir mit den Europa-Instituten der Universitäten Zürich und Basel wissenschaftliche Zentren, die sich den Fragen der europäischen Integration widmen und mit der Forschungsstelle für Internationalisiertes und Europäisiertes Privatrecht (FIP) der Universität Luzern eine Werkstattplattform mit dem Ziel, die Rückwirkungen der Internationalisierung und Europäisierung des Privatrechts auf das schweizerische Privatrecht systematisch aufzuarbeiten.[110]

---

[104] Entschliessung des Europäischen Parlaments zum Europäischen Vertragsrecht und zur Überarbeitung des gemeinschaftlichen Besitzstandes: weiteres Vorgehen, vom 23.3.2006 2005/2022 (INI).

[105] So LEHNE, ZEuP 2007, 4, der festhält: «Schliesslich werden die wirtschaftlichen Realitäten langfristig zu einer Art ‹Bürgerlichem Gesetzbuch› führen», oder TRSTENJAK, ZEuP 2007, 160, die anmerkt, «dass auch vor Jahren die Einführung des EURO als futuristisch empfunden wurde und heute Wirklichkeit geworden ist.»

[106] Vgl. zum Meinungsstand statt vieler RIESENHUBER (System) bzw. DERS. (Lehrbuch), GRUNDMANN (Schuldvertragsrecht), LURGER (Grundfragen), KÖTZ (Vertragsrecht).

[107] So titelte die Frankfurter Allgemeine Zeitung am 18.10.2006, S. 13: «Rettet das BGB vor Brüssel – Eifrige Doktoranden basteln am Reissbrett ein Europäisches Zivilgesetzbuch, das niemand braucht».

[108] Jedenfalls sollten die Bestrebungen zu einer europäischen Privatrechtsvereinheitlichung nicht zu einem «zunehmend dornenvollen Spannungsverhältnis» (SCHNYDER, S. 189) zur Schweiz führen.

[109] Zu Recht hält KRAMER, Bausteine, S. 249, fest, dass unterschiedliche Wertungsmodelle, wie sie nun mal den verschiedenen Rechtsordnungen zugrunde liegen, nur schwerlich auf einen gemeinsamen Nenner gebracht werden können.

[110] Vgl. FURRER (Hrsg.), Europäisches Privatrecht im wissenschaftlichen Diskurs.

D. Die Entwicklung des Konsumentenrechts in der Schweiz

I. Konsumentenschutzgebot mit Verfassungsrang

In der Schweiz ist das Gebot nach vermehrtem Konsumentenschutz[111] seit 1981 in der Bundesverfassung verankert.[112]

1. Die Verfassungsnorm von 1981

Art. 31^{sexies} aBV

¹ Der Bund trifft unter Wahrung der allgemeinen Interessen der schweizerischen Gesamtwirtschaft und der Handels- und Gewerbefreiheit Massnahmen zum Schutze der Konsumenten.
² Den Konsumentenorganisationen stehen im Bereich der Bundesgesetzgebung über den unlauteren Wettbewerb die gleichen Rechte zu wie den Berufs- oder Wirtschaftsverbänden.
³ Die Kantone sehen für Streitigkeiten aus Verträgen zwischen Letztverbrauchern und Anbietern bis zu einem vom Bundesrat zu bestimmenden Streitwert ein Schlichtungsverfahren oder ein einfaches und rasches Prozessverfahren vor.

Mit dem in Absatz 3 formulierten Auftrag an die Kantone, für Streitigkeiten zwischen Letztverbrauchern und Anbietern ein einfaches und rasches Verfahren vorzusehen, hat die Schweiz einen anderen Schutzansatz als die umliegenden Länder gewählt. Während jene in den 70er und 80er Jahren des letzten Jahrhunderts den materiellen Konsumentenschutz auszubauen begannen (z.B. Erlass des KSchG in Österreich,[113] des Gesetzes über allgemeine Geschäftsbedingungen in Deutschland,[114] Vorbereitung der Haustürgeschäfte-RL in der EWG), zielte die schweizerische Lösung auf die *prozessuale Besserstellung der Konsumenten*.

---

[111] 1977 lancierte die vom Migros Genossenschaftsbund herausgegebene Tageszeitung TAT ein Volksbegehren «zur Absicherung der Rechte der Konsumenten» (AS 1977, 2230; BBl 1978 I 257). Diesem stellte der Bundesrat einen Gegenvorschlag gegenüber, der in der Volksabstimmung vom 14.6.1981 angenommen wurde.
[112] Vgl. zur Entstehungsgeschichte die Dissertation von BÜHLMANN-ESCHMANN und KOLLER-TUMLER, Konsumentenvertrag, S. 11 ff. Siehe auch KRAMER, ZSR 98 (1979) I 49 ff.
[113] Bundesgesetz vom 8.3.1979, mit dem Bestimmungen zum Schutz der Verbraucher getroffen werden – BGBl. Nr. 140/1979 (heute in der Fassung von BGBl. Nr. 62/2004, 92/2006, 60/2007 und 21/2008). Vgl. zum unterschiedlichen Approach in Österreich und der Schweiz KRAMER, KritV 1986, 270 ff.
[114] Gesetz zur Regelung des Rechts der Allgemeinen Geschäftsbedingungen (AGBG) vom 9.12.1976 (BGBl. I 1976, S. 3317).

D. Die Entwicklung des Konsumentenrechts in der Schweiz

Durch Art. 31^{sexies} Abs. 3 aBV wurden die Kantone verpflichtet, für eine bestimmte Art von Vertragsrechtsstreitigkeiten – nämlich für solche zwischen Anbietern und Letztverbrauchern – ein Schlichtungs- oder ein einfaches und rasches Prozessverfahren vorzusehen.[115] Bis auf zwei Kantone mit Schlichtungsbehörden (Tessin und Wallis) haben alle Kantone das Konsumentenverfahren als einfaches und rasches Verfahren ausgestaltet. Bei der Umschreibung des Verfassungsauftrags bekundeten sie etwelche Mühe, da sie insbesondere nicht in der Lage waren, die Konsumentenstreitigkeiten mit genügender Klarheit von anderen Streitigkeiten abzugrenzen.

Nachdem der Bundesrat mit dem Erlass der Verordnung über die Streitwertgrenze in Konsumentenverfahren vom 19. Mai 1982[116] den Streitwert auf 8000 Franken festgelegt hatte,[117] waren die meisten Kantone ohnehin gezwungen, ihre Zivilprozessordnungen und Gerichtsorganisationsgesetze zu revidieren. Denn in fast allen Kantonen lag die Kompetenzausscheidung zwischen Einzelrichter und Kollegialgericht bzw. zwischen mündlichem und schriftlichem Verfahren bis anhin bei 5000 Franken.[118] In der Folge erfüllten die Kantone die bundesrechtlichen Vorgaben auf denkbar einfachste Art, indem sie nämlich sämtliche Streitigkeiten mit einem Streitwert von unter 8000 Franken in das gleiche Verfahren verwiesen[119] und allenfalls festhielten, wo das Bundesrecht das beschleunigte oder das einfache und rasche Verfahren vorschreibe, seien auch die entsprechenden Sondervorschriften zu beachten.[120] Zu Recht haben damals BRÖNNIMANN und GMÜR darauf hingewiesen, dass derjenige, der für bestimmte Materien ein einfaches und rasches Verfahren fordere, gleichzeitig dem ordentlichen Prozess ein diesbezügliches Versagen attestiere.[121]

---

[115] Solche bundesrechtlichen Zivilprozessbestimmungen waren bis anhin nur als Sozialschutznormen aus dem Miet- und dem Arbeitsrecht bekannt; nun sollten sie im Konsumentenrecht plötzlich verallgemeinert werden.

[116] AS 1982, 1971.

[117] SR 944.8. Mit Verordnung vom 7.3.2003 (in Kraft seit 1.4.2003) wurde die Streitwertgrenze in Verfahren des Konsumentenschutzes und des unlauteren Wettbewerbs auf 20 000 Franken erhöht.

[118] Dies zufolge der damaligen bundesrechtlichen Erfordernisse im Arbeitsrecht.

[119] Vgl. z.B. Art. 296 ZPO/BE, sog. Kompetenzverfahren.

[120] Vgl. z.B. die ZPO/LU in der Fassung vom 27.06.1994, wo die Streitwertgrenze, innerhalb derer der Amtsgerichtspräsident als Einzelrichter zuständig ist, von 1000 auf 8000 Franken erhöht wurde und gleichzeitig die Vorschriften über den einfachen Prozess für sämtliche Streitigkeiten vor dem Amtsgerichtspräsidenten anwendbar erklärt wurden. STUDER/RÜEGG/EIHOLZER notierten in N 6 zu § 220: «Der Gesetzgeber wollte damit die schwierige Abgrenzung zu den Konsumentenschutz-Streitigkeiten vermeiden, die aus dem ungeklärten Verhältnis zwischen Letztverbrauchern und Anbietern herrührt.»

[121] BRÖNNIMANN, ZSR 108 (1989) I 396f., vgl. auch DERS. in JKR 1999, S. 17ff. GMÜR, ZSR 107 (1988) II 144, war überdies der Meinung, ein solches «Sonderangebot für Konsumenten» erweise sich «als vollends unrealisierbar, es sei denn auf Kosten anderer vorrangiger Interessen».

Bei dieser Ausgangslage verwundert nicht, dass Prozesse, die ausdrücklich unter dem Titel des Konsumentenverfahrens geführt wurden, weitgehend ausblieben. Gut 10 Jahre nach Inkrafttreten bezeichnete jedenfalls FAVRE-BULLE den Art. 31^{sexies} Abs. 3 BV als praktisch toten Buchstaben.[122]

2. Die Revision von 1999

Im Zuge der Totalrevision der Bundesverfassung wurde Art. 31^{sexies} aBV zu Art. 97 BV[123]:

Art. 97 BV Schutz der Konsumentinnen und Konsumenten

[1] Der Bund trifft Massnahmen zum Schutz der Konsumentinnen und Konsumenten.
[2] Er erlässt Vorschriften über die Rechtsmittel, welche die Konsumentenorganisationen ergreifen können. Diesen Organisationen stehen im Bereich der Bundesgesetzgebung über den unlauteren Wettbewerb die gleichen Rechte zu wie den Berufs- und Wirtschaftsverbänden.
[3] Die Kantone sehen für Streitigkeiten bis zu einem bestimmten Streitwert ein Schlichtungsverfahren oder ein einfaches und rasches Gerichtsverfahren vor. Der Bundesrat legt die Streitwertgrenze fest.

Inhaltlich hat – jedenfalls nach Meinung des Bundesrates in der Botschaft – keine wesentliche Änderung stattgefunden. So enthalte Absatz 1 bloss eine redaktionelle Vereinfachung: «Auch ohne besondere Erwähnung im Text dieses Artikels werden bei Wahrnehmung der Bundeskompetenz über den Konsumentenschutz die «allgemeinen Interessen der schweizerischen Gesamtwirtschaft» sowie der Grundsatz der Wirtschaftsfreiheit (bisher Handels- und Gewerbefreiheit) zu respektieren sein»[124]. Jedoch sei der Schutz ein weitgehender, es bestehe eine Verpflichtung, die Interessen der Konsumentinnen und Konsumenten in allen Politikbereichen zu berücksichtigen und in die Interessenabwägung miteinzubeziehen. Absatz 2 enthalte eine «minimale Schutzgarantie» für die prozessuale Wahrnehmung kollektiver Interessen,[125] was mit dem nun beigefügten Satz 1 ausdrücklich klar gemacht werden soll. Absatz 3 führte Art. 31^{sexies} Abs. 3 BV weiter, wobei die Bestimmung auch auf Gesetzgebungsebene hätte herabgestuft werden können, was jedoch angesichts des Volkswillens unterblieben sei.[126]

---

[122] AJP 1993, 265 ff.
[123] SR 101.
[124] Botschaft über eine neue Bundesverfassung, BBl 1997 I 1. ff, 302.
[125] Vgl. dazu schon RHINOW, Rz 78.
[126] BBl 1997 I 303.

D. Die Entwicklung des Konsumentenrechts in der Schweiz

Zu Recht ist der Ausdruck «Letztverbraucher» zu Gunsten des verständlicheren «Konsumenten» aufgegeben worden, auch wenn schon aus dem gesamten Kontext von Art. 31^{sexies} Abs. 3 BV klar hervorging, dass damit der private und nicht etwa der betriebliche Endabnehmer gemeint ist. Hier hat in der Tat nur eine Vereinfachung stattgefunden. Hingegen kommt m.E. die Weglassung der Umschreibung der Streitigkeiten, für welche ein einfaches und rasches Verfahren bzw. ein Schlichtungsverfahren zur Verfügung stehen muss, einer verfassungsmässigen Festschreibung der in den kantonalen Umsetzungen bereits vollzogenen Entformalisierung praktisch aller Verfahren gleich. Ein Ergebnis, das so nicht erwünscht ist. Um als Schutzvorschriften im Sinne eines sozialen Zivilprozesses zu wirken, hätten die speziellen Verfahrensvorschriften (Schlichtung oder einfaches und rasches Verfahren) vielmehr auf Streitigkeiten beschränkt werden sollen, an denen schützenswerte Parteien wie die Konsumenten, aber auch die Mieter und Arbeitnehmer beteiligt sind.

3. Verfassungsmässiges Gebot zur Austarierung von Ungleichgewichtslagen

Mit der Verankerung der Möglichkeit normativer Eingriffe zu Gunsten der Konsumenten in Art. 31^{sexies} aBV bzw. Art. 97 Abs. 1 BV anerkennt der Schweizerische Verfassungsgeber nicht nur das grundsätzliche Bestehen einer Ungleichgewichtslage zwischen Konsumenten und Anbietern, sondern er fordert die Austarierung dieses Gefälles[127] sowohl auf gesetzgeberischer als auch auf rechtsanwendender Ebene. Als *Gesetzgebungsmaxime* verpflichtet das konsumentenrechtliche Ungleichgewichtsprinzip den Gesetzgeber, beim Erlass neuer Gesetze bereits im Gesetzgebungsverfahren auch die Interessen der Konsumenten zu berücksichtigen und wo geboten spezielle Konsumentenschutznormen zu schaffen. Als *Auslegungsgrundsatz* verpflichtet es die rechtsanwendenden Behörden, insbesondere die Gerichte, bei der Auslegung von Gesetz und Vertrag dem Wesen des Konsumentenrechts gerecht zu werden. Der Richter ist mithin gehalten, in jedem Streitfall, in dem ein Gesetz anzuwenden ist, das ihm einen Ermessens- oder auch nur Interpretationsraum offen lässt, ein allfälliges konsumentenrechtliches Ungleichgewicht auszutarieren.[128] Die Berücksichtigung des Konsumentenschutz-

---

[127] Vgl. zum konsumentenrechtlichen Ungleichgewichtsprinzip BRUNNER, JKR 1995, S. 49 f., und DERS., JKR 2004, S. 7 ff., 22.
[128] Zu denken ist etwa an die Mängelrüge im Kaufrecht. In Art. 201 Abs. 1 OR heisst es: *«Der Käufer soll, sobald es nach dem üblichen Geschäftsgang tunlich ist, die Beschaffenheit der empfangenen Sache prüfen und, falls sich Mängel ergeben, für die der Verkäufer Gewähr zu leisten hat, diesem sofort Anzeige machen.»* Berücksichtigung des Konsumentenrechts bedeutet nun, dass dieses «sofort» eine unterschiedliche Bedeutung haben kann, je nachdem ob sich zwei Kaufleute oder zwei Privatpersonen oder ein Kaufmann und eine Privatperson gegenüberstehen. Denn die vom Gesetz im Hinblick auf die Rechtsverkehrssicherheit getroffene Begünstigung des Verkäufers bedeutet gleichzeitig eine Benachtei-

gedankens im Rahmen der verfassungskonformen Auslegung kann somit zu einer *Verlagerung von Risikosphären* innerhalb ein und derselben Norm führen. Dies ist aber nur dann sinnvoll möglich, wenn dem Rechtsanwender und insbesondere dem Erstinstanzrichter Kriterien zur Verfügung stehen, anhand derer er rasch erkennen kann, ob in casu das Verbraucherrecht überhaupt zum Zuge kommt bzw. ob in einem konkreten Fall ein Verbrauchervertrag bzw. eine Konsumentenstreitigkeit vorliegt.[129]

II. Die Entwicklung der Gesetzgebung zwischen 1981 und 1992

Wenn auch die verfassungsrechtliche Implementierung des Konsumentenschutzes zunächst ohne sichtbare Folgen blieb, so wurden doch in den 80er Jahren des letzten Jahrhunderts mit dem UWG, dem IPRG und dem KIG einige auch konsumentenrechtlich wichtige Gesetze erlassen. Dazu wurden im OR die praktisch zeitgleich mit der EU erarbeiteten Normen betr. das voraussetzungslose *Widerrufsrecht bei Haustürgeschäften* (Art. 40a ff. OR[130]) in Kraft gesetzt. Überdies wurde bei der *Fahrnismiete* in Art. 266k OR zu Gunsten von Mietern beweglicher Sachen, die dem Privatgebrauch dienen, eine zwingende, ausserordentliche Kündigungsmöglichkeit statuiert.[131]

1. UWG

Nach jahrelangen Vorarbeiten wurde 1986 eine neues *Bundesgesetz über den unlauteren Wettbewerb (UWG)* verabschiedet,[132] welches u.a. «die Dreidimensionalität des Wettbewerbsrechts – Gleichgewicht der Interessen von Wirtschaft, Konsumenten und Allgemeinheit» sichtbar machen sollte.[133] Aus konsumentenrechtlicher Sicht interessiert besonders der Schutz vor aggressiven Verkaufsmethoden

---

ligung des Käufers. Vgl. dazu BSK OR I-HONSELL, N 1 zu Art. 201 und rechtsvergleichend E. BUCHER, SJZ 1971, 1 ff.

[129] Vgl. dazu hinten E. S. 56 ff., spez. S. 61 ff.
[130] Vgl. dazu den Beitrag von BRUNNER, S. 201 ff., in diesem Band.
[131] Art. 266k OR lautet: «*Der Mieter einer beweglichen Sache, die seinem privaten Gebrauch dient und vom Vermieter im Rahmen seiner gewerblichen Tätigkeit vermietet wird, kann mit einer Frist von mindestens 30 Tagen auf Ende einer dreimonatigen Mietdauer kündigen. Der Vermieter hat dafür keinen Anspruch auf Entschädigung.*» Diese Norm hatte vor der KKG-Revision eine grosse Bedeutung für das Gebrauchsgüterleasing, vgl. KOLLER-TUMLER, Konsumentenvertrag, S. 147 ff. m.w.H., DIES., BSK OR I, N 6 zu Art. 6a KKG. Zur heutigen Situation siehe den Beitrag von STAUDER (in diesem Band, S. 238 m.w.N.) sowie KRUMMENACHER, S. 69 ff., und HIGI, JKR 2004, S. 47 ff.
[132] SR 241.
[133] Botschaft zum UWG, BBl 1983 II 1058.

(Art. 3 lit. h UWG[134]) bzw. vor unbilligen Allgemeinen Geschäftsbedingungen (Art. 8 UWG[135]).[136] Heute muss man ernüchtert feststellen, dass das UWG zur Gewährleistung eines fairen Marktverhaltens gerade auch für die Konsumenten wenig beigetragen hat. Zum einen liegt das an der bewusst verunglückten Formulierung von Art. 8, welche keine inhaltliche Kontrolle von AGB ermöglicht,[137] zum anderen aber auch an der Nichtausübung der ihnen zustehenden Rechte durch die Konsumenten. So wird etwa das Verbandsklagerecht (Art. 10 Abs. 2 UWG) von den Konsumentenorganisationen kaum wahrgenommen,[138] was unter anderem auch an den knappen finanziellen Mitteln, die diesen zur Verfügung stehen, liegen mag.[139]

2. IPRG

Das *Bundesgesetz über das Internationale Privatrecht (IPRG)* vom 18. Dezember 1987[140] führt erstmals in einem Bundesgesetz den Gedanken vom «Schutz der schwächeren Vertragspartei» näher aus.[141] Der Konsument wird auf eine doppelte

---

[134] «Unlauter handelt insbesondere wer den Kunden durch besonders aggressive Verkaufsmethoden in seiner Entscheidungsfreiheit beeinträchtigt.»

[135] «Unlauter handelt insbesondere, wer vorformulierte allgemeine Geschäftsbedingungen verwendet, die in irreführender Weise zum Nachteil einer Vertragspartei:
a. von der unmittelbar oder sinngemäss anwendbaren gesetzlichen Ordnung erheblich abweichen oder
b. eine der Vertragsnatur erheblich widersprechende Verteilung von Rechten und Pflichten vorsehen.»

[136] Einzelheiten bei BRUNNER, plädoyer 1990, 36 ff.

[137] Vgl. dazu sowie generell zum Recht der Allgemeinen Geschäftsbedingungen ausführlich den Beitrag von BRUNNER in diesem Band, S. 118 ff., insbes. 132 ff.

[138] Wenn man einmal vom Verein gegen Tierfabriken Schweiz VgT absieht, der sich – um zu Strafanträgen legitimiert zu sein – immer mal wieder um Anerkennung als Konsumentenorganisation i.S.v. Art. 10 UWG bemüht. Das Bundesgericht lehnt dies jedoch ebenso regelmässig wie klar ab. Eine Organisation, die sich für artgerechte Nutztierhaltung einsetzt, diene damit zwar auch den Interessen der Konsumenten, sei damit aber noch keine Konsumentenschutzorganisation i.S.v. Art. 10 Abs. 2 lit. b UWG (vgl. BGE 120 IV 154 und Entscheid 6P.235/2006 vom 20. Februar 2007).
Vgl. immerhin BGE 133 III 282 (betr. internationale Zuständigkeit am Deliktsort), wo die Interessen der Geschädigten durch niederländische Konsumenten- und Interessenschutzorganisationen wahrgenommen wurden. Diese wurden im Rahmen einer negativen Feststellungsklage in Basel als Beklagte vor Gericht gezogen.

[139] Die Konsumentenorganisationen erhalten vom Bund nur eine minimale Finanzhilfe, v.a. zur Durchführung von Tests und die Konsumenteninformation. Die Konsumentenorganisationen fordern seit langem eine Erhöhung der finanziellen Unterstützung, damit sie auch im UWG-Verbandsklagebereich ihre Wächterfunktion ausüben können.

[140] SR 291.

[141] Vgl. dazu die Dissertation von WEBER-STECHER sowie SCHWANDER/BEHN, JKR 2004, S. 119 ff.; eingehend auch BSK IPRG-BRUNNER zu Art. 114 und Art. 120; ZK-KREN KOSTKIEWICZ zu Art. 114 und 120 IPRG, je m.w.H.

Weise geschützt: Zum einen durch die Festsetzung eines besonderen Gerichtsstandes (Art. 114 IPRG[142]) und zum anderen durch die zwingende Anwendung einheimischen Rechts (Art. 120 IPRG).

Art. 120 IPRG

c. Verträge mit Konsumenten

[1] Verträge über Leistungen des üblichen Verbrauchs, die für den persönlichen oder familiären Gebrauch des Konsumenten bestimmt sind und nicht im Zusammenhang mit der beruflichen oder gewerblichen Tätigkeit des Konsumenten stehen, unterstehen dem Recht des Staates, in dem der Konsument seinen gewöhnlichen Aufenthalt hat:
  a. wenn der Anbieter die Bestellung in diesem Staat entgegengenommen hat;
  b. wenn in diesem Staat dem Vertragsabschluss ein Angebot oder eine Werbung vorausgegangen ist und der Konsument in diesem Staat die zum Vertragsabschluss erforderlichen Rechtshandlungen vorgenommen hat, oder
  c. wenn der Anbieter den Konsumenten veranlasst hat, sich ins Ausland zu begeben und seine Bestellung dort abzugeben.

[2] Eine Rechtswahl ist ausgeschlossen.

Die Entstehungsgeschichte von Art. 120 IPRG[143] widerspiegelt die Schwierigkeit, die «schwächere Partei» bzw. die «schutzbedürftige Person» zu definieren. Während es die Expertenkommission 1978 noch bei einer enumerativen Aufzählung belassen hatte (ausdrücklich genannt wurden der Käufer bei Teilzahlungsgeschäften, der Kreditnehmer bei Kleinkrediten, der nichtkaufmännische Bürge bei der Bürgschaft und der Arbeitnehmer beim Arbeitsvertrag[144]), wies der Bundesrat in seiner Botschaft[145] ausdrücklich auf den Unterschied von Verträgen zwischen Kaufleuten einerseits und Verträgen zwischen Kaufleuten und Verbrauchern andererseits hin. Unter Kaufleuten biete «das Gleichgewicht der Wirtschaftsstärke» eine gewisse Gewähr dafür, dass die gegenseitigen vertraglichen Rechte und Pflichten ausgewogen bleiben und dass sich beim Vertragsabschluss nicht eine Partei zu Lasten der

---

[142] «*3. Verträge mit Konsumenten*
   [1] Für die Klagen eines Konsumenten aus einem Vertrag, der den Voraussetzungen von Artikel 120 Absatz 1 entspricht, sind nach Wahl des Konsumenten die schweizerischen Gerichte zuständig:
      a. am Wohnsitz oder am gewöhnlichen Aufenthalt des Konsumenten, oder
      b. am Wohnsitz des Anbieters oder, wenn ein solcher fehlt, an dessen gewöhnlichem Aufenthalt.
   [2] Der Konsument kann nicht zum voraus auf den Gerichtsstand an seinem Wohnsitz oder an seinem gewöhnlichen Aufenthalt verzichten.»
[143] Vgl. zu den Einzelheiten die Dissertation von IMHOFF-SCHEIER sowie KOLLER-TUMLER, Konsumentenvertrag, S. 156 ff.
[144] Vgl. Art. 122 des Kommissionsentwurfs (Schlussbericht S. 340).
[145] BBl 1983 I 263 ff.

anderen unverhältnismässige Vorteile verschaffen könne.[146] Dieser Mechanismus spiele im Verhältnis zu den Konsumenten nicht; diese würden vielmehr in der Regel schon im Zeitpunkt der Verhandlungsphase von der andern Partei dominiert.

a) Schutz berechtigter Erwartungen des Konsumenten

Nach den üblichen IPR-Regeln kommt bei rechtsgeschäftlichen Schuldverhältnissen im Zweifel – d.h. wenn keine Rechtswahl erfolgt ist – das Recht des Staates des Lieferanten der Ware bzw. des Anbieters einer Dienstleistung (als Erbringer der charakteristischen Leistung) zur Anwendung (vgl. Art. 117 IPRG). Art. 120 Abs. 1 IPRG macht nun eine Ausnahme und unterstellt Konsumentenverträge – die es ganz allgemein umschreibt – dem Recht desjenigen Staates, in dem der Konsument seinen gewöhnlichen Aufenthalt hat. Das IPR verweist also nicht auf das für den Konsumenten günstigere materielle Recht, sondern stellt einzig die Anwendung jenes Rechtes sicher, «auf welches die zu schützende Partei normalerweise vertraut und auch vertrauen darf»[147].

Art. 120 Abs. 2 IPRG statuiert ein *absolutes Rechtswahlverbot* für internationale Konsumentenverträge. Darunter fallen sämtliche Konsumverträge über Leistungen, die zum üblichen «Verbrauch»[148] von Privathaushalten gehören, egal ob sie häufig oder weniger häufig vorkommen. Zu denken ist unter anderem an Versicherungsverträge jeglicher Art,[149] inkl. Lebensversicherungen.[150]

Lange verfügte die Schweiz damit über eine singuläre Lösung. Die Europäischen Staaten, die mit Art. 5 des Europäischen Schuldvertragsübereinkommens (EVÜ)[151] den internationalprivatrechtlichen Konsumentenvertrag praktisch europaweit völkerrechtlich normiert haben, wählten nämlich im Gegensatz dazu einen dynamischen Anknüpfungsansatz. Dieser lässt die Rechtswahl in Konsumentenverträgen mindestens insoweit zu, als sie den Schutz des Konsumenten nicht verhindert.[152] Ist keine Rechtswahl erfolgt, so gilt das Recht des Verbraucherstaates.

---

[146] «Zwischen solchen Vertragsparteien sorgt das freie Spiel der Kräfte für den sachgerechten Interessenausgleich; der Vertragsfreiheit kann grosszügig Raum gewährt werden.»
[147] KELLER/KREN KOSTKIEWICZ, N 4 zu Art. 120 IPRG m.w.H.
[148] Näheres zum Konsumentenvertrag hinten E., S. 56 ff.
[149] Vgl. dazu Bundesgerichtsurteil 5C.181/2003 vom 4.11.2003, E. 2.4.
[150] Gl.A. BSK IPRG-BRUNNER, N 24 zu Art. 120; a.A. ZK-KELLER/KREN KOSTKIEWICZ, N 24 zu Art. 120 IPRG, WEBER-STECHER, S. 51, und das Bundesgericht im Urteil 5C.222/2005 vom 12.6.2006 (wobei in casu die Lebensversicherung keinen Konsumentenvertrag darstelle, da das versicherte Ereignis – Absturz mit Ultraleichtflugzeug – schon deswegen nicht zum üblichen Verbrauch gehören könne, weil diese Fluggeräte in der Schweiz verboten sind).
[151] Übereinkommen über das auf vertragliche Schuldverhältnisse anzuwendende Recht, aufgelegt zur Unterzeichnung am 19.6.1980 in Rom (80/934/EWG). Die sog. Rome-Convention ist abrufbar unter: http://www.rome-convention.org/instruments/i_conv_orig_de.htm.
[152] *«Artikel 5 EVÜ (Verbraucherverträge)*

(1) Dieser Artikel gilt für Verträge über die Lieferung beweglicher Sachen oder die Erbringung von Dienstleistungen an eine Person, den Verbraucher, zu einem Zweck, der nicht der

Darüber hinaus sind auch im Falle einer Rechtswahl die zwingenden verbraucherschützenden Regeln des Aufenthaltsstaates des Verbrauchers immer anzuwenden. Der Richter muss mithin im Streitfall einen Sachverhalt nach den Rechten zweier Staaten beurteilen und einen Günstigkeitsvergleich durchführen. Diese auf den ersten Blick für den Konsumenten attraktivere Lösung hat häufig die gleichzeitige Anwendung zweier Rechte zur Folge, nämlich des Rechts des Unternehmers einerseits und der zwingenden Bestimmungen des Rechts des Verbrauchers andererseits.

b) Annäherung durch Rom I?

Da diese komplexe Regelung in Rechtsstreitigkeiten zusätzliche Verfahrenskosten verursacht, was angesichts des bei Verbrauchersachen häufig niedrigen Streitwertes nicht gerechtfertigt scheint, soll mit der geplanten Rom I-Verordnung, welche das EVÜ ablösen soll, neu auch in der EU – im Sinne einer einfachen und berechenbaren Kollisionsnorm – nur noch das Recht am Ort des gewöhnlichen Aufenthalts des Verbrauchers Anwendung finden.[153] Das werde auch den wirtschaftli-

---

beruflichen oder gewerblichen Tätigkeit des Verbrauchers zugerechnet werden kann, sowie für Verträge zur Finanzierung eines solchen Geschäfts.

(2) Ungeachtet des Artikels 3 darf die Rechtswahl der Parteien nicht dazu führen, dass dem Verbraucher der durch die zwingenden Bestimmungen des Rechts des Staates, in dem er seinen gewöhnlichen Aufenthalt hat, gewährte Schutz entzogen wird:
– *wenn dem Vertragsabschluss ein ausdrückliches Angebot oder eine Werbung in diesem Staat vorausgegangen ist und wenn der Verbraucher in diesem Staat die zum Abschluss des Vertrages erforderlichen Rechtshandlungen vorgenommen hat oder*
– *wenn der Vertragspartner des Verbrauchers oder sein Vertreter die Bestellung des Verbrauchers in diesem Staat entgegengenommen hat oder*
– *wenn der Vertrag den Verkauf von Waren betrifft und der Verbraucher von diesem Staat ins Ausland gereist ist und dort seine Bestellung aufgegeben hat, sofern diese Reise vom Verkäufer mit dem Ziel herbeigeführt worden ist, den Verbraucher zum Vertragsabschluss zu veranlassen.*

(3) Abweichend von Artikel 4 ist mangels einer Rechtswahl nach Artikel 3 für Verträge, die unter den in Absatz 2 bezeichneten Umständen zustande gekommen sind, das Recht des Staates massgebend, in dem der Verbraucher seinen gewöhnlichen Aufenthalt hat.

(4) Dieser Artikel gilt nicht für
   a) Beförderungsverträge,
   b) Verträge über die Erbringung von Dienstleistungen, wenn die dem Verbraucher geschuldeten Dienstleistungen ausschliesslich in einem anderen als dem Staat erbracht werden müssen, in dem der Verbraucher seinen gewöhnlichen Aufenthalt hat.

(5) Ungeachtet des Absatzes 4 gilt dieser Artikel für Reiseverträge, die für einen Pauschalpreis kombinierte Beförderungs- und Unterbringungsleistungen vorsehen.»

[153] Vgl. den Vorschlag für eine Verordnung des Europäischen Parlaments und des Rates über das auf vertragliche Schuldverhältnisse anzuwendende Recht (Rom), KOM (2005) 650 endg. S. 6 und dort insbes. Art. 5 Verbraucherverträge:

«1. Für Verbraucherverträge im Sinne und nach Massgabe von Absatz 2 gilt das Recht des Mitgliedstaats, in dem der Verbraucher seinen gewöhnlichen Aufenthalt hat.

chen Verhältnissen besser gerecht. Während nämlich ein Verbraucher seine Einkäufe nur gelegentlich im Ausland tätige, könnten die grenzüberschreitend tätigen Unternehmer ihre Kosten auf eine Vielzahl von Transaktionen umlegen. Allerdings ist diese Absicht nicht unumstritten. So lehnt etwa u.a. das österreichische Bundesministerium für Justiz eine Änderung der Anknüpfung zum besseren Schutz des mobilen Verbrauchers ab, weil dadurch die Verbraucher die Schutzvorschriften ihres Heimatstaates mit sich tragen würden.[154]

Mit der Rom I Verordnung soll überdies auch die in Art. 5 EVÜ enthaltene Beschränkung des Schutzes auf bestimmte Vertragstypen aufgegeben und der Anwendungsbereich (dem schweizerischen Vorbild folgend?) auf alle Konsumentenverträge ausgedehnt werden.[155] Last but not least wird es womöglich auch hinsichtlich des situativen Anwendungsbereichs eine Annäherung zwischen dem schweizerischen und dem europäischen Verbraucher-IPR geben. Neuer Anknüpfungspunkt in der EU, welcher insbesondere auch den grenzüberschreitenden Internethandel miteinbeziehen will, soll das «Ausüben» bzw. mindestens «Ausrichten» einer beruflich-gewerblichen Tätigkeit im/auf den Konsumentenstaat sein – ein Erfordernis, das das Schweizerische Recht mit seiner generellen Erfassung transnationaler Werbung in Art. 120 Abs. 1 lit. b IPRG ebenfalls kennt. Bei einer

---

2. Absatz 1 gilt für Verträge, die eine natürliche Person, der Verbraucher, der seinen gewöhnlichen Aufenthalt in einem Mitgliedstaat hat, mit einer anderen Person, dem Unternehmer, der in Ausübung seiner beruflichen oder gewerblichen Tätigkeit handelt, zu einem Zweck geschlossen hat, der nicht der beruflichen oder gewerblichen Tätigkeit des Verbrauchers zugerechnet werden kann.
Er gilt unter der Voraussetzung, dass der Vertrag mit einem Unternehmer geschlossen wurde, der in dem Mitgliedstaat, in dem der Verbraucher seinen gewöhnlichen Aufenthalt hat, eine berufliche oder gewerbliche Tätigkeit ausübt oder eine solche auf irgend einem Wege auf diesen Mitgliedstaat oder auf mehrere Staaten, einschliesslich dieses Mitgliedstaats, ausrichtet und der Vertrag in den Bereich dieser Tätigkeit fällt, es sei denn, der gewöhnliche Aufenthalt des Verbrauchers war dem Unternehmer nicht bekannt und diese Unkenntnis war nicht seiner Fahrlässigkeit zuzurechnen.

3. Absatz 1 gilt nicht für die nachstehenden Verträge:

18. Verträge über die Erbringung von Dienstleistungen, wenn die dem Verbraucher geschuldeten Dienstleistungen ausschliesslich in einem anderen als dem Staat erbracht werden müssen, in dem der Verbraucher seinen gewöhnlichen Aufenthalt hat;

19. Beförderungsverträge mit Ausnahme von Pauschalreiseverträgen im Sinne der Richtlinie 90/314/EWG vom 13. Juni 1990;

20. Verträge, die ein dingliches Recht an einem Grundstück oder ein Recht zur Nutzung eines Grundstücks zum Gegenstand haben, mit Ausnahme der Verträge über Teilzeitnutzungsrechte an Immobilien im Sinne der Richtlinie 94/47/EG vom 26. Oktober 1994.»

[154] «Ein ‹verbraucherschutzrechtlicher Rucksack› des mobilen Verbrauchers würde auch das Anliegen und Ziel der Verbraucherschutzrichtlinien, mit denen eine Rechtsharmonisierung in den Mitgliedstaaten erreicht werden soll, konterkarieren.» Die Stellungnahme ist abrufbar unter: www.wko.at/rp/internet/Newsletter/2007/Verlinkungen/Stellungnahme-ROM.pdf.
[155] Wobei zu beachten ist, dass der Vertragsbegriff keineswegs geklärt ist.

zeitgemässen Interpretation dieser Norm kann m.E. auch die allgemeine auf schweizerische Kundschaft ausgerichtete Internet-Werbung und -Bestellung erfasst werden.

3. KIG

Das *Konsumenteninformationsgesetz (KIG),* welches am 1. Mai 1992 in Kraft trat,[156] bezweckt, die objektive Information der Verbraucher zu fördern und damit das Informationsgefälle zwischen Anbietern und Konsumenten zu beheben. Mit Hilfe von einheitlichen Deklarationen über wesentliche Eigenschaften von Waren und einigen Dienstleistungen sollen die Anbieter zur objektiven Information am Markt angehalten werden. Wie ich vor bald 15 Jahren festgestellt habe, geht das KIG schon von seinem Konzept her über blosse Hilfestellung für die Entscheidung des Konsumenten nicht hinaus und konkretisiert den Sozialschutzgedanken praktisch gar nicht, so dass von diesem Gesetz keine Konsumentenschutzwirkung zu erwarten war.[157] Die befürchtete Wirkungslosigkeit ist denn auch eingetroffen. Bis 2003 wurden nur zwei Deklarationsvereinbarungen getroffen (Gemüse-Produzenten einerseits und Automobilbranche betr. dem Benzinverbrauch) und das KIG war nicht viel mehr als Rechtsgrundlage für die finanzielle Unterstützung der Konsumentenorganisationen.

Der Bundesrat gab schon 1993 einen ersten Auftrag, zu prüfen, wie dem KIG zu mehr Wirkung verholfen werden könnte.[158] Der damals erarbeitete Lösungsvorschlag scheiterte in der Folge genauso wie die schliesslich im Jahre 2003 in Angriff genommene Totalrevision des KIG,[159] welche erhöhte Informationspflichten (Preisgabe der Identität des Anbieters, der wesentlichen Eigenschaften der Ware oder Dienstleistung, der effektiv zu zahlende Preis) stipulierte und die AGB-Problematik zu regeln suchte.[160] Zu unterschiedlich waren die Reaktionen im Vernehmlassungsverfahren, zu eindeutig die Abwehr der Anbieter, zu atomisiert und diffus (um nicht zu sagen fehlend) die Interessenvertretung der Konsumenten.[161]

---

[156] Bundesgesetz über die Information der Konsumentinnen und Konsumenten vom 5.10.1990 (KIG), SR 944.0.
[157] Vgl. KOLLER-TUMLER, Konsumentenvertrag, S. 121.
[158] Zur gescheiterten KIG Revision ausführlich BRUNNER, FS Stauder, S. 54 ff.
[159] Die Dokumente zur KIG Revision sind beim Eidgenössischen Büro für Konsumentenfragen elektronisch einsehbar unter: http://www.konsum.admin.ch/themen/00129/00132/index.html?lang=de. Das Eidgenössische Büro für Konsumentenfragen (BFK) ist beim Bund zuständig für die Konsumentenpolitik. Es ist administrativ dem Generalsekretariat des Eidgenössischen Volkswirtschaftsdepartementes angegliedert.
[160] Vorgesehen war eine Änderung des OR im Anhang zum KIG (Einzelheiten dazu bei BRUNNER, in diesem Band, S. 128 ff. und 180 ff.).
[161] Am 21.12.2005 hat der Bundesrat beschlossen, «die Revision des KIG nicht weiter zu verfolgen, da eine Mehrheit der betroffenen Kreise aus der Wirtschaft und der politischen

D. Die Entwicklung des Konsumentenrechts in der Schweiz

III. Von Eurolex zu Swisslex

Am 2. Mai 1992 wurde zwischen der Schweiz, den übrigen EFTA Staaten und der EG ein *Abkommen über den Europäischen Wirtschaftsraum* (EWR-Abkommen) unterzeichnet. Voraussetzung der Teilnahme am Binnenmarkt wäre eine weitgehende Übernahme des EG Rechts, insbesondere auch des damaligen Verbraucheracquis,[162] gewesen. Unter dem Titel «*Eurolex*» wurden 50 Gesetzesvorlagen präsentiert, die die Rechtsänderungen auf Gesetzesstufe enthielten, welche gleichzeitig mit dem EWR hätten in Kraft treten müssen.[163] Nach dem Volks-Nein vom 6. Dezember 1992 mutierte «*Eurolex*» quasi über Nacht zu «*Swisslex*». Schon im Frühjahr 1993 wurden 27 politisch als unumstritten erachtete Vorlagen mit einigen redaktionellen und systematischen Anpassungen, aber ohne materielle Änderungen, dem Parlament im ordentlichen Gesetzgebungsverfahren erneut unterbreitet.[164] Sie wurden, wohl noch unter dem Eindruck der europapolitischen Katerstimmung, mehr oder weniger diskussionslos verabschiedet.

Im Bereich des Verbraucherschutzes wurde so das *Bundesgesetz über Pauschalreisen (PRG)*, das *Bundesgesetz über den Konsumkredit (KKG)*[165] und das *Bundesgesetz über die Produktehaftpflicht (PrHG)*[166] erlassen. Durch diese sowie durch die Änderung des UWG und der Art. 40b-e OR wurden die entsprechenden EU-Richtlinien autonom nachvollzogen und die Schweiz befand sich 1993 mit der EU punkto Konsumentenschutz in weiten Teilen gleichauf.[167] Zum damaligen Zeitpunkt war uns die EU einzig im zentralen Bereich der Inhaltskontrolle von Allgemeinen Geschäftsbedingungen voraus, datiert doch die Klauselrichtlinie (RL 93/13/EWG) vom 5.4.1993.

Mit diesem *autonomen Nachvollzug* des EU-Rechts, der sich durch eine fast schon sklavisch anmutende Anlehnung nicht nur an den Inhalt, sondern auch an den Aufbau der EG-Richtlinien auszeichnet, hat eine ganz neue Gesetzestechnik ins schweizerische Recht Einzug gehalten. Mittels sehr detaillierter Definition der Begriffe wird minutiös umschrieben, wie die Personen und deren Handlungen be-

---

Parteien die Ansicht vertreten, dass die Forderungen zu weit gehen» (Informationstext des Eidg. Büros für Konsumentenfragen).

[162] Gemeint ist das bis dahin geltende Verbrauchervertragsrecht der EU; konkret die bis dahin verabschiedeten Richtlinien.

[163] Vgl. die 650 Seiten umfassenden Botschaft I über die Anpassung des Bundesrechts an das EWR Recht vom 27.5.1992 (BBl 1992 V 1 ff. und Botschaft II über die Anpassung des Bundesrechts an das EWR-Recht vom 15.6.1992 (BBl 1992 V 520 ff.) sowie EWR-Anpassung des Bundesrechts (Eurolex) Schlussabstimmungsvorlagen vom 9.10.1992 (BBl 1992 VI 56).

[164] Botschaft über das Folgeprogramm nach der Ablehnung des EWR-Abkommens vom 24.2.1993, BBl 1993 I 805 ff.

[165] Vgl. zum PRG und zum KKG die Beiträge von STAUDER, in diesem Band, S. 224 ff. und 300 ff.

[166] Vgl. dazu den Beitrag von WERRO/CHAULMONTET, in diesem Band, S. 414 ff.

[167] Siehe auch STAUDER, EWR, S. 451 ff.

schaffen sein müssen, um überhaupt in den Anwendungsbereich eines Gesetzes zu fallen. Solche Definitionen mögen aus schweizerischer Sicht Erstaunen hervorrufen, sie erklären sich aber aus dem Umstand, dass in der EU Staaten verbunden sind, die unterschiedlichen Rechtskreisen angehören. Beim Erlass der Richtlinien galt es daher, jeweils eine Brücke zwischen den einzelnen Rechtsordnungen und v.a. zum Common Law zu schlagen und das gemeineuropäisch nichtvorhandene begriffliche Vorverständnis durch Definitionen zu ersetzen.

Das *Konsumkreditgesetz* von 1993, welches vor allem auf Transparenz setzte, vermochte von allem Anfang an nicht zu überzeugen.[168] Es beschränkte sich auf das Richtlinienmindestmass, enthielt praktisch keine materiellen Schutzbestimmungen und taugte insbesondere nicht zur Lösung der Probleme der Konsumentenüberschuldung. STAUDER würdigte es insgesamt als Konsumkredit-Informations-Gesetz (KKIG), dem ein eigentliches KKG noch zu folgen habe.[169] Das Nebeneinander von Abzahlungs- und Konsumkreditrechtsnormen und vor allem von bundes- und kantonalrechtlichen Vorschriften führte überdies zu grossen Rechtsunsicherheiten. Am 23. März 2001 wurde ein neues, revidiertes und um echte Sozialschutzvorschriften (Überschuldungsprävention durch Kreditfähigkeitsprüfung) ergänztes KKG verabschiedet, welches per 1.1.2003 in Kraft trat. Die Schweiz ist damit im Konsumkreditbereich originär einen Schritt weiter als die EU gegangen und hat sich von der Verbraucherkreditrichtlinie partiell entfernt. Die EU plante über ein Jahrzehnt hinweg, ihr *Verbraucherkreditrecht* – vollharmonisiert – zu erneuern, doch war die mehrfach geänderte Vorlage im Kampf widersprechender Interessen lange festgefahren.

Anders ist die Rechtslage im *Reiserecht* und im *Produkthaftungsrecht*. Hier gibt es keine Revisionsbestrebungen in der Schweiz, obwohl die Pauschalreiserichtlinie eine der acht Richtlinien ist, die von der *Überprüfung des gemeinschaftlichen Besitzstandes im Verbraucherschutz* betroffen ist. Als eine der älteren Richtlinien soll sie daraufhin kontrolliert werden, ob sie angesichts des Markteintritts von Billigfluggesellschaften und der zunehmenden Tendenz der Konsumenten, Ferienreisen individuell aus verschiedenen im Internet selbst recherchierten Komponenten zusammenzustellen (sog. Dynamic Packaging), statt eine von einem Reiseveranstalter oder -vermittler angebotene Pauschalreise zu buchen, in der heutigen Form weiter Bestand haben kann.[170] Die Produktehaftungsrichtlinie hat im Nachgang

---

[168] Schon während der Swisslex-Debatte warnte KÖNDGEN, AJP 1993, 278 ff., davor, die Eurolex-Vorlage blindlings zu übernehmen und er beklagte später (Konsumkreditgesetzgebung, S. 47) die gesetzgebungspolitisch und gesetzgebungstaktische Fehlleistung des Bundesrates: «*Anstatt den unter Zeitdruck zusammengebastelten Eurolex-Entwurf nach dem fehlgeschlagenen Referendum schleunigst in die Rumpelkammer zu stellen und seine Energie weiter der Motion Affolter zuzuwenden, hat der Bundesrat an einem Gesetzesentwurf festgehalten, der in dieser Form niemandem nützt ...*»

[169] AJP 1994, 689.

[170] Trotz allem hat sich das Reiserecht über das im Rahmen der Bilateralen I abgeschlossene Luftverkehrsabkommen mit der EU (vgl. Näheres dazu im Beitrag zum Pauschalreise-

zur Rinderseuchen(BSE)-Krise schon eine erste Änderung hinter sich (Ausdehnung des Geltungsbereichs auf landwirtschaftliche Primärerzeugnisse).[171] Eine weitergehende Überarbeitung ist von der EU im Jahre 2002 zwar in Angriff genommen, zufolge fehlender praktischer Bedeutung der Richtlinie im grenzüberschreitenden Verkehr aber wieder auf Eis gelegt worden.[172] In der Schweiz hat immerhin das Transplantationsgesetz[173] zu einer Umformulierung des Produktebegriffs in Art. 3 Abs. 2 Bstb. b PrHG geführt.

IV. Gescheiterte Gesetzesvorlagen oder: Swisslex und nicht weiter?

Wünsche nach mehr Konsumentenschutz stossen derzeit in Bundesbern auf taube Ohren. Was unter Justizministerin aBR Metzler (1999–2003) noch zügig begonnen hatte, nämlich die weitere Angleichung des schweizerischen Konsumentenschutzes an den europäischen Mindeststandard durch Erlass neuer Schutzgesetze im Bereich des E-Commerce, des Kaufrechts und der Teilzeitnutzungsrechte (Timesharing), wurde unter ihrem Nachfolger aBR Blocher (2003–2007) unter tatkräftiger Mithilfe eines wankelmütigen Parlaments samt und sonders beerdigt.[174]

1. Das geplante Bundesgesetz über den elektronischen Geschäftsverkehr

Die rasante Entwicklung in der Telekommunikationsbranche (Aufkommen des Internets in Privathaushalten, neue Technologien beim Fernsehen und der Telefo-

---

recht von STAUDER, S. 300 ff., in diesem Band) stark europäisiert. Vgl. auch STAUDER, Europäisierung, S. 265 ff.
[171] RL 99/34/EG vom 10. Mai 1999.
[172] Vgl. Dritter Bericht über die Anwendung der Richtlinie des Rates zur Angleichung der Rechts- und Verwaltungsvorschriften der Mitgliedstaaten über die Haftung für fehlerhafte Produkte (85/374/EWG) vom 25.7.1985, geändert durch die Richtlinie 1999/34/EG des Europäischen Parlaments und des Rates vom 10.5.1999, vom 14.09.2006, Kom (2006) 496 endg.
[173] Transplantationsgesetz vom 8.10.2004, in Kraft seit 1.7.2007 (SR 810.21).
[174] Bundesrat Blocher war ein konsequenter Vertreter der freien Marktwirtschaft. An einer Rede vor der statistisch volkswirtschaftlichen Gesellschaft der Universität Basel am 26.3.2007 verdeutlichte er dies mit folgenden Worten: «*Was wir anstreben, ist eine liberale Wirtschaftsordnung: Die freie Marktwirtschaft erscheint nur dem Laien brutal. ... Die Neigung der Politik, und namentlich der Politiker, in die Marktwirtschaft einzugreifen, war und ist gross. Immer wieder und überall versucht man diesen Markt zu ‹gestalten›, zu formen, zu bemuttern. Diese Eingriffe werden meistens für besonders ‹sozial› erklärt – aber wir haben es in Wahrheit nur mit besonders sozialem Geschwätz zu tun*». Abrufbar unter: http://www.ejpd.admin.ch/ejpd/de/home/dokumentation/red/2007/2007-03-26.html). Vgl. zum Problemkreis auch STAUDER (mal-aimé), 145 ff.

nie) brachte neben neuen Vermarktungsformen auch Veränderungen im Vertragsabschluss- und Vertragserfüllungsverhalten. Das veranlasste das Bundesamt für Justiz (BJ) im Jahre 1998 zu überprüfen, ob das Obligationenrecht auch für Fernabsatzverträge, speziell für Verträge, die unter Abwesenden auf elektronischem Weg geschlossen werden, adäquate Lösungen bereithalte.[175] Zwar wurde die Frage zufolge der grossen Abstraktheit des Obligationenrechts grundsätzlich bejaht, allerdings mit zwei Ausnahmen. So fehle ein Äquivalent für die eigenhändige Unterschrift (Art. 14 Abs. 1 OR) und eine Lösung der Frage, wer bei der elektronischen Kommunikation das Anonymitätsrisiko[176] zu tragen habe.

Ein Vergleich mit der Rechtslage in der EU – wo zwischenzeitlich die Fernabsatzrichtlinie erlassen und die Verbrauchsgüterkaufrichtlinie sowie die E-Commerce-Richtlinie vorbereitet worden waren[177] – zeigte weitere Defizite im Konsumentenschutz.[178] Die Verwaltung schlug daher, unterstützt durch zwei Empfehlungen der Eidgenössischen Kommission für Konsumentenfragen[179] und mehrere parlamentarische Vorstösse[180], den Erlass eines Bundesgesetzes über die digitale Signatur und im Anhang dazu Teilrevisionen des OR und des UWG vor. Die elektronische Signatur sollte der eigenhändigen Unterschrift gleichgestellt werden, damit auch diejenigen Verträge, für die das Gesetz die Schriftform vorsieht, auf elektronischem Weg geschlossen werden können. Sodann war eine Ausdehnung der

---

[175] Vgl. *Digitale Signatur und Privatrecht (Vertragsrecht)* – Gutachten des Bundesamtes für Justiz vom 24.11.1998, VPB 63.46; abrufbar unter: http://www.vpb.admin.ch/deutsch/doc/63/63.46.html.

[176] Etwa beim Auftreten unter falscher oder nicht existierender Identität.

[177] RL 97/7/EG vom 20.5.1997 über den Verbraucherschutz bei Vertragsabschlüssen im Fernabsatz (ABl. Nr. L 144 vom 4.6.1997, S. 19); RL 1999/44/EG vom 25.5.1999 zu bestimmten Aspekten des Verbrauchsgüterkaufs und der Garantien für Verkaufsgüter (ABl. Nr. L 171 vom 7.7.1999, S. 12); RL 2000/31/EG vom 8.6.2000 über bestimmte rechtliche Aspekte der Dienste der Informationsgesellschaft, insbesondere des elektronischen Geschäftsverkehrs, im Binnenmarkt («Richtlinie über den elektronischen Geschäftsverkehr») (ABl. Nr. L 178 vom 17.7.2000, S. 1).

[178] Mitglieder der eidg. Räte – und insbesondere die Nationalräte Vollmer und Sommaruga – haben seit 1995 in zahlreichen Vorstössen auf das drohende Auseinanderdriften des europäischen und schweizerischen Konsumentenschutzrechts hingewiesen. Vgl. etwa Motion 95.3567 Vollmer: «*Der Bundesrat wird beauftragt, mittels einer regelmässigen Anpassung des schweizerischen Rechts sicherzustellen, dass das Niveau des schweizerischen Konsumentenschutzes gegenüber demjenigen innerhalb des EWR respektive der EU nicht weiter zurückbleibt*».
Auch in der juristischen Literatur wurden konsumentenrechtliche Defizite, vor allem im Kaufrecht, mehrfach angemahnt. Vgl. statt vieler KRAMER, JKR 1998, S. 205 ff., sowie BRUNNER, SJZ 97 (2001), 241 ff.

[179] Empfehlungen der Eidg. Kommission für Konsumentenfragen über *Vertragsabschlüsse im Fernabsatz* und über den *elektronischen Handel,* beide vom 7.12.1999, abgedruckt in JKR 2000, S. 391 ff.

[180] Vgl. Motion 98.3063 Vollmer (Anhebung des schweizerischen Konsumentenschutzes auf das europäisches Niveau) und Motion 99.3168 Vollmer (Ausdehnung der Garantiefristen auf zwei Jahre).

D. Die Entwicklung des Konsumentenrechts in der Schweiz

für Haustürgeschäfte bestehenden Sondernormen (insbesondere das siebentägige *Widerrufsrecht*) auf Vertragsabschlüsse im Fernabsatz vorgesehen. Weiter war geplant, das kaufrechtliche *Gewährleistungsrecht* an die Kaufrechtsrichtlinie anzupassen (Verlängerung der Verjährungsfrist nach Art. 199 OR auf zwei Jahre, ausgestaltet als einseitig zwingende Norm zu Gunsten des Konsumenten; Einräumung des Rechts des Käufers einer mangelhaften Sache, Nachbesserung statt Wandelung oder Minderung zu verlangen[181]). UWG-Normen, die im Fernabsatz für mehr Transparenz sorgen (Bekanntgabe der Identität des Anbieters, der wesentlichen Eigenschaften der angebotenen Produkte, der Kosten und Bedingungen zu Lasten des Kunden) sollten das Ganze flankieren.

Der Bundesrat begrüsste die von der Verwaltung vorgeschlagenen Verbesserungen im Konsumentenschutz, lehnte es aber ab, diese mit der digitalen Signatur zu verknüpfen und schickte anfangs 2001 zwei getrennte Vorlagen in die Vernehmlassung, nämlich einerseits das *Bundesgesetz über die elektronische Signatur* und andererseits das als Mantelerlass konzipierte *Bundesgesetz über den elektronischen Geschäftsverkehr.*[182]

Es zeigte sich, dass die Aufhebung des Junktims zwischen der elektronischen Signatur und den weiteren geplanten Revisionen im OR und im UWG für den Konsumentenschutz verheerend war. Während die Vernehmlassungen zur elektronischen Signatur überwiegend positiv ausfielen (was schliesslich zur Verabschiedung des Gesetzes führte[183]), waren diejenigen zum geplanten Bundesgesetz über den elektronischen Geschäftsverkehr extrem widersprüchlich.[184] Konsumentenvertreter begrüssten die Vorlage und bedauerten eigentlich nur, dass sie nicht noch weiter gehe und endlich auch einen besseren Schutz vor missbräuchlichen allgemeinen Geschäftsbedingungen bringe; auch die (allerdings kaum betroffenen) Kantone standen dem Entwurf positiv gegenüber. Hingegen erwuchs ihm von Seiten der Wirtschaft massivster Widerstand. So wurde im Recht, Fernabsatzverträge innert sieben Tagen zu widerrufen, ein Verstoss gegen die Vertragstreue (d.h. gegen den Grundsatz *pacta sunt servanda*) erblickt. Es gebe keine Gründe, Online-Vertragsabschlüsse den Haustürgeschäften gleichzustellen, da der Konsument hier

---

[181] Zur Frage, inwieweit das europäische Recht im Bereich des Kaufrechts (und der AGB) ein Vorbild für die Schweiz darstellt vgl. KRAMER, ZSR 118 (1999) I 295 ff.

[182] Die Texte des Vorentwurfs finden sich im Anhang zu diesem Beitrag, hinten G., S. 98 ff.

[183] Bereits am 3.7.2001 verabschiedete der Bundesrat eine Botschaft zum Bundesgesetz über Zertifizierungsdienste im Bereich der elektronischen Signatur (ZertES), vgl. BBl 2001, 5679. Das Gesetz wurde am 19.12.2003 vom Parlament verabschiedet (BBl 2003,822) und trat am 1.1.2005 in Kraft (SR 943.03 – AS 2004 5085). Damit einher ging eine Teilrevision des OR mit Streichung von Art. 13 Abs. 2 OR, Einfügung von Art. 14 Abs. 2bis OR (Gleichstellung der elektronischen Signatur mit der eigenhändigen Unterschrift) und Art. 59a OR (Haftung für Signaturschlüssel). Weitere Gesetzesänderungen betreffen die elektronische Kommunikation mit den Registern. Ausführlich dazu SCHÖBI (ZertES).

[184] Die Zusammenstellung der Vernehmlassungen ist abrufbar unter: http://www.bj.admin.ch/bj/de/home/themen/wirtschaft/gesetzgebung/abgeschlossene_projekte/konsumentenschutz.html.

keinem besonderen Zwang ausgesetzt sei und die Angebote in Ruhe vergleichen könne. Heftig kritisiert wurde ferner, dass unter dem «Deckmantel» des elektronischen Geschäftsverkehrs eine allgemeine Revision des Kaufrechts in Angriff genommen werde bzw. dass unter dem Vorwand des elektronischen Geschäftsverkehrs Konsumentenschutzanliegen ins OR «eingeschmuggelt» würden.

Auch in akademischen Kreisen wurde die Vorlage nicht gerühmt.[185] HONSELL/PIETRUSZAK machten als Erste geltend, der Entwurf sei «rechtspolitisch und rechtstechnisch verfehlt». Weiter wurde vorgebracht, das geltende Obligationenrecht enthalte für die neuen Rechtsfragen durchaus adäquate Lösungen, bzw. es sei kein spezielles Schutzbedürfnis von jungen, gebildeten Internet-Nutzern auszumachen. Schliesslich wurde auch Anstoss daran genommen, wie das Gemeinschaftsrecht ins schweizerische Recht implementiert werde.[186] Unverständlich sei etwa, dass Versicherungsverträge und Finanzdienstleistungen vom Widerrufsrecht ausgenommen seien.[187]

Der Bundesrat nahm (erst) am 9. Dezember 2002 vom Ergebnis der Vernehmlassungen Kenntnis. Trotz der erwähnten Einwände hielt er grundsätzlich an der Vorlage fest und beauftragte das BJ, eine Botschaft auszuarbeiten. Diese sei aber strikt auf jene Punkte zu beschränken, die für eine wirksame Verbesserung des schweizerischen Konsumentenschutzes nötig sind.[188] Ziel sei «ein massvoller Ausbau des Konsumentenschutzes bei so genannten Fernabsatzverträgen, aber auch beim herkömmlichen Fahrniskauf»[189]. Der Bundesrat liess die Idee eines Mantelerlasses fallen und gab dem Kind einen neuen Namen. Nunmehr war vom *«Bundesgesetz über die Teilrevisionen des Obligationenrechts* und vom *Bundesgesetz gegen den unlauteren Wettbewerb (Verbesserung des Konsumentenschutzes)»* die Rede.

Auf die angekündigte Botschaft wartete man dann allerdings vergeblich. Obwohl auch die Geschäftsprüfungskommission des Nationalrates im Jahr 2004 festgehalten hatte, die heutige Gesetzgebung gewährleiste im elektronischen Geschäftsverkehr keinen ausreichenden Konsumentenschutz,[190] teilte der Bundesrat

---

[185] HONSELL/PIETRUSZAK, AJP 2001, 771 ff.; JÖRG/ARTER, AJP 2002, 165 ff.; WIEGAND/MARTI, S. 37 ff.; JACCARD, S. 17 ff.; FOUNTOULAKIS, S. 57 ff.; HONSELL, Kaufrecht, S. 211 ff.; STRAUB, S. 167 ff.

[186] JÖRG, S. 29, meint, damit sei «über die Stränge gehauen» worden.

[187] SCHÖBI, HAVE 2003, 214, macht jedoch darauf aufmerksam, dass bei Verabschiedung des Vorentwurfs die definitive Fassung der Richtlinie über den Fernabsatz von Finanzdienstleistungen an Verbraucher noch nicht vorgelegen habe. Der Bundesrat habe deshalb im Begleitbericht angekündigt, das Thema erst in der Botschaft wieder aufzugreifen.

[188] Der Bundesrat beschloss daher, auf eine Revision der Artikel 4, 6a [neu], 74, 107 [VE-OR] zu verzichten.

[189] Vgl. Medienmitteilung vom 9.12.2002, abrufbar unter: http://www.ejpd.admin.ch/ejpd/de/home/themen/wirtschaft/ref_gesetzgebung/ref_abgeschlossene_projekte/ref_konsumentenschutz.html.

[190] Vgl. *Konsumentenschutz im elektronischen Geschäftsverkehr: Vertragliche Aspekte und Datenschutz*. Bericht der Geschäftsprüfungskommission des Nationalrates inkl. Empfeh-

am 9. November 2005 in einer knappen Medieninformation[191] mit, er habe sich angesichts der anhaltenden Kritik und Skepsis seitens der Wirtschaft nochmals grundsätzlich mit der Frage nach der Revisionsbedürftigkeit des schweizerischen Rechts befasst und sei zum Schluss gekommen, dass das nicht der Fall sei. Daher werde aus folgenden Gründen auf die Vorlage verzichtet:

«– *Das Obligationenrecht steht auf dem Grundsatz der Vertragsfreiheit. Sie ist Ausdruck davon, dass die Bürger mündig sind und selber am besten wissen, was für sie gut und von Vorteil ist. Widerrufsrechte und Gewährleistungsansprüche tragen dem keine Rechnung und stellen eine Form der Bevormundung des Konsumenten durch den Gesetzgeber dar.*
– *Widerrufsrechte und höhere Gewährleistungsansprüche bedeuten Mehrkosten für die Anbieter, die sie auf die Dienstleistungen und Produkte abwälzen müssen. Sie belasten über den höheren Preis unweigerlich die Konsumenten.*
– *Der elektronische Geschäftsverkehr hat sich in der Schweiz auch ohne gesetzliches Widerrufsrecht bei Fernabsatzgeschäften und ohne verbessertes Gewährleistungsrecht positiv entwickelt. Zudem hat sich die Schweiz nicht staatsvertraglich verpflichtet, die einschlägigen Bestimmungen des EU-Rechts zu übernehmen und den Konsumentenschutz zu verstärken.*»

Diese Neubeurteilung, die der Bundesrat am 21. Dezember 2005 in seiner Stellungnahme zum Bericht der Geschäftsprüfungskommission nochmals bestätigte und begründete,[192] war eine Ohrfeige an die Adresse des Konsumentenschutzes. Mag man noch ein minimales Verständnis für die politische Komponente der Nichtregulierung aufbringen, indem tatsächlich zutrifft, dass das Konsumentenvertrauen in den E-Commerce in der Schweiz in den letzten Jahren auch ohne spezielle gesetzliche Regelungen gestiegen ist, so wird doch mit der Begründung, wonach von Widerrufsrechten und einer Verlängerung der Garantiefrist im Kaufrecht deswegen abzusehen sei, weil dies einer *Bevormundung der Konsumenten* gleich komme, die Bevölkerung für dumm verkauft. Es ist nicht einzusehen, weshalb vertragliche Schutzrechte, die der betroffene Konsument wahrnehmen kann oder auch nicht, zu einer Bevormundung desselben führen sollen. Dass hingegen die Einführung von Widerrufsrechten zu einer minimen Preiserhöhung der Produkte führen könnte, mag zutreffen. Doch der Bundesrat erwähnt mit keinem Wort, dass grenzüberschreitend tätige Schweizer Anbieter zufolge der Unterstellung unter EU-Recht das Widerrufsrecht schon heute gewähren und damit den «Ausländern» bessere Konditionen bieten müssen als der einheimischen Bevölke-

---

lungen zuhanden des Bundesrates, Schlussbericht vom 9.11.2004, BBl 2005, 4967, und *E-Commerce: Evaluation des Konsumentenschutzes in der Schweiz*. Schlussbericht der Parlamentarischen Verwaltungskontrolle vom 13.5.2004, BBl 2005, 4987.
[191] Medienmitteilung vom 9.11.2005, abrufbar unter: http://www.ejpd.admin.ch/ejpd/de/home/dokumentation/mi/2005/2005-11-091.html.
[192] BBl 2006, 685.

rung. Im Übrigen gewährt die Migros als Marktleaderin im Schweizer Detailhandel seit einigen Jahren «*zwei Jahre Garantie auf fast alles*», ohne die Preise deswegen zu erhöhen.[193]

Obwohl sowohl Konsumentenschützer als auch die Geschäftsprüfungskommission des Nationalrats umgehend mittels parlamentarischer Vorstösse[194] versuchten, doch noch ein Tätigwerden zu erreichen, scheint die Situation blockiert, nachdem in den Kommissionen für Rechtsfragen des Ständerates und des Nationalrates keine Einigkeit darüber herrscht, ob den Anträgen Folge gegeben werden soll. Momentan scheinen diejenigen Kreise Oberwasser zu haben, die – den Anträgen des Bundesrates folgend – alle Vorstösse abschreiben, die einen Bezug zum Konsumentenschutz haben.[195] Dass dies auf Dauer keine Lösung sein kann, zeigt

---

[193] Anlässlich der Ausdehnung der Garantiefristen auf zwei Jahre fand sich dieser Slogan auf Plakaten, die etwa eine brennende Kerze oder eine halbaufgegessene Wurst zeigten.

[194] Schon am 12.12.2005 reichte Frau SR Sommaruga die PI 05.458 mit folgendem Text ein: «*Zugunsten einer Stärkung des Konsumentenschutzes im Fernabsatzgeschäft sind das Obligationenrecht sowie das Bundesgesetz gegen den unlauteren Wettbewerb zu ergänzen (gemäss Entwurf über ‹Änderung des Obligationenrechtes und des Bundesgesetzes gegen den unlauteren Wettbewerb – Verbesserung des Konsumentenschutzes›).*» SR Bonhôte doppelte am 21.06.2006 nach und verlangte mit der PI 06.441: «*Um den Missbräuchen im Bereich des Telefonverkaufs ein Ende zu setzen, wo die Kundin oder der Kunde sich oft mit der Behauptung konfrontiert sieht, sie oder er habe das Einverständnis zu einem Handelsgeschäft gegeben und könne von keinem Widerrufsrecht Gebrauch machen, soll Artikel 40a (eventuell auch Art. 40b) des Obligationenrechtes so geändert werden, dass der Telefonverkauf den Haustürgeschäften gleichgestellt ist und die Kundin oder der Kunde so über das von den Artikeln 40b bis 40f vorgesehene Widerrufsrecht verfügt.*» Auch die Geschäftsprüfungskommission des Nationalrates verlangte am 18.09.2006 mittels der PI 06.457 Verbesserungen im Konsumentenschutz im elektronischen Geschäftsverkehr. Sie forderte: «*Die schweizerische Rechtsordnung ist so anzupassen, dass sie im Bereich des elektronischen Geschäftsverkehrs nachstehende Punkte gewährleistet: 1. eine Identifikationspflicht für inländische Internetanbieter; 2. ein nicht wegbedingbares Nachbesserungsrecht oder ein nicht wegbedingbares Recht auf Ersatzleistung bei Lieferung mangelhafter Ware; 3. spezifische Vorschriften für den Vertragsabschluss, die Artikel 1ff. des Obligationenrechtes unter der Berücksichtigung der Eigenheiten des elektronischen Geschäftsverkehrs konkretisieren; 4. ein der EU-Gesetzgebung entsprechendes Widerrufsrecht.*»

NR Leutenegger-Oberholzer forderte am 18.09.2006 mittels der PI 06.490: «*Mit einer Änderung des Obligationenrechtes soll der Schutz der Konsumentinnen durch die Verlängerung der Verjährungsfrist bei kaufrechtlichen Sachgewährleistungsansprüchen auf zwei Jahre verbessert werden. Es wird folgende Änderung vorgeschlagen:*

OR Art. 210 Verjährung
(1) Die Klagen auf Gewährleistung wegen Mängel der Sache verjähren mit Ablauf von zwei Jahren nach deren Ablieferung an den Käufer, selbst wenn dieser die Mängel später entdeckt, es sei denn, dass der Verkäufer eine Haftung für längere Zeit übernommen hat.
(2) Die Einreden des Käufers wegen vorhandener Mängel bleiben bestehen, wenn innerhalb von zwei Jahren nach Ablieferung die vorgeschriebene Anzeige an den Verkäufer gemacht worden ist.
(3) Die mit Ablauf von zwei Jahren eintretende Verjährung kann der Verkäufer nicht geltend machen, wenn ihm eine absichtliche Täuschung des Käufers nachgewiesen wird.»

[195] Postulat Cina 00.3118 (Lizenzgebung im Softwarebereich), Motion Vollmer 00.3734

der Umstand, dass die Vorstösse – einer mehrköpfigen Hydra gleich – immer wieder von Neuem eingereicht werden.[196] Die Konsumentenschutzanliegen sind auch in der Gesetzgebung trotz allem nicht ganz ausser Rang und Traktanden gefallen. Dies bekunden die *Regelung der Mehrwertdienste im Fernmeldegesetz*[197] *und der ungebetenen kommerziellen Kommunikation (Spamming) im UWG,*[198] *die per 1. April 2007 in Kraft getreten sind.* Diese Normen sind aber auch Beweis dafür, dass Konsumentenschutz in der Schweiz vor allem dann eine Chance hat, wenn er zum Jedermannschutz wird.

2. Das geplante Bundesgesetz über Teilzeitnutzungsrechte an Immobilien

Das gleiche Schicksal erlitt das geplante Bundesgesetz über Teilzeitnutzungsrechte an Immobilien. Zurückgehend auf ein Postulat von SR Bruno Frick aus dem Jahre 1998[199] und eine parlamentarische Initiative von NR Jean Nils de Dardel vom 15.6.2000[200] wurde im Auftrag der Rechtskommission des Nationalrates ein Vorentwurf zur Änderung des Obligationenrechts und des UWG ausgearbeitet und in die Vernehmlassung geschickt.[201] Nach diesem sollten Erwerber von Timesharing von Immobilien (also «Quasi-Eigentümer von Ferienwohnungen») analog dem Europäischen Recht insbesondere durch vorvertragliche Informationspflichten und ein Widerrufsrecht besser geschützt werden. Dies weil beim Time-

---

(Konsumentenrechte beim Online Shopping), Motion 03.3422 der Kommission für Rechtsfragen des Nationalrates (Überprüfung von allgemeinen Geschäftsbedingungen). Vgl. auch neuestens die am 20.12.2007 im Rahmen der Vorprüfung erfolgte wuchtige (110:66 Stimmen) Ablehnung der Parlamentarischen Initiative 06.457 der Geschäftsprüfungskommission des Nationalrates (Verbesserung des Konsumentenschutzes im elektronischen Geschäftsverkehr) durch den Nationalrat selbst. Dass die Hoffnungen der Konsumentenschützer je auf dem Ständerat ruhen würden, hätte bis vor kurzem wohl niemand gedacht.

[196] Vgl. z.B. PI Sommaruga 06.489 (Inhaltskontrolle von Allgemeinen Geschäftsbedingungen) oder MO 07.3077 Ory (Sicherheit von Produkten).

[197] Vgl. Art. 12a–12d des Fernmeldegesetzes (FMG), SR 784.10.

[198] Vgl. Art. 3 lit. o UWG: «*Unlauter handelt insbesondere, wer ... o) Massenwerbung ohne direkten Zusammenhang mit einem angeforderten Inhalt fernmeldetechnisch sendet oder solche Sendungen veranlasst und es dabei unterlässt, vorher die Einwilligung der Kunden einzuholen, den korrekten Absender anzugeben oder auf eine problemlose und kostenlose Ablehnungsmöglichkeit hinzuweisen; wer beim Verkauf von Waren, Werken oder Leistungen Kontaktinformationen von Kunden erhält und dabei auf die Ablehnungsmöglichkeit hinweist, handelt nicht unlauter, wenn er diesen Kunden ohne deren Einwilligung Massenwerbung für eigene ähnliche Waren, Werke oder Leistungen sendet.*»

[199] 98.3488 (Schutz vor dubiosen Geschäftspraktiken beim Handel mit Wohnrechten).

[200] 00.421 (Anpassung des Konsumentenschutzes bei Teilzeitnutzungsrechten).

[201] Die Vernehmlassungsvorlage vom 28.1.2004 und die Ergebnisse sind abrufbar unter: http://www.ejpd.admin.ch/ejpd/de/home/themen/wirtschaft/ref_gesetzgebung/ref_abgeschlossene_projekte/ref_konsumentenschutz_immo.html. Daselbst findet sich auch der Gesetzesentwurf vom 21.10.2005 (BBl 2006, 2565).

sharing besonders häufig Personen mit beschränkten finanziellen Mitteln auf teilweise dubiose Angebote hereinfallen, sich aber selbst im besten Fall mit hohen Beträgen über längere Zeit vertraglich binden. Der Vorentwurf orientierte sich an der Timesharing-Richtlinie,[202] ging aber teilweise bewusst über diese hinaus, indem er europäische Revisionsbestrebungen bereits vorwegnahm.

In den Vernehmlassungen wurde zwar weit überwiegend ein Gesetzgebungsbedarf zwecks Verbesserung des Konsumentenschutzes anerkannt, doch wurden auch verschiedene Vorbehalte angebracht (etwa zur weiteren Verwässerung des Grundsatzes *pacta sunt servanda,* aber auch hinsichtlich der zu langen Dauer des 14-tägigen Widerrufsrechts). Die Kommission für Rechtsfragen des Nationalrats überprüfte daraufhin den Entwurf nochmals und nahm einige punktuelle Änderungen vor.[203] Am 21.10.2005 unterbreitete sie ihn dem Nationalrat und lud den Bundesrat zur Stellungnahme ein. Diese erfolgte am 1.3.2006.[204] Obwohl der Bundesrat festhielt, dass Teilzeitnutzungsrechte an Immobilien hierzulande sehr selten vorkämen, da Ferienwohnungen in der Schweiz von ihren Benutzern entweder gemietet oder gekauft werden, begrüsste er die vorgeschlagene Revision grundsätzlich, empfahl aber, diese nicht wie vorgesehen im allgemeinen Teil des Obligationenrechts zu platzieren und v.a. den Geltungsbereich der Vorlage auf *Verträge mit einer Mindestlaufzeit von drei Jahren einzuschränken und auf ein Widerrufsrecht bei öffentlich beurkundeten Verträgen sowie auf die UWG-Normen zu verzichten.*

In der Folge beschloss die Rechtskommission des Nationalrates am 7. Juli 2006 mit 11 zu 10 Stimmen bei einer Enthaltung, ihre Vorlage zurückzuziehen und dem Nationalrat zu beantragen, die Initiative abzuschreiben. Eine erneute Überprüfung habe gezeigt, dass kein vordringlicher Bedarf bestehe, einen in der Schweiz eher beschränkten Markt so komplex zu regeln, zumal Missbräuche nicht mehr so häufig vorkämen wie noch vor einigen Jahren. Am 22. Juni 2007 schrieb der Nationalrat die Vorlage mit 115 gegen 74 Stimmen ab.[205]

Natürlich kann man aus Sicht des Konsumentenschutzes damit leben, zumal es sicher zutrifft, dass Teilzeitnutzungsrechte an Ferienimmobilien nicht zu den vordringlichsten Problemen des Verbraucherrechts gehören. Unschön ist, dass der Todesstoss mit Hinweis auf die Revision des Europäischen Rechts erfolgte. Der damalige Justizminister, BR Blocher, meinte vor dem Parlament, man habe in der EU erkannt, dass sich die Richtlinie aus dem Jahre 1994 nicht bewährt habe und ziehe sie deshalb zu Gunsten einer neuen zurück. Fakt ist jedoch, dass seit Annahme der Richtlinie 984/47 EG neue Produkte und Vertragsmodelle auf den

---

[202] Richtlinie 94/47/EG.
[203] Vgl. im Einzelnen Ziff. 2.6. des Berichts der Kommission für Rechtsfragen des Nationalrates vom 21.10.2005 (BBl 2005, 2045).
[204] BBl 2006, 2571.
[205] AmtlBull. 2007, 1128. Der Wortlaut des Entwurfs findet sich im Anhang zu diesem Beitrag, hinten G., S. 104 ff.

Markt gekommen sind, die nicht unter die Vorschriften fallen [206] und dass die EU deswegen einen neuen (vollharmonisierten) Richtlinienentwurf vorlegt. [207] Von einer generellen Nichtbewährung kann also keine Rede sein.

V. Das Ende des «autonomen Nachvollzugs» europäischen Rechts?

Wie oben dargelegt, hat der Schweizerische Gesetzgeber unter dem Eindruck des EWR-Nein zahlreiche Vorgaben des *verbraucherrechtlichen acquis communautaire* ins schweizerische Recht integriert. Im Rahmen des Swisslex-Folgeprogramms wurden auch die Leitlinien festgelegt, an denen sich neu zu schaffendes Schweizer Recht zu orientieren habe. Es soll europakompatibel sein, der marktwirtschaftlichen Erneuerung dienen und zur Umsetzung verschiedener gesellschaftspolitischer Reformen beitragen. [208]

Heute fühlt sich die Politik angesichts der bilateral-sektoriellen Annäherung nicht mehr in gleichem Masse zur Berücksichtigung europäischen Rechts verpflichtet, wie noch vor 15 Jahren. Und so hat denn auch die freiwillige Berücksichtigung des Gemeinschaftsrechts im Rahmen der nationalen Rechtsfortbildung, der so genannte *«autonome Nachvollzug»*, in den letzten Jahren abgenommen. Zu Recht wird daher die Frage aufgeworfen, ob die Maxime des Nachvollzugs nicht einer tiefgreifenden Überprüfung bedürfe. SCHNYDER hält dafür, dass vor jedem Nachvollzug kritisches Hinterfragen angesagt sei, wobei allerdings «Eigen»-Regelungen, die zwar auf den ersten Blick pionierhaft erscheinen mögen, die aber ihrerseits zu vielfältigen Gesetzgebungs- und Anwendungsproblemen führen könnten, zu vermeiden seien. Daraus ergebe sich, dass die Schweiz gut daran tue, bei (nach Reflexion einmal als geboten befundenem) Nachvollzug europäischen Rechts nicht zu stark von den europäischen Vorgaben abzuweichen. Im Einzelfall möge es sinnvoller sein, auf eine Regelung ganz zu verzichten, als sie allzu abweichend vom europäischen Vorbild auszugestalten. [209] HUGUENIN [210] propagiert in diesem Zusammenhang die Schaffung eines neuen OR, das sich in *Basiskodifikation* und *Supplément* unterteilt. Die Basiskodifikation soll die Grundprinzipien unseres

---

[206] Zu denken ist etwa an «timesharingähnliche Produkte» wie Boote und Kreuzfahrtschiffe oder an Angebote zum Weiterverkauf oder Tausch von Timesharing-Rechten.
[207] Vgl. Vorschlag für eine Richtlinie des Europäischen Parlaments und des Rates über den Schutz der Verbraucher im Hinblick auf bestimmte Aspekte von Teilzeitnutzungsrechten, langfristigen Urlaubsprodukten sowie des Wiederverkaufs und Tausches derselben, KOM (2007) 303 endg.
[208] Botschaft über das Folgeprogramm nach der Ablehnung des EWR-Abkommens, BBl 1993 I 805.
[209] SCHNYDER, S. 206.
[210] Ein neues Obligationenrecht für die Schweiz? Kein autonomer Nachvollzug europäischen Rechts, NZZ Nr. 39/2007, S. 29.

Vertragsrechts wie Vertragsfreiheit etc. sowie diejenigen Regeln, die einem langsamen Wandel unterliegen, enthalten, während im Supplément jene Materien unterzubringen seien, die einem schnelleren «Verfalldatum» unterliegen. Zu denken sei dabei insbesondere an das hochgradig zwingende Konsumentenrecht, aber auch an das Miet- und Arbeitsrecht; alles Materien, in denen ein hohes Schutzniveau für die jeweils schwächere Seite anzustreben sei. Eine Zweiteilung des OR in eine tragende Basiskodifikation und ein volatileres Supplément ermögliche es, das OR zeitgemäss und attraktiv zu gestalten und gleichzeitig für sämtliche denkbare Zukunftsstrategien der schweizerischen Europapolitik offen zu halten.

VI. Ausdehnung des Konsumentenschutzes mittels Auslegung autonom nachvollzogenen Rechts?

Vom Problemkreis des weiteren autonomen Nachvollzugs europäischen Konsumentenrechts zu trennen ist die Frage nach Art und Weise der Auslegung von autonom nachvollzogenem Recht.[211] Hier hat das Bundesgericht in ständiger Rechtsprechung die Wichtigkeit des europäischen Rechts für die Auslegung des Landesrechts betont und festgehalten, dieses sei im Zweifel europarechtskonform auszulegen (grundlegend BGE 129 III 335[212] [betr. Art. 333 Abs. 3 OR][213], BGE 130 III 182 [betr. Pauschalreiserecht][214], BGE 132 III 406[215] [betr. Art. 335g OR][216] und BGE 133 III 81 [betr. Produktehaftung][217]. Bei dieser Auslegung zieht

---

[211] Seit der ersten Monographie von WIEGAND/BRÜLHART (1999) ist dieses Thema in einer Vielzahl von Publikationen diskutiert worden. Vgl. insbesondere STAUDER, influence (2004), S. 77f., und Europäisierung (2007), S. 270f.; AMSTUTZ, FS Kramer (2004), S. 67ff.; NYFFELER, FS 100 Jahre Aargauischer Anwaltsverband (2005), S. 41ff.; WERRO/PROBST, S. 453ff.; BIERI, AJP 2007, 708ff., je m.w.H.

[212] «Nachvollzogenes Binnenrecht ist im Zweifel europarechtskonform auszulegen. Es ist harmonisiertes Recht und als solches im Ergebnis – wie das Staatsvertragsrecht – Einheitsrecht. Zwar ist es nicht Einheitsrecht in Form von vereinheitlichtem Recht. Wird aber die schweizerische Ordnung einer ausländischen – hier der europäischen – angeglichen, ist die Harmonisierung nicht nur in der Rechtssetzung, sondern namentlich auch in der Auslegung und Anwendung des Rechts anzustreben, soweit die binnenstaatlich zu beachtende Methodologie eine solche Angleichung zulässt» (a.a.O., E. 6).

[213] Vgl. die Besprechung dieses Urteils durch TH. KOLLER, ZBJV 2004, 483ff., insbes. 527ff.

[214] Vgl. insbes. E. 5.5.1.

[215] «Der Gesetzgeber wollte mit dem Erlass von Art. 335d-g OR die Zielsetzung der europäischen Richtlinie 75/129 zur Massenentlassung für das schweizerische Recht verwirklichen (Botschaft des Bundesrates vom 24.2.1993 über das Folgeprogramm nach der Ablehnung des EWR-Abkommens, BBl 1993 I 881, S. 978). Diese Richtlinie verlangt unter anderem, dass die (im innerstaatlichen Recht vorgesehenen) Sanktionen bei Verletzung der Informations-, Konsultations- und Anzeigepflichten wirksam sein müssen.» (a.a.O., E. 2.4).

[216] Vgl. die Besprechung dieses Urteils durch TH. KOLLER, ZBJV 2008, 348ff.

[217] E. 3.1. Vgl. die Besprechung dieses Urteils durch FELLMANN, recht 2007, 158ff.

D. Die Entwicklung des Konsumentenrechts in der Schweiz

das Bundesgericht nicht nur den Text der ursprünglichen EU-Richtlinie bei, sondern auch die weiterführenden Versionen derselben[218] und insbesondere die vom Gerichtshof der Europäischen Gemeinschaften (EuGH) zu den beigezogenen Richtlinien begründete Rechtsprechung: «*Die Angleichung in der Rechtsanwendung darf sich dabei nicht bloss an der europäischen Rechtslage orientieren, die im Zeitpunkt der Anpassung des Binnenrechts durch den Gesetzgeber galt. Vielmehr hat sie auch die Weiterentwicklung des Rechts, mit dem eine Harmonisierung angestrebt wurde, im Auge zu behalten.*»[219]

Mittels einer solchen «dynamischen Rechtsvergleichung» wird das Bundesgericht zum Promotor von Konsumentenrechten und übernimmt eine Aufgabe, um die der Gesetzgeber sich drückt. Dass es sich dabei um eine Gratwanderung handelt, zeigt HANS PETER WALTER am Beispiel des Pauschalreiserechts auf.[220] Hier hat der EuGH im Falle der 10-jährigen Österreicherin Simone Leitner[221], die sich in einem All-inclusive-Hotel in der Türkei eine Salmonellenvergiftung zugezogen hatte, entschieden, dass die Gemeinschaftsrichtlinie dem Verbraucher grundsätzlich einen Anspruch auf Ersatz des immateriellen Schadens verleihe, der auf der Nichterfüllung oder einer mangelhaften Erfüllung der eine Pauschalreise ausmachenden Leistungen beruhe.[222] Die schweizerische Rechtsprechung anerkennt bis heute entgangenen ideellen Nutzen, etwa verdorbene Ferien, nicht als ersatzfähigen Schaden.[223] Dies könnte sich bald ändern.[224]

---

[218] Was von NYFFELER, S. 41 ff., kritisiert wird. Seiner Ansicht nach müsste ein diesbezügliches Nichtreagieren des schweizerischen Gesetzgebers mitberücksichtig werden. In diese Richtung auch STAUDER, Europäisierung, S. 271 f., der differenziert darlegt, dass eine europarechtskonforme Auslegung nur dann Sinn macht, wenn und insoweit der Text des Gemeinschaftsrechts das Ergebnis einer EU-weiten Harmonisierung ist oder wenn es um autonome, vom nationalen Recht losgelöste Begriffe geht. In Fällen, in denen der Schweizerische Gesetzgeber über das europäische Recht hinausgeht, indem er etwa Richtlinien auf Sachverhalte ausgeweitet hat, die von ihr nicht erfasst sind oder indem er Normen erlässt, die in der Richtlinie nicht geregelt sind (wie etwa in Art. 22ff. KKG), sei die Auslegung allein nach nationalen Massstäben vorzunehmen.

[219] BGE 129 III 335 E. 6. Auch bei der Anwendung des Lugano-Übereinkommens berücksichtigt das Bundesgericht regelmässig die Rechtsprechung des EuGH. Vgl. BGE 131 III 227 E. 3.1, 129 III 626 E. 5.2 und – speziell zum Verbrauchervertrag – BGE 133 III 295 E. 7.2 und 121 III 336 (dieses Urteil wurde besprochen durch KOLLER-TUMLER, recht, 1996, 47).

[220] ZBJV 2007, 732.

[221] Urteil vom 12.3.2002 in der Rs. C-168/00, Simone Leitner/TUI Deutschland GmbH & Co. KG.

[222] Die Pauschalreise-RL verpflichtet demnach auch EU-Mitgliedstaaten, deren nationales Recht den Ersatz ideeller Schäden nicht kennt, einen Anspruch auf Ersatz immaterieller Schäden (wie entgangene Ferienfreude) aus Pauschalreiseverträgen zu gewähren.

[223] Vgl. auch STAUDER, S. 360 f., in diesem Band.

[224] Genauso denkbar ist aber auch, dass das Bundesgericht im entscheidenden Moment nicht die richtlinienkonforme Auslegung in den Vordergrund stellt, sondern sich auf seinen pragmatischen Methodenpluralismus besinnt, nach welchem es davon absieht, «die einzel-

E. Konsumentenvertragsrecht

Das Konsumentenvertragsrecht regelt die Rechtsbeziehungen, bei denen sich Anbieter und Konsumenten als Vertragspartner gegenüberstehen. Zum Schutz des Konsumenten werden spezifische Instrumente eingesetzt, die dazu bestimmt sind, ein zu seinen Lasten präsumiertes vertragliches Ungleichgewicht auszutarieren. Der Anwendungsbereich solcher konsumentenschützerischer Regelungen kann auf unterschiedlicher Ebene einsetzen, so sachbezogen beim Vertragsgegenstand (etwa einer Pauschalreise oder einem Konsumkredit), personenbezogen bei den Vertragsparteien (den Verbrauchern und ihren Vertragspartnern) oder vertragsbezogen (beim Zweck des abgeschlossenen Rechtsgeschäfts). Die einzelnen Ansätze sind allerdings kaum je in reiner Form anzutreffen, meist treten verschiedene Kriterien nebeneinander.[225] Bevor ich mich der Frage zuwende, was unter einem Konsum- bzw. Konsumentenvertrag zu verstehen ist und welche speziellen Rechtsbehelfe das Verbrauchervertragsrecht kennt, ist darzulegen, wie Anbieter und Verbraucher im Rechtssinn umschrieben werden.

I. Anbieter und Konsument als Rechtsfiguren

Consumers, by definition, include us all. Mit diesen Worten forderte John F. Kennedy Grundrechte für alle Verbraucher. Im Vertragsrecht kommen wir mit dieser Beschreibung nicht weiter, da es *«die»* Verbraucher – etwa im Gegensatz zu «den» Mietern, «den» Arbeitnehmern oder «den» Käufern – als homogene Gruppe nicht gibt.[226] Und doch können Schutznormen in unsere Rechtsordnung nicht implementiert werden ohne abstrakte Umschreibung des geschützten Personenkreises. So hat man sich denn im Verlaufe der Jahre langsam an den *Verbraucher als Rechtsfigur* herangetastet.[227]

---

nen Auslegungselemente einer hierarchischen Prioritätsordnung zu unterstellten» (BGE 132 III 707 E. 2 mit Verweisung auf BGE 131 III 33 E. 2).
[225] SACHSE, S. 74, beobachtet historisch eine Entwicklung des Schwerpunkts von der Anknüpfung am Vertragsgegenstand über diejenige an die Vertragsparteien bis hin zu der heute im Mittelpunkt stehenden Anknüpfung an den Vertragszweck.
[226] Zur Inhomogenität der Gruppe der Verbraucher s. auch LURGER, S. 335 ff.
[227] Vgl. MEDICUS, FS Kitagawa (1992), S. 471 ff.; REHBINDER, JKR 1995, S. 63 ff.; KOLLER-TUMLER, Konsumentenvertrag (1995), S. 73 ff.; SCHMELZER, S. 14 ff., DREHER, JZ 1997, 167 ff.

E. Konsumentenvertragsrecht

1. Umschreibung von Verbraucher und Unternehmer in den EU-Richtlinien

Im europäischen Konsumentenvertragsrecht findet man bis heute nur punktuelle Umschreibungen des Verbrauchers bzw. des Unternehmers. Das liegt daran, dass die Begriffsdefinitionen einzig im persönlichen Anwendungsbereich konkreter Richtlinien zu finden sind. Da jede Verbraucher-Richtlinie ihren persönlichen Anwendungsbereich selbständig festlegt, enthält sie jeweils auch eigene, massnahmenbezogene Definitionen des Unternehmers und des Verbrauchers.[228] So wird etwa der Konsument überlagernd einmal nach sachlichen, dann nach persönlichen, dann wieder nach funktionalen Kriterien bestimmt und es wird zwar überwiegend bloss der private Endabnehmer, manchmal aber auch der Kleingewerbetreibende, ja ausnahmsweise gar eine juristische Person[229] geschützt. Wiewohl die Bestimmung der Gegenpartei einfacher ist, gibt es auch hier Unschärfen. So wird als Unternehmer definiert eine *natürliche oder juristische Person*, die im Rahmen *ihrer beruflichen oder gewerblichen Tätigkeit* bzw. im Rahmen *ihrer selbständigen beruflichen oder gewerblichen Tätigkeit* handelt.[230]

2. Konsument und Anbieter in schweizerischen Rechtsnormen

Auch in schweizerischen Gesetzen, denen Begriffsbestimmungen ohnehin eher fremd sind, kennt man keine Legaldefinition des Verbrauchers und des Anbieters. Wohl gibt es Umschreibungen in speziellen, v.a. im Rahmen des autonomen Nachvollzugs geschaffener Normen, konkret im Pauschalreise-[231] und im Konsumkreditrecht[232], aber auch beim Haustürwiderruf[233], doch sind diese nicht verallgemeinerungsfähig.

---

[228] Eine Übersicht über die Definition von Unternehmer und Verbraucher in den verschiedenen EU-Richtlinien findet sich bei RIESENHUBER, System, S. 251 f., und im 886-Seiten starken «Verbraucherrechtskompendium», das SCHULTE-NÖLKE, TWIGG-FLESNER und EBERS im Auftrag der EU herausgegeben haben (auf deutsch abrufbar unter: http://ec.europa.eu/consumers/cons_int/safe_shop/acquis/comp_analysis_de.pdf).
Vgl. auch neuestens DENKINGER, S. 1 ff.
[229] So schützt die Pauschalreise-RL einfach «die Person, welche die Pauschalreisen bucht» (Art. 2 Nr. 4).
[230] Die Begriffe gewerbliche/berufliche Tätigkeit setzen nach EBERS, Verbraucherrechtskompendium, S. 770, voraus, dass der Unternehmer im Rahmen einer entgeltlichen Tätigkeit handelt, die auf eine gewisse Dauer ausgerichtet ist. Eine Gewinnerzielungsabsicht (animo lucri) ist allerdings nicht unbedingt erforderlich.
[231] Art. 2 PRG, dazu Ausführungen von STAUDER, in diesem Band, S. 312 ff.
[232] Art. 2 und 3 KKG, dazu – und zu Art. 266k OR – die Ausführungen von STAUDER, in diesem Band, S. 232.
[233] Art. 40a OR; dazu die Ausführungen von BRUNNER, in diesem Band, S. 201 ff.

3. Verbraucher- und Unternehmerbegriff im Recht unserer Nachbarländer

Im Gegensatz dazu haben das deutsche[234], das österreichische[235] und das italienische Recht[236] die Begriffe *Verbraucher* und *Unternehmer* mittlerweile an prominenter Stelle allgemeingültig definiert.[237]

– Nach § 13 BGB ist Verbraucher *«jede natürliche Person, die ein Rechtsgeschäft zu einem Zweck abschliesst, der weder ihrer gewerblichen noch ihrer selbständigen beruflichen Tätigkeit zugerechnet werden kann»*. Unternehmer ist gemäss § 14 BGB *«eine natürliche oder eine juristische Person oder eine rechtsfähige Personengesellschaft,*[238] *die bei Abschluss eines Rechtsgeschäfts in Ausübung ihrer gewerblichen oder selbständigen beruflichen Tätigkeit handelt»*.[239]

– § 1 KSchG spricht von Rechtsgeschäften, an denen *einerseits jemand, für den das Geschäft zum Betrieb seines Unternehmens gehört, (im folgenden kurz Unternehmer genannt)* und andererseits *jemand, für den dies nicht zutrifft, (im folgenden kurz Verbraucher genannt)* beteiligt sind.[240]

---

[234] Im Zuge der Schuldrechtsmodernisierung wurden in Deutschland unter anderem die bestehenden Verbraucherschutzgesetze (Gesetz über allgemeine Geschäftsbedingungen, Haustürwiderrufsgesetz, Verbraucherkreditgesetz, Teilzeitwohnrechtegesetz) in das Bürgerliche Gesetzbuch (BGB) reintegriert. Gleichzeitig wurden neuere EU-Richtlinien (insb. die Verbrauchsgüterkaufrichtlinie) umgesetzt. Im total revidierten BGB (in Kraft seit 1.1.2002) finden sich die Begriffsumschreibungen des Verbrauchers und des Unternehmers ganz vorne, sozusagen im «Allgemeinen Teil».

[235] Österreich verfügt seit 1979 über ein Konsumentenschutzgesetz, das nach dem EU-Beitritt revidiert und an die europäischen Richtlinienvorgaben angepasst wurde. Vgl. Bundesgesetz vom 8.3.1979, mit dem Bestimmungen zum Schutz der Verbraucher getroffen werden, BGBl. Nr. 140/1979 (heute in der Fassung von BGBl. Nr. 62/2004, 92/2006; 92/2006, 60/2007 und 21/2008).

[236] Italien kennt seit zwei Jahren ein einheitliches Verbraucherschutzgesetz. Im Codice del consumo vom 29.7.2003 (in Kraft seit 23.10.2005) wird die gesamte italienische Verbraucherschutzgesetzgebung (vom Gewährleistungsrecht über das Wettbewerbsrecht bis hin zur Produktsicherheit) zusammengefügt. Vgl. Codice del consumo, a norma dell'articolo 7 della legge 29 luglio 2003, n. 229 (pubblicato nella Gazzetta Ufficiale n. 235 del 8 ottobre 2005 – Supplemento Ordinario n. 162).

[237] Was keineswegs überall auf Zustimmung gestossen ist. Vgl. statt vieler FLUME, ZIP 2000, 1427 ff.

[238] Diese ist in Abs. 2 definiert als Personengesellschaft, die mit der Fähigkeit ausgestattet ist, Rechte zu erwerben und Verbindlichkeiten einzugehen.

[239] Vgl. dazu ausführlich PFEIFFER, Verbraucher, S. 134 ff., sowie ULTSCH, S. 5 ff., je m.w.H.

[240] Diese sehr allgemeine Umschreibung wird in § 1 Abs. 2–5 KSchG einschränkend konkretisiert.
*«(2) Unternehmen im Sinn des Abs. 1 Z. 1 ist jede auf Dauer angelegte Organisation selbständiger wirtschaftlicher Tätigkeit, mag sie auch nicht auf Gewinn gerichtet sein. Juristische Personen des öffentlichen Rechts gelten immer als Unternehmer.
(3) Geschäfte, die eine natürliche Person vor Aufnahme des Betriebes ihres Unternehmens zur Schaffung der Voraussetzungen dafür tätigt, gehören noch nicht im Sinn des Abs. 1 Z. 1 zu diesem Betrieb.*

– In Art. 3 des Codice del consumo findet sich eine Fülle von Definitionen, so unter anderem: *«si intende per: a) consumatore o utente: la persona fisica che agisce per scopi estranei all'attività imprenditoriale o professionale eventualmente svolta; ... c) professionista: la persona fisica o giuridica che agisce nell'esercizio della propria attività imprenditoriale o professionale, ovvero un suo intermediario;»*

Einzig das französische Recht, das zwar seit dem Jahre 1993 einen eigenen Code de la consommation[241] kennt, verzichtet nach wie vor auf Definitionen in einem Allgemeinen Teil.[242] Der Verbraucherbegriff – übernommen aus dem Gesetz über missbräuchliche Klauseln aus dem Jahre 1978 – findet sich in Art. 132–1, wo ganz allgemein von *«contrats conclus entre professionnels et non-professionnels ou consommateurs»* die Rede ist.

4. Gemeinsamer Kerngehalt

Trotz aller Abweichungen im Einzelnen gehen die meisten Rechtsordnungen in ihren Verbraucherschutzvorschriften davon aus, dass *Verbraucher eine natürliche Person ist, die zu einem Zweck handelt, der nicht ihrer kommerziellen Tätigkeit zugerechnet werden kann,* während *Unternehmer nur ist, wer kommerziell handelt.* In der EU gibt es nunmehr Bestrebungen, ausgehend von diesem gemeinsamen Kernbereich allgemeingültige Definitionen festzulegen. Dies dürfte allerdings deswegen nicht so einfach sein, weil die einzelnen Mitgliedstaaten der EU bei der Umsetzung der Richtlinien in Landesrecht ganz unterschiedlich vorgegangen sind. Während die einen in ihrem Landesrecht einen übergreifenden Verbraucherbegriff geschaffen haben, der für sämtliche Verbraucherverträge gleichermassen gilt,[243] haben andere sich darauf beschränkt, den zwingenden Vorgaben der jewei-

---

(4) Dieses Hauptstück gilt nicht für Verträge, die jemand als Arbeitnehmer oder arbeitnehmerähnliche Person (§ 51 Abs. 3 ASGG) mit dem Arbeitgeber schliesst.
(5) Die Bestimmungen des I. und des II. Hauptstücks sind auch auf den Beitritt zu und die Mitgliedschaft bei Vereinen anzuwenden, wenn diese zwar von ihren Mitgliedern Beiträge oder sonstige Geldleistungen verlangen, ihnen aber nur eingeschränkte Mitgliedschaftsrechte einräumen und die Mitgliedschaft nicht geschäftlichen Zwecken dient.»

[241] Loi N° 93–949 du 26 juillet 1993, Journal officiel vom 27.7.1993. Vgl. dazu CALAIS-AULOY, 65 ff.; siehe auch HEUER, S. 1 ff.
[242] Der Grund liegt u.a. darin, dass der Code le la consommation bloss die früher in einzelnen Gesetzen verstreuten Konsumentenschutznormen zusammenführt, aber ansonsten keine eigentliche Kodifikation darstellt. Ihm fehlt insbesondere jegliche übergeordnete Struktur. Nach EBERS, Verbraucherrechtskompendium, S. 755 (Fn. 1973), verzichtet das französische Recht heutzutage explizit darauf, den Begriff des Verbrauchers zu definieren, da auf diese Weise unterschiedlichen Situationen besser Rechnung getragen werden soll.
[243] EBERS, Verbraucherrechtskompendium, S. 753 ff., zählt neben Deutschland, Österreich und Italien auch Belgien, die Tschechische Republik, Dänemark, Estland, Finnland, Griechenland, Lettland, Litauen, Malta, Niederlande, Polen, Portugal, die Slowakei, Slowe-

ligen Richtlinien nachzukommen. Sie definieren den Konsumenten und den Anbieter entweder in jedem Umsetzungsgesetz separat oder verzichten teilweise oder ganz auf Begriffsbestimmungen. Die Europäische Kommission schlägt nun im *Grünbuch zur Überprüfung des gemeinschaftlichen Besitzstandes vom 8.2.2007*[244] den Mitgliedern vor, die Begriffe europaweit einheitlich zu gebrauchen und stellt die folgenden Optionen zur Debatte:[245]

Option 1: *Die im gemeinschaftlichen Verbraucherrecht verwendeten Definitionen werden angeglichen, ohne deren Geltungsbereich zu ändern. Verbraucher würden definiert als natürliche Personen, die zu einem Zweck handeln, der nicht ihrer gewerblichen oder beruflichen Tätigkeit zugerechnet werden kann. Unternehmer würden als natürliche oder juristische Personen definiert, die im Rahmen ihrer gewerblichen oder beruflichen Tätigkeit handeln.*

Option 2: *Die Begriffe Verbraucher und Unternehmer werden erweitert und umfassen natürliche Personen, die hauptsächlich ausserhalb des Rahmens (Verbraucher) oder hauptsächlich im Rahmen (Unternehmer) ihrer gewerblichen oder beruflichen Tätigkeit handeln.*

Derzeit ist nicht absehbar, in welche Richtung das Pendel ausschlagen wird. Dies aus zwei Gründen: Zum einen ist die Frage nach einem einheitlichen Konsumentenbegriff unmittelbar mit der höchst umstrittenen Frage nach der Voll- oder Teilharmonisierung des Verbraucherrechts verknüpft,[246] zum anderen ist das Verhältnis von «Grünbuch» und «Gemeinsamem Referenzrahmen»[247] ungeklärt. Zwar werden unterschiedliche Zielsetzungen genannt – hier Überprüfung des Verbraucherschutzacquis, dort Evaluierung der Möglichkeiten für ein Europäisches Vertragsrecht – doch greift das Grünbuch mit seinen Weichenstellungen nach Meinung vieler zu sehr vor. Die Zukunft wird zeigen, ob sich aus dem Verbraucheracquis europaweit einheitliche Vorgaben, ja sogar richtiggehende Grundprinzipien des Verbraucherrechts ableiten lassen. Die Chancen, dass eine ausserhalb einzelner Richtlinien stehende, allgemeingültige Definition der Begriffe *Verbraucher* und *Unternehmer* über den bestehenden kleinsten gemeinsamen Nenner hinausgehen könnte, sind aber meines Erachtens nicht besonders hoch.[248]

---

nien, Spanien und Schweden auf, wobei offenbar einige Länder gleich mehrere übergreifende Verbraucherbegriffe verwenden.
[244] KOM (2006) 744 endg.
[245] A.a.O. S. 19 (Frage B 1).
[246] Dazu vorne S. 19f., wobei die Mitglieder selbst bei einer Vollharmonisierurng nur in dem Teilbereich, in dem europarechtliche Vorgaben bestehen, gehindert wären, abweichende Regelungen zu treffen. Rechtsgeschäfte, die in den Hoheitsbereich des nationalen Rechts fallen, dürften damit de iure nicht tangiert sein. De facto würde es wohl über die Rechtsprechung auch dort zu einer Annäherung kommen.
[247] Dazu vorne C. IV.
[248] Dies aufgrund der Durchsicht der eingegangenen Antworten zum Grünbuch. Diese sind

II. Der Konsumentenvertrag als Basisvertrag

Wie die obigen Definitionsversuche zeigen, lassen sich Schutznormen nicht allein an den Verbraucher- und Unternehmerbegriff bzw. an die personelle Rolle der Vertragspartner anknüpfen. Zwischen den Parteien muss vielmehr *zusätzlich* ein funktionelles Kriterium gegeben sein;[249] es muss mithin ein *Konsumentenvertrag* vorliegen.[250] Es ist ausserordentlich schwierig, der Rechtsfigur des Konsumentenvertrages Konturen zu verleihen, da dieser nicht nur in Form der im Besonderen Teil des Obligationenrechts und in Spezialgesetzen geregelten Verträge und der bekannten Innominatkontrakte wie Leasing etc. auftreten kann, sondern letztlich dem Allgemeinen Teil des Vertragsrechts zuzuordnen ist.[251] Der Konsumentenvertrag stellt keinen neuen Vertragstypus dar,[252] es können vielmehr *alle denkbaren Verträge*, seien es Nominat- oder Innominatkontrakte,[253] *auch in der Form eines Konsumentenvertrags* in Erscheinung treten.[254]

(in der jeweiligen Originalsprache) abrufbar unter: http://ec.europa.eu/consumers/rights/responses_green_paper_acquis_en.htm.

Eine Zusammenstellung der Resultate findet sich (auf Englisch) im Arbeitspapier, abrufbar unter: http://ec.europa.eu/consumers/cons_int/safe_shop/acquis/acquis_working_doc.pdf.

Eine detailliertere Analyse ist in Vorbereitung, die Vorarbeiten finden sich hier: http://ec.europa.eu/consumers/rights/detailed_analysis_en.pdf.

Vgl. auch die Entschliessung des Europäischen Parlaments vom 6.9.2007 zum Grünbuch, abrufbar unter: http://www.europarl.europa.eu/sides/getDoc.do?pubRef=//EP//NONSGML+TA+P6-TA-2007-0383+0+DOC+WORD+V0//DE&language=DE. Hierin vertritt das Parlament die Auffassung, *«dass die Definitionen von ‹Verbraucher› und ‹Unternehmer› weder in den gemeinschaftlichen Rechtsvorschriften noch in den nationalen Rechtsvorschriften kohärent sind und dass eine Klärung dieser Begriffe im horizontalen Instrument von grundlegender Bedeutung ist, da diese Begriffe den Geltungsbereich des Verbraucherrechts bestimmen».* Sie *«hält es für wesentlich, als ‹Verbraucher› jede natürliche Person zu definieren, die zu Zwecken außerhalb des Rahmens ihrer beruflichen Tätigkeit handelt; hält es ebenso für erforderlich, als ‹Unternehmer› jede Person zu bezeichnen, die im Rahmen ihrer beruflichen Tätigkeit handelt»* (a.a.O., Ziff. 16 u. 17).

[249] Man spricht in diesem Zusammenhang etwa auch von einem «zweiteiligen Aufbau des Konsumentenvertragsbegriffs», so etwa WALTHER, N 24 zu Art. 22 GestG m.w.H.

[250] Dazu eingehend KOLLER-TUMLER, Konsumentenvertrag; SCHMELZER, S. 1 ff.; BRUNNER, AJP 1992, 591 ff.; DERS. JKR 2004, S. 11 ff. Zum internationalen Konsum- bzw. Konsumentenvertrag vgl. WEBER-STECHER, S. 20 ff., und SACHSE, S. 59 ff.

[251] Indem der Konsumentenvertrag gemeinsam mit den anderen, für alle Schuldverhältnisse geltenden Regeln des Allgemeinen Teils quasi «vor die Klammer gezogen» wird, erhält er nicht nur unter methodologischen Gesichtspunkten einen besonders weiten Geltungsbereich, er führt auch zu einer vermehrten Sozialbindung im gesamten Vertragsrecht. Vgl. schon KOLLER-TUMLER, Konsumentenvertrag, S. 84.

[252] Es handelt sich dabei auch nicht um einen bestimmten Innominatkontrakt.

[253] Aus der Judikatur: private Vermögensverwaltung und Anlage (dazu BGE 121 III 336, 132 II 268 und 133 III 295), Versicherungsverträge (dazu Urteil 5C.181/2003 des Bundesgerichts vom 4.11.2003 i.V.m. Urteil 5C.12/2004 vom 24.2.2004 und Urteil 5C.222/2005 vom 12.6.2006), Vorstellungsbesuchsvertrag (Urteil des Einzelrichters in Zivilsachen des Bezirksgerichts Zürich vom 30.6.1988, ZR 1989, 86 ff.), Spitalaufnahmevertrag (Urteil

1. Abstellen auf den Vertragszweck

Als entscheidendes Abgrenzungskriterium für das Vorliegen eines Konsumentenvertrages hat sich das *Abstellen auf den Zweck des konkreten Rechtsgeschäfts* eingebürgert. Das Bundesgericht umschreibt dies folgendermassen: «*Der Verbraucher- oder Konsumentenvertrag lässt sich nicht ohne weiteres in das übliche Schema der Vertragsarten eingliedern. Entscheidend ist nach der gesetzlichen Definition vielmehr, dass der Vertrag zwischen einem Anbieter und einem Verbraucher (Konsument) geschlossen wird und die vertragliche Sache oder Leistung für dessen privaten Bedarf bestimmt ist. Konsument ist daher, wer Waren oder Dienstleistungen für den privaten, persönlichen Verbrauch empfängt oder beansprucht; er gilt als Letztverbraucher*»[255].

Geschäfte unter Kaufleuten, aber auch solche *zwischen Privatpersonen* (zu denken ist etwa an das Ausrichten eines Privatdarlehens, die Leihe von Gebrauchsgegenständen, aber auch an den Verkauf eines Gebrauchtwagens) stellen denn auch nach ganz allgemeinem Verständnis *keinen Konsumentenvertrag* dar, da es hier an einem strukturellen Ungleichgewicht zwischen den Vertragsparteien fehlt.[256]

---

des Einzelrichters in Zivilsachen des Bezirksgerichts Zürich vom 30.6.1988, ZR 1989, 86ff.), Ehe- und Partnerschaftsvermittlungsverträge (unpublizierte Urteile des Bezirksgerichtspräsidenten Landquart vom 27.5.2003 und des Kantonsgerichtspräsidenten des Kantons Zug vom 12.1.2004, zit. nach BSK OR I-PIETRUSZAK, Vor Art. 406a-406h OR, N 8).

[254] Vgl. schon die Botschaft zur Konsumentenschutzinitiative, BBl 1979 II 81/82. Dass dies definitorische Probleme mit sich bringen kann, liegt auf der Hand, doch sind solche nicht neu. So hat sich die Schweiz 1881 unter anderem deshalb für einen Code unique entschieden, um der Schwierigkeit auszuweichen, den Kaufmannsbegriff umfassend zu definieren. Wie CARONI, S. 55, zu Recht feststellt, hat dies aber nicht etwa zu einer Aufhebung des überlieferten Dualismus zwischen Handelsrecht und Bürgerlichem Recht geführt, sondern einfach den Grenzverlauf verrückt. Das Handelsrecht hat seine Pionierrolle zu Ende gespielt und sich der Form des Besonderen entledigt, nicht ohne jedoch unauffälliger in der Form des Allgemeinen weiterzuleben. Im Konsumentenrecht wurde die Diskussion zunächst unter umgekehrten Vorzeichen zum Begriff des Verbrauchers bzw. des Konsumentenvertrages geführt (siehe KOLLER-TUMLER, Konsumentenvertrag, S. 85ff., und WICHTERMANN, S. 221), doch ist es nur eine Frage der Zeit, bis sich das Konsumentenrecht des Gewandes des Besonderen entledigt. «Patience et persévérance» (PICHONNAZ, S. 341) sind hier gefragt.

[255] BGE 121 III 336 E. 5d.

[256] Was nicht heisst, dass die eine Partei die andere nicht «über den Tisch ziehen» kann. Damit das nicht in einem allzu grossen Ausmass geschieht, stellt das Obligationenrecht Normen zur Verfügung, die den «*Missbrauch der Vertragsfreiheit mittels Ausnützung individueller Übermacht bzw. die Ausbeutung beeinträchtigter Entscheidungsfreiheit des Partners*» sanktionieren (man denke etwa an Art. 21 OR bei Übervorteilung oder an Art. 29ff. OR bei Täuschung und Drohung). Näheres dazu BK-KRAMER, N 4ff. zu Art. 21 OR. Vgl. zur Bedeutung der objektiven Wertrelation im Austauschverhältnis auch den mehrfach – und kontrovers – besprochenen BGE 123 III 292 (Fussballclub Lohn), s. dazu KLETT, S. 351 m.w.H.

E. Konsumentenvertragsrecht

a) Engerer oder weiterer Schutzbereich möglich

Die Anknüpfung an den Zweck des Rechtsgeschäfts kann zu einem engeren oder weiteren Schutzbereich führen, je nachdem ob man eine positive (für private Zwecke) oder eine negative (nicht für berufliche Zwecke) Umschreibung wählt. Bei seinen ersten Gehversuchen in den 80er Jahren konnte sich der schweizerische Gesetzgeber noch nicht entscheiden, welchen Weg er einschlagen wollte. Er hat daher in Art. 120 Abs. 1 IPRG [257] sowohl die damals im nordischen und angloamerikanischen Rechtskreis übliche positive (primary for private use) als auch die in Kontinentaleuropa üblichere negative Zweckumschreibung übernommen und miteinander verknüpft.

In der Folge ging man in der Schweiz lange von einer Gleichwertigkeit der positiven und der negativen Umschreibung aus, verwendete sie mehr oder weniger nach Belieben [258] und behandelte sie als Synonyme [259]. Das hat sich erst mit der Einführung eines speziellen Konsumentengerichtsstandes im *Gerichtsstandsgesetz (GestG)* [260] geändert. Bei den Beratungen zum GestG hat der Gesetzgeber realisiert, dass er einen Wertungsentscheid trifft, je nachdem ob er die positive oder die negative Legaldefinition wählt. Die Eidgenössischen Räte haben sich nach langen Debatten im Parlament für die restriktive positive Umschreibung entschieden und damit bewusst einen Gegensatz zur europäischen Rechtsentwicklung – und zu dem für die Schweiz seit dem 1.1.1992 ebenfalls geltenden Lugano-Übereinkommen (LugÜ) [261] – in Kauf genommen, wo sich die negative Umschreibung durchgesetzt hat.

---

[257] Dort werden Konsumentenverträge – wie vorne S. 38 dargelegt – umschrieben als «*Verträge über Leistungen des üblichen Verbrauchs, die für den persönlichen oder familiären Gebrauch des Konsumenten bestimmt sind und nicht im Zusammenhang mit der beruflichen oder gewerblichen Tätigkeit des Konsumenten stehen*». Einzelheiten zur Entstehungsgeschichte dieser Norm bei IMHOFF-SCHEIER, S. 30 ff., WEBER-STECHER, 46 f. und KOLLER-TUMLER, Konsumentenvertrag, S. 163 f.

[258] Eine positive Legaldefinition des Konsumentenvertrages findet sich etwa in Art. 40a und Art. 266k OR, eine negative in Art. 3 KKG.

[259] In der Botschaft zum GestG (BBl 1999, 2860) heisst es: «*In der Gesetzgebung wird der Konsumentenvertrag nicht überall identisch definiert; vielmehr wechseln positive und negative Umschreibungen ab. Nach allgemeiner Auffassung sind jedoch beide Formeln inhaltsgleich.*»

[260] Bundesgesetz vom 24.3.2000 über den Gerichtsstand in Zivilsachen (Gerichtsstandsgesetz, GestG; SR 272), in Kraft seit 1.1.2001.

[261] Übereinkommen über die gerichtliche Zuständigkeit und die Vollstreckung gerichtlicher Entscheidungen in Zivil- und Handelssachen vom 16.9.1988 (SR 0.275.11). Beim LugÜ handelt es sich um ein Parallel-Abkommen zum gleichnamigen Brüsseler-Übereinkommen vom 27.9.1968 über die gerichtliche Zuständigkeit und die Vollstreckung gerichtlicher Entscheidungen in Zivil- und Handelssachen. Ihm gehören die alten Mitgliedstaaten der Europäischen Union, Polen sowie die Mitglieder der Europäischen Freihandelsassoziation (EFTA) an. Das LugÜ wurde – wiederum in Anlehnung an das Brüsseler-Übereinkommen, nunmehr EG-Verordnung Brüssel I (EuGVVO) – vor kurzem total revidiert. Die Unterzeichnung erfolgte am 30.10.2007 in Lugano; die Ratifikation durch die Vertragsparteien steht noch aus. Mit einem Inkrafttreten ist nicht vor dem 1.1.2010 zu rechnen.

b) Weiter Vertragszweck im Lugano-Übereinkommen

Das LugÜ, das die internationale Zuständigkeit bei grenzüberschreitenden Streitigkeiten regelt,[262] sieht in Art. 13 Abs. 1 besondere Foren vor, *«für Klagen aus einem Vertrag, den eine Person zu einem Zweck abgeschlossen hat, der nicht der beruflichen oder gewerblichen Tätigkeit dieser Person (Verbraucher) zugerechnet werden kann»*[263]. Abgesehen davon, dass nicht jeder Vertrag, der dieses Kriterium erfüllt, schon eine Verbrauchersache im Sinne des LugÜ darstellt,[264] ist die Schweiz bei der Interpretation dieser Norm nicht frei. Die Vertragsstaaten haben sich vielmehr zur einheitlichen Auslegung des Übereinkommens, insbesondere zur gebührenden Mitberücksichtigung der Grundsätze verpflichtet, die in massgeblichen Entscheidungen von den Gerichten anderer Vertragsstaaten und insbesondere des EuGH entwickelt worden sind.[265] Der EuGH hat in ständiger Rechtsprechung zum Kollisionsrecht entschieden, dass der Begriff der Verbrauchersache bzw. des Verbrauchers vertragsautonom (und eng) auszulegen sei.[266]

c) Engerer Vertragszweck im Gerichtsstandsgesetz

Seit dem Jahr 2001 regelt das GestG binnenrechtlich die örtliche Zuständigkeit zur Führung von Zivilprozessen und führt für Konsumentenstreitigkeiten einen Klägergerichtsstand ein: In Art. 22 Abs. 2 GestG heisst es: *«Als Konsumentenver-*

---

[262] Vgl. zur internationalen Zuständigkeit auch Art. 114 IPRG.
[263] Diese Norm wird im revidierten LugÜ ersetzt durch Art. 15 Abs. 1, der den folgenden Wortlaut hat: *«Bilden ein Vertrag oder Ansprüche aus einem Vertrag, den eine Person, der Verbraucher, zu einem Zweck geschlossen hat, der nicht der beruflichen oder gewerblichen Tätigkeit des Verbrauchers zugerechnet werden kann ...»*
[264] Dazu ist vielmehr zusätzlich erforderlich, dass es sich dabei um einen Abzahlungskauf, einen fremdfinanzierten Abzahlungskauf oder um andere Verträge handelt, für die wiederum spezielle Voraussetzungen erfüllt sein müssen. In der geltenden Fassung des LugÜ geht es dabei um *Verträge, die die Erbringung einer Dienstleistung oder die Lieferung beweglicher Sachen zum Gegenstand haben* sofern a) dem Vertragsabschluss in dem Staat des Wohnsitzes des Verbrauchers ein ausdrückliches Angebot oder eine Werbung vorausgegangen ist und b) der Verbraucher in diesem Staat die zum Abschluss des Vertrags erforderlichen Rechtshandlungen vorgenommen hat. Die revidierte Fassung spricht hier (Art. 15 Abs. 1 lit. c) offener von *«allen anderen Fällen, wenn der andere Vertragspartner in dem durch dieses Übereinkommen gebundenen Staat, in dessen Hoheitsgebiet der Verbraucher seinen Wohnsitz hat, eine berufliche oder gewerbliche Tätigkeit ausübt oder eine solche auf irgend einem Wege auf diesen Staat oder auf mehrere Staaten, einschliesslich dieses Staates, ausrichtet und der Vertrag in den Bereich dieser Tätigkeit fällt»*.
[265] Vgl. Art. 1 des Protokolls Nr. 2 über die einheitliche Auslegung des Übereinkommens.
[266] Wegweisend das Urteil des EuGH vom 20.1.2005 in der Rs. C-464/01, Johann Gruber/Bay Wa AG, Rdnr. 32f. m.w.H. Vgl. auch schon die Urteile vom 21.6.1978 in der Rs. C-150/77, Societé Bertrand/Paul Ott KG, vom 19.1.1993 in der Rs. C-89/91, Shearson Lehman Hutton Inc./TVB Treuhandgesellschaft für Vermögensverwaltung und Beteiligung mbH, sowie vom 27.4.1999 in der Rs. C-99/96, Hans-Hermann Mietz/Intership Yachting Sneek BV.

E. Konsumentenvertragsrecht

träge gelten Verträge über Leistungen des üblichen Verbrauchs, die für die persönlichen oder familiären Bedürfnisse des Konsumenten oder der Konsumentin bestimmt sind und von der anderen Partei im Rahmen ihrer beruflichen oder gewerblichen Tätigkeit angeboten werden.»

In den Entwürfen zum GestG [267] war für konsumentenrechtliche Streitigkeiten noch kein einheitlicher Gerichtsstand vorgesehen. Die Entwürfe beschränkten sich vielmehr auf das Zusammentragen der in der Rechtsordnung bereits vorhandenen besonderen Zuständigkeitsvorschriften. [268] Nachdem in der Vernehmlassung die Einführung eines für alle konsumentenrechtlichen Streitigkeiten geltenden allgemeinen Forums angeregt worden war, [269] nahm der Bundesrat in der Botschaft dieses Anliegen auf und formulierte die Art. 22 f. E-GestG mittels der in der EU heute üblichen Negativ-Umschreibung. [270] Darauf entbrannte im Ständerat eine heftige Diskussion über den Rechtsbegriff des Konsumentenvertrages, die darin gipfelte, dass das Parlament den Konsumentenvertrag in Art. 22 Abs. 2 GestG bewusst einengend umschrieb.

Dieser enge Text ist im Entwurf zu einer *schweizerischen Zivilprozessordnung* (deren Inkrafttreten auf das Jahr 2010 erwartet und die u.a. auch das GestG ablösen wird) übernommen worden. [271] Art. 31 E-ZPO entspricht – wenn man von der Nennung der weiblichen Form vor der männlichen einmal absieht – wortwörtlich dem heutigen Art. 22 Abs. 2 GestG. In der Botschaft heisst es denn dazu auch lakonisch: *«Die (enge) Definition des Konsumentenvertrages ist als Kompromiss aus einer langen parlamentarischen Diskussion anlässlich der Beratung des Gerichtsstandsgesetzes hervorgegangen. Sie wird vom Entwurf übernommen.»* [272]

d) Konsequenzen für die Rechtsanwendung

Die Frage, ob sich die weitere oder engere Begriffsumschreibung des Konsumentenvertrages im LugÜ und im GestG im Rechtsalltag überhaupt auswirkt, lässt sich anhand der bundesgerichtlichen Praxis zu diesen Normen anschaulich beantworten. Im Zentrum stehen drei Entscheide, die allesamt bankrechtliche Verträge mit einer hohen Streitsumme betreffen. [273] Das Bundesgericht hat sich in

---

[267] Der offizielle Vorentwurf des Bundesrates basiert auf einem Entwurf, den eine 1994 ins Leben gerufene Expertengruppe des Schweizerischen Anwaltsverbandes vorgelegt hatte.
[268] So unter anderem die mittlerweile aufgehobenen Art. 40g (betr. Haustürgeschäfte) und Art. 226l OR (betr. Abzahlungsgeschäfte).
[269] Vgl. zur Entstehungsgeschichte HRISTIC, S. 90 ff., m.w.H. sowie GestG-GROSS, N 15 ff. zu Art. 22; WALTHER, N. 7 ff. zu Art. 22 GestG; BSK GestG-BRUNNER, N 3 ff. zu Art. 22.
[270] Gleichzeitig regte er an, den Wortlaut von Art. 120 Abs. 1 IPRG an die EU-übliche Regelung anpassen.
[271] BBl 2006, 7413 ff.
[272] BBl 2006, 7268.
[273] Dass das Konsumentenrecht nicht nur Peanuts-Rechtsstreitigkeiten hervorbringt, habe ich andernorts schon dargelegt, vgl. KOLLER-TUMLER, E-Banking, S. 145 ff.

BGE 121 III 336 und in BGE 133 III 235 mit der Frage nach dem Vorliegen einer Verbrauchersache (und der Erbringung einer Dienstleistung) nach Art. 13 Abs. 1 Ziff. 3 LugÜ und in BGE 132 III 268 mit dem Vorliegen eines Konsumentenvertrages (insb. des üblichen Bedarfs) nach Art. 22 GestG befasst.

– Dem Leitentscheid BGE 121 III 336 lag folgender Sachverhalt zugrunde: Der in London domizilierte Karl Jaeger, Direktor zweier Philatelie-Gesellschaften und selbst Markensammler, hatte über Jahre hinweg der Corinphila AG in Zürich Briefmarken in Kommission eingeliefert, welche diese auf ihren Auktionen in eigenem Namen, aber auf Jaegers Rechnung versteigerte. Sie führte für Jaeger ein Kontokorrent und leistete ihm darauf bei der Markeneinlieferung verzinsliche Vorauszahlungen, welche sie dann mit dem Auktionsergebnis verrechnete. Den jeweiligen Saldo trug die Corinphila auf die neue Rechnung vor, bis sie nach einer weiteren Versteigerung wiederum abrechnete. Da der Erlös der Auktionen meist geringer war als die Vorauszahlungen, wurde der Negativsaldo immer grösser und erreichte schliesslich den Betrag von Fr. 333 121.00. Die Corinphila klagte diese Summe nebst Zinsen in Zürich ein. Mangels örtlicher Zuständigkeit traten die kantonalen Instanzen nicht auf die Klage ein. Das Bundesgericht wies eine dagegen gerichtete Berufung der Corinphila ab. Es hielt fest, dass eine Verbraucherstreitigkeit nach Art. 13 Abs. 1 LugÜ vorliege, was zwangsläufig zur Anwendung von Art. 14 Abs. 2 LugÜ führe, wonach der Verbraucher von seinem Vertragspartner ausschliesslich in seinem Wohnsitzstaat belangt werden könne.

Das Bundesgericht stellte dabei folgende Erwägungen an: «... *bei der Beurteilung eines Dienstleistungsvertrags im Hinblick auf dessen Qualifizierung als Konsumenten- oder Verbrauchervertrag (kann) es nicht darauf ankommen, um welche Art von Vertrag es sich handelt, unter Vorbehalt der von der Schutzbestimmung ausdrücklich ausgenommenen Verträge. Ohne Belang ist auch die Struktur des Schuldverhältnisses, ob es sich um ein einfaches Schuldverhältnis, ein Dauerschuldverhältnis, einen Sukzessivlieferungsvertrag oder einen anderen Vertragstyp handelt. Entscheidend ist einerseits vielmehr, für welche Zwecke die fraglichen Verträge abgeschlossen werden, ob zu privaten oder beruflichen Zwecken. Nur Privatgeschäfte zwischen einem kommerziellen Anbieter und einem Verbraucher erfahren die genannte Sonderregelung. Andererseits ist die Rollenverteilung zwischen den Vertragsparteien massgebend. Anbieter ist, wer die charakteristische Leistung zu erbringen hat, Konsument oder Verbraucher dagegen, wer Waren oder Dienstleistungen für private Zwecke gebraucht oder beansprucht*».[274]

Obwohl Jaeger die Briefmarken eingeliefert hatte, sah das Bundesgericht in ihm nicht den Anbieter der Ware, sondern den Konsumenten einer (vermögensverwaltungsähnlichen) Dienstleistung. Er habe der Corinphila AG die Marken ausschliesslich im Rahmen seiner privaten Markensammlertätigkeit zukommen lassen. Daran ändere auch der Umstand nichts, dass er mit den Versteigerungen

---

[274] A.a.O., S. 342.

E. Konsumentenvertragsrecht

Gewinne erzielen wollte, da es keineswegs ausgeschlossen sei, Dienstleistungen welche auf Gewinnerzielung ausgerichtet seien, auch im Rahmen der privaten Vermögensverwaltung zu beanspruchen. Ausschlaggebend für die Qualifikation des Vertragsverhältnisses als Konsumentenvertrag war letztlich die Verbindung von Kommissions- und Kreditgeschäft, was ein strukturelles – im Einzelfall sich nicht unbedingt auswirkendes – Ungleichgewicht zwischen den Vertragsparteien implizierte.

– Auch in BGE 133 III 295, dem ein Streit zwischen einer Zürcher Bank und ihrem in Griechenland domizilierten Kunden über rund 9 Mio. Franken zugrunde lag, erklärte das Bundesgericht, für die Beurteilung, ob dem Kunden vorliegend die Verbrauchereigenschaft zukomme, sei massgebend, *«ob der Zweck, zu dem der Beklagte den Vertrag abgeschlossen hat, als privat i.S.v. Art. 13 Abs. 1 LugÜ einzustufen ist»* (Zitat S. 300). Der Beklagte habe im kantonalen Verfahren geltend gemacht, das Konto Nr. 1. habe immer nur privaten Zwecken gedient. Die Pfandverträge zur gegenseitigen Verpfändung des Kontos Nr. 1. und verschiedener Geschäftskonten seien auf Drängen der Klägerin abgeschlossen worden. Ziel sei nicht gewesen, den Negativsaldo von über 3,5 Mio. US-Dollar des Kontos Nr. 1. zu Gunsten der Gesellschaften des Beklagten zu verpfänden, sondern die Negativsaldi auf den privaten Konten von ihm bzw. seiner Ehefrau mit Mitteln der Gesellschaft zu decken. Die Bank habe diese Behauptungen bestritten und das Obergericht habe zu Unrecht darauf verzichtet, darüber ein Beweisverfahren durchzuführen. *«Statt dessen hat es allein auf Grund der (unbestrittenen) Tatsache, dass eine gegenseitige Verflechtung diverser Geschäftskonten des Beklagten mit dem fraglichen Konto Nr. 1. bestand, auf eine erhebliche Bedeutung dieses Kontos für die geschäftliche Tätigkeit des Beklagten geschlossen und den privaten Zweck verneint»* (Zitat S. 300). Das gehe nicht an, denn die Vereinbarung einer Kreditlimite im Rahmen eines Kontokorrentvertrags könne in Anbetracht der weiten Auslegung des Begriffs «Erbringung einer Dienstleistung» nicht von vornherein dazu führen, dass dieser aus dem Anwendungsbereich von Art. 13 Abs. 1 Ziff. 3 LugÜ falle, zumal Banken im Rahmen eines Kontokorrentvertrages regelmässig verschiedene Dienstleistungen erbringen, *«wie etwa die Ein- und Auszahlung von Bargeld, die Verbuchung eingehender Zahlungen, die Ausführung von Vergütungsaufträgen oder die Honorierung von Checks»* (Zitat S. 302).

– In BGE 132 III 268 wurde zwischen einem Bankkunden, der seit vielen Jahren im Bereich der professionellen Vermögensverwaltung tätig und selber Gründer einer AG war, und seiner Bank um die Aufhebung einer Sperre auf einem Wertschriftendepot gestritten. Das Handelsgericht des Kantons Zürich ist nach Ansicht des Bundesgerichts zu Recht nicht auf das Begehren des Bankkunden eingetreten, da die Vertragsparteien in Allgemeinen Geschäftsbedingungen Genf als Gerichtsstand vereinbart hatten und der Vertrag nicht als Konsumentenvertrag i.S.v. Art. 22 GestG zu qualifizieren war: *«Dem Kläger kann nicht gefolgt werden, wenn er vorbringt, für die Qualifikation eines Konsumentenvertrags i.S.v.*

Art. 22 Abs. 2 GestG sei allein entscheidend, ob er im Verhältnis zur Beklagten (gewerbsmässige Anbieterin) als Konsument zu qualifizieren sei. Die Vorinstanz hat vielmehr bundesrechtskonform geprüft, ob das umstrittene Vertragsverhältnis sich noch im Rahmen des üblichen Gebrauchs bzw. Bedarfs hält oder ob es insbesondere einer Investition oder der Geldanlage dient, welche diesen Rahmen sprengt. Sie hat festgestellt, dass der Kläger nach seinen eigenen Angaben einen namhaften Betrag in Wertschriften und flüssigen Mitteln hinterlegt hatte, die er nach Möglichkeit zu erhalten und zu verwalten beabsichtige. Sie hat insbesondere deshalb geschlossen, der Gegenstand der Vertragsleistung halte sich nicht mehr im Rahmen eines üblichen Gebrauchs i.S.v. Art. 22 Abs. 2 GestG, weil die dadurch gezogene wertmässige Schranke überschritten sei und auch die Umstände der Depoteröffnung und der Vertragsabwicklung gegen einen Vertrag im Rahmen des üblichen Geschäftsganges eines Privathaushaltes sprächen. Die Dienstleistungen der Beklagten, die nach den Bemerkungen des Klägers in der Konto- und Depotführung sowie der Abwicklung des Zahlungs- und Wertschriftenverkehrs bestehen, schliessen zwar ihrer Art nach einen Vertrag i.S.v. Art. 22 Abs. 2 GestG nicht aus. Sie haben jedoch angesichts des Volumens sowie der Herkunft der Mittel (aus dem Verkauf des Unternehmens des Klägers an die Beklagte) nicht den üblichen Verbrauch zum Gegenstand, auf den sich der auf Sozialschutzüberlegungen beruhende Konsumentengerichtsstand gemäss Art. 22 GestG beschränkt» (Zitat S. 273).

Das Bundesgericht legt sowohl in den beiden LugÜ-Fällen als auch im Entscheid zum GestG den Anwendungsbereich des Klägergerichtsstandes restriktiv aus. Anders als bei den LugÜ-Fällen musste es aber bei der Anwendung von Art. 22 GestG nicht bloss das Vorhandensein einer Verbrauchersache (bzw. die Erbringung einer Dienstleistung durch den Anbieter) überprüfen, sondern erstmals auch die Frage, ob eine Leistung des üblichen Bedarfs (*für persönliche und familiäre Bedürfnisse*) vorliegt. Es hat dies aufgrund des – im veröffentlichten Urteil leider nicht näher dargelegten – Volumens des Wertschriftenverkehrs sowie der Herkunft der Mittel (aus Unternehmensverkauf) verneint und ist damit zu einem anderen Ergebnis gekommen als in den ähnlich gelagerten LugÜ-Fällen. Ich habe Verständnis dafür, dass im Rahmen der Auslegung des GestG ein Investitionsgeschäft (z.B. Bau eines Hauses) nicht zu einem privilegierten Gerichtsstand führen soll. Abgrenzungen nach der Höhe der eingegangenen Verbindlichkeit[275] oder nach der Anzahl der getätigten Geschäfte[276] halte ich im Normalfall hingegen für

---

[275] So der Berichterstatter der Ständerätlichen Kommission, SR WICKI AmtlBull. StR 1999, 892. Gl.M. GROSS, welcher auf die konkrete Transaktion und insbesondere auf einen Richtwert von 8000 Franken bzw. in einer späteren Publikation von 40000 Franken abstellen will (GROSS, S. 108, bzw. DERS., ZK, N 127 zu Art. 22 GestG).

[276] BSK GestG-BRUNNER, N 15 zu Art. 22, will einmalige Rechtsgeschäfte zwischen Unternehmen und Privathaushalten vom Anwendungsbereich von Art. 22 Abs. 2 GestG ausgeschlossen haben.

E. Konsumentenvertragsrecht

verfehlt.[277] Gerade im Bankgeschäft[278] darf das Kriterium des *üblichen Verbrauchs* nicht überstrapaziert werden, da dem Geld hier eine Doppelfunktion zukommt. Zum einen handelt es sich um den *eigentlichen Vertragsgegenstand* (analog zum Auto beim Kaufvertrag zwischen Garagist und privatem Käufer), zum anderen zugleich um das Mittel zur Bezahlung der in Anspruch genommenen Dienstleistung.

Noch ist es zu früh, BGE 132 III 268 abschliessend zu würdigen. Zwar wurde damit der in BGE 121 III 336 E. 5c eingeschlagene Weg, im Interesse der Einheitlichkeit der Rechtsordnung die Erfordernisse an den Konsumentenvertrag möglichst gleich zu umschreiben, verlassen, doch darf man die Relevanz des Entscheids nicht überbewerten. Es gilt vor Augen zu halten, dass das Bundesgericht sich hier nicht generell zum Konsumentenvertrag äussert, sondern nur geprüft hat, ob die Vorinstanz den *Konsumentenvertragsbegriff nach GestG* bundesrechtskonform angewendet hat. Sollte es in einem künftigen Prozess einmal nicht um die Frage nach der Gewährung eines Ausnahmegerichtsstandes, sondern um das konkrete Austarieren einer Ungleichgewichtslage und damit um die Herstellung von Vertragsgerechtigkeit gehen, so wird das Bundesgericht in teleologischer Hinsicht über das Vorliegen eines Konsumentenvertrags im Rahmen von Art. 97 BV und damit in einem weit über Art. 22 GestG hinaus gehenden Umfeld zu befinden haben.[279]

Aus diesem Grund geht es auch nicht an, die Rechtsprechung des EuGH zum Verbraucherbegriff unbesehen zu verallgemeinern. Der EuGH überprüft im Rahmen der Vorabentscheidung konkrete Rechtsfragen zu konkreten Richtlinien, Verordnungen etc. Die Rechtsprechung, wonach *der Verbraucherbegriff grundsätzlich eng auszulegen* sei, ist ebenfalls im Kontext der Gewährung eines vom allgemeinen Wohnsitzgerichtstand abweichenden Verbrauchergerichtstandes entwickelt worden. Sie findet ihre Rechtfertigung darin, dass der Verbrauchergerichtsstand als Ausnahme vom allgemeinen Gerichtsstand eine restriktive Auslegung gebietet und dass der zuständigkeitsrechtliche Schutz nicht auf Personen ausgedehnt werden soll, die dieses Schutzes nicht bedürfen.[280] Wenn der EuGH

---

[277] Näheres dazu KOLLER-TUMLER, E-Banking, S. 174 ff. m.w.H. Gl.M. WALTHER, N 17 ff. zu Art. 22 GestG, der mit Recht darauf hinweist, dass einer summenmässigen Festlegung etwas Arbiträres anhaftet.

[278] Einem Bereich, in dem neuerdings mit der *vermögenden Privatperson* (Art. 10 Abs. 3 lit. e Kollektivanlagengesetz, SR 951.31) auf den 1.1.2007 ein *neuer Stern am Begriffshimmel des Konsumentenrechts* aufgegangen ist, der aber u.U. mehr den Starken als den Schwachen schützt (so SCHÖBI, S. 459 ff.).

[279] In die teleologische Auslegung werden nicht nur *in dubio pro consumatore*-Überlegungen mit einzubeziehen sein. Der Richter wird vielmehr «*im Sinne neuzeitlicher Wertungsjurisprudenz die Interessengewichtung des Gesetzgebers nachzuvollziehen, sachverhaltsgerecht umzusetzen und fortzuentwickeln*» (WALTER, S. 30) haben.

[280] So kann sich nach Ansicht des EuGH denn auch nur derjenige Kläger, der selber Verbraucher ist, auf den besonderen Konsumentengerichtsstand berufen, nicht aber die Treuhandgesellschaft, der er seine Forderung abgetreten hat (Urteil vom 19.1.1993 in der

Begriffe, die in einer Bestimmung stehen, welche eine Ausnahme von einem allgemeinen Grundsatz darstellt, eng interpretiert, so ist daran auch aus konsumentenrechtlicher Sicht nichts auszusetzen.[281]

2. Erkennbarkeit des Zwecks

Dass die Anknüpfung von Rechtsfolgen an den Vertragszweck zu Schwierigkeiten führen kann, ist aus dem Abzahlungsrecht sattsam bekannt.[282] Auch im Konsumentenrecht kann sich die Frage stellen, ob der Geschäftszweck, von dem die Verbrauchereigenschaft abhängt, *subjektiv oder objektiv* zu bestimmen ist. In der Literatur ist die Frage umstritten.[283] Die schweizerischen Gerichte mussten sich – soweit ersichtlich – mit einer solchen Abgrenzungsfrage noch nicht beschäftigen. Dem BGH wurde im Jahre 2004 die Frage vorgelegt, inwieweit sich der Geschäftszweck nach dem erklärten Parteiwillen – also nach dem durch Auslegung zu ermittelnden Inhalt des Vertrages – oder gegebenenfalls nach davon abweichenden tatsächlichen Gegebenheiten richtet. Er konnte sie offen lassen, weil im beurteilten Fall dem Unternehmer ein gewerblicher Geschäftszweck vorgespiegelt wurde, was schon aufgrund allgemeiner Regeln keinen Rechtsschutz finden durfte.[284]

Rs. C-89/91, Shearson Lehman Hutton Inc./TVB Treuhandgesellschaft für Vermögensverwaltung und Beteiligung mbH).
Vgl. allerdings auch das Urteil vom 17.3.1998 in der Rs. C-45/96, Bayerische Hypotheken- und Wechselbank/Edgar Dietzinger, wo der EuGH entschieden hat, dass ein Bürge nur dann in den persönlichen Anwendungsbereich der Haustürgeschäfte-RL 85/77/EWG falle, wenn nicht nur er selbst, sondern auch der Hauptschuldner Verbraucher ist. Dieses Urteil, ist allerdings scharf kritisiert worden, vgl. statt vieler PFEIFFER, Rechtsangleichung, S. 41 m.w.H.

[281] Ob in concreto ein solches Ausnahme-/Regelverhältnis vorliegt, kann immer noch sehr umstritten sein. Vgl. Urteil vom 10.2.2005 in der Rs. C-336/03, easy Car (UK) Ltd./Office of Fair Trading, wo der EuGH die Auffassung vertritt, dass es sich bei Autovermietungen um «Verträge über die Erbringung von Dienstleistungen im Bereich Beförderung» handelt, die unter die Ausnahme des Art. 3 Abs. 2 der Fernabsatzrichtlinie fallen, während Generalanwältin Stix-Hackl in ihrem Gutachten anderer Meinung war. Sie wollte das entschädigungsfreie Widerrufsrecht für über das Internet geschlossene Kauf- und Dienstleistungsverträge auch für Mietwagen gelten lassen.

[282] Gemäss der Ausnahmenorm von Art. 226m Abs. 4 aOR kamen Schutznormen des Abzahlungsrechts für sog. Produktivgüter, d.h. Gegenstände, die vorwiegend für einen Gewerbebetrieb oder andere berufliche Zwecke bestimmt sind, nicht zur Anwendung; illustrativ BGE 104 II 114, wo einem Studenten, der eine Jukebox auf Abzahlung kaufte, der abzahlungsrechtliche Schutz versagt blieb, weil solche Apparate normalerweise in Restaurants standen.

[283] Nachweise bei MünchKomm BGB-MICKLITZ, 4. Aufl., Rdnr. 30 zu § 13 BGB. Einigkeit besteht darüber, dass der innere Wille des Verbrauchers nicht entscheidend sein soll. Ist aber die hauptleistungspflichtige Partei bei Berücksichtigung aller Umstände in der Lage, die subjektive Zweckbestimmung zu erkennen, so erachte ich dies als relevant, so schon in BSK OR I-KOLLER-TUMLER, N 4f. zu Art. 3 aKKG.

[284] Der BGH hat im Urteil vom 22.12.2004 (VIII ZR 91/04) festgehalten: «Die Rechtfer-

E. Konsumentenvertragsrecht

Das Abstellen auf die Erkennbarkeit des Vertragszwecks führt vor allem bei den sog. *dual-* oder *mixed-use-Fällen* zu Problemen. Stellt ein Vertrag auch dann noch einen Konsumentenvertrag dar, wenn sein Zweck sowohl beruflicher als auch privater Art ist (z.B. Kauf eines Laptops oder eines Autos, die sowohl privat als auch für die Berufsausübung gebraucht werden)? Hier hat sich europaweit früh eine Abgrenzung nach dem *überwiegenden Vertragszweck* eingebürgert.[285] Ist dieser nicht überwiegend beruflicher Art, so ist von einem Verbraucherverhältnis auszugehen. Für eine Auslegung *zu Lasten des Konsumenten* hat sich allerdings der EuGH im Rahmen der Anwendung des Konsumentengerichtsstandes entschieden. Bei gemischter Nutzung (privat/beruflich) ist der Verbrauchergerichtsstand nur anrufbar, wenn der beruflich-gewerbliche Zweck derart nebensächlich ist, dass er im Gesamtzusammenhang des betreffenden Geschäfts nur eine ganz untergeordnete Rolle spielt.[286] Hier besteht also ein Unterschied zwischen der materiellrechtlichen und der zuständigkeitsrechtlichen Auslegung. Allerdings ist zu befürchten, dass sich Letztere durchsetzt, wenn es zu einer europaweiten Vereinheitlichung der Verbraucher- und Unternehmerbegriffe kommen sollte. Auf die Frage, ob ein einheitlich enger oder ein weiterer Verbraucherbegriff gewünscht werde,[287] haben sich nämlich die meisten Vernehmlasser für die restriktive Definition (Option 1, vgl. oben I.4) ausgesprochen. «Only some academics plead in favour of an extension of the definition of consumers to mixed use cases.»[288]

---

tigung für die Beschränkung des Verbraucherschutzes auf den redlichen Vertragspartner liegt in dem auch im Verbraucherschutzrecht geltenden Grundsatz von Treu und Glauben. ... Wer eine Sache von einem Unternehmer kaufen will, der zu einem Geschäftsabschluss mit einem Verbraucher nicht bereit ist, weil er keine Gewähr für die Kaufsache übernehmen will, darf sich den Schutz der ihn begünstigenden Vorschriften über den Verbrauchsgüterkauf nicht dadurch erschleichen, dass er sich gegenüber dem Unternehmer wahrheitswidrig als Händler ausgibt, um diesen zum Vertragsschluss zu bewegen. Verstösst er dagegen, so ist ihm die spätere Berufung darauf, er sei in Wahrheit Verbraucher, nach Treu und Glauben (sog. ‹venire contra factum proprium›) verwehrt. ... Entgegen der Auffassung der Revision ist der vom Vertragspartner getäuschte Unternehmer in einem solchen Fall nicht auf eine Anfechtung des Vertrages wegen arglistiger Täuschung über die Verbrauchereigenschaft beschränkt. Es widerspräche Treu und Glauben, wenn der täuschende Vertragspartner sein mit der nachträglichen Aufdeckung der Täuschung nunmehr verfolgtes Ziel, sich unter Berufung auf die Verbraucherschutzvorschriften vom Vertrag zu lösen, durchsetzen könnte. Es steht dem Unternehmer deshalb frei, seinen Vertragspartner an dessen eigenen falschen Angaben – und damit an dem nicht vom Verbraucherschutz erfassten Vertrag – festzuhalten.»

[285] Vgl. dazu PFEIFFER, Rechtsangleichung, S. 37; DERS., Verbraucher, S. 138 ff.
[286] Das war bei Bauer Gruber, der Dachziegel für seinen Bauernhof gekauft hatte, nicht der Fall. Sein Hofgebäude wurde zu 60% zum privaten Wohnen und 40% für die Schweinezucht genutzt. Vgl. Urteil des EuGH vom 20.1.2005 in der Rs. C-464/01, Johann Gruber/Bay Wa AG, Rdnr. 32 f.
[287] Vgl. auch oben Fn. 248.
[288] Arbeitspapier (Fn. 248), S. 5.

3. Beschränkung des Schutzes auf privat Handelnde

Wie gesehen ist Konsument *eine natürliche Person, die zu einem privaten Zweck handelt.* Sofort stellt sich die Frage, wie mit dem Grenzbereich umgegangen wird, zum Beispiel mit Geschäften, die zur Unternehmensgründung oder -aufgabe getätigt werden. Schon 1991 hat der EuGH einem Kaufmann, der mit Blick auf die geplante Geschäftsaufgabe ein Inserat betr. Unternehmensverkauf aufgab, den Schutz der Haustürgeschäfte-RL versagt.[289] Später erkannte der EuGH spiegelbildlich, dass ein Kläger, der einen Franchise-Vertrag zur Ausübung einer zukünftigen beruflichen oder gewerblichen Tätigkeit abgeschlossen hat, ebenfalls nicht als Verbraucher angesehen werden könne, da Existenzgründer schon in der Phase der Vorbereitung einer selbständigen Tätigkeit Geschäftskompetenz erwerben, sodass sie in ihrer Schutzbedürftigkeit Verbrauchern nicht mehr gleichzustellen sind: «*Folglich fallen nur die Verträge, die eine Einzelperson zur Deckung ihres Eigenbedarfs beim privaten Verbrauch schliesst, unter die Vorschriften zum Schutz des Verbrauchers als des Beteiligten, der als der wirtschaftlich schwächere Vertragspartner angesehen wird. Der mit diesen Vorschriften angestrebte besondere Schutz ist nicht gerechtfertigt bei Verträgen, deren Zweck in einer beruflichen oder gewerblichen Tätigkeit besteht, auch wenn diese erst für die Zukunft vorgesehen ist, da die Tatsache, dass es sich um eine erst künftig aufzunehmende Tätigkeit handelt, nichts an ihrer beruflichen oder gewerblichen Natur ändert.*»[290]

Es liegt auf der Hand, dass man dies auch anders sehen kann. So lässt sich ohne weiteres begründen, dass dem Geschäftsgründer – jedenfalls demjenigen, der erstmals ein Unternehmen gründet – die geschäftliche Erfahrung noch abgeht und dass er daher in bestimmten Bereichen den gleichen Schutz wie eine Privatperson geniessen soll. Hier sind Wertungen vom Gesetzgeber und von den Gerichten zu treffen, die (auch mit Blick auf die Steuerung von Verbraucherverhalten) so oder anders ausfallen können. In Deutschland etwa galten vor der Schuldrechtsmodernisierung, d.h. unter Anwendung des alten Verbraucherkreditgesetzes, Existenzgründer beim Abschluss von Kreditverträgen, Ratenlieferungsverträgen oder Verträgen mit Bezugsverpflichtungen gemäss § 1 Abs. 1 VerbrKrG grundsätzlich als Verbraucher. Der BGH hat nunmehr in einem zur Nachfolgenorm, dem heutigen § 507 BGB, ergangenen Entscheid in einem obiter dictum die Eigenverantwortung von Existenzgründern herausgestrichen und diesen den Verbraucherschutz versagt.[291] In Österreich hingegen gelten Gründungsgeschäfte von Gesetzes wegen

---

[289] Urteil des EuGH vom 14.3.1991 in der Rs. C-361/89, Strafverfahren gegen Patrice di Pinto, Slg. 1991 I-1189.
[290] Das Urteil des EuGH vom 3.7.1997 in der Rs. C-269/95, Francesco Benincasa/Dentalkit Srl, erging zu Art. 13 EuGVÜ.
[291] Im Beschluss Az.: III ZB 36/04 vom 24.02.2005 ist in Rdnr. 15 festgehalten: «*Es besteht ferner kein Anlass, demjenigen Verbraucherschutz zu gewähren, der sich für eine bestimmte gewerbliche oder selbständige berufliche Tätigkeit entschieden hat und diese vorbereitende*

(§ 1 Abs. 3 KSchG) nicht als betriebszugehörig. Der österreichische OGH hat in seinen Urteilen bis heute an dieser formalen Abgrenzung festgehalten und etwa entschieden, dass ein Wirt, der seine Gewerbeberechtigung zurückgelegt hatte und vier Monate später Geschäfte zur Gründung eines neuen Gastronomiebetriebes abschloss, auch hinsichtlich dieser Verträge als Verbraucher anzusehen ist.[292]

Wiederum zeigt sich, dass generelle Aussagen schwierig sind und dass insbesondere Urteile nicht nur anhand des Ergebnisses verglichen werden dürfen, sondern dass auch die Ausgangslage mitzuberücksichtigen ist. Denn die Rechtsprechung ist grundsätzlich an die Grenzen gebunden, die einschlägige Gesetzesnormen setzen. Es ist das Privileg der Wissenschaft, unabhängig davon allgemeine Richtigkeitsüberlegungen anzustellen. Ich begrüsse die vom EuGH und vom BGH getroffenen Entscheidungen, da m.E. für solche Geschäfte der Marktmechanismus prinzipiell spielen soll. Im Übrigen ist eine gewisse Schubladisierung auch im Konsumentenrecht unumgänglich. Würde man die Grenzen des Verbraucherschutzes immer weiter ziehen und – wie da und dort gewünscht – *generell* auch Kleingewerbetreibende, Vereine, KMU, Non-profit-Organisationen etc. in den Schutzbereich miteinschliessen, so würde sich der Verbraucherschutz bald zum Jedermannsschutz wandeln. Das mag in einzelnen Bereichen (etwa im Verhältnis des AGB-Verwenders zu seiner Kundschaft) durchaus wünschenswert sein. Ob es für alle Schutznormen Sinn macht, wage ich zu bezweifeln. Natürlich kann es rechtspolitisch gute Gründe geben, auch die sog. «small business men» in den Schutzbereich *einzelner Normen* miteinzubeziehen, da sie in gewissen Gebieten – etwa gegenüber den Banken – ebenfalls wirtschaftlich schwächer und/oder rechtlich unerfahrener (und damit den Anbietern strukturell unterlegen) sind. So habe ich seinerzeit für das Konsumkreditrecht vorgeschlagen, im Sinne einer konsumentenfreundlichen Auslegung als schutzausschliessende gewerbliche oder berufliche Tätigkeit nur jene zu qualifizieren, die in *selbständiger Stellung* ausgeübt wird.[293] Daran halte ich fest.

---

oder unmittelbar eröffnende Geschäfte abschliesst. Denn er begibt sich damit in den unternehmerischen Geschäftsverkehr. Ein Existenzgründer agiert nicht mehr ‹von seiner Rolle als Verbraucher her› [...]. Er gibt dem Rechtsverkehr zu erkennen, dass er sich nunmehr dem Recht für Unternehmer unterwerfen und dieses seinerseits auch in Anspruch nehmen will [...].»

[292] OGH 24.04.2003, 3 Ob 180/02w. Vgl. auch OGH 15.3.2005, 5 Ob 48/05 b, wonach ein angehender Unternehmer gleiches Anrecht auf Mietzinsüberprüfung hat wie ein Verbraucher.

[293] BSK OR I-KOLLER-TUMLER, N 3 zu Art. 3 aKKG. Näheres zum Kriterium der selbständigen Erwerbstätigkeit am Markt bei RIESENHUBER, System, S. 254 ff.

III. Vertragsrechtliche Kompensationsinstrumente

Im Vertragsrecht hat sich im Laufe der Zeit ein speziell auf die konsumentenrechtlichen Bedürfnisse abgestimmtes Instrumentarium zur Austarierung von Ungleichgewichtslagen herausgebildet, das sich mit den Stichworten *Information und Transparenz*, *Formvorschriften* und *Widerrufs-/Rücktrittsrechte, verfahrensrechtliche Garantien* sowie *richterliche Inhaltskontrolle* zusammenfassen lässt.[294] Darüber hinaus und teilweise damit verzahnt, nimmt auch der wettbewerbs- und insbesondere der lauterkeitsrechtliche Schutz der Konsumenten immer mehr Raum ein, wobei die schweizerische Entwicklung der europäischen hier in vielen Punkten deutlich nachhinkt. Man denke etwa an die zunehmende Vereinheitlichung des Lauterkeitsrechts in der Europäischen Union durch die Richtlinie 2005/29/EG über unlautere Geschäftspraktiken[295] oder an den Problemkreis der sog. Gewinnversprechen, der in anderen Rechtsordnungen längst gesetzlich geregelt ist,[296] während die Schweiz trotz entsprechender Vorstösse – einmal mehr – weiterhin untätig bleibt.[297] Dieser weite Problemkreis muss hier, da er das Konsumenten*vertragsrecht* im engen Sinne nicht tangiert, allerdings weitgehend ausgeklammert bleiben.

---

[294] Vgl. zum konsumentenrechtlichen Instrumentarium zur Austarierung von Ungleichgewichtslagen schon KOLLER-TUMLER, E-Banking, S. 154 ff., daselbst auch zu den (nicht zu unterschätzenden!) Möglichkeiten, Konsumentenschutz mit den traditionellen Instrumenten des Obligationenrechts zu betreiben, 162 ff. Siehe auch schon KOLLER-TUMLER, Konsumentenvertrag, S. 209 ff.
Zum Problemkreis der Allgemeinen Geschäftsbedingungen, siehe auch BRUNNER, in diesem Band, S. 118 ff., und speziell zur Wettbewerbs- und lauterkeitsrechtlichen Kontrolle der AGB S. 130 ff.

[295] Richtlinie 2005/29/EG über unlautere Geschäftspraktiken im binnenmarktinternen Geschäftsverkehr zwischen Unternehmern und Verbrauchern vom 11.5.2005, ABl. L 149 11.06.2005, 22, in Kraft seit 12.12.2007. Mittels einer umfangreichen «schwarzen Liste» werden u.a. das Bewerben von Produkten mit dem Attribut «kostenlos», wenn sie es nicht sind, und Angebote, die bei Kindern ein Anspruchsverhalten wecken, verboten. Im Visier sind insbesondere ein Dutzend «schmutzige Tricks», vom Lockangebot über Schneeballsysteme bis hin zu falschen Gesundheitsversprechungen.
Vgl. zum europäischen Verbraucherwettbewerbsrecht statt vieler MICKLITZ (*in* Reich/Micklitz), S. 281 ff.; RIESENHUBER, System, S. 288 ff.; SEILER, S. 264 ff., und STRYCK, S. 497 ff., je m.w.H.; zum schweizerischen und europäischen Wettbewerbsrecht ganz allgemein die Beiträge im Handbuch von GEISER/KRAUSKOPF/MÜNCH (Hrsg.).
Siehe zum lauterkeitsrechtlichen Konsumentenschutz in der Schweiz die Beiträge im JKR 2001 sowie BRUNNER, AJP 1996, 931 ff. Diese Beiträge sind immer noch lesenswert, da die am 1.4.2004 in Kraft getretene Kartellrechtsrevision die kartellzivilrechtlichen Bestimmungen nur wenig berührt hat. Vgl. zur Frage nach der Zukunft des Kartellzivilrechts SPITZ, SZW 2005, 113 ff.

[296] Vgl. etwa § 661a BGB (in Kraft seit 29.6.2000) und § 5j KSchG (in Kraft seit 1.10.1999).

[297] Siehe u.a. die in beiden Räten angenommene Motion 00.3169 Sommaruga (Schluss mit unlauteren Gewinnversprechen); vgl. auch die Jahresberichte 04 und 06 des Eidg. Büros für Konsumentenfragen. Die geplante Revision des Lotteriegesetzes, in welche der Bundesrat eine entsprechende Regelung zu integrieren versprach, wurde auf unbekannte Zeit

E. Konsumentenvertragsrecht

1. Informationspflichten

Aus dem Prinzip der Privatautonomie folgt, dass grundsätzlich jedermann selbst dafür verantwortlich ist, sich die für die Beurteilung eines beabsichtigten Geschäftes erforderlichen Informationen zu beschaffen.[298] Dieser Grundsatz wird im Konsumentenrecht durchbrochen, indem für bestimmte Vertragstypen oder bestimmte Vertragsanbahnungsarten im Gesetz selbst dem Anbieter detaillierte Aufklärungspflichten auferlegt werden. Ihr Zweck besteht darin, den Verbraucher durch Information in die Lage zu versetzen, eine eigenverantwortliche Entscheidung darüber zu treffen, ob er einen ins Auge gefassten Vertrag überhaupt (bzw. mit diesem Vertragspartner) abschliessen will.[299] Im schweizerischen Recht sind zwingende, im Einzelnen näher festgelegte vorvertragliche und vertragliche Informationspflichten des Anbieters im Konsumkreditgesetz,[300] im Pauschalreisegesetz,[301] beim Haustürgeschäft[302] und bei der Ehe- und Partnerschaftsvermitt-

---

sistiert. Damit fehlt es auch weiterhin an der Implementierung des geplanten Art. 8a (Gewinnzusagen) ins OR: «*Ein Unternehmen, das Gewinnzusagen oder vergleichbare Mitteilungen an Konsumenten sendet und durch die Gestaltung dieser Zusendungen den Eindruck erweckt, dass der Konsument einen Preis gewonnen hat, hat dem Konsumenten diesen Preis zu leisten.*»
Vgl. aber in diesem Zusammenhang auch die Rechtsprechung, so insbesondere das Urteil 4C.261/2001 des Bundesgerichts vom 19.12.2001, auf der Datenbank des Bundesgerichts nicht elektronisch abrufbar, hingegen teilweise abgedruckt in AJP 2002, 845. Der Entscheid wurde besprochen von RÜETSCHI, S. 845 ff., und TH. KOLLER, Gewinnversprechen, S. 377 ff. Siehe auch das «Nachfolge»-Urteil des Obergerichts des Kantons Thurgau vom 9.1.2003, RBOG 2003, 109 ff., das sehr anschaulich zeigt, dass in der Schweiz die Gerichte ein Untätigsein des Gesetzgebers häufig auszutarieren vermögen. In casu wurde der (ewig gleiche) Anbieter gestützt auf eine konsumentenfreundliche Auslegung des allgemeinen Zivilrechts zur Auszahlung eines «Gewinns» in Höhe von Fr. 6 250.– verurteilt.

[298] In engen Grenzen vermögen allerdings das Gebot von Treu und Glauben oder das Vorliegen eines vorbestehenden Vertragsverhältnisses bereits Informationspflichten auszulösen. Vgl. dazu die Dissertationen von HARTMANN und ABEGGLEN.
Im Gegensatz zum schweizerischen Recht und demjenigen der meisten umliegenden Rechtsordnungen kennt das Europäische Vertragsrecht (von Ausnahmen wie dem Wertpapierdienstleistungsrecht und den unfair commercial practices abgesehen) keine unmittelbare Pflicht zu treugemässem Verhalten. Im Grünbuch zur Überprüfung des gemeinschaftlichen Besitzstandes im Verbraucherschutz (KOM [2006] 744 endg. S. 19 f.) wird vorgeschlagen, die Gebote von Treu und Glauben und Fairness im gemeinschaftlichen Verbraucherrecht zu implementieren, um so den Gerichten eine Hilfe zur Auslegung von Richtlinien zu geben. Die Reaktionen sind gespalten. Gemeinhin hält man es nicht für sinnvoll, dieses Institut aus dem allgemeinen Vertragsrecht explizit ins Konsumentenrecht zu transferieren und die Anbieter nur gegenüber den Verbrauchern zu einem Verhalten nach Treu und Glauben anzuhalten. Vgl. Arbeitspapier, oben Fn. 248, S. 6.

[299] Zu den dogmatischen Grundlagen allgemeiner und konsumentenrechtlicher Informationspflichten siehe LURGER, S. 472 ff.

[300] Art. 8–10 KKG. Vgl. dazu STAUDER, S. 262 ff., in diesem Band, sowie meine Kommentierung zum aKKG (BSK OR I-KOLLER-TUMLER).

[301] Art. 3–6 PRG. Vgl. dazu STAUDER, S. 316 ff., in diesem Band m.w.H.

[302] Art. OR 40a ff. Vgl. dazu BRUNNER, S. 210 ff., in diesem Band m.w.H.

lung[303] statuiert. Auch die EU kennt – jedenfalls de lege lata – nur punktuelle Informationspflichten zur Beseitigung spezifischer Defizite.[304] Diesen gesetzlich geregelten Informationspflichten ist gemeinsam, dass sie nicht dem individuellen Vertragspartner, sondern einer Gruppe – den Konsumenten – zugute kommen, unabhängig davon, ob im konkreten Einzelfall ein Informationsbedürfnis besteht oder nicht. Während vorvertragliche Informationspflichten den Anbieter verpflichten, Preis und Leistung detailliert und vergleichbar darzustellen, um damit dem nunmehr (zumindest theoretisch) mit etwa gleich langen Spiessen ausgerüsteten Verbraucher[305] zu ermöglichen, einen Vertrag «en toute connaissance de cause» abzuschliessen, dienen die vertraglichen Informationspflichten dem Schutz einer korrekten Vertragsabwicklung.

a) Markttransparenz und Kosteneffizienz

Informationspflichten in Konsumentenschutznormen finden ihre Rechtfertigung zum einen in der Schaffung von überindividueller Markttransparenz, mittels derer der Wissensvorsprung und das dadurch begründete Machtgefälle der Anbieterseite gegenüber den Konsumenten ausgeglichen werden soll. Zum andern spielt auch der ökonomische Aspekt eine nicht zu unterschätzende Rolle für die Wertung des Gesetzgebers. Konsumentenverträge sind häufig Massenverträge. Bei standardisierten Verträgen wie Pauschalreise, Konsumkredit, online angebotenen Dienstleistungen etc. ist die Informationsbeschaffung in der Regel für den einmalig handelnden Konsumenten unverhältnismässig viel teurer als für den Anbieter, der die Verträge in grosser Zahl abschliesst und die Kosten entsprechend niedriger halten und aufteilen kann. Dies rechtfertigt es umso mehr, die Informationspflichten dem Anbieter aufzuerlegen.

b) Grenzen von Informationspflichten

Vorvertragliche und vertragliche Informationspflichten gehören zur Standardklaviatur des Konsumentenrechts, wobei jedes Rechtsgebiet eigene Anforderungen stellt.[306] Lange wurden sie als *das* Verbraucherschutzinstrumentarium gepriesen, da sie den Konsumenten viele Vorteile bringen, ohne zu Lasten der Anbieter allzu

---

[303] Art. 406a ff. OR. Vgl. dazu BSK OR I-PIETRUSZAK.
[304] Eine Übersicht über die Rechtslage in Europa findet sich bei TWIGG-FLESNER, Verbraucherrechtskompendium, S. 782 ff., und bei VIGNERON-MAGGIO-APRILE, S. 36 ff. Allerdings mehren sich Stimmen, die – ausgehend vom Transparenzgebot der Klausel-RL – beim Verbrauchervertrag eine allgemeine vorvertragliche Aufklärungspflicht propagieren. Nachweise bei RIESENHUBER, System, S. 301 ff.
[305] Zum Leitbild des informierten Verbrauchers siehe oben S. 14 ff., vgl. auch VIGNERON-MAGGIO-APRILE, S. 424 ff.
[306] Vgl. etwa die Übersicht bei VIGNERON-MAGGIO-APRILE, S. 143 ff. Zu den Informationspflichten im Konsumkreditrecht und im Pauschalreiserecht vgl. STAUDER, in diesem Band,

E. Konsumentenvertragsrecht

gross in die Privatautonomie einzugreifen.[307] Heute mehren sich aber auch jene Stimmen, die auf die Grenzen des Verbraucherschutzes durch Information hinweisen. Zu nennen sind zunächst die systemimmanenten Beschränkungen. Informationspflichten dienen der Stärkung der wirtschaftlichen Entscheidungsfreiheit des Verbrauchers. Im besten Fall können sie der aufklärungsberechtigten Vertragspartei zur besseren Wahrnehmung ihrer Interessen verhelfen; sie vermögen aber niemals sicherzustellen, dass tatsächlich ein ausgewogener Vertrag zustande kommt.[308]

Nicht zu unterschätzen ist auch das Problem der *Uninformation infolge von Überinformation*[309]. Das menschliche Gehirn kann nur ein beschränktes Mass an Informationen auf einmal aufnehmen und verarbeiten. Wird ein Konsument nun im vorvertraglichen Stadium oder anlässlich eines Vertragsschlusses mit einer unstrukturierten Fülle von Informationen eingedeckt, so besteht die Gefahr, dass er wesentliche Teile oder schlimmstenfalls das Ganze nicht wahrnimmt.[310] In solchen Fällen wird das anvisierte Ziel, der Abbau von Informationsasymmetrien, nicht erreicht.[311] In der EU kommt als weiteres Problem hinzu, dass auf einen bestimmten Vertrag – speziell wenn er an der Haustüre, im Fernabsatz oder im E-Commerce-Bereich geschlossen wird – häufig die Informationspflichten von mehr als einer Richtlinie Anwendung finden.[312] Das hat zur Folge, dass oft ein Bündel ähnlicher, aber im Einzelnen doch nicht gleicher Verpflichtungen zu beachten ist, was einerseits die Gesamtmenge der zu erteilenden Informationen vergrössert, andererseits den Beachtungsgrad mindert. Wenn aber Informationen, die Auskunft über einen konkreten Vertragsinhalt geben, vom Konsumenten nurmehr wie Allgemeine Ge-

---

S. 262 ff., und 316 ff., je m.w.H.; zu denjenigen beim Haustürwiderruf siehe BRUNNER, in diesem Band, S. 210 ff.; zu den speziellen Fragen, die sich beim E-Banking stellen, siehe KOLLER-TUMLER, E-Banking, S. 156 ff.; zu den generellen Problemen der Informationspflichten auf elektronischen Märkten vgl. statt vieler SEILER, S. 318 ff., und LANGER, S. 45 ff., je m.w.H.

[307] So etwa WIEDENMANN, S. 224.

[308] Dazu HARTMANN, N 27 m.w.H. Siehe auch oben bei Fn. 256.

[309] Vgl. statt vieler HOEREN, S. 285; ROTT, ZVglRWiss 1999, 382 ff.; KIND, S. 442 ff.; Nachweise zum europäischen Recht bei RIESENHUBER, System, S. 391.

[310] Da die Informationen schriftlich (auf Papier oder dauerhaftem Datenträger) abgegeben werden müssen, ist auch die Zahl der funktionalen Analphabeten zu berücksichtigen. Diese darf nicht unterschätzt werden. Heute sollen allein in der Schweiz 500 000 Menschen (= 16% der erwachsenen Bevölkerung) vom Illiterismus betroffen sein, obwohl sie hierzulande eine 9-jährige Schulausbildung abgeschlossen haben. Vgl. auch REHBINDER, Information Highway, S. 99 m.w.H. in Fn. 18.

[311] In der revidierten Verbraucherkredit-RL versucht die EU der in Art. 4 (lit. a bis s!) normierten, unüberschaubaren Fülle von komplizierten Informationspflichten mittels eines zwingend zu verwendenden standardisierten Informationsformulars Herr zu werden. Ob dieses mehr Verbraucherschutz bringt, mag mit Fug bezweifelt werden.

[312] Eine tabellarische Übersicht findet sich bei TWIGG-FLESNER, Verbraucherrechtskompendium, S. 807 ff.

schäftsbedingungen entgegen genommen und nicht mehr gelesen werden, so verfehlen sie ihre Funktion weitgehend.

c) Sanktionen

Die Wirksamkeit gesetzlich vorgeschriebener Informationspflichten ist in hohem Masse von den Sanktionen abhängig, die eine Normverletzung nach sich zieht.[313] Im Idealfall sind die Sanktionen griffig und treffen ausschliesslich die Anbieterseite.[314] Obwohl theoretisch sowohl zivilrechtliche als auch straf- und verwaltungsrechtliche Sanktionen in Betracht kommen,[315] haben im schweizerischen Konsumentenrecht primär zivilrechtliche Sanktionen Tradition, weil man Hemmungen hat, «*das Privatrecht mit dem Straf- oder Verwaltungsrecht durchzusetzen*».[316] Am eindrücklichsten zeigt sich dies im Konsumkreditgesetz, wo die Androhung schwerer zivilrechtlicher Nachteile (z.B. Totalverlust der ausbezahlten Kreditsumme oder – weniger einschneidend – Überlassen des Kredits als zinsloser «Gratiskredit») die Anbieter zur Einhaltung formeller aber auch inhaltlicher Vorschriften anhalten soll.[317] Flankierende lauterkeitsrechtliche und strafrechtliche Täuschungsverbote runden das Bild ab.

In der EU überlassen die Richtlinien die Sanktionen wegen Nicht- oder Schlechterfüllung von Informationspflichten in der Regel den Mitgliedstaaten, verlangen von diesen aber mindestens, dass sie bei der Umsetzung im Binnenrecht überhaupt Sanktionen vorsehen, und dass diese «*wirksam, verhältnismässig und abschreckend*» sind.[318] Uneins ist man über die Frage, welche Rechtsfolgen ein

---

[313] Vgl. schon KÖNDGEN, AJP 1993, 280. Siehe nunmehr auch VIGNERON-MAGGIO-APRILE, S. 354 ff., und – speziell mit Blick auf das Internet – LANGER, S. 82 ff. (betr. Deutschland) und 108 ff. (betr. die Schweiz).

[314] So wäre etwa die Statuierung der blossen Vertragsnichtigkeit ohne weitere Spezialsanktionen als Folge der Verletzung von Informationspflichten kaum im Sinne des Verbraucherschutzes. Fehlen solche, sind zumindest Schadenersatzforderungen nach den Grundsätzen der *culpa in contrahendo* zuzulassen.

[315] Dazu ausführlich TH. KOLLER, BBT, S. 82 f.

[316] In Gesetzesentwürfen vorgesehene strafrechtliche Sanktionen finden im Parlament regelmässig keine Gnade. Vgl. z.B. das Votum von Ständerat JAGMETTI, als er die Streichung der strafrechtlichen Sanktionen im aKKG anregte (AmtlBull. StR 1992, 723). So verwundert auch nicht, dass der Bundesrat die Empfehlung der Eidgenössischen Kommission für Konsumentenfragen vom 5.11.2002 (abrufbar unter: http://www.konsum.admin.ch/org/00157/00160/index.html?lang=de), ein eigentliches «Konsumentenstrafrecht» zu erarbeiten, nicht umsetzte.

[317] Anschaulich das Urteil 4C.58/2006 des Bundesgerichts vom 13.6.2006 (fehlerhafte Angabe des effektiven Jahreszinses bei einem Leasingvertrag).

[318] Die Formulierungen in den Richtlinien lauten praktisch gleich: «*Die Mitgliedstaaten legen die Sanktionen fest, die bei Verstössen gegen die einzelstaatlichen Vorschriften zur Umsetzung dieser Richtlinie anzuwenden sind und treffen alle geeigneten Massnahmen, um ihre Durchsetzung sicherzustellen. Die Sanktionen müssen wirksam, verhältnismässig und abschreckend sein*» (Art. 20 E-Commerce-RL) bzw. «*Die Mitgliedstaaten legen für Verstösse*

Unterlassen gebotener Information nach sich ziehen soll. Für die einen genügen wettbewerbsrechtliche Sanktionen, die die Verbraucherverbände im Rahmen von Unterlassungsklagen zu erzwingen haben, während andere der Meinung sind, ein Verstoss gegen Informationspflichten müsse immer auch zur Folge haben, dass die entsprechende Nebenpflicht nicht Vertragsinhalt werde, dass sich somit die Unternehmer nicht darauf berufen dürfen. Noch lassen sich keine Ansatzpunkte für übergreifende gemeinschaftsrechtliche Grundsätze herauskristallisieren. Die acquis-Gruppe untersucht derzeit die Frage, ob der Grundsatz des *effet utile* (d.h. der effektivsten konsumentenschützenden Wirkung [319]) nach bestimmten länderübergreifenden Minimalsanktionen bei der Verletzung von Informationspflichtverletzungen verlangt. [320]

2. Formvorschriften

Formfreiheit gehört zur Privatautonomie wie ein Zwilling zum anderen. Das schweizerische wie das europäische Vertragsrecht gehen denn auch grundsätzlich von der Formfreiheit von Rechtsgeschäften aus, auch wenn sich dies im allgemeinen Wissensstand der Bevölkerung nicht unbedingt niederschlägt («*Wir haben keinen Vertrag*» oder «*Ich habe nichts unterschrieben*»). Das traditionelle Vertragsrecht der Schweiz und der umliegenden Staaten kennt einen Formzwang nur für wenige, besonders einschneidende Rechtsgeschäfte, die einerseits nicht übereilt abgeschlossen werden sollen und bei denen andererseits der genaue Inhalt des Vertrages mit Blick auf allfällige Auseinandersetzungen zwischen den Parteien oder gegenüber Dritten zu Beweiszwecken fixiert werden soll (man denke etwa an den Grundstückkauf oder die private Bürgschaft, die eine öffentliche Beurkundung verlangen, oder an das Schenkungsversprechen, das gemäss Art. 243 Abs. 1 OR der Schriftform unterliegt).

Im Konsumentenvertragsrecht hingegen gibt es eine Fülle von typischen Vereinbarungen, für die eine mündliche Abrede vor allem deswegen als nicht genügend erachtet wird, weil die Konsumenten sich in einer besonderen Abschlusssituation befinden, bei der sich die vermutete Unterlegenheit gegenüber den Anbietern besonders schwerwiegend auswirken kann. So unterliegen etwa europaweit Konsum-

---

gegen die aufgrund dieser Richtlinie erlassenen innerstaatlichen Vorschriften Sanktionen fest und treffen die zu ihrer Anwendung erforderlichen Massnahmen. Die Sanktionen müssen wirksam, verhältnismässig und abschreckend sein.» (Art. 23 rev. VerbrKr- RL).

[319] Vgl. zur Anwendung des ursprünglich aus dem Völkerrecht stammenden Effet-utile-Grundsatzes im Konsumentenrecht SCHWINTOWSKI, S. 267 ff.

[320] TWIGG-FLESNER, Verbraucherrechtskompendium, S. 805, sieht im Fehlen eines konsistenten Sanktionssystems für die Verletzung der in den Richtlinien aufgestellten Informationspflichten «*eine der offensichtlichsten Regelungslücken*», der im Rahmen der Verbesserung des acquis besondere Aufmerksamkeit geschenkt werden soll. WILHELMSSON, S. 263, ist skeptisch: «*Despite the strong emphasis on the information paradigm in EC law, its relevance for the development of European contract law is very unclear.*»

kreditverträge[321] und Gerichtsstandsvereinbarungen[322] (ausserhalb der Schweiz auch Timesharingverträge[323]) der Schriftform.[324] Bei diesen Rechtsgeschäften erfüllt die Schriftform auch Warnfunktion. Es sollen dem Konsumenten vor Vertragsschluss nicht nur die wirtschaftliche Gesamttragweite des Geschäfts, sondern auch die Konditionen, zu denen er sich bindet, in allen Einzelheiten deutlich vor Augen geführt werden, Die Einhaltung der Schriftform ist hier Gültigkeitsvoraussetzung. Verstösst der Anbieter gegen diese Formvorschrift, so wird der Bestand des Vertrages als Ganzes berührt, wobei in Abweichung vom allgemeinen Vertragsrecht in der Regel nicht Nichtigkeit im engeren Sinne, sondern *besondere, den Konsumenten bevorzugende Rechtsfolgen* vorgesehen sind.[325] Dies rechtfertigt sich deshalb, weil die in solchen Spezialgesetzen aufgestellten Formvorschriften primär, wenn nicht gar ausschliesslich, den Schutz der schwächeren Vertragspartei (und nicht etwa wie beim Grundstückkauf auch die Interessen einer weiteren Öffentlichkeit und des Fiskus) bezwecken. Knüpfte man nun hier in jedem Fall eine konstitutive Wirkung an die Formvorschrift, so käme dies einer rechtspolitischen

---

[321] Vgl. Art. 9 ff. i.V.m. Art. 15 KKG; siehe auch Art. 4 der geltenden VerbrKr-RL («Kreditverträge bedürfen der Schriftform»), aber auch Art. 10 der revidierten VerbrKr-RL, wo es nur noch heisst: «Kreditverträge werden auf Papier oder einem anderen dauerhaften Datenträger erstellt.» Allerdings wird nunmehr neu auch in der EU ein voraussetzungsloses Widerrufsrecht vorgesehen (Art. 14).

[322] Vgl. Art. 9 Abs. 2 i.V.m. Art. 22 Abs. 1 GestG bzw. Art. 17 i.V.m. Art. 15 LugÜ/EuGVVO.

[323] In Art. 4 der Timesharing-RL wird nicht nur die Schriftform stipuliert, sondern auch festgelegt, in welcher Sprache der Vertrag abgefasst werden muss:
«Die Mitgliedstaaten sehen in ihren Rechtsvorschriften vor,
– dass der Vertrag, der der Schriftform bedarf, mindestens die im Anhang genannten Angaben enthalten muss,
– dass der Vertrag und das in Artikel 3 Absatz 1 genannte Schriftstück nach Wahl des Erwerbers in der oder einer zu den Amtssprachen der Gemeinschaft zählenden Sprache des Mitgliedstaats, in dem der Erwerber seinen Wohnsitz hat, oder des Mitgliedstaats, dessen Staatsangehöriger er ist, abgefasst sein müssen. Der Mitgliedstaat, in dem der Erwerber seinen Wohnsitz hat, kann jedoch vorschreiben, dass der Vertrag auf jeden Fall zumindest in seiner oder seinen zu den Amtssprachen der Gemeinschaft zählenden Sprache(n) abgefasst ist; und – dass der Verkäufer dem Erwerber eine beglaubigte Übersetzung des Vertrages in der oder einer zu den Amtssprachen der Gemeinschaft zählenden Sprache des Mitgliedstaats aushändigen muss, in dem die Immobilie belegen ist».

[324] Unter dem Ausdruck Schriftform ist heute im Zeitalter des E-Commerce und der elektronischen Erklärungen nicht mehr nur ein papierener Text mit eigenhändiger Unterschrift beider Parteien (oder zumindest der sich verpflichtenden Partei) zu verstehen. Vgl. Art. 14 Abs. 2bis OR: *«Der eigenhändigen Unterschrift gleichgestellt ist die qualifizierte elektronische Signatur, die auf einem qualifizierten Zertifikat einer anerkannten Anbieterin von Zertifizierungsdiensten im Sinne des Bundesgesetzes vom 19. Dezember 2003 über die elektronische Signatur beruht. Abweichende gesetzliche oder vertragliche Regelungen bleiben vorbehalten.»* Zur Anpassung von Formvorschriften auf elektronische Verträge vgl. LANGER, S. 191 ff.

[325] Vgl. etwa Art. 15 Abs. 2–4 KKG. Näheres dazu bei STAUDER, in diesem Band, S. 263 ff. Siehe auch den Entscheid 4C.58/2006 des Bundesgerichts vom 13.6.2006.

Fehlleistung gleich, wird doch dem Konsumenten normalerweise durch die Folgen einer zivilrechtlichen Nichtigkeit[326] eher geschadet denn genützt. Der Schutzzweck der Formvorschrift würde also gerade in sein Gegenteil verkehrt. Allerdings steht heute die Rechtsfolge der totalen Vertragsnichtigkeit bei Verstössen gegen Formvorschriften zufolge des von der Rechtsprechung immer weiter verfeinerten Gedankens der «teleologischen Reduktion»[327] nicht mehr so rasch im Raum wie früher.[328] Das Bundesgericht formuliert diese neue Sichtweise wie folgt: *«Das Vertragsrecht wird zunehmend ‹materialisiert›, die formale Vertragsfreiheit durch materielle Vertragsgerechtigkeit verdrängt, besonders deutlich etwa in den Gebieten des Miet- und Arbeitsrechts, des Konsumentenschutzes oder der Allgemeinen Geschäftsbedingungen. Die zeitgemässe Rechtsüberzeugung ist nicht mehr allein vom Schwarz-weiss-Schema der Gültigkeit oder Nichtigkeit privater Rechtsgestaltung geprägt, sondern fasst immer fester auch in der Grauzone der geltungserhaltenden Reduktion fehlerhafter Kontakte durch richterliche Inhaltskorrektur Fuss. Die Möglichkeit richterlicher Vertragsgestaltung entspricht augenfällig dem Zeitgeist.»*[329]

Neben echten Formvorschriften enthalten Konsumentenschutzrichtlinien und -gesetze eine Fülle von sogenannten «Förmlichkeitserfordernissen». RIESENHUBER bezeichnet mit diesem Begriff diejenigen Vorschriften, die eine rechtlich relevante Handlung einer Formalität unterwerfen.[330] So sind Informationen oder Belehrungen vom Anbieter regelmässig in Textform, d.h. schriftlich oder auf dauerhaftem Datenträger, zu erteilen oder es müssen zumindest die vereinbarten Vertragsbedingungen nach Vertragsschluss schriftlich niedergelegt werden. Verstösse gegen solche Förmlichkeitsvorschriften werden in jedem Land unterschiedlich gehandhabt. So fehlt es beim gleichen Missbrauchstatbestand in gewissen Ländern völlig an einer Sanktion, in anderen führt die Missachtung zu beweisrechtlichen Nachteilen des Anbieters oder zur Verlängerung einer dem Konsumenten eingeräumten Widerrufsfrist.

Ob Formvorschriften ein griffiges Verbraucherschutzinstrument darstellen, wird zunehmend hinterfragt,[331] ohne dass jedoch für zwingend zu erteilende Informationen eine sinnvollere Alternative vorgeschlagen wird. Die Funktion des Übereilungsschutzes hingegen übernehmen heute mehr und mehr die Widerrufsrechte.

---

[326] Berücksichtigung der Formungültigkeit durch die Gerichte von Amtes wegen; sofortige Rückgabe der empfangenen Leistungen nach den Regeln der Vindikation bzw. Kondiktion; Schadenersatzanspruch begrenzt auf culpa in contrahendo-Fälle.

[327] Bei der teleologischen Reduktion handelt es sich nach modernem Methodenverständnis um einen eigenen, zulässigen Akt richterlicher Rechtsschöpfung. Dazu schon KRAMER, Beiheft ZSR, 65 ff.; siehe nunmehr auch die Dissertation von JAUN.

[328] Vgl. etwa BGE 116 II 700 E. 3 (Handelsreisendenvertrag) und BGE 132 III 753 (Lehrvertrag).

[329] BGE 123 II 292 (Zitat S. 298).

[330] RIESENHUBER, System, S. 371.

[331] Nachweise bei RIESENHUBER, System, S. 324, und BYDLINSKI, S. 141 ff.

3. Widerrufsrechte

Neben den Informationspflichten und den Formvorschriften bilden Widerrufsrechte heute den wichtigsten Eckpfeiler des verbraucherrechtlichen Schutzmodells. Wer in rechtlichen Zusammenhängen von Widerruf spricht, meint eine Erklärung, durch die ein vorausgegangener rechtserheblicher Akt rückgängig gemacht werden soll. Neben die herkömmlichen Tatbestände wie z.B. den überholenden Widerruf einer empfangsbedürftigen Willenserklärung tritt seit geraumer Zeit der *konsumentenschützende Widerruf einer Vertragserklärung*. Hier werden dem Konsumenten für eine begrenzte Zeit Widerrufsrechte eingeräumt, die ihn vor einem bei näherer Überlegung unerwünschten Vertrag schützen sollen. Dem Verbraucher, der sich etwa an der Haustür zu einem Vertragsabschluss überrumpeln liess oder im Fernabsatz eine Bestellung getätigt hat, ohne die angebotene Ware vorher inspizieren zu können[332], wird eine sog. *cooling-off-period* eingeräumt, während der er – weitgehend ohne Konsequenzen[333] – vom Vertrag Abstand[334] nehmen kann. Eine *zweite Chance* zur Bildung seines rechtsgeschäftlichen Willens erhält auch, wer einen Lebensversicherungs-[335], einen Konsumkredit-[336] oder einen Timesharingvertrag[337] abgeschlossen hat. Der Anbieter muss den Kon-

---

[332] In der Schweiz ist die Ausdehnung des für Haustürgeschäfte eingeführten Widerrufsrechts (Art. 40a ff. OR) auf Fernabsatzverträge unterblieben (vgl. zum gescheiterten Bundesgesetz über den elektronischen Geschäftsverkehr vorne S. 46 ff.; der Wortlaut der geplanten Neufassung der Art. 40a ff. OR findet sich in der Vernehmlassungsvorlage, abgedruckt hinten S. 98 ff.

[333] Verboten sind insbesondere Konventionalstrafen, wogegen die Rückgabe des erhaltenen Gegenstandes bzw. ein Entgelt für die bezogene Dienstleistung durchaus vorgesehen sind. Vgl. etwa Art. 40f OR und Art. 15 Abs. 2 und 3 KKG.

[334] Ich habe bewusst diese offene Formulierung gewählt, da die dogmatische Konstruktion eines solchen Widerrufs- bzw. Rücktrittsrechts im Einzelnen höchst umstritten ist. MANKOWSKI spricht in seiner über 1300-seitigen Schrift generell von «Beseitigungsrechten».

[335] Art. 35 der Richtlinie 2002/83/EG des Europäischen Parlaments und des Rates vom 5.11.2002 über Lebensversicherungen, ABl. 2002 L 345/1. Vgl. zur weniger weit gehenden Rechtslage in der Schweiz Art. 1 bzw. 89 VVG und zu den Revisionspostulaten aus Konsumentensicht BRUNNER, VVG, S. 131 ff.

[336] Während das alte KKG von 1993, das im wesentlichen einem «Copy & Paste» der Verbraucherkredit-RL 87/102/EWG entsprach, noch kein Widerrufsrecht für Konsumkreditverträge kannte, führte das KKG von 2001 ein voraussetzungsloses 7-tägiges Widerrufsrecht ein (vgl. Art. 16 KKG; dazu STAUDER, in diesem Band, S. 270 ff.). Entgegen gewissen Äusserungen hat es damit aber nicht Pionierrolle in Europa eingenommen, denn die Verbraucherkredit-RL 87/102/EWG legte einzig einen europäischen Mindeststandard fest. Den Mitgliedstaaten war es gestattet, den Konsumenten weitergehend zu schützen (Art. 15 RL 87/102/EWG), was sie auch ausgiebig getan haben. So kennen etwa das französische, das italienische und das österreichische Recht ebenfalls ein 7-tägiges Widerrufsrecht, während Deutschland gar 14 Tage Überlegungszeit gewährt. Die revidierte Verbraucherkredit-RL wird für die ganze EU ein einheitliches 14-tägiges Widerrufsrecht für Konsumkreditverträge einführen.

[337] Nicht aber in der Schweiz, wo der Kommissionssprecher der nationalrätlichen Rechtskommission, NR Baumann, am 22.6.2007 festhielt, dass «*eine besondere Regelung für ei-*

sumenten über das Bestehen des Widerrufsrechts informieren, wobei die Einhaltung der Informationspflichten Voraussetzung für den Beginn des Fristenlaufs ist.

a) Das «pacta sunt servanda»-Argument

In der juristischen Literatur stand man der Einführung voraussetzungsloser und begründungsfreier Vertragslösungsmöglichkeiten zunächst mehrheitlich kritisch gegenüber. Widerrufsrechte wurden im besten Falle als «Relativierung des Grundsatzes der Vertragsbindung» bezeichnet, überwiegend aber gegeisselt als «schwerster Eingriff in herrschende Prinzipien des Vertragsrechts», der das tradierte Vertragsrecht unwiderruflich aus den Angeln hebe.[338] Es gehe nicht an, dass Konsumenten, die eine Vertragsentscheidung aufgrund eines fehlerfreien Willens getroffen haben, nunmehr nach Belieben «April-April» rufen und sich immer dann von ihrem gegebenen Wort lösen können, wenn dieses für sie nachteilige Konsequenzen habe.

In der Tat setzt das Widerrufsrecht – anders als etwa Vertragslösemöglichkeiten wegen Täuschung oder Drohung – kein Fehlverhalten der Gegenseite voraus, doch wird es auch nicht einfach ohne Grund gewährt. Die Einräumung von Vertragslöserechten ist vielmehr immer an eine besondere Sachlage gebunden. In allen Fällen, in denen dem Konsumenten ein Widerrufsrecht eingeräumt wird, ist seine *Entscheidfindung im Moment des Vertragsschlusses potenziell erschwert*, sei es zufolge besonderer Vertriebsformen, sei es wegen der Komplexität des Vertragsgegenstandes oder der Dauer der Bindung. Mit der Zeit wuchs daher die Erkenntnis, dass mit der Einräumung eines konsumentenschützenden Widerrufsrechts nicht die Vertragstreue aus den Angeln gehoben, sondern vielmehr der Grundstein gelegt wird für eine freie, selbstbestimmte Willensbildung. Sinn und Zweck liegen demnach in der Herstellung der materiellen – im Gegensatz zu der bloss formellen – Vertragsfreiheit. So gesehen sind Widerrufsrechte keine Marktkorrektur, sondern Markt(wieder)herstellung.[339]

Die Einräumung von Widerrufsrechten schützt, wie das gesamte Konsumentenrecht, nicht das einzelne Individuum, sondern eine *Gruppe von in gewissen Situationen strukturell Benachteiligten*. Daher muss bis zu einem gewissen Grad auch in Kauf genommen werden, dass sich im Streitfall letztlich nicht die schwachen, ge-

---

    nen in der Schweiz eher beschränkten Markt nicht angebracht ist». Daher seien die Worte von Charles de Montesquieu zu beherzigen: «Wenn es nicht notwendig ist, ein Gesetz zu machen, so ist es notwendig, kein Gesetz zu machen.» (AmtlBull. 2007 NR 1128).

[338] Vgl. statt vieler etwa HENRICH, S. 199 ff.; GONZENBACH, ZSR 1987 I 461 f.; HUGUENIN JACOBS, AJP 1994, 691 ff.

[339] So schon DREXL, Selbstbestimmung, S. 7, und GRUNDMANN, ZHR 163 (1999), 665 ff.; vgl. dazu auch vorne S. 45 ff., wo gezeigt wird, dass der schweizerische Bundesrat diesen Gedankenschritt nicht mitvollzogen hat, sondern der Meinung ist, die Einräumung von Widerrufsrechten komme einer Bevormundung des Konsumenten durch den Gesetzgeber gleich.

schäftsungewandten Personen wehren, sondern dass sich diejenigen, die über detaillierte Rechtskenntnisse verfügen, auf die gesetzlich eingeräumten Schutzpositionen berufen. Nicht von der Hand zu weisen ist der Einwand, dass die gehäufte Einräumung von Widerrufsrechten bei der verbrauchenden Bevölkerung der irrigen Meinung Vorschub leistet, abgegebene Willenserklärungen seien generell nur beschränkt verbindlich und es gebe immer die Möglichkeit, von einem Rechtsgeschäft innert einer bestimmten Frist grundlos zurückzutreten.[340]

b) Die verschiedenen Widerrufsrechte

Vor über 20 Jahren erkannte man schon, dass bestimmten *situativen Vertragsanbahnungssituationen des Direktvertriebs* (Haustürgeschäfte, Kaffeefahrten, Passantenwerbung etc.) ein Gefährdungspotential innewohnt, das die materielle rechtsgeschäftliche Selbstbestimmung der Kunden einschränkt. Der unvorbereitete persönliche Kontakt mit dem Anbieter ist geeignet, den Durchschnittskunden in eine Zwangslage zu versetzen, in der er nicht rational handelt. Überrumpelung, Übereilung und Überforderung können ihn dazu bringen, Verträge einzugehen, die er «bei Lichte besehen» so nicht geschlossen hätte. Obwohl der Gedanke an die Einräumung voraussetzungs- und weitgehend folgenloser Widerrufsrechte in ganz Europa rechtspolitisch in höchstem Masse suspekt war, rangen sich sowohl der EWG-Richtliniengeber als auch der schweizerische Gesetzgeber in den 80er Jahren durch, dem Konsumenten in diesen Sonderfällen ein Widerrufsrecht einzuräumen.[341] Ausschlaggebend war, dass der Konsument in solchen Situationen weder Gelegenheit hat, sich auf den Vertragsschluss vorzubereiten noch eine Möglichkeit, konkurrierende Angebote zu vergleichen. Konsequenterweise wird der Schutz versagt, wenn der Konsument die Vertragsanbahnungssituation selber herbeiführt (durch Messebesuch, Einladung eines Vertreters etc.).

Das *Widerrufsrecht bei Fernabsatzgeschäften* lässt sich nicht auf eine Überrumpelungssituation zurückführen. Hier geht es vielmehr um die Einräumung einer Vertragslösungsmöglichkeit zufolge fehlender geschäftlicher Atmosphäre. Beim Vertragsabschluss zu Hause (bei der bildschirmtätigen Bevölkerung häufig wohl auch am Arbeitsplatz), am Telefon oder Computer oder per Bestellkarte fehlt «die alarmierende Förmlichkeit, die darin liegt, in das Geschäft zu gehen und Geld auszugeben».[342] Kriterium ist neben dem fehlenden persönlichen Kontakt zum An-

---

[340] Auch dieses Problem ist nicht neu. So ist schon heute die Bevölkerung überwiegend der (falschen) Meinung, man könne in jedem Geschäft die gekaufte Ware innert 3 oder gar 7 Tagen umtauschen.

[341] Näheres zur Entstehungsgeschichte von Art. 40a ff. OR bei KOLLER-TUMLER, Konsumentenvertrag, S. 127 ff.; vgl. auch BRUNNER, Haustürgeschäfte, in diesem Band, S. 201 ff. m.w.H.

[342] RIESENHUBER (Lehrbuch), N 364; vgl. zum Widerruf beim Fernabsatz auch LANGER, S. 120 ff.

E. Konsumentenvertragsrecht

bieter und der fehlenden Möglichkeit, den Vertragsgegenstand zu inspizieren, vor allem die Verlockungswirkung des Mausklicks oder des Bestellzettels.[343]

Wieder anders liegt die Situation bei den *Timesharing- und Konsumkreditverträgen*. Hier geht es um erhebliche Rechtsgeschäfte, die den Konsumenten längerfristig binden und die geeignet sind, ihn in finanzieller Hinsicht stark einzuengen. Gerade bei solchen Geschäften kann aber das Widerrufsrecht allein nicht viel ausrichten. Wie belastend eine Verbindlichkeit ist, zeigt sich nämlich nicht in den ersten sieben oder auch vierzehn Tagen nach Vertragsabschluss oder Auszahlung des Kredites, sondern erst im Laufe der Zeit, wenn sich die Lebensumstände verändern (Heirat, Geburt eines Kindes) oder gar verschlechtern (Arbeitslosigkeit, Scheidung etc.). Das Widerrufsrecht stellt hier nur einen Mosaikstein im ganzen Bündel der Verbraucherschutzinstrumente dar.

c) Folgen der Ausübung des Widerrufsrechts

Was das Widerrufsrecht wert ist, zeigen erst die Folgen, die an seine Ausübung geknüpft werden. Die Schweiz räumt ihren Konsumenten zwar deutlich weniger Widerrufsrechte ein als die EU, konzipiert diese dafür tendenziell konsumentenfreundlicher. So kann etwa der EU-Kreditnehmer nach der revidierten Verbraucherkredit-RL zwar «*innerhalb von vierzehn Kalendertagen ohne Angabe von Gründen von dem Kreditvertrag zurücktreten*» (Art. 13), muss aber dem Kreditgeber das Darlehen einschliesslich der aufgelaufenen Zinsen «*unverzüglich, spätestens jedoch binnen 30 Kalendertagen nach Absendung der Rücktrittserklä-*

---

[343] Ein Grund zur Ablehnung solcher Widerrufsrechte durch den schweizerischen Gesetzgeber liegt denn auch darin, dass die ältere Generation hier kein Schutzbedürfnis der meist jungen, gut ausgebildeten und mit der Elektronik vertrauten Konsumenten auszumachen vermag. Die jungen Leute sollen an den Ernst des Lebens und an die Bindung an das eigene Wort herangeführt werden und sich nicht aus einer Laune heraus oder weil der Konkurrent die Ware billiger anbietet, umbesinnen dürfen. Bloss weil ein Vertrag unter «verlockenden Umständen» zustande gekommen ist, soll sich der Einzelne nicht vom Vertragsschluss lösen dürfen, zumal dieses Löserecht über die Kosten von der Gesamtheit der Konsumenten zu finanzieren ist.
Was hingegen den Telefonverkauf anbelangt, wird die Forderung nach expliziter Gleichstellung desselben mit den Haustürgeschäften (und damit nach Einräumung eines Widerrufsrechts) auch in der Schweiz immer lauter. Vgl. neben der PI 06.441 von SR Bonhôte (oben Fn. 194), der am 15.4.2008 von der Rechtskommission des Ständerates erneut Folge gegeben wurde, auch die Empfehlung der Eidgenössischen Kommission für Konsumentenfragen vom 6.3.2007, abrufbar unter: http://www.konsum.admin.ch/org/00157/00160/index.html?lang=de. M. E. könnte ein Gericht, ungeachtet der seinerzeitigen parlamentarischen Weigerung, die Anbahnungsart via Telefon dem Haustürwiderruf zu unterstellen (und trotz erhöhter Bedeutung der Materialien bei der Auslegung neuerer Erlasse), die Art. 40a ff. OR, wenn ein situativer Tatbestand nach Art. 40b OR gegeben ist, ohne weiteres schon heute auch auf Telefonverkäufe anwenden. Wortlaut, Sinn und Zweck stehen dem nicht entgegen, die zugrunde liegenden Wertungen gebieten es sogar (gl.M. BSK OR I-GONZENBACH, N 8 zu Art. 40b OR m.w.H.).

rung» zurückzahlen (Art. 14 b)[344], während das schweizerische Recht eine Fülle differenzierter Regelungen kennt. So führt der Widerruf, der vor Auszahlung des Kredits erfolgt, zum Wegfall der Verpflichtungen der Vertragsparteien. Hat jedoch der Kreditgeber die Kreditvaluta bereits ausbezahlt – was ihm nicht verboten ist – und widerruft nun der Konsument, so richten sich die Rechtsfolgen nicht nach Bereicherungsrecht, sondern nach der Sondervorschrift des Art. 16 Abs. 3.[345] Danach muss der Konsument den Kredit zwar auch zurückzahlen, aber eben nicht auf einen Schlag, sondern über die ganze vereinbarte Laufzeit hinweg in gleich grossen Raten. Zudem wandelt sich der Konsumkredit in einen Gratiskredit, d.h. der Konsument schuldet weder Zinsen noch Kosten.

d) Die Weiterentwicklung in der EU und in der Schweiz

Die Austarierung struktureller Ungleichgewichtslagen mittels Einräumung von Widerrufsrechten verlief in der EU relativ gradlinig. Die späteren Richtlinien übernehmen die früheren Vorschriften und führen sie teils präzisierend, teils verfeinernd weiter. Die Umsetzung in den Mitgliedstaaten erfolgte hingegen unterschiedlich detailliert und unterschiedlich weit gehend, so dass der EuGH – wie im gesamten Verbraucherprivatrecht – letztlich auch hier die Leitplanken setzen musste.[346] Im Rahmen der Überprüfung des verbraucherrechtlichen acquis wird nun abgeklärt, ob sich nicht Beginn, Länge und Berechnung der Widerrufsfrist richtlinienübergreifend vereinheitlichen lassen. Auch die Anforderungen an den Inhalt der Belehrung sollen (zwecks Abbaus von Handelshemmnissen!) wenn immer möglich mittels Verwendung eines Formblattes standardisiert werden.[347]

Die Situation in der Schweiz ist dagegen von einem Auf und Ab geprägt: Zeitgleiche Einführung des Widerrufsrechts bei Haustürgeschäften, rasche und selbständige Einführung des Widerrufsrechts im Konsumkreditbereich einerseits, Ver-

---

[344] Wie wichtig diese Norm ist, wird sich im Zusammenspiel mit Art. 22 zeigen, der in Abs. 1 festhält: «*Soweit diese Richtlinie harmonisierte Vorschriften enthält, dürfen die Mitgliedstaaten keine Bestimmungen in ihrem innerstaatlichen Recht aufrechterhalten oder einführen, die von den Bestimmungen dieser Richtlinie abweichen.*» Nachdem viele EU-Mitgliedstaaten ihren Kreditnehmern heute einen über die VerbrKr-RL hinausreichende Schutz bieten, wird sich wohl der EuGH über kurz oder lang zum Grad der Harmonisierung äussern müssen.

[345] Zu den Einzelheiten und weiteren Differenzierungen nach Barkrediten, Überziehungskrediten etc. siehe STAUDER, in diesem Band, S. 270 ff.

[346] So hat der EuGH im Urteil vom 13.12.2001 in der Rs. C-481/99, Georg und Helga Heininger/Bayerische Hypo- und Vereinbank AG (Slg. 2001, I-9945) festgehalten, dass eine Befristung des Widerrufsrechts bei nicht ordnungsgemässer Widerrufsbelehrung durch den nationalen Gesetzgeber mit der Haustürgeschäftewiderrufs-RL nicht vereinbar sei. Deutschland musste daraufhin knapp sieben Monate nach Inkrafttreten der Schuldrechtsmodernisierung eine umfangreiche Neuregelung der eben erst ins BGB implementierten Widerrufsvorschriften (§ 355 ff.) vornehmen.

[347] SCHULTE-NÖLKE, Verbraucherrechtskompendium, S. 763 ff., insb. 773 ff.

weigerung des autonomen Nachvollzugs im Fernabsatz- bzw. E-Commerce- und im Timesharing-Bereich andererseits. Begründet wurde diese Ablehnung mit dem hohen Stellenwert der Vertragsfreiheit und der äusserst negativen Haltung der Wirtschaft. Aus konsumentenrechtlicher Sicht sei immerhin der Hinweis erlaubt, dass die Schweiz gut daran täte, die Rechtslage autonom anzugleichen, um eine Inländerbenachteiligung zu verhindern. Es ist eine Illusion zu glauben, der Verzicht auf die Einführung dieser Widerrufsrechte[348] stärke Schweizer Unternehmen. Diese sind, soweit sie grenzüberschreitend tätig sind, schon heute weitgehend dem EU-Recht unterworfen.

4. Beweiserleichterungen

«Wo das Gesetz es nicht anders bestimmt, hat derjenige das Vorhandensein einer Tatsache zu behaupten, der aus ihr Rechte ableitet», so lautet Art. 8 ZGB. Wer einen Anspruch geltend macht, hat demnach die rechtsbegründenden Tatsachen zu beweisen, während die Beweislast für die rechtshindernden Tatsachen bei der Partei liegt, welche den Untergang des Anspruchs behauptet oder dessen Entstehung oder Durchsetzbarkeit bestreitet.

Ein nicht oder nicht vollständig aufklärbarer Sachverhalt wirkt sich im Zivilprozess für die beweisbelastete Partei fatal aus. Führt die Anwendung von Art. 8 ZGB in typischen, immer wiederkehrenden Fallkonstellationen regelmässig zu einem als unbefriedigend empfundenen Resultat, so ertönt früher oder später der Ruf nach einer Umkehr der Beweislast. Sowohl der EU-Richtliniengeber als auch der schweizerische Gesetzgeber tragen diesem Ansinnen im Konsumentenbereich heute meist Rechnung und statten neue Erlasse vermehrt mit besonderen Beweislastverteilungsregeln zu Gunsten der Konsumenten aus. So muss etwa im Fall von Art. 40e Abs. 3 OR der Anbieter den Zeitpunkt des Zugangs der Widerrufsbelehrung beweisen.

Überdies wird in Fällen, in denen die Tragung der ordentlichen Beweislast dem Konsumenten nicht zumutbar erscheint, vermehrt eine rechtliche Vermutung für das Bestehen bestimmter tatsächlicher Umstände aufgestellt. Im Streitfall hat nun die Gegenpartei zu beweisen, dass die unterstellte Tatsache gerade nicht gegeben ist. Solche Beweiserleichterungen können bis hin zur Umkehr der Beweislast gehen. Obwohl es die Gerichte damit in der Hand haben, durch eine entsprechende Risikozuweisung für bestimmte Gruppen von Rechtsteilnehmern gezielt Haftungserleichterungen vorzunehmen, kann dies bis heute faktisch nur im Patienten-Arzt-Verhältnis beobachtet werden.[349]

---

[348] Und der Garantien beim Verbrauchsgüterkauf.
[349] Vgl. etwa BGE 120 II 248, 117 Ib 206, 115 Ib 181, 113 Ib 432; siehe zu den Grenzen der Beweislastregeln auch den Entscheid 4C.378/1999 des Bundesgerichts vom 23. November 2004.

5. Halbzwingende Normen

Ein weiteres zentrales Instrument des Konsumentenschutzes ist die Statuierung halbzwingender Normen, d.h. von Normen, die nur zu Gunsten, nicht aber zu Lasten des Konsumenten abgeändert werden können. Als Beispiel lassen sich etwa Art. 37 KKG oder Art. 7 Abs. 1 der Verbrauchsgüterkauf-RL nennen, die zur Gewährleistung eines effektiven Verbraucherschutzes eine Abweichung vom Gesetz bzw. von bestimmten Bestimmungen zu Ungunsten des Konsumenten verbieten. Zentral für den Verbraucherschutz war auch die Festschreibung zwingender und halbzwingender Konsumentengerichtsstände im Gesetz über das internationale Privatrecht, im Gerichtsstandsgesetz und im Lugano-Übereinkommen.

Diese Schutzvorschriften sollen vor allem bewirken, dass das gesetzliche Schutzniveau nicht durch Parteivereinbarung, insbesondere nicht durch Allgemeine Geschäftsbedingungen abgesenkt wird. Verbesserungen gegenüber den gesetzlichen Vorgaben, wie etwa die Einräumung einer längeren als der gesetzlich vorgesehenen Widerrufsfrist, sind hingegen nach Schweizer Verständnis zulässig.[350] Ob dies im europäischen Umfeld auch der Fall ist, bestimmt sich heute noch nach dem Harmonisierungsgrad der entsprechenden Vorlage. Im Rahmen der weiter gehenden Harmonisierung wird auch die Frage zu diskutieren sein, ob zwingende bzw. halbzwingende Normen als Strukturierungsprinzip des Verbraucherprivatrechts taugen.[351]

6. Inhaltskontrolle von Allgemeinen Geschäftsbedingungen[352]

«*Die Frage nach dem Verhältnis von formaler Vertragsfreiheit einerseits zur tatsächlichen, materialen Freiheit (wirtschaftliche Selbstbestimmung) und der materialen Vertragsgerechtigkeit andererseits stellt sich im Recht der nicht-ausgehandelten Vertragsklauseln, vor allem der AGB, in besonderer Schärfe.*»[353] Der Unterschied zwischen dem schweizerischen und dem europäischen Verbraucherschutz manifestiert sich wohl nirgends augenfälliger als im Recht der Allgemeinen Geschäftsbedingungen. Seit 15 Jahren kennt die EU mit der AGB-Richtlinie detaillierte Vorgaben, nach denen nicht im Einzelnen ausgehandelte Klauseln in Konsumentenverträgen auf ihre Missbräuchlichkeit zu überprüfen sind,[354] während der schwei-

---

[350] So schon BSK OR I-KOLLER-TUMLER, N 2 zu Art. 18 aKKG.
[351] DREXL, Zwingendes Recht, S. 771 ff.
[352] Näheres zu den AGB findet sich im Beitrag von BRUNNER, in diesem Band, S. 118 ff.
[353] RIESENHUBER, System, S. 426.
[354] Die Publikationen zu diesem Gebiet, die ihren Anfang 1935 mit der berühmten Schrift LUDWIG RAISERS über «Das Recht der Allgemeinen Geschäftsbedingungen» ihren Anfang nahmen, haben mittlerweile ein unüberschaubares Mass erreicht. Eine Übersicht zum Europäischen Recht findet sich bei RIESENHUBER (System), 426 ff. Für die Schweiz zentral BK-KRAMER N 270 ff. zu Art. 19–20 OR m.w.H.

zerische Gesetzgeber sich konstant weigert, eine offene Inhaltskontrolle von Verträgen auch nur anzudenken.[355] Zwar hat das Bundesgericht vor über 10 Jahren in BGE 123 III 292 angedeutet, dass der Zeitgeist nunmehr reif sei für eine Inhaltskontrolle von AGB,[356] doch hat es den entscheidenden zweiten Schritt bis heute noch nicht getan. Im neuesten Entscheid vom 7.11.2007 findet man die seit Jahren gängige Stereotypie: *«Eine solche offene Inhaltskontrolle von Verträgen kennt das schweizerische Recht – abgesehen von der in Art. 8 UWG vorgesehenen, aber lediglich die Verwendung von missbräuchlichen Allgemeinen Geschäftsbedingungen (AGB) betreffenden und hier zweifellos nicht gegebenen Ausnahme – nicht. Das Bundesgericht hat bisher den von der herrschenden Lehre geforderten, dogmatisch auf allgemeine Rechtsgrundsätze wie Art. 19 Abs. 2 OR, Art. 2 Abs. 2 oder Art. 27 ZGB abgestützten Eingriff in die Vertragsfreiheit, mit welchem die auf vorformulierten AGB beruhenden Verträge einer richterlichen Inhaltskontrolle unterworfen werden sollen, abgelehnt (folgen mehrere Zeilen Autorenhinweise) ... Für den vorliegenden Fall... kann nichts anderes gelten.»*[357]

Wie oben[358] gezeigt, sind die schweizerischen Gerichte in vielen Fällen durchaus fähig, ein Untätigbleiben des Gesetzgebers im Einzelfall auszugleichen, zumal der Gedanke vom Schutz des Schwächeren auch dem klassischen Zivilrecht nicht fremd ist. Doch ist zu bedenken, dass das, was die Überlebenskraft des Obligationenrechts in den ersten hundert Jahren seines Bestehens auszeichnete, nämlich das «offene System, versehen mit vielen unbestimmten Rechtsbegriffen, Generalklauseln, Verweisungen auf wichtige Gründe, auf die Umstände des Einzelfalles und auf richterliches Ermessen»[359], für die Lösung der Probleme einer modernen Dienstleistungsgesellschaft nicht mehr in allen Fällen geeignet ist.

F. Exkurs: Prozessualer Konsumentenschutz – neue schweizerische ZPO

I. Zugang zum Recht

Im Konsumentenrecht bleiben durch materielles Recht gewährte Schutzpositionen häufig wirkungslos, da eine effiziente Rechtsdurchsetzung nicht gesichert ist. Seit Beginn der 90er Jahre hat sich deshalb das Augenmerk von Wissenschaft und Ge-

---

[355] Für Einzelheiten zur leidvollen Geschichte der AGB-Kontrolle in der Schweiz, siehe BRUNNER, in diesem Band, S. 142 ff. und 156 ff.
[356] E 2c. Vgl. zu diesem Entscheid auch oben Fn. 256.
[357] Urteil B 160/06.
[358] S. 54.
[359] KRAMER, ZSR 102 (1983) I 276.

setzgebung vermehrt auch auf den prozessualen Verbraucherschutz verlagert.[360] Will man Ernst machen mit der Forderung nach mehr Konsumentenschutz, so muss der materiellrechtlichen Gewährung von Kompensationsinstrumenten zur Austarierung von Ungleichgewichtslagen ein prozessuales Instrumentarium zur Seite gestellt werden, das den Verbrauchern sowohl den *Zugang zum Recht*[361], den sog. access to justice, als auch die *Durchsetzung ihrer Rechte* erleichtert.

Zu denken ist etwa an:

(1) *Besondere Zuständigkeiten*, die dem Konsumenten durch Prorogationsbeschränkungen oder zusätzliche Gerichtsstände die Prozessführung an einem für ihn günstigen Forum erlauben;[362]
(2) *Besondere Klagebefugnisse*, die zugunsten der Konsumenten eine überindividuelle und objektive Rechtsdurchsetzung ermöglichen;
(3) *Verfahrensmaximen*, die den Umstand aufwiegen, dass die Unternehmer in der Regel Mehrfachprozessierer sind, während die Konsumenten erstmals bzw. einmalig vor dem Richter stehen;[363]
(4) *Kostenerleichterungen*, die dem Konsumenten eine der wichtigsten Rechtsschutzbarrieren überhaupt öffnen;
(5) *Aussergerichtliche Streitbeilegungsmechanismen*, die rasch und kostengünstig dazu beitragen, den «sozialen Frieden» zwischen dem Konsumenten und dem Anbieter wieder herzustellen.

II. Massnahmen in der EU

Es würde den Rahmen dieser Einführung sprengen, näher auf diese einzelnen Instrumente einzugehen. An dieser Stelle sei bloss darauf hingewiesen, dass die *Europäische Union* – vor allem mit Blick auf das gewünschte reibungslose Funktionieren des Binnenmarktes – in den letzen Jahren *diverse Möglichkeiten* geschaffen hat, um Konsumentenstreitigkeiten – sei es gerichtlich, sei es aussergerichtlich –

---

[360] Vgl. etwa die Grünbücher der Kommission der Europäischen Gemeinschaften «Zugang der Verbraucher zum Recht und Beilegung von Rechtsstreitigkeiten der Verbraucher im Binnenmarkt» vom 16.11.1993, KOM (93) 576 endg., und «Prozesskostenhilfe in Zivilsachen: Probleme der Parteien bei grenzüberschreitenden Streitsachen» vom 9.2.2000, KOM (2000) 51 endg., sowie das Grünbuch über alternative Verfahren zur Streitbeilegung im Zivil- und Handelsrecht, KOM (2002) 196 endg. Aus dem Schrifttum vgl. statt vieler KOCH, Verbraucherprozessrecht und SCHERPE, Aussergerichtliche Streitbeilegung.
[361] Der Begriff wurde geprägt von BAUMGÄRTEL, der schon 1976 gleichen Zugang zum Recht für alle forderte.
[362] Vgl. etwa die Gerichtsstandsregeln in Art. 21 und 22 GestG. Diese Normen werden in Zukunft als Art. 34 und 31 in die ZPO übernommen.
[363] Man spricht in diesem Zusammenhang auch vom Konsumenten, der als «one shooter» einem «repeat player» gegenüber steht. So etwa KOCH, S. 23.

F. Exkurs: Prozessualer Konsumentenschutz – neue schweizerische ZPO

einfach, schnell und kostengünstig zu erledigen. So wurden u.a. die folgenden Massnahmen erlassen:
- Richtlinie 98/27/EG des Europäischen Parlaments und des Rates vom 19.5.1998 über Unterlassungsklagen zum Schutz der Verbraucherinteressen,[364]
- Verordnung (EG) Nr. 1348/2000 des Rates vom 29.5.2000 über die Zustellung gerichtlicher und aussergerichtlicher Schriftstücke in Zivil- oder Handelssachen in den Mitgliedstaaten,[365]
- Verordnung (EG) Nr. 44/2001 des Rates vom 22.12.2000 über die gerichtliche Zuständigkeit und die Anerkennung und Vollstreckung von Entscheidungen in Zivil- und Handelssachen,[366]
- Entscheidung 2001/470/EG des Rates vom 28.5.2001 über die Einrichtung eines Europäischen Justiziellen Netzes für Zivil- und Handelssachen,[367]
- Verordnung (EG) Nr. 805/2004 des Europäischen Parlaments und des Rates vom 21.4.2004 zur Einführung eines europäischen Vollstreckungstitels für unbestrittene Forderungen,[368]
- Verordnung (EG) Nr. 2006/2004 des Europäischen Parlaments und des Rates vom 27.2.2004 über die Zusammenarbeit zwischen den für die Durchsetzung der Verbraucherschutzgesetze zuständigen nationalen Behörden,[369]
- Verordnung (EG) Nr. 1896/2006 des Europäischen Parlaments und des Rates vom 12.12.2006 zur Einführung eines Europäischen Mahnverfahrens,[370]
- Verordnung (EG) Nr. 861/2007 des europäischen Parlaments und des Rates vom 11.7.2007 zur Einführung eines europäischen Verfahrens für geringfügige Forderungen,[371]
- Richtlinie 2008/.../ des Europäischen Parlaments und des Rates über bestimmte Aspekte der Mediation in Zivil- und Handelssachen.[372]

Diese und weitere Massnahmen führen im grenzüberschreitenden Verkehr einfache, kostengünstige *zivilrechtliche Verfahren für Bagatellsachen* ein und versuchen so, die Probleme des klassischen Konsumentenprozesses (Unverhältnismässigkeit von Zeit- und Kostenaufwand) zu lösen.[373, 374] Daneben wird der *aus-*

---

[364] Sog. Unterlassungsklagenrichtlinie, ABl. L 166 vom 11.6.1998, S. 51 ff.
[365] Sog. Zustellungsverordnung, ABl. L 160 vom 30.6.2000, S. 37 ff
[366] Sog. Brüssel-I-Verordnung, ABl. L 12 vom 16.1.2001, S. 1 ff.
[367] ABl. L 174 vom 27.6.2001, S. 25 ff.
[368] ABl. L 143 vom 30.4.2004, S. 15 ff.
[369] Sog. VO über die Zusammenarbeit im Verbraucherschutz, ABl. L 364 vom 9.12.2004, S. 1 ff.
[370] 12.2006, S. 1 ff. mit Berichtigung im ABL. L 046 vom 21.02.2008, S. 52
[371] Sog. Small-Claims-Verordnung, ABl. L 199 vom 31.7.2007, S. 1 ff.
[372] Der Kommissionsvorschlag (KOM 2004, 718 endg.) datiert vom 22.10.2004. Das Europäische Parlament hat den gemeinsamen Standpunkt und damit die Richtlinie am 23.4.2008 angenommen. Eine Veröffentlichung im Amtsblatt steht noch aus.
[373] So führt die Small-Claims-Verordnung ein EU-weit vereinheitlichtes Zivilverfahren für Streitigkeiten bis zu einem Streitwert von 2000 Euro ein (schriftliches Verfahren ohne Anwaltspflicht unter Verwendung eines Kläger-Standard-Formulars).
[374] Die Unterlassungsklagenrichtlinie wiederum ermöglicht es Konsumentenorganisationen

sergerichtlichen Beilegung von Verbraucherstreitigkeiten (der sogenannten Alternative Dispute Resolution [ADR]) zunehmende Beachtung geschenkt. So wurde von der Europäischen Kommission im Jahr 2001 ein Europäisches Netz für die aussergerichtliche Beilegung von Streitfällen zwischen Verbrauchern und Unternehmen in Bezug auf Waren und Dienstleistungen, das so genannte EEJ-Net (European Extra-Judicial Network) lanciert und es wurden in den Mitgliedstaaten zentrale Kontaktstellen («Clearingstellen») eingerichtet, bei denen die Verbraucher Informationen und Unterstützung für den Zugang zu bestehenden außergerichtlichen Einrichtungen erhalten. Ähnlich funktioniert FIN-Net, ein Netz nationaler Stellen zur aussergerichtlichen Beilegung von Finanzstreitigkeiten zwischen Konsumenten und Finanzdienstleistern. Im Zentrum der verbraucherpolitischen Strategie 2007–2013 stehen überdies die Verbraucher-Sammelklagen. Mit der Stärkung solcher Gruppenklagen könne sichergestellt werden, dass die Konsumenten auch bei niederen Schadensbeträgen vor Gericht gehen und damit zu ihrem Recht finden.[375]

III. Heutige Rechtslage in der Schweiz

In der Schweiz wird der nach wie vor auf kantonalem Recht basierende Zivilprozess heute noch immer ganz vom Modell des klassischen Zweiparteiensystems bestimmt. Der Wahrung überindividueller Interessen steht man äusserst skeptisch gegenüber, zumal wenn sie sich durch rechtsfürsorgerischen Charakter auszeichnen. So fehlt es etwa weitgehend an Verbandsklagemöglichkeiten von Konsumentenorganisationen, da ihnen in der Regel die materiellrechtliche Klagebefugnis abgeht. Sie können einzig in den engen Grenzen des UWG gegen unlautere Werbung und gegen missbräuchliche Klauseln in Allgemeinen Geschäftsbedingungen[376] vorgehen. Unter den aussergerichtlichen Streitbeilegungsstellen dominieren die – in der Regel von den Anbietern finanzierten – Ombudsstellen.

---

      und Behörden, gegen Verstösse, durch welche die Kollektivinteressen der Verbraucher beeinträchtigt werden, grenzüberschreitend einzuschreiten.

[375] «On the basis of the ‹injunctions› Directive, the Commission will consider action on ‹collective redress›» (vgl. Pressemitteilung vom 13.3.2007, abrufbar unter: http://europa.eu/rapid/pressReleasesAction.do?reference=MEMO/07/100&format=HTML&aged=0&language=EN&guiLanguage=en).

[376] Die Klagemöglichkeit nach Art. 8 i.V.M. Art. 10 Abs. 2 UWG ist jedoch zufolge des in Art. 8 UWG enthaltenen Irreführungserfordernisses bis anhin praktisch bedeutungslos geblieben. Wie zu hören ist, plant allerdings das Eidg. Volkswirtschaftsdepartement im Zuge der anstehenden kleinen UWG-Revision nunmehr, das Irreführungselement aus Art. 8 UWG zu streichen und damit dieser Norm «mehr Biss» zu geben.

IV. Die Schweizerische Zivilprozessordnung

Auf den 1.1.2010[377] sollen die 26 kantonalen Regelwerke vereinheitlicht werden und die schweizerische Zivilprozessordnung (ZPO) in Kraft treten. Die Botschaft zur ZPO wurde vom Bundesrat am 28.6.2006 vorgelegt.[378] Sie wurde in der Sommersession 2007 vom Ständerat beraten[379] und wird im Sommer 2008 vor den Nationalrat kommen.

Die schweizerische ZPO hat Kompromisscharakter. Sie knüpft an die kantonalen Prozessordnungen an und bringt keine bahnbrechenden Reformen. So verzichtet der Entwurf ausdrücklich *«auf Instrumente, die unserem Rechtssystem nicht entsprechen. Zu denken ist an die sogenannte Sammelklage (class action) des amerikanischen Rechts, die verfahrens- und materiellrechtlich mehr Probleme schafft als löst»*[380]. Dem Gedanken kollektiver Interessenwahrung werde durch die eingespielten Institute der Streitgenossenschaft und der Verbandsklage genügend Rechnung getragen. Dennoch gibt es interessante Neuerungen, wobei in vorliegendem Zusammenhang v.a. die folgenden Elemente hervorzuheben sind: Das konsequente Erfordernis der vor- bzw. aussergerichtlichen Streitbeilegung durch Schlichtung oder Mediation (Art. 199 ff. und 210 ff. E ZPO), die Konkretisierung des in Konsumentenstreitigkeiten von der Bundesverfassung verlangten «einfachen und raschen Verfahrens» durch die Möglichkeit des Urteilsvorschlags und des Entscheids der Schlichtungsbehörde (Art. 207–209 E ZPO) sowie die vereinfachte Klageeinreichung und die eingeschränkte Untersuchungsmaxime (Feststellung des Sachverhalts von Amtes wegen) im Rahmen des sog. *vereinfachten Verfahrens* (Art 239 ff. E ZPO).

1. Schlichten vor Richten

Der Entwurf der ZPO räumt der aussergerichtlichen Streitbeilegung einen hohen Stellenwert ein. So haben sich die Parteien, bevor sie das urteilende Gericht anrufen, zunächst einem Schlichtungsversuch zu unterziehen. Dieser erste Schritt, der sich im Rahmen eines formalisierten Verfahrens quasi im Vorzimmer der Gerichte abspielt, soll gemäss Vorschlag des Bundesrates und nach Ansicht des Ständerates für sämtliche vermögensrechtliche Streitigkeiten unter 100 000 Franken zwingend sein.[381] In der nationalrätlichen Rechtskommission regt sich allerdings Widerstand

---

[377] Evtl. 1.1.2011.
[378] BBl 2006, 7221 ff.
[379] Zur Fassung gemäss Beschluss des Ständerates vgl. die Amtlichen Bulletins vom 14.6.2007 und vom 21.6.2007 (AB S 2007, 499 ff. bzw. 634 ff.).
[380] Botschaft, BBl 2006, 7224.
[381] Vgl. Art. 194 E ZPO: *«Dem Entscheidverfahren geht ein Schlichtungsversuch vor einer Schlichtungsbehörde voraus.»*

gegen eine solche Zwangsschlichtung. Eine Kommissionsminderheit will es den Parteien überlassen, ob sie sich einer Schlichtung unterziehen oder nicht. Ein beidseitiger schriftlicher Verzicht soll – mit Ausnahme der miet- und arbeitsrechtlichen Streitigkeiten – möglich sein.[382] Aus konsumentenrechtlicher Sicht ist m.E. das Schlichtungsobligatorium zu begrüssen, zumal wenn am Erfordernis des persönlichen Erscheinens beider Parteien (Art. 201 Abs. 1 E ZPO) festgehalten und der Gang zu den Schlichtungsbehörden niedrigschwellig organisiert wird. Was die Ausgestaltung der Schlichtungsbehörden im Einzelnen angeht, so bleiben diese – wie generell die Gerichtsorganisation und das Tarifwesen – auch nach der ZPO-Vereinheitlichung Sache der Kantone.[383] Hier ist noch nicht abzusehen, wie die Kantone im Einzelnen vorgehen werden, ob sie für die Sühneverfahren Laien (Friedensrichter) zur Schlichtung beiziehen oder ob sie die Schlichtung in die Hand spezialisierter Schlichter bzw. Richter legen. Der Kanon Bern, der heute einen sog. Aussöhnungsversuch erst ab Streitigkeiten über 8000 Franken vorsieht,[384] plant etwa, für jede der vier Gerichtsregionen eine *regionale Schlichtungsbehörde* einzusetzen,[385] die für sämtliche Schlichtungsverfahren (gewöhnliche Streitigkeiten, aber auch solche miet-, arbeits- und gleichstellungsrechtlicher Art) zuständig ist.[386] Die Vorsitzenden (= die eigentlichen Schlichter) sollen über ein Anwalts- oder Notariatspatent verfügen, die Sekretariate in miet- und arbeitsrechtlichen Angelegenheiten auch Rechtsberatungsfunktion wahrnehmen. Da die Anforderungen an das Schlichtungsgesuch sehr gering sind (es kann gemäss Art. 199 Abs. 1 und 2 i.V.m. Art. 128 E ZPO mündlich, schriftlich, ja auch elektronisch eingereicht werden) und das Verfahren selbst mündlich (Art. 9 Abs. 2 E ZPO) und vertraulich (Art. 202 E ZPO) ist, wird durch eine solche Anlaufstelle das bürgernahe System des *«guichet unique»* in optimaler Art und Weise verwirklicht.

---

[382] Vgl. dazu die sog. Fahne, die den Entwurf des Bundesrates, den Beschluss des Ständerates und die Anträge der Kommission für Rechtsfragen des Nationalrates nebeneinander auflistet. Sie ist abrufbar unter: http://www.parlament.ch/sites/doc/CuriaFolgeseite/2006/20060062/N2%20D.pdf.
[383] Vgl. Art. 4 ff. E ZPO.
[384] Vgl. Art. 294 ZPO/BE.
[385] Vgl. den Entwurf der Art. 81 ff. GSOG/BE. Die Vernehmlassungsvorlage ist abrufbar unter: http://www.portalbackend.be.ch/public/media/DisplayFile.aspx?fileId=5415975415358505&linkId=6511102418041413608&linkName=Gesetz%20über%20die%20Organisation%20der%20Gerichtsbehörden%20und%20der%20Staatsanwaltschaft%20(GSOG).
[386] Vgl. den Entwurf von Art. 8 EG ZSJ/BE. Die Vernehmlassungsvorlage ist abrufbar unter: http://www.portalbackend.be.ch/public/media/DisplayFile.aspx?fileId=443200416001701&linkId=5441649180479 5103&linkName=Einführungsgesetz%20zur%20Zivilprozessordnung,%20zur%20Strafprozessordnung%20und%20zur%20Jugendstrafprozessordnung%20(EG%20ZSJ).

2. Mediation

Gemäss Art. 210 E ZPO sollen die Parteien dann einverständlich auf ein Schlichtungsverfahren verzichten können, wenn sie sich stattdessen einer Mediation unterziehen. Auch im Entscheidverfahren soll noch eine Einigung mittels Mediation möglich sein, wobei gemäss Art. 211 E ZPO das gerichtliche Verfahren während der Mediation sistiert bleibt. Diese Normen sind nicht unumstritten. Der Ständerat hat nach eingehender Diskussion mit Stichentscheid des Präsidenten beschlossen, die Bestimmungen über die Mediation beizubehalten.[387] Eine Mindermeinung der Rechtskommission des Nationalrates will sie ganz aus der ZPO streichen, eine andere Mindermeinung schlägt vor, die Mediation auf familienrechtliche Verfahren zu beschränken. Derzeit ist noch völlig offen, was Gesetz werden wird. Klarzustellen bleibt, dass sich die Gegner der Aufnahme des Instituts der Mediation in die eidg. ZPO nicht grundsätzlich gegen Streitbeilegungen mit Unterstützung neutraler Drittperson wenden, sondern vielmehr der Meinung sind, solche Lösungen (die u.a. den Verhandlungsgegenstand über den strittigen Punkt hinaus ausdehnen können) hätten vollumfänglich und ausschliesslich auf der Privatautonomie zu basieren. Es gehe nicht an, diese zum Gegenstand des Zivilprozessrechts als öffentlichem Verfahrensrecht zu machen.[388]

3. Urteilsvorschlag und Entscheid durch die Schlichtungsbehörde

Zwar ist primäre Aufgabe der Schlichtungsbehörde zu versuchen, eine Einigung zwischen den Parteien herbeizuführen (Art. 205 E ZPO). Aus konsumentenrechtlicher Sicht besonders interessant sind aber die Möglichkeiten, welche die Art. 207 und 209 E ZPO den Schlichtungsbehörden bieten. So kann die Schlichtungsbehörde auf Antrag des Klägers vermögensrechtliche Streitigkeiten bis 2000 Franken entscheiden, bzw. in miet-, arbeits- und gleichstellungsrechtlichen Streitigkeiten sowie in solchen mit einem Streitwert bis 5000 Franken von sich aus einen Urteilsvorschlag unterbreiten. Mit dieser Entscheidkompetenz für Bagatellstreitigkeiten und der Möglichkeit eines Urteilsvorschlages, der nicht begründet zu werden braucht, bietet sich den Schlichtungsstellen die Möglichkeit, als sog. «small claim courts» zu amten. Damit können Verfahren gegenüber heute wesentlich rascher und zufolge des Umstands, dass im Schlichtungsverfahren keine Parteientschädigungen gesprochen werden (Art. 111 E ZPO), wohl auch billiger erledigt werden.

Diese richterlichen Zusatzkompetenzen mögen in einem gewissen Spannungsverhältnis zu einer reinen Schlichtungstätigkeit stehen, doch hält der Bundesrat zu

---

[387] Die Rechtskommission des Ständerates votiere noch mit 5 zu 2 Stimmen bei 1 Enthaltung für die Streichung der Mediationsbestimmungen.
[388] So z.B. Votum SR Schweiger, AB SR 2007, 225.

Recht fest, dass nur eine solche Organisation eine bürgernahe und kostengünstige Justiz zu gewährleisten vermag. Es ist Sache der Kantone, durch strikte personelle Trennung zwischen Schlichtungsbehörde und Gericht sicherzustellen, dass im Falle der Nichteinigung bzw. der Ablehnung eines Urteilsvorschlags sowohl die Vertraulichkeit des Schlichtungsverfahrens gewahrt bleibt als auch jeglicher Anschein einer Vorbefassung vermieden wird. Die geschilderte bernische Lösung mit von Juristen geleiteten, von den Gerichten vollkommen unabhängigen und professionellen Schlichtungsstellen vermag diesem Anliegen Rechnung zu tragen.

4. Vereinfachtes Verfahren

Die eidgenössische Zivilprozessordnung sieht verschiedene Verfahrenstypen vor, die jeweils auf die Art der Parteien und des Streites abgestimmt sind. Das sog. *ordentliche Verfahren* ist nur dann anwendbar, wenn die ZPO nicht ein anderes Verfahren vorschreibt, konkret insbesondere in vermögensrechtlichen Streitigkeiten mit einem Streitwert ab 30 000 Franken (Art. 239 Abs. 1 E ZPO), in Streitigkeiten, welche in die Zuständigkeit einer einzigen kantonalen Instanz fallen (Art. 5–7 E ZPO) sowie in nichtvermögensrechtlichen Streitigkeiten, die nicht dem vereinfachten Verfahren zugewiesen sind. Das ordentliche Verfahren ist demnach für grössere Prozesse gedacht, während der Gerichtsalltag in Zukunft voraussichtlich vom vereinfachten und summarischen Verfahren geprägt sein wird.[389]

Das vereinfachte Verfahren nach Art. 239–243 E ZPO ist durch erleichterte Formen, verstärkte Mündlichkeit sowie durch eine aktive Rolle des Gerichts gekennzeichnet. Es ist ausdrücklich *«für kleinere Streitigkeiten sowie für Angelegenheiten des sozialen Privatrechts»* entworfen worden.[390] Gemäss der Botschaft wird zur Klageeinreichung «keine Rechtsschrift im eigentlichen Sinne verlangt». Diese könne wie beim Schlichtungsgesuch mündlich angebracht werden und es genüge, dass der Streit definiert werden könne. «*Anzugeben sind die Parteien, das Rechtsbegehren bzw. der Streitgegenstand sowie der Streitwert. Nicht erforderlich ist dagegen eine Substantiierung der Klage (Art. 240 Abs. 2): Die Klage braucht weder tatsächliche noch rechtliche Ausführungen zu enthalten, ebensowenig muss die klagende Partei eine Zuordnung der beantragten Beweismittel zu den jeweiligen Behauptungen vornehmen*».[391] Dass der Kläger auf eine Begründung schlechthin verzichten darf, ist nicht unumstritten. Von einer Minderheit der ständerätlichen Rechtskommission wurde eine schriftliche Klageeinleitung und eine Begründungspflicht gefordert. BERTI hält eine minimale Begründungspflicht ebenfalls für unentbehrlich, rät aber, an der Möglichkeit zur mündlichen Klageerhebung fest-

---

[389] So die Ansicht des Bundesrates in der Botschaft, BBl 2006, 7347. Vgl. auch BERTI, ZZZ 2007, 339.
[390] BBl 2006, 7223.
[391] BBl 2006, 7347.

zuhalten, den Kläger jedoch in jedem Fall zur Individualisierung seines Rechtsbegehrens zu verpflichten.[392]

Gemäss Art. 243 E ZPO stellt das Gericht den *Sachverhalt von Amtes wegen* fest, «indem es darauf hinwirkt, dass die Parteien ungenügende Angaben zum Sachverhalten ergänzen und vorhandene Beweismittel bezeichnen». Die Anwendung dieser konsumentenfreundlichen sog. beschränkten Untersuchungsmaxime ist im Parlament nicht auf Gegenliebe gestossen. Der Ständerat hat Art. 243 dahingehend abgeschwächt, als er die Abklärung des Sachverhalts von Amtes wegen auf die Fälle von Art. 239 Abs. 2 E ZPO und die arbeitsrechtlichen Streitigkeiten bis zu einem Streitwert von 30 000 Franken beschränkte.[393] Nach dem Kommissionssprecher, SR Inderkum, handle es sich dabei um die Fälle des sozialen Privatrechts. «Für gewöhnliche vermögensrechtliche Streitigkeiten, welche im vereinfachten Verfahren abgewickelt werden, soll dagegen weiterhin die sogenannte Verhandlungsmaxime gelten, allerdings durchbrochen durch eine verstärkte richterliche Fragepflicht gemäss Artikel 243 Absatz 1. Das entspricht bisherigen kantonalen Prozessrechten. Rechtspolitisch erscheint es uns wichtig, dass die Verhandlungsmaxime im Grundsatz auch im vereinfachten Verfahren gilt».[394] Die Rechtskommission des Nationalrates tendiert in die gleiche Richtung, möchte aber auch mietrechtliche Streitigkeiten miteinbeziehen. Ich erachte diese Lösung für das Konsumentenrecht als unglücklich, erwähnt doch Art. 239 Abs. 2 E ZPO, der dann abschliessend gelten würde, nur folgende Streitigkeiten (a) solche nach dem Gleichstellungsgesetz, (b) solche wegen Gewalt etc. gemäss Art. 28b ZGB, (c) solche aus Miete und Pacht, (d) solche betr. das Auskunftsrecht gemäss Datenschutzgesetz, (e) solche nach dem Mitwirkungsgesetz und (f) solche aus Zusatzversicherungen zur Krankenversicherung. Diese Aufzählung ist bewusst als Zusatzaufzählung konzipiert worden; konsumentenrechtliche Streitigkeiten mit einem Streitwert von wenigen 100 bzw. wenigen 1000 Franken würden nicht wirklich vereinfacht abgewickelt. Eine solche Gesetzgebung missachtet in meinen Augen den Auftrag von Art. 97 BV!

---

[392] BERTI, ZZZ 2007, 341.
[393] Art. 243 lautet in der ständerätlichen Version nunmehr wie folgt: «*(Abs. 1) Das Gericht wirkt durch entsprechende Fragen darauf hin, dass die Parteien ungenügende Angaben zum Sachverhalt ergänzen und die Beweismittel bezeichnen. (Abs. 2) In den Angelegenheiten von Artikel 239 Absatz 2 sowie in den arbeitsrechtlichen Streitigkeiten bis zu einem Streitwert von 30 000 Franken stellt das Gericht den Sachverhalt von Amtes wegen fest.*», AB SR 2007, 532.
[394] A.a.O.

G. Anhang

1. Elektronischer Geschäftsverkehr

Bundesgesetz über den elektronischen Geschäftsverkehr (Teilrevisionen des Obligationenrechts und des Bundesgesetzes gegen den unlauteren Wettbewerb) – Entwurf[395]

I

Die nachfolgenden Erlasse werden wie folgt geändert:

1. Obligationenrecht

Art. 4 Abs. 2

² Bedienen sich die Vertragschliessenden oder ihre Bevollmächtigten persönlich des Telefons oder eines anderen elektronischen Kommunikationsmittels, das einen Dialog unter ihnen ermöglicht, so gilt der Vertrag als unter Anwesenden abgeschlossen.

Art. 6 Abs. 4 (neu)

⁴ Die Absätze 1–4 finden sinngemäss Anwendung auf unbestellte Dienstleistungen.

Art. 7 Abs. 2 und 3

² Die Versendung oder Veröffentlichung von Tarifen, Preislisten u. dgl., namentlich auf elektronischem Weg, bedeutet an sich keinen Antrag.

³ Dagegen gilt die Präsentation, namentlich auf elektronischem Weg, von individualisierten Waren oder Dienstleistungen mit Angaben des Preises in der Regel als Antrag.

Art. 13 Abs. 2

Aufgehoben

Art. 40a

H. Haustürgeschäfte und Fernabsatzverträge
I. Geltungsbereich

¹ Die Artikel 40b–40h sind auf Verträge über bewegliche Sachen und Dienstleistungen, die für den persönlichen oder familiären Gebrauch des Kunden bestimmt sind, anwendbar, wenn der Anbieter der Güter oder Dienstleistungen im Rahmen einer beruflichen oder gewerblichen Tätigkeit gehandelt hat.

---

[395] Die gesamte Dokumentation zum Vernehmlassungsverfahren (Vorentwurf, Begleitbericht, Zusammenstellung der Vernehmlassungsergebnisse und Medienbericht) sind abrufbar unter: http://www.bj.admin.ch/bj/de/home/themen/wirtschaft/gesetzgebung/abgeschlossene_projekte/konsumentenschutz.html.

G. Anhang

² Sie sind nicht anwendbar auf Verträge:
    a. bei denen die Leistung des Kunden 100 Franken nicht übersteigt;
    b. über Finanzdienstleistungen, namentlich auf Versicherungsverträge;
    c. über Güter, die nach genauen Angaben des Kunden angefertigt werden oder die aufgrund ihrer Beschaffenheit nicht zurückgesendet werden können oder schnell verderben;
    d. über Dienstleistungen, die eindeutig auf die persönlichen Bedürfnisse des Kunden zugeschnitten sind;
    e. über Wetten und Lotterien.

³ Bei wesentlicher Veränderung der Kaufkraft des Geldes passt der Bundesrat den in Absatz 2 Buchstabe a genannten Betrag entsprechend an.

Art. 40b

II. Definitionen
1. Haustürgeschäfte

¹ Als Haustürgeschäfte gelten die Verträge, bei denen dem Kunden das Angebot gemacht wird, ohne dass er die Vertragsverhandlungen ausdrücklich gewünscht hat:
    a. an seinem Arbeitsplatz, in Wohnräumen oder in deren unmittelbaren Umgebung;
    b. in öffentlichen Verkehrsmitteln oder auf öffentlichen Strassen und Plätzen;
    c. an einer Werbeveranstaltung, die mit einer Ausflugsfahrt oder einem ähnlichen Anlass verbunden ist.

² Verträge, bei denen der Kunde seine Erklärung an einem Markt oder Messestand abgibt, gelten nicht als Haustürgeschäfte.

Art. 40c

2. Fernabsatzverträge

¹ Als Fernabsatzverträge gelten die Verträge, die ohne gleichzeitige körperliche Anwesenheit der Vertragsparteien abgeschlossen werden und bei denen der Anbieter im Rahmen eines für den Fernabsatz organisierten Vertriebssystems ausschliesslich ein oder mehrere Fernkommunikationsmittel verwendet.

² Nicht als Fernabsatzverträge gelten:
    a. Versteigerungen;
    b. Verträge, die unter Verwendung von Warenautomaten oder automatisierten Geschäftsräumen abgeschlossen werden;
    c. Verträge, die mit Betreibern von Fernmeldeanlagen durch Benutzung öffentlicher Telefone abgeschlossen werden.

Art. 40d

III. Informationspflicht

¹ Der Anbieter muss dem Kunden folgende Angaben liefern:
    a. seinen Namen und seine Adresse;
    b. den Preis der Ware oder der Dienstleistung in Schweizer Franken;
    c. die Höhe der Gebühren und Kosten, die dem Kunden entstehen;
    d. die Lieferfrist.

² Er muss den Kunden zudem über das Widerrufsrecht sowie über Form und Frist des Widerrufs unterrichten.

³ Diese Angaben sind dem Kunden auf Papier oder in elektronischer Form mitzuteilen. Sie müssen datiert sein und die Identifizierung des Vertrags ermöglichen.

Art. 40e

IV. Widerruf
1. Grundsatz

¹ Der Kunde kann seinen Antrag zum Vertragsabschluss oder seine Annahmeerklärung innerhalb von sieben Tagen auf Papier oder in elektronischer Form widerrufen.

² Die Widerrufsfrist beginnt zu laufen, sobald der Kunde:
    a. den Vertrag beantragt oder angenommen hat; und
    b. von den Angaben nach Artikel 40d Kenntnis erhalten hat.

³ Der Beweis des Widerrufs obliegt dem Kunden; derjenige des Zeitpunkts, in dem der Kunde von den Angaben nach Artikel 40d Kenntnis erhalten hat, obliegt dem Anbieter.

⁴ Die Frist ist eingehalten, wenn die Widerrufserklärung am siebenten Tag der Post übergeben oder auf elektronischem Weg gesendet wird.

Art. 40f

2. Ausnahmen

Der Widerruf ist ausgeschlossen bei Verträgen:
    a. über eine Dienstleistung, die bei ausdrücklichem Verzicht des Kunden auf sein Widerrufsrecht vor Ablauf der Widerrufsfrist erbracht wurde oder die vor Ablauf dieser Frist erbracht werden muss;
    b. über Audio- und Videoaufzeichnungen sowie Software, die vom Kunden entsiegelt wurden, heruntergeladen werden können oder auf die der Kunde Zugriff nehmen kann.

Art. 40g

V. Folgen

¹ Hat der Kunde widerrufen, so müssen die Parteien bereits empfangene Leistungen zurückerstatten.

² Hat der Kunde eine Sache bereits gebraucht, so schuldet er dem Anbieter einen angemessenen Mietzins.

³ Hat der Anbieter eine Dienstleistung erbracht, so muss ihm der Kunde Auslagen und Verwendungen nach den Bestimmungen über den Auftrag (Art. 402) ersetzen.

⁴ Der Kunde schuldet dem Anbieter keine weitere Entschädigung.

⁵ Bei Widerruf eines Fernabsatzvertrags muss jedoch der Kunde die Kosten für die Rücksendung der Ware tragen.

Art. 40h

VI. Wirkungen gegenüber Dritten

Der Kunde kann seinen Widerruf gegenüber einem Dritten geltend machen, der die Bezahlung der Ware oder der Dienstleistung finanziert hat, namentlich gegenüber dem Herausgeber einer Kredit- oder Kundenkarte.

G. Anhang

Art. 74 Abs. 2 Ziff. 4 (neu)

² Wo nichts anderes bestimmt ist, gelten folgende Grundsätze:
4. bei Fernabsatzverträgen im Sinne von Artikel 40c ist die Verbindlichkeit des Anbieters an dem Orte zu erfüllen, wo der Kunde zur Zeit des Vertragsabschlusses seinen Wohnsitz hat.

Art. 107 Abs. 3 (neu)

³ Bei Fernabsatzverträgen im Sinne von Artikel 40c wird vermutet, dass der Kunde auf die Erfüllung verzichtet hat.

Art. 197 Abs. 3 (neu)

³ Der Verkäufer, der im Rahmen einer beruflichen oder gewerblichen Tätigkeit gehandelt hat, haftet auch für die Eigenschaften der Sache, die der Hersteller oder sein Vertreter in öffentlichen Äusserungen, namentlich in der Werbung oder bei der Etikettierung, zugesichert hat, es sei denn, dass er beweist, dass er diese Zusicherungen nicht kannte, dass er sie nicht kennen konnte oder dass er sie korrigiert hat.

Art. 199

2. Wegbedingung

Eine Vereinbarung über Aufhebung oder Beschränkung der Gewährspflicht ist ungültig, wenn:
    a. der Verkäufer dem Käufer die Gewährsmängel arglistig verschwiegen hat;
    b. die Vereinbarung anlässlich eines Vertrags zwischen einem Verkäufer, der im Rahmen einer beruflichen oder gewerblichen Tätigkeit gehandelt hat, getroffen wurde und der Vertrag eine bewegliche Sache zum Gegenstand hat, die für den persönlichen oder familiären Gebrauch des Käufers bestimmt ist.

Art. 201 Abs. 1 und 3

¹ Der Kaufer soll, sobald es nach dem üblichen Geschäftsgange tunlich ist, die Beschaffenheit der empfangenen Sache prüfen und, falls sich Mängel ergeben, für die der Verkäufer Gewähr zu leisten hat, diesem innert angemessener Frist Anzeige machen.

³ Ergeben sich später solche Mängel, so muss die Anzeige innert angemessener Frist nach der Entdeckung erfolgen, andernfalls gilt die Sache trotz dieser Mängel als genehmigt.

Art. 204

6. Verfahren bei Übersendung von anderem Ort

¹ Wenn die von einem anderen Orte übersandte Sache beanstandet wird und der Verkäufer an dem Empfangsorte keinen Stellvertreter hat, ist der Käufer im Fall eines Vertrags unter Kaufleuten verpflichtet für deren einstweilige Aufbewahrung zu sorgen; er darf sie dem Verkäufer nicht ohne weiteres zurückschicken.

² Der Käufer soll den Tatbestand ohne Verzug gehörig feststellen lassen; andernfalls ist es an ihm zu beweisen,, dass die behaupteten Mängel schon zur Zeit der Empfangnahme vorhanden gewesen sind.

³ Zeigt sich Gefahr, dass die übersandte Sache schnell in Verderbnis gerät, so ist der Käufer berechtigt und, soweit die Interessen des Verkäufers es erfordern, verpflichtet, sie unter Mitwirkung der zuständigen Amtsstelle des Ortes, wo sich die Sache befindet, verkaufen zu lassen, hat aber bei Vermeidung von Schadenersatz den Verkäufer so zeitig als tunlich hievon zu benachrichtigen.

Art. 205 Randtitel, Abs. 1 und 4 (neu)

7. Inhalt der Klage des Käufers

a. Wandelung, Minderung oder Nachbesserung der Sache

¹ Liegt ein Fall der Gewährleistung wegen Mängel der Sache vor, so hat der Käufer die Wahl:
  a. mit der Wandelungsklage den Kauf rückgängig zu machen;
  b. mit der Minderungsklage Ersatz des Minderwerts der Sache zu fordern; oder
  c. die Nachbesserung der Sache zu verlangen, wenn dies möglich und nicht unverhältnismässig ist.

⁴ Wird die Nachbesserung vom Verkäufer schlecht, verspätet oder nicht vorgenommen, so kann der Käufer auf die Sache verzichten und die anderen Ansprüche nach Absatz 1 geltend machen.

Art. 206

b. Ersatzleistung

¹ Geht der Kauf auf die Lieferung einer bestimmten Menge vertretbarer Sachen, so hat der Käufer die Wahl, entweder die Ansprüche nach Artikel 205 geltend zu machen oder andere währhafte Ware derselben Gattung zu fordern.

² Wenn die Sachen dem Käufer nicht von einem andern Orte her zugesandt worden sind, ist der Verkäufer berechtigt, sofort währhafte Ware derselben Gattung zu liefern.

Art. 208 Abs. 2 und 3

² Der Verkäufer hat den gezahlten Verkaufspreis samt Zinsen zurückzuerstatten und überdies, entsprechend den Vorschriften über die vollständige Entwehrung, die Prozesskosten und die Verwendungen zu ersetzen.

³ aufgehoben

Art. 209a (neu)

8bis Schadenersatz

¹ Der Verkäufer hat dem Käufer den Schaden zu ersetzen, der diesem durch die Lieferung fehlerhafter Ware unmittelbar verursacht worden ist.

² Der Verkäufer ist auch verpflichtet, den weiteren Schaden zu ersetzen, sofern er nicht beweist, dass ihm keinerlei Verschulden zur Last fällt.

Art. 210

9. Verjährung

¹ Die Klagen auf Gewährleistung wegen Mängel der Sache verjähren mit Ablauf von zwei Jahren nach deren Ablieferung an den Käufer,

selbst wenn dieser die Mängel später entdeckt, es sei denn, dass der Verkäufer eine Haftung für längere Zeit übernommen hat.

² Die Einreden des Käufers wegen vorhandener Mängel bleiben bestehen, wenn innerhalb von zwei Jahren nach Ablieferung die vorgeschriebene Anzeige an den Verkäufer gemacht worden ist.

³ Die mit Ablauf von zwei Jahren eintretende Verjährung kann der Verkäufer nicht geltend machen, wenn ihm eine absichtliche Täuschung des Käufers nachgewiesen wird.

2. Bundesgesetz vom 19. Dezember 1986[396] gegen den unlauteren Wettbewerb

Art. 3 Bst. b^{bis} (neu)
Unlauter handelt insbesondere, wer: b^{bis}. Waren, Werke oder Leistungen im Fernabsatz, einschliesslich des elektronischen Geschäftsverkehrs, anbietet und es dabei unterlässt, klare und vollständige Angaben über seine Identität, seinen Sitz oder Wohnsitz, seine Adresse, die wesentlichen Eigenschaften der angebotenen Produkte, deren Preise, sämtliche zu Lasten des Kunden gehenden Kosten oder die Zahlungsbedingungen zu machen;

Art. 6a Nichteinhaltung von besonderen Informationspflichten im elektronischen Geschäftsverkehr (neu)

Unlauter handelt insbesondere, wer Waren, Werke oder Leistungen im elektronischen Geschäftsverkehr anbietet und es dabei unterlässt:
a. klare und vollständige Angaben über eine Kontaktadresse einschliesslich derjenigen der elektronischen Post zu machen;
b. auf die einzelnen technischen Schritte, die zu einem Vertragsschluss führen, hinzuweisen;
c. angemessene technische Mittel zur Verfügung zu stellen, mit denen der Kunde Eingabefehler vor Abgabe der Bestellung erkennen und korrigieren kann.

Art. 23 erster Satz
Wer vorsätzlich unlauteren Wettbewerb nach den Artikeln 3, 4, 5, 6 oder 6 begeht, wird auf Antrag mit Gefängnis oder Busse bis zu 100 000 Franken bestraft. ...

---

[396] SR 241.

2. Timesharing [397]

Entwurf (BBl 2006, 2565)

**Obligationenrecht
(Teilzeitnutzungsrechte an Immobilien)**

Änderung vom ...

Die Bundesversammlung der Schweizerischen Eidgenossenschaft, nach Einsicht in den Bericht der Kommission für Rechtsfragen des Nationalrates vom 21. Oktober 2005 (BBl 2006 2545) und in die Stellungnahme des Bundesrates vom 1. März 2006 (BBl 2006 2571), *beschliesst:*

I

Das Obligationenrecht wird wie folgt geändert:

Art. 40g (neu)

I. Teilzeitnutzung von Immobilien Gegenstand und Geltungsbereich

¹ Durch den Vertrag über die Teilzeitnutzung von Immobilien gewährt eine Person, die berufs- oder gewerbsmässig handelt (Anbieter), einer natürlichen Person, die nicht im Rahmen ihrer beruflichen oder gewerblichen Tätigkeit handelt (Konsument), gegen Entgelt das Nutzungsrecht an Immobilien für bestimmte und periodisch wiederkehrende Zeiträume.

² Die nachfolgenden Bestimmungen gelten auch für Verträge:
    a. die ein Konsument mit einem anderen Konsumenten über die Teilzeitnutzung von Immobilien abschliesst;
    b. die ein Konsument mit einem Anbieter über den Tausch oder die Veräusserung seiner Teilzeitnutzungsrechte abschliesst.

Art. 40h (neu)

Form und Inhalt des Vertrags

¹ Der Vertrag muss schriftlich abgeschlossen werden, sofern das Gesetz nicht die öffentliche Beurkundung vorsieht.

² Er muss die folgenden Angaben enthalten:
    a. den Namen und den Wohnsitz der Parteien;
    b. den genauen Inhalt der Teilzeitnutzungsrechte;
    c. die Dauer des Vertrags;

---

[397] Die gesamte Dokumentation zum Vernehmlassungsverfahren (von den parlamentarischen Vorstössen über das Vernehmlassungsverfahren, die Vernehmlassungsergebnisse, den Bericht der Kommission für Rechtsfragen des Nationalrates bis hin zur Stellungnahme des Bundesrates) ist abrufbar unter: http://www.bj.admin.ch/bj/de/home/themen/wirtschaft/gesetzgebung/abgeschlossene_projekte/konsumentenschutz_immo.html.

G. Anhang

d. den Zeitpunkt, in dem die Teilzeitnutzungsrechte wirksam werden, und die Zeiträume, innerhalb deren sie ausgeübt werden können;
e. die Beschreibung und die Lage der Immobilien, an denen Teilzeitnutzungsrechte gewährt werden, und die zur Verfügung stehenden gemeinsamen Einrichtungen;
f. bei nicht fertig gestellten Bauten den Stand der Arbeiten und die Frist für die Fertigstellung sowie die diesbezüglichen Garantien, namentlich für die Rückzahlung bereits geleisteter Beträge, falls der Bau nicht fertig gestellt wird;
g. die verfügbaren Dienstleistungen wie Wasser- und Elektrizitätsanschluss, Heizung und Kehrichtabfuhr;
h. die Instandhaltungs- und Instandsetzungspflichten des Anbieters;
i. den Preis der Teilzeitnutzungsrechte, die Kosten für die Nutzung der gemeinsamen Einrichtungen sowie die Art und Höhe der vom Konsumenten zu tragenden Nebenkosten;
j. die Bestimmung, dass der Konsument mit keinen weiteren Kosten im Zusammenhang mit der Benutzung und mit den im Vertrag gestellten Dienstleistungen belastet werden darf;
k. einen Hinweis, ob der Konsument einen Vertrag über den Tausch oder die Veräusserung von Teilzeitnutzungsrechten abschliessen kann oder nicht, und gegebenenfalls die damit verbundenen Kosten;
l. das Recht, den Vertrag zu widerrufen, sowie die Bedingungen und die Frist für die Ausübung des Widerrufsrechts;
m. das Datum und den Ort der Vertragsunterzeichnung.

[3] Sind die Angaben nach Absatz 2 Teil reglementarischer oder statutarischer Bestimmungen, so bleibt eine spätere Abänderung im Vertrag vorbehalten; die Konsumentin oder der Konsument wird über die Modalitäten der Abänderung informiert.

[4] Der Konsument erhält eine schriftliche und datierte Kopie des Vertrags.

[5] Verträge nach Artikel 40g Absätze 1 und 2 Buchstabe a sind nichtig, wenn sie nicht gemäss den Vorschriften von Absatz 1 abgeschlossen werden und nicht die Angaben nach Absatz 2 Buchstaben a, b, f und i–m enthalten. Fehlen Angaben nach Absatz 2 Buchstaben c–e, g oder h, so werden sie so ausgelegt, wie es die Partei, welche die Teilzeitnutzungsrechte erworben hat, nach Treu und Glauben erwarten konnte.

[6] Ein Vertrag nach Artikel 40g Absatz 2 Buchstabe b muss die Angaben nach Absatz 2 Buchstaben a, l und m, und alle die Kosten des Tauschs oder der Veräusserung enthalten. Fehlen eine dieser Angaben oder die Kosten, so ist er nichtig.

Minderheit I (Thanei, Gyr, Hubmann, Leutenegger Oberholzer, Marty Kälin, Menétrey-Savary, Rechsteiner-Basel, Vischer)

[2] Er muss die folgenden Angaben enthalten:
j. die Bestimmung, dass der Konsument mit keinen weiteren Kosten belastet werden darf;

Minderheit II (Baumann J. Alexander, Miesch, Pagan)

² Er muss die folgenden Angaben enthalten:
1. streichen

Art. 40i (neu)

Widerrufsrecht

¹ Der Konsument kann den Antrag zum Vertragsabschluss oder die Annahmeerklärung innerhalb von 10 Tagen schriftlich widerrufen. Die Widerrufsfrist beginnt am Tag, nach dem der Konsument eine schriftliche Kopie des Vertrags erhalten hat.

² Die Frist ist eingehalten, wenn die Widerrufserklärung am zehnten Tag der Post übergeben wird.

³ Wird der Vertrag widerrufen, so findet Artikel 40f Anwendung. Die Parteien haben insbesondere keinen Anspruch auf Ersatz der Kosten, die der Vertragsabschluss oder der Widerruf verursacht hat.

Minderheit I (Garbani, Aeschbacher, Gyr, Hubmann, Leutenegger Oberholzer, Marty Kälin, Menétrey-Savary, Rechsteiner-Basel, Thanei, Vischer)

Minderheit II (Baumann J. Alexander, Miesch, Pagan)

streichen (ganzer Artikel)

Minderheit I (Garbani, Gyr, Hubmann, Leutenegger Oberholzer, Marty Kälin, Menétrey-Savary, Rechsteiner-Basel, Thanei, Vischer)

¹ ... innerhalb von 14 Tagen schriftlich widerrufen. ...
² ... am vierzehnten Tag der Post übergeben wird.

Art. 40i^{bis} (neu)

Verzichtsrecht

¹ Der Konsument kann nach drei Jahren auf sein Nutzungsrecht verzichten, indem er den Anbieter drei Monate vor Vertragsablauf davon in Kenntnis setzt.

² Artikel 267 und 267a werden analog angewendet.

Minderheit II, eventual zur Minderheit I (Thanei, Garbani, Gyr, Hubmann, Leutenegger Oberholzer, Marty Kälin, Menétrey-Savary, Rechsteiner-Basel, Vischer)

Art. 40i^{bis} (neu)

Verzichtsrecht

¹ Der Konsument kann nach fünf Jahren auf sein Nutzungsrecht verzichten, indem er den Anbieter drei Monate vor Vertragsablauf davon in Kenntnis setzt.

² Artikel 267 und 267a werden analog angewendet.

Art. 40j (neu)

Zahlungen

Vertragliche Vereinbarungen, wonach der Preis oder die Kosten ganz oder teilweise vor Ablauf der Widerrufsfrist bezahlt werden müssen, sind nichtig.

G. Anhang

Art. 40k (neu)

Auflösung von Kreditverträgen

¹ Der Widerruf des Vertrags über den Erwerb von Teilzeitnutzungsrechten an Immobilien löst jeden Kreditvertrag auf, den der Konsument mit dem Anbieter zur Finanzierung des Erwerbs geschlossen hat. Auch jeder mit einem Dritten geschlossene Kreditvertrag wird aufgelöst, wenn der Kreditvertrag auf der Grundlage einer Vereinbarung zwischen dem Dritten und dem Anbieter gewährt wird.

² Artikel 16 Absatz 3 erster Satz des Bundesgesetzes vom 23. März 2001 über den Konsumkredit ist anwendbar.

II

Änderung bisherigen Rechts

Das Bundesgesetz vom 19. Dezember 1986 gegen den unlauteren Wettbewerb wird wie folgt geändert:

Art. 3a (neu) Teilzeitnutzungsrechte an Immobilien

¹ Unlauter handelt insbesondere, wer Teilzeitnutzungsrechte an Immobilien anbietet und dabei nicht informiert über:
  a. den Namen und den Wohnsitz der Parteien und der Eigentümer sowie die Rechtsstellung der Person, mit welcher die Konsumentin oder der Konsument verhandelt;
  b. den genauen Inhalt der Teilzeitnutzungsrechte;
  c. die Beschreibung und die Lage der Immobilien, an denen Teilzeitnutzungsrechte angeboten werden, und die zur Verfügung stehenden gemeinsamen Einrichtungen;
  d. bei nicht fertig gestellten Bauten den Stand der Arbeiten, die Frist für die Fertigstellung sowie die diesbezüglichen Garantien, namentlich für die Rückzahlung bereits geleisteter Beträge, falls der Bau nicht fertig gestellt wird;
  e. die verfügbaren Dienstleistungen wie Wasser- und Elektrizitätsanschluss, Heizung und Kehrichtabfuhr;
  f. die Instandhaltungs- und Instandsetzungspflichten des Anbieters;
  g. den Preis der Teilzeitnutzungsrechte, die Kosten für die Nutzung der gemeinsamen Einrichtungen und die Art und Höhe der von der Konsumentin oder dem Konsumenten zu tragenden Nebenkosten;
  h. die allfällige Möglichkeit der Konsumentin oder des Konsumenten, einen Vertrag über den Tausch oder die Veräusserung von Teilzeitnutzungsrechten abzuschliessen, und die damit verbundenen Kosten;
  i. das Recht, den Vertrag zu widerrufen, sowie die Bedingungen und die Frist für die Ausübung des Widerrufsrechts.

² Unlauter handelt insbesondere, wer die Möglichkeit zum Tausch oder zur Veräusserung von Teilzeitnutzungsrechten an Immobilien anbietet und dabei nicht über die damit verbundenen Kosten informiert.

³ Unlauter handelt insbesondere, wer Teilzeitnutzungsrechte an Immobilien anbietet und von der Konsumentin oder dem Konsumenten Anzahlungen an Preis oder Kosten verlangt.

Minderheit I (Baumann J. Alexander, Miesch, Pagan)

¹ Unlauter handelt insbesondere, wer Teilzeitnutzungsrechte an Immobilien anbietet und dabei nicht informiert über:
i. *streichen*

Minderheit II (Thanei, Garbani, Gyr, Hubmann, Leutenegger Oberholzer, Menétrey-Savary, Rechsteiner-Basel, Vischer)

⁴ Unlauter handelt insbesondere, wer Teilzeitnutzungsrechte mit aggressiven Verkaufsmethoden veräussert.

Art. 23 erster Satz

Wer vorsätzlich unlauteren Wettbewerb nach den Artikeln 3, 3*a*, 4, 5 oder 6 begeht, wird auf Antrag mit Gefängnis oder mit Busse bis 100 000 Franken bestraft....

2. Teil:
Der vertragliche Konsumentenschutz

1. Kapitel: Allgemeine Geschäftsbedingungen
Alexander Brunner

2. Kapitel: Haustürgeschäfte
Alexander Brunner

3. Kapitel: Konsumkreditrecht
Bernd Stauder

4. Kapitel: Pauschalreiserecht
Bernd Stauder

1. Kapitel: Allgemeine Geschäftsbedingungen

ALEXANDER BRUNNER

Dr. iur., Oberrichter am Handelsgericht des Kantons Zürich,
Privatdozent an der Universität St. Gallen

Inhaltsübersicht

A. Einleitung 118

B. Grundlagen 119

    I. Handelsrecht (Unternehmens-AGB) 119
    II. Konsumrecht (Konsumenten-AGB) 122

C. Präventive Kontrolle der AGB 124

    I. Präventive Verwaltungskontrolle der AGB (VAG) 124
        1. Abstrakte AGB-Kontrolle nach VAG 124
        2. Deregulierung des VAG 124
        3. Ergebnis 126
    II. Konsumenteninformationsrecht (KIG) 127
        1. Konditionen-Wettbewerb nach KIG 127
        2. AGB-Kollektivverträge nach KIG 128
        3. Ergebnis 128

D. Wettbewerbsrechtliche Kontrolle der AGB 130

    I. Kartellrecht (KG) 130
        1. Abstrakte AGB-Kontrolle nach KG 130
        2. Zur aktuellen Praxis der AGB-Kontrolle nach KG 131
        3. Ergebnis 132
    II. Lauterkeitsrecht (UWG) 132
        1. Abstrakte AGB-Kontrolle nach UWG 132
        2. Zur aktuellen Praxis der AGB-Kontrolle nach UWG 134
        3. Ergebnis 134

E. Vertragsrechtliche Kontrolle der AGB 135

    I. Abschlusskontrolle der AGB 135
        1. Konkrete AGB-Kontrolle des Vertragsabschlusses 135
        2. Auslegungsgrundsatz (Vertrauensprinzip) 136
        3. Unklarheitsregel (Erklärungswille) 138
        4. Ungewöhnlichkeitsregel (Geschäftswille) 139
        5. Ergebnis 141

II. Inhaltskontrolle der AGB 142
　　　　1. Konkrete AGB-Kontrolle des Vertragsinhalts 142
　　　　2. Indirekte Inhaltskontrolle (Vertrauensprinzip) 142
　　　　3. Direkte Inhaltskontrolle (Gesetzesrecht) 143
　　　　4. Ergebnis. 146

F. Dokumentation der Gesetzgebungsvorstösse zu den AGB 147

　　I. Jüngere Vorstösse im Parlament zu den AGB 147
　　　　1. Motion Leemann 1994. 147
　　　　2. Parlamentarische Initiative Sommaruga 2002 150
　　　　3. Motion Leuthard 2003 154
　　　　4. Parlamentarische Initiative Sommaruga 2006 155
　　II. Aktuelle Empfehlungen von Expertenkommissionen zu den AGB . 156
　　　　1. Empfehlung der Eidgenössischen Kommission für Konsumenten-
　　　　　 fragen (EKK) betreffend Allgemeine Geschäftsbedingungen
　　　　　 vom 12. Juni 1997 156
　　　　2. Empfehlung der Eidgenössischen Kommission für Konsumenten-
　　　　　 fragen (EKK) betreffend Allgemeine Geschäftsbedingungen
　　　　　 vom 3. Juni 2003 160
　　　　3. Expertenentwurf Brunner/Rehbinder/Stauder – VE-KSchG 2003 172
　　　　4. Vorentwurf Expertenkommission Totalrevision VVG 2006 179
　　III. Vorlage zur Vernehmlassung Teilrevision KIG – Entwurf
　　　　vom 14. Juli 2005 180
　　　　1. Entwurf vom 14. Juli 2005 zur Änderung des Obligationenrechts 180
　　　　2. Begründung des Entwurfs vom 14. Juli 2005 (Auszug aus den
　　　　　 Erläuterungen). 182
　　　　3. Ablehnung durch den Bundesrat am 21. Dezember 2005 187

G. AGB und Europarecht 188

　　I. Zur Frage der Europaverträglichkeit des Schweizer Rechts 188
　　II. EU-Richtlinie über missbräuchliche Vertragsklauseln 1993 189

Literatur

Literatur: ABEGG ANDREAS, Die zwingenden Inhaltsnormen des Schuldvertragsrechts; ein Beitrag zu Geschichte und Funktion der Vertragsfreiheit, Zürich 2004; AEPLI VIKTOR, Zur Inhaltsproblematik allgemeiner Geschäftsbedingungen, dargestellt anhand vorformulierter Klauseln von Banken, ZSR 2000 I 85–105; BAUDENBACHER CARL, Lauterkeitsrecht. Kommentar zum Gesetz gegen den unlauteren Wettbewerb (UWG), Basel/Genf/München 2001; DERS., Ansätze zu einer AGB-Kontrolle im schweizerischen Recht, *in* Baudenbacher Carl u.a., AGB – Eine Zwischenbilanz, St.Gallen/Berlin 1991, S. 17–65, insb. 28 ff. (zit. Ansätze zu einer AGB-Kontrolle); DERS., Braucht die Schweiz ein AGB-Gesetz?, ZBJV 1987, 505–531 (zit. AGB-Gesetz); DERS., Wirtschafts-, schuld- und verfahrensrechtliche Grundprobleme der Allgemeinen Geschäftsbedingungen, Zürich 1983; BAUER WALO, Der Schutz vor unbilligen AGB im Schweizerischen Recht, 2. Aufl., Zürich 1980; BELSER EVA MARIA, Freiheit und Gerechtigkeit im Vertragsrecht, Freiburg 2000; BRUNNER ALEXANDER, Europäisches Vertragsrecht, FS Walter Ott, Zürich 2008, S. 471–493 (zit. Europäisches Vertragsrecht); DERS., Konsumverträge – Begriff, Typologie und wirtschaftsrechtliche Bedeutung, JKR 2004 (Bern 2007), S. 3–45 (zit. Konsumverträge, Begriff); DERS., Konsumentenschutz im VVG – Postulate des Konsumrechts, *in* Schnyder Anton K./Weber Stephan (Hrsg.), Totalrevision VVG, Zürich 2006, S. 131–141 (zit. Konsumentenschutz im VVG); DERS., Zur Konsumenteninformation im schweizerischen Recht, FS Stauder, Zürich 2006, S. 51 ff. (zit. Konsumenteninformation); DERS., Die Kontrolle Allgemeiner Geschäftsbedingungen in der aktuellen schweizerischen Lehre und Praxis, ZSR 1999 I 305–333 (zit. AGB-Kontrolle); DERS., Allgemeine Geschäftsbedingungen (AGB) im internationalen Privat- und Zivilprozessrecht (IPR und Verbandsklage), *in* Stauder Bernd (Hrsg.), Die Bedeutung der AGB-Richtlinie der Europäischen Union für Schweizer Unternehmen, Zürich 1996, S. 83–126 (zit. AGB, IPR und Verbandsklage); DERS., Der Konsumentenvertrag im schweizerischen Recht, AJP 1992, 591 ff., insb. 593 f. (zit. Konsumentenvertrag); DERS., Was ist Konsumentenrecht?, JKR 1995, S. 31–57 (zit. Konsumentenrecht); DERS., AGB im IPR, Zürich 1985; BUCHER EUGEN, Vertragsschluss unter Bezugnahme auf Allgemeine Geschäftsbedingungen (AGB), *in* Honsell Heinrich/Vogt Nedim Peter/Wiegand Wolfgang (Hrsg.), Obligationenrecht I. Art. 1–529 OR, 4. Aufl., Basel/Genf/München 2007, S. 42–48; BÜHRER MARC PETER, AGB-Kollisionen, «the battle of the forms» und weitere Probleme beim Verweis auf Allgemeine Geschäftsbedingungen, Diss. Zürich 1987; BÜRGI CHRISTOPH, Allgemeine Versicherungsbedingungen im Lichte der neuesten Entwicklung auf dem Gebiet der Allgemeinen Geschäftsbedingungen, Zürich 1985; DESSEMONTET FRANÇOIS, Internet et e-commerce, *in* Keller Roberto et al. (Hrsg.), Internet e diritto, Basel/Genf/München 2004, S. 9–44; DERS., Art. 1 N 38–74, *in* Thévenoz Luc/Werro Franz (Hrsg.), Commentaire romand. Code des obligations I, Genf/Basel/München 2003, S. 16–25; DERS., Le contrôle judiciaire des conditions générales, *in* Carruzzo Philippe/Oberson Pierre-André (Hrsg.), La nouvelle loi fédérale contre la concurrence déloyale, Lausanne 1988, S. 57–87 (zit. contrôle); DESSEMONTET FRANÇOIS u.a., «Was soll noch Art. 8 UWG?»/«Que reste-t-il de l'article 8 LCD sur les conditions générales?», SAG 1987, 109–117; ENGEL PIERRE, Traité des obligations en droit suisse. Dispositions générales du CO, 2.A. Bern 1997, S. 166–175 (Les conditions générales); FAVRE-BULLE XAVIER, Le rôle du principe de la bonne foi et de l'abus de droit dans le domaine des clauses abusives, *in* Widmer Pierre/Cottier Bertil (Hrsg.), Abus de droit et bonne foi, Fribourg 1994, S. 139–179; FORSTMOSER PETER, Gesetzgebung und Gerichtspraxis zu den Allgemeinen Geschäftsbedingungen in der Schweiz – Eine Standortbestimmung, *in* Giger Hans/Schluep Walter R. (Hrsg.), Allgemeine Geschäftsbedingungen in Doktrin und Praxis, Zürich 1982; FREI OLIVER, Der Abschluss von Konsumentenverträgen im Internet, Diss. Zürich 2001; FURRER ANDREAS, Gestaltungsspielräume im Europäischen Vertragsrecht. Vier Thesen für die schweizerische Rechtspraxis, SZIER/RSDIE 2004, 509–530; DERS., AGB als Stolpersteine in der Vertragsgestaltung: die KMU-Problematik, *in* Girsberger Daniel/Schmid Jörg (Hrsg.), Rechtsfragen rund um die KMU, Zürich 2003, S. 69–84; GAUCH PETER, Das gesetzliche Vertragstypenrecht der Schuldverträge, *in* Harrer Friedrich/Portmann Wolfgang/Zäch Roger (Hrsg.), Besonderes Vertragsrecht – aktuelle Probleme. Festschrift für Heinrich Honsell, Zürich/Basel/Genf 2002, S. 3–27; DERS.; Die Verwendung «missbräuchlicher Geschäftsbedingungen» – Unlauterer Wettbewerb nach Art. 8 des revidierten UWG, BR 1987, 51–60 (zit. «missbräuchliche Geschäftsbedingungen»; GERBER ANDREA, Die Kontrolle Allgemeiner Versicherungsbedingungen – schweizerische Vergangenheit, europäische Zukunft?, in Berti Stephen V./Girsberger Daniel (Hrsg.), «nur, aber immerhin». Beiträge zum nationalen und internationalen Wirtschaftsrecht. Festgabe für Anton K. Schnyder, Zürich 2002, S. 57–75; GIGER HANS, Geltungs- und Inhaltskontrolle Allgemeiner Geschäftsbedingungen, Zürich 1983 (zit. Geltungs- und Inhaltskontrolle); GONZENBACH RAINER, Konsumenten-AGB und kein Ende – oder doch?, recht 1993, 28–30 (zit. Konsumenten-AGB); GROLIMUND PASCAL, Aufsichtsrechtliche und vertragsrechtliche Grundlagen für die Überprüfung Allgemeiner Versicherungsbedingungen, HAVE 2007, 145–161; GUGGENHEIM DANIEL, Les conditions générales des banques, in Les contrats de la pratique bancaire suisse, 4e éd., Genève 2000, S. 101–135; GUILLOD OLIVIER/STEFFEN GABRIELLE, Art. 19 und 20 N 79–89, in Thévenoz Luc/Werro Franz (Hrsg.), Commentaire romand. Code des obligations I, Genf/Basel/München 2003, S. 136–138; GUYET JACQUES, Les conditions générales, les conditions commerciales «abusives» et l'art.8 de la nouvelle loi fédérale contre la concurrence déloyale, in Antoniazzi François (Hrsg.), Mélanges Assista, Genf 1989, S. 47–68 (zit. conditions générales); DERS., Verwendung missbräuchlicher Geschäftsbedingungen (Art. 8 UWG), in Büren Roland von/David Lucas (Hrsg.), Schweizerisches Immaterialgüter- und Wettbewerbsrecht, Bd. 5. Wettbewerbsrecht, Teilbd. 1. Lauterkeitsrecht, 2. Aufl., Basel/Frankfurt a.M. 1998, S. 233–238 (zit. SIWR V/1); HARTMANN STEPHAN, Die vorvertraglichen Informationspflichten und ihre Verletzung; klassisches Vertragsrecht und modernes Konsumentenschutzrecht, Freiburg/Schweiz 2001; HEINRICHS HELMUT, Das Transparenzgebot und die EG-Richtlinie über missbräuchliche Klauseln in Verbraucherverträgen, in Westphalen Friedrich Graf von/Sandrock Otto (Hrsg.), FS Reinhold Trinkner, Heidelberg 1995, S. 157–177; HENNINGER ANTON, Vom Umgang mit AGB, BR/DC 2002, 133–138; HOFER PETER, Allgemeine Geschäftsbedingungen, Gesetz und Praxis in der Schweiz, in Dach (Hrsg.), Allgemeine Geschäftsbedingungen in der europäischen Rechtspraxis, Wien 1997, S. 221–231; HOLLIGER-HAGMANN EUGÉNIE, Zweiklassenrecht für AGB und Informationen, Jusletter 19.9.2005, 10 S.; HUGUENIN CLAIRE, Obligationenrecht. Allgemeiner Teil, Zürich 2004, S. 65–69 (zit. OR AT); HUNGER PATRICK, Allgemeine Geschäftsbedingungen (AGB) und M-Commerce: Die Zumutbarkeit der Kenntnisnahme von AGB im Spannungsverhältnis zwischen Technologie und Recht, SZW/RSDA 2002, 161–164; DERS., Allgemeine Geschäftsbedingungen online, in Die Begründung der Geschäftsverbindung im Internet-Banking, Zürich 2000, S. 143–158; JUNOD MOSER DOMINIQUE, Les conditions générales à la croisée du droit de la concurrence et du droit de la consommation. Etude de droit suisse et de droit européen, Basel/Genf/München 2001; DIES., Les conditions générales en droit de la concurrence, sic! 2001, 183–193; KOLLER ALFRED, Allgemeine Geschäftsbedingungen, in Koller Alfred/Schnyder Anton K./Druey Jean Nicolas (Hrsg.), Das Schweizerische Obligationenrecht mit Einschluss des Handels- und Wertpapierrechts, 9. Aufl., Zürich 2000, S. 117–119 (zit. OR); DERS.; Schweizerisches Obligationenrecht, Allgemeiner Teil, Bd. 1, Bern 2006, 374 ff. (zit. OR AT I); KOLLER THOMAS, AGB-Kontrolle und UN-Kaufrecht (CISG) – Probleme aus schweizerischer Sicht, in Harrer Friedrich/Portmann Wolfgang/Zäch Roger (Hrsg.), Besonderes Vertragsrecht – aktuelle Probleme. Festschrift für Heinrich Honsell, Zürich/Basel/Genf 2002, S. 223–245; DERS., Fragen zum Recht der Allgemeinen Geschäftsbedingungen – dargestellt anhand einer Deckungsausschlussklausel in der Betriebshaftpflichtversicherung, recht 1999, 43 ff. (zit. Fragen); KOLLER-TUMLER MARLIS, Der Konsumentenvertrag im schweizerischen Recht, Diss. Bern 1995; KOZIOL HELMUT, Bankrecht und Verbraucherschutz, in Wiegand Wolfgang (Hrsg.), Banken und Bankrecht im Wandel, Bern 2004, S. 129–154; KRAMER ERNST A., AGB- und Konsumentenkaufvertragsrecht: Das neue europäische Recht als Vorbild für die Schweiz?, ZSR 1999 I 295–303; DERS., Die konsumentenrechtlichen Defizite des schweizerischen Kaufrechts vor dem Hintergrund der europäischen Rechtsentwicklung, JKR 1998, S. 205 ff. (zit. konsumentenrechtliche Defizite); DERS., Berner Kommentar zum Schweizerischen Privatrecht, Band VI, 3.A., Bern 1986/1991, Art. 1, S. 173–195; Art.19/20, S. 127–141.; DERS., Allgemeine Geschäftsbedingungen: Status quo, Zukunftsperspektiven, SJZ 1985, 17–25, 33–39 (zit. AGB, Status quo); KUHN MORITZ, Auslegung von Allgemeinen Versicherungsbedingungen (AVB) unter Mitberücksichtigung von Art. 33 VVG, *in* Harrer Friedrich/Portmann Wolfgang/Zäch Roger (Hrsg.), Besonderes Vertragsrecht – aktuelle Probleme. Festschrift für Heinrich Honsell, Zürich/Basel/Genf 2002, S. 567–572; DERS., Was bedeutet die offene Inhaltskontrolle von Allgemeinen Geschäftsbedingungen (AGB) gemäss Art.8 neu UWG für die schweizerische Versicherungswirtschaft?, SVZ 1987, 275–287 (zit. offene Inhaltskontrolle ABG); LANGER DIRK, Verträge mit Privatkunden im Internet, Zürich 2003; LOMBARDINI CARLO, Droit bancaire suisse, Zürich/Basel/Genf, 2002, S. 165–171; MATT PETER C., Das Transparenzgebot in der deutschen AGB-Rechtsprechung: Ein Mittel zur Aktivierung von Art. 8 UWG?, Basel 1997 (zit. Transparenzgebot); MÜLBERT PETER O., Das Transparenzgebot des UWG als Instrument der AGB-Kontrolle, AJP 1995, 723–732; NEUMAYER KARL, La conclusion des contrats d'adhésion dans les pays industrialisés, Genf 1999; DERS., Zu Art.8 des neuen UWG – Eine rechtsvergleichende Analyse, *in* Forstmoser Peter u.a. (Hrsg.), FS Max Keller, Zürich 1989, S. 727–741; RONCORONI GIACOMO/SCHÖBI FELIX, Volenti non fit Iniuria. Zur Möglichkeit der Freizeichnung nach schweizerischem Recht, *in* Koziol Helmut/Spier Jaap (Hrsg.), Liber Amicorum Pierre Widmer, Wien/New York 2003, S. 319–328; REHBINDER MANFRED, Eugen Ehrlichs Plädoyer für ein soziales Vertragsrecht, FS Heinz Rey, Zürich 2003, S. 279–283 (zit. Eugen Ehrlichs Plädoyer); SCHENK-ENGELER SUZANNE, Klauselkataloge in einigen neueren europäischen AGB- und Verbraucherschutzgesetzgebungen – Ihre Bedeutung für das schweizerische Recht, Diss. St.Gallen/Bamberg 1993; SCHMELZER MIKAEL, Der Konsumentenvertrag, Diss. St.Gallen 1995; SCHMID JÖRG, Allgemeine (Vertrags-)Bedingungen, *in* Gauch Peter (u.a.) (Hrsg.), Schweizerisches Obligationenrecht. Allgemeiner Teil ohne ausservertragliches Haftpflichtrecht, 8. Aufl., Zürich 2003, S. 237–250; DERS., Auslegung Allgemeiner Vertragsbedingungen, *in* Gauch Peter (u.a.) (Hrsg.), Schweizerisches Obligationenrecht. Allgemeiner Teil ohne ausservertragliches Haftpflichtrecht, 8. Aufl., Zürich 2003, S. 272; DERS., Freizeichnungsklauseln, *in* Honsell Heinrich (u.a.) (Hrsg.), Aktuelle Aspekte des Schuld- und Sachenrechts, Festschrift für Heinz Rey, Zürich 2003, S. 307–318; SCHNYDER ANTON K., Versicherungsrecht als Konsumentenrecht, JKR 1996, S. 141–156 (zit. Versicherungsrecht); SCHULER ALOIS, Über Grund und Grenzen der Geltung von Allgemeinen Geschäftsbedingungen, Diss. Zürich 1978; SCHWAB KARIN F., Die Übernahme von Allgemeinen Geschäftsbedingungen in elektronisch abgeschlossene Verträge, Zürich 2001; SCHWENZER INGEBORG, Schweizerisches Obligationenrecht. Allgemeiner Teil, 3. Aufl., Bern 2003, S. 138–141, 281–293; STAUDER BERND, Faire Klauseln – eine Utopie, plädoyer 1999, Heft 5, 21–23; DERS., Les clauses abusives en droit suisse: situation actuelle et perspectives, *in* Ghestin Jacques (Hrsg.), Les clauses abusives dans les contrats types en France et en Europe, Paris 1991, 281–298; DERS., Unfair Contract Terms in Swiss Law. The Current Situation and Perspectives, ECLJ 1991, 138–153; DERS., Die AGB der Reiseveranstalter, *in* Baudenbacher Carl u.a. (Hrsg.), AGB – Eine Zwischenbilanz, St.Gallen/Berlin 1991, S. 139–222 (zit. AGB der Reiseveranstalter); DERS., Die AGB-Verbandsklage nach dem UWG-Entwurf, *in* Gilliard François u.a. (Hrsg.), Konsumentenschutz – wie weiter?/Défense des consommateurs: Quel progrès?, Bern 1985, S. 73–91 (zit. AGB-Verbandsklage); STICHER WALTER, Die Kontrolle Allgemeiner Geschäftsbedingungen als wettbewerbsrechtliches Problem, Diss. St.Gallen, Luzern 1981; STÖCKLI HUBERT, Ansprüche aus Wettbewerbsbehinderung; ein Beitrag zum Kartellzivilrecht, Freiburg/Schweiz 1999; TERCIER PIERRE, Les contrats spéciaux, 3. Aufl., Zürich/Basel/Genf 2003, S. 120–123, 160–164; TOLLER MARCO, Schuldrechtliche Folgen der Verletzung von Art. 8 UWG, *in* Europa Institut Zürich (Hrsg.), Aktuelle Fragen zum Wirtschaftsrecht. Zur Emeritierung von Walter R. Schluep, Zürich 1995, S. 51–72; WEBER-STECHER URS M., Internationales Konsumvertragsrecht, Diss. Zürich 1997; WESSNER PIERRE A., Le consommateur final face aux contrats d'adhésion: le dispositif – insuffisant – de la protection civile, *in* Gilliard François et al. (Hrsg.), Konsumentenschutz – wie weiter?/Défense des consommateurs: Quel progrès?, Bern 1985, S. 57–72; WIEGAND Wolfgang, Die Auslegung Allgemeiner Geschäftsbedingungen, *in* Honsell Heinrich u.a. (Hrsg.), Privatrecht und Methode. Festschrift für Ernst Kramer, Basel/Genf/München 2004, S. 331–343; ZÄCH ROGER, Schweizerisches Kartellrecht, 2. Aufl., Bern 2005.

A. Einleitung

Zur Thematik der Allgemeinen Geschäftsbedingungen besteht eine umfangreiche *Rechtsprechung*, die auch von der *Lehre* kritisch begleitet wird. Eine entsprechende Zusammenfassung[1] unter allen relevanten Gesichtspunkten wurde vor knapp zehn Jahren vorgelegt. In der Zwischenzeit hat sich mit Bezug auf die dogmatischen Fragen im schweizerischen Recht nicht viel verändert. Die Rechtsprechung wurde nach dem bisherigen Standard fortgesetzt und die Lehre hat an der kritischen Beurteilung der Gesetzgebung hinsichtlich der AGB festgehalten. Eine neue Entwicklung kann indessen insoweit ausgemacht werden, als die Bemühungen für eine solche Gesetzgebung intensiviert wurden, bislang jedoch noch nicht in das geltende Recht überführt werden konnten.

Aus diesem Grunde schreibt der vorliegende Beitrag vorerst die Entwicklung von Rechtsprechung und Lehre fort[2] und ergänzt diese aktualisierte Darstellung mit der umfangreichen Dokumentation einer Vielzahl von einschlägigen Gesetzgebungsvorstössen[3] zu den AGB. Letzteres erscheint insofern sinnvoll, als diese Materialien für die Fortentwicklung des schweizerischen Rechts der AGB wesentliche Anstösse vermitteln können und die Zeit reif ist für einen endgültigen Entscheid des Gesetzgebers. Insbesondere die unterschiedliche Rechtslage in der Schweiz und der Europäischen Union führt im Rechtsverkehr stets von Neuem zu Disparitäten, die beseitigt werden sollten. Letzteres betrifft vor allem die Verwendung von AGB gegenüber schweizerischen oder ausländischen Konsumenten. Aus diesem Grund wird auch ein kurzer Blick auf die EU-Richtlinie über missbräuchliche Vertragsklauseln geworfen.[4]

Die Rechtsprechung hat in wegweisenden Entscheiden eine Entwicklungslinie vorgezeichnet, die *von der formellen zur materiellen Vertragsgerechtigkeit* hinführt. Diese Entwicklung betrifft eine Klarstellung des Verhältnisses zwischen Vertrauensprinzip und Unklarheitsregel;[5] eine Verdeutlichung der Ungewöhnlichkeitsregel für den Branchen-Unkundigen im Handelsrecht,[6] was in vielen Fällen auch auf Konsumentinnen und Konsumenten zutreffen dürfte; die folgerichtige Bestätigung dieser Rechtsprechung auch für den Anwendungsbereich des Konsumrechts,[7] was von der Lehre[8] lebhaft begrüsst wurde; sodann die Inhaltskontrolle

---

[1] BRUNNER, AGB-Kontrolle, ZSR 1999 I 305–333.
[2] Vgl. nachfolgend C.–E., S. 124 ff.
[3] Vgl. nachfolgend F., S. 147 ff.
[4] Vgl. nachfolgend G., S. 188 ff.
[5] BGer, 7.3.1996 = BGE 122 III 118.
[6] BGer, 6.12.1983 = BGE 109 II 452. vgl. dazu: KRAMER/PROBST, S. 81 ff.
[7] BGer, 5.8.1993 = BGE 119 II 443.
[8] FAVRE-BULLE XAVIER, Note de jurisprudence. Tribunal fédéral, 1re Cour civile, 5 août 1993, A. SA c. S., ATF 119 II 443, SJ 1994, 637–652; KRAMER ERNST A., Urteilsanmerkungen zu BGE 119 II 443, AJP 1994, 639 ff.; WIEGAND WOLFGANG, Urteilsanmerkungen zu BGE 119 IV 443, ZBJV 1995, 348 ff.

von AGB über die Schadensabwälzung auf Konsumenten;[9] und schliesslich die Rechtsprechung zum Tatbestand der Übervorteilung,[10] die eine Hinwendung zur materiellen Vertragsgerechtigkeit aufzeigt und für die Beurteilung der AGB vor allem im Konsumrecht entscheidende Impulse bringt. Die aufgezeigte Entwicklungslinie betrifft die AGB-Kontrolle im Vertragsrecht. Entscheidend sind aber auch weitere Möglichkeiten ihrer Beurteilung, die mit dem Vertragsrecht in einem engen Zusammenhang stehen und nicht unbeachtet bleiben dürfen.

Es geht dabei um die *vorvertragliche* Phase der Beziehung zwischen AGB-Verwender und Gegenpartei, insbesondere um die *präventive* und die *wettbewerbsrechtliche* AGB-Kontrolle, die der *vertragsrechtlichen* AGB-Kontrolle vorgelagert ist und oft vernachlässigt wird, weil die entsprechenden Rechtsnormen nicht im Obligationenrecht (OR), sondern in besonderen Gesetzen geregelt sind (VAG, KIG, KG, UWG). Die verschiedenen Gesetze betreffen jedoch eine einheitliche Problemlage: Das strukturelle Ungleichgewicht der Parteien als Folge eines möglichen Informations- und Machtgefälles. Ein solches zeigt sich in der Praxis vor allem bei der Beurteilung von Allgemeinen Geschäftsbedingungen und ruft nach einer ausgleichenden Kontrolle durch die Gerichte gestützt auf die Leitlinien der Gesetzgebung. Im Aufsichts- und Wettbewerbsrechts erfolgt die AGB-Kontrolle und der Ausgleich *abstrakt*, was bedeutet, dass die Entscheide von Verwaltungen und Gerichten für eine Vielzahl von Fällen Wirkungen entfalten. Im Vertragsrecht jedoch erfolgt die AGB-Kontrolle *konkret*, was bedeutet, dass ein Urteil nur für den Einzelfall Geltung beanspruchen kann. In dieser Einzelfallgerechtigkeit des Vertragsrechts liegt denn auch das eigentliche Problem, werden doch AGB wirtschaftlich und rechtlich für eine Vielzahl von Geschäftskontakten verwendet. Die vertragsrechtliche AGB-Kontrolle darf daher nie die aufsichts- und wettbewerbsrechtliche AGB-Kontrolle aus den Augen verlieren. Die unterschiedliche Verhandlungsmacht der Parteien als Thema des Kartell- und Lauterkeitsrechts prägt als Hintergrund auch die Gewährleistung der Vertragsfreiheit, den Vertrauensgrundsatz, das Rechtsmissbrauchsverbot und den Übervorteilungstatbestand im Vertragsrecht.

B. Grundlagen

I. Handelsrecht (Unternehmens-AGB)

Mit Bezug auf die Beurteilungskriterien der AGB erscheint zunächst die Unterscheidung zwischen Handelsrecht und Konsumrecht als wesentlich. Es spielt eine

---

[9] BGer, 18.11.1986 = BGE 112 II 450.
[10] BGer, 26.6.1997 = BGE 123 III 292.

Rolle, ob AGB im Rahmen von Handelsgeschäften oder von Konsumverträgen verwendet werden, wobei im vorliegenden Zusammenhang der Begriff der AGB[11] definiert wird als generell und abstrakt formulierte Klauseln, die zum voraus zum Zwecke aufgestellt wurden, um damit eine unbestimmte Vielzahl künftiger Verträge mit einer unbestimmten Anzahl von Vertragspartnern zu regeln.

Bei der Beurteilung von Unternehmens-AGB kann grundsätzlich[12] von einem strukturellen *Gleichgewicht der Parteien* ausgegangen werden. Die Unternehmens-AGB, auch Kaufmanns-AGB[13] genannt, werden zwar ebenfalls von einer Partei generell-abstrakt für eine Vielzahl von Vertragsabschlüssen vorformuliert. Der AGB-Verwender trifft im Handelsrecht jedoch in der Regel auf eine Gegenpartei mit einem ausreichenden Informationsstand und einer ebenbürtigen Verhandlungsmacht, was nicht selten zu einem Kampf der Formulare[14] führt (battle of the forms).

Unternehmens-AGB finden sich in allen Wirtschaftssektoren; die Gerichte hatten sich u.a. mit folgenden Fällen zu befassen – Reihenfolge nach Obligationenrecht:
- Zahlungsvereinbarung «100% WIR»;[15]
- Kauf eines Bäckereiofens mit Verrechnungsverzicht;[16] Autohandel;[17] internationaler Kaufvertrag;[18]
- Mietvertrag zwischen SBB und Garage-Unternehmen;[19] Finanzierungsleasing für Investitionsgüter;[20]
- Bau einer Hühnerfabrik;[21] Werkvertrag über Hausbau;[22]
- Gewerbsmässige Auktion;[23]
- Speditions- und Frachtvertrag;[24] internationaler Frachtvertrag;[25]
- Automatenaufstellungsvertrag;[26]

---

[11] BK-KRAMER, Art. 1 OR N 181; KOLLER ALFRED, OR AT I, S. 374 ff.; BGer, 28.11.2002 = 4P.135/2002, E. 3.1.; vgl. dazu auch einen Anwendungsfall im Arbeitsrecht: OGer ZH, 2.8.1988 = ZR 1991 Nr. 2 E. 5f., AGB des kaufmännischen Vereins (KV).
[12] Es ist zu betonen *grundsätzlich*, denn es gibt *Ausnahmen* auch im Handelsrecht. Dies zeigt sich besonders auffällig im Kartellrecht, das sich zentral mit dem *Problem der privaten Wirtschaftsmacht* befasst; vgl. für viele: ZÄCH, S. 256 ff. und 413 ff.
[13] BK-KRAMER, Art. 19–20 OR N 298; DERS., AGB, Status quo, SJZ 1985, 17–25, 33–39, insb. 18 Fn. 4 m.H. auf MERZ; BAUDENBACHER, Ansätze zu einer AGB-Kontrolle, S. 17–65, insb. 27 ff.
[14] BÜHRER MARC PETER, Diss. Zürich 1997.
[15] BGer, 25.5.1993 = BGE 119 II 227–231 = Pra 83 Nr. 246.
[16] BGer 21.6.1983 = BGE 109 II 213.
[17] KantGer SG, 16.1.1994 = SJZ 1996, 153.
[18] HGer ZH 17.6.1994 = SJZ 1994, 332.
[19] BGer, 1.12.1982 = BGE 108 II 418.
[20] BGer, 30.4.1992 = Pra 82 Nr. 39.
[21] BGer, 6.12.1983 = BGE 109 II 452.
[22] HGer ZH, 29.5.1985 = ZR 1985 Nr. 103.
[23] BGer, 4.11.1986 = BGE 112 II 337–346, 340 = Pra 76 Nr. 64.
[24] ZivilG BS, 14.2.1989 = BJM 1991, 289 ff.
[25] AppGer BS, 14.1.1985 = SJZ 1985, 289 ff.
[26] BGer, 13.8.1991 = BGE 117 II 332 = Pra 82 Nr. 70.

B. Grundlagen

– Bank-Geschäftskonto einer AG;[27] Geschäfts-Kontokorrent;[28] Bank-Kontokorrent-Kredit eines Architektenkonsortiums;[29] AGB-Pfandklausel bei Lombard-Kredit;[30] AGB-Pfandklausel bei Unternehmens-Krediten;[31] AGB-Pfandklausel mit Wegbedingung der nichtkonkursrechtlichen Pfandverwertung;[32] Risikoüberwälzung im Checkverkehr;[33]
– Betriebshaftpflichtversicherung;[34] Unternehmens-AGB in Versicherungsvertrag;[35]
– AGB-Gerichtsstandsklausel allgemein;[36] AGB-Gerichtsstandsklausel im internationalen Geschäftsverkehr;[37] AGB-Gerichtsstandsklausel in Agenturvertrag;[38]
– AGB-Schiedsklausel im internationalen Geschäftsverkehr;[39] AGB-Schiedsklausel auf Konnossement;[40]
– Vollstreckung eines ausländischen Urteils in der Schweiz.[41]

Bei der Analyse dieser reichhaltigen Rechtsprechung zu den *Unternehmens-AGB* zeigt sich nun eine auf den ersten Blick erstaunliche Tatsache: Die integrale Anwendung der *Lehre von der schwächeren Vertragspartei*[42] in bestimmten Einzelfall-Konstellationen. Bei näherer Betrachtung kann daraus der Schluss gezogen werden, dass das Faktum der einseitigen Vertragsgestaltung durch den AGB-Verwender auch im *Handelsrecht* nicht einfach hingenommen wird. Vielmehr berücksichtigt die Praxis gestützt auf Art. 2 ZGB in Ausnahmefällen konkrete Ungleichgewichtslagen, die der normalen Typologie im Handelsrecht widersprechen. Dies gilt umso mehr im allgemeinen Privatrecht:[43] «Die Mehrzahl der Bürger ist ihren Vertragspartnern nicht gewachsen: Vom *Aushandeln der Vertragsklauseln* kann –

---

[27] BGer, 12.7.1983 = BGE 109 II 116.
[28] OGer SO, 28.4.1992 = SJZ 1995, 54.
[29] OGer BL, 17.8.1993 = BJM 1994, 236 ff.
[30] BGer, 30.8.1993 = BGE 119 II 344–346.
[31] OGer BL, 29.11.1994 = BJM 1995, 311 ff.; HGer ZH, 27.6.1995 = ZR 1996 Nr. 48.
[32] OGer BL, 31.8.1993 = BJM 1995, 139 ff.
[33] BGer, 18.12.1995 = BGE 122 III 26–33 = JKR 1997, S. 516 ff., mit Anm. von FRICKER HANS, AJP 1996, 1165 ff. und BUCHER EUGEN, Wie lange noch Belastung des Kunden mit den Fälschungsrisiken im Bankenverkehr? Ein weiteres Mal Bemerkungen zu den AGB der Banken, recht 1997, 41–56.
[34] BGer, 4.5.1992 = BGE 118 II 342.
[35] BGer, 7.3.1996 = BGE 122 III 118–124; BGer, 6.6.2002 = 5C.53/2002.
[36] BGer, 6.8.1992 = BGE 118 Ia 294 = Pra 82 Nr. 230.
[37] HGer ZH, 4.11.1994 = ZR 1995 Nr. 39; HGer ZH, 9.1.1996 = ZR 1996 Nr. 96.
[38] BezGer Bülach, 6.9.1989 = ZR 1990 Nr. 83.
[39] HGer ZH, 25.8.1992 = ZR 1992 Nr. 23; vgl. dazu auch HGer ZH, 14.12.1989 = ZR 1990 Nr. 86.
[40] BGer, 16.1.1995 – Pra 84 Nr. 205.
[41] KantGer GR, 29.5.1990 = PKG 1990, 193 ff.
[42] WESSNER PIERRE A., Les contrats d'adhésion: quelle protection pour la partie réputée la plus faible?, ZSR 1986 I 161–193.
[43] ZÄCH ROGER, Privatrechtliches Gesetz – soziale Ordnungsmacht, SJZ 1978, 181–191.

zu denken ist an die Geschäfte des Massenverkehrs – kaum je die Rede sein». ...
«Einmal sind die Vertragsbedingungen für ganze Branchen (Versicherungen, Banken, Wohnungsmarkt, Autogewerbe, usw.) vielfach ‹kartellistisch› festgelegt. Dazu kommt, dass die Freiheit, einen Vertrag abzuschliessen, bei gewissen Geschäften wie Wohnungsmiete, Versicherungen, Kauf von dauerhaften Konsumgütern häufig nicht gegeben ist ... Damit ist nicht gesagt, dass unser heutiges Vertragsrecht ausgespielt hat. Es funktioniert überall dort, wo sich *ungefähr gleiche Partner gegenüberstehen*»[44]. Kriterium der AGB-Kontrolle ist m.a.W. die faktische Möglichkeit des *Aushandelns*. Wo diese Möglichkeit nicht gewährleistet ist, besteht die Vertragsfreiheit nur formal, weshalb die materielle Vertragsgerechtigkeit durch Gesetz und Rechtsprechung gewahrt werden muss.

II. Konsumrecht (Konsumenten-AGB)

Dies führt zum Bereich des Konsumrechts[45] bzw. zu den *Konsumenten-AGB*[46]. Der AGB-Verwender trifft im Konsumrecht *typischerweise* auf eine Gegenpartei mit einem geringeren Informationsstand und einer schwächeren Verhandlungsmacht, eine Erkenntnis, die im Übrigen schon sehr früh festgestellt wurde.[47] Es besteht ein strukturelles Ungleichgewicht[48] zwischen den Parteien, zwischen Anbieter und Konsument. Die Praxis hatte dabei folgende Fälle mit Konsumenten-AGB zu entscheiden:
– Kauf eines Personenwagens;[49]
– Auto-Mietvertrag mit Vollkasko-Klausel;[50]
– Hausbau für privaten Bauherrn;[51]
– Internationaler Reisevertrag, Auslegung der IATA-Bedingungen als AGB;[52] Reisevermittlung;[53]

---

[44] ZÄCH ROGER, (Fn. 43), SJZ 1978, 188, Hervorhebung durch den Verfasser.
[45] Vgl. zu diesem neuen Terminus: WEBER-STECHER, S. 2–4; BRUNNER, Konsumverträge, Begriff, JKR 2004, S. 3.
[46] BAUDENBACHER CARL, Ansätze zu einer AGB-Kontrolle, S. 17–65, inbs. 28 ff.; GONZENBACH, Konsumenten-AGB, recht 1993, 28–30; GUGGENHEIM, S. 101–135; KOLLER-TUMLER, S. 107–117; BK-KRAMER, Art. 19–20 OR N 299–301; DERS., konsumentenrechtlichen Defizite JKR 1998, S. 205 ff.; SCHENK-ENGELER, Diss.; WESSNER, S. 57–72. Zum Pauschalreiserecht vgl. insb.: STAUDER, AGB der Reiseveranstalter, S. 139–222.
[47] REHBINDER, Eugen Ehrlichs Plädoyer, S. 279–283.
[48] Vgl. dazu BRUNNER, Konsumentenrecht, JKR 1995, S. 31–57, insb. 45 ff.; «strukturell» bedeutet hier die *typischerweise* gegebene *Rechtstatsache* der Gleichheit bzw. Ungleichheit von Personen im Geschäftsverkehr; DERS., Konsumverträge, Begriff, JKR 2004, S. 22 ff.
[49] BGer, 22.5.1990 = BGE 116 II 431–435 = Pra 79 Nr. 271.
[50] BGer, 5.8.1997 = Pra 87 Nr. 9.
[51] BGer, 26.2.1997 = Pra 86 Nr. 164.
[52] BezGer ZH, 16.5.1989 = SJZ 1990, 214 ff., inbs. 216 f.
[53] KantGer SG, 21.11.1984, SJZ 1986, Nr. 36 = JKR 1995, S. 296.

B. Grundlagen

– Haftungsausschlussklauseln in Banken-AGB;[54] Bankvertrag, Banklagerndvereinbarung;[55] Banksparvertrag/Sparheft, Entbindung von der Identitätsprüfung des vorweisenden Inhabers des Sparheftes;[56] Anlagesparkonto;[57] «Hobby-Börsianer»;[58] Brokergeschäfte, Auftrag;[59] Bankdepotvertrag mit Privatkunde;[60] Eurocheck-Vertrag/EC-Karte;[61]
– Versicherungsvertrag;[62] Krankenkassenvertrag;[63] Rechtsschutzversicherung für Privaten;[64] AGB-Haftungsausschlussklausel in Vollkaskoversicherung bei Automiete;[65] Vollkasko-Autoversicherung;[66]
– AGB-Gerichtsstandsklausel in Fernkursvertrag.[67]

Für die Beurteilung von Konsumenten-AGB ist nun entscheidend, dass bei der Abschluss- und Inhaltskontrolle das typische Macht- und Informationsgefälle zwischen Anbieter und Konsument berücksichtigt wird. Es gilt hier – als heuristisches Prinzip[68] und als Anwendungsfall des Vertrauensgrundsatzes – das konsumrechtliche Ungleichgewichtsprinzip.[69] Die Lehre von der schwächeren Vertragspartei wird auf diese Weise auch im Konsumrecht konkretisiert.

---

[54] BGer, 10.11.2006 = 4C.158/2006, E. 2.3; BGer, 18.11.1986 = BGE 112 II 450 = Pra 76 Nr. 144, übernommen im Entscheid des BezGer Horgen, 11.3.1992 = SJZ 1994, 66f.; vgl. auch: KOZIOL, S. 129–154.
[55] HGer ZH, 9.12.1988 = ZR 1989 Nr. 48.
[56] BGer, 12.10.1990 = Pra 79 Nr. 272.
[57] BezGer Horgen, 11.3.1992 = SJZ 1994, 65.
[58] BGer, 15.3.1994 = BGE 120 II 42–46.
[59] BGer, 7.10.1997 = BGE 124 III 155–166 = JKR 1998, S. 491–496.
[60] OGer ZH, 24.8.1995 = ZR 1997 Nr. 102.
[61] BGer, 9.7.1996 = BGE 122 III 373 = Pra 86 Nr. 25 = JKR 1997, S. 519; vgl. Anm. von BUCHER, Wie lange noch Belastung des Kunden mit den Fälschungsrisiken im Bankenverkehr? Ein weiteres Mal Bemerkungen zu den AGB der Banken, recht 1997, 41–56, insb. 55f.
[62] BezGer Affoltern/ZH, 22.6.1986 = SJZ 1987, 381f.
[63] BezGer ZH, 24.2.1987 = ZR 1988 Nr. 53.
[64] BGer, 1.7.1993 = BGE 119 II 368.
[65] BGer, 5.8.1993 = BGE 119 II 443ff., 446 E. 1a = Pra 83 Nr. 229 = SemJud 1994, 637ff. = JKR 1996, S. 389ff.; vgl. Nachweise zu Urteilsanmerkungen, vorstehend Fn. 5.
[66] KantGer VS, 27.3.1996 = RVJ 1996, 257ff.
[67] AmtGer Luzern-Stadt, 10.1.1989 = JKR 1995, S. 256ff.
[68] BRUNNER, Konsumentenrecht, JKR 1995, S. 31–57, insb. 51; DERS., Konsumverträge, Begriff, JKR 2004, S. 22 Fn. 30 m.w.H.
[69] BezGer ZH, 30.6.1988 = ZR 1989 Nr. 27 = SJZ 1989, 249ff.; BRUNNER, Konsumentenvertrag, 591ff., insb. 593f.; KOLLER-TUMLER, S. 212f.; SCHMELZER, S. 47ff., 245ff.; WEBER-STECHER, S. 82ff.

C. Präventive Kontrolle der AGB

I. Präventive Verwaltungskontrolle der AGB (VAG)

1. Abstrakte AGB-Kontrolle nach VAG

Dieser Gedanke führte bereits vor 100 Jahren zum ersten Konsumentenschutzgesetz, d.h. zur Versicherungsaufsicht[70]. Die Versicherer nutzten die ursprünglich herrschende Vertragsfreiheit schamlos zu ihren Gunsten[71] aus, weshalb nicht nur in der Schweiz Schranken gesetzt wurden. In unserem Zusammenhang interessieren vor allem die Marktzulassungs-Kontrollen für AGB, d.h. für Allgemeine Versicherungsbedingungen (AVB). Es handelt sich um eine abstrakte AGB-Kontrolle,[72] die *vor* der Marktzulassung der Versicherungsdienstleistung erfolgt und Wirkungen für eine Vielzahl von Geschäftskontakten der Marktteilnehmer entfaltet.

In der heute aufgehobenen Fassung (Eurolex-Swisslex 1992) von Art. 8 Abs. 1 lit. f altVAG[73] wurde festgehalten, dass die Anbieter von Versicherungen der Aufsicht «die in der Schweiz zu verwendenden genehmigungspflichtigen Tarife und übrigen Versicherungsmaterialien» einzureichen haben. Nach Art. 17 Abs. 2 altVAG schritt die Aufsicht «gegen Missstände ein, welche die Interessen der Versicherten gefährden». Die Aufsicht war damit umfassend ausgestaltet und betraf insbesondere die Vorlage der AGB zur abstrakten Kontrolle[74] durch die Verwaltung. Diese generelle präventive Prüfung der AGB ist in der neuesten Fassung des Versicherungsaufsichtsgesetzes nicht mehr gegeben.

2. Deregulierung des VAG

Die Deregulierung der Versicherungsaufsicht, die ursprünglich auf die sog. Grossrisiken im Bereich des Handelsrechts beschränkt werden sollte, erfasst heute auch die sog. Massenrisiken im Bereich des Konsumrechts. Dahinter steht ein Paradig-

---

[70] SCHNYDER, Versicherungsrecht, JKR 1996, S. 141–156. Zum Problem der AVB vgl. insb.: BÜRGI, Diss.; KOLLER THOMAS, Fragen, recht 1999, 43 ff.
[71] PFUND PETER, Liberalisierung der Versicherungsmärkte – rechtliche und wirtschaftliche Aspekte, ZBJV 1992, 319 ff., insb. 322.
[72] GEMPERLE MARKUS, Das Zusammenspiel zwischen Versicherungsaufsicht und Kartellrecht im schweizerischen Recht, Diss. St.Gallen 1990, S. 159.
[73] BG vom 23. Juni 1978 betreffend die Aufsicht über die privaten Versicherungseinrichtungen (Versicherungsaufsichtsgesetz/VAG) (SR 961.01). Vgl. zu den VAG-Anpassungen: BRUNNER ALEXANDER et al., Dokumentation der Gesetzgebung, JKR 1995, S. 143 f.; JKR 1996, S. 239 f.; JKR 1998, S. 315 f.
[74] Zum vormaligen Umfang der präventiven AGB-Kontrolle, vgl. JKR 1996, S. 240. BÜRGI, Diss.

ma-Wechsel des *Konsumentenleitbildes*, d.h. die Änderung der Vorstellung vom sog. unmündigen Kunden hin zum aufgeklärten und informierten Konsumenten als autonomer Marktteilnehmer. Der Konsument ist nach dieser Konzeption im Verhältnis zu den Anbietern «selbstbewusster, kritischer und gewandter geworden. Er ist heute besser in der Lage, zu vergleichen, zu würdigen, sich zu wehren.»[75]

Die präventive AVB-Kontrolle ist aber auch im neuen VAG,[76] das am 1. Januar 2006 in Kraft getreten ist, nicht vollständig abgeschafft worden. So sind nach Art. 4 Abs. 2 lit. r VAG die Tarife und Allgemeinen Versicherungsbedingungen, welche in der Schweiz verwendet werden, bei der Aufsicht vorab in den folgenden Fällen zur Prüfung einzureichen: Bei der Versicherung von sämtlichen Risiken in der *beruflichen Vorsorge* und in der *Zusatzversicherung* zur sozialen Krankenversicherung.

Nach wie vor gilt jedoch im Versicherungsrecht, was nicht mit der präventiven Kontrolle verwechselt werden darf, eine *generelle abstrakte AVB-Kontrolle im Sinne eine Nachmarkt-Überprüfung bei Missbräuchen* von Versicherungsunternehmen. So schützt die Aufsichtsbehörde gemäss Art. 46 Abs. 1 lit. f VAG die Versicherten gegen Missbräuche der Versicherungsunternehmen und – vermittler. Gestützt auf diese Gesetzesnorm hat der Bundesrat folgerichtig Art. 117 AVO[77] erlassen. Als Missbrauch gelten Benachteiligungen von Versicherten oder Anspruchsberechtigten, wenn sie sich wiederholen oder einen breiten Personenkreis betreffen könnten, namentlich (Art. 117 Abs. 1 lit. b AVO) die Verwendung von Vertragsbestimmungen, die gegen zwingende Normen des Versicherungsvertragsgesetzes oder gegen zwingenden Normen anderer Erlasse, die auf den Vertrag anwendbar sind, verstossen sowie (Art. 117 Abs. 1 lit. c AVO) die Verwendung von Vertragsbestimmungen, welche eine *der Vertragsnatur erheblich widersprechende Verteilung von Rechten und Pflichten* vorsehen.

Diese gesetzeskonforme Bestimmung auf Verordnungsstufe ist sehr zu begrüssen, da sie als sachgerecht[78] erscheint und auch die Bemühungen der entsprechenden Expertenkommissionen wieder spiegelt. Nach den Vorschlägen der ERSTEN EXPERTENKOMMISSION zum Versicherungsrecht wurde Art. 20 VE-VAG 1998 wie folgt formuliert: «Die Aufsichtsbehörde schützt Versicherte vor Missbräuchen. Missbräuchliches Verhalten liegt dann vor, wenn ein Versicherungsunternehmen gegen zwingende Bestimmungen der Versicherungsgesetzgebung verstösst oder in schwerwiegender Weise zum Nachteil einer Vielzahl von Versicherten handelt.»[79]

Die flächendeckende abstrakte AGB-Kontrolle als Marktzulassungsschranke für

---

[75] PFUND PETER, (Fn. 71), ZBJV 1992, 326. Vgl. zur weiteren Entwicklung: GERBER, S. 57–75.
[76] Bundesgesetz betreffend die Aufsicht über Versicherungsunternehmen (Versicherungsaufsichtsgesetz, VAG) vom 17. Dezember 2004 (SR 961.01).
[77] Verordnung vom 9. November 2005 über die Beaufsichtigung von privaten Versicherungsunternehmen (Aufsichtsverordnung, AVO) SR 961.011. Vgl. dazu: GROLIMUND, 145 ff.
[78] Vgl. eingehende Begründung vorstehend B., S. 119 ff.
[79] BUNDESAMT FÜR VERSICHERUNGSWESEN, *Vorentwurf* zur Revision des Aufsichtsrechts betreffend die privaten Versicherungsunternehmen (VAG), Bern 1998, S. 6.

Versicherungsdienstleistungen, d.h., die präventive Kontrolle, fand sich im Vorentwurf 1998 jedoch nicht mehr. Gleichwohl wäre eine abstrakte AGB-Kontrolle dann möglich geworden, wenn ein Anbieter gegen zwingendes Recht verstossen oder sonst in schwerwiegender Weise zum Nachteil einer Vielzahl von Versicherten gehandelt hätte. Dies war nach den Erwägungen des Vorentwurfs 1998 dann der Fall, wenn AGB verwendet werden, welche die Versicherten schwer benachteiligen.[80]

Die ZWEITE EXPERTENKOMMISSION zur Totalrevision des Versicherungsvertragsrechts legte ihren Vorentwurf zum neuen VVG 2006[81] vor. Zutreffend vertrat sie die Auffassung, dass sich die Problematik der AGB nicht nur im Versicherungsrecht stellt. Aus diesen Grunde wird neu eine Ergänzung des Obligationenrechts[82] vorgeschlagen, die für alle Anbieter-Branchen gelten soll. Nach Art. 20a E-OR (gemäss VE-VVG 2006) sind Bestimmungen in vorformulierten Allgemeinen Vertragsbedingungen «missbräuchlich und unwirksam, wenn sie den Vertragspartner des Verwenders unangemessen benachteiligen. Eine unangemessene Benachteiligung ist namentlich dann anzunehmen, wenn eine Bestimmung mit wesentlichen Grundsätzen der gesetzlichen Regelung, von der zu Lasten des Vertragspartners abgewichen wird, nicht zu vereinbaren ist.» Dieser Vorschlag ist mit den bisherigen Bemühungen des Gesetzgebers vereinbar. Denn Art. 8 lit. b UWG qualifiziert AGB dann als missbräuchlich, wenn sie «eine der Vertragsnatur erheblich widersprechende Verteilung von Rechten und Pflichten» zum Nachteil einer Partei vorsehen.

3. Ergebnis

Im Ergebnis kann demnach Folgendes festgehalten werden: Durch die Deregulierung des VAG ist die abstrakte *präventive Kontrolle*[83] der AVB durch die Verwaltungsbehörden (Aufsicht) erheblich abgeschwächt worden. Bei der abstrakten *Nachmarktkontrolle* wurde die Kompetenz der Versicherungsaufsicht jedoch mit dem vorstehend zitierten neuen Art. 117 Abs. 1 AVO gestärkt. Für die betroffenen Konsumentenkreise ist es nach geltendem Recht daher im *Versicherungsvertragsrecht* vorteilhafter, den Weg des Verwaltungsverfahrens und nicht etwa des Zivilverfahrens einzuschlagen, um missbräuchliche AVB-Klauseln überprüfen zu lassen. Stossend ist an diesem Ergebnis allerdings, dass alle anderen Wirtschaftsbranchen ohne eine solche Nachmarktkontrolle von AGB verbleiben. Dies gilt umso

---

[80] BUNDESAMT FÜR VERSICHERUNGSWESEN, *Erläuternder Bericht* zu den Vorentwürfen, Bern 1998, S. 14.
[81] Vgl. dazu: SCHNYDER/WEBER (Hrsg.), Totalrevision VVG, Zürich 2006.
[82] BRUNNER, Konsumentenschutz im VVG, S. 131 ff., insb. 136 f.
[83] Zur beschränkten Wirkung der präventiven Verwaltungskontrolle von AGB, vgl. KRAMER, AGB, Status quo, SJZ 1985, 17–25, 33–39, insb. 33 f.

mehr, als nach absolut herrschender Meinung der Lehre der zitierte Art. 8 UWG nahezu wirkungslos ist, worauf zurückzukommen sein wird.[84]

Geht man sodann vom Konsumentenleitbild des «selbstbewussten, kritischen und gewandten Marktteilnehmers aus, der in der Lage ist, zu vergleichen, zu würdigen und sich zu wehren», so setzt dies ein *wirksames* Konsumenteninformationsrecht voraus, andernfalls bleibt der Wunsch der Vater des Gedankens.

II. Konsumenteninformationsrecht (KIG)

1. Konditionen-Wettbewerb nach KIG

Das schweizerische Konsumenteninformationsgesetz (KIG)[85] verlangt einen solchen transparenten Konditionen-Wettbewerb. Die Lenkungs-Entscheide der Konsumenten am Markt sind nur möglich, wenn sowohl Entscheidungsfreiheit als auch Konsumenteninformation gegeben sind. Die Entscheidungsfreiheit wird durch das Kartellgesetz gewahrt, die dafür notwendige Information durch das KIG.

Die Mündigkeit der Konsumenten setzt ihre Informiertheit voraus, und zwar nicht nur theoretisch, sondern praktisch. Sie müssen die reale Möglichkeit haben, sich rasch und einfach über den Inhalt von Allgemeinen Geschäftsbedingungen zu informieren und diese zu vergleichen. Die Markttransparenz ist eine der tragenden Säulen für einen funktionierenden Wettbewerb. Wird dieser marktwirtschaftliche Grundsatz nicht befolgt, so fallen bei den Konsumenten derart hohe *Transaktionskosten*[86] an, die einen Vergleich von Waren und Dienstleistungen und damit den Konditionen-Wettbewerb unmöglich und illusorisch machen.

Das oft ins Feld geführte Argument geht fehl, wonach die Transaktionskosten der Anbieter für die Bereitstellung der Marktinformationen zu hoch seien, weshalb von einer Erweiterung der entsprechenden Pflichten abzusehen sei. Denn vom Standpunkt einer gesamtwirtschaftlichen Betrachtung erscheint es als sinnvoller, die Anbieter mit der Pflicht der Bereitstellung der wesentlichen Marktinformationen zu belegen, als Tausenden von Konsumenten zuzumuten, vielfältigste Recherchen zu tätigen.

---

[84] Vgl. nachfolgend D.II., S. 132 ff.
[85] BG vom 5. Oktober 1990 über die Information der Konsumentinnen und Konsumenten (SR 944.0). Vgl. Dokumentation der Gesetzgebung, JKR 1995, S. 138; JKR 1996, S. 228 f.; JKR 1997, S. 420 f.
[86] KÖTZ HEIN, Europäisches Vertragsrecht, Tübingen 1996, S. 212 f.

2. AGB-Kollektivverträge nach KIG

Die Markttransparenz durch den Vergleich von Angeboten, deren Inhalt massgeblich durch die AGB der Anbieter bestimmt wird, soll nach der Konzeption des KIG durch Kollektivverträge sichergestellt werden.

Nach Art. 3 KIG treffen die Organisationen der Anbieter und der Konsumenten Vereinbarungen über Form und Inhalt der Deklarationen von Waren und Dienstleistungen. Oberstes Gebot ist dabei die Vergleichbarkeit der Anbieter-Leistungen. Der Konditionen-Wettbewerb muss dabei folgenden Ansprüchen genügen: Die AGB müssen klar und deutlich, insb. aber auch *übersichtlich*[87] formuliert sein; das Transparenzgebot des KIG geht über das Irreführungsverbot des UWG hinaus. In den Rahmenvereinbarungen der Kollektivpartner für die verschiedenen Wirtschaftsbranchen könnten vor allem eine *einheitliche Systematik* der jeweils zu regelnden Vertragspunkte und ein *einheitlicher Sprachgebrauch* festgelegt werden. Die formale und inhaltliche Verständlichkeit von AGB würde damit erheblich erleichtert.

Die abstrakte AGB-Kontrolle erfolgt auf diese Weise – nicht wie beim VAG – durch die Marktzulassungs- und kontrolle der Verwaltung, sondern durch die Repräsentanten der Marktteilnehmer selbst. Solche AGB sollten im Ergebnis «klar und verständlich» sein, womit auch die konkrete AGB-Kontrolle durch die sog. Unklarheitsregel[88] im Vertragsrecht entlastet werden könnte.

3. Ergebnis

Im Ergebnis kann Folgendes festgehalten werden. Die Lösung der AGB-Kontrolle über den Abschluss von AGB-Kollektivverträgen ist vom Ideal der Habermas'schen Diskurs-Theorie geprägt: Gerechtigkeit durch Verfahren. In rationalen Diskursen sollen die Verbände einen gerechten Ausgleich schaffen, ein Bild, das wir von der politischen Konsens- und Konkordanz-Demokratie[89] her kennen. Was dort funktioniert, ist hier jedoch praktisch erfolglos geblieben. In den gut zwanzig Jahren seines Bestehens hat das KIG nahezu keine solcher Kollektivverträge hervorgebracht. Es scheint, dass das strukturelle Ungleichgewicht zwischen Anbietern und Konsumenten sich in ihren jeweiligen Verbänden fortsetzt. Es ist keine eigentliche Parität gegeben. Von einem gesamtwirtschaftlichen Standpunkt aus ist es daher unverständlich, dass der Bundesrat die Bemühungen um eine Verbesserung der objektiven Markinformation[90] im Jahre 2005 ins Leere laufen liess. Im

---

[87] Es geht vorliegend um das Transparenzgebot, vgl. HEINRICHS, S. 157–177, insb. 159; MATT; MÜLBERT, 723–732.
[88] Nachfolgend E.I.3., S. 138 f.
[89] MÜLLER JÖRG P., Versuch einer diskursethischen Begründung der Demokratie, *in* FS Dietrich Schindler, Basel 1989, S. 617–638 mit Hinweis auf die Position von Jürgen Habermas.
[90] BRUNNER, Konsumenteninformation, S. 51 ff.

C. Präventive Kontrolle der AGB

Vorfeld des bundesrätlichen Negativentscheids wurde insbesondere angeführt, mit der Einführung von minimalen positiven Informationspflichten[91] zulasten der Anbieter gehe die Schweiz im Gegensatz zur Europäischen Union einen Sonderweg. Dieses Argument ist unzutreffend. Art. 7 der Richtlinie 2005/29/EG über unlautere Geschäftspraktiken[92] verbietet das Unterlassen von Informationen, die für den Marktentscheid im Nachfragemarkt erforderlich sind. Diese *positive Informationspflicht* erhöht die *Markttransparenz und* senkt damit die hohen *Transaktionskosten* auf Seiten der Konsumenten.[93] Das tatsächlich bessere Produkt hat eine tatsächlich bessere Chance, nachgefragt zu werden. Diese positiven Informationspflichten im Verhältnis zwischen Anbietern und Konsumenten sind im Hinblick auf die geltende Wirtschaftsverfassung (Art. 97 BV) und einen funktionierenden Markt unverzichtbar. Der Ansatz, das Recht der Allgemeinen Geschäftsbedingungen über eine ausreichende *vorvertragliche Information* zu ergänzen, sollte daher in naher Zukunft erneut aufgenommen und weiter verfolgt werden.

Der Konzeption des KIG folgend hatte die EIDGENÖSSISCHE KOMMISSION FÜR KONSUMENTENFRAGEN am 3. Juni 2003 sodann folgende Regelung[94] vorgeschlagen: «Bei Allgemeinen Geschäftsbedingungen, die *zwischen Anbieter- und Konsumentenorganisationen paritätisch ausgehandelt* wurden, wird vermutet, dass sie frei ausgehandelt und nicht missbräuchlich sind. Der Bundesrat erlässt die Ausführungsbestimmungen für das paritätische und repräsentative Aushandeln solcher Allgemeiner Geschäftsbedingungen.» Damit wäre analog zum Recht der Gesamtarbeitsverträge nach Art. 356 OR der Gedanke verwirklicht worden, wonach der Gerechtigkeitsgehalt von Regelungen zwischen gleich starken Verhandlungspartnern eher erreicht werden kann. Bei dieser Konzeption erfolgt eine Kontrolle über den Inhalt der AGB von Anfang an (d.h. präventiv) durch die beteiligten Verbände selbst.

Abschliessend ist indessen anzumerken, dass die beste abstrakte AGB-Kontrolle die konkrete AGB-Kontrolle im Vertragsrecht nie obsolet erscheinen lässt. Auch bei den besten AGB, die klar und verständlich sowie übersichtlich formuliert werden, bleiben die vorformulierten Bedingungen *generell-abstrakt* und können daher bereits aus rechtslogischen Gründen nie die ganze Vielfalt möglicher *individuell-konkreter* Sachverhalte erfassen. Als Beleg kann analog auf das Versicherungsrecht verwiesen werden, wo das Bundesgericht von der Aufsicht genehmigte AGB-Klauseln als nichtig qualifizieren musste.[95] Das Gleiche dürfte auch bei paritätisch ausgehandelten AGB zutreffend.

---

[91] Vgl. dazu auch nachfolgend: Dokumentation unter F.III., S. 180 ff.
[92] Amtsblatt Nr. L 149 vom 11/06/2005, 0022–0039.
[93] HARTMANN, S. 77 ff. N 180 ff.
[94] Vgl. dazu nachfolgend: Dokumentation unter F.II.2, S. 160 ff. Vorschlag revOR Art. 21b Abs. 3.
[95] BGE 100 II 453; vgl. auch BGE 124 III 229 ff.

D. Wettbewerbsrechtliche Kontrolle der AGB

I. Kartellrecht (KG)

1. Abstrakte AGB-Kontrolle nach KG

Eine abstrakte AGB-Kontrolle erfolgt auch durch das Kartellrecht.[96] Gleichwohl ist bereits an dieser Stelle wegen des inneren Zusammenhangs der Problemlagen der Bezug zur richterlichen Inhaltskontrolle herzustellen. Vielfach zeigt sich in der Praxis der Zivilgerichte, dass der AGB-Verwender die *Vertragsfreiheit* der Gegenpartei beeinträchtigt oder gar aufhebt. Bei Verletzung der Vertragsfreiheit im konkreten Fall ist daher eine direkte Inhaltskontrolle gestützt auf Art. 27 ZGB grundsätzlich möglich. Die konkrete Inhaltskontrolle greift aber insofern zu kurz, wenn es sich um die Branchen-AGB eines *Kartells* oder um solche von *Monopolen* und *marktmächtiger Unternehmen* handelt. Hier besteht die Situation, dass die Nachfrager am Markt überall auf die gleichen missbräuchlichen AGB stossen. In solchen Fällen der Beeinträchtigung des Wettbewerbs erscheint daher die Ausweitung der konkreten AGB-Kontrolle durch den Zivilrichter auf die abstrakte AGB-Kontrolle durch die Wettbewerbs-Kommission angebracht. Mit der letzten Revision des KG wurde sodann nach einer Empfehlung der EIDGENÖSSISCHEN KOMMISSION FÜR KONSUMENTENFRAGEN ausdrücklich der Hinweis auf den Konsumentenartikel der Bundesverfassung (Art. 97 BV) in den Ingress[97] des Gesetzes aufgenommen. Damit wir klar gestellt, dass das Kartellgesetz nicht nur den Wettbewerb als solchen unter Konkurrenten, sondern auch die *Rechte der Konsumenten*[98] regelt.

Diese Entwicklung des Kartellrechts trägt dem Rechnung. 1997 fand ein Treffen zwischen der Wettbewerbs-Kommission (WEKO) und Vertretern der Schweizer Zivilgerichte statt,[99] um die Rechtsanwendung von Art. 15 und Art. 47 KG sicherzustellen. Steht nach Art. 15 KG in einem Zivilverfahren die Zulässigkeit einer Wettbewerbsbeschränkung in Frage, so wird die Sache der Wettbewerbs-Kommission zur Begutachtung vorgelegt. Nach Art. 47 KG kann die WEKO auch in anderen Fällen Gutachten verfassen. Stellt die WEKO einen Wettbewerbsverstoss

---

[96] BG vom 6. Oktober 1995 über Kartelle und andere Wettbewerbsbeschränkungen (Kartellgesetz, KG; SR 251). Vgl. zur Dokumentation der Gesetzgebung: JKR 1995, S. 145 f.; JKR 1996, S. 241–247; JKR 1997, S. 429–433; JKR 1998, S. 319–333 sowie insb. JKR 2002, S. 495 ff.: Empfehlung der Eidgenössischen Kommission für Konsumentenfragen (EKK) vom 7. Mai 2002 an den Bundesrat zur Revision des Kartellgesetzes.
[97] JKR 2002, S. 495 ff., 497 Mitte.
[98] ZÄCH, S. 62 Rz. 139 Fn. 195 f. und 63 Rz. 143.
[99] RPW 1997, 593–597, mit Ergänzung in RPW 1998, 621 f.

D. Wettbewerbsrechtliche Kontrolle der AGB

durch AGB fest, so wird auch der Zivilrichter die Widerrechtlichkeit im Sinne von Art. 20 OR feststellen.

Die AGB von Kartellen und marktmächtigen Unternehmen unterliegen daher nicht nur der konkreten AGB-Kontrolle der Zivilgerichte, sondern auch der abstrakten AGB-Kontrolle der Wettbewerbs-Kommission. Es wird sich weisen, ob das mit der aktuellen Rechtsentwicklung möglich gewordene Zusammenspiel der Zivilgerichte und der Wettbewerbs-Kommission auch für die AGB-Kontrolle freiheitsstiftend wirken wird. Das würde bedeuten, dass die Zivilgerichte in Zukunft vermehrt auf solider Gutachtens-Grundlage der WEKO wettbewerbswidrige AGB-Klauseln zufolge Widerrechtlichkeit im Sinne von Art. 20 OR nichtig [100] erklären könnten.

2. Zur aktuellen Praxis der AGB-Kontrolle nach KG

Mit Bezug auf die Praxis der Wettbewerbsbehörden kann in diesem Zusammenhang auf mehrere Entscheide verwiesen werden. So wurde das für die Schweizer Konsumenten nachteilige *Sachversicherer-Kartell* nach einer eingehenden Untersuchung im Jahre 1988 aufgehoben. Der entsprechende Bericht stellte ausdrücklich fest, dass die Versicherten «keinen Druck auf die Anbieter ausüben können. So herrscht denn im Massengeschäft in der ganzen Schweiz praktisch ein Einheitstarif vor. Für das gleiche Risiko hat der Versicherungsnehmer bei jeder Gesellschaft die gleiche Prämie bei identischen Versicherungsbedingungen zu entrichten.»[101]

Eine analoge Praxis erfolgte 1989 betreffend die gesamtschweizerisch wirkenden Vereinbarungen im Bankgewerbe:[102] In dieser Untersuchung wurden mehrere Klauseln der gesamtschweizerisch verwendeten Banken-AGB gerügt.[103] So bspw. die Willensfiktion der Genehmigung von Bankauszügen durch die Übertragung des Übermittlungsrisikos an den Kunden; oder die allgemeine Wegbedingung aller Schäden infolge von Legitimationsmängeln und Fälschungen[104] zulasten des Kunden. Es handelte sich dabei um Muster-AGB der Schweizerischen Bankier-Ver-

---

[100] Vgl. dazu eingehend ZÄCH, S. 413 ff., Rz. 854 ff.; STÖCKLI, S. 179 ff. Rz. 791 ff. und Rz. 812 ff.
[101] VKKP 3/1988, 49.
[102] Zu den AGB der Banken, vgl. bspw. HARDEGGER IDA, Über die Allgemeinen Geschäftsbedingungen der Banken. Rechtliche Behandlung, unter besonderer Berücksichtigung ausgewählter Klauseln, Bern/Stuttgart 1991; MAURENBRECHER BENEDIKT, Die Vereinbarung der allgemeinen Geschäftsbedingungen der Banken. Rahmenvereinbarung und Geschäftsverbindungsvertrag, ZSR 1990 I 173–210; SCHWAIBOLD MATTHIAS, Ausgewählte AGB der Banken, in Baudenbacher Carl u.a. (Hrsg.), AGB – Eine Zwischenbilanz, St.Gallen/Berlin 1991, S. 223–251; WEBER RUDOLF H., Allgemeine Geschäftsbedingungen der Banken – zum Problem einer Grenzziehung, SAG 1984, 150–159
[103] VKKP 3/1989, 40.
[104] Vgl. zu diesem Fragenkomplex die Dissertation von KILGUS SABINE, Haftung für Unter-

einigung, die von den einzelnen Banken in der Regel ohne Änderung im Endverbrauchsmarkt verwendet worden waren. Dass die Vertragsfreiheit der Kunden damit erheblich eingeschränkt wurde, bedarf keiner weiteren Ausführungen.

Auch eine Untersuchung des Schweizer *Auto-Handels*[105] zeigte, dass vor allem im Ersatzteil-Handel durchgehend vertikale Wettbewerbs-Beschränkungen vorlagen. Im Rahmen der abstrakten AGB-Kontrolle bestimmten daher die Wettbewerbsbehörden,[106] dass die Fahrzeug-Garantien[107] im Endverbrauchsmarkt keine Klauseln enthalten dürfen, welche die Garantie nach dem Einbau von Fremdteilen oder nach der Ausführung von Arbeiten in markenfremden Garagen entfallen lassen.

3. Ergebnis

Als Ergebnis kann demnach festgehalten werden, dass die abstrakte AGB-Kontrolle im Kartellrecht wirksame Korrekturen dort ermöglichen, wo die *Vertragsfreiheit* durch die Verwendung von AGB aufgehoben wird. In diesen Fällen ist sie zudem effizienter als die konkrete Inhaltskontrolle durch den Richter, die auf den Einzelfall beschränkt bleibt. Gleichwohl erscheint sie als ungenügend, da sie ihrerseits nur beim Tatbestand von Monopolen, Kartellen und marktmächtigen Unternehmen zur Anwendung gelangen kann. Die Ungleichgewichtslagen ausserhalb des Kartellrechts werden damit nicht erfasst.

II. Lauterkeitsrecht (UWG)

1. Abstrakte AGB-Kontrolle nach UWG

Anders als im Kartellrecht erfolgt die AGB-Kontrolle nach UWG[108] ausschliesslich durch den Zivilrichter. Die Schweiz kennt keine öffentlich-rechtliche Lauterkeits-Kommission wie andere Staaten. Es besteht indessen eine private Stiftung[109]

---

schriftenfälschung im Bankverkehr und die Zulässigkeit ihrer Wegbedingung durch AGB, Zürich 1988.

[105] VKKP 3/1994; vgl. dazu bereits TERCIER PIERRE, Les conditions générales de la branche automobile, Journées du droit de la circulation routière, Fribourg, 1992, S. 1–38.
[106] VKKP 3/1996, 226.
[107] Vgl. dazu auch: ZK-SCHÖNLE/HIGI, Art. 192–204 OR: Kauf und Schenkung, S. 418f.: Kartellrechtliche Inhaltskontrolle von Freizeichnungsklauseln.
[108] BG vom 19. Dezember 1986 gegen den unlauteren Wettbewerb (SR 241). Vgl. Dokumentation der Gesetzgebung, JKR 1995, S. 148f.; JKR 1996, S. 247f.; JKR 1997, S. 434; JKR 1998, S. 333–335.
[109] BRUNNER ALEXANDER, Aktuelle Praxis der Schweizerischen Lauterkeitskommission, *in*

D. Wettbewerbsrechtliche Kontrolle der AGB

gleichen Namens als Schiedsorgan mit der Möglichkeit einer Popular-Beschwerde, aber ohne hoheitliche Funktionen. Gleichwohl kann auch im Lauterkeitsrecht dann von abstrakter AGB-Kontrolle gesprochen werden, wenn missbräuchliche AGB durch Unterlassungsklagen und das *Verbandsklagerecht*[110] generell ausser Kraft gesetzt werden sollen. Die Urteile der Zivilgerichte wirken sich dann für eine Vielzahl[111] von künftigen Fällen aus.

Entscheidend ist hier der – umstrittene[112] – Art. 8 UWG über missbräuchliche Geschäftsbedingungen: Danach handelt unlauter, wer vorformulierte AGB, die in irreführender Weise zum Nachteil einer Vertragspartei (a) von der *unmittelbar oder sinngemäss anwendbaren gesetzlichen Ordnung* erheblich abweichen oder (b) eine der *Vertragsnatur* erheblich widersprechende Verteilung von Rechten und Pflichten vorsehen.

Es wurde bereits darauf hingewiesen, dass die Lehre diese AGB-Norm als missglückt betrachtet. Dieser Beurteilung ist zuzustimmen. Art. 8 UWG ist deshalb nicht griffig, weil Beurteilungskriterien über den *Vertragsinhalt* mit einem Kriterium über den *Vertragsabschluss* (Element der «Irreführung») vermengt und unentwirrbar kumuliert werden. Der Gesetzgeber hat hier einen *Grundsatz* für eine *Ausnahme* geschaffen. Lässt man hingegen das erst in den letzten parlamentarischen Beratungen aufgepfropfte Kriterium über den Vertragsabschluss, d.h. das Irreführungs-Element, beiseite, so verbleiben die Beurteilungskriterien über den Vertragsinhalt mit einer sinnvollen Stossrichtung. Danach erscheint es als unlauter, wenn Anbieter ihre Verhandlungsmacht am Markt zum Nachteil einer Vielzahl möglicher Vertragspartner ausnutzen, indem sie durch ihre AGB ein Missverhältnis zwischen Leistung und Gegenleistung begründen, das der Vertragsnatur oder dem Gesetz erheblich widerspricht. Auch im Lauterkeitsrecht zeigt sich damit – wie im Kartellrecht – ein enger Bezug zum Vertragsrecht. Gemeinsame Tat-

---

Christian Meier-Schatz (Hrsg.), Neue Entwicklungen des UWG in der Praxis, Bern 2002, S. 165 ff.; vgl. dazu die Berichterstattung zur Rechtsprechung der Schweizerischen Lauterkeitskommission (SLK) in den Jahrbüchern des Schweizerischen Konsumentenrechts (JKR, Jahrgänge 1995–2004; Erscheinen ab 2005 eingestellt): *www.lauterkeit.ch*. Zu verweisen ist sodann auf den Abdruck der SLK-Grundsätze *in* VON BÜREN ROLAND/DAVID LUCAS (Hrsg.), Schweizerisches Immaterialgüter- und Wettbewerbsrecht, Bd. 5. Wettbewerbsrecht, Teilbd. 1, Lauterkeitsrecht, 2. Aufl., Basel/Frankfurt a.M. 1998, S. 315 ff.

[110] STAUDER, AGB-Verbandsklage, S. 73–91; BRUNNER, AGB, IPR und Verbandsklage, S. 83–126.

[111] Diese Konzeption der abstrakten AGB-Kontrolle wurde vor der Revision des UWG 1986 vor allem von STICHER in seiner Dissertation «Die Kontrolle Allgemeiner Geschäftsbedingungen als wettbewerbsrechtliches Problem» analysiert.

[112] DESSEMONTET FRANÇOIS u.a., «Was soll noch Art. 8 UWG?»/«Que reste-t-il de l'article 8 LCD sur les conditions générales?», SAG 1987, 109–117; DESSEMONTET, contrôle, S. 57–87; GAUCH, «missbräuchlicher Geschäftsbedingungen», BR 1987, 51–60; GUYET, conditions générales, S. 47–68; GUYET, SIWR V/I, S. 233–238; KUHN, offene Inhaltskontrolle AGB, SVZ 1987, 275–287; MATT, Transparenzgebot; NEUMAYER, S. 727–741; TOLLER, S. 51–72.

bestands-Elemente des Lauterkeits- und Vertragsrechts ist das *Missverhältnis zwischen Leistung und Gegenleistung.* Art. 21 OR als Tatbestand der Übervorteilung wirkt jedoch nur zwischen den konkreten Vertragparteien, während Art. 8 UWG für eine unbestimmte Vielzahl von Abnehmern missbräuchliche Klauseln verhindern soll.

2. Zur aktuellen Praxis der AGB-Kontrolle nach UWG

Zur Praxis der AGB-Kontrolle nach UWG, d.h. zur Anwendung von Art. 8 UWG, finden sich wenige Entscheide des Bundesgerichts, die teilweise auch Erwägungen zur sog. Ungewöhnlichkeitsregel enthalten. Das ist kein Zufall. Denn es kann unlauter sein, wenn ein Vertrag AGB-Klauseln enthält, die für den betreffenden Vertragstypus ungewöhnlich und überraschend sind, weil sie seiner Vertragsnatur[113] widersprechen (unlautere Überrumpelung). Es sind dies die folgenden Entscheide: Automatenaufstellungsvertrag;[114] Banken-AGB[115] sowie Fälle von Auto-Mietverträgen.[116] Im Fall BGE 119 II 443 wurde im Sinne eines *obiter dictum* zu Art. 8 UWG eine Klausel über die Haftung des Mieters in den AGB eines Autovermieters, die erheblich von den üblichen Regeln der Kaskoversicherung abwich, als unlauter qualifiziert, ein Entscheid, der von der Lehre[117] lebhaft begrüsst wurde. Es handelt sich aber um einen der seltenen Anwendungsfälle unter Berücksichtigung der Tatsache, dass das revidierte UWG seit Jahren in Kraft steht.

3. Ergebnis

Im Ergebnis kann demnach festgehalten werden: Art. 8 UWG *wäre* – würde die Kritik der Lehre befolgt, und würde der Gesetzgeber demnach das Irreführungs-Element streichen – eine sinnvolle Ergänzung der abstrakten AGB-Kontrolle für Tatbestände, die unterhalb der Schwelle des Kartellrechts liegen. Art. 8 UWG könnte auf diese Weise in jenem Bereich einen Ausgleich herbeiführen, bei welchen das Kartellrecht versagen muss, weil das Verhalten der Anbieter durch die Verwendung von AGB nicht den Grad einer Beschränkung des Wettbewerbs und der Vertragsfreiheit bewirkt. Unterhalb dieser Schranke – das konnte auch für die

---

[113] Vgl. vorstehend C.I.3., S. 126.
[114] BGer, 13.8.1991 = BGE 117 II 332 = Pra 82 Nr. 70.
[115] BGer, 9.7.1996 = BGE 122 III 373 = Pra 86 Nr. 25 = JKR 1997, S. 519; vgl. auch die Anm. von BUCHER, recht 1997, 55 ff.
[116] BGer, 5.8.1997 = Pra 87 Nr. 9; BGer, 5.8.1993 = BGE 119 II 443 ff., 446 E. 1a = Pra 83 Nr. 229 = SemJud 1994, 637 ff. = JKR 1996, S. 389 ff.
[117] Vgl. vorstehend Fn. 8.

Unternehmens-AGB[118] festgehalten werden – stellt sich indessen ebenso die Frage nach dem strukturellen Ungleichgewicht der Parteien. Missbräuchliche AGB-Klauseln sind in der Regel eine Folge dieses Ungleichgewichts. Dessen Ausnutzung zur Begründung eines Missverhältnisses zwischen Leistung und Gegenleistung muss daher als Verstoss gegen Treu und Glauben und damit als unlauterer Wettbewerb qualifiziert werden, wenn es der Vertragsnatur und dem dispositiven Gesetzesrecht erheblich widerspricht. Der Verstoss gegen das Lauterkeitsrecht durch AGB wird von der Lehre unterschiedlich beurteilt; einerseits wird Nichtigkeit[119], anderseits Anfechtbarkeit[120] des unter Verwendung der AGB abgeschlossenen Vertrages angenommen.[121]

Diese dogmatischen Unklarheiten könnten allerdings dann obsolet werden, wenn der Vorschlag der ZWEITEN EXPERTENKOMMISSION betreffend Totalrevision VVG Gesetz und der Entwurf zur *Ergänzung des Obligationenrecht* in Art. 20a E-OR (VE-VVG 2006)[122] ins geltende Recht überführt würde.

E. Vertragsrechtliche Kontrolle der AGB

I. Abschlusskontrolle der AGB

1. Konkrete AGB-Kontrolle des Vertragsabschlusses

Auch wenn die skizzierten Möglichkeiten der *abstrakten* AGB-Kontrolle – Verwaltungsaufsicht und Kollektivverträge, Kartell- und Lauterkeitsrecht – einen entscheidenden Beitrag leisten, so ist doch die *konkrete*, d.h. die vertragsrechtliche Kontrolle das Rückgrat der AGB Korrektur. Dabei ist die Abschlusskontrolle und die Inhaltskontrolle der AGB auseinanderzuhalten.

Die Abschlusskontrolle, auch *Geltungskontrolle*[123] genannt, fragt im Zivilprozess danach, ob AGB im Einzelfall vom Konsens der Parteien erfasst wurden. Hat

---

[118] Vgl. vorstehend Fn. 42.
[119] TOLLER, S. 51–72, insb. 54 Fn. 10 und 60 f. m.w.H., insb. auf C. BAUDENBACHER und L. DAVID.
[120] ABEGG, S. 295 ff.; TOLLER, S. 51–72, insb. 54 Fn. 11 und 61 f. m.w.H. auf P. GAUCH, W.R. SCHLUEP, E. BUCHER, E.A. KRAMER, A. BRUNNER, M. PEDRAZZINI und B. STAUDER.
[121] Die unentwirrbare Situation wegen des gesetzgeberischen Missgriffs beim Erlass des Art. 8 UWG zeigt sich auch in den sich gegenseitig ausschliessenden Lehrmeinungen über die schuldrechtlichen Folgen unlauterer AGB, vgl. dazu die beiden vorstehenden Fussnoten. Auch aus diesem Grunde wäre ein klärendes Wort des schweizerischen Gesetzgebers zum Recht der Allgemeinen Geschäftsbedingungen überfällig.
[122] Vgl. vorstehend C.I.3., S. 126, sowie nachstehend F.II.4, S. 179 (Dokumentation).
[123] GIGER, Geltungs- und Inhaltskontrolle.

insbesondere die Gegenpartei des AGB-Verwenders ihren Erklärungs- und Geschäftswillen auf Form und Inhalt der AGB gerichtet, mit anderen Worten, gelten die AGB auch für die unterworfene Partei?

2. Auslegungsgrundsatz (Vertrauensprinzip)

Diese Rechtsfrage wird im schweizerischen Recht nach dem Auslegungsgrundsatz des *Vertrauensprinzips*[124] entschieden. Die Schweizer Rechtsprechung[125] hält sich ausdrücklich an diesen Auslegungsgrundsatz, wenn die *Einbeziehung von AGB* in den Vertrag zu beurteilen ist. Dabei wird auch immer wieder Rückgriff auf das Problem des strukturellen Ungleichgewichts der Parteien genommen, was nicht nur Fälle aus dem Konsumrecht, sondern auch solche im Handelsrecht betrifft.

So führte das Bundesgericht in *BGE 109 II 116* in einem *handelsrechtlichen* Fall (Geschäftskonto einer AG bei Bank) Folgendes aus: «Zum Schutze der schwachen und unerfahrenen Partei ruft die Lehre in der Tat schon seit Jahren nach einer vermehrten Kontrolle durch den Richter, wenn von der Gegenpartei für eine Vielzahl von Fällen aufgestellte Geschäftsbedingungen, sei es durch blossen Verweis oder durch Eingliederung, zum Bestandteil eines bestimmten Vertrages erklärt werden». Es verwies dabei ausdrücklich auf die *herrschende Lehre*, insb. auf FORST-

---

[124] Zum *Vertrauensprinzip* im schweizerischen Recht besteht eine reichhaltige Literatur: GAUCH/SCHLUEP/SCHMID/REY, Schweizerisches Obligationenrecht AT, Bd, I, 8. Aufl. Zürich 2003, Rz. 206 ff.; HUGUENI, OR AT, S. 28 Rz. 181 ff.; KOLLER ALFRED, OR AT I, S. 72 Rz. 175 ff. – Für das Recht der allgemeinen Geschäftsbedingungen zusammengefasst bei: FAVRE-BULLE, S. 139–179 m.w.H.

[125] Die *bundesgerichtliche Rechtsprechung* zur Anwendung des Vertrauensprinzips auf AGB-Verträge in *chronologischer Reihenfolge*: BGer, 02.08.2007, 5C.20/2007, E. 2.2; BGer, 19.01.2006, 5C.61/2006, E. 3; BGE 130 III 417 E. 3.2; BGE 126 III 59 E. 5b; BGE 123 III 22 (in der klassischen Formulierung: Eine Erklärung ist so auszulegen, wie sie die Gegenpartei nach den gesamten Umständen nach Treu und Glauben verstehen durfte und musste); BGer, 20.8.1996 = BGE 123 III 35–48; BGer, 24.4.1996 = BGE 122 V 142–150; BGer, 7.3.1996 = BGE 122 III 118–124; BGer, 16.1.1995 = Pra 84 Nr. 205; BGer, 15.3.1994 = BGE 120 II 42–46; BGer, 30.8.1993 = BGE 119 II 344–346; BGer 1.7.1993 = BGE 119 II 368; BGer, 25.5.1993 = BGE 119 II 227–231 = Pra 83 Nr. 246; BGer, 6.8.1992 = BGE 118 Ia 294 = Pra 82 Nr. 230; BGer, 4.5.1992 = BGE 118 II 342; BGer, 12.10.1990 = Pra 79 Nr. 272; BGer, 22.5.1990 = BGE 116 II 431–435 = Pra 79 Nr. 271; BGer, 17.7.1989 = BGE 115 II 264; BGer, 4.11.1986 = BGE 112 II 337–346, 340 = Pra 76 Nr. 64; BGer, 12.7.1983 = BGE 109 II 116; BGer, 1.12.1982 = BGE 108 II 418 E. 1b. *Vgl. zur kantonalen Rechtsprechung:* HGer ZH, 9.1.1996 = ZR 1996 Nr. 96; HGer ZH 17.6.1994 = SJZ 1994, 332; HGer ZH, 25.8.1992 = ZR 1992 Nr. 23; BezGer ZH, 16.5.1989 = SJZ 1990, 214 ff, inbs. 216 f.; HGer ZH, 9.12.1988 = ZR 1989 Nr. 48; BezGer ZH, 30.6.1988 = ZR 1989 Nr. 27 = SJZ 1989, 249 ff.; BezGer Affoltern/ZH, 22.6.1986 = SJZ 1987, 381 f.; ZivilG BS, 14.2.1989 = BJM 1991, 289 ff.; KantGer SG, 26.1.1994 = JKR 1995, S. 256 ff. (teilweise Aufhebung des Urteils des BezGer Wil/SG, 3.12.1992 = JKR 1996, S. 392); KantGer SG, 16.1.1994 = SJZ 1996, 153; OGer SO, 28.4.1992 = SJZ 1995, 54.

MOSER, KRAMER, MERZ, SCHÖNENBERGER/JÄGGI, OFTINGER und BUCHER.[126] Es blieb hier jedoch bei einem *obiter dictum,* da der Fall bereits bei der Auslegung der AGB nach dem Wortlaut endete.

Das obiter dictum ist aber umso mehr auch im *Konsumrecht* entscheidend. Hier ist auf einen Entscheid des Bezirksgerichts Zürich[127] aus dem Jahre 1989 zu verweisen. Das Gericht führt Folgendes aus: «Auch die Lehre anerkannte bereits bisher den *unterschiedlichen Kenntnis- und Wissenstand zwischen Unerfahrenen und Spezialisten* (SCHNEEBERGER, Kommerzielles Vertragsrecht, 34 f.; A. STÄHELIN, Der Schutz der schwächeren Vertragspartei, BJM 1978, 2 f.; KRAMER, Konsumentenschutz als neue Dimension des Privat und Wettbewerbsrechts, ZSR 1979 I 49 ff.; MERZ, Massenvertrag und AGB, in: Ausgewählte Abhandlungen zum Privat- und Kartellrecht, 328; GIGER, Geltungs- und Inhaltskontrolle Allgemeiner Geschäftsbedingungen, 125 ff.). Diese Rechtstatsache führt unter Berücksichtigung der Verfassungsnorm über den Schutz der Konsumenten (Art. 31^{sexies} BV[128]) zum normativen Auslegungsgrundsatz des konsumrechtlichen Ungleichgewichtsprinzips, womit auch dessen Verhältnis zum Vertrauensprinzip im Sinne von Art. 1 und 18 OR in Verbindung mit Art. 2 ZGB zu bestimmen ist.»

Entscheidend sind dabei die *drei möglichen Auslegungstatbestände* bei der Ermittlung von Sinn und Bedeutung der Willenserklärungen von Anbieter und Konsument im Hinblick auf das Zustandekommen des Konsumvertrages und bei der Einbeziehung der AGB in den Vertrag.

Das konsumrechtliche Ungleichgewichtsprinzip[129] ist nicht anwendbar beim Tatbestand des *tatsächlichen Wissens- und Willens – Konsenses* zwischen Anbieter und Konsument, da dieses Prinzip – im Rahmen der Auslegung – die Privatautonomie als solche bzw. die Vertragsfreiheit der Parteien (Art. 12 ZGB und Art. 1 OR) nicht berührt. Haben sich die Parteien beim Abschluss des Konsumentenvertrages tatsächlich geeinigt, bleibt für die Berücksichtigung eines unterschiedlichen Informationsstandes zwischen Anbieter und Konsument kein Raum; vorbehalten sind hier lediglich privat- und öffentlichrechtliche Eingriffsnormen nach Vertragsschluss, d.h. die *Inhaltskontrolle* der AGB.

Das konsumrechtliche Ungleichgewichtsprinzip ist jedoch anwendbar bei der Auslegung der Willenserklärungen von Anbieter und Konsument nach dem Vertrauensprinzip und bei der Vertragsergänzung, d.h. beim *normativen Wissens- und Willens-Konsens*. Hier sind bestehende Informationsunterschiede im Rahmen des konkreten Einzelfalles zu beachten.

---

[126] Zitat gemäss BGE 109 II 116: «statt vieler: FORSTMOSER, Rechtsprobleme der Bankpraxis, S. 24; KRAMER, N. 173 ff. zu Art. 1 OR; MERZ in FS Schönenberger, S. 137 ff.; SCHÖNENBERGER/JÄGGI, N. 427 ff. zu Art. 1 OR; OFTINGER in FS Zepos, Bd. II, S. 546 ff.; BUCHER, OR Allg.Teil, S. 130 ff.; BUCHER in FS Deschenaux, S. 267; GUGGENHEIM, Lex contrats de la pratique bancaire suisse, S. 60 ff.».

[127] BezGer ZH, 30.6.1988 = ZR 1989 Nr. 27 = SJZ 1989, 249 ff. = JKR 1995, S. 253.

[128] Art. 31^{sexies} aBV entspricht Art. 97 BV der Bundesverfassung vom 18. April 1999.

[129] BRUNNER, Konsumverträge, Begriff, JKR 2004, S. 3 ff., insb. 22 Fn. 30 m.w.H.

Allgemeine Geschäftsbedingungen

AGB sind daher vor allem beim Konsumvertrag vom AGB-Verwender klar und deutlich zur Kenntnis zu geben. Es geht hier um das Kennen-Können und das Kennen-Müssen-Kriterium als Beurteilungs-Massstab dafür, ob die AGB vom Erklärungswillen der Gegenpartei des AGB-Verwenders erfasst wurden.
Im wegleitenden Entscheid *BGE 122 III 118* (Mercedes-Fall) hat das Bundesgericht aber klargestellt, dass die Gerichte bei der Auslegung von AGB nicht sofort zur Unklarheits- und Ungewöhnlichkeitsregel greifen dürfen. Vielmehr ist vorerst *die methodische Stufenfolge*[130] *der Auslegungsgrundsätze* zu beachten. Erst nach Anwendung des *grammatischen* (E. 2b und 2c/bb, Berücksichtigung Wortlaut, Bedeutung von Worten), des *historischen* (E. 2b, Berücksichtigung der Umstände beim Vertragsabschluss) und des *systematischen* (E. 2c, Berücksichtigung des Zusammenhangs von AGB-Klauseln) – das teleologische wurde nicht erwähnt – *Auslegungselementes*, d.h. erst nach erfolgloser Auslegung aufgrund dieser Stufenfolge und bei bleibender Mehrdeutigkeit von Worten und Bezeichnungen kommt die *Unklarheitsregel* zur Anwendung (E. 2a und 2d).

3. Unklarheitsregel (Erklärungswille)

Nach der so genannten Unklarheitsregel sind *mehrdeutige* Wendungen in *vorformulierten Vertragsbedingungen* (AGB) im Zweifel zu Lasten jener Partei auszulegen, die sie verfasst hat.[131] Dies entspricht konstanter Rechtsprechung.[132] Dabei hat das Bundesgericht jedoch schon vor dem vorstehend zitierten Entscheid BGE 122 III 118 in *BGE 119 II 368* festgehalten, dass vor der Anwendung der Unklarheitsregel die Hierarchie der Auslegungselemente zu berücksichtigen ist. Nur bei *verbleibender* Mehrdeutigkeit nach allgemeinem Sprachgebrauch[133] sind

---

[130] Bestätigung dieser Auslegungsmethode in der neuesten Rechtsprechung: BGer, 02.08.2007, 5C.20/2007, E. 2.2; BGer, 20.04.2007, 5C.21/2007, E. 3.1. Vgl. zur *Stufenfolge der Auslegungselemente*: BGer, 7.3.1996 = BGE 122 III 118–124; BGer 1.7.1993 = BGE 119 II 368.

[131] BGer, 01.11.2006, 4C.300/2005, E. 2.3 unter Hinweis auf BGE 124 III 155 E. 1b; BGer 01.10.2004, 5C.134/2004.

[132] Die Ausdrucksweise des Bundesgerichts ist uneinheitlich, es verwendet «Unklarheitsregel» oder «Unklarheitenregel»; diese allgemeine Regel ist v.a. auf AGB anwendbar. Die *bundesgerichtliche Rechtsprechung* zur Unklarheitsregel in *chronologischer Reihenfolge*, vgl. vorstehende Fn. sowie: BGer, 7.10.1997 = BGE 124 III 155–166 = JKR 1998, S. 491–496; BGer, 24.4.1996 = BGE 122 V 142–150; BGer, 7.3.1996 = BGE 122 III 118–124; BGer 1.7.1993 = BGE 119 II 368; BGer, 4.5.1992 = BGE 118 II 342; BGer, 12.11.1991 = BGE 117 II 609, insb. 622; BGer, 24.10.1989 = BGE 115 II 474; BGer, 17.7.1989 = BGE 115 II 264. Zur *kantonalen Rechtsprechung* vgl. insb.: BezGer ZH, 24.2.1987 = ZR 1988 Nr. 53; BezGer Affoltern/ZH, 22.6.1986 = SJZ 1987, 381 f.; OGer BL, 29.11.1994 = BJM 1995, 311 ff.; OGer BL, 18.10.1994 = JKR 1997, S. 525 ff.; KantGer VS, 27.3.1996 = RVJ 1996, 257 ff.

[133] Das Auslegungskriterium des allgemeinen und alltäglichen Sprachgebrauchs ist auch bei

E. Vertragsrechtliche Kontrolle der AGB

AGB-Klauseln aufgrund der *Unklarheitsregel* im Zweifel gegen den Verfasser auszulegen.

Im Ergebnis kann damit Folgendes festgehalten werden: In theoretischer Hinsicht wäre die so genannte Unklarheitsregel entbehrlich. Denn man kann mit guten Gründen die Meinung vertreten, dass bei «verbleibender Mehrdeutigkeit der AGB» ein offener oder versteckter Dissens vorliegt. Die AGB müssten demnach nicht zurechtgebogen werden, vielmehr käme – wegen der fehlenden Einigung der Parteien, dispositives Gesetzesrecht vertragsergänzend zur Anwendung. In *theoretischer* Hinsicht, muss man betonen; denn in *praktischer* Hinsicht erweist sich die Unklarheitsregel als sehr nützlich, zumal die Instanz-Gerichte für ihre Entscheide, die rasch gefällt werden sollten, sich an Faustregeln orientieren müssen.

Diesen Weg geht auch das Europarecht mit dem Katalog im Anhang zur AGB-Richtlinie von 1993 über missbräuchliche Klauseln. Dieser Anhang enthält eine Reihe von Klauseln, die sich in der Praxis häufig finden und allgemein als missbräuchlich beurteilt werden. Die wertende Auslegung solcher Klauseln durch die Zivilgerichte kann sich daher an diesen Typisierungen[134] orientieren.

4. Ungewöhnlichkeitsregel (Geschäftswille)

Nach der so genannten Ungewöhnlichkeitsregel kann einer AGB-Klausel die vertragliche Wirksamkeit versagt werden, wenn sie nach objektiver Auslegung gemäss Vertrauensprinzip als ungewöhnlich qualifiziert werden muss. Auch zur Ungewöhnlichkeitsregel besteht eine reiche Rechtsprechung.[135] Nach einem neueren

---

der Anwendung der Unklarheitsregel massgeblich, vgl. dazu auch BGer, 4.5.1992 = BGE 118 II 342, insb. 344, 345 E. 1a.

[134] Vgl. nachfolgend F.II., S. 160 ff. (Dokumentation).

[135] Vgl. *Rechtsprechung des Bundesgerichts* zur Ungewöhnlichkeitsregel *in chronologischer Reihenfolge*: BGer, 02.08.2007, 5C.20/2007, E. 2.2; BGer, 19.10.2006, 5C.61/2006, E. 2; BGer 28.09.2005, 4C.194/2005 (mit Anm. SIBBERN/VON DER CRONE, SZW 2006, 70 ff.); BGer, 5.8.1997 = Pra 87 Nr. 9 (*unter Bezugnahme auf BGE 119 II 443 E. 1a = Pra 83 Nr. 229*); BGer, 26.2.1997 = Pra 86 Nr. 164; BGer, 24.4.1996 = BGE 122 V 142–150; BGer, 5.8.1993 = BGE 119 II 443 ff., 446 E. 1a = Pra 83 Nr. 229 = SemJud 1994, 637 ff. = JKR 1996, S. 389 ff.; BGer, 5.8.1993 = BGE 119 II 443 ff., 446 E. 1a und 447/448 = Pra 83 Nr. 229 = SemJud 1994, 637 ff. = JKR 1996, S. 389 ff. (*in Widerspruch zu BGer, 1.12.1982 = BGE 108 II 418 E. 1b. und zu BGer 21.6.1983 = BGE 109 II 213, Änderung der Rechtsprechung demnach vom Bundesgericht unausgesprochen eingeleitet mit dem Entscheid BGer, 6.12.1983 = BGE 109 II 452*); BGer, 6.12.1983 = BGE 109 II 452 (*bestätigt in BGE 119 II 446*); BGer 21.6.1983 = BGE 109 II 213 (*sog. Bäckereiofen-Fall mit Hinweis auf die bisherige Praxis zur Ungewöhnlichkeitsregel zum Schutz der schwachen und unerfahrenen Vertragspartei vor AGB: Gerichtsstandsklausel: BGE 104 Ia 279 mit Hinweisen, Saldoquittung: BGE 41 II 455 E.2., Bürgschaftserklärung: BGE 49 II 185, Legitimationsklausel Bankdepotvertrag: BGE 64 II 356 E.2., Schiedsklausel: BGE 76 I 349 E.4*); BGer, 1.12.1982 = BGE 108 II 418 E. 1b. Vgl. *zur kantonalen Rechtsprechung*: BezGer Pfäffikon/ZH, 28.8.1997 = JKR 1998, S. 480 ff. (*mit eingehender Besprechung in* ACKER-

Entscheid des Bundesgerichts aus dem Jahre 1997[136] sind nach dieser Regel von der Globalübernahme von AGB alle ungewöhnlichen Klauseln ausgenommen, auf deren Vorhandensein die *schwächere oder weniger geschäftserfahrene Partei nicht besonders aufmerksam gemacht worden* ist. Damit wurde das Leiturteil im Automiete-Fall aus dem Jahre 1993[137] bestätigt. Die Änderung der Rechtsprechung erfolgte aber bereits früher, ohne dass dies vom Bundesgericht im publizierten Leitsatz angemerkt worden wäre. So setzte sich der bereits erwähnte Hühnerfabrik-Fall aus dem Jahre 1983 (*BGE 109 II 452*), bei dem es um die SIA-Norm 118 ging, in klaren Widerspruch zu den beiden fast gleichzeitig gefällten Urteilen in *BGE 108 II 418* und *BGE 109 II 213*.

Diese Rechtsprechung des Bundesgerichts zur Ungewöhnlichkeitsregel wurde nicht in allen kantonalen Entscheiden übernommen. So führte das Zürcher Handelsgericht im Jahr 1985[138] zur SIA-Norm 118 Folgendes aus: «Neuerdings befasst sich der Entscheid des Bundesgerichts 109 II 452 mit dieser Frage.» Der publizierte Leitsatz formuliert absolut. «Art. 154 Abs. 3 und Art. 155 Abs. 1 der SIA-Norm 118 (Ausgabe 1977) sind für einen branchenfremden, ‹einmaligen› Bauherrn ungewöhnlich und daher unverbindlich.» [...] Es scheint, dass das Bundesgericht den genannten Bestimmungen der neuen Fassung (der AGB) einen Inhalt beimisst, der ihnen nicht zukommt: Es führt aus, der nicht branchenkundige und im Bauen unerfahrene Bauherr müsse nicht damit rechnen, dass ihn der Architekt durch die Anerkennung der Schlussabrechnung zur Zahlung des vom Unternehmer damit geforderten Betrages verpflichte, jedenfalls dann nicht, wenn der Rechnungsbetrag die Offerte wesentlich übersteige (BGE 109 II 459). Es ist aber auseinanderzuhalten, ob der Architekt lediglich die Masse und Preise überprüft oder mit der «Anerkennung» der Abrechnung faktisch einer Vertragsänderung zustimmt.» Das Handelsgericht stellt daher fest, die blosse Tatsachenfeststellung des Architekten über Masse und Preise würde den Bauherrn nicht belasten und dessen Einreden – Herabsetzung beim ungefähren Kostenansatz oder bei unnötiger Ver-

---

MANN THOMAS, *Der Fotografenvertrag als Konsumentengeschäft, recht 1998, 144–160*); HGer ZH, 27.6.1995 = ZR 1996 Nr. 48; HGer ZH, 4.11.1994 = ZR 1995 Nr. 39; HGer ZH, 25.8.1992 = ZR 1992 Nr. 23 (*AGB-Schiedsklausel im internationalen Geschäftsverkehr; vgl. dazu auch HGer ZH, 14.12.1989 = ZR 1990 Nr. 86*); BezGer Bülach/ZH, 6.9.1989 = ZR 1990 Nr. 83; BezGer ZH, 24.2.1987 = ZR 1988 Nr. 53, E.5.3.; HGer ZH, 29.5.1985 = ZR 1985 Nr. 103 (*Auslegung von SIA Norm 118 in ausdrücklichem Widerspruch zu BGer, 6.12.1983 = BGE 109 II 452*); AmtGer Luzern-Stadt, 10.1.1989 = JKR 1995, S. 256 ff.; OGer BL, 29.11.1994 = BJM 1995, 311 ff.; OGer BL, 18.10.1994 = JKR 1997, S. 525 ff.; OGer BL, 31.8.1993 = BJM 1995, 139 ff.; OGer BL, 17.8.1993 = BJM 1994, 236 ff.; AppGer BS, 30.1.1985 = BJM 1986, 279 ff.; AppGer BS, 14.1.1985 = SJZ 1985, 289 ff.; KantGer GR, 17.12.1990 = PKG 1990, 84 ff.; KantGer GR, 29.5.1990 = PKG 1990, 193 ff.; KantGer VS, 5.7.1990 = RVJ 1990, 149 ff.

[136] BGer, 5.8.1997 = Pra 87 Nr. 9.
[137] BGer, 5.8.1993 = BGE 119 II 443 = Pra 83 Nr. 229 = SemJud 1994, 637 ff. = JKR 1996, S. 389 ff.
[138] HGer ZH, 29.5.1985 = ZR 1985 Nr. 103.

teuerung – blieben gewahrt. Das Handelsgericht hielt daher entgegen *BGE 109 II 452* an seiner Praxis [139] bei der Auslegung der SIA-Norm 118 fest, zumal der *Bauherr* im zu beurteilenden Fall *nicht unerfahren* gewesen sei, weshalb auch die Ungewöhnlichkeitsregel nicht zur Anwendung gelange.

Ein Entscheid des Obergerichts Basel-Land aus dem Jahre 1993 [140] geht in die gleiche Richtung wie das Zürcher Handelsgericht. Das Gericht hatte u.a. eine AGB-Klausel über die *Zugangsfiktion* von Bankmitteilungen an Kunden zu beurteilen. Es fand, eine AGB-Klausel, wonach Zustellungen an die vom Kunden zuletzt bekannt gegebene Adresse wirksam sind, sei nicht ungewöhnlich und daher gültig: «Die AGB sorgen für die Fiktion, dass alle Kreditnehmer als benachrichtigt gelten, wenn die notwendigen Unterlagen an die ihr bekannt gegebene Adresse gesandt worden sind.» Damit verbunden ist demnach auch die *Annahme*-Fiktion der Bank-Mitteilung seitens des Kunden.

5. Ergebnis

Im Ergebnis kann Folgendes festgehalten werden: In der aktuellen Praxis zur Abschlusskontrolle der AGB hat sich Einiges bewegt. Der Anwendungsbereich der *Unklarheitsregel* als Sondertatbestand des *Vertrauensprinzips* wurde in methodologischer Hinsicht präzisiert und bei der Anwendung der *Ungewöhnlichkeitsregel* hat die Lehre von der schwächeren Vertragspartei sowohl im Handelsrecht [141] als auch im Konsumrecht [142] einen Durchbruch erzielt. Allerdings musste aber auch festgestellt werden, dass sich die unteren Instanzen keineswegs immer an die geänderte höchstrichterliche Rechtsprechung halten. Dies ist umso bedauerlicher, als es vorliegend lediglich um die Abschlusskontrolle geht. Die uneinheitliche Rechtsprechung zeigt denn auch auf, dass mit Bezug auf missbräuchliche AGB-Klauseln dann kein Schutz [143] gegeben ist, wenn ein tatsächlicher, ein hypothetischer oder gar ein fiktiver Konsens der Parteien angenommen wird.

---

[139] ZR 1980 S. 252 ff.
[140] OGer BL, 17.8.1993 = BJM 1994, 236 ff.
[141] Im Hühnerfabrik-Fall: BGer, 6.12.1983 = BGE 109 II 452 (*bestätigt in BGE 119 II 446*).
[142] Im Automiete-Fall: BGer, 5.8.1993 = BGE 119 II 443 = Pra 83 Nr. 229 = SemJud 1994, 637 ff. = JKR 1996, S. 389 ff.
[143] Auf diese unbefriedigende Situation bei der sog. verdeckten Inhaltskontrolle durch Auslegung der Willenserklärungen weist zu Recht hin: HUGUENIN JACOBS CLAIRE, Allgemeine Geschäftsbedingungen in der Schweiz im Lichte der neuen EU-Richtlinie über missbräuchliche Klauseln in Verbraucherverträgen, recht 1995, 85–95, insb. 86 Ziff. II.2.; vgl. auch KRAMER ERNST A., Neues aus Gesetzgebung, Praxis und Lehre zum Vertragsschluss, BJM 1995, 1–24, insb. 15.

II. Inhaltskontrolle der AGB

1. Konkrete AGB-Kontrolle des Vertragsinhalts

Der hohe Schutzstandard bei der Abschlusskontrolle im schweizerischen Vertragsrecht findet sein Korrelat in einem tiefen Schutzstandard bei der richterlichen Inhaltskontrolle der AGB. Bei der konkreten AGB-Kontrolle durch richterliche Inhaltskontrolle stellt sich die Frage, ob die durch gegenseitige und übereinstimmende Willenserklärungen Bestandteil des Vertrags[144] gewordenen AGB auch mit Bezug auf ihren *Inhalt* vor dem Gesetz standhalten. Die *gesetzlichen Schranken* umfassen dabei nicht nur die besonderen Schutznormen[145] im engeren Sinn, sondern auch die Rechtsgrundsätze des allgemeinen Zivilrechts[146] und des Vertragsrechts[147].

2. Indirekte Inhaltskontrolle (Vertrauensprinzip)

Die Lehre unterscheidet die indirekte bzw. verdeckte Inhaltskontrolle von der direkten bzw. offenen Inhaltskontrolle. Eine *indirekte* Inhaltskontrolle liegt dann vor, wenn der *Inhalt* von AGB-Klauseln mit den Methoden der *Abschlusskontrolle*[148] bzw. *Vertragsauslegung* überprüft und korrigiert wird. Die *direkte* Inhaltskontrolle von AGB-Klauseln stützt sich hingegen direkt auf die besonderen und allgemeinen Schutznormen des *Gesetzes* ab.

Die indirekte Inhaltskontrolle orientiert sich dabei am *Vertrauensprinzip* und führt auf diese Weise unter Rückgriff auf die Auslegung der AGB Korrekturen an deren Inhalt durch. Ein anschauliches Beispiel für diese Methode findet sich in einem 1990 veröffentlichten Entscheid des Bundesgerichts.[149] Es ging dabei im Rahmen der Abschlusskontrolle um die verdeckte Inhaltskontrolle durch einschränkende Auslegung einer AGB-Haftungsausschlussklausel in einem Banksparvertrag, d.h. Sparheft. Das Bundesgericht entschied, die Entbindung von der Identitätsprüfung des vorweisenden Inhabers des Sparheftes in den AGB sei einschrän-

---

[144] Art. 1 OR i.V.m. Art. 2 ZGB und Art. 18 OR.
[145] Vgl. dazu die umfassende Dokumentation der *Gesetzgebung* im Bereich des schweizerischen, europäischen und internationalen Konsumrechts, JKR 1995–2004 (Erscheinen ab 2005 eingestellt).
[146] Treu und Glauben und Rechtsmissbrauchsverbot (Art. 2 ZGB); Treu und Glauben sowie Täuschungsverbot im Wettbewerbsrecht (Art. 2 UWG); Schutz der Person und der Vertragsfreiheit (Art. 27 ZGB und dessen Konkretisierung im Kartellrecht).
[147] Missverhältnis der gegenseitigen Leistungen (Art. 21 OR); Verstoss gegen Grundsätze der Rechtsordnung (Art. 19/20 OR); Haftungsfreizeichnung konzessionierter Anbieter (Art. 100 Abs. 2 OR).
[148] Vgl. dazu vorstehende Ausführungen unter A., S. 118 f.
[149] BGer, 12.10.1990 = Pra 79 Nr. 272.

E. Vertragsrechtliche Kontrolle der AGB

kend auszulegen. Der Haftungsausschluss der Bank war dementsprechend unwirksam. Diese Rechtsprechung wurde im Verhältnis zwischen Banken und Kunden mehrfach bestätigt, wobei es jeweils naturgemäss auf den konkreten Sachverhalt ankommt. So wurde in einem Entscheid[150] aus dem Jahre 2004 eine *AGB-Klausel, welche die Genehmigung von Rechnungs- und Depotauszügen als Willensfiktion* vorsah, im Rahmen der indirekten Inhaltskontrolle nach dem Vertrauensprinzip *als nicht rechtswirksam qualifiziert*, da offenbare gegenteilige Fakten vorlagen.

Im Übrigen kann zur indirekten AGB-Inhaltskontrolle auf die vorstehenden Ausführungen zur Abschlusskontrolle in Anwendung der sog. Unklarheits- und Ungewöhnlichkeitsregel verwiesen werden.

3. Direkte Inhaltskontrolle (Gesetzesrecht)

Die Lehre[151] fordert nun seit Jahren den Übergang von der verdeckten zur offenen Inhaltskontrolle von AGB. Die Praxis hingegen blieb bisher sehr zurückhaltend. Immerhin finden sich mehrere Entscheide,[152] die sich auf die *direkte Inhaltskontrolle von AGB* beziehen, auch wenn sie meist abschlägig ausfallen oder sich auf Erwägungen in obiter dicta beschränken.

Das Bundesgericht bejahte die *direkte* Inhaltskontrolle von AGB in einem *obiter dictum* im sog. Bäckereiofen-Fall[153]. Die Inhaltskontrolle von AGB sei zulässig[154] bei Widerrechtlichkeit und Sittenwidrigkeit (Art. 19/20 OR), bei Übervortei-

---

[150] HGer ZH, 01.04.2003 (bestätigt durch Entscheide des Kassationsgerichts vom 27.04.2004 und des Bundesgerichts vom 02.11.2004; ZR 104 (2005) Nr. 28. *Anm.:* Auch wenn hier das Handelsgericht – wegen der Möglichkeit von Privatklägern, dieses als sachlich zuständig zu wählen – entschieden hat, ist dieser Sachverhalt als Konsumentenstreitigkeit zu qualifizieren. – Bei ausländischen Bankkunden, die *aus bekannten Gründen ausdrücklich keine Zustellung von Unterlagen wie Konto- und Depotauszüge ins Ausland wollen*, entfalten solche AGB-Klauseln über die Willensfiktionen – gestützt auf das Vertrauensprinzip – selbstverständlich die volle Wirksamkeit. So ginge es bei objektiver Betrachtung nicht an, die Vorteile solcher Vertraulichkeit des Schweizer Bankgeschäfts zu beanspruchen und die vereinbarte Willenfiktion im Einzelfall zu bestreiten.

[151] Zusammenfassung bei BK-KRAMER, Art. 19–20 OR N 274 ff., N 277 ff. und N 290 ff. sowie Art. 21 OR N 43, vgl. neuerdings auch: FREI, S. 143 Rz. 423; GROLIMUND, HAVE 2007, 159.

[152] *Direkte Inhaltskontrolle* in der bundesgerichtlichen Rechtsprechung *zumindest thematisiert*: BGer, 26.6.1997 = BGE 123 III 292–305 = Pra 86 Nr. 142 = JKR 1998, S. 461–468; BGer, 18.12.1995 = BGE 122 III 26–33 = JKR 1997, S. 516 ff.; BGer, 18.11.1986 = BGE 112 II 450 = Pra 76 Nr. 144; BGer, 12.7.1983 = BGE 109 II 116; BGer 21.6.1983 = BGE 109 II 213. Direkte Inhaltskontrolle *in der kantonalen Rechtsprechung zumindest thematisiert:* OGer AG, 12.11.2002, AGVE 2002, 36–40, Ungültigkeit einer AGB-Beweislastregel, vgl. dazu SCHMID HANS, Zum Beweisvertrag, SJZ 100 (2004), 477 ff.; OGer ZH, 24.8.1995 = ZR 1997 Nr. 102; HGer ZH, 27.6.1995 = ZR 1996 Nr. 48; OGer BL, 29.11.1994 = BJM 1995, 311 ff.; BezGer Horgen, 11.3.1992 = SJZ 1994, 65; HGer ZH, 9.12.1988 = ZR 1989 Nr. 48.

[153] BGer, 21.6.1983 = BGE 109 II 213.

[154] BGE 109 II 217.

lung (Art. 21 OR), bei der Verletzung des Persönlichkeitsrechts und der Vertragsfreiheit (Art. 27 ZGB) sowie bei Vorliegen von Rechtsmissbrauch (Art. 2 Abs. 2 ZGB). In zwei kantonalen Entscheiden, bei denen es jeweils um die Beurteilung von AGB-Pfandklauseln ging, wurde eine direkte Inhaltskontrolle aufgrund der soeben erwähnten gesetzlichen Kriterien abgelehnt. Dabei betraf es allerdings handelsrechtliche Verhältnisse. So verwarf das Obergericht Basel-Landschaft[155] den Antrag der Gegenpartei des AGB-Verwenders bei einem Geschäftskredit, womit gestützt auf *Art. 27 ZGB* die AGB-Pfandklausel wegen übermässiger Bindung nichtig erklärt werden sollte. In gleicher Weise entschied das Zürcher Handelsgericht[156] bei einem Unternehmens-Kredit mit AGB-Pfandklausel, womit bei Verschlechterung der Bonität des Unternehmens der Kredit durch die Bank nach freiem Ermessen sofort gekündigt werden konnte mit Selbsteintritt in den Pfandvertrag; hier lehnte das Gericht den Einwand der Übervorteilung nach *Art. 21 OR* ab und verneinte Rechtsmissbrauch i.S.v. *Art. 2 Abs. 2 ZGB*.

Im wegweisenden Entscheid zu den Banken-AGB aus dem Jahre 1986[157] bejahte das Bundesgericht eine *direkte* Inhaltskontrolle gestützt auf *Art. 100 Abs. 2 OR* nach richterlichem Ermessen gemäss Art. 4 ZGB. In der neuesten Rechtsprechung (2006) wurde dieser Entscheid auch unter der Voraussetzung bestätigt, dass die Tätigkeit der Bank nicht das konzessionierte Kerngeschäft, sondern einen mit dem Privatkunden abgeschlossenen Vermögensverwaltungsvertrag[158] betraf. In die gleiche Richtung wies bereits ein Bundesgerichtsentscheid im Jahre 1983;[159] allerdings nur in einem obiter dictum. Danach unterliegen AGB-Haftungsfreizeichnungsklauseln der *direkten* richterlichen Inhaltskontrolle nach freiem Ermessen bei jenen Anbietern, die am Markt als staatlich konzessionierte Unternehmen auftreten. Darunter dürften alle Anbieter fallen, die im Massengeschäft Waren und Dienstleistungen im Rahmen des Aufsichtsrechts[160] anbieten: Banken, Börsen-Broker, Versicherungen, Personentransporte aller Art, Gastgewerbe, Ärzte und Anwälte. Diese nach Bundesgericht zulässige direkte Inhaltskontrolle von AGB-Freizeichnungsklauseln[161] wurde von den kantonalen Gerichten jedoch nur teil-

---

[155] OGer BL, 29.11.1994 = BJM 1995, 311 ff.
[156] HGer ZH, 27.6.1995 = ZR 1996 Nr. 48.
[157] BGer, 18.11.1986 = BGE 112 II 450 = Pra 76 Nr. 144.
[158] BGer, 10.11.2006, 4C.158/2006, E. 2.2/2.3.
[159] BGer, 12.7.1983 = BGE 109 II 116. Vgl. zu diesem Entscheid auch die abstrakte, *kartellrechtliche* AGB-Kontrolle, VKKP 3/1989, 40.
[160] Zum *schweizerischen Aufsichtsrecht* eingehend: BRUNNER ALEXANDER et al., Dokumentation der Gesetzgebung; REHBINDER MANFRED et al., Dokumentation der Rechtsprechung, und STAUDER BERND, Dokumentation der Literatur, in den Jahrgängen des Jahrbuchs des schweizerischen Konsumentenrechts (JKR, Bern 1995 ff.), unter den systematischen Kennziffern: I.4.1.2 (a. ff.) und III.3.2.1–III.3.2.6).
[161] KAMM MICHAEL, Freizeichnungsklauseln im deutschen und im schweizerischen Recht – ein Vergleich, Bergisch Gladbach/Köln 1985; STAUDER BERND, Les clauses d'exonération et de limitation de responsabilité en droit suisse, *in* Ghestin Jacques (Hrsg.), Les clauses limitatives ou exonératoires de responsabilité en Europe, Paris 1991, S. 95–133.

E. Vertragsrechtliche Kontrolle der AGB

weise[162] übernommen oder gar nicht thematisiert.[163] In einem Entscheid von 1995[164] hat das Bundesgericht sodann eine AGB-Klausel mit einseitiger Risikoverteilung zwischen Banken und Bankkunden (Überwälzung des Risikos der Checkfälschung; keine besondere Aufklärungspflicht der Banken im Checkverkehr) im Rahmen der Inhaltskontrolle von *Art. 100 OR* als zulässig[165] erachtet.

Eine grundlegende Änderung bahnt sich indessen seit dem Fussballplatz-Fall aus dem Jahre 1997[166] an. Das Bundesgericht führt hier Folgendes aus: «Beruhte das Obligationenrecht des Jahres 1881 noch auf einer ‹rein geschäftsmässigen Auffassung des Verkehrslebens› (BBl 1905 II 14), wandte bereits die Revision von 1911 u.a. mit der Einführung des zivilrechtlichen Wuchertatbestands sich einem vermehrt *materialen Vertragsdenken* zu, und hat diese Tendenz sich im sogenannt *sozialen Privatrecht* kontinuierlich verstärkt. Das Vertragsrecht wird zunehmend ‹materialisiert›, die formale Vertragsfreiheit durch *materielle Vertragsgerechtigkeit* verdrängt, besonders deutlich etwa in den Gebieten des *Miet- und Arbeitsrechts, des Konsumentenschutzes oder der Allgemeinen Geschäftsbedingungen*. Die zeitgemässe Rechtsüberzeugung ist nicht mehr allein vom Schwarz-Weiss-Schema der Gültigkeit oder Nichtigkeit privater Rechtsgestaltung geprägt, sondern fasst immer fester auch in der Grauzone der geltungserhaltenden Reduktion fehlerhafter Kontakte durch richterliche Inhaltskorrektur Fuss. Die Möglichkeit richterlicher Vertragsgestaltung entspricht augenfällig dem Zeitgeist. Daran kann auch die Rechtsanwendung nicht vorbeisehen. Blosse Teilnichtigkeit wucherischer Verträge entspricht damit geltungszeitlichem Grundsatzdenken.» Dieser Entscheid leitet für das schweizerische Vertragsrecht und insb. auch für das *Recht der Allgemeinen Geschäftsbedingungen* eine Änderung der Rechtsprechung ein, die das deutsche Bundesverfassungsgericht bereits im Jahre 1993 im

---

[162] Die Rechtsprechung gemäss BGE 112 II 450 wurde *übernommen* in: BezGer Horgen, 11.3.1992 = SJZ 1994, 66f. (Konsumrecht, Anlagesparkonto; Inhaltskontrolle von AGB nach Art. 100 Abs. 2 OR in Anwendung von BGE 112 II 454 E.3a. *Nicht übernommen* in: HGer ZH, 9.12.1988 = ZR 1989 Nr. 48 (Konsumrecht, Bankvertrag/Banklagerndvereinbarung; Klausel über Zugangs- und Genehmigungsfiktion, die bereits von der damaligen Kartellkommission beanstandet wurde, vgl. VKKP 3/1989, 40).

[163] OGer ZH, 24.8.1995 = ZR 1997 Nr. 102 (Konsumrecht, Bankdepotvertrag mit Privatkunde, AGB-Haftungsausschlussklausel für Schaden aus fehlender Handlungsfähigkeit des Kunden oder Dritter ohne weiteres i.S.v. Art. 100 Abs. 1 OR als zulässig erachtet. *Keine Argumentation über richterliche Inhaltskontrolle gemäss Art. 100 Abs. 2 OR und damit keine Auseinandersetzung mit BGer, 18.11.1986 = BGE 112 II 450 = Pra 76 Nr. 144*).

[164] BGer, 18.12.1995 = BGE 122 III 26–33 = JKR 1997, S. 516ff.

[165] Vgl. zur Kritik dieses Urteils: FRICKER HANS, Urteilsanmerkungen zu BGE 122 III 26ff., AJP 1996, 1165ff. und BUCHER EUGEN, Wie lange noch Belastung des Kunden mit den Fälschungsrisiken im Bankenverkehr? Ein weiteres Mal Bemerkungen zu den AGB der Banken, recht 1997, 41–56.

[166] BGer, 26.6.1997 = BGE 123 III 292–305 = Pra 86 Nr. 142 = JKR 1998, S. 461–468; Erwägungen zu Art. 19, 20 Abs. 2 und Art. 21 OR. Vgl. insb. E. 2.e)aa). Vgl. dazu auch GAUCH PETER, Der Fussballclub und sein Mietvertrag: Ein markanter Entscheid zur Übervorteilung, recht 1998, 55ff.

sog. Bürgschafts-Fall[167] vollzogen hat. Nach diesem Entscheid haben auch Zivilgerichte bei der Konkretisierung der Grundsätze des allgemeinen Zivilrechts und Vertragsrechts (*Art. 2 und 27 ZGB und Art. 19–21 OR*) die Pflicht zur Inhaltskontrolle von Verträgen, die das Ergebnis von *strukturell ungleichen Verhandlungsstärken* sind. Im Handelsrecht behält damit die dargestellte bisherige Rechtspraxis zu den AGB ihre Gültigkeit. Im Konsumrecht hingegen sind die genannten Grundsätze des allgemeinen Zivilrechts und Vertragsrechts verfassungskonform[168] auszulegen. Dies bedeutet eine Berücksichtigung der Grundwerte der Verfassung bei der direkten richterlichen AGB-Inhaltskontrolle.[169]

4. Ergebnis

Als Ergebnis ist demnach festzuhalten, dass mit Bezug auf die direkte AGB-Inhaltskontrolle das letzte Wort noch nicht gesprochen ist. Es ist unverkennbar, dass unter dem Einfluss der *herrschenden Lehre* die *aktuelle Praxis* in den letzten Jahren eine erhebliche Veränderung vollzogen hat. Hilfreich wird dabei eine klare Trennung zwischen Handels- und Konsumrecht[170] sein.

Die vorliegenden Ausführungen zeigen, dass die Praxis im *Handelsrecht* strukturelle Ungleichgewichtslagen, d.h., das Macht- und Informationsgefälle zwischen den Vertragsparteien berücksichtigt. Umso mehr muss dies im *Konsumrecht* gelten, das im Hinblick auf konkrete Ungleichgewichtslagen nicht bloss Einzelfall-Konstellationen wie im Handelsrecht, sondern typisierte Rechtsverhältnisse[171] zwischen betrieblichen Anbietern (Unternehmen) und privaten Abnehmern (Konsumenten) erfasst. Die *offene* AGB-Inhaltskontrolle gemäss herrschender

---

[167] BVerfG 19.10.1993 = ZIP 1993, 1774; dokumentiert für das schweizerische Recht in JKR 1996, S. 530–536. Vgl. dazu HONSELL HEINRICH, Bürgschaft und Mithaftung einkommens- und vermögensloser Familienmitglieder, NJW 1994, 566. Auf die seither in *Deutschland* eingehend geführte wissenschaftliche Diskussion zu diesem Entscheid kann vorliegend nicht weiter eingegangen werden. *Vgl. für das schweizerische Recht aber neuerdings*: BELSER EVA MARIA, Vertragsfreiheit und Vertragsgerechtigkeit. Ein Kommentar zum deutschen Bürgschaftsbeschluss und zum Stand der richterlichen Inhaltskontrolle in der Schweiz, AJP 1998, 433–445.

[168] BRUNNER, Konsumentenrecht, JKR 1995, S. 51 Fn. 27 unter Hinweis auf BGE 114 Ia 331; ZÄCH ROGER, Der Einfluss des Verfassungsrechts auf das Privatrecht bei der Rechtsanwendung, SJZ 1989, 1 ff. und 25 ff.; SALADIN PETER, Grundrechte und Privatrechtsordnung, SJZ 1988, 373 ff.; BUCHER EUGEN, «Drittwirkung der Grundrechte?», SJZ 1987, 37 ff., insb. 39 Fn. 14. Diese Grundsätze sind heute geltendes Verfassungsrecht, vgl. Art. 35 Abs. 3 BV.

[169] Verfassungskonforme *Qualifikation* von Art. 21 OR im Sinne des Verfassungsartikels zum Schutz der Konsumenten (Art. 31^{sexies} aBV = Art. 97 BV) zufolge des Macht- und Informationsgefälles zwischen Unternehmen und Konsumenten, vgl. dazu BK-KRAMER, Art. 21 OR N 39 und N 40.

[170] BRUNNER, Konsumentenrecht, JKR 1995, S. 31 ff. insb. 41 ff.

[171] BRUNNER, Konsumverträge, Begriff, JKR 2004, S. 3 ff., insb. 17 ff. und 32 ff.

Lehre darf von der Gerichtspraxis nicht länger als wissenschaftliches Postulat betrachtet werden; im Konsumrecht ist sie *geltendes Verfassungs- und Gesetzesrecht*. Allerdings erweist sich dieses geltende Verfassungs- und Gesetzesrecht als zu komplex, um in der täglichen Praxis einfach umgesetzt zu werden. Insofern wäre eine klare Gesetzgebung ratsam.

F. Dokumentation der Gesetzgebungsvorstösse zu den AGB

Nicht nur die *Lehre*[172] fordert ein schweizerisches «AGB-Gesetz». Vielmehr sind auch Vorstösse zur AGB-Kontrolle auf der Ebene der *Gesetzgebung*[173] zu verzeichnen, dies insb. seit die Europäische Union 1993 die Richtlinie über missbräuchliche Klauseln verabschiedet hat. Da diese vielfachen *Anregungen*[174] bisher nicht in geltendes Recht überführt werden konnten, erscheint es als hilfreich, sie im vorliegenden Zusammenhang zu dokumentieren. Sie enthalten denn auch ein *umfangreiches Argumentarium* zu den AGB, das nicht nur für den künftigen Gesetzgeber, sondern auch für die Praxis von Interesse sein dürfte.

I. Jüngere Vorstösse im Parlament zu AGB

1. Motion Leemann 1994

94.3561 – Motion Leemann Ursula vom 16.12.1994 über **Allgemeine Geschäftsbedingungen und missbräuchliche Klauseln:**

Der Bundesrat wird eingeladen, den eidgenössischen Räten einen Gesetzentwurf zur Ergänzung des Obligationenrechts zu unterbreiten, mit welchem Grundsätze über Gültigkeit und Ungültigkeit von allgemeinen Geschäftsbedingungen und missbräuchlichen Klauseln festgelegt werden.

Begründung:

---

[172] Vor Erlass der EU-Richtlinie 1993 bspw.: BAUDENBACHER, AGB-Gesetz, ZBJV 1987, 505–531. Zuletzt: KRAMER, konsumentenrechtlichen Defizite, JKR 1998, S. 205 ff., insb. 234 f.
[173] Zu den vor Erlass der EU Richtlinie 1993 eingereichten Gesetzgebungsvorstössen: BRUNNER ALEXANDER et al., Dokumentation der Gesetzgebung, JKR 1995, S. 146–147.
[174] Der Verfasser konnte bei diesen Anregungen in verschiedenen Funktionen als Mitglied von Expertenkommissionen (EKK: 1992–2007 sowie KIG: 2003–2005, VAG: 2004 und VVG 2003–2006) auf Bundesebene teilnehmen.

Allgemeine Geschäftsbedingungen

1. Rechtsentwicklung der AGB in der Schweiz im allgemeinen
1.1 Gesetzgebung: Die gesetzlichen Grundlagen für die Beurteilung von allgemeinen Geschäftsbedingungen und missbräuchlichen Klauseln finden sich im Obligationenrecht (Art. 1, 18 OR) sowie im Zivilgesetzbuch (Art. 2 ZGB). Die bisherige Gesetzgebung ermöglicht der Rechtsprechung jedoch nur eine unzureichende Erfassung der gegebenen Sachfragen. Vor allem der Schutz der schwächeren Vertragspartei – vom Wirtschaftsverfassungsrecht (Art. 31^{sexies} BV) gefordert – ist mit den Artikeln 1 und 18 OR sowie Artikel 2 ZGB nicht genügend gewährleistet. Die unzureichenden gesetzlichen Grundlagen haben bisher zu mehreren – jeweils immer überwiesenen – Vorstössen auf eidgenössischer Ebene geführt. Zu erinnern ist an das Postulat Luder vom 14. Juni 1977 (77.380; AB 1977 S 637–638), an die Motion Alder vom 13. Dezember 1978 (78.577; AB 1979 N 596–600) und an die Motion Crevoisier vom 16. Dezember 1982 (82.941; AB 1983 N 513–514). Die genannten Vorstösse haben bisher keine Wirkung entfaltet. Das neue Bundesgesetz gegen den unlauteren Wettbewerb (UWG) kennt zwar eine ausdrückliche Gesetzesbestimmung zu den allgemeinen Geschäftsbedingungen (Art. 8 UWG); diese Rechtsregel ist indessen praktisch nicht tauglich (nachfolgende Begründung, Ziff. 2). Die seither eingetretene Rechtsentwicklung in der Schweiz legt es nahe, die bestehenden gesetzlichen Grundlagen angemessen zu ergänzen. Entscheidend ist überdies die Rechtsentwicklung in der Europäischen Union (nachfolgende Begründung, Ziff. 3).

1.2 Rechtsprechung: Die Rechtsprechung hat versucht, das Recht der allgemeinen Geschäftsbedingungen im wesentlichen durch die Unklarheitsregel einerseits und die Ungewöhnlichkeitsregel andererseits zu erfassen. Beide Regeln der Praxis stützen sich auf Artikel 2 ZGB (Treu und Glauben). Die Rechtsprechung ermöglicht damit aber nur die Erfassung gröbster Verstösse gegen die in der Praxis häufig auftretenden Probleme mit missbräuchlichen Klauseln.

1.3 Lehre: Ein Teil der Lehre hat daher versucht, die Problematik der allgemeinen Geschäftsbedingungen durch eine weite Auslegung von Artikel 2 ZGB durch den Richter zu lösen. Dieser theoretische Lösungsansatz scheitert jedoch in der Praxis daran, dass dem Richter in der Regel die notwendige Zeit fehlt, die Generalklausel von Artikel 2 ZGB im Einzelfall durch die Schaffung einer generell-abstrakten richterlichen Norm zu konkretisieren. Es gibt denn auch kaum – mit Ausnahme der beiden vorgenannten Regeln – veröffentlichte Entscheide gerichtlicher Instanzen, welche die Rechtsetzung durch Richterrecht in einem sinnvollen System ergänzen. Der von einem Teil der Lehre vorgeschlagene theoretische Lösungsansatz ist daher in der Praxis völlig bedeutungslos geblieben. Ein Grund für diesen Umstand mag auch in der grundsätzlichen Schwierigkeit bei der Anwendung einer Generalklausel liegen, welche an die Rechtsanwendung sehr hohe Ansprüche stellt.

2. Bundesgesetz gegen den unlauteren Wettbewerb im besonderen
2.1 Gesetzgebung: Am 1. März 1988 ist das revidierte Bundesgesetz vom 19. Dezember 1986 gegen den unlauteren Wettbewerb (UWG) in Kraft getreten. Der Gesetzgeber hat dabei mit Bezug auf die Verwendung missbräuchlicher Geschäftsbedingungen in Artikel 8 UWG eine weitere Generalklausel geschaffen. Danach handelt insbesondere unlauter, «wer vorformulierte allgemeine Geschäftsbedingungen verwendet, die in irreführender Weise zum Nachteil einer Vertragspartei: a. von der unmittelbar oder sinngemäss anwendbaren gesetzlichen Ordnung erheblich abweichen oder b. eine der Vertragsnatur erheblich widersprechende Verteilung von Rechten und Pflichten vorsehen». Die Botschaft vom 18. Mai 1983 (83.038) zu einem Bundesgesetz gegen den unlauteren Wettbewerb (UWG) (BBl 1983 II 1009) schlug die vorgenannte Norm noch ohne das Irreführungselement (vgl. vorstehend «in irreführender Weise») vor. Das Irreführungselement

wurde in den parlamentarischen Beratungen eingefügt (AB 1985 N 843–844; AB 1986 S 423).

2.2 Rechtsprechung zu Artikel 8 UWG: Obwohl das UWG seit geraumer Zeit in Kraft steht und als Ganzes eine grosse praktische Relevanz aufweist, sind kaum Entscheide zu Artikel 8 UWG zu verzeichnen. Die Einschränkungen (Irreführungselement) und Anforderungen (Generalklausel), welche die Anwendung von Artikel 8 UWG in Frage stellen, sind für diese Entwicklung massgebend.

2.3 Lehre zu Artikel 8 UWG: Auch die Beurteilung der praktischen Relevanz durch die Lehre ist eindeutig. Die heutige Lehre geht davon aus, dass Artikel 8 UWG toter Buchstabe bleiben muss (vgl. dazu u.a.: DESSEMONTET/SPOENDLIN/GILLIERON/BAUDENBACHER/ HERTIG/VISCHER, «Was soll noch Artikel 8 UWG?», in: SAG 59, 1987, 109–117; BAUDENBACHER, «Braucht die Schweiz ein AGB-Gesetz?», in: ZBJV 123, 1987, 505–531).

3. Rechtsentwicklung der AGB in der Europäischen Union:
Am 5. April 1993 hat die Europäische Union die Richtlinie 93/13 über missbräuchliche Klauseln in Verbraucherverträgen (L 95/29) erlassen. Nach der Richtlinie müssen die Mitgliedstaaten der EU dafür Sorge tragen, dass die mit den Konsumenten abgeschlossenen Verträge keine missbräuchlichen Klauseln enthalten. Die Richtlinie sieht neben dem Erlass einer Generalklausel in Artikel 3 einen besonderen Katalog von in der Praxis häufig auftretenden missbräuchlichen Klauseln in einem Anhang vor. Erfasst werden vor allem Klauseln über missbräuchlichen Haftungsausschluss, einseitige Kündigungsmöglichkeit, einseitige Vertragsänderungen oder Einschränkung des Rechtsschutzes. Die Richtlinie wurde erlassen, um die Rechte der Konsumenten auch bei der zunehmenden Liberalisierung des Europäischen Wirtschaftsraums zu gewährleisten. Es handelt sich um eine entscheidende flankierende Massnahme bei der Errichtung des Binnenmarktes in der Europäischen Union.

4. Folgerungen für die Schweiz
4.1 Internationales Privatrecht: Mit dem Bundesgesetz vom 18. Dezember 1987 über das Internationale Privatrecht (IPRG) hat die Schweiz ein zeitgemässes Gesetz erlassen, das auch die europäische Entwicklung mit berücksichtigt. Dieses Gesetz ist im vorliegenden Zusammenhang von grosser Bedeutung. Artikel 120 IPRG sieht vor, dass Verträge mit Konsumenten nach dem Recht an deren gewöhnlichem Aufenthalt zu beurteilen sind. Die Rechte der Konsumenten und deren Ausgestaltung sind dementsprechend vom Entwicklungsstand im Wohnsitzstaat abhängig. Für das Rechtsverhältnis von Schweizer Konsumenten mit Anbietern aus der Europäischen Union bedeutet dies, dass missbräuchliche Klauseln und allgemeine Geschäftsbedingungen ausschliesslich nach schweizerischem Recht beurteilt werden. Nach Erlass der vorgenannten Richtlinie in der EU stehen den Schweizer Konsumenten erheblich weniger Rechte zu als den Konsumenten in Europa. Das Rechtsproblem ist insofern von einer gewissen Brisanz, als moderne Marketing-Strategien über Massenmedien (Tele-Shopping) stark im Zunehmen begriffen sind (vgl. dazu u.a. die Vorarbeiten in der EU betreffend einen RL-Vorschlag für die Rechte der Konsumenten bei Vertragsabschlüssen im Fernabsatz). Aber nicht nur die Rechtsfragen des Internationalen Privatrechts legen die notwendige Prüfung der allgemeinen Geschäftsbedingungen und missbräuchlichen Klauseln nahe.

4.2 Souveräne Europatauglichkeit: Eine kluge Politik im umfassenden Sinn folgt der Doktrin der Europatauglichkeit. Damit bleiben alle Optionen gewahrt. Durch die souveräne Prüfung des europäischen Rechts (vorliegend der RL über missbräuchliche Klauseln; vgl. Alexander Brunner, «Konsumentenrecht (Eurolex – Swisslex) – ein Überblick», in: Weber/Thürer/Zäch, Aktuelle Probleme des EG-Rechts nach dem EWR-Nein, Zürich 1993, 108 und 116—117) und durch den allfälligen autonomen Nachvollzug bleibt die Schweiz wirtschaftspolitisch auf der Höhe der Zeit. Entscheidend ist zudem, dass das Wirtschaftsrecht im Hinblick auf die zunehmende Regionalisierung (EU) und Globalisierung (WTO) nicht nur die Interessen der transnational tätigen Unternehmen, sondern auch jene der Privathaushalte in der Schweiz berücksichtigt.

Antwort des Bundesrates:
Der Bundesrat teilt die Auffassung der Motionärin, dass unsere Rechtspolitik auf ihre Europatauglichkeit hin ausgerichtet sein soll. So setzt sich grundsätzlich jede Gesetzesvorlage, die dem Parlament unterbreitet wird, mit der Frage nach der Konformität mit dem EU-Recht auseinander, und unsere Rechtsordnung wird dabei, wenn nötig, der europäischen angeglichen. Der Bundesrat geht mit der Motionärin auch darin einig, dass bei einem autonomen Nachvollzug des EU-Rechts nicht nur die Interessen der Wirtschaft, sondern auch jene der Konsumenten zu berücksichtigen sind. Den besten Beweis dafür bilden wohl die sogenannten Swisslex-Vorlagen, die nach dem Nein zum EWR verabschiedet wurden. Einzelne EU-Richtlinien zu einem bestimmten Thema sollen nach Meinung des Bundesrates aber nur dann unabhängig von einem laufenden Gesetzgebungsverfahren ins schweizerische Recht umgesetzt werden, wenn ein dringender Handlungsbedarf dazu eindeutig bewiesen ist. In bezug auf die EG-Richtlinie vom 5. April 1993 über missbräuchliche Klauseln in Verbraucherverträgen – auf diesem Gebiet läuft kein Gesetzgebungsverfahren – verneint der Bundesrat das Vorliegen eines solchen Bedarfs. In diesem Zusammenhang ist insbesondere darauf hinzuweisen, dass die Rechtsprechung, welche bereits grobe Verstösse gegen den Grundsatz von Treu und Glauben sanktioniert hat, aufgrund der Anregungen in der Lehre den zivilrechtlichen Konsumentenschutz weiter verstärken könnte. Aus diesem Grund lehnt der Bundesrat die verbindliche Form der Motion ab. Er ist aber bereit zu prüfen, ob die Umsetzung der erwähnten EU-Richtlinie ins schweizerische Recht in einem breiteren, noch sorgfältig festzulegenden Rahmen erfolgen kann

Parlamentsentscheid:
Die Motion wird im NR am 24.03.1995 in Form eines Postulates überwiesen.

2. Parlamentarische Initiative Sommaruga 2002

a) *Wortlaut der Parlamentarischen Initiative*

02.461 – Parlamentarische Initiative Sommaruga Simonetta vom 04.10.2002 betreffend **Allgemeine Geschäftsbedingungen und missbräuchliche Klauseln.** *Gestützt auf Artikel 160 Absatz 1 der Bundesverfassung und Artikel 21bis des Geschäftsverkehrsgesetzes reiche ich folgende Parlamentarische Initiative in der Form der allgemeinen Anregung ein:*

Es wird ein Gesetzentwurf erarbeitet, welcher Grundsätze über Gültigkeit und Ungültigkeit von allgemeinen Geschäftsbedingungen und missbräuchlichen Vertragsklauseln festlegt. Mit dem Instrument der abstrakten Inhaltskontrolle sollen Konsumentenorganisationen die Möglichkeit erhalten, auf Unterlassung der Verwendung bedenklicher Klauseln klagen zu können.

Begründung:

F. Dokumentation der Gesetzgebungsvorstösse zu den AGB

Die EU-Richtlinie vom 5. April 1993 über missbräuchliche Vertragsklauseln ist mittlerweile in den meisten EU-Ländern im nationalen Recht umgesetzt worden. In Deutschland zum Beispiel zeigt die Erfahrung, dass das bundesdeutsche Gesetz zur Regelung der Allgemeinen Geschäftsbedingungen (AGBG) eines der wichtigsten Instrumente des Verbraucherschutzes geworden ist. Insbesondere die Möglichkeit, dass gegen benachteiligendes «Kleingedrucktes» nicht nur die einzelne betroffene Verbraucherin, sondern auch Konsumentenorganisationen vorgehen können, hat die Möglichkeit, Konsumenteninteressen zu vertreten, massiv verbessert. In seiner Antwort auf die Motion Leemann 94.3561, «Allgemeine Geschäftsbedingungen und missbräuchliche Klauseln», vom 16. Dezember 1994 hat sich der Bundesrat bereit erklärt, zu prüfen, ob die Umsetzung der erwähnten EU-Richtlinie im schweizerischen Recht erfolgen kann. Die Motion wurde schliesslich in der Form eines Postulates überwiesen. In der Zwischenzeit hat sich die Situation für die Konsumentinnen und Konsumenten durch die Liberalisierung in den Bereichen Banken, Versicherungen, Telekommunikation und Post, aber auch durch die zunehmende Internationalisierung von Gütern und Dienstleistungen verschärft. Sollen die Konsumenteninteressen auch in Zukunft effizient eingebracht werden können und damit auch das Vertrauen der Konsumenten und Konsumentinnen in den Markt gestärkt werden, ist der Ausschluss von missbräuchlichen Vertragsklauseln ein zentraler Beitrag. Gerade das Kleingedruckte und seine Folgen können von den meisten Konsumenten nur schwer in ihrer Gesamtheit erfasst werden. Die Konsumenten sind deshalb darauf angewiesen, dass sie von einer Vertragsbasis ausgehen können, die sie nicht unrechtmässig benachteiligt. Die Konsumenten sind ebenfalls darauf angewiesen, dass diese Verträge von spezialisierten Konsumentenorganisationen begutachtet werden können und dass diese Organisationen gegen missbräuchliche Klauseln vorgehen können.

b) Rechtskommission des Nationalrates

Die Kommission hat an ihrer Sitzung vom 23. Juni 2003 die am 4. Oktober 2002 von Nationalrätin Simonetta Sommaruga eingereichte Parlamentarische Initiative gestützt auf Artikel 21ter des Geschäftsverkehrsgesetzes geprüft. Die Initiative verlangt ein Gesetz, welches Grundsätze über die Gültigkeit und Ungültigkeit allgemeiner Geschäftsbedingungen und missbräuchlicher Vertragsklauseln festlegt und ein Instrument der abstrakten Inhaltskontrolle vorsieht. Die Initiantin war bei der Prüfung ihres Vorstosses anwesend. Antrag der Kommission: Die Kommission beantragt mit 9 zu 7 Stimmen und bei einer Enthaltung, der Initiative Folge zu geben. Eine Minderheit der Kommission (Leuthard, Cina, Glasson, Gutzwiller, Vallender) beantragt, ihr nicht Folge zu geben, dem Bundesrat jedoch eine Kommissionsmotion zu überweisen. Eine andere Minderheit (Baumann J. Alexander, Glasson, Joder, Mathys, Seiler) beantragt, der Initiative keine Folge zu geben.

1. Wortlaut und Begründung:
(Vgl. dazu vorstehend)

2. Erwägungen der Kommission: Das Schweizer Recht kennt verschiedene Bestimmungen zum Schutz der Konsumierenden im Bereich der allgemeinen Geschäftsbedingungen. Artikel 8 des Bundesgesetzes über den unlauteren Wettbewerb (UWG; SR 241) befähigt die Konsumentenorganisationen, gegen einen Anbieter zu klagen, der vorformulierte allgemeine Geschäftsbedingungen verwendet, die zum Nachteil einer Vertragspartei in irreführender Weise von der unmittelbar oder sinngemäss anwendbaren gesetzlichen Ordnung erheblich abweichen oder eine der Vertragsnatur erheblich widersprechende

Verteilung von Rechten und Pflichten vorsehen. Gestützt auf Artikel 7 des Kartellgesetzes (SR 251) muss und kann die Wettbewerbskommission einschreiten, wenn die allgemeinen Geschäftsbedingungen Ausdruck missbrauchter Marktmacht sind. Artikel 22 des Gerichtstandsgesetzes (GestG; SR 271) unterwirft Verträge mit Konsumentinnen und Konsumenten einer besonderen Gerichtsstandsregelung. Nach Artikel 21 darf von dieser vertraglich nicht zu Ungunsten des Konsumenten abgewichen werden.

Unter den laufenden Gesetzgebungsvorhaben zu erwähnen sind: der Vorentwurf zur Revision und Vereinheitlichung des Haftpflichtrechts, wonach Vereinbarungen, mit denen die Haftung beschränkt wird, nichtig sind, wenn sie in allgemeinen Geschäftsbedingungen enthalten sind; die Revision des Kaufrechts, wonach jegliche Abmachung zu Ungunsten des Konsumenten ungültig ist. Im Rahmen der Revision des Konsumenteninformationsgesetzes soll insbesondere Artikel 8 UWG geändert werden.

Für die *Mehrheit der Kommission* ist der Schutz der schwächeren Vertragspartei unabdingbar. Solche Vorkehren sind auch bereits im Mietrecht oder im Arbeitsrecht vorgesehen. Wo es um die allgemeinen Geschäftsbedingungen geht, sind die Konsumierenden am schwächeren Hebel. Die AGB sind oft sehr umfangreich und kleingedruckt. Der Anbieter hingegen, der sie verfasst hat, kennt seine eigenen Leistungen oder Produkte sehr gut und hat immer einen Informationsvorsprung in Bezug auf den Gegenstand und die Wirkungen des Vertrags. Es geht hier darum, die Vertragsfreiheit auf eine Weise einzuschränken, dass Missbräuchen vorgebeugt wird (z.B. einseitige Abänderbarkeit, einseitige Kündbarkeit, übermässige Entschädigungen, Vertragserfüllungspflicht nur für den Konsumenten). Im Unterschied zu den meisten europäischen Ländern kennt die Schweiz keine besondere Regelung der allgemeinen Geschäftsbedingungen. Das geltende Recht ist unzureichend. Besonders der Irreführungstatbestand in Artikel 8 UWG schränkt den Anwendungsbereich dieser Bestimmung allzu sehr ein. Der Konsumentenschutz im Bereich der allgemeinen Geschäftsbedingungen ist heute nur punktuell geregelt (GestG; Arbeitsrecht), bedürfte aber einer allgemeinen Regelung für alle Rechtsbereiche. Die laufenden Gesetzgebungsarbeiten zielen zwar in diese Richtung, sind aber erst in der Vorentwurfsphase. Die Mehrheit der Kommission erachtet es als notwendig, dass das Schweizer Recht an das europäische angepasst wird. Sie unterstützt das Anliegen der Initiantin, dass Grundsätze über Gültigkeit und Ungültigkeit von allgemeinen Geschäftsbedingungen und missbräuchlichen Vertragsklauseln festgelegt werden müssen. Das Instrument der abstrakten Inhaltskontrolle wird es den Konsumentenorganisationen ermöglichen, die Gültigkeit missbräuchlicher Klauseln anzufechten, während es sich für den einzelnen Konsumenten oft nicht lohnt, eine Klage einzureichen. Bei der Ausarbeitung einer Vorlage müsste zum einen eingehend geprüft werden, welche Elemente des europäischen Rechts in das schweizerische Recht aufzunehmen sind; zum andern wäre die Systematik so anzupassen, dass die neuen Bestimmungen allgemein anwendbar sind. Nach Auffassung der Kommissionsmehrheit überzeugt der Motionsweg nicht: Obschon in den neunziger Jahren zu diesem Anliegen verschiedene Vorstösse eingereicht wurden, ist bis heute ein befriedigender Rechtsschutz des Konsumenten ausgeblieben. Die Mehrheit der Kommission beantragt, der Initiative Folge zu geben.

Eine *Minderheit der Kommission* schliesst sich den Argumenten der Mehrheit an, wo es um die Frage des Gesetzgebungsbedarfs geht. Ihrer Meinung nach ist aber die Parlamentarische Initiative wegen der Komplexität und Tragweite des Themas nicht das geeignete Instrument. Sie beantragt, den Bundesrat über eine Motion zu beauftragen, eine Vorlage auszuarbeiten, mit der die konkrete und abstrakte Inhaltskontrolle von allgemeinen Geschäftsbedingungen verbessert wird, sowie eine Gesamtübersicht über den Konsumentenschutz zu unterbreiten. Diese Minderheit ist der Auffassung, dass der Bundesrat und die

F. Dokumentation der Gesetzgebungsvorstösse zu den AGB

Verwaltung besser in der Lage sind, einen derart umfassenden Entwurf auszuarbeiten, denn die Erfüllung des Initiativanliegens erfordert Fachkenntnisse in ganz unterschiedlichen Bereichen. Eine Regelung der Gültigkeit allgemeiner Geschäftsbedingungen muss sämtliche Vertragsbereiche erfassen (Versicherungsvertrag, Bankvertrag, Leasingvertrag, Konsumentenkredit u.a.m.).

Eine *weitere Minderheit der Kommission* ist sich zwar der ganzen Problematik im Zusammenhang mit den allgemeinen Geschäftsbedingungen und den Missbrauchsrisiken ebenfalls bewusst, beantragt aber, der Initiative keine Folge zu geben. Ihrer Meinung nach bietet das geltende Recht genügend Handhabe, um gegen allfällige Missbräuche vorzugehen. Die allgemeinen Geschäftsbedingungen und deren Abänderungen werden dem Konsumenten und der Konsumentin zur Kenntnisnahme unterbreitet. Bei Uneinigkeiten in inhaltlichen Fragen hat der Konsument die Möglichkeit, zu einem andern Anbieter zu wechseln, und wenn er Verdacht auf eine Kartellabsprache hegt, kann er die Wettbewerbskommission einschalten. Es ist nicht missbräuchlich, vorzusehen, dass einseitige Abänderungen von allgemeinen Geschäftsbedingungen nach einer abgelaufenen Einspruchsfrist von 30 Tagen als akzeptiert betrachtet werden; das ist nur eine rationelle Geschäftspraxis. Das neue Gerichtsstandsgesetz hat die Stellung des Konsumierenden verbessert. Auch die laufenden Gesetzgebungsarbeiten zum Haftpflicht- und zum Kaufrecht verbessern den Konsumentenschutz in Bezug auf die allgemeinen Geschäftsbedingungen. Die Minderheit wehrt sich vor allem gegen die Einführung eines Beschwerderechts für Konsumentenorganisationen. Sie ist der Meinung, dass die direkte Kontrolle im konkreten Einzelfall zuverlässiger ist. Die Konsumierenden, die in Schwierigkeiten sind, können sich von den Konsumentenorganisationen beraten lassen. In unserer Informationsgesellschaft werden Missbräuche in den Medien bekannt gemacht. Dies veranlasst die Anbieter in der Regel, die von der Konsumentenorganisation bemängelten Klauseln in den allgemeinen Geschäftsbedingungen zu ändern, um eine Medienpublikation zu verhindern. Schliesslich ist sie der Meinung, dass sich diese komplexe und umfassende Materie ohnehin nicht mit einer Parlamentarischen Initiative behandeln lässt.

c) *Beratung der Parlamentarischen Initiative*

Beratung der Parlamentarischen Initiative Sommaruga am 11.12.2003 im Nationalrat (Auszug aus *AmtlBull. 2003 NR 1974f.*; mit den Anträgen: *Antrag der Mehrheit*, Der Initiative Folge geben; *Antrag der Minderheit*, Initiative keine Folge geben):

Aus den Beratungen im Plenum: Jutzet Erwin (StR, FR), für die Kommission: Kurz und vereinfacht gesagt geht es bei dieser Initiative um das so genannt Kleingedruckte. Frau Sommaruga knüpft mit ihrer Initiative an eine im Dezember 1994 als Postulat überwiesene Motion 94.3561 unserer ehemaligen Kollegin Ursula Leemann an, welche den Schutz vor missbräuchlichen Klauseln in den allgemeinen Geschäftsbedingungen verlangte. Frau Sommaruga verlangt mit ihrer Initiative, dass ein Gesetz ausgearbeitet werde, welches die Grundsätze über die Gültigkeit von allgemeinen Geschäftsbedingungen und Missbräuchlichkeit von Vertragsklauseln festlegt. Dabei möchte sie einen stärkeren Verbraucherschutz, d.h., nicht alle allgemeinen Geschäftsbedingungen sollen einer abstrakten Inhaltskontrolle unterzogen werden, sondern lediglich Konsumentenverträge, bei denen ein Ungleichgewicht zwischen den von den Anbietern vorformulierten allgemeinen Geschäftsbedingungen und den Konsumenten besteht. Die Initiantin stützt sich dabei auf die bewährte EU-Richtlinie vom 5. April 1993 über missbräuchliche Vertragsklauseln. Die Eidgenössische Kommission für Konsumentenfragen empfahl übrigens im Juni dieses Jahres dem Bundesrat in Anlehnung an diese Richtlinie, zur Gewährleistung eines fairen Mindeststandards bei Vertragsklauseln im Konsumentenschutz ein Gesetz auszuarbeiten. Für die Kommmission für Rechtsfragen ist der Schutz der schwächeren Vertragspartei unabdingbar. Solche Vorkehren sind auch bereits im Mietrecht oder im Arbeitsrecht vorgesehen. Wo es um die allgemeinen Geschäftsbedingungen geht, sind die Konsumierenden am kürzeren Hebel. Diese Bedingungen sind oft sehr umfangreich und klein gedruckt. Der Anbieter hingegen, der sie verfasst hat, kennt die eigenen Leistungen oder Produkte sehr gut und hat immer einen Informationsvorsprung in Bezug auf den Gegenstand und die Wirkungen des Vertrages. Es geht hier darum, die Vertragsfreiheit auf eine Weise einzuschränken, dass Missbräuchen vorgebeugt wird, z. B. der einseitigen Abänderbarkeit, der einseitigen Kündbarkeit, der übermässigen Entschädigung, der Vertragserfüllungspflicht einseitig zulasten der Konsumenten. Im Unterschied zu den meisten europäischen Ländern kennt die Schweiz keine besondere Regelung der allgemeinen Geschäftsbedingungen; das geltende Recht ist klar unzureichend. Besonders der Irreführungstatbestand in Artikel 8 des Bundesgesetzes gegen den unlauteren Wettbewerb schränkt den Anwendungsbereich dieser Bestimmung allzu sehr ein. Bei der Ausarbeitung einer Vorlage müsste zum einen eingehend geprüft werden, welche Elemente des europäischen Rechtes in das schweizerische Recht aufzunehmen sind. Zum anderen wäre die Systematik so anzupassen, dass die neuen Bestimmungen allgemein anwendbar sind. Nach Auffassung der Kommission überzeugt der Motionsweg nicht. Der Grund liegt darin, dass bereits seit zehn Jahren ein Postulat vorliegt und der Bundesrat bis heute den Rechtsschutz der Konsumenten nicht konkret verbessert hat. Die Kommission empfiehlt Ihnen mit 9 zu 7 Stimmen bei 1 Enthaltung, der parlamentarischen Initiative in der ersten Phase Folge zu geben.

Entscheid des Nationalrats: Der Initiative wird im Nationalrat am 11.12.2003 keine Folge gegeben.

3. Motion Leuthard 2003

03.3422 – Motion **Überprüfung von allgemeinen Geschäftsbedingungen.** Kommission für Rechtsfragen NR (02.461), Minderheit Leuthard (RK-NR 02.461) vom 23.06.2003.

Der Bundesrat wird ersucht, dem Parlament eine Gesamtübersicht über den Konsumentenschutz zu unterbreiten in Verbindung mit einer Vorlage, mit welcher im allgemeinen Teil des Obligationenrechtes die konkrete und abstrakte Inhaltskontrolle von allgemeinen Geschäftsbedingungen verbessert wird.

Stellungnahme des Bundesrates:
Die konkrete Inhaltskontrolle von allgemeinen Geschäftsbedingungen ist nach schweizerischem Recht gestützt auf Artikel 19 Absatz 2 des Obligationenrechtes (OR) möglich. So sind allgemeine Geschäftsbedingungen, deren Inhalt gesetzwidrig ist oder die gegen die öffentliche Ordnung, die guten Sitten oder das Recht der Persönlichkeit verstossen, nichtig. Die Gerichte zeigten sich bisher allerdings zurückhaltend, wo es um die konkrete Inhaltskontrolle ging. Die abstrakte Inhaltskontrolle von allgemeinen Geschäftsbedingungen ist in den Artikeln 8 bis 10 des Bundesgesetzes vom 19. Dezember 1986 gegen den unlauteren Wettbewerb (UWG; SR 241) vorgesehen. Während sich die Buchstaben a und b von Artikel 8 UWG auf den Inhalt der Klauseln beziehen, nimmt die Voraussetzung der Irreführung eher Bezug auf die formale Darstellung der allgemeinen Geschäftsbedingungen. Bei dieser Ausgangslage ist der Bundesrat bereit, Änderungen des schweizeri-

schen Rechtes zu prüfen, die die konkrete und die abstrakte Kontrolle des Inhalts von allgemeinen Geschäftsbedingungen verstärken könnten. Einen Vorschlag wird er dem Parlament im Zusammenhang mit der Revision des Bundesgesetzes vom 5. Oktober 1990 über die Information der Konsumentinnen und Konsumenten (SR 944.0) unterbreiten. Am 16. Juni 2003 hat der Bundesrat dem Eidgenössischen Volkswirtschaftsdepartement einen diesbezüglichen Auftrag erteilt.[175] Ins Auge gefasst wird der Verzicht auf das Erfordernis der Täuschung in Artikel 8 UWG. In diesem Rahmen kann auch eine Gesamtübersicht über das schweizerische Konsumentenschutzrecht vorgenommen werden.Es scheint jedoch wenig angebracht, die abstrakte Inhaltskontrolle von allgemeinen Geschäftsbedingungen im Allgemeinen Teil des OR zu regeln, wie dies die Motion verlangt, weil diese Kontrolle in den Artikeln 8 bis 10 UWG bereits vorgesehen ist. Aus diesem Grund lehnt der Bundesrat die verbindliche Form der Motion ab und beantragt, diese in ein Postulat umzuwandeln.

Erklärung des Bundesrates vom 03.09.2003: Der Bundesrat beantragt, die Motion in ein Postulat umzuwandeln. Die Motion wird im Nationalrat am 03.10.2003 in Form eines Postulates überwiesen.

4. Parlamentarische Initiative Sommaruga 2006

06.489 – Parlamentarische Initiative Sommaruga Simonetta «**Gegen missbräuchliche Klauseln im Kleingedruckten**» vom 20.12.2006 (noch nicht beraten).

Eingereichter Text: Gestützt auf Artikel 160 Absatz 1 der Bundesverfassung und auf Artikel 107 des Parlamentsgesetzes reiche ich folgende parlamentarische Initiative ein: Es wird ein Gesetzentwurf erarbeitet, welcher Grundsätze über Gültigkeit und Ungültigkeit von Allgemeinen Geschäftsbedingungen und missbräuchlichen Vertragsklauseln festlegt sowie eine abstrakte Inhaltskontrolle vorsieht.

Begründung:

Die Allgemeinen Geschäftsbedingungen (AGB) sind integraler Bestandteil eines Vertrages zwischen einem Unternehmen und einem Konsumenten. Häufig sind die AGB umfassend, detailliert und abstrakt formuliert. Die AGB selbst anerkannter Unternehmen enthalten Bestimmungen, welche offensichtlich die eine Vertragspartei – die Konsumentinnen und Konsumenten – benachteiligen. Beispielsweise bucht ein Konsument einen Hin- und Rückflug bei der Swiss. Notgedrungen muss er zu einem früheren Zeitpunkt am Zielort sein und bucht deshalb einen weiteren Hinflug. Da er einen Rückflug bereits bezahlt hat, geht er davon aus, nicht noch einen zusätzlichen Rückflug buchen zu müssen. Als er in die Schweiz zurückfliegen will, wird ihm am Flughafen mitgeteilt, dass sein Ticket für den Rückflug nicht gültig ist. Denn die AGB der Swiss halten fest, dass der Rückflug ersatzlos verfällt, wenn man den Hinflug nicht wahrnimmt. Derartige Klauseln

---

[175] Vgl. dazu die entsprechende Empfehlung der Eidg. Kommission für Konsumentenfragen vom 4. Mai 2003 betreffend die Revision des Bundesgesetzes über die Information der Konsumentinnen und Konsumenten (Konsumenteninformationsgesetz, KIG), abgedruckt in JKR 2003 (Bern 2004), S. 475 ff.

in AGB, welche offensichtlich eine Vertragspartei benachteiligen, sind als missbräuchlich zu betrachten. Die EU-Richtlinie von 1993 über missbräuchliche Vertragsklauseln ist mittlerweile in den meisten EU-Ländern in nationales Recht umgesetzt worden. Demnach sind AGB nichtig, wenn sie missbräuchlich und einseitig zulasten der Konsumentinnen und Konsumenten sind. Im Schweizer Recht (Art. 8 UWG) ist für die Feststellung der Unlauterkeit zusätzlich der Tatbestand der Irreführung notwendig. Eine offensichtliche, also missbräuchliche Benachteiligung gilt gemäss dem Bundesgesetz gegen den unlauteren Wettbewerb (UWG) hingegen nicht als unlauter. Der Bundesrat hat sich in seiner Stellungnahme zur Motion 03.3422 der RK-NR am 3. September 2003 bereit erklärt, Änderungen des schweizerischen Rechtes zu prüfen, die die konkrete und die abstrakte Kontrolle des Inhalts von Allgemeinen Geschäftsbedingungen verstärken könnten. «Einen Vorschlag wird er dem Parlament im Zusammenhang mit der Revision des Bundesgesetzes vom 5. Oktober 1990 über die Information der Konsumentinnen und Konsumenten (SR 944.0) unterbreiten. Am 16. Juni 2003 hat der Bundesrat dem Eidgenössischen Volkswirtschaftsdepartement einen diesbezüglichen Auftrag erteilt. Ins Auge gefasst wird der Verzicht auf das Erfordernis der Täuschung in Artikel 8 UWG. In diesem Rahmen kann auch eine Gesamtübersicht über das schweizerische Konsumentenschutzrecht vorgenommen werden.» In der Zwischenzeit hat der Bundesrat entschieden, die Revision des Konsumenteninformationsgesetzes nicht weiter zu verfolgen.[176]

II. Aktuelle Empfehlungen von Expertenkommissionen zu AGB

1. Empfehlung der Eidgenössischen Kommission für Konsumentenfragen (EKK) betreffend Allgemeine Geschäftsbedingungen vom 12. Juni 1997

a) Empfehlung – Text und Begründung

Gestützt auf Artikel 9 Absatz 2 Konsumenteninformationsgesetz (KIG) vom 5. Oktober 1990 und Artikel 1 Reglement der Kommission für Konsumentenfragen vom 1. Februar 1966 unterbreitet die Eidgenössische Kommission für Konsumentenfragen dem Bundesrat folgende

Empfehlung:[177]
Der Bundesrat bereitet zur Gewährleistung eines Mindeststandards fairer Vertragsklauseln in Konsumentenverträgen eine Gesetzesvorlage in Anlehnung an die Richtlinie 93/13/EWG des Rates vom 5. April 1993 über missbräuchliche Vertragsklauseln in Verbraucherverträgen vor.

Begründung:
Die Eidgenössische Kommission für Konsumentenfragen hat an mehreren Sitzungen die Praxis der Benutzung von Allgemeinen Geschäftsbedingungen (AGB) und die gesetzlichen Möglichkeiten zur Bekämpfung vorformulierter missbräuchlicher Vertragsklauseln untersucht. Sie ist zum Ergebnis gelangt, dass die gesetzlichen Bestimmungen nach OR

---

[176] Vgl. dazu: BRUNNER, Konsumenteninformation, S. 51 ff.
[177] *Eidgenössische Kommission für Konsumentenfragen (EKK)*, Empfehlung der Eidgenössischen Kommission für Konsumentenfragen (EKK) vom 12. Juni 1997 betreffend Allgemeine Geschäftsbedingungen, JKR 1997, S. 731–748 (Schwerpunkt: Konsumkredit).

F. Dokumentation der Gesetzgebungsvorstösse zu den AGB

und UWG nicht ausreichen, um den Konsumenten ein Mindestmass an Fairness in Vertragsklauseln zu sichern.

1. Praxis: Die Praxis ist folgende: Vom Anbieter (oder seinem Wirtschaftsverband) einseitig und zum voraus formulierte Vertragsklauseln regeln heute praktisch alle Konsumentenverträge, ausgenommen Alltagsgeschäfte von geringem Wert. Auf ihren Inhalt kann der Konsument bei Vertragsschluss nur in der Theorie Einfluss nehmen. Die AGB werden vom Anbieter diktiert. Die Klauseln weichen regelmässig vom dispositiven Gesetzesrecht, das einen angemessenen Ausgleich der Rechte und Pflichten der Vertragsparteien und damit einen gewissen Gerechtigkeitsgehalt enthält, erheblich zu Lasten des Konsumenten ab und überbürden ihm die mit dem Geschäft verbundenen Risiken. Zudem verletzen sie häufig zwingendes Recht. Dem Konsumenten bleibt allenfalls die Möglichkeit, auf ein Konsumgut oder eine Dienstleistung zu verzichten, wenn er sich nicht missbräuchlichen AGB unterwerfen will.

2. Mängel der geltenden Rechtslage: Mit Recht hat der Bundesrat in seiner Botschaft zu einem Bundesgesetz gegen den unlauteren Wettbewerb (UWG) vom 18. Mai 1983 (BBl 1983 II 1009) festgestellt: «Die AGB treten an Stelle des staatlichen Gesetzes, dessen Funktion sie faktisch übernehmen, ohne aber seine demokratische Legitimation zu besitzen» (BBl 1983 II 1052). Diese Aussage gilt noch heute. Nach praktisch einhelliger Doktrin ist die gegenwärtige Rechtslage unbefriedigend. Die Kommission teilt diese Auffassung. Das OR ermächtigt den Richter nicht ausdrücklich, in einem Verfahren missbräuchliche Vertragsklauseln für nichtig zu erklären. Das Bundesgericht beschränkt sich auf eine blosse Geltungskontrolle von AGB und hält sich nicht für ermächtigt, eine offene Inhaltskontrolle vorzunehmen. Zwar hat das UWG vom 19. Dezember 1986 in Art. 8–10 ein abstraktes Kontrollverfahren eingeführt, das dem Richter die Kompetenz gibt, die Verwendung missbräuchlicher AGB mit Wirkung für die Zukunft zu verbieten. Das Gesetz enthält zudem in der Form einer Generalklausel Kontrollkriterien, die die Feststellung der Missbräuchlichkeit der AGB-Klauseln erleichtern sollen. Die Regelung ist jedoch in der Praxis toter Buchstabe geblieben, da das – erst in den parlamentarischen Beratungen in Art. 8 UWG eingefügte – sog. Irreführungselement die effektive Wahrnehmung der Klagebefugnis durch die Konsumentenorganisationen unmöglich macht.

3. Notwendigkeit von Korrekturen durch den Gesetzgeber: Die Situation ruft nach gesetzlichen Korrekturen. Bereits 1983 hatte der Bundesrat für den Fall des Scheiterns der neuen UWG-Lösung die Prüfung «zusätzlicher gesetzgeberischer Massnahmen – etwa im Allgemeinen Teil des Obligationenrechts –» angekündigt (BBl 1983 II 1053). Die Kommission unterstreicht, dass die Verwendung von AGB in der modernen Wirtschaft unentbehrlich ist. Sie besitzen einen wichtigen Rationalisierungseffekt und sind grundsätzlich ein zweckmässiges Instrument beim Abschluss von Konsumentenverträgen. Die Kommission ist aber überzeugt, dass AGB so formuliert werden müssen, dass das Vertrauen der Konsumenten in den Markt gestärkt wird. Dies ist nur möglich, wenn die Folgen, die sich aus der einseitigen Wahrnehmung der Vertragsfreiheit durch die Anbieter ergeben, korrigiert werden.

4. Eurokompatibilität: Es ist die erklärte Politik des Bundesrates nach dem EWR-Nein von 1992, das schweizerische Recht so weit wie möglich dem Recht der Europäischen Union anzugleichen (Doktrin des autonomen Nachvollzugs), um die Nachteile des Abseitsstehens für unser Land so klein wie möglich zu halten (vgl. auch die Entschliessung der Eidgenössischen Kommission für Konsumentenfragen vom 25. Januar 1993 zur Gewährleistung der Konsumenteninteressen in der Nach-EWR-Zeit). Die Prüfung und Übernahme der Richtlinie 93/13/EWG vom 5. April 1993 über missbräuchliche Klauseln in Verbraucherverträgen liegt in diesem Sinne im Interesse der schweizerischen Rechtsordnung.

5. Kernpunkte einer Reform: Die tabellarische Gegenüberstellung der AGB-Richtlinie und des geltenden schweizerischen Rechts im Anhang zeigt deutlich dessen wichtigste Lücken und Mängel. Der Nachvollzug der Richtlinie durch den Gesetzgeber würde die Einführung der konkreten und abstrakten Inhaltskontrolle von AGB anhand einheitlicher Kriterien der Missbräuchlichkeit bedeuten. Der Richter hätte eine ausdrückliche Kompetenz, im konkreten Verfahren zwischen Anbieter und Konsument missbräuchliche Klauseln für nichtig zu erklären und, nach Streichung des sog. Irreführungselements in Art. 8 UWG, in abstrakten Verbandsklageverfahren solche Klauseln zu verbieten. Zusammengefasst würde die Übernahme der Richtlinie über missbräuchliche Vertragsklauseln, die auch die Doktrin fordert,
- das Vertrauen des Konsumenten in das marktwirtschaftliche System stärken;
- dem verfassungsrechtlichen Mandat, Massnahmen zum Schutz der Konsumenten zu treffen (Art. 31^{sexies} BV), und dem sozialpolitischen Gebot, Missbräuchen der Vertragsfreiheit in strukturellen Ungleichgewichtslagen entgegenzuwirken, entsprechen;
- der Diskriminierung schweizerischer Konsumenten gegenüber den Konsumenten des EU- (EWR-)Raumes im Bereich von Vertragsklauseln ein Ende setzen;
- die Eurokompatibilität im Bereich des Vertragsrechts über die bestehenden sektoriellen Ansätze (Konsumkredit, Pauschalreise) hinaus verstärken.

b) Anhang zur EKK-Empfehlung vom 12. Juni 1997 – Rechtsvergleich EU–CH

AGB-Richtlinie vom 5. April 1993
im Vergleich mit dem schweizerischen Recht
(Übersicht)

EU-Recht	*CH-Recht*
RL als horizontale Gesetzgebung zur Bekämpfung missbräuchlicher Klauseln in Verbraucherverträgen	*Keine spezielle Gesetzgebung;* Teilaspekte in Art. 8–10 UWG erfasst
Anwendungsbereich	
Verbrauchervertrag (Art. 1 I; Art. 2 lit. b und c)	Keine Entsprechung im AGB-Bereich; Konsumentenvertrag dem CH-Recht aber als Rechtsfigur bekannt
AGB und andere nicht im einzelnen ausgehandelte Vertragsklauseln (Art. 3 I und II)	AGB in Art. 8 UWG und Art. 256 II a OR erwähnt
Geltungskontrolle bei Einbeziehung von AGB	
Dem nationalen Recht zugeordnet	Differenzierte Geltungskontrolle von *Rechtsprechung* auf Grundlage des Vertrauensprinzips entwickelt

F. Dokumentation der Gesetzgebungsvorstösse zu den AGB

Transparenzgebot (Art. 5; Art. 4 II): Klarheit und Verständlichkeit	Keine gesetzliche Entsprechung; mittelbar in der Rechtsprechung als Voraussetzung für Einbeziehung von AGB gefordert
Auslegung von AGB	
Auslegung zugunsten des Konsumenten bei mehrdeutigen Klauseln (Art. 5)	Entspricht der von der *Rechtsprechung* entwickelten Unklarheitenregel
Konkrete Inhaltskontrolle	
Aus Anlass eines Rechtsstreites Verbraucher – Gewerbetreibender (Art. 7 i.V.m. Art. 4 I)	Von *Rechtsprechung* abgelehnt (aber z.T. unter dem Deckmantel der Geltungskontrolle indirekt vorgenommen)
Rechtsfolgen (Art. 6 I) – Nichtgeltung der Klausel gegenüber Konsumenten – Aufrechterhaltung des Vertrags	Keine gesetzliche Entsprechung bei AGB Kontrolle; ähnliche Rechtsfolgen nach Art. 20 II OR bei Nichtigkeit von Vertragsklauseln aus allgemeinen Gründen
Abstrakte Inhaltskontrolle	
Unabhängig vom konkreten Rechtsstreit (Art. 7 I–III)	Grundsätzliche Entsprechung in Art. 8–10 UWG
Verfahren, um Verwendung missbräuchlicher Klauseln ein Ende zu setzen	Unterlassungsklage nach Art. 9 I UWG europakonform
Gericht oder Verwaltungsbehörde als Entscheidungsinstanz	Gericht (Art. 9 UWG)
Befugnis von Verbraucherorganisationen, Entscheidungsinstanz anzurufen	Klagebefugnis der Konsumentenorganisationen (Art. 10 II lit. b UWG) europakonform
Verfahren muss «wirksam» sein	Fehlende Wirksamkeit der abstrakten Inhalts-kontrolle wegen des sog. Irreführungselementes in Art. 8 UWG
Option, Unterlassungsklagen gegen Gewerbetreibende oder Klage auf Widerruf von AGB-Verbandsempfehlungen zu erheben	Keine Entsprechung
Andere Formen abstrakter Inhaltskontrolle nach RL zulässig, sofern «wirksam» – präventive Verwaltungskontrolle von AGB – kartellrechtliche AGB-Kontrolle – kollektive Aushandlung von AGB zwischen Anbieter- und Konsumentenorganisationen	Andere Formen abstrakter Inhaltskontrolle – Kontrolle von Versicherungs-AGB durch Behörde weitgehend aufgehoben – nach KG nur, wenn Wettbewerbsbeschränkungen bestehen; keine Klagebefugnis der Konsumentenorganisationen – zulässig, aber sehr selten

Kontrollkriterien

Einheitliche Kontrollkriterien für konkrete und abstrakte Inhaltskontrolle

Generalklausel: erhebliches Missverhältnis der vertraglichen Rechte und Pflichten der Vertragspartner entgegen dem Gebot von Treu und Glauben (Art. 3 I)	Generalklausel nach Art. 8 UWG: erhebliche Abweichung von gesetzlicher Ordnung oder von Vertragsnatur – grundsätzliche Entsprechung, aber: nicht europakonform das kumulative Kriterium der Irreführung
Liste missbräuchlicher Klauseln beispielhaft (nicht erschöpfend) (Art. 3 III i.V.m. Anhang), für Mitgliedstaaten nicht bindend	Keine Liste in UWG; einzelne Klauselverbote in OR (Art. 100, 101)

Anwendbares Recht

Rechtswahl zulässig. Geltung des Schutzstandards der Richtlinie, wenn Recht eines Drittstaates vereinbart (Art. 6 III)	Rechtswahl in Konsumentenverträgen nicht zulässig (Art. 120 IPRG)

Abschliessende Würdigung

Zentrale **Mängel** des schweizerischen Rechts:
1. Fehlen einer gesetzlichen Grundlage für eine konkrete Inhaltskontrolle durch den Richter.
2. Fehlende Wirksamkeit der abstrakten Inhaltskontrolle wegen Irreführungselement in Art. 8 UWG.
3. Keine einheitlichen Kontrollkriterien für beide Kontrollverfahren.
4. Fehlen eines Klauselverbotskatalogs.
5. Fehlen von Verfahren zur Beseitigung von AGB-Verbandsempfehlungen, die missbräuchliche Vertragsklauseln gegenüber Konsumenten enthalten.

2. Empfehlung der Eidgenössischen Kommission für Konsumentenfragen (EKK) betreffend Allgemeine Geschäftsbedingungen vom 3. Juni 2003

Gestützt auf Artikel 9 Absatz 2 Konsumenteninformationsgesetz (KIG) vom 5. Oktober 1990 und Artikel 1 Reglement der Kommission für Konsumentenfragen vom 1. Februar 1966 unterbreitet die Eidgenössische Kommission für Konsumentenfragen dem Bundesrat folgende

Empfehlung: [178]

---

[178] *Eidgenössische Kommission für Konsumentenfragen (EKK)*, Empfehlung der Eidgenössi-

F. Dokumentation der Gesetzgebungsvorstösse zu den AGB

Der Bundesrat wird eingeladen, einen Gesetzesvorschlag zu unterbreiten, der das Problem des Rechts der Allgemeinen Geschäftsbedingungen auch für die Schweiz in angemessener Weise löst.

Begründung

1. Einleitung: Die *Eidgenössische Kommission für Konsumentenfragen (EKK)* hat schon in früheren Jahren das Problem des Allgemeinen Geschäftsbedingungen (AGB), vor allem im Hinblick auf den Schutz der Konsumentinnen und Konsumenten in der Schweiz, behandelt. Die EKK verweist insb. auf ihre Empfehlung vom 12. Juni 1997 (vgl.: Jahrbuch des Schweizerischen Konsumentenrechts, JKR 1997, S. 731 ff.). Die Problematik der AGB ist auch heute von unverminderter Aktualität angesichts der Tatsache, dass nahezu alle umliegenden europäischen Staaten entsprechende Gesetzesnormen erlassen haben.

Unter Berücksichtigung des Bundesgesetzes über das Internationale Privatrecht (IPRG) werden die *Schweizer Konsumenten* gegenüber den ausländischen Konsumenten *diskriminiert*; nach Art. 114 und Art. 120 IPRG finden im Verhältnis zwischen Schweizer Unternehmen und ausländischen Konsumenten die Normen am Wohnsitz der Konsumenten Anwendung. Das bedeutet, dass Schweizer Unternehmen sich bereits heute im gesamten EWR an die Richtlinie 93/13/EWG des Rates vom 5. April 1993 über missbräuchliche Klauseln in Verbraucherverträgen (ABl. EG Nr. L 95 S. 29) und deren Umsetzung in den Staaten Europas halten müssen. Eine angemessene Lösung des Rechts der Allgemeinen Geschäftsbedingungen würde daher auch für Schweizer Unternehmen eine einheitliche Geschäftsgrundlage im Binnenmarkt Schweiz bieten und gleichzeitig die Schweizer Konsumenten den Konsumenten in Europa gleich stellen.

Das *Fehlen* einer *allgemeinen Lösung* des Rechts der Allgemeinen Geschäftsbedingungen im Obligationenrecht (OR) führt im schweizerischen Recht aber auch zu einer teilweisen *Diskriminierung einzelner Branchen*, für welche sektoriell Normen über Vertragsbedingungen erlassen werden. So ist nicht einzusehen, weshalb der Gesetzgeber bspw. im Bereich der Allgemeinen Versicherungsbedingungen (sog. AVB) Normen erlässt, dies jedoch in ebenso wichtigen anderen Wirtschaftsbereichen (Banken, Reisebranche, Handel) unterlässt. Zu Recht weisen denn auch die Vertreter der regulierten Branchen auf die Ungleichbehandlung durch den Gesetzgeber hin. Würde zudem eine allgemeine Lösung des Rechts der Allgemeinen Geschäftsbedingungen im Obligationenrecht bestehen (horizontale Gesetzgebung), könnte die Legiferierung in den jeweiligen Teilbereichen (vertikale Gesetzgebung) erheblich vereinfacht und gestrafft werden (vgl. die zur Zeit laufenden Revisionen bspw. im Versicherungsvertragsrecht, VVG). In diesem Sinne wurde die vorliegende EKK-Empfehlung an den Bundesrat vorerst von der Subkommission Europarecht in mehreren Sitzungen vorbereitet und schliesslich in der Sitzung der Hauptkommission vom 3. Juni 2003 einstimmig verabschiedet.

2. Bisherige Gesetzesvorstösse: Das Problem des Rechts der Allgemeinen Geschäftsbedingungen ist seit Jahrzehnten auf der Traktandenliste des Gesetzgebers und sollte nunmehr endlich einer Lösung zugeführt werden.

Die unzureichenden gesetzlichen Grundlagen haben bisher zu mehreren – jeweils immer überwiesenen – Vorstössen auf eidgenössischer Ebene geführt. Zu erinnern ist an das

---

schen Kommission für Konsumentenfragen (EKK) vom 3. Juni 2003 betreffend Allgemeine Geschäftsbedingungen, JKR 2003, S. 458–473 (Schwerpunkt: Krankenkassen aus Konsumentensicht).

POSTULAT LUDER vom 14. Juni 1977 (77.380; AmtlBull. StR 1977, 637–638), an die MOTION ALDER vom 13. Dezember 1978 (78.577; AmtlBull. NR 1979, 596–600), an die MOTION CREVOISIER vom 16. Dezember 1982 (82.941; AmtlBull. NR 1983, 513–514), an die MOTION LEEMANN von 1994 (94.3561, AmtlBull. NR 1995, 936 f.) sowie schliesslich an die PARLAMENTARISCHE INITIATIVE SOMMARUGA vom 20. September 2002 (parlamentarische Beratung noch offen).

3. Bisherige Rechtsprechung und Lehre: Rechtsprechung und Lehre sind bei der Lösung des Problems der Allgemeinen Geschäftsbedingungen auf Theoriebildungen und allgemeine Prinzipien angewiesen, da eine klare Gesetzesgrundlage fehlt (vgl. dazu Zusammenfassung: ALEXANDER BRUNNER, Die Kontrolle Allgemeiner Geschäftsbedingungen in der aktuellen schweizerischen Lehre und Praxis, ZSR 1999 I 305–333). Es ist insbesondere auf die so genannte *Unklarheitsregel* und die so genannte *Ungewöhnlichkeitsregel* hinzuweisen. Dabei stösst vor allem die verdeckte Inhaltskontrolle von Vertragsbedingungen mittels dieser beiden Faustregeln der Praxis auf Kritik. Angesichts dieser Tatsache ist der Gesetzgeber aufgerufen, eine hinreichende Gesetzesgrundlage zu schaffen.

4. Gesetzestechnische Fragen: Eine *erste* Frage stellt sich, wo eine Regelung des Rechts der Allgemeinen Geschäftsbedingungen gesetzestechnisch einzuordnen wäre. In Frage steht ein *Spezialgesetz* oder die Einordnung in bestehende Gesetze. In Art. 8 UWG besteht bereits eine (rudimentäre) Norm über AGB; diese ist jedoch rein lauterkeitsrechtlich begründet. Die Regelung der AGB gehört aber grundsätzlich ins OR. *Die EKK lässt es offen, wie der Gesetzgeber vorgehen will.* Der Vorschlag geht aber einstweilen davon aus, die Regelung systematisch korrekt in das OR zu integrieren.

Eine *zweite* gesetzestechnische Frage stellt sich, ob die Regelung der AGB mit einer *Generalnorm* oder zusätzlich mit *ausformulierten Spezialnormen (vgl. Anhang der EU-RL)* arbeiten soll. Es stellt sich insb. die Frage, ob die Detailliertheit der EU-RL tatsächlich dem üblichen Vorgehen des schweizerischen Gesetzgebers entspricht.

Eine *dritte* gesetzestechnische Frage stellt sich beim Konzept des so genannten *soft-law,* wie dies bei den Deklarations-Vereinbarungen nach KIG der Fall ist. Der Vorteil von soft-law ist die Praxisnähe; der Nachteil jedoch ist die mangelnde Durchsetzbarkeit. Der nachfolgende Vorschlag (vgl. Ziff. 5 der EKK-Empfehlung) enthält zumindest eine Option auf die Möglichkeit von Vereinbarungen zwischen Verbänden der Anbieter und Konsumenten.

5. EKK-Gesetzesentwurf: Um die Probleme des Rechts der Allgemeinen Geschäftsbedingungen korrekt einzuordnen, unterbreitet die Kommission nachfolgend einen *Vergleich* sowie die *Integration* einer möglichen Regelung in das Schweizerische Obligationenrecht. In der *linken Spalte* wird das heute geltende Recht angeführt, in der *rechten Spalte* die Revisionsvorschläge der Kommission.

Obligationenrecht (SR 220)	EKK Vorentwurf OR-Revision AGB
OR Art. 1 **A. Abschluss des Vertrages** **I. Übereinstimmende Willensäusserung** **1. Im allgemeinen** [1] Zum Abschlusse eines Vertrages ist die übereinstimmende gegenseitige Willensäusserung der Parteien erforderlich.	

F. Dokumentation der Gesetzgebungsvorstösse zu den AGB

[2] Sie kann eine ausdrückliche oder stillschweigende sein.

OR Art. 2
2. Betreffende Nebenpunkte

[1] Haben sich die Parteien über alle wesentlichen Punkte geeinigt, so wird vermutet, dass der Vorbehalt von Nebenpunkten die Verbindlichkeit des Vertrages nicht hindern solle.

[2] Kommt über die vorbehaltenen Nebenpunkte eine Vereinbarung nicht zustande, so hat der Richter über diese nach der Natur des Geschäftes zu entscheiden.

[3] Vorbehalten bleiben die Bestimmungen über die Form der Verträge.

OR Art. 3
II. Antrag und Annahme
1. Antrag mit Annahmefrist

[1] Wer einem andern den Antrag zum Abschlusse eines Vertrages stellt und für die Annahme eine Frist setzt, bleibt bis zu deren Ablauf an den Antrag gebunden.

[2] Er wird wieder frei, wenn eine Annahmeerklärung nicht vor Ablauf dieser Frist bei ihm eingetroffen ist.

OR Art. 4
2. Antrag ohne Annahmefrist
a. Unter Anwesenden

[1] Wird der Antrag ohne Bestimmung einer Frist an einen Anwesenden gestellt und nicht sogleich angenommen, so ist der Antragsteller nicht weiter gebunden.

[2] Wenn die Vertragschliessenden oder ihre Bevollmächtigten sich persönlich des Telephons bedienen, so gilt der Vertrag als unter Anwesenden abgeschlossen.

OR Art. 5
b. Unter Abwesenden

[1] Wird der Antrag ohne Bestimmung einer Frist an einen Abwesenden gestellt, so bleibt der Antragsteller bis zu dem Zeitpunkte gebunden, wo er den Eingang der

Antwort bei ihrer ordnungsmässigen und rechtzeitigen Absendung erwarten darf.

² Er darf dabei voraussetzen, dass sein Antrag rechtzeitig angekommen sei.

³ Trifft die rechtzeitig abgesandte Annahmeerklärung erst nach jenem Zeitpunkte bei dem Antragsteller ein, so ist dieser, wenn er nicht gebunden sein will, verpflichtet, ohne Verzug hievon Anzeige zu machen.

OR Art. 6
3. Stillschweigende Annahme
Ist wegen der besonderen Natur des Geschäftes oder nach den Umständen eine ausdrückliche Annahme nicht zu erwarten, so gilt der Vertrag als abgeschlossen, wenn der Antrag nicht binnen angemessener Frist abgelehnt wird.

OR Art. 6a
3a. Zusendung unbestellter Sachen

¹ Die Zusendung einer unbestellten Sache ist kein Antrag.

² Der Empfänger ist nicht verpflichtet, die Sache zurückzusenden oder aufzubewahren.

³ Ist eine unbestellte Sache offensichtlich irrtümlich zugesandt worden, so muss der Empfänger den Absender benachrichtigen.

OR Art. 7
4. Antrag ohne Verbindlichkeit, Auskündung, Auslage

¹ Der Antragsteller wird nicht gebunden, wenn er dem Antrage eine die Behaftung ablehnende Erklärung beifügt, oder wenn ein solcher Vorbehalt sich aus der Natur des Geschäftes oder aus den Umständen ergibt.

² Die Versendung von Tarifen, Preislisten u. dgl. bedeutet an sich keinen Antrag.

³ Dagegen gilt die Auslage von Waren mit Angabe des Preises in der Regel als Antrag.

OR Art. 8
5. Preisausschreiben und Auslobung

¹ Wer durch Preisausschreiben oder Auslobung für eine Leistung eine Belohnung

F. Dokumentation der Gesetzgebungsvorstösse zu den AGB

aussetzt, hat diese seiner Auskündung gemäss zu entrichten.

[2] Tritt er zurück, bevor die Leistung erfolgt ist, so hat er denjenigen, die auf Grund der Auskündung in guten Treuen Aufwendungen gemacht haben, hiefür bis höchstens zum Betrag der ausgesetzten Belohnung Ersatz zu leisten, sofern er nicht beweist, dass ihnen die Leistung doch nicht gelungen wäre.

OR Art. 9
6. Widerruf des Antrages und der Annahme

[1] Trifft der Widerruf bei dem anderen Teile vor oder mit dem Antrage ein, oder wird er bei späterem Eintreffen dem andern zur Kenntnis gebracht, bevor dieser vom Antrag Kenntnis genommen hat, so ist der Antrag als nicht geschehen zu betrachten.

[2] Dasselbe gilt für den Widerruf der Annahme.

OR Art. 10
III. Beginn der Wirkungen eines unter Abwesenden geschlossenen Vertrages

[1] Ist ein Vertrag unter Abwesenden zustande gekommen, so beginnen seine Wirkungen mit dem Zeitpunkte, wo die Erklärung der Annahme zur Absendung abgegeben wurde.

[2] Wenn eine ausdrückliche Annahme nicht erforderlich ist, so beginnen die Wirkungen des Vertrages mit dem Empfange des Antrages.

Rev OR Art. 10a
IV. Allgemeine Geschäftsbedingungen
1. Einbeziehung in den Vertrag

[1] Allgemeine Geschäftsbedingungen sind alle für eine Vielzahl von Verträgen vorformulierten Vertragsbedingungen, die eine Vertragspartei (Verwender) der anderen Vertragspartei bei Abschluss eines Vertrags stellt. Allgemeine Geschäftsbedingungen liegen nicht vor, soweit die Vertragsbedingungen zwischen den Vertragsparteien im Einzelnen ausgehandelt sind.

² Allgemeine Geschäftsbedingungen werden nur dann Bestandteil eines Vertrags,
wenn der Verwender bei Vertragsschluss die andere Vertragspartei ausdrücklich oder, wenn ein ausdrücklicher Hinweis wegen der Art des Vertragsschlusses nur unter unverhältnismässigen Schwierigkeiten möglich ist, durch deutlich sichtbaren Aushang am Ort des Vertragsschlusses auf sie hinweist und
wenn die andere Vertragspartei mit ihrer Geltung einverstanden ist.

Rev OR Art. 10b
2. Vorrang der Individualabrede

¹ Individuelle Vertragsabreden haben Vorrang vor Allgemeinen Geschäftsbedingungen.

² Die Auslegung Allgemeiner Geschäftsbedingungen richtet sich im Übrigen nach Art. 18aff. OR.

Rev OR Art. 10c
3. Nichteinbeziehung und Unwirksamkeit

¹ Sind Allgemeine Geschäftsbedingungen ganz oder teilweise nicht Vertragsbestandteil geworden oder unwirksam, so bleibt der Vertrag im Übrigen wirksam.

² Soweit die Bestimmungen nicht Vertragsbestandteil geworden oder unwirksam sind, richtet sich der Inhalt des Vertrags nach den gesetzlichen Vorschriften.

OR Art. 11
B. Form der Verträge
I. Erfordernis und Bedeutung im Allgemeinen

¹ Verträge bedürfen zu ihrer Gültigkeit nur dann einer besonderen Form, wenn das Gesetz eine solche vorschreibt.

² Ist über Bedeutung und Wirkung einer gesetzlich vorgeschriebenen Form nicht etwas anderes bestimmt, so hängt von deren Beobachtung die Gültigkeit des Vertrages ab.

F. Dokumentation der Gesetzgebungsvorstösse zu den AGB

OR Art. 12
II. Schriftlichkeit
1. Gesetzlich vorgeschriebene Form
a. Bedeutung

Ist für einen Vertrag die schriftliche Form gesetzlich vorgeschrieben, so gilt diese Vorschrift auch für jede Abänderung, mit Ausnahme von ergänzenden Nebenbestimmungen, die mit der Urkunde nicht im Widerspruche stehen.

OR Art. 13
b. Erfordernisse

[1] Ein Vertrag, für den die schriftliche Form gesetzlich vorgeschrieben ist, muss die Unterschriften aller Personen tragen, die durch ihn verpflichtet werden sollen.

[2] Sofern das Gesetz es nicht anders bestimmt, gilt als schriftliche Form auch der Brief oder das Telegramm, vorausgesetzt, dass der Brief oder die Aufgabedepesche die Unterschrift derjenigen trägt, die sich verpflichten.

OR Art. 14
c. Unterschrift

[1] Die Unterschrift ist eigenhändig zu schreiben.

[2] Eine Nachbildung der eigenhändigen Schrift auf mechanischem Wege wird nur da als genügend anerkannt, wo deren Gebrauch im Verkehr üblich ist, insbesondere wo es sich um die Unterschrift auf Wertpapieren handelt, die in grosser Zahl ausgegeben werden.

[3] Für den Blinden ist die Unterschrift nur dann verbindlich, wenn sie beglaubigt ist, oder wenn nachgewiesen wird, dass er zur Zeit der Unterzeichnung den Inhalt der Urkunde gekannt hat.

OR Art. 15
d. Ersatz der Unterschrift

Kann eine Person nicht unterschreiben, so ist es, mit Vorbehalt der Bestimmungen über den Wechsel, gestattet, die Unterschrift durch ein beglaubigtes Handzeichen

OR Art. 16
2. Vertraglich vorbehaltene Form

[1] Ist für einen Vertrag, der vom Gesetze an keine Form gebunden ist, die Anwendung einer solchen vorbehalten worden, so wird vermutet, dass die Parteien vor Erfüllung der Form nicht verpflichtet sein wollen.

[2] Geht eine solche Abrede auf schriftliche Form ohne nähere Bezeichnung, so gelten für deren Erfüllung die Erfordernisse der gesetzlich vorgeschriebenen Schriftlichkeit.

OR Art. 17
C. Verpflichtungsgrund

Ein Schuldbekenntnis ist gültig auch ohne die Angabe eines Verpflichtungsgrundes.

OR Art. 18
D. Auslegung der Verträge, Simulation

[1] Bei der Beurteilung eines Vertrages sowohl nach Form als nach Inhalt ist der übereinstimmende wirkliche Wille und nicht die unrichtige Bezeichnung oder Ausdrucksweise zu beachten, die von den Parteien aus Irrtum oder in der Absicht gebraucht wird, die wahre Beschaffenheit des Vertrages zu verbergen.

[2] Dem Dritten, der die Forderung im Vertrauen auf ein schriftliches Schuldbekenntnis erworben hat, kann der Schuldner die Einrede der Simulation nicht entgegensetzen.

Rev OR Art. 18
(nur Randtitelergänzung)
(sonst gleicher Text)

D. Auslegung der Verträge
I. Grundsatz und Simulation

(Absatz 1 gleicher Text wie bisher)

(Absatz 2 gleicher Text wie bisher)

Rev OR Art. 18a
II. Auslegung von Allgemeinen Geschäftsbedingungen
1. Mehrdeutige Klauseln

[1] Bestimmungen in Allgemeinen Geschäftsbedingungen müssen klar und deutlich formuliert sein.

F. Dokumentation der Gesetzgebungsvorstösse zu den AGB

[2] Allgemeine Geschäftsbedingungen werden nach dem allgemeinen Sprachgebrauch ausgelegt. Die Partei, die einen vom allgemeinen Sprachgebrauch abweichenden besonderen Sprachgebrauch zwischen den Parteien behauptet, hat diesen zu beweisen.

Rev OR Art. 18b
2. Ungewöhnliche Klauseln

Bestimmungen in Allgemeinen Geschäftsbedingungen, mit denen der Vertragspartner des Verwenders nach Treu und Glauben (Art. 2 ZGB) nicht zu rechnen braucht, werden nicht Inhalt des Vertrages.

Rev OR Art. 18c
3. Zweifel bei der Auslegung

Zweifel bei der Auslegung von Allgemeinen Geschäftsbedingungen gehen zu Lasten des Verwenders.

OR Art. 19
E. Inhalt des Vertrages
I. Bestimmung des Inhaltes

[1] Der Inhalt des Vertrages kann innerhalb der Schranken des Gesetzes beliebig festgestellt werden.

[2] Von den gesetzlichen Vorschriften abweichende Vereinbarungen sind nur zulässig, wo das Gesetz nicht eine unabänderliche Vorschrift aufstellt oder die Abweichung nicht einen Verstoss gegen die öffentliche Ordnung, gegen die guten Sitten oder gegen das Recht der Persönlichkeit in sich schliesst.

OR Art. 20
II. Nichtigkeit

[1] Ein Vertrag, der einen unmöglichen oder widerrechtlichen Inhalt hat oder gegen die guten Sitten verstösst, ist nichtig.

[2] Betrifft aber der Mangel bloss einzelne Teile des Vertrages, so sind nur diese nichtig, sobald nicht anzunehmen ist, dass er ohne den nichtigen Teil überhaupt nicht geschlossen worden wäre.

OR Art. 21
III. Übervorteilung

[1] Wird ein offenbares Missverhältnis zwischen der Leistung und der Gegenleistung durch einen Vertrag begründet, dessen Abschluss von dem einen Teil durch Ausbeutung der Notlage, der Unerfahrenheit oder des Leichtsinns des andern herbeigeführt worden ist, so kann der Verletzte innerhalb Jahresfrist erklären, dass er den Vertrag nicht halte, und das schon Geleistete zurückverlangen.

[2] Die Jahresfrist beginnt mit dem Abschluss des Vertrages.

Rev OR Art. 21*a*
IV. Inhaltskontrolle von Allgemeinen Geschäftsbedingungen
1. Anwendungsbereich

[1] Die Inhaltskontrolle von Allgemeinen Geschäftsbedingungen gemäss Art. 21b findet Anwendung bei Konsumentenverträgen.

[2] Als Konsumentenverträge im Sinne dieser Bestimmung gelten Verträge über Waren und Dienstleistungen, die für die persönlichen oder familiären Zwecke des Konsumenten oder der Konsumentin bestimmt sind und von der anderen Partei im Rahmen ihrer beruflichen oder gewerblichen Tätigkeit angeboten werden.

[3] Weist der Anbieter nach, dass der Konsument oder die Konsumentin aufgrund seiner Fachkenntnisse und seiner Stellung die Bedingungen hätte frei aushandeln können, so entfällt deren Inhaltskontrolle.

Rev OR Art. 21b
2. Grundsatz der Inhaltskontrolle

[1] Bestimmungen in Allgemeinen Geschäftsbedingungen sind unwirksam, wenn sie den Konsumenten entgegen den Geboten von Treu und Glauben (Art. 2 ZGB) unangemessen benachteiligen.

[2] Eine unangemessene Benachteiligung des Konsumenten ist im Zweifel anzu-

F. Dokumentation der Gesetzgebungsvorstösse zu den AGB

> nehmen, wenn Allgemeine Geschäftsbedingungen
>
> a) von der unmittelbar oder sinngemäss anwendbaren gesetzlichen Ordnung erheblich abweichen oder
>
> b) eine der Vertragsnatur erheblich widersprechende Verteilung von Rechten und Pflichten vorsehen.
>
> ³ Bei Allgemeinen Geschäftsbedingungen, die zwischen Anbieter- und Konsumentenorganisationen paritätisch ausgehandelt wurden, wird vermutet, dass sie frei ausgehandelt und nicht missbräuchlich sind. Der Bundesrat erlässt die Ausführungsbestimmungen für das paritätische und repräsentative Aushandeln solcher Allgemeiner Geschäftsbedingungen.

6. Kurzbegründung zum EKK-Vorentwurf OR-Revision AGB:

Zu Art. 10a – Art. 10c EKK Vorentwurf OR-Revision AGB: Diese Regelung klärt den *Vertragsabschluss* unter Verwendung von AGB. Sie entspricht der bereits heute geltenden Rechtsprechung und Lehre und findet allgemein Anwendung, d.h. sowohl für allgemeine Verträge als auch für Verträge mit Konsumentinnen und Konsumenten.

Zu Art. 18a – Art. 18c EKK Vorentwurf OR-Revision AGB: Diese Regelungen betreffen die *Auslegung* von AGB. Auch sie entsprechen der bereits heute geltenden Rechtsprechung und Lehre und finden allgemein Anwendung, d.h. sowohl für allgemeine Verträge als auch für Verträge mit Konsumentinnen und Konsumenten.

Entscheidend für Konsumentinnen und Konsumenten ist dabei Art. 18a. AGB müssen klar und deutlich sein. Mehrdeutigkeiten ergeben sich in der Rechtsprechung meist bei Unkenntnis einer *Fachsprache*. In der Regel muss daher der Verwender, wenn er Fachausdrücke gebraucht, die gegen den allgemeinen Sprachgebrauch (Absatz 2, erster Satz) verstossen, beweisen, dass die Gegenpartei den abweichenden Sinn verstanden hat (Absatz 2, zweiter Satz).

Zu Art. 21a EKK Vorentwurf OR-Revision AGB: Eine klare Regelung in Bestätigung der neuesten Rechtsprechung des Bundesgerichts bringt Art. 21a des Vorentwurfs mit Bezug auf die *Inhaltskontrolle* von AGB (vgl. BGer, 26.6.1997 = BGE 123 III 292–305 = Pra 86 Nr. 142 = JKR 1998, 461–468).

Absatz 1 von Artikel 21a Vorentwurf verweist dabei auf den Grundsatz von Artikel 21b Vorentwurf (Generalklausel). Der EKK stellte sich hier die Frage, ob der Klauselkatalog des Anhangs der EU-RL in der einen oder anderen Form übernommen werden sollte. Der Vorentwurf beschränkt sich indessen auf die *Generalklausel*, was eher der schweizerischen Gesetzestechnik entsprechen und in der Rechtsprechung zu analogen Ergebnissen führen dürfte. Immerhin geht hier die EKK von ihrer Aufgabenstellung her davon aus, dass die Inhaltskontrolle auf den Sozialschutz beschränkt werden sollte, womit die Inhaltskontrolle nur bei Konsumentenverträgen zur Anwendung gelangen würde. Die EKK lässt es dabei ausdrücklich offen, ob der Bundesgesetzgeber die Inhaltskontrolle ausweiten will (bspw. auf Tatbestände und Schutz der KMU) oder nicht.

Absatz 2 von Artikel 21a Vorentwurf übernimmt in diesem Sinne dementsprechend die klassische Definition des Konsumentenvertrages. Bekanntlich sind hier drei Abgrenzungen möglich: KMU-Abgrenzung, positive oder negative Definition des Konsumentenvertrags. Die EKK hat sich für die *positive Definition* entschieden, allerdings in der angepassten Form der neuesten Gesetzes in diesem Zusammenhang, dem schweizerischen Gerichtsstandsgesetz (vgl. Artikel 22 Absatz 2 GestG).

Absatz 3 von Artikel 21a Vorentwurf soll in *Einzelfällen* verhindern, dass der Konsumentenschutz in nicht legitimierbaren Fällen zur Anwendung gelangt (bspw. Direktoren, Fachleute, etc.). Es handelt sich hier um die Anwendung des zutreffenden theoretischen Ansatzes der Arbeit von URS M. WEBER-STECHER, Internationales Konsumvertragsrecht. Grundbegriffe, Zuständigkeit, Anerkennung und Vollstreckung sowie anwendbares Recht (LugÜ, IPRG, EVÜ, EGBGB), Zürich 1997. Liegt ein Konsumentenvertrag vor, so gilt der Grundsatz der Inhaltskontrolle von Artikel 21b Vorentwurf. Ein gängiges Argument gegen den Konsumentenschutz bringt jedoch vor, dass auch Personen unter den Schutz fallen, die eines solchen Schutzes nicht bedürfen. Nach Absatz 3 von Artikel 21a besteht in solchen Fällen die Möglichkeit des Anbieters, die natürliche *Vermutung eines Informations- und Machtgefälles zwischen Anbieter und Konsument zu entkräften.* Die EKK ist der Auffassung, dass durch eine solche Regelung die allgemeine Akzeptanz für einen echten Konsumentenschutz erhöht wird.

Zu Art. 21b EKK Vorentwurf OR-Revision AGB: Absätze 1 und 2 bilden den *Kernpunkt* des Vorentwurfs. Es handelt sich um eine flexible Lösung für die Konsumentenverträge. Sie lehnt sich an das bisherige schweizerische Recht an (Artikel 8 UWG), vermeidet jedoch das von der herrschenden Lehre einhellig kritisierte Element der Irreführung beim Vertragsabschluss (vgl. Zusammenfassung: BRUNNER, a.a.O., FN 96). Es handelt sich eindeutig um eine Gesetzgebung, die sich auf den *Missbrauch von AGB* beschränkt. Positiv zu vermerken ist hier, dass das schweizerische Recht damit gleichzeitig europakompatibel wird, entspricht doch die im Sinne der Lehre berichtigte schweizerische Lösung von Artikel 8 UWG im Kernpunkt dem Artikel 3 Absatz 1 der EU-RL über missbräuchliche Klauseln.

Absatz 3 von Artikel 21b Vorentwurf sieht sodann wiederum ein Korrektiv vor. Die Missbräuchlichkeit wird dann nicht vermutet, wenn AGB frei ausgehandelt sind. Dies kann auch bei paritätisch und repräsentativ ausgehandelten AGB der Fall sein (Konzept KIG). Allerdings ist kritisch anzumerken, dass die KIG-Konzeption in der Praxis kaum zur Anwendung kommt und dass auch das sog. Aussenseiter-Problem nicht gelöst ist (vgl. analoges Konzept der AVE von GAV im Arbeitsrecht).

3. Expertenentwurf Brunner/Rehbinder/Stauder – VE-KSchG 2003

Anmerkung:
Der nachfolgende Vorentwurf für ein schweizerisches Konsumentenschutzgesetz (VE-KSchG) ist im Jahre 2003 der Bundesverwaltung eingereicht, von den Auto-

ren[179] bisher aber nicht veröffentlicht worden.[180] Im *Kontext der Problematik der AGB* wird dies vorliegend nachgeholt. Der Anhang des VE-KSchG befasst sich mit einem Vorschlag zur Ergänzung des OR und des UWG. Sodann ist im vorvertraglichen Bereich eine *Informationspflicht der Anbieter* vorgesehen, AGB rechtzeitig dem Konsumenten bekannt zu geben (vgl. nachfolgend: Art. 6 Abs. 1 VE-KSchKG).

Vorentwurf 2003

Gesetz über den Schutz der Konsumenten (Konsumentenschutzgesetz, KSchG) vom ... (SR 944.0)

Die Bundesversammlung der Schweizerischen Eidgenossenschaft, gestützt auf Artikel 97 sowie auf die Artikel 73, Artikel 118, Artikel 122 und Artikel 123 der Bundesverfassung, nach Einsicht in die Botschaft des Bundesrates vom

beschliesst:

1. Kapitel: Allgemeine Bestimmungen

Art. 1 Zweck
Dieses Gesetz soll die Information der Konsumentinnen und Konsumenten (nachfolgend: Konsumenten) gewährleisten und ihre Sicherheit und Gesundheit sowie ihre wirtschaftlichen, rechtlichen und politischen Interessen schützen.

Art. 2 Anwendungsbereich
Dieses Gesetz ist anwendbar, sofern nicht andere Bundesgesetze abweichende oder weiter gehende Bestimmungen enthalten.

Art. 3 Begriffe
Im Sinne dieses Gesetzes gelten als:
a. *Konsument:* Jede natürliche Person, die Waren oder Dienstleistungen zu einem Zweck erwirbt, der nicht ihrer beruflichen oder gewerblichen Tätigkeit zugerechnet werden kann.
b. *Anbieter von Waren oder Dienstleistungen:* Jede Person, die eine Ware oder eine Dienstleistung im Rahmen ihrer beruflichen oder gewerblichen Tätigkeit in Verkehr bringt.
c. *Nachhaltiger Konsum:* Der Konsum von Waren oder Dienstleistungen, der zur Deckung der Grundbedürfnisse der Konsumenten und gleichzeitig zur Verbesserung ihrer Lebensqualität dient, wobei die natürlichen Ressourcen sparsam eingesetzt und die Immissionen begrenzt werden, um die Bedürfnisse der künftigen Generationen nicht zu gefährden.

---

[179] ALEXANDER BRUNNER, Vizepräsident der Eidg. Kommission für Konsumentenfragen und Oberrichter am Handelsgericht Zürich; MANFRED REHBINDER, emeritierter Professor der Universität Zürich; BERND STAUDER, emeritierter Professor der Universität Genf.
[180] Vgl. zur Weiterentwicklung des VE-KSchG, BRUNNER, Konsumenteninformation, S. 51 ff., insb. 57 ff.

Art. 4 Grundsätze
[1] Die Anbieter von Waren oder Dienstleistungen sind verpflichtet, den Konsumenten insbesondere jene Informationen zu übermitteln, die es ihnen ermöglichen:
a. eine freie und informierte Wahl zu treffen;
b. die Risiken von Waren oder Dienstleistungen für ihre Sicherheit und Gesundheit sowie für ihre wirtschaftlichen Interessen einzuschätzen und zu vermeiden;
c. ihre Rechte zu kennen und auszuüben.
[2] Diese Information muss:
a. objektiv und umfassend sein;
b. klar, leicht verständlich und in den Amtssprachen des Bundes verfasst sein.

Art. 5 Berücksichtigung der Konsumenteninteressen
[1] Der Bund fördert bei Festlegung und Umsetzung seiner Politik die Interessen der Konsumenten und gewährleistet ein hohes Schutzniveau.
[2] Die Erfordernisse des Konsumentenschutzes werden auch bei der Festlegung und Durchführung anderer Politikbereiche des Bundes berücksichtigt.

2. Kapitel: Pflichten des Anbieters von Waren und Dienstleistungen

Art. 6 Deklaration von Waren und Dienstleistungen
[1] Die Anbieter sind verpflichtet, die Konsumenten in transparenter Weise und in einer Form, die einen objektiven Vergleich ermöglicht, über ihre Identität sowie über Waren und Dienstleistungen und deren wesentliche Eigenschaften zu informieren. Die beim Angebot von Waren oder Dienstleistungen verwendeten Allgemeinen Geschäftsbedingungen sind den Konsumenten rechtzeitig vor Eingehung einer vertraglichen Verpflichtung zur Kenntnis zu geben.
[2] Wesentliche Eigenschaften einer Ware sind insbesondere:
a. die Zusammensetzung sowie Herkunft und Ursprung;
b. die Gebrauchsanweisung und die Installation- oder Montageanleitung;
c. die Risiken, die diese Ware für die Sicherheit und die Gesundheit sowie für die wirtschaftlichen Interessen der Konsumenten enthalten können;
d. der tatsächlich zu zahlende Preis.
[3] Wesentliche Eigenschaften einer Dienstleistung sind insbesondere:
a. der Gegenstand und der Inhalt der Dienstleistung;
b. die Modalitäten bezüglich Zugang, Geltungsdauer und Verwendung;
c. die Risiken, die diese Dienstleistung für die Sicherheit und die Gesundheit sowie für die wirtschaftlichen Interessen der Konsumenten enthalten oder enthalten können;
d. der tatsächlich zu zahlende Preis.
[4] Das Geschäfts- und Fabrikationsgeheimnis der Anbieter bleibt gewahrt.
[5] Die Deklarationen für Waren oder Dienstleistungen, die von ausländischen Anbietern in Verkehr gesetzt worden sind, werden anerkannt, wenn sie ausländische Normen erfüllen, die den Anforderungen dieses Gesetzes gleichwertig sind.
[6] Der Bundesrat erlässt die erforderlichen Ausführungsbestimmungen.
[7] Vorbehalten bleiben Bundesvorschriften, die weiter gehende Deklarationen von Waren oder Dienstleistungen vorsehen (Artikel 2).

Art. 7 Sicherheit von Waren und Dienstleistungen
[1] Die Anbieter von Waren und Dienstleistungen dürfen nur sichere Produkte in Verkehr bringen.
[2] Waren und Dienstleistungen gelten als sicher, wenn sie den Gesundheits- und Sicherheitsanforderungen für die Vermarktung entsprechen und bei vernünftigerweise vorher-

sehbarer Verwendung während der vernünftigerweise vorhersehbaren Dauer der Nutzung keine oder nur geringe Risiken für die Gesundheit und Sicherheit von Konsumenten darstellen.
³ Die Anbieter sind verpflichtet, Massnahmen zu treffen, die es ermöglichen:
a. Gefahren der in Verkehr gebrachten Waren oder Dienstleistungen zu erkennen;
b. Vorkehren zu treffen, um bei nicht sicheren Waren oder Dienstleistungen die Konsumenten angemessen und wirksam zu warnen und gegebenenfalls die Waren oder Dienstleistungen vom Markt zu nehmen oder den Rückruf von Waren bei den Konsumenten oder das Unterlassen von Dienstleistungen an Konsumenten zu veranlassen.

3. Kapitel: Aufgaben des Bundes

Art. 8 Information
¹ Der Bund gibt der Öffentlichkeit, insbesondere den betroffenen Konsumenten jene Informationen, die erforderlich sind, um eine von Waren oder Dienstleistungen ausgehende Gefahr für die Sicherheit und die Gesundheit abzuwenden, wenn:
a. Gefahr in Verzug ist und
b. die Anbieter, welche die Waren oder Dienstleistungen in Verkehr gesetzt haben, es unterlassen, ihren Informationspflichten oder ihren Pflichten zur Ergreifung von Massnahmen gegen gefährliche Waren oder Dienstleistungen nachzukommen oder
c. die Anbieter, welche die Waren und Dienstleistungen in Verkehr gesetzt haben, ihre berufliche oder gewerbliche Tätigkeit aufgegeben haben oder unbekannt sind.
² Der Bund wahrt das Prinzip der Verhältnismässigkeit.

Art. 9 Koordination
¹ Der Bund koordiniert die Tätigkeit der mit der Information der Öffentlichkeit, insbesondere der betroffenen Konsumenten beauftragten staatlichen Organe. Er berücksichtigt dabei die Aufgabenteilung zwischen Bund und Kantonen und im interkantonalen Bereich sowie die Organisationen der Anbieter und der Konsumenten.
² Der Bund kann ein Koordinationsorgan auf Bundesebene schaffen. Der Bundesrat erlässt die hiefür notwendigen Bestimmungen.

Art. 10 Förderung des nachhaltigen Konsums
Der Bund fördert den nachhaltigen Konsum. Zu diesem Zweck koordiniert er insbesondere die Vollziehungsverordnungen und die Rechtsanwendung im Bereich der Umweltschutz- und Konsumentenschutzgesetzgebung.

Art. 11 Förderung der Konsumentenbildung
Der Bund fördert die Konsumentenbildung. Zu diesem Zweck kann der Bund insbesondere Beiträge an die Kantone, Universitäten und Fachhochschulen ausrichten.

4. Kapitel: Aussergerichtliche Beilegung von Konsumentenstreitigkeiten

Art. 12 Förderung der aussergerichtlichen Streitbeilegung
Der Bund fördert die Schaffung von Organisationen, die als aussergerichtliche Schlichtungsstellen Streitigkeiten zwischen Anbietern und Konsumenten beilegen.

Art. 13 Voraussetzung der Anerkennung
Es werden nur solche Organisationen anerkannt und gefördert, die folgende Voraussetzungen erfüllen:
a. Unabhängigkeit der Organisation mit paritätischer Vertretung von Anbietern und Konsumenten;

b. Transparenz der Organisation mit Pflicht zur Veröffentlichung von Jahresberichten über die gefällten Entscheide;
c. Kontradiktorisches Verfahren mit Pflicht zur Anhörung der betroffenen Anbieter und Konsumenten;
d. Legalität des Verfahrens mit Pflicht zur Einhaltung der staatlichen Rechtsnormen, insbesondere im Bereich des Konsumentenschutzes.

5. Kapitel: Finanzhilfe und Durchführung von Tests

Art. 14 Grundsätze der Finanzhilfe
[1] Der Bund kann unabhängigen Konsumentenorganisationen, deren Tätigkeit von gesamtschweizerischer Bedeutung ist und die sich statutengemäss ausschliesslich dem Konsumentenschutz widmen, im Rahmen der bewilligten Kredite Finanzhilfe von höchstens 50 Prozent der anrechenbaren Kosten gewähren, insbesondere für:
a. die objektive und fachgerechte Information der Konsumenten in Print- oder elektronischen Medien;
b. die Durchführung vergleichender Tests über Eigenschaften von Waren und Dienstleistungen;
c. die Teilnahme an den Arbeiten der staatlichen und internationalen Organisationen der Normierung;
d. die Ausübung der Klagebefugnis nach Art. 10 Abs. 1 lit. b UWG.
[2] Der Bund kann Finanzhilfe nach Abs. 1 lit. a auch anderen Organisationen gewähren, deren Tätigkeit von gesamtschweizerischer Bedeutung ist und die sich statutengemäss der Konsumenteninformation in einem spezifischen Bereich widmen.

Art. 15 Durchführung vergleichender Tests
[1] Eine Organisation, die für die Durchführung vergleichender Tests nach Art. 14 Abs. 1 lit. b) Finanzhilfe erhält, muss die Einhaltung einer unabhängigen Planung und Durchführung der Tests gewährleisten.
[2] Tests in Sinne dieses Gesetzes müssen folgende Voraussetzungen erfüllen:
a. bei der Auswahl der Testthemen und bei der Durchführung der Tests ist auf das Informationsbedürfnis der Konsumenten abzustellen
b. die Tests sind nach wissenschaftlichen Grundsätzen durchzuführen;
c. es ist eine technisch einwandfreie, fachkundige und neutrale Durchführung der Tests sicherzustellen;
d. es ist den betroffenen Anbietern vor der Veröffentlichung der Testergebnisse ein Anhörungsrecht einzuräumen.

Art. 16 Ausführungsbestimmungen
Der Bundesrat erlässt die Ausführungsbestimmungen für die Finanzhilfe und die Durchführung von Tests.

6. Kapitel: Aufgaben der Eidgenössischen Kommission für Konsumentenfragen und des Eidgenössischen Büros für Konsumentenfragen

Art. 17 Eidgenössische Kommission für Konsumentenfragen
[1] Der Bundesrat wählt eine Eidgenössische Kommission für Konsumentenfragen, in der die Konsumenten, die Anbieter und die Wissenschaft zu je einem Drittel vertreten sind.
[2] Die Kommission berät den Bundesrat und die Departemente in den Angelegenheiten, welche die Konsumenten betreffen.
[3] Die Kommission fördert die partnerschaftliche Lösung von Konsumentenfragen.

Art. 18 Eidgenössisches Büro für Konsumentenfragen
¹ Das Eidgenössische Büro für Konsumentenfragen fördert die Information und den Schutz der Konsumenten.
² Es dient als Verbindungsorgan zwischen den Konsumenten und der Bundesverwaltung.
³ Es hat namentlich folgende Aufgaben:
a. präventive Information der Konsumenten über die Sicherheit von Waren und Dienstleistungen und über Täuschungen durch Waren und Dienstleistungen, sofern nicht andere Bundesorgane hiefür zuständig sind, sowie Information über die Möglichkeiten der aussergerichtlichen Beilegung von Konsumentenstreitigkeiten im Sinne dieses Gesetzes;
b. Beratung der Konsumenten in allgemeinen Konsumentenfragen;
c. Mitwirkung bei der Erarbeitung von Bundeserlassen, welche die Konsumenteninteressen betreffen;
d. Betreuung des Sekretariates der Eidgenössischen Kommission für Konsumentenfragen;
e. Behandlung der Gesuche um Finanzhilfe (Artikel 14–15);
f. Vertretung der Konsumenten in internationalen Organisationen, die sich mit Konsumentenfragen befassen.

7. Kapitel: Strafbestimmungen

Art. 19 Vergehen
¹ Mit Gefängnis und einer Busse von bis zu 500 000 Franken wird bestraft:
a. der Anbieter von Waren und Dienstleistungen, der das Leben oder die Gesundheit der Konsumenten gefährdet, indem er Waren oder Dienstleistungen in Verkehr bringt, die nicht sicher sind (Artikel 7);
b. der Anbieter von Waren oder Dienstleistungen, der es unterlässt, eine nicht sichere Ware oder Dienstleistung gemäss Artikel 7 aus dem Verkehr zu ziehen.
² Handelt der Täter fahrlässig, so beträgt die Busse bis zu 100 000 Franken.

Art. 20 Übertretungen
¹ Mit einer Busse von bis zu 100 000 Franken wird bestraft:
a. der Anbieter, der den Konsumenten die nach gesetzlichen Vorschriften gebotenen Informationen nicht zur Verfügung stellt;
b. der Anbieter einer Ware oder Dienstleistung, der eine den Konsumenten täuschende Information bezüglich einer Ware oder Dienstleistung nicht berichtigt.
² Handelt der Täter fahrlässig, so beträgt die Busse bis zu 50 000 Franken.
³ In leichten Fällen kann auf die Bestrafung verzichtet werden.

Art. 21 Einziehung des unrechtmässigen Ertrags
¹ Verstösst ein Unternehmen gegen die Bestimmungen dieses Gesetzes, so wird es mit einem Betrag bis zu 10 Prozent des in den letzten drei Geschäftsjahren in der Schweiz erzielten Umsatzes belastet.
² Das Gericht bemisst die Höhe der Einziehung nach der Schwere des Verstosses, der Höhe des erzielten Gewinnes, der wirtschaftlichen Leistungsfähigkeit des Unternehmens sowie nach der Gefahr der Begehung weiterer Verstösse, für die das Unternehmen verantwortlich wäre.
³ Als Unternehmen im Sinne dieses Artikels gelten juristische Personen, Gesellschaften und Einzelfirmen.
⁴ Das Gericht kann im Sinne von Artikel 60 des Strafgesetzbuches vom eingezogenen unrechtmässigen Ertrag des Unternehmens Zuwendungen an geschädigte Konsumenten verfügen.

Art. 22 Übrige Massnahmen
[1] Das Gericht kann, wenn es die Gesundheit und Sicherheit sowie der Schutz der wirtschaftlichen Interessen der Konsumenten erfordert, in schweren Fällen folgende Massnahmen anordnen:
a. ein vorläufiges Verbot, eine Ware oder Dienstleistung anzubieten, und gegebenenfalls ein Gebot, die Ware zurückzunehmen;
b. ein Berufsausübungsverbot oder ein Verbot, ein Unternehmen oder ein Gewerbe zu betreiben;
c. die Veröffentlichung des Urteils nach Artikel 61 des Strafgesetzbuches.
[2] Die in Absatz 1 dieses Artikels vorgesehenen Massnahmen werden ab dem Tag wirksam, an dem das Urteil in Rechtskraft erwächst.

Art. 23 Vorsorgliche Information der Öffentlichkeit
Das Gericht kann, wenn es die Gesundheit und Sicherheit oder der Schutz der wirtschaftlichen Interessen der Konsumenten erfordert, in schweren Fällen und wenn Gefahr in Verzug ist, die vorsorgliche Information der Öffentlichkeit über die Einleitung einer Untersuchung und über die vom Gericht angeordneten Massnahmen verfügen.

Art. 24 Strafverfolgung
[1] Die Strafverfolgung ist Sache der Kantone.
[2] Die kantonalen Behörden teilen sämtliche Urteile und Massnahmen unverzüglich und unentgeltlich in vollständiger Ausfertigung der Bundesanwaltschaft zuhanden des Eidgenössischen Volkswirtschaftsdepartementes mit.

8. Kapitel: Schlussbestimmungen

Art. 25 Aufhebung und Änderung des bisherigen Rechts
Die Aufhebung und Änderung des bisherigen Rechts wird im Anhang dieses Gesetzes geregelt.

Art. 26 Vollzug dieses Gesetzes
Der Bundesrat wird mit dem Vollzug dieses Gesetzes beauftragt. Er erlässt die notwendigen Vollziehungsverordnungen.

Art. 27 Evaluation
Das Eidgenössische Volkswirtschaftsdepartement sorgt für die Evaluation der Massnahmen, die auf Grund dieses Gesetzes getroffen werden.

Art. 28 Referendum und Inkrafttreten
[1] Dieses Gesetz untersteht dem fakultativen Referendum.
[2] Der Bundesrat bestimmt das Datum des Inkrafttretens.

F. Dokumentation der Gesetzgebungsvorstösse zu den AGB

Anhang: Aufhebung und Änderung des bisherigen Rechts

I Das Bundesgesetz vom 5. Oktober 1990 über die Information der Konsumentinnen und Konsumenten wird aufgehoben.

II Die nachstehenden Bundesgesetze werden wie folgt geändert:

1. Bundesgesetz vom 30. März 1911 betreffend die Ergänzung des Schweizerischen Zivilgesetzbuches (Fünfter Teil: Obligationenrecht) (OR)

Art. 20 Abs. 2
Vorformulierte Allgemeine Geschäftsbedingungen sind nichtig, wenn sie missbräuchlich im Sinne von Artikel 8 UWG sind.
Der heutige Absatz 2 wird neu zum Absatz 3.

2. Bundesgesetz vom 19. Dezember 1986 gegen den unlauteren Wettbewerb (UWG)

Art. 3 lit. b Abs. 2
die nach Artikel 6 des Konsumentenschutzgesetzes gebotene Pflicht zur Deklaration von Waren und Dienstleistungen unterlässt;

Art. 8 Abs. 1
Unlauter handelt insbesondere, wer vorformulierte Allgemeine Geschäftsbedingungen zum Nachteil einer Vertragspartei verwendet, die
a. von der unmittelbar oder sinngemäss anwendbaren gesetzlichen Ordnung erheblich abweichen oder
b. eine der Vertragsnatur erheblich widersprechende Verteilung von Rechten und Pflichten vorsehen.

Art. 10 Abs. 2 lit. c (zusätzlicher Satzteil)
... sowie zum Schutz der Konsumenten in der Schweiz.

4. Vorentwurf Expertenkommission Totalrevision VVG 2006

Vorentwurf VVG vom 31. Juli 2006, Anhang: Änderungen bisherigen Rechts:

Obligationenrecht (SR 220)

Art. 20a *Allgemeine Vertragsbedingungen*

[1] Bestimmungen in vorformulierten Allgemeinen Vertragsbedingungen sind missbräuchlich und unwirksam, wenn sie den Vertragspartner des Verwenders unangemessen benachteiligen.

[2] Eine unangemessene Benachteiligung ist namentlich dann anzunehmen, wenn eine Bestimmung mit wesentlichen Grundsätzen der gesetzlichen Regelung, von der zu Lasten des Vertragspartners abgewichen wird, nicht zu vereinbaren ist.

Aus der Begründung der Expertenkommission VVG:

3 Anhang
31 Änderungen bisherigen Rechts
311 Obligationenrecht

Art. 20a Allgemeine Vertragsbedingungen: Der VE-VVG strebt an vielen Stellen eine gegenüber dem geltenden Recht erhöhte Transparenz betreffend die Rechte und Pflichten der Versicherten sowie die Leistungsverpflichtungen der Versicherungsunternehmen an. Zu nennen ist namentlich Artikel 6 VE-VVG, welche Bestimmung die Informationspflichten des Versicherungsunternehmens konkretisiert. Dessen Absatz 2 Satz 2 schreibt zudem vor, dass der Versicherungsnehmer vor Vertragsabschluss – genauer: vor Beantragung oder Annahme des Vertrages durch den Versicherungsnehmer – im Besitz der AVB sein muss. Des Weiteren verstärkt der VE-VVG erheblich den materiellen Versicherungsschutz, indem sehr viele vorgeschlagene Gesetzesbestimmungen als absolut oder halbzwingend (zugunsten der Versicherten) ausgestaltet werden sollen. Auch zwingt der Wortlaut des VE-VVG mittels Gesetzesvermutung und sonstiger Anordnung die Versicherungsunternehmen, im Vertrag und in den AVB ihr Leistungsvolumen klar zu umschreiben (vgl. etwa Art. 27 Abs. 2 und Art. 28). Was jedoch die Kontrolle sowie die Auslegung von AVB insgesamt betrifft, verzichtet der VE-VVG weitgehend – von Ausnahmen abgesehen (vgl. z.B. Art. 38) – auf spezifische Vorschriften. Dabei wird davon ausgegangen, dass die durch das Bundesgericht – namentlich in Bezug auf AVB – entwickelten und gehandhabten Auslegungsregeln (wie Unklarheitenregel und Ungewöhnlichkeitsregel) weiterhin Beachtung finden werden. Darüber hinaus ist nach Auffassung der Expertenkommission nunmehr – nach jahrzehntelangen Überlegungen und Auseinandersetzungen – der Zeitpunkt gekommen, für AVB eine generelle Inhaltskontrolle vorzusehen. Die Kommission schliesst sich hierbei der heute kaum mehr bestrittenen Auffassung an, dass Artikel 8 UWG (Bundesgesetz gegen den unlauteren Wettbewerb, SR 241) insoweit nicht den erforderlichen Schutz zu bieten vermag. Allerdings schlägt die Expertenkommission vor, eine Inhaltskontrolle von AVB nicht nur für Produkte der Versicherungsunternehmen – und damit im VVG – einzuführen. Vielmehr sollte das OR durch eine entsprechende neue Vorschrift ergänzt werden, so dass eine Inhaltskontrolle nicht nur AVB, sondern auch andere AGB betreffen würde. Namentlich im Verhältnis zu anderen Anbietern von Finanzdienstleistungen könnten so die Diskriminierung einer Branche und ein damit möglicherweise verbundener Wettbewerbsnachteil verhindert werden. Sodann ist nicht ersichtlich, warum eine Inhaltskontrolle nicht auch für andere Wirtschaftszweige stipuliert werden sollte. – Die Expertenkommission ist sich allerdings bewusst, dass es sich hierbei um eine in hohem Mass politische Materie handelt.

III. Vorlage zur Vernehmlassung Teilrevision KIG – Entwurf vom 14. Juli 2005

1. Entwurf vom 14. Juli 2005 zur Änderung des Obligationenrechts

Am 14. Juli 2005 wurde aufgrund der vorstehend wiedergegebenen parlamentarischen Vorstösse sowie der wiederholten Empfehlungen von Expertenkommissionen die Problematik der Allgemeinen Geschäftsbedingungen in den Entwurf zur

F. Dokumentation der Gesetzgebungsvorstösse zu den AGB

Teilrevision des Bundesgesetzes über die Information der Konsumentinnen und Konsumenten (Konsumenteninformationsgesetz, KIG) aufgenommen und in die Vernehmlassung gegeben. Im Anhang der Vorlage wurde unter Ziffer 1 die *Änderung des Obligationenrechts (SR 220)* wie folgt vorgeschlagen:

E-OR Art. 10a
IV. Allgemeine Geschäftsbedingungen
1. Begriff

[1] Allgemeine Geschäftsbedingungen sind alle für eine Vielzahl von Verträgen vorformulierten Vertragsbedingungen, die eine Vertragspartei (Verwender) bei Abschluss eines Vertrags einseitig einbringt. Bringt eine Urkundsperson die Vertragsbedingungen ein, so gelten die Bestimmungen über die allgemeinen Geschäftsbedingungen sinngemäss.

[2] Vertragsbedingungen, die zwischen den Vertragsparteien im Einzelnen ausgehandelt sind, gelten nicht als allgemeine Geschäftsbedingungen.

E-OR Art. 10b
2. Abfassung
Die Bestimmungen in allgemeinen Geschäftsbedingungen müssen klar und deutlich formuliert sein.

E-OR Art. 10c
3. Einbezug in den Vertrag

[1] Allgemeine Geschäftsbedingungen werden nur dann Bestandteil eines Vertrags, wenn:
a. der Verwender bei Vertragsschluss die andere Vertragspartei auf sie hinweist;
b. ihre Kenntnisnahme möglich und zumutbar ist; und
c. die andere Vertragspartei erklärt, dass sie ihnen zustimmt.

[2] Bestimmungen in allgemeinen Geschäftsbedingungen, mit denen der Vertragspartner des Verwenders nach Treu und Glauben nicht zu rechnen braucht, werden nicht Bestandteil des Vertrages.

[3] Sind allgemeine Geschäftsbedingungen ganz oder teilweise nicht Vertragsbestandteil geworden, so bleibt der Vertrag im Übrigen wirksam.

E-OR Art. 10d
4. Vorrang der Individualabrede
Individuelle Vertragsabreden haben Vorrang vor anders lautenden allgemeinen Geschäftsbedingungen.

E-OR Art. 13 Abs. 3
[3] Allgemeine Geschäftsbedingungen, die in einem separaten Dokument enthalten sind, erfüllen die Schriftform, wenn ein deutlicher Verweis auf sie von den Unterschriften auf dem Hauptvertrag gedeckt ist.

E-OR Art. 18, Randtitel
D. Auslegung der Verträge
I. Grundsatz und Simulation

E-OR Art. 18a
II. Auslegung von allgemeinen Geschäftsbedingungen
[1] Allgemeine Geschäftsbedingungen werden nach dem allgemeinen Sprachgebrauch ausgelegt. Die Partei, die einen vom allgemeinen Sprachgebrauch abweichenden besonderen Sprachgebrauch zwischen den Parteien geltend macht, hat diesen zu beweisen.
[2] Unklare Bestimmungen in allgemeinen Geschäftsbedingungen werden zu Lasten des Verwenders ausgelegt.

E-OR Art. 20, Randtitel
II. Nichtigkeit
1. Im Allgemeinen

E-OR Art. 20a
2. Besondere Regeln für allgemeine Geschäftsbedingungen in Konsumentenverträgen

[1] Als Konsumentenverträge gelten Verträge zwischen gewerbsmässigen Anbietern und natürlichen Personen, die einen Vertrag zu einem Zweck abschliessen, der nicht ihrer beruflichen oder gewerblichen Tätigkeit zugerechnet werden kann (Konsumenten).

[2] Bestimmungen in allgemeinen Geschäftsbedingungen sind nichtig, wenn sie den Konsumenten entgegen Treu und Glauben benachteiligen, insbesondere indem sie:
a. von der unmittelbar oder sinngemäss anwendbaren gesetzlichen Ordnung erheblich abweichen; oder
b. eine der Vertragsnatur erheblich widersprechende Verteilung von Rechten und Pflichten vorsehen.

[3] Weist der Anbieter nach, dass der Konsument aufgrund seiner Fachkenntnisse und seiner Stellung die Bedingungen hätte frei aushandeln können, so finden die besonderen Regeln keine Anwendung.

[4] Bei allgemeinen Geschäftsbedingungen, die zwischen Anbieter- und Konsumentenorganisationen paritätisch ausgehandelt wurden, wird vermutet, dass sie frei ausgehandelt und nicht missbräuchlich sind. Der Bundesrat erlässt die Ausführungsbestimmungen für das paritätische und repräsentative Aushandeln solcher allgemeinen Geschäftsbedingungen.

2. Begründung des Entwurfs vom 14. Juli 2005 (Auszug aus den Erläuterungen)

Dem Entwurf vom 14. Juli 2005 wurde für das Vernehmlassungsverfahren die folgende Begründung beigegeben, die mit Bezug auf die AGB auszugsweise abgedruckt wird:

Auszug

2.2 Erläuterungen der vorgeschlagenen Regelung betreffend allgemeine Geschäftsbedingungen (AGB) im OR
2.2.1 Vorbemerkungen

Nach Artikel 2 Absatz 1 Buchstabe e des KIG-Entwurfes muss die Anbieterin oder der Anbieter die Konsumentin oder den Konsumenten unter anderem auch auf allgemeine

F. Dokumentation der Gesetzgebungsvorstösse zu den AGB

Vertragsbedingungen (AGB) hinweisen, die Vertragsbestandteil werden sollen. Diese Neuerung lässt es geboten erscheinen, mit der vorliegenden Revision zugleich die Problematik der AGB an sich in grundsätzlicher Weise zu regeln. Dabei geht es in erster Linie darum, die wichtigsten in Rechtsprechung und Lehre entwickelten Regeln zur Kontrolle von AGB ins kodifizierte Recht zu übertragen. Dies liegt im Interesse der Transparenz der Rechtsordnung und rechtfertigt sich nicht zuletzt mit Blick darauf, dass die Mitgliedstaaten der EU auf Grund der Richtlinie 93/13/EWG des Rates vom 5. April 1993[181] über missbräuchliche Klauseln in Verbraucherverträgen verpflichtet sind, entsprechende Regelungen zu erlassen. Die gesetzliche Regelung der AGB entspricht auch einem mehrfach geäusserten Wunsch von Konsumentenseite (vgl. die Empfehlungen der Eidgenössischen Kommission für Konsumentenfragen (EKK) vom 12.6.1997, 10.4.2000 und zuletzt vom 3.6.2003; vgl. ferner das Postulat Leuthard 03.3422 vom 23.6.2003). Schliesslich hat eine zentrale Regelung der AGB im OR den Vorteil, dass es sich erübrigt, in diversen Spezialgesetzen (wie etwa im Versicherungsvertragsgesetz) Sonderregelungen einzufügen.

Die vorgeschlagenen Regelungen folgen materiell weitgehend dem Vorschlag der EKK von 2003, der sich seinerseits an den entsprechenden Regelungen des deutschen Rechts orientiert. Im Zentrum steht einerseits die Frage, unter welchen Voraussetzungen AGB Bestandteil eines konkreten Vertrages werden und wie sie gegebenenfalls zu interpretieren sind (Art. 10–10d, 13 Abs. 3 und 18a). Diese Regelungen gelten für alle Verträge, also auch für solche unter Geschäftsleuten. Andererseits geht es darum, die privaten Konsumentinnen und Konsumenten vor einzelnen Vertragsbedingungen in AGB zu schützen, die sie unter dem Gesichtspunkt von Treu und Glauben ungebührlich benachteiligen (Art. 20a).

Der Vorschlag steht im Übrigen auch im Einklang mit Artikel 8 UWG, der die Verwendung missbräuchlicher AGB unter bestimmten Voraussetzungen als Tatbestand des unlauteren Wettbewerbs erfasst.

2.2.2 Erläuterungen zu den einzelnen Bestimmungen

Art. 10a   Begriff

Abs. 1

Artikel 10a definiert die AGB anhand folgender Elemente:
– Es handelt sich um Vertragsbedingungen. In dieser Hinsicht besteht kein Unterschied zu irgendwelchen anderen Vertragsbedingungen: Sie gelten nur durch den Konsens der Parteien, nicht etwa als objektive (Rechts-)Normen.
– Sie sind für eine Vielzahl von Verträgen vorformuliert.
– Sie werden von einer Partei einseitig eingebracht.

Der zweite Satz klärt für die Schweiz die in Deutschland breit diskutierte Frage, ob auch vorformulierte Geschäftsbedingungen, die von einer Notarin oder einem Notar eingebracht werden, AGB sein können. Die Formulierung vermeidet eine strikte Qualifikation als AGB, da nicht alle AGB-spezifischen Vorschriften eins zu eins auf notarielle Klauseln passen. Vielmehr wird das Gericht angewiesen, die AGB-spezifischen Regeln nur dort auf notarielle Klauseln («sinngemäss») anzuwenden, wo es in der Sache angemessen ist.

---
[181] ABl. L 095 vom 21.4.1993, S.29.

Der Begriff der allgemeinen Vertragsbedingungen wird im Entwurf in einer Hinsicht doppeldeutig verwendet: Einerseits kann ein gesamtes Set von Klauseln gemeint sein, das üblicherweise mit «AGB» oder etwas Gleichwertigem überschrieben ist (z.B. in Art. 10c). Andererseits können auch die einzelnen Klauseln gemeint sein (z.B. in Art. 10d).

Abs. 2

Absatz 2 erfasst z.B. den Fall, in dem zwei Parteien Vertragsbedingungen im Einzelnen aushandeln und sie dann im Lauf der Zeit für eine Vielzahl von untereinander abgeschlossenen Verträgen anwenden. Derartige Vertragsbedingungen gelten nicht als AGB. Ebenso wenig gelten Vertragsklauseln als AGB, die zwar in einem Set von Vertragsbedingungen enthalten sind, über die aber die Vertragsparteien individuell verhandelt und die sie schliesslich ausdrücklich angenommen haben.

Art. 10b Abfassung

Diese programmatische Vorschrift hält einen Grundsatz fest, der sich an verschiedenen Stellen widerspiegelt, insbesondere bei der Unklarheitenregel nach Artikel 18a Absatz 2, indem unklare Bestimmungen zuungunsten der Verwenderin oder des Verwenders ausgelegt werden.

Art. 10c Einbezug in den Vertrag

Abs. 1

Hier werden die zentralen Voraussetzungen genannt, die schon nach der heutigen Rechtsprechung und Lehre erfüllt sein müssen, damit AGB Vertragsbestandteil werden und somit überhaupt erst Geltung erlangen (vgl. etwa BGE *119* II 443; *108* II 416; *100* II 200, 209 f.; *84* II 556, 561 f.; SCHWENZER, Schweizerisches Obligationenrecht Allgemeiner Teil, 3. Auflage Bern 2003, § 44 ff. mit weiteren Hinweisen).
– Zunächst muss die Verwenderin oder der Verwender die Gegenpartei darauf hinweisen, dass die AGB Vertragsinhalt werden sollen.
– Sodann muss die Gegenpartei sie in zumutbarer Weise zur Kenntnis nehmen können. Dies ist an sich selbstverständlich, wird aber in der Praxis nicht immer respektiert. Zu denken ist namentlich an Fälle, in denen AGB allzu klein oder in schlecht leserlicher Schriftfarbe wiedergegeben werden.
Dass die Gegenpartei die AGB tatsächlich zur Kenntnis genommen hat, ist hingegen nicht vorausgesetzt. Es ist vielmehr der Regelfall, dass AGB mehr oder weniger ungeschaut akzeptiert werden (man spricht von einer Globalübernahme).
– Unerlässlich ist jedoch, dass die Gegenpartei im Rahmen des Vertragsschlusses ihr Einverständnis mit den AGB erklärt.

Aus allgemeinen Grundsätzen ergibt sich, dass im kaufmännischen Verkehr an alle drei Punkte geringere Anforderungen gestellt werden als im Verkehr mit Konsumentinnen und Konsumenten. Beispielsweise können sich der Hinweis nach Buchstabe a und die Zustimmungserklärung nach Buchstabe c eher stillschweigend aus früheren Geschäftskontakten ergeben als im Verkehr mit Konsumentinnen und Konsumenten.

Abs. 2

Mittels dieser Regel (so genannte Ungewöhnlichkeitenregel) soll derjenige, der AGB global übernimmt, vor überraschenden Klauseln geschützt werden. Sie greift dann ein, wenn die Verwenderin oder der Verwender nicht davon ausgehen darf, dass die ungewöhnlichen Klauseln zur Kenntnis genommen und akzeptiert worden sind (vgl. etwa BGE *109* II 452; *119* II 443, siehe auch *104* Ia 278). Im Unterschied zur Inhaltskontrolle

F. Dokumentation der Gesetzgebungsvorstösse zu den AGB

(Art. 20a) geht es hier nicht um die Angemessenheit oder Gerechtigkeit des Vertragsinhalts, sondern bloss darum, ob bestimmte Klauseln von der Einigung der Parteien erfasst werden. Die Rechtsfolge ist dementsprechend nicht die Nichtigkeit dieser Klauseln, sondern ihr Nichteinbezug in den Vertrag.

Abs. 3

Zum einen stellt dieser Absatz klar, dass gegebenenfalls nur ein Teil eines vorgelegten Sets von AGB Vertragsinhalt wird («ganz oder teilweise»).

Selbstverständlich ist, dass die nicht Vertragsbestandteil gewordenen Bestimmungen keinerlei Geltung haben können; dies muss nicht erwähnt werden.

Schwieriger ist hingegen die Frage, was mit dem Restvertrag geschehen soll. Der Entwurf lässt den Vertrag grundsätzlich weiterbestehen, wie er sich ohne die nicht Bestandteil gewordenen AGB präsentiert. Bildeten die weggefallenen Teile der AGB für die Verwenderin oder den Verwender in erkennbarer Weise einen wesentlichen Vertragsbestandteil, ohne den sie oder er den Vertrag nicht abzuschliessen gewillt war, so ist davon auszugehen, dass der gesamte Vertrag unter diesen Umständen nicht zustande gekommen ist (vgl. die analoge Regel in Art. 20 Abs. 2 OR).

Art. 10d Vorrang der Individualabrede
Diese Bestimmung hält fest, dass sich nicht auf eine AGB-Klausel berufen kann, wer mit der Gegenpartei individuell etwas Entgegenstehendes vereinbart hat. Sie konkretisiert in dieser Hinsicht das Gebot des Verhaltens nach Treu und Glauben.

Art. 13 Abs. 3
Diese Ergänzung soll in erster Linie klären, dass AGB die Schriftform erfüllen können, auch wenn sie nicht separat unterschrieben sind. Dagegen muss der Verweis auf die AGB (Art. 10c Abs. 1 Bst. a) in dem Dokument enthalten sein, das unterschrieben wird.

Art. 18 (Randtitel) – Auslegung der Verträge, Grundsatz und Simulation
AGB-Klauseln sind – wie jede andere Vertragsbedingung – Gegenstand der Auslegung. So gelten denn auch in erster Linie die bekannten allgemeinen Regeln der Vertragsauslegung, was durch die Ergänzung des Randtitels von Artikel 18 zum Ausdruck gebracht wird.

Art. 18a Auslegung von allgemeinen Geschäftsbedingungen

Abs. 1

AGB sind so zu verstehen, wie es dem allgemeinen Sprachgebrauch entspricht. Beruft sich eine Partei darauf, ein Begriff oder eine Wendung sei anders zu verstehen als nach dem allgemeinen Sprachgebrauch, so hat sie zu beweisen, dass die Parteien tatsächlich diesen abweichenden Sprachgebrauch gemeint haben.

Abs. 2

Wer AGB verwendet, hat es in der Hand, diese klar und deutlich (Art. 10b) zu formulieren. Versäumt er dies und bringt er unklare Klauseln in den Vertrag ein, so soll das nicht zu Lasten der Gegenpartei gehen. Führt die Auslegung einer Klausel nach den oben genannten Regeln nicht zu einem eindeutigen Ergebnis, so wird daher jenes Auslegungsergebnis gewählt, das für die Kundin oder den Kunden am günstigsten ist.
Eng verwandt mit dieser so genannten Unklarheitenregel ist das im Entwurf nicht ausdrücklich fixierte Restriktionsprinzip. Es besagt, dass AGB-Klauseln, die vom nicht zwingenden Recht abweichen, tendenziell eher eng auszulegen sind, d.h. im Zweifel der gesetzlichen Regelung angenähert werden.

Art. 20 Randtitel – Nichtigkeit, im Allgemeinen

Die allgemeinen Regeln zum Inhalt des Vertrages und zur Nichtigkeit nach Artikel 19 und 20 OR bleiben unverändert und gelten selbstverständlich auch für Vertragsbedingungen, die über AGB in den Vertrag aufgenommen werden. Der neue Randtitel «I. Allgemein» bringt dies zum Ausdruck.

Art. 20a Besondere Regeln für allgemeine Geschäftsbedingungen in Konsumentenverträgen

Ob die Gerichte AGB inhaltlich besonders gründlich überprüfen können und sollen («Inhaltskontrolle»), ist heute in der Rechtsprechung nicht abschliessend geklärt und in der Lehre umstritten. Das Bundesgericht hat sich diesbezüglich in der Vergangenheit eine gewisse Zurückhaltung auferlegt (BGE *122* III 26 ff.), was von einem Teil der Lehre seit längerer Zeit kritisiert wird (statt vieler ALEXANDER BRUNNER, Die Kontrolle allgemeiner Geschäftsbedingungen in der aktuellen schweizerischen Lehre und Praxis, ZSR *1999* I 305 ff.). Auch das oben genannte Postulat Leuthard und die oben genannten Empfehlungen der EKK sprechen sich dafür aus, im Gesetz eine klare Grundlage für die richterliche Inhaltskontrolle von AGB zu legen.

Dies drängt sich auf, weil bei diesen Vertragsverhältnissen üblicherweise ein deutliches Ungleichgewicht zwischen den Parteien besteht: Professionelle Anbieterinnen und Anbieter können den Kundinnen und Kunden aufgrund ihres Wissensvorsprungs und ihrer Marktmacht ihre AGB mehr oder weniger aufzwingen. Im kaufmännischen Verkehr hingegen ist davon auszugehen, dass das Ungleichgewicht zwischen Verwenderin und Verwender und Gegenpartei gar nicht oder nur abgeschwächt besteht.

Abs. 1

Die Definition stimmt inhaltlich mit Artikel 1 Absatz 2 des KIG-Entwurfes sowie mit Artikel 3 KKG überein.

Abs. 2

Nach Artikel 20a Absatz 2 dürfen AGB die Konsumentinnen und Konsumenten nicht entgegen Treu und Glauben benachteiligen. Dieser abstrakte Grundsatz ist einer kasuistischen Regulierung vorzuziehen, weil eine gesetzliche Fixierung aller Einzelheiten kaum möglich wäre. Dies zeigen die Erfahrungen in der Europäischen Union, wo sich eine Aufzählung missbräuchlicher Klauseln (Anhang der Richtlinie 93/13/EWG) trotz ihrer Länge als lückenhaft herausgestellt hat und daher die Auffangnorm (Art. 3 Abs. 1 der Richtlinie) eine unverändert wichtige Rolle spielt.

Um der Rechtsanwendung doch eine gewisse Orientierungshilfe für die Konkretisierung der Generalklausel zu geben, nennt Absatz 2 zwei Hauptfälle, ohne damit eine abschliessende Aufzählung vorzunehmen. Sie stimmen wörtlich mit Artikel 8 UWG überein.

– Buchstabe a nennt eine erhebliche Abweichung von der nicht zwingenden gesetzlichen Ordnung. Selbstverständlich ist, dass vom nicht zwingenden Recht abgewichen werden *kann*, auch durch AGB, doch soll solchen Abweichungen eine Grenze gesetzt werden. Es erscheint gerechtfertigt, diese Grenze dort zu ziehen, wo schwache Marktteilnehmer (Konsumentinnen und Konsumenten) durch die Zustimmung zu AGB-Klauseln, das heisst ohne Verhandlungen, nolens volens zu erheblichen Abweichungen ja sagen.

– Buchstabe b hat einen ähnlichen Ansatz. Zwar geht es hier nicht darum, dass eine AGB-Bestimmung erheblich vom nicht zwingenden Recht abweicht, sondern darum, dass sie eine Verteilung von Rechten und Pflichten vorsieht, die der Natur des konkret vorliegenden Vertrages nicht entspricht. Auch in dieser Hinsicht sollen die Konsumentinnen und Konsumenten vor einseitigen, sie ungebührlich belastenden AGB-Bestimmungen geschützt werden.

Sind AGB-Klauseln nach diesen Kriterien missbräuchlich, so ordnet Artikel 20a ihre Nichtigkeit an, dies im Gegensatz zu Artikel 10c, der ihren Einbezug in den Vertrag regelt. Die Folge der Nichtigkeit steht jedoch im Einklang mit den Artikeln 19 und 20 OR, die ebenfalls aufgrund inhaltlicher Kriterien Verträge oder darin enthaltene Bestimmungen für nichtig erklären.

Abs. 3

Konsumentinnen und Konsumenten, die aufgrund der gesamten Umstände zwar in der Lage gewesen wären, die Vertragsbedingungen frei auszuhandeln, die vorgelegten AGB aber trotzdem tel quel akzeptiert haben, bedürfen nicht des Schutzes vor AGB-spezifischen Benachteiligungsrisiken. Deshalb finden die besonderen Regeln in diesem Fall keine Anwendung.

Abs. 4

Ein weiterer Fall, in dem die Konsumentinnen und Konsumenten keinen besonderen Schutz nötig haben, wird in Absatz 4 erwähnt. Auch hier liegt die Besonderheit darin, dass aufgrund einer mehr oder weniger gleichrangigen Verhandlungsposition trotz der Konsumenteneigenschaft das AGB-typische Benachteiligungsrisiko fehlt: Wenn beispielsweise die Fachleute je eines Mieter- und eines Vermieterverbandes einen Mustermietvertrag aushandeln, so ist davon auszugehen, dass eine ausgewogene Verteilung von Rechten und Pflichten resultiert. Daher besteht die Vermutung, dass solche Musterverträge keinen missbräuchlichen Inhalt haben. Die Konsumentin oder der Konsument kann jedoch nachweisen, dass dem doch so ist.

3. Ablehnung durch den Bundesrat am 21. Dezember 2005

Am 21. Dezember 2005 beschloss der Bundesrat nach Kenntnisnahme des kontrovers gebliebenen Vernehmlassungsverfahrens, auf die Teilrevision des KIG vollständig zu verzichten. Namentlich die Anbieter-Organisationen stellten sich wegen erhöhter vorvertraglicher Informationspflichten gegen die Teilrevision, womit auch der im Anhang vorgesehene Teil betreffend Allgemeine Geschäftsbedingungen weg fiel. Dabei wurde unter anderen das Argument vorgetragen, neue Normen dürften nicht zu einer Bevormundung der Konsumenten führen. Hierzu ist indessen kritisch anzumerken, dass die Bevormundungsthese zu einer Verkehrung der Fakten führt und das vom Verfassungsgesetzgeber in Art. 97 BV festgestellte strukturelle Ungleichgewicht zwischen Anbietern und Konsumenten ausblendet.[182] Es ist daher festzuhalten, dass dem Auftrag der Verfassung nicht nachgelebt wird.

---

[182] Vgl. dazu BRUNNER, Konsumenteninformation, S. 51 ff., insb. 63.

G. AGB und Europarecht

I. Zur Frage der Europaverträglichkeit des Schweizer Rechts

Nach der hier vertretenen Meinung wäre es für die *rechtsuchenden Parteien* und für die Gerichte im Hinblick auf das Postulat der *Rechtssicherheit* von grossem Vorteil, wenn der schweizerische Gesetzgeber die klaren Vorgaben der EU-Richtlinie[183] über missbräuchliche Klauseln übernehmen würde. Das schweizerische Recht ist auf dem Gebiet der AGB nur teilweise europaverträglich.[184] Dies hat zur Folge, dass Schweizer Unternehmen im transnationalen Geschäftsverkehr bzw. mit Konsumenten in Europa diese Richtlinie zu beachten haben, gegenüber den Schweizer Konsumenten jedoch nicht.

Die bisherige schweizerische Praxis hat sodann gezeigt, dass die Gerichte mit der Anwendung von *Generalklauseln,* wie sie in Art. 2 und 27 ZGB, in Art. 2 und 8 UWG sowie in Art. 19–21 OR festgeschrieben sind, Mühe bekunden. Dies offenbart nicht etwa eine fehlende Kompetenz der Gerichte, als vielmehr das Faktum einer Überlastung mit hängigen Verfahren, die wenig Raum für das anspruchsvolle *Konkretisieren von Prinzipien* übrig lassen. Die Kasuistik des *Klauselkataloges* im Anhang der EU-Richtlinie über missbräuchliche Klauseln ist unter solchen Umständen eine grosse Hilfe für die Rechtspraxis. Eine Zurückhaltung gegenüber dem Europarecht ist in diesem Zusammenhang umso weniger angebracht, als die Regelungen der Richtlinie 1993 in einem intensiven Gedankenaustausch aller massgeblicher europäischer Rechtskreise zustande gekommen ist und dem Schweizer Recht daher nicht völlig fremd erscheint.

---

[183] Richtlinie 93/13/EWG des Rates vom 5. April 1993 über missbräuchliche Klauseln in Verbraucherverträgen (ABl. L 95 21.04.93/29). Nachfolgend abgedruckt.
[184] BRUNNER, Europäisches Vertragsrecht, S. 487 ff.; HUGUENIN JACOBS CLAIRE, Allgemeine Geschäftsbedingungen in der Schweiz im Lichte der neuen EU-Richtlinie über missbräuchliche Klauseln in Verbraucherverträgen, recht 1995, 85–95; JETZER ROLF P./ZINDEL GAUDENZ G., EG-Richtlinie über missbräuchliche Klauseln in Verbraucherverträgen, SJZ 1994, 432–436; SCHMID JÖRG, Der EG-Richtlinienvorschlag über missbräuchliche Klauseln in Verbraucherverträgen – und mögliche Auswirkungen auf die Schweiz, in Tercier Pierre u.a. (Hrsg.), Aspects du droit européen, Fribourg 1993, S. 243–259; DERS, Klauselkatalog der AGB-Richtlinie und schweizerisches Obligationenrecht, in Stauder Bernd (Hrsg.), Die Bedeutung der AGB-Richtlinie der Europäischen Union für Schweizer Unternehmen, Zürich 1996, S. 49–82; SCHNYDER ANTON K., AGB-Richtlinie und schweizerische Versicherungsbedingungen, in Stauder Bernd (Hrsg.), a.a.O. (diese Fn.), S. 177–192; SCHWARZ JÖRG, Richtlinie des Rates der Europäischen Gemeinschaften vom 5. April 1993 über missbräuchliche Klauseln in Verbraucherverträgen – Auswirkungen auf die allgemeinen Geschäftsbedingungen, Reglemente und Formularverträge der Schweizer Banken, in Stauder Bernd (Hrsg.), a.a.O. (diese Fn.), S. 127–175.

G. AGB und Europarecht

II. EU-Richtlinie über missbräuchliche Vertragsklauseln 1993

RICHTLINIE 93/13/EWG DES RATES vom 5. April 1993 über missbräuchliche Klauseln in Verbraucherverträgen (ABl. EG Nr. L 95 S. 29):

DER RAT DER EUROPÄISCHEN GEMEINSCHAFTEN –

gestützt auf den Vertrag zur Gründung der Europäischen Wirtschaftsgemeinschaft, insbesondere auf Artikel 100a,
auf Vorschlag der Kommission (1),
in Zusammenarbeit mit dem Europäischen Parlament (2),
nach Stellungnahme des Wirtschafts- und Sozialausschusses (3),
in Erwägung nachstehender Gründe:

Es müssen Massnahmen zur schrittweisen Errichtung des Binnenmarktes bis zum 31. Dezember 1992 getroffen werden. Der Binnenmarkt umfasst einen Raum ohne Binnengrenzen, in dem der freie Verkehr von Waren, Personen, Dienstleistungen und Kapital gewährleistet ist.

Die Rechtsvorschriften der Mitgliedstaaten über Vertragsklauseln zwischen dem Verkäufer von Waren oder dem Dienstleistungserbringer einerseits und dem Verbraucher andererseits weisen viele Unterschiede auf, wodurch die einzelnen Märkte für den Verkauf von Waren und die Erbringung von Dienstleistungen an den Verbraucher uneinheitlich sind; dadurch wiederum können Wettbewerbsverzerrungen bei den Verkäufern und den Erbringern von Dienstleistungen, besonders bei der Vermarktung in anderen Mitgliedstaaten, eintreten.

Namentlich die Rechtsvorschriften der Mitgliedstaaten über missbräuchliche Klauseln in Verträgen mit Verbrauchern weisen beträchtliche Unterschiede auf. Die Mitgliedstaaten müssen dafür Sorge tragen, dass die mit den Verbrauchern abgeschlossenen Verträge keine missbräuchlichen Klauseln enthalten. Die Verbraucher kennen im allgemeinen nicht die Rechtsvorschriften, die in anderen Mitgliedstaaten für Verträge über den Kauf von Waren oder das Angebot von Dienstleistungen gelten. Diese Unkenntnis kann sie davon abhalten, Waren und Dienstleistungen direkt in anderen Mitgliedstaaten zu ordern.

Um die Errichtung des Binnenmarktes zu erleichtern und den Bürger in seiner Rolle als Verbraucher beim Kauf von Waren und Dienstleistungen mittels Verträgen zu schützen, für die die Rechtsvorschriften anderer Mitgliedstaaten gelten, ist es von Bedeutung, missbräuchliche Klauseln aus diesen Verträgen zu entfernen. Den Verkäufern von Waren und Dienstleistungsbringern wird dadurch ihre Verkaufstätigkeit sowohl im eigenen Land als auch im gesamten Binnenmarkt erleichtert. Damit wird der Wettbewerb gefördert und den Bürgern der Gemeinschaft in ihrer Eigenschaft als Verbraucher eine grössere Auswahl zur Verfügung gestellt.

In den beiden Programmen der Gemeinschaft für eine Politik zum Schutz und zur Unterrichtung der Verbraucher (4) wird die Bedeutung des Verbraucherschutzes auf dem Gebiet missbräuchlicher Vertragsklauseln hervorgehoben. Dieser Schutz sollte durch Rechtsvorschriften gewährleistet werden, die gemeinschaftsweit harmonisiert sind oder unmittelbar auf dieser Ebene erlassen werden.

Gemäss dem unter dem Abschnitt «Schutz der wirtschaftlichen Interessen der Verbraucher» festgelegten Prinzip sind entsprechend diesen Programmen Käufer von Waren oder Dienstleistungen vor Machtmissbrauch des Verkäufers oder des Dienstleistungserbringers, insbesondere vor vom Verkäufer einseitig festgelegten Standardverträgen und vor dem missbräuchlichen Ausschluss von Rechten in Verträgen zu schützen.

Durch die Aufstellung einheitlicher Rechtsvorschriften auf dem Gebiet missbräuchlicher Klauseln kann der Verbraucher besser geschützt werden. Diese Vorschriften sollten für alle Verträge zwischen Gewerbetreibenden und Verbrauchern gelten. Von dieser Richtlinie ausgenommen sind daher insbesondere Arbeitsverträge sowie Verträge auf dem Gebiet des Erb-, Familien- und Gesellschaftsrechts.

Der Verbraucher muss bei mündlichen und bei schriftlichen Verträgen – bei letzteren unabhängig davon, ob die Klauseln in einem oder in mehreren Dokumenten enthalten sind – den gleichen Schutz geniessen.

Beim derzeitigen Stand der einzelstaatlichen Rechtsvorschriften kommt allerdings nur eine teilweise Harmonisierung in Betracht. So gilt diese Richtlinie insbesondere nur für Vertragsklauseln, die nicht einzeln ausgehandelt wurden. Den Mitgliedstaaten muss es freigestellt sein, dem Verbraucher unter Beachtung des Vertrags einen besseren Schutz durch strengere einzelstaatliche Vorschriften als den in dieser Richtlinie enthaltenen Vorschriften zu gewähren.

Bei Rechtsvorschriften der Mitgliedstaaten, in denen direkt oder indirekt die Klauseln für Verbraucherverträge festgelegt werden, wird davon ausgegangen, dass sie keine missbräuchlichen Klauseln enthalten. Daher sind Klauseln, die auf bindenden Rechtsvorschriften oder auf Grundsätzen oder Bestimmungen internationaler Übereinkommen beruhen, bei denen die Mitgliedstaaten oder die Gemeinschaft Vertragsparteien sind, nicht dieser Richtlinie zu unterwerfen; der Begriff «bindende Rechtsvorschriften» in Artikel 1 Absatz 2 umfasst auch Regeln, die nach dem Gesetz zwischen den Vertragsparteien gelten, wenn nichts anderes vereinbart wurde.

Die Mitgliedstaaten müssen jedoch dafür sorgen, dass darin keine missbräuchlichen Klauseln enthalten sind, zumal diese Richtlinie auch für die gewerbliche Tätigkeit im öffentlich-rechtlichen Rahmen gilt.

Die Kriterien für die Beurteilung der Missbräuchlichkeit von Vertragsklauseln müssen generell festgelegt werden.

Die nach den generell festgelegten Kriterien erfolgende Beurteilung der Missbräuchlichkeit von Klauseln, insbesondere bei beruflichen Tätigkeiten des öffentlich-rechtlichen Bereichs, die ausgehend von einer Solidargemeinschaft der Dienstleistungsnehmer kollektive Dienste erbringen, muss durch die Möglichkeit einer globalen Bewertung der Interessenlagen der Parteien ergänzt werden. Diese stellt das Gebot von Treu und Glauben dar. Bei der Beurteilung von Treu und Glauben ist besonders zu berücksichtigen, welches Kräfteverhältnis zwischen den Verhandlungspositionen der Parteien bestand, ob auf den Verbraucher in irgendeiner Weise eingewirkt wurde, seine Zustimmung zu der Klausel zu geben, und ob die Güter oder Dienstleistungen auf eine Sonderbestellung des Verbrauchers hin verkauft bzw. erbracht wurden. Dem Gebot von Treu und Glauben kann durch den Gewerbetreibenden Genüge getan werden, indem er sich gegenüber der anderen Partei, deren berechtigten Interessen er Rechnung tragen muss, loyal und billig verhält.

Die Liste der Klauseln im Anhang kann für die Zwecke dieser Richtlinie nur Beispiele geben; infolge dieses Minimalcharakters kann sie von den Mitgliedstaaten im Rahmen ihrer einzelstaatlichen Rechtsvorschriften, insbesondere hinsichtlich des Geltungsbereichs dieser Klauseln, ergänzt oder restriktiver formuliert werden.

G. AGB und Europarecht

Bei der Beurteilung der Missbräuchlichkeit von Vertragsklauseln ist der Art der Güter bzw. Dienstleistungen Rechnung zu tragen.

Für die Zwecke dieser Richtlinie dürfen Klauseln, die den Hauptgegenstand eines Vertrages oder das Preis-/Leistungsverhältnis der Lieferung bzw. der Dienstleistung beschreiben, nicht als missbräuchlich beurteilt werden. Jedoch können der Hauptgegenstand des Vertrages und das Preis-/Leistungsverhältnis bei der Beurteilung der Missbräuchlichkeit anderer Klauseln berücksichtigt werden. Daraus folgt unter anderem, dass bei Versicherungsverträgen die Klauseln, in denen das versicherte Risiko und die Verpflichtung des Versicherers deutlich festgelegt oder abgegrenzt werden, nicht als missbräuchlich beurteilt werden, sofern diese Einschränkungen bei der Berechnung der vom Verbraucher gezahlten Prämie Berücksichtigung finden.

Die Verträge müssen in klarer und verständlicher Sprache abgefasst sein. Der Verbraucher muss tatsächlich die Möglichkeit haben, von allen Vertragsklauseln Kenntnis zu nehmen. Im Zweifelsfall ist die für den Verbraucher günstigste Auslegung anzuwenden.

Die Mitgliedstaaten müssen sicherstellen, dass in von einem Gewerbetreibenden mit Verbrauchern abgeschlossenen Verträgen keine missbräuchlichen Klauseln verwendet werden. Wenn darartige Klauseln trotzdem verwendet werden, müssen sie für den Verbraucher unverbindlich sein; die verbleibenden Klauseln müssen jedoch weiterhin gelten und der Vertrag im Übrigen auf der Grundlage dieser Klauseln für beide Teile verbindlich sein, sofern ein solches Fortbestehen ohne die missbräuchlichen Klauseln möglich ist.

In bestimmten Fällen besteht die Gefahr, dass dem Verbraucher der in dieser Richtlinie aufgestellte Schutz entzogen wird, indem das Recht eines Drittlands zum anwendbaren Recht erklärt wird. Es sollten daher in dieser Richtlinie Bestimmungen vorgesehen werden, die dies ausschliessen.

Personen und Organisationen, die nach dem Recht eines Mitgliedstaats ein berechtigtes Interesse geltend machen können, den Verbraucher zu schützen, müssen Verfahren, die Vertragsklauseln im Hinblick auf eine allgemeine Verwendung in Verbraucherverträgen, insbesondere missbräuchliche Klauseln, zum Gegenstand haben, bei Gerichten oder Verwaltungsbehörden, die für die Entscheidung über Klagen bzw. Beschwerden oder die Eröffnung von Gerichtsverfahren zuständig sind, einleiten können. Diese Möglichkeit bedeutet jedoch keine Vorabkontrolle der in einem beliebigen Wirtschaftssektor verwendeten allgemeinen Bedingungen.

Die Gerichte oder Verwaltungsbehörden der Mitgliedstaaten müssen über angemessene und wirksame Mittel verfügen, damit der Verwendung missbräuchlicher Klauseln in Verbraucherverträgen ein Ende gesetzt wird –

HAT FOLGENDE RICHTLINIE ERLASSEN:

Artikel 1

(1) Zweck dieser Richtlinie ist die Angleichung der Rechts- und Verwaltungsvorschriften der Mitgliedstaaten über missbräuchliche Klauseln in Verträgen zwischen Gewerbetreibenden und Verbrauchern.

(2) Vertragsklauseln, die auf bindenden Rechtsvorschriften oder auf Bestimmungen oder Grundsätzen internationaler Übereinkommen beruhen, bei denen die Mitgliedstaaten

oder die Gemeinschaft – insbesondere im Verkehrsbereich – Vertragsparteien sind, unterliegen nicht den Bestimmungen dieser Richtlinie.

Artikel 2

Im Sinne dieser Richtlinie bedeuten:

a) missbräuchliche Klauseln: Vertragsklauseln, wie sie in Artikel 3 definiert sind;

b) Verbraucher: eine natürliche Person, die bei Verträgen, die unter diese Richtlinie fallen, zu einem Zweck handelt, der nicht ihrer gewerblichen oder beruflichen Tätigkeit zugerechnet werden kann;

c) Gewerbetreibender: eine natürliche oder juristische Person, die bei Verträgen, die unter diese Richtlinie fallen, im Rahmen ihrer gewerblichen oder beruflichen Tätigkeit handelt, auch wenn diese dem öffentlich-rechtlichen Bereich zuzurechnen ist.

Artikel 3

(1) Eine Vertragsklausel, die nicht im einzelnen ausgehandelt wurde, ist als missbräuchlich anzusehen, wenn sie entgegen dem Gebot von Treu und Glauben zum Nachteil des Verbrauchers ein erhebliches und ungerechtfertigtes Missverhältnis der vertraglichen Rechte und Pflichten der Vertragspartner verursacht.

(2) Eine Vertragsklausel ist immer dann als nicht im einzelnen ausgehandelt zu betrachten, wenn sie im voraus abgefasst wurde und der Verbraucher deshalb, insbesondere im Rahmen eines vorformulierten Standardvertrags, keinen Einfluss auf ihren Inhalt nehmen konnte.

Die Tatsache, dass bestimmte Elemente einer Vertragsklausel oder eine einzelne Klausel im einzelnen ausgehandelt worden sind, schliesst die Anwendung dieses Artikels auf den übrigen Vertrag nicht aus, sofern es sich nach der Gesamtwertung dennoch um einen vorformulierten Standardvertrag handelt.

Behauptet ein Gewerbetreibender, dass eine Standardvertragsklausel im einzelnen ausgehandelt wurde, so obliegt ihm die Beweislast.

(3) Der Anhang enthält eine als Hinweis dienende und nicht erschöpfende Liste der Klauseln, die für missbräuchlich erklärt werden können.

Artikel 4

(1) Die Missbräuchlichkeit einer Vertragsklausel wird unbeschadet des Artikels 7 unter Berücksichtigung der Art der Güter oder Dienstleistungen, die Gegenstand des Vertrages sind, aller den Vertragsabschluss begleitenden Umstände sowie aller anderen Klauseln desselben Vertrages oder eines anderen Vertrages, von dem die Klausel abhängt, zum Zeitpunkt des Vertragsabschlusses beurteilt.

(2) Die Beurteilung der Missbräuchlichkeit der Klauseln betrifft weder den Hauptgegenstand des Vertrages noch die Angemessenheit zwischen dem Preis bzw. dem Entgelt und den Dienstleistungen bzw. den Gütern, die die Gegenleistung darstellen, sofern diese Klauseln klar und verständlich abgefasst sind.

G. AGB und Europarecht

Artikel 5

Sind alle dem Verbraucher in Verträgen unterbreiteten Klauseln oder einige dieser Klauseln schriftlich niedergelegt, so müssen sie stets klar und verständlich abgefasst sein. Bei Zweifeln über die Bedeutung einer Klausel gilt die für den Verbraucher günstigste Auslegung. Diese Auslegungsregel gilt nicht im Rahmen der in Artikel 7 Absatz 2 vorgesehenen Verfahren.

Artikel 6

(1) Die Mitgliedstaaten sehen vor, dass missbräuchliche Klauseln in Verträgen, die ein Gewerbetreibender mit einem Verbraucher geschlossen hat, für den Verbraucher unverbindlich sind, und legen die Bedingungen hierfür in ihren innerstaatlichen Rechtsvorschriften fest; sie sehen ferner vor, dass der Vertrag für beide Parteien auf derselben Grundlage bindend bleibt, wenn er ohne die missbräuchlichen Klauseln bestehen kann.

(2) Die Mitgliedstaaten treffen die erforderlichen Massnahmen, damit der Verbraucher den durch diese Richtlinie gewährten Schutz nicht verliert, wenn das Recht eines Drittlands als das auf den Vertrag anzuwendende Recht gewählt wurde und der Vertrag einen engen Zusammenhang mit dem Gebiet der Mitgliedstaaten aufweist.

Artikel 7

(1) Die Mitgliedstaaten sorgen dafür, dass im Interesse der Verbraucher und der gewerbetreibenden Wettbewerber angemessene und wirksame Mittel vorhanden sind, damit der Verwendung missbräuchlicher Klauseln durch einen Gewerbetreibenden in den Verträgen, die er mit Verbrauchern schliesst, ein Ende gesetzt wird.

(2) Die in Absatz 1 genannten Mittel müssen auch Rechtsvorschriften einschliessen, wonach Personen oder Organisationen, die nach dem innerstaatlichen Recht ein berechtigtes Interesse am Schutz der Verbraucher haben, im Einklang mit den einzelstaatlichen Rechtsvorschriften die Gerichte oder die zuständigen Verwaltungsbehörden anrufen können, damit diese darüber entscheiden, ob Vertragsklauseln, die im Hinblick auf eine allgemeine Verwendung abgefasst wurden, missbräuchlich sind, und angemessene und wirksame Mittel anwenden, um der Verwendung solcher Klauseln ein Ende zu setzen.

(3) Die in Absatz 2 genannten Rechtsmittel können sich unter Beachtung der einzelstaatlichen Rechtsvorschriften getrennt oder gemeinsam gegen mehrere Gewerbetreibende desselben Wirtschaftssektors oder ihre Verbände richten, die gleiche allgemeine Vertragsklauseln oder ähnliche Klauseln verwenden oder deren Verwendung empfehlen.

Artikel 8

Die Mitgliedstaaten können auf dem durch diese Richtlinie geregelten Gebiet mit dem Vertrag vereinbare strengere Bestimmungen erlassen, um ein höheres Schutzniveau für die Verbraucher zu gewährleisten.

Artikel 9

Die Kommission legt dem Europäischen Parlament und dem Rat spätestens fünf Jahre nach dem in Artikel 10 Absatz 1 genannten Zeitpunkt einen Bericht über die Anwendung dieser Richtlinie vor.

Artikel 10

(1) Die Mitgliedstaaten erlassen die erforderlichen Rechts- und Verwaltungsvorschriften, um dieser Richtlinie spätestens am 31. Dezember 1994 nachzukommen. Sie setzen die Kommission unverzueglich davon in Kenntnis.

Diese Vorschriften gelten für alle Verträge, die nach dem 31. Dezember 1994 abgeschlossen werden.

(2) Wenn die Mitgliedstaaten diese Vorschriften erlassen, nehmen sie in den Vorschriften selbst oder durch einen Hinweis bei der amtlichen Veröffentlichung auf diese Richtlinie Bezug. Die Mitgliedstaaten regeln die Einzelheiten der Bezugnahme.

(3) Die Mitgliedstaaten teilen der Kommission den Wortlaut der wichtigsten innerstaatlichen Rechtsvorschriften mit, die sie auf dem unter diese Richtlinie fallenden Gebiet erlassen.

Artikel 11

Diese Richtlinie ist an die Mitgliedstaaten gerichtet.

...

(1) ABl. Nr. C 73 vom 24. 3. 1992, S. 7.
(2) ABl. Nr. C 326 vom 16. 12. 1991, S. 108, und ABl. Nr. C 21 vom 25. 1. 1993.
(3) ABl. Nr. C 159 vom 17. 6. 1991, S. 34.
(4) ABl. Nr. C 92 vom 25. 4. 1975, S. 1, und ABl. Nr. C 133 vom 3. 6. 1981, S. 1.

ANHANG

Zur Richtlinie über missbräuchliche Klauseln in Konsumentenverträgen:

KLAUSELN GEMÄSS ARTIKEL 3 ABSATZ 3

1. Klauseln, die darauf abzielen oder zur Folge haben, dass

a) die gesetzliche Haftung des Gewerbetreibenden ausgeschlossen oder eingeschränkt wird, wenn der Verbraucher aufgrund einer Handlung oder Unterlassung des Gewerbetreibenden sein Leben verliert oder einen Körperschaden erleidet;

b) die Ansprüche des Verbrauchers gegenüber dem Gewerbetreibenden oder einer anderen Partei, einschliesslich der Möglichkeit, eine Verbindlichkeit gegenüber dem Gewerbetreibenden durch eine etwaige Forderung gegen ihn auszugleichen, ausgeschlossen oder ungebührlich eingeschränkt werden, wenn der Gewerbetreibende eine der vertraglichen Verpflichtungen ganz oder teilweise nicht erfüllt oder mangelhaft erfüllt;

c) der Verbraucher eine verbindliche Verpflichtung eingeht, während der Gewerbetreibende die Erbringung der Leistungen an eine Bedingung knüpft, deren Eintritt nur von ihm abhängt;

d) es dem Gewerbetreibenden gestattet wird, vom Verbraucher gezahlte Beträge einzubehalten, wenn dieser darauf verzichtet, den Vertrag abzuschliessen oder zu erfüllen,

G. AGB und Europarecht

ohne dass für den Verbraucher ein Anspruch auf eine Entschädigung in entsprechender Höhe seitens des Gewerbetreibenden vorgesehen wird, wenn dieser selbst es unterlässt;

e) dem Verbraucher, der seinen Verpflichtungen nicht nachkommt, ein unverhältnismässig hoher Entschädigungsbetrag auferlegt wird;

f) es dem Gewerbetreibenden gestattet wird, nach freiem Ermessen den Vertrag zu kündigen, wenn das gleiche Recht nicht auch dem Verbraucher eingeräumt wird, und es dem Gewerbetreibenden für den Fall, dass er selbst den Vertrag kündigt, gestattet wird, die Beträge einzubehalten, die für von ihm noch nicht erbrachte Leistungen gezahlt wurden;

g) es dem Gewerbetreibenden – ausser bei Vorliegen schwerwiegender Gründe – gestattet ist, einen unbefristeten Vertrag ohne angemessene Frist zu kündigen;

h) ein befristeter Vertrag automatisch verlängert wird, wenn der Verbraucher sich nicht gegenteilig geäussert hat und als Termin für diese Äusserung des Willens des Verbrauchers, den Vertrag nicht zu verlängern, ein vom Ablaufzeitpunkt des Vertrages ungebührlich weit entferntes Datum festgelegt wurde;

i) die Zustimmung des Verbrauchers zu Klauseln unwiderlegbar festgestellt wird, von denen er vor Vertragsabschluss nicht tatsächlich Kenntnis nehmen konnte;

j) der Gewerbetreibende die Vertragsklauseln einseitig ohne triftigen und im Vertrag aufgeführten Grund ändern kann;

k) der Gewerbetreibende die Merkmale des zu liefernden Erzeugnisses oder der zu erbringenden Dienstleistung einseitig ohne triftigen Grund ändern kann;

l) der Verkäufer einer Ware oder der Erbringer einer Dienstleistung den Preis zum Zeitpunkt der Lieferung festsetzen oder erhöhen kann, ohne dass der Verbraucher in beiden Fällen ein entsprechendes Recht hat, vom Vertrag zurückzutreten, wenn der Endpreis im Verhältnis zu dem Preis, der bei Vertragsabschluss vereinbart wurde, zu hoch ist;

m) dem Gewerbetreibenden das Recht eingeräumt ist zu bestimmen, ob die gelieferte Ware oder erbrachte Dienstleistung den Vertragsbestimmungen entspricht, oder ihm das ausschliessliche Recht zugestanden wird, die Auslegung einer Vertragsklausel vorzunehmen;

n) die Verpflichtung des Gewerbetreibenden zur Einhaltung der von seinen Vertretern eingegangenen Verpflichtungen eingeschränkt wird oder diese Verpflichtung von der Einhaltung einer besonderen Formvorschrift abhängig gemacht wird;

o) der Verbraucher allen seinen Verpflichtungen nachkommen muss, obwohl der Gewerbetreibende seine Verpflichtungen nicht erfüllt;

p) die Möglichkeit vorgesehen wird, dass der Vertrag ohne Zustimmung des Verbrauchers vom Gewerbetreibenden abgetreten wird, wenn dies möglicherweise eine Verringerung der Sicherheiten für den Verbraucher bewirkt;

q) dem Verbraucher die Möglichkeit, Rechtsbehelfe bei Gericht einzulegen oder sonstige Beschwerdemittel zu ergreifen, genommen oder erschwert wird, und zwar insbesondere dadurch, dass er ausschliesslich auf ein nicht unter die rechtlichen Bestimmungen fallenden Schiedsgerichtsverfahren verwiesen wird, die ihm zur Verfügung stehenden Beweismittel ungebührlich eingeschränkt werden oder ihm die Beweislast auferlegt wird, die nach dem geltenden Recht einer anderen Vertragspartei obläge.

2. Tragweite der Buchstaben g), j) und l)

a) Buchstabe g) steht Klauseln nicht entgegen, durch die sich der Erbringer von Finanzdienstleistungen das Recht vorbehält, einen unbefristeten Vertrag einseitig und – bei Vorliegen eines triftigen Grundes – fristlos zu kündigen, sofern der Gewerbetreibende die Pflicht hat, die andere Vertragspartei oder die anderen Vertragsparteien alsbald davon zu unterrichten.

b) Buchstabe j) steht Klauseln nicht entgegen, durch die sich der Erbringer von Finanzdienstleistungen das Recht vorbehält, den von dem Verbraucher oder an den Verbraucher zu zahlenden Zinssatz oder die Höhe anderer Kosten für Finanzdienstleistungen in begründeten Fällen ohne Vorankündigung zu ändern, sofern der Gewerbetreibende die Pflicht hat, die andere Vertragspartei oder die anderen Vertragsparteien unverzueglich davon zu unterrichten, und es dieser oder diesen freisteht, den Vertrag alsbald zu kündigen.

Buchstabe j) steht ferner Klauseln nicht entgegen, durch die sich der Gewerbetreibende das Recht vorbehält, einseitig die Bedingungen eines unbefristeten Vertrages zu ändern, sofern es ihm obliegt, den Verbraucher hiervon rechtzeitig in Kenntnis zu setzen, und es diesem freisteht, den Vertrag zu kündigen.

c) Die Buchstaben g), j) und l) finden keine Anwendung auf
– Geschäfte mit Wertpapieren, Finanzpapieren und anderen Erzeugnissen oder Dienstleistungen, bei denen der Preis von den Veränderungen einer Notierung oder eines Börsenindex oder von Kursschwankungen auf dem Kapitalmarkt abhängt, auf die der Gewerbetreibende keinen Einfluss hat;
– Verträge zum Kauf oder Verkauf von Fremdwährungen, Reiseschecks oder internationalen Postanweisungen in Fremdwährung.

d) Buchstabe l) steht Preisindexierungsklauseln nicht entgegen, wenn diese rechtmässig sind und der Modus der Preisänderung darin ausdrücklich beschrieben wird.

2. Kapitel: Haustürgeschäfte

ALEXANDER BRUNNER

Dr. iur., Oberrichter am Handelsgericht des Kantons Zürich,
Privatdozent an der Universität St. Gallen

Inhaltsübersicht

A. **Systematische Einordnung von Art. 40aff. OR** 201

    I. Allgemeines Privatrecht 201
    II. Sonderprivatrecht (Konsumrecht) 202
        1. Unternehmen (Anbieter) 202
        2. Privathaushalte (Konsumenten) 202
    III. Geltungsbereich des Sonderprivatrechts 203

B. **Modalitäten des Vertragsabschlusses mit Konsumenten** 203

    I. Klassischer Vertragskonsens (Art. 1 OR) 203
        1. Antrag 203
        2. Annahme 204
        3. Konsens der Parteien und Vertragsgeltung 204
    II. Strukturelle Probleme vorvertraglichen Verhaltens im Konsumrecht 205
        1. Besonderes Anbieterverhalten 205
        2. Besonderes Konsumentenverhalten 207
        3. Ausgleich struktureller Problemlagen 208

C. **Gesetzliche Regelungen der strukturellen Problemlagen** 209

    I. Anbieterverhalten des Reisendengewerbes im öffentlichen Recht . . 209
    II. Aggressive Verkaufsmethoden im Lauterkeitsrecht 210
    III. Widerrufsrecht im Allgemeinen Teil des Obligationenrechts 210
    IV. Widerrufsrecht im besonderen Konsumvertragsrecht 212

D. **Rechtsfolgen des Widerrufsrechts** 214

    I. Rechtsfolgen für die Vertragsgeltung 214
        1. Widerruf der Willenserklärung des Konsumenten 214
        2. Widerrufsrecht und Nichtigkeit des Konsumvertrags 214
        3. Widerrufsrecht und Anfechtbarkeit des Konsumvertrags 215
    II. Rechtsfolgen für bereits erbrachte Leistungen und Gegenleistungen 215

Haustürgeschäfte

Literatur: BAUDENBACHER CARL, Suggestivwerbung und Lauterkeitsrecht, Zürich 1978 (zit. Sugestivwerbung); DERS., Lauterkeitsrecht, Kommentar zum Gesetz gegen den unlauteren Wettbewerb, Basel/Genf/München 2001 (zit. UWG); BRUNNER ALEXANDER, Europäische Vertragsrecht, FS Walter Ott, Zürich 2008, S. 471–493 (zit. Europäisches Vertragsrecht); DERS., Konsumverträge – Begriff, Typologie und wirtschaftsrechtliche Bedeutung, JKR 2004 (Bern 2007), S. 3–45 (zit. Konsumverträge, Begriff); DERS., Kommentar zum Konsumkreditgesetz, *in* Amstutz et al. (Hrsg.), Handkommentar zum Schweizer Privatrecht, Zürich 2007, S. 3031–3054 (zit. Kommentar KKG); DERS., Konsumentenschutz im VVG – Postulate des Konsumrechts, *in* Schnyder Anton K./Weber Stephan (Hrsg.), Totalrevision VVG – Ein Wurf für die nächsten 100 Jahre?, Zürich 2006, S. 131–142 (zit. Konsumentenschutz im VVG); DERS., Was ist Konsumentenrecht?, JKR 1995, S. 31–57 (zit. Konsumentenrecht); DERS., Neues Konsumentenschutzrecht im revidierten UWG, plädoyer 5/1990, 36–47 (zit. Neues Konsumentenschutzrecht); DORNIER ROGER, Das Widerrufsrecht bei Haustürgeschäften und ähnlichen Vertrag (Art. 40a–g OR), Zürich 1994; ENGEL PIERRE, Remarques finales sur la formation du contrat – Le droit de révocation de CO 40a ss, *in* Traité des obligations en droit suisse, 2. Aufl., Bern 1997, S. 306–314; FUHRER STEPHAN, Aktuelle Fragen des Konsumentenschutzes im Versicherungsrecht, HAVE 2002, 3–13; GONZENBACH RAINER, «Pacta sunt servanda» oder neueres Licht auf einen alten Grundsatz – Notizen zu einem Konsumentenschutzproblem, ZSR 1987 I 435 ff., 459 ff. (zit. «Pacta sunt servanda»); DERS., Art. 40a–40f, *in* Honsell Heinrich/Vogt Nedim Peter/Wiegand Wolfgang (Hrsg.), Obligationenrecht I. Art. 1–529 OR, 4. Aufl., Basel/Genf/München 2007, S. 312–331; HARTMANN STEPHAN, Die vorvertraglichen Informationspflichten und ihre Verletzung, Freiburg i.Ue. 2001 (zit. vorvertragliche Informationspflicht); DERS., Die Rückabwicklung von Schuldverträgen. Kritischer Vergleich der Rechtslagen bei Entstehungs- und Erfüllungsmängeln, Zürich 2005 (zit. Rückabwicklung); HONSELL HEINRICH, OR-Novelle zum Konsumentenschutz, AJP 1992, 66 ff.; HONSELL HEINRICH/PIETRUSZAK THOMAS, Der Vernehmlassungsentwurf zu einem Bundesgesetz über den elektronischen Geschäftsverkehr, AJP 2001, 771–790; HUGUENIN CLAIRE, Direktvertrieb und Widerrufsrecht, AJP 1994, 691 ff. (zit. Direktvertrieb); DIES., Konsumentenrecht im OR im Spannungsfeld zwischen Regulierung und Deregulierung SJZ 91 (1995), 417–422 (zit. Konsumenentenrecht im OR); KOLLER ALFRED, Zustellung einer unbestellten Sache; Haustürgeschäfte, *in* Koller Alfred/Schnyder Anton K./Druey Jean Nicolas (Hrsg.), Das Schweizerische Obligationenrecht mit Einschluss des Handels- und Wertpapierrechts, 9. Aufl., Zürich 2000, S. 111–114; KOLLER-TUMLER MARLIS, Art. 40a–40f, *in* Kren Kostkiewicz Jolanta et al. (Hrsg.), OR. Handkommentar zum Schweizerischen Obligationenrecht, Zürich 2002, S. 46–53 (zit. Handkommentar); KRAMER ERNST A., Konsumentenschutz als neue Dimension des Privat- und Wettbewerbsrechts, ZSR 1979 I 49–92 (zit. Konsumentenschutz); PFUND PETER, Zustandekommen und Widerruf des Versicherungsvertrags, *in* Schnyder Anton K./Weber Stephan (Hrsg.), Totalrevision VVG – Ein Wurf für die nächsten 100 Jahre?, Zürich 2006, S. 39–52; ROCHAT FRÉDÉRIC, Le droit de révocation en matière de démarchage à domicile ou de contrats semblables (art. 40a ss CO), *in* Rochat Frédéric, Inefficacité du titre d'aliénation et renaissance de l'action réelle mobilière, Zürich 2002, S. 345–352; SCHMID JÖRG, Das Widerrufsrecht bei Haustürgeschäften im Besonderen, *in* Gauch Peter et al. (Hrsg.), Schweizerisches Obligationenrecht. Allgemeiner Teil ohne ausservertragliches Haftpflichtrecht, 8. Aufl., Zürich 2003, S. 86–87; SCHWENZER INGEBORG, Schweizerisches Obligationenrecht. Allgemeiner Teil, 3. Aufl., Bern 2003, S. 186–189; STAUDER BERND, Art. 40a–40f, *in* Thévenoz Luc/Werro Franz (Hrsg.), Commentaire romand. Code des obligations I, Genf/Basel/München 2003, S. 33–259; DERS., Die Haustürgeschäfte nach Obligationenrecht, Schweizerische Juristische Kartothek, n° 465, Genf 6/2001, 18 S. (zit. SJK); WYSSMANN DANIEL/STREICH FRANZISKA, Die Totalrevision des VVG – Braucht es Widerrufsrecht?, HAVE 2007, 279–280

A. Systematische Einordnung von Art. 40a ff. OR

I. Allgemeines Privatrecht

Der Gesetzgeber hat das Widerrufsrecht systematisch zutreffend in den Allgemeinen Teil des schweizerischen Obligationenrechts eingeordnet (Art. 40a ff. OR), da die damit verbundenen Rechtsfragen *Zustandekommen und Geltung des Vertrages* betreffen. Die Rechtsnormen des Obligationenrechts sind jedoch als Teil der Gesamtkodifikation des Zivilrechts (ZGB/OR) grundsätzlich dem *allgemeinen Privatrecht*[1] zuzuordnen. Werden Rechtsnormen als Teil des allgemeinen Privatrechts qualifiziert, so bedeutet dies, dass sie allgemein, d.h., auf alle Rechtsverhältnisse anwendbar sind, unabhängig davon, in welcher wirtschaftlichen Funktion die Parteien am Markt auftreten. Der Gesetzgeber hat indessen bereits bei der Kodifikation des OR Rechtsnormen geschaffen, die als Sonderprivatrecht qualifiziert werden müssen; als Beispiel kann das Kaufrecht dienen, das für bestimmte Fragen zwischen dem allgemeinen Privatrecht und dem *Handelsrecht* der Kaufleute Unterscheidungen[2] trifft. Diesbezüglich kann in Anlehnung an das IPR von einem *materiellrechtlichen Kollisionsrecht* gesprochen werden. Das Sonderprivatrecht des Handelsrechts ist denn auch nur dann anwendbar, wenn die beteiligten Parteien im Rahmen von Handelsverhältnissen bzw. des kaufmännischen Verkehrs miteinander in Kontakt treten. Rechtshistorisch später haben sich sodann weitere Teilgebiete[3] des Sonderprivatrechts heraus gebildet, so das *Arbeitsrecht*, das *Mietrecht* und das *Konsumrecht*. Diese Rechtsgebiete werden auch als soziales Vertragsrecht[4] bezeichnet, da der Gesetzgeber *faktisch gegebene* strukturelle Ungleichgewichtslagen zwischen den Parteien ausdrücklich auch *normativ anerkannt* hat.

---

[1] Zur neuen Dimension des Privatrechts: KRAMER, Konsumentenschutz, ZSR 1979 I 49 ff., insbes. 57 ff.; zum Begriff des allgemeinen Privatrechts: BRUNNER, Konsumentenrecht, JKR 1995, S. 31 ff., insbes. 41.
[2] Bspw. Verzug nach Art. 190 Abs. 1 OR oder Preisbestimmung nach Art. 212 Abs. 3 OR im *kaufmännischen Verkehr*.
[3] Vgl. BSK IPRG-BRUNNER, Art. 114 N 1 f.; BSK GestG-BRUNNER, Art. 22 N 13 ff. sowie Übersicht: ALEXANDER BRUNNER, Konsumentenverträge, AJP 1992, 591 ff., insbes. 598 f.
[4] ADRIAN STAEHELIN, Der Schutz der schwächeren Vertragspartei, BJM 1978, 2–3.

II. Sonderprivatrecht (Konsumrecht)

1. Unternehmen (Anbieter)

Es ist unbestritten, dass die Normen des Widerrufsrechts nach Art. 40a ff. OR dem *Konsumrecht* zuzuordnen sind. Nur soweit im vorvertraglichen Bereich die Anbahnung sowie der Abschluss von *Konsumverträgen* zu beurteilen ist, kommt das Widerrufsrecht zur Anwendung. Entscheidend ist daher eine klare Begriffsbestimmung. Ein Konsumvertrag[5] liegt nur dann vor, wenn das Wirtschafts- und Rechtsverhältnis eines betrieblichen Anbieters (Unternehmen) und eines privaten Abnehmers (Privathalthalt) vorliegt.

Mit Bezug auf den Geltungsbereich des Widerrufsrechts definiert daher Art. 40a Abs. 1 lit. a OR die Gegenpartei des Konsumenten als *Unternehmen*, d.h., als (betrieblichen) *Anbieter*, der «Güter oder Dienstleistungen im Rahmen einer beruflichen oder gewerblichen Tätigkeit» am Markt in Verkehr bringt. Der Wortlaut des Gesetzes spricht einerseits von «beweglichen Sachen und Dienstleistungen oder von «Güter oder Dienstleistungen»; gemeint ist das Selbe, nämlich *«Waren und/oder Dienstleistungen»*, ein Doppelbegriff, der auch in anderen konsumrechtlichen Erlassen Verwendung findet, so bei der Konsumenteninformation nach Art. 1 KIG, bei der Finanzierung nach Art. 10 KKG, bei der Werbung hiefür nach Art. 3 lit. l UWG, oder der allgemeinen Werbung mit dem Preis, die nach Art. 2 Abs. 1 lit. d PBV an Konsumenten gerichtet ist. Die Art. 40a ff. OR sind daher nur dann anwendbar, wenn die Gegenpartei des Konsumenten Waren und/oder Dienstleistungen am Markt als Unternehmen anbietet.

2. Privathaushalte (Konsumenten)

Die Gegenpartei des (betrieblichen) Anbieters muss sodann nach Art. 40a Abs. 1 lit. a OR ein *privater Abnehmer* sein, der Waren und Dienstleistungen nachfragt, «die für den persönlichen oder familiären Gebrauch des Kunden bestimmt sind». Das Widerrufsrecht des OR verwendet damit die sog. *positive Definition*[6] des Konsumvertrags. Aufgabe von Rechtsprechung und Lehre ist es in diesem Zusammenhang, eine möglichst einheitliche Auslegung[7] der konsumrechtlichen Gesetzesnormen zu erreichen, was auch für Art. 40a ff. OR gilt. Zusammenfassend ist daher

---

[5] BRUNNER, Konsumverträge, Begriff, JKR 2004, S. 3 ff., insbes. 11 ff. m.w.H.
[6] Zu den anderen möglichen Legaldefinitionen vgl. Fn. 5, 11 ff.
[7] Vgl. BGE 121 III 339 unter Hinweis auf STAEHELIN, Die bundesrechtlichen Verfahrensvorschriften über konsumentenrechtliche Streitigkeiten – ein Überblick, FS Hans Ulrich Walder, Zürich 1994, 125 ff., insbes. 128; ALEXANDER BRUNNER, Der Konsumentenvertrag im schweizerischen Recht, AJP 1992, 591 ff., insbes. 595.

festzuhalten, dass das Widerrufsrecht nur dann zur Anwendung gelangt, wenn das *Rechtsverhältnis der Parteien als Konsumvertrag qualifiziert* werden kann.

III. Geltungsbereich des Sonderprivatrechts

Die besonderen Schutznormen des Sonderprivatrechts gelten jedoch nicht unbeschränkt. Wenn die Geldleistung des Kunden *100 Franken* nicht übersteigt, so steht dem Konsumenten kein Recht zum Widerruf des Konsumvertrags zu. Dieser Entscheid des Gesetzgebers ist zu begrüssen, zumal es sich bei solchen Verträgen um ausgesprochene Bagatell-Tatbestände handelt. Bei wesentlicher Veränderung der Kaufkraft des Geldes passt der Bundesrat nach Art. 40a Abs. 3 OR den in Absatz 1 Buchstabe b genannten Betrag jedoch entsprechend an.

Anders liegt die Sachlage beim weiteren Ausschluss der Anwendbarkeit des Widerrufsrechts. Es ist nach Art. 40a Abs. 2 OR nicht anwendbar für *Versicherungsverträge*. Diese Rechtsfrage ist legislatorisch umstritten, worauf zurückzukommen ist.[8]

B. Modalitäten des Vertragsabschlusses mit Konsumenten

I. Klassischer Vertragskonsens (Art. 1 OR)

1. Antrag

Grundsätzlich gelten die Bestimmungen des allgemeinen Privatrechts auch für den Abschluss des Konsumvertrags.[9] Auch der Konsumvertrag zwischen Anbieter und Konsument kommt nur durch eine übereinstimmende gegenseitige Willensäusserung gemäss Art. 1 OR zustande. Es spielt dabei keine Rolle, *wer* den *Antrag i.S.v. Art. 3 ff. OR* zum Abschluss des Konsumvertrags stellt, der *Anbieter* oder der *Konsument.*

Mit Bezug auf die Frage des Widerrufsrechts ist jedoch zu unterscheiden, von welcher Partei – vom Anbieter oder vom Konsumenten – die auf den Vertragsabschluss gerichteten *Vertragsverhandlungen* (vgl. Art. 40c lit. a OR) ausgegangen sind. Auf diese besondere Rechtsfrage ist nachfolgend einzugehen.[10]

---

[8] Vgl. nachfolgend Ziff. C.IV., S. 212 f.
[9] BRUNNER, Konsumverträge, Begriff, JKR 2004, S. 3 ff., insbes. 17.
[10] Nachfolgend: Ziff. B.II.1, S. 205 f. und Ziff. C.III., S. 210 f.

2. Annahme

Auch die *Annahme i.S.v. Art. 6ff. OR* des Antrags kann von *beiden Seiten* des Konsumvertrags, vom *Anbieter* oder *Konsumenten*, erklärt werden. Nicht nur als Gesetzesnorm des Konsumrechts, sondern des allgemeinen Privatrechts, bestimmt sodann Art. 6a OR, dass die Zusendung einer unbestellten Sache weder als Antrag noch als stillschweigende Annahme (Art. 6 OR) qualifiziert wird. Die vormals in der kommerziellen Kommunikation praktizierten Zumutungen – vorwiegend gegenüber Konsumenten im Endverbrauchsmarkt – können nach der OR-Novelle nicht mehr zu einem Vertragsschluss führen.

3. Konsens der Parteien und Vertragsgeltung

Der *klassische Vertragskonsens* führt damit auch im Konsumrecht zur *Vertragsgeltung* mit den damit verbundenen Wirkungen betreffend Inhalt und Erfüllung der bezweckten Obligationen von Leistung und Gegenleistung der Parteien. Kritiker befürchten daher eine *systemfremde Aushöhlung* der grundsätzlichen Vertragsbindung (pacta sunt servanda) der Parteien durch das Widerrufsrecht. Diese Befürchtungen sind *unbegründet*.

Seit den Tagen des römischen Rechts hat das klassische Vertragsrecht psychologische und soziologische Problemlagen beim Konsens und bei der Vertragsgeltung anerkannt. Das Widerrufsrecht verfeinert lediglich das gesetzliche Instrumentarium zur Erfassung einer *mangelfreien Willenserklärung* hinsichtlich Geschäftswille, Erklärungswille und Kundgabe. Die nunmehr legislatorisch anerkannten *Tatbestände des Widerrufsrechts* sind damit *systemkonform*.

So liegt im Rahmen von *Antrag und Annahme* naturgemäss *keine wirksame Willenserklärung* vor, wenn die *Kundgabe* des Geschäfts- und Erklärungswillens an die Gegenpartei rechtzeitig durch Widerruf zurück genommen wird. Dieser Tatbestand ist auch von Gesetzes wegen (Art. 9 OR) anerkannt. Die *psychologischen Hintergründe* für eine *solche Rücknahme* der Kundgabe blendet das Gesetz folgerichtig aus, sie sind rechtlich *nicht relevant*.[11]

Allgemein anerkannt ist auch die Berücksichtigung vorvertraglichen Verhaltens in den *Vertragsverhandlungen*, wenn Fairness-Regeln im weitesten Sinn verletzt werden. Der Gesetzgeber versagt solcherart zustande gekommenen Verträgen folgerichtig die Vertragsgeltung, nimmt sie mithin vom Grundsatz ‹pacta sunt servanda› aus. Betroffen ist hier nicht die Kundgabe, sondern der *Geschäfts- und Erklärungswille* einer Partei. Zu den Fairness-Regeln gehört die Einhaltung der Regeln des Gesetzesrechts durch beide Parteien. Ein davon abweichendes Verhalten ist sowohl für den *Abschluss* als auch für den *Inhalt* des Vertrages relevant. Wer bei

---

[11] Dies im Gegensatz zum Widerrufsrecht nach Art. 40a ff. OR.

B. Modalitäten des Vertragsabschlusses mit Konsumenten

Vertragsverhandlungen gegen Gesetzesrecht verstösst, handelt widerrechtlich i.S.v. Art. 41 ff. OR, wobei Art. 48 OR aufgehoben und durch Art. 2 ff. UWG abgelöst worden ist; widerrechtliches Verhalten ist als Fairness-Verstoss stets auch unlauteres Verhalten. Wer beim *Vertragsinhalt* gegen Gesetzesrecht verstösst, handelt widerrechtlich i.S.v. Art. 20 OR und es erfolgt keine Vertragsgeltung. Psychologische und soziologische Problemlagen beim Abschluss und Inhalt des Vertrages sind auch gegeben, wenn bei *Vertragsverhandlungen* die Notlage oder die Unerfahrenheit der Gegenseite ausgebeutet oder deren Leichtsinn ausgenützt wird, womit ein offenbares Missverhältnis des *Vertragsinhaltes* entsteht. Einem solcherart zustande gekommenen Vertrag kann nach Art. 21 OR die *Vertragsgeltung versagt* werden. Psychologische und soziologische Problemlagen beim Abschluss und Inhalt des Vertrages werden des weitern aus Vernunftgründen seit jeher anerkannt, wenn der Geschäfts- und Erklärungswille einer Partei nicht mangelfrei gebildet werden konnte, mithin eine *mangelhafte Willenserklärung* zufolge von Irrtum, Täuschung oder Furchterregung vorliegt. Auch einem solcherart zustande gekommenen Vertrag kann nach Art. 23–30 OR die *Vertragsgeltung versagt* werden. Bemerkenswert ist in diesem Zusammenhang, dass diese Rechtsfolge selbst dann eintreten kann, wenn die unzutreffenden Vorstellungen beim Irrenden selbst liegen und keinerlei Einflussnahmen auf die Bildung des Geschäftswillen des Irrenden durch die Gegenpartei vorliegen (vgl. aber Art. 26 OR). Dies ist beim Widerrufsrecht nach Art. 40a ff. OR gerade nicht der Fall, da bei dieser gesetzlichen Regelung eine Einflussnahme auf den Geschäfts- und Erklärungswillen durch aggressive Verhaltensweisen erfasst werden sollen.

II. Strukturelle Probleme vorvertraglichen Verhaltens im Konsumrecht

1. Besonderes Anbieterverhalten

Das Widerrufsrecht verfeinert in diesem Sinne lediglich die gesetzlichen Tatbestände der groben Einflussnahmen durch Täuschung (Art. 28 OR) und Drohung (Art. 29–30 OR) mittels klar umschriebener psychologischer und soziologischer Problemlagen. Diese Verfeinerung der Regeln des Obligationenrechts bezieht ihre *Legitimation*[12] aus dem *Wesen des Konsumrechts*. Das Widerrufsrecht gilt denn auch nur in diesem Bereich. Das klassische Vertragsrecht geht bei der Privatautonomie von der Gleichstellung beider Partner beim Vertragsschluss aus. Die Vertragsfreiheit soll im Rahmen der Vertragsverhandlungen zu einem gerechten Ausgleich der Interessen beider gleich gestellten Seiten führen. Dieses Idealbild trifft indessen beim Abschluss von Konsumverträgen typischerweise nicht zu. Viel-

---

[12] BRUNNER, Konsumentenrecht, JKR 1995, S. 31 ff., insbes. 45 ff.

mehr ist von einem Informations- und Machtgefälle zwischen Anbietern und Konsumenten auszugehen. Insbesondere das *Informationsgefälle*[13] ist eine Folge des höheren Organisationsgrades, des grösseren Fachwissens und der typischerweise erfolgten Spezialisierung von Unternehmen im Rahmen der Produktion und des Vertriebs von Waren und Dienstleistungen.

Der Konsument hat daher nach Widerrufsrecht nicht zu behaupten und zu beweisen, dass er vom Anbieter getäuscht oder bedroht worden sei. Es genügt der Nachweis besonderer Umstände im Rahmen der Vertragsverhandlungen. Das gesetzlich erfasste Anbieterverhalten kann als *aggressive Vertriebsmethode und Überrumpelung* des Konsumenten bezeichnet werden. Eine *mangelfreie Willenserklärung* ist unter solchen Umständen typischerweise *nicht möglich*. Die *Kundgabe* der Willenserklärung erfolgt in solchen Situationen in der Regel überstürzt und zu früh; der *Geschäfts- und Erklärungswille* kann nicht sorgfältig gebildet werden, da die Vorstellungen des Konsumenten über Leistung und Gegenleistung des abzuschliessenden Konsumvertrags unvollständig bleiben oder leistungsfremde Umstände wie das Hervorrufen von Gefühlen des Unbehagens und der Peinlichkeit oder die Motivation zu Dankbarkeitsgefühlen eine bestimmende Rolle für den Vertragswillen spielen. Die *verpönte Beeinflussung von Wille und Vorstellung* einer Person (Geschäftswille) besteht daher bei Täuschung und Drohung einerseits (Art. 28–30 OR) und bei Überrumpelung andersseits (Art. 40b OR) in psychologischer und soziologischer Sicht gleichermassen. Das Widerrufsrecht fügt sich daher nahtlos und systemgerecht in das klassische Vertragsrecht ein. Gesetzestechnisch hätte das Widerrufsrecht allerdings auch als «*Art. 9aff. OR*» eingeordnet werden können, zumal der Konsument seinen *Antrag* zum Vertragsabschluss *oder* seine *Annahme widerrufen* kann (nunmehr Art. 40b OR, erster Satzteil). Nach der hier vertretenen Meinung liegt denn auch dogmatisch keine Durchbrechung des Grundsatzes ‹pacta sunt servanda› vor, da ohne wirksamen Antrag (nach Widerruf) und ohne wirksame Annahme (nach Widerruf) *kein Vertragsabschluss* erfolgen kann. Der Unterschied zu Art. 9 OR[14] liegt einzig darin, dass der Anbieter als Gegenpartei des Konsumenten den Widerruf der Willenserklärung (Antrag oder Annahme) nicht *vor der Kundgabe* (Art. 9 OR), sondern erst *nach der Kundgabe* (Art. 40b OR) zur Kenntnis erhält und damit auch rechnen muss.

Bei folgenden aggressiven Vertriebsmethoden muss nun der Anbieter von Anfang an mit dem Widerruf von Antrag oder Annahme des Konsumenten rechnen; wenn er dem Konsumenten sein Angebot von Waren und Dienstleistungen am Arbeitsplatz, in dessen *Wohnräumen* oder in deren unmittelbaren Umgebung gemacht hat (Art. 40b lit. a OR); wenn er es in öffentlichen Verkehrsmitteln oder auf öffentlichen Strassen und Plätzen unterbreitet (Art. 40b lit. b OR); oder

---

[13] HARTMANN, vorvertragliche Informationspflicht, S. 55 ff., Rz. 121 ff.
[14] Vgl. dazu vorstehend Fn. 11.

B. Modalitäten des Vertragsabschlusses mit Konsumenten

wenn er eine Werbeveranstaltung organisierte, die mit einer *Ausflugsfahrt*[15] oder einem ähnlichen Anlass verbunden war (Art. 40b lit. c OR). Da das Widerrufsrecht nur *Unternehmen* als Gegenpartei des Konsumenten ins Recht fasst, ist von den betrieblichen Anbietern auch das *Bundesgesetz über das Gewerbe der Reisenden vom 23. März 2001* zu beachten, das sich u.a. ausdrücklich auf die Wirtschaftsverfassungsnorm von Art. 97 BV[16] stützt. Nach Art. 2 Abs. 1 dieses Gesetzes untersteht einer Bewilligungspflicht, (lit. a) wer Konsumentinnen oder Konsumenten *Waren* zur Bestellung oder zum Kauf anbietet, sei es im Umherziehen, durch das *ungerufene Aufsuchen privater Haushalte* oder durch den Betrieb eines befristeten Wanderlagers im Freien, in einem Lokal oder von einem Fahrzeug aus, oder (lit. b) wer Konsumentinnen oder Konsumenten *Dienstleistungen* jeglicher Art anbietet, sei es im Umherziehen oder durch das *ungerufene Aufsuchen privater Haushalte*. Das öffentliche Wirtschaftsrecht und das Konsumvertragsrecht überschneiden sich somit in wesentlichen Teilen, sind jedoch nicht deckungsgleich. Durch die öffentlichrechtlichen Eingriffsnormen erfolgt eine präventive Kontrolle der Anbieter, was die Einhaltung auch der obligationenrechtlichen Normen bzw. ein korrektes Verhalten beim Aufsuchen von Konsumenten in Wohnräumen betrifft.

2. Besonderes Konsumentenverhalten

Keine Bewilligung braucht ein betrieblicher Anbieter jedoch nach *Art. 3 Abs. 1 des Bundesgesetzes über das Gewerbe der Reisenden vom 23. März 2001,* wenn er seine *Waren oder Dienstleistungen* ausserhalb ständiger Verkaufsräumlichkeiten an einer von der zuständigen Behörde angesetzten, zeitlich und örtlich begrenzten öffentlichen Veranstaltung, d.h. an *Märkten und Messen* anbietet. Das öffentliche Wirtschaftsrecht ist hier mit dem Konsumvertragsrecht deckungsgleich, denn nach Art. 40c lit. b OR steht dem Konsumenten *kein Widerrufsrecht* zu, wenn er seine Erklärung an einem Markt- oder Messestand abgegeben hat. Dies ist nur folgerichtig. Denn hier liegt das aktive Verhalten beim Konsumenten. Er ist es, der in aller Regel interessiert und bereitwillig aus eigenem Antrieb Messen und Märkte aktiv aufsucht und naturgemäss auch weiss, dass es allenfalls zu Vertragsabschlüssen kommen kann. Sodann steht es in seinem Belieben, Märkte und Messen zu besuchen, daselbst nach eigenem Gutdünken zu verweilen und sich ohne Zeitdruck auch nur Kenntnisse zu verschaffen.

Ein analoger Tatbestand ist dann gegeben, wenn der Konsument nach Art. 40c lit. a OR die *Vertragsverhandlungen ausdrücklich gewünscht* hat. Dem Konsumenten steht dann ebenfalls kein Widerrufsrecht zu. In der Praxis stellt sich jeweils die Frage, wie dieser Rechtsbegriff zu qualifizieren ist, d.h., ob dies bereits der Fall ist,

---

[15] Vgl. dazu im transnationalen Bereich: Art. 120 Abs. 1 lit. c IPRG.
[16] SR 943.1, vgl. Ingress dieses Gesetzes.

wenn der Kunde den *ersten Anstoss überhaupt* gibt[17] oder wenn der Kunde bspw. nach einem Werbeschreiben des Anbieters Kontakt mit ihm aufnimmt.[18] Gemäss Bundesgericht[19] kann diese Frage nur aufgrund von konkreten Umständen des Einzelfalles beantwortet werden. Das Bundesgericht führt dazu aus: Zielt das Widerrufsrecht bei Haustürgeschäften auf den Schutz des Konsumenten vor Überrumpelung und damit auf die Sicherung seiner Entscheidungsfreiheit, ist ausschlaggebend, ob sich der Kunde unbeeinflusst und frei von zeitlichem oder psychischem Druck für die Aufnahme von Vertragsverhandlungen entscheiden konnte. Das ist z.B. nicht der Fall, wo sich der Anbieter eine Aufforderung des Kunden zu Vertragsverhandlungen gleichsam erschleicht, indem er etwa auf einem Bestellcoupon für Prospektmaterial einen unauffälligen Vermerk anbringt, der Besteller sei mit einem Vertreterbesuch einverstanden (sog. «provozierte Bestellung»)[20]. Ebenso wenig kann von einer Initiative des Kunden die Rede sein, wenn er vom Anbieter unaufgefordert angerufen wird und im Laufe des Telefongesprächs einem Vertreterbesuch zustimmt. Kann sich der Konsument jedoch aus freien Stücken entscheiden, ob er den Besuch eines Vertreters des Anbieters wünsche oder bloss Informationen anfordern möchte und liegt *kein Zeitdruck oder der Eindruck der persönlichen Anwesenheit eines Vertreters* vor, so kann *nicht von einer Überrumpelung des Konsumenten ausgegangen werden*.

3. Ausgleich struktureller Problemlagen

Mit Bezug auf das Anbieter- und Konsumentenverhalten zeigt sich, dass der Gesetzgeber den Ausgleich struktureller Problemlagen[21] beim Widerrufsrecht zutreffend geregelt hat. Das Schweizer Konsumvertragsrecht stimmt hier auch mit dem sachlich gut begründeten europäischen Vertragsrecht[22] überein.

Hinsichtlich des Verfahrensrechts ist entscheidend, dass der Gesetzgeber Art. 40g OR aufgehoben und in den Art. 22 GestG überführt hat, eine Norm des Gerichtsstandsrechts, die für alle Konsumverträge Geltung beansprucht. Bei Streitigkeiten aus dem Widerrufsrecht nach Art. 40a ff. OR zwischen Anbieter und Konsument gilt daher u.a. der *Klägergerichtsstand*.[23]

---

[17] Vgl. BSK OR I-GONZENBACH, Art. 40c N 2.
[18] HONSELL, AJP 1992, 67.
[19] BGer, I. Zivilabteilung, Urteil vom 25. April 2000, 4C.120/1999, E. 2/b/dd.
[20] BSK OR I-GONZENBACH, Art. 40c N 2; DORNIER, S. 76f.; BBl 1986 II 392.
[21] KRAMER, Konsumentenschutz, ZSR I 49ff.; HUGUENIN, Direktvertrieb, AJP 1994, 691ff.; DIES., Konsumentenrecht im OR SJZ 91 (1995), 417ff.
[22] BRUNNER, Europäisches Vertragsrecht, S. 471ff., insbes. 486 und 493 hinsichtlich Widerrufsrecht; vgl. jedoch S. 487ff. mit kritischen Hinweisen über die mangelhafte Ausgestaltung der Konsumentenrechte in anderen wesentlichen Bereichen des schweizerischen Rechts.
[23] BSK GestG-BRUNNER, Art. 22 N 1ff.

Nachfolgend ist aufzuzeigen, welche gesetzlichen Regelungen der strukturellen Problemlagen bei aggressiven Vertriebsmethoden der Anbieter und Überrumpelung der Konsumenten erlassen worden sind. Es sind dies wie bereits erwähnt Normen des öffentlichen Wirtschaftsrechts, des Lauterkeitsrechts und des allgemeinen und besonderen Vertragsrechts.

C. Gesetzliche Regelungen der strukturellen Problemlagen

I. Anbieterverhalten des Reisendengewerbes im öffentlichen Recht

Unter anderem gestützt auf den Verfassungsartikel über den Konsumentenschutz in Art. 97 BV hat der Gesetzgeber das Bundesgesetz über das Gewerbe der Reisenden vom 23. März 2001[24] erlassen. Gemäss Art. 1 regelt dieses Gesetz das Gewerbe von Reisenden, die Konsumentinnen oder Konsumenten Waren oder Dienstleistungen anbieten. Mit Bezug auf die *betrieblichen Anbieter* (Unternehmen) gewährleistet es das Recht, das Reisendengewerbe im ganzen Gebiet der Schweiz ausüben zu können; dies in Übereinstimmung mit der Wirtschaftsfreiheit (Art. 27 BV) und dem Binnenmarktgesetz (BGBM, SR 943.02). Mit Bezug auf die *privaten Abnehmer* (Konsumenten) legt das Gesetz zum Schutze des Publikums die Mindestanforderungen für die Ausübung des Reisendengewerbes fest. Wie vormals praktisch in allen Kantonen und wie im benachbarten Ausland bleibt die Ausübung des Reisendengewerbes aus diesem Grunde bewilligungspflichtig. Im Vordergrund stehen sicherheits- und gewerbepolizeiliche Überlegungen. Beim Reisendengewerbe ist die Transparenz geringer und die Feststellung der Identität des Händlers für das bei sich zu Hause aufgesuchte Publikum schwieriger als beim sesshaften Handel, den der Kunde darüber hinaus aus eigenem Antrieb aufsucht. Es ist denn auch darauf hinzuweisen, dass es mit dem Vertragsabschluss, der Übergabe der Ware oder der erbrachten Dienstleistung oft nicht getan ist, insbes. dann nicht, wenn Erfüllungsstörungen auftreten. Die rasche Identifikation des Anbieters mit Firmennamen und –Adresse ist daher für den Konsumenten von entscheidender Bedeutung. Zwar bestehen auch die öffentlichen Handelsregister (Art. 944ff. OR und HRV) und die Firmengebrauchspflicht (Art. 47 HRV und Art. 3 lit. b UWG). Aggressive Vertriebsmethoden und gewerbsmässige Überrumpelungs-Strategien lassen sich damit jedoch nicht überprüfen. Werden daher durch bestimmte Anbieter die *Mindestanforderungen, zu denen auch die Einhaltung der*

---

[24] Vorstehend Fn. 16. Zur Botschaft und Begründung dieses Gesetzes sowie zum Vernehmlassungsverfahren, vgl.: ALEXANDER BRUNNER et al., Gesetzgebung, JKR 2000, S. 245f. und 256; JKR 1999, S. 311f.

vorvertraglichen Informationspflichten nach Widerrufsrecht gehören, systematisch verletzt, so können die kantonalen Aufsichtsbehörden solchen Anbietern die Bewilligung für die Ausübung des Reisendengewerbes zum Schutze des Publikums entziehen.

II. Aggressive Verkaufsmethoden im Lauterkeitsrecht

Eine ergänzende gesetzliche Regelung zum obligationenrechtlichen Widerrufsrecht findet sich im Lauterkeitsrecht. Es handelt sich um den in Art. 3 lit. h UWG normierten psychologischen Kaufzwang durch *aggressive Verkaufsmethoden*.[25] Auch diese Gesetzesnorm bezweckt die Gewährleistung der Entscheidungsfreiheit des Adressaten, d.h., die Bildung eines *mangelfreien Geschäftswillens* des Konsumenten bei der Abgabe der Willenserklärung.

Die Entscheidungsfreiheit i.S.v. Art. 3 lit. h UWG ist nach der Gerichtspraxis[26] dann beeinträchtigt, wenn der Konsument unter der Voraussetzung einer durchschnittlichen Resistenz *nicht* hauptsächlich vom Interesse an der versprochenen *Leistung des Anbieters* zum Vertrag motivieren lässt, *sondern* sich durch die spezifische Art und Weise der auf ihn angewandten *Verkaufsmethode* zum Vertragsabschluss gedrängt fühlt. Art. 3 lit. h UWG und Art. 40a ff. OR überschneiden sich insofern, als bei beiden Gesetzesnormen die *Direktansprache des Anbieters gegenüber dem Konsumenten* im Vordergrund steht. Die möglichen Formen des Anbieterverhaltens gehen jedoch bei der aggressiven Verkaufsmethode nach Art. 3 lit. h UWG weiter als jene des Widerrufsrechts.

III. Widerrufsrecht im Allgemeinen Teil des Obligationenrechts

Entscheidet sich der Anbieter bei der kommerziellen Kommunikation bzw. der Vertragsverhandlung und -anbahnung für *Vertriebsmethoden von Waren und Dienstleistungen, wie sie in Art. 40b OR*[27] umschrieben sind, so begründet das obligationenrechtliche *Widerrufsrecht*[28] eine Informationspflicht gegenüber dem Kon-

---

[25] BAUDENBACHER, Suggestivwerbung; BRUNNER, Neues Konsumentenschutzrecht, plädoyer 5/1990, 36 ff., insbes. 42.
[26] Vgl. etwa: Kantonsgericht ZG, Urteil vom 3. Juli 2002, ZGGVP 2002, 193 ff. m.H.; bestätigt in BGer, Urteil vom 18. Dezember 2002, 6S.357/2002; Marketing-Strategien, die ihren Anfang jeweils auf öffentlichen Strassen und Plätzen nehmen: Bezirksgericht ZH, Urteil vom 8. Mai 1990/Obergericht ZH, Urteil vom 22. Mai 1991, ZR 1994 Nr. 96 = JKR 1995, S. 244 ff.
[27] Vgl. vorstehend vor und nach Fn. 15.
[28] DORNIER; ENGEL, S. 306 ff.; GONZENBACH, «Pacta sunt servanda», ZSR 1987 I 435 ff., 459 ff.;

sumenten nach Art. 40d OR. Danach hat der Anbieter den Kunden schriftlich über das Widerrufsrecht sowie über Form und Frist des Widerrufs unterrichten und ihm seine Adresse bekannt geben. Diese Angaben müssen datiert sein und die Identifizierung des Vertrags ermöglichen. Sie sind dem Kunden so zu übergeben, dass er sie kennt, wenn er den Vertrag beantragt oder annimmt. Im Zeitpunkt der Willenserklärung des Konsumenten (Antrag oder Annahme) müssen diese Informationen vorliegen und es muss sichergestellt sein, dass sie zur Kenntnis genommen worden sind. Es genügt mithin nicht, wenn nur die Möglichkeit der Kenntnisnahme gegeben war. Betreffend die Frage des *tatsächlichen Kenntnisstandes* sind daher *keine Interpretationen über das allfällige Konsumentenverhalten zulässig*. Die Gerichtspraxis hat dementsprechend zutreffend entschieden, dass die Erfüllung der Informationspflicht nach Art. 40d OR durch Hinweise in den *Allgemeinen Geschäftsbedingungen (AGB) unzulässig*[29] ist. Der Anbieter hat sicher zu stellen, dass der Konsument über das Widerrufsrecht und die entsprechenden Modalitäten Kenntnis hat und nicht nur davon hätte Kenntnis nehmen können.

Analoge Tatbestände aggressiver Vertriebsmethoden können sich sodann beim *elektronischen Geschäftsverkehr* ergeben; Tatbestände, die wegen der Problematik des Distanzgeschäftes dem *allgemeinen Vertragsrecht* zuzuordnen wären. Dies ist dann kein Problem, wenn der Konsument als aktiver Nachfrager und in aller Ruhe – von seinem Heimcomputer aus – Waren und Dienstleistungen im Internet sucht und nachfragt; es liegen dann Vertragsverhandlungen auf ausdrücklichen Wunsch des Konsumenten vor (vgl. Art. 40c lit. a OR). Im Rahmen von aggressiven Vertriebsmethoden mittels SPAM- und FAX- Angeboten unter Zeitdruck können sich indessen vergleichbare Tatbestände wie beim obligationenrechtlichen Widerrufsrecht ergeben. Aus diesem Grunde hatte die Eidg. Kommission für Konsumentenfragen (EKK) zuhanden des Bundesrates die *Empfehlung vom 7. Dezember 1999 über den elektronischen Handel*[30] verabschiedet. Die EKK sah dabei für Konsumverträge im digitalen Distanzgeschäft ein Widerrufsrecht von sieben Tagen vor.[31] Gestützt auf diese EKK- Empfehlung wurde die Vorlage zu einem Bundesgesetz über den elektronischen Geschäftsverkehr in die Vernehmlassung[32] gegeben. Die Vorlage wollte den Schutz der Konsumenten namentlich bei Online-Einkäufen im Internet verbessern und ihnen *analog zu Art. 40aff. OR* ein Wider-

---

BSK OR I-GONZENBACH, S. 312–331; HONSELL, AJP 1992, 66ff.; ALFRED KOLLER, OR, S. 111ff.; KOLLER-TUMLER, Handkommentar, S. 46ff.; ROCHAT, S. 345ff.; SCHMID, S. 86f.; SCHWENZER, S. 186ff.; STAUDER, SJK, 18 S.

[29] Kantonsgericht FR, 2. Appellationshof, Urteil vom 14. September 2005, RFJ 2005, 333–335 (nur franz.); Kassationshof NE, Urteil vom 23. März 1995, RJN 1995, 52–53.

[30] Abgedruckt in: JKR 2000, S. 391ff.; vgl. dazu auch die wissenschaftlichen Vorarbeiten: BRUNNER/REHBINDER/STAUDER, Liberalisierung der Telekommunikationsmärkte und elektronischer Handel im Endbrauchsmarkt – Ein Überblick, JKR 1998, S. 3ff., sowie die weiteren Analysen zum Schwerpunktthema Telemarketing, JKR 1998, S. 19–201.

[31] JKR 2000, 391ff., insbes. 393 Ziff. V. und 394 Ziff. VI.

[32] Kritisch dazu HONSELL/PIETRUSZAK, S. 771ff.

rufsrecht einräumen. Ferner sah die Gesetzesrevision verschärfte Bestimmungen über die Gewährleistung vor: Während der Käufer nach geltendem Kaufrecht wegen Mängeln der Sache den Vertrag rückgängig machen oder den Ersatz des Minderwerts fordern kann, sollte er neu auch die Möglichkeit erhalten, die Nachbesserung der mangelhaften Sache zu fordern. Zudem sollte die Frist für Klagen auf Gewährleistung von einem Jahr auf zwei Jahre verlängert werden.[33] Mit der Begründung, wonach das Obligationenrecht auf dem Grundsatz der Vertragsfreiheit stehe, wurde die Vorlage jedoch am 9. November 2005 vom Bundesrat abgelehnt. Die Vertragsfreiheit sei Ausdruck davon, dass die Bürger mündig seien und selber am besten wissen, was für sie gut und von Vorteil ist. Widerrufsrechte und Gewährleistungsansprüche würden dem keine Rechnung tragen und – so die Begründung – eine Form der Bevormundung des Konsumenten durch den Gesetzgeber darstellen. Diese Pauschalbegründung erscheint indessen wenig plausibel, könnte doch mit der *so genannten Bevormundungsthese*[34] jede *Legitimation*[35] zum Erlass von Schutznormen im Konsumrecht in Frage gestellt werden.

IV. Widerrufsrecht im besonderen Konsumvertragsrecht

Das obligationenrechtliche Recht des Konsumenten, die *Willenserklärung von Antrag oder Annahme zu widerrufen* und damit die Nichtgeltung eines Konsumvertrags zu bewirken, besteht nicht nur im *allgemeinen Vertragsrecht*. Das Sonderprivatrecht verschafft dem Konsumenten die Möglichkeit des Widerrufs auch im *besonderen Konsumvertragsrecht,*[36] insbes. beim *Konsumkredit*, bei der *Partnervermittlung* und bei der *Pauschalreise*; diskutiert wird ein solches – in Abänderung von Art. 40a Abs. 2 OR – de lege ferenda auch beim *Versicherungsvertrag*.

Beim *Konsumkredit*[37] kann die Konsumentin oder der Konsument nach Art. 16 Abs. 1 KKG den *Antrag* zum Vertragsabschluss oder die *Annahme* innerhalb von sieben Tagen schriftlich widerrufen. Dieses Recht gilt nach Art. 228 lit. b OR auch für den *Vorauszahlungsvertrag*. Bei diesen Konsumverträgen der Voraus- oder Nachfinanzierung von Waren oder Dienstleistungen hat der Gesetzgeber die *glei-*

---

[33] Vgl. dazu die grundlegenden Vorarbeiten: ERNST A. KRAMER, Die konsumentenrechtlichen Defizite des schweizerischen Kaufrechts vor dem Hintergrund der europäischen Rechtsentwicklung, JKR 1998, S. 205–237. Die entsprechenden Postulate sind nach wie vor unerfüllt, vgl. dazu BRUNNER, Europäisches Vertragsrecht, S. 471 ff., insbes. 487 ff.

[34] Die so genannte Bevormundungsthese wurde mehrfach widerlegt, vgl. bspw. vor Erlass des revidierten Konsumkreditgesetzes 2001; BRUNNER/REHBINDER/STAUDER, Privatautonomie zwischen Konsumkredit und Insolvenz, JKR 1997, S. 3 ff, insbes. 8.

[35] Vgl. vorstehend Fn. 12.

[36] Vgl. zum besonderen Konsumvertragsrecht: BRUNNER, Konsumverträge, Begriff, JKR 2004, S. 3 ff., insbes. 32 ff.

[37] BRUNNER, Kommentar KKG, S. 3031 ff. Rz. 91 ff.

C. Gesetzliche Regelungen der strukturellen Problemlagen

che Gesetzestechnik verwendet. Widerrufen wird nämlich nicht der durch Konsens bereits zustande gekommene Konsumvertrag als solcher, sondern lediglich die bereits erfolgte Kundgabe[38] der Willenserklärung von Antrag oder Annahme. Das Widerrufsrecht des Konsumkreditgesetzes ist daher eng an das Widerrufsrecht nach Art. 40a ff. OR angeglichen.

Bei der *Partnervermittlung*[39] befolgt der Gesetzgeber nach Art. 406a ff. OR eine *andere Dogmatik*. Der Grund hiefür liegt darin, dass die Partnervermittlung als Sondertypus des Auftrags ausgestaltet werden konnte. Beim Auftrag ist nach Art. 404 OR der jederzeitige Widerruf allgemein anerkannt und bedarf hier keiner weiteren Erörterungen. Folge davon ist, dass nicht die Willenserklärung von Antrag oder Annahme bzw. deren Kundgabe widerrufen, sondern i.S.v. Art. 406^e Abs. 1 OR der *Rücktritt vom Vertrag* erklärt werden kann. Der Vertrag tritt für den Auftraggeber erst sieben Tage nach Erhalt eines beidseitig unterzeichneten Vertragsdoppels in Kraft. Innerhalb dieser Frist kann der Auftraggeber dem Beauftragten schriftlich seinen Rücktritt vom Vertrag erklären. Ein im Voraus erklärter Verzicht auf dieses Recht ist unverbindlich. Die Postaufgabe der Rücktrittserklärung am siebten Tag der Frist genügt.

Bei der *Pauschalreise* kann sodann grundsätzlich *nicht* von einem *Widerrufsrecht* analog zu Art. 40a ff. OR gesprochen werden.[40] Der Rücktritt des Konsumenten nach Art. 10 Abs. 1 PRG ist dem Auftragsrecht gemäss Art. 404 OR bzw. eher den Folgen der *Nichterfüllung* gemäss Art. 97 f. OR[41] nachgebildet. Voraussetzung ist nämlich eine im Verantwortungsbereich des Anbieters verursachte nachträgliche Vertragsänderung[42] des bereits rechtwirksam abgeschlossenen Vertrages. Weitere Erwägungen hiezu können daher unterbleiben.

Hingegen wird – de lege ferenda – eine Abänderung von Art. 40a Abs. 2 OR, d.h. die Einführung des Widerrufsrechts beim *Versicherungsvertrag*[43] diskutiert. Eine solche Gesetzesänderung wäre zu begrüssen. Denn beim Vertrieb von Dienstleistungen der Versicherungsbranche stellen sich bei Vertreterbesuchen in Privathaushalten von Konsumenten die gleichen Problemlagen.

---

[38] Vgl. vorstehend Fn. 11 und Fn. 14.
[39] ALEXANDER BRUNNER et al., Gesetzgebung, JKR 1999, S. 304 und 317; JKR 1998, S. 343; JKR 1996, S. 256 f.
[40] Keine entsprechende Unterscheidung bei BSK OR I -GONZENBACH, Vor Art. 40a-40f N 9.
[41] Vgl. dazu folgerichtig Art. 10 Abs. 4 PRG betreffend Schadenersatz wegen Nichterfüllung.
[42] Vgl. Titel des 6. Abschnitts des PRG.
[43] BRUNNER, Konsumentenschutz im VVG, S. 131 ff.; FUHRER, HAVE 2002, 3 ff.; PFUND, S. 39 ff.; WYSSMANN/STREICH, HAVE 2007, 279 f.

D. Rechtsfolgen des Widerrufsrechts

I. Rechtsfolgen für die Vertragsgeltung

1. Widerruf der Willenserklärung des Konsumenten

Die vorstehenden Ausführungen haben gezeigt, dass nicht der Konsumvertrag als solcher bzw. dessen Geltung widerrufen werden kann, sondern gemäss Art. 40b OR lediglich die Kundgabe der Willenserklärung von Antrag oder Annahme zum Abschluss eines solchen Vertrages. Der Grundsatz ‹pacta sunt servanda› ist nicht betroffen. Wird die Willenserklärung (Antrag oder Annahme) widerrufen, so kommt *kein Konsumvertrag* zustande.

Allerdings sind dabei *Formen und Fristen* zu wahren. So muss der Konsument nach Art. 40^e Abs. 1 OR dem Anbieter den Widerruf *schriftlich* erklären. Die Widerrufsfrist beträgt nach Art. 40^e Abs. 2 OR sieben Tage, wobei die Frist nach Art. 40^e Abs. 4 OR eingehalten ist, wenn die Widerrufserklärung am siebenten Tag der Post übergeben wird (Datum Poststempel). Die Frist beginnt, sobald der Kunde nach Art. 40^e Abs. 2 lit. a OR den Vertrag beantragt oder angenommen hat und (lit. b) von den Angaben nach Artikel 40d Kenntnis erhalten hat. Der Beweis des Zeitpunkts, in dem der Kunde von den Angaben nach Artikel 40d Kenntnis erhalten hat, obliegt nach Art. 40^e Abs. 3 OR dem Anbieter. Der Anbieter wird seine Beweislast daher mit Vorteil durch eine Unterschrift des Konsumenten unter einen klaren Informationstext absichern.

2. Widerrufsrecht und Nichtigkeit des Konsumvertrags

Hat der Konsument die Willenserklärung (Antrag oder Annahme) zum Abschluss eines Konsumvertrags *nicht widerrufen*, womit der Konsumvertrag zufolge Konsenses Geltung erlangt, so stellt sich die Frage, ob er sich gleichwohl auf andere Rechtsbehelfe berufen kann, welche die *Vertragsgeltung* in Frage stellen.

Diese Rechtsfrage ist ohne weiteres zu bejahen. Denn die Modalitäten der Vertragsverhandlungen und des Vertragsabschlusses berühren die sich daran anschliessenden Rechtsfragen der Gültigkeit nicht. Insbesondere eine mögliche Nichtigkeit wegen *widerrechtlichen Vertragsinhaltes* i.S.v. Art. 20 OR ist davon nicht betroffen. Der Konsument, der seine Willenserklärung (Antrag oder Annahme) zum Abschluss des Konsumvertrags nicht widerrufen hat, kann sich daher auch nach Ablauf der siebentägigen Widerrufsfrist auf die *Nichtigkeit des Konsumvertrages* berufen.

D. Rechtsfolgen des Widerrufsrechts

3. Widerrufsrecht und Anfechtbarkeit des Konsumvertrags

Das Gleiche gilt für die Anfechtbarkeit des Konsumvertrages. Hat der Konsument die Willenserklärung (Antrag oder Annahme) zum Abschluss des Konsumvertrages nicht widerrufen und erwächst dieser daher in *Vertragsgeltung*, so kann sich der Konsument auch nach Ablauf der siebentägigen Widerrufsfrist auf die *Anfechtbarkeit des Konsumvertrages* berufen. Es stehen ihm – bei Vorliegen der entsprechenden Voraussetzungen – alle Rechtsbehelfe offen: die Berufung auf Übervorteilung nach Art. 21 OR, auf Irrtum nach Art. 23 ff. OR, auf Täuschung nach Art. 28 OR und auf Furchterregung nach Art. 29 f. OR.

Übervorteilung und Irrtum betreffen in der Regel den Inhalt des abgeschlossenen Vertrags und nicht nur die Modalitäten des Vertragsabschlusses; Letztere können daher die auf einen korrekten Vertraginhalt gerichteten Schutznormen nicht entkräften. Täuschung und Drohung als grobe Einflussnahme auf Vertragsverhandlungen gehören zwar zu den Modalitäten des Vertragsabschlusses, sind jedoch zur Hauptsache auf den Geschäftswillen des Konsumenten gerichtet, indem das Anbieterverhalten einen mangelhaften Willen und unzutreffende Vorstellungen einer Person erreichen will. Auch wenn der *Tatbestand der Überrumpelung* nach sieben Tagen *nicht mehr gegeben* ist, können als Folge einer Täuschung unzutreffende Vorstellungen des Konsumenten *bleiben* und als Folge einer Drohung ein mangelhafter Wille des Konsumenten *andauern*. So beginnt die Frist für die Anfechtung nach Art. 31 Abs. 2 OR in den Fällen des Irrtums und der Täuschung mit der Entdeckung, in den Fällen der Furcht mit deren Beseitigung. Sehr häufig wird daher die Entdeckung und Beseitigung i.S.v. Art. 31 Abs. 2 OR *erst nach Ablauf der Frist von sieben Tagen* eintreten. Da es sich bei Art. 40^e Abs. 2 OR um Schutznormen für Konsumentinnen und Konsumenten handelt, kann auch nicht davon ausgegangen werden, der Gesetzgeber habe deren Rechte mit Einführung des Widerrufsrechts krass verschlechtern wollen. Es ist daher darauf hinzuweisen, dass die einjährige Frist von Art. 31 OR durch die siebentägige Frist des Widerrufsrechts nicht aufgehoben wird.

II. Rechtsfolgen für erbrachte Leistungen und Gegenleistungen

Hat der Kunde seine Willenserklärung (Antrag oder Annahme) widerrufen, so müssen die Parteien bereits empfangene Leistungen nach Art. 40f Abs. 1 OR zurückerstatten. Diese Rechtsfolge[44] ergibt sich bereits aus *Art. 62 Abs. 2 OR*, da eine Zuwendung aus einem nicht verwirklichten Grund erfolgt ist (keine Geltung des Konsumvertrags). Hat der Kunde eine *Sache* bereits gebraucht (Art. 40f Abs. 2 OR), so schuldet er dem Anbieter einen angemessenen *Mietzins*. Hat der

---

[44] HARTMANN, Rückabwicklung, S. 83 Rz. 192 ff.

Anbieter eine *Dienstleistung* erbracht, so muss ihm der Kunde Auslagen und Verwendungen nach den Bestimmungen über den *Auftrag* (Art. 40f Abs. 3 OR i.V.m. Art. 402 OR) ersetzen. Der Konsument schuldet dem Anbieter jedoch nach Art. 40f Abs. 4 OR *keine weitere Entschädigung*.

3. Kapitel: Konsumkreditrecht *

BERND STAUDER

Dr. iur., emeritierter Professor der Universität Genf

---

* Manuskript abgeschlossen am 23. März 2007, punktuell aktualisiert bis 15. November 2007. Der Autor dankt lic. iur. Hildegard Stauder-Bilicki, Chargée d'enseignement an der Faculté de droit der Universität Genf, für die kritische Durchsicht des Manuskripts.

Inhaltsübersicht

A. **Grundlagen** 224
    I. Geschichte 224
    II. Zielsetzung 227
        1. Rechtsvereinheitlichung 227
        2. Sozialschutz 229
    III. Auslegung 230
        1. Verfassungskonforme Auslegung 230
        2. Richtlinienkonforme Auslegung 231

B. **Anwendungsbereich** 231
    I. Persönlicher Anwendungsbereich 232
        1. Kreditgeber 232
        2. Konsument 233
    II. Sachlicher Anwendungsbereich 233
        1. Konsumkredit 234
            a) Kredit 234
            b) Formen 234
        2. Sonderregelungen 236
            a) Leasing 237
            b) Kredit- und Kundenkarten 239
            c) Überziehungskredit 240
        3. Grenzen des Anwendungsbereichs 240
            a) Bercichsausnahmen 241
                aa) Gratiskredite 241
                bb) Bagatell- und Grosskredite 241
                cc) Kurzfristige Kredite 242
                dd) Grundpfandgesicherte Kredite 242
                ee) Durch Sicherheiten gedeckte Kredite 242
                ff) Dienstleistungen von Versorgungsbetrieben . . . 243
            b) Eingeschränkte Anwendung des KKG 244
                aa) Leasing 244
                bb) Kredit- und Kundenkarten; Überziehungskredite 244
    III. «Annexe» Verträge 244
        1. Kreditvermittlung 244
        2. Sicherungsverträge 246
        3. Schuldenregulierungsverträge 247

C. System der Überschuldungsprävention 248

    I. Grundlagen und Grenzen des präventiven Ansatzes 249
    II. Kreditfähigkeitsprüfung 250
        1. Unterstellte Kredite 250
        2. Prüfungskriterien 251
            a) Grundlagen 251
            b) Grundmodell 252
                aa) Relevantes Einkommen 253
                bb) Fiktive Amortisationsdauer 255
            c) Sondermodelle 255
            d) Transparenz der Prüfungskriterien 257
    III. Modalitäten der Kreditfähigkeitsprüfung 257
    IV. Sanktionen 259

D. Schutz der Vertragsentschliessungsfreiheit des Konsumenten 262

    I. Konsumkreditwerbung 262
    II. Gültigkeitserfordernisse des Vertrags 263
        1. Form 263
        2. Inhaltsanforderungen 264
        3. Zustimmungserfordernisse 267
        4. Sanktionen 267
            a) Nichtigkeitsfolgen bei Konsumkrediten (ausser Leasingverträgen) 268
            b) Nichtigkeitsfolgen bei Leasingverträgen 269
    III. Widerrufsrecht 270
        1. Voraussetzungen und Ausübungsmodalitäten 270
        2. Rechtsfolgen 271

E. Schutz bei Vertragsabwicklung 273

    I. Höchstzinssatz 273
    II. Verteidigungsrechte des Konsumenten in Dreiecksverhältnissen . . 276
        1. Einredenerhalt bei Zession 276
        2. Einwendungsdurchgriff 277
        3. Wechsel- und Checkverbot 281
    III. Recht auf vorzeitige Rückzahlung 282
        1. Grundsätze 282
        2. Kündigungsrecht bei Leasingverträgen 283
    IV. Verzug des Konsumenten bei der Rückzahlung des Kredits 284

F. Ausblick 286

Literatur

KKG 2001

Materialien: Botschaft vom 14.12.1998, BBl 1999, 3155–3201 (zit. Botschaft KKG 1998); AmtlBull. NR 1999, 1876–1910, 1914–1929, 2000, 1441–1447, 1559–1571, 2001, 175–181, 366; AmtlBull. StR 2000, 564–583, 2001, 16–20, 115, 180; Bundesgesetz über den Konsumkredit (KKG), vom 23.3.2001 (SR 221.214); Verordnung zum Konsumkreditgesetz (VKKG) vom 6.11.2002 (SR 221.214.11) und Begleitbericht.

Literatur: AUBORT PIERRE, Vos droits face aux dettes, Lausanne 2002; BELSER EVA MARIA, Finanzierung und Bürgschaft – die Bürgin zwischen Verantwortung und Verschuldung, *in* Brunner Alexander/Rehbinder Manfred/Stauder Bernd (Hrsg.), JKR 2002, Bern 2003, S. 203–234; BRUNNER ALEXANDER, Konsumkreditgesetz (KKG), *in* Handkommentar zum Schweizer Privatrecht, Zürich 2007, (zit. KKG); BRUNNER ALEXANDER/REHBINDER MANFRED/STAUDER BERND (Hrsg.), JKR 2002. Schwerpunkt: Das neue Konsumkreditgesetz (KKG), Bern 2003; DAVID LUCAS, Werbung für Konsumkredite, *in* Hess Markus/Simmen Robert (Hrsg.), Das neue Konsumkreditgesetz (KKG), Zürich/Basel/Genf 2002, S. 171–195; FAVRE-BULLE XAVIER, La nouvelle loi fédérale sur le crédit à la consommation: présentation générale et champ d'application, *in* Imsand Pierre-Louis (Hrsg.), La nouvelle loi fédérale sur le crédit à la consommation, Lausanne 2002, S. 27–65 (zit.: présentation); DERS., Les opérations de crédit à l'épreuve de la nouvelle législation sur le crédit à la consommation: un premier bilan, *in* Thévenoz Luc/Bovet Christian (Hrsg.), Journée 2003 de droit bancaire et financier, Zürich 2004, S. 117–141 (zit.: bilan); DERS., Loi fédérale sur le crédit à la consommation (LCC), *in* Thévenoz Luc/Werro Franz (Hrsg.), Commentaire romand, Code des obligations I, Basel/Genf/München 2003 = DERS., Loi sur le crédit à la consommation, *in* Stauder Bernd/Favre-Bulle Xavier, Droit de la consommation, Basel/Genf/München 2004 (Sonderedition zu CR CO I) (zit.: CR CO I-FAVRE-BULLE); FOUNTOULAKIS CHRISTIANA, Ein Vergleich zur Privatautonomie im Kreditsicherungsrecht innerhalb des deutschen Rechtskreises, *in* Peer Gundula Maria u.a. (Hrsg.), Jahrbuch Junger Zivilrechtswissenschaftler 2003. Die soziale Dimension des Zivilrechts. Zivilrecht zwischen Liberalismus und sozialer Verantwortung, Stuttgart/München 2004, S. 51–75; GIGER HANS, Berner Kommentar, Bd. VI/2/1/1, Der Konsumkredit, Bern 2007 (zit. BK-GIGER); DERS., Konkretisierung des lauterkeitsrechtlichen Sonderrechts im Konsumkreditbereich nach schweizerischem Recht, *in* Heldrich Andreas et al. (Hrsg.), Festschrift Claus-Wilhelm Canaris, München 2007, S. 623–643 (zit. Sonderrecht); HASELBACH ROLAND, Überziehungskredit auf laufendem Konto gemäss neuem Konsumkreditgesetz, *in* Hess Markus/Simmen Robert (Hrsg.), Das neue Konsumkreditgesetz (KKG), Zürich/Basel/Genf 2002, S. 113–156; HESS MARKUS, Leasing unter dem Bundesgesetz über den Konsumkredit. Eckdaten für die Vertragsgestaltung und Geschäftsabwicklung, *in* Hess Markus/Simmen Robert (Hrsg.), Das neue Konsumkreditgesetz (KKG), Zürich/Basel/Genf 2002, S. 65–87; HESS MARKUS/SIMMEN ROBERT (Hrsg.), Das neue Konsumkreditgesetz (KKG), Zürich/Basel/Genf 2002; HIGI PETER, Der Fahrnismietvertrag über Konsumgüter und das Leasing nach KKG, *in* Brunner Alexander/Rehbinder Manfred/Stauder Bernd (Hrsg.), JKR 2004, Bern 2007, S. 47–70; HOBY MARKUS, das schuldenhandbuch, St. Gallen 2004; HONSELL HEINRICH, Obligationenrecht, Besonderer Teil, 8. Aufl., Bern 2006, S. 265–267; HUGUENIN CLAIRE u.a., Obligationenrecht, Besonderer Teil, 2. Aufl., Zürich/Basel/Genf 2004, S. 200–203; HUNKELER DANIEL, Schuldenregulierungsvertrag als Innominatkontrakt: Ein unerforschtes Minenfeld (unentgeltliche, entgeltliche und beaufsichtigte Schuldenbereinigung), *in* Brunner Alexander/Rehbinder Manfred/Stauder Bernd (Hrsg.), JKR 2002, Bern 2003, S. 181–202; IMSAND PIERRE-LOUIS (Hrsg.), La nouvelle loi fédérale sur le crédit à la consommation, Lausanne 2002; KELLER STEFAN, Die Anwendung von Art. 21 KKG auf indirekte Leasingverträge. Fragmentarische Betrachtungen zu einer verunglückten Gesetzgebung, AnwaltsRevue 2005, 103–110; KILGUS SABINE, Kredit- und Kundenkarten als Zahlungs- und Kreditinstrumente nach revidiertem KKG, *in* Brunner Alexander/Rehbinder Manfred/Stauder Bernd (Hrsg.), JKR 2002, Bern 2003, S. 127–158; KOLLER-TUMLER MARLIS, Konsumkreditverträge nach revidiertem KKG – eine Einführung, *in* Brunner Alexander/Rehbinder Manfred/Stauder Bernd (Hrsg.), JKR 2002, Bern 2003, S. 3–49 (zit.: Einführung); KOLLER-TUMLER MARLIS/KOLLER THOMAS/DIAS RAOUL, Indirektes Konsumgüterleasing: Die Rechtsstellung des Leasingnehmers gegenüber der Leasinggesellschaft bei verspäteter oder mangelhafter Lieferung des Leasinggegenstandes, in Thévenoz Luc/Reich Norbert (Hrsg.), Liber amicorum Bernd Stauder. Droit de la consommation-Konsumentenrecht-Consumer Law, Genf/Zürich/Basel 2006, S. 157–176; KRUMMENACHER PETER, Konsumentenleasing. Zur Anwendbarkeit des Konsumkreditgesetzes und zwingender Bestimmungen des Mietrechts auf Konsumentenleasingverträge, Zürich 2007; KÜNG FREDI, Kredit- und Kundenkarten, in Hess Markus/Simmen Robert (Hrsg.), Das neue Konsumkreditgesetz (KKG), Zürich/Basel/Genf 2002, S. 89–112; LÜSCHER-MARTY MAX, Das Kreditgeschäft der Banken, Band 1. Privatkundenkredite, 10. Kapitel: Konsumkredit und Konsumgüterleasing, Basel 2002; LUPI THOMANN MELANIA, Die Anwendung des Konsumkreditgesetzes auf Miet-, Miet-Kauf- und Leasingverträge, Zürich 2003; MÜNTENER HANSJÖRG, Ausgewählte Fragen des KKG: «Sanktionen» beim Konsumentenleasing, in Koller Alfred (Hrsg.), Leasingrecht – Ausgewählte Fragen, Bern 2007, S. 25–55; PIOTET DENIS, L'intégration de la nouvelle LCC dans le système général du droit privé et public, in Imsand Pierre-Louis (Hrsg.), La nouvelle loi fédérale sur le crédit à la consommation, Lausanne 2002, S. 67–104; RONCORONI MARIO, Neues Konsumkreditgesetz – aus Konsumentensicht kein Fortschritt, Jusletter 13.12.2003 (zit.: kein Fortschritt); DERS., Neues Konsumkreditgesetz – die Flucht durch die Lücken hat begonnen, Jusletter 5.7.2004 (zit.: Flucht); DERS., Flucht durch die Lücken des Gesetzes, plädoyer 3/2004, S. 20–22 (zit.: Lücken); ROTH JÜRG, Leasing im Lichte des revidierten Konsumkreditgesetzes, AJP 2002, 968–977; SCHATZ PETER, Neues KKG: Das Übergangsrecht für Leasingverträge, in Hess Markus/Simmen Robert (Hrsg.), Das neue Konsumkreditgesetz (KKG), Zürich/Basel/Genf 2002, S. 197–209 (zit.: Übergangsrecht); DERS., Das Leasing von Automobilen, AJP 2006, S. 1042–1050; SCHMID JÖRG, Überschuldungsprävention nach revidiertem KKG (Gesichtspunkt ex ante von Finanzierungen), in Brunner Alexander/Rehbinder Manfred/Stauder Bernd (Hrsg.), JKR 2002, Bern 2003, S. 51–77; SCHÖBI FELIX, Das Bundesgesetz vom 23. März 2001 über den Konsumkredit im Überblick, in Hess Markus/Simmen Robert (Hrsg.), Das neue Konsumkreditgesetz (KKG), Zürich/Basel/Genf 2002, S. 7–34 (zit.: Überblick); DERS., Die Bedeutung des Konsumkreditgesetzes für grundpfandgesicherte Kredite, in Brunner Alexander/Rehbinder Manfred/Stauder Bernd (Hrsg.), JKR 2002, Bern 2003, S. 159–179 (zit.: grundpfandgesicherte Kredite); SIMMEN ROBERT, Barkredit und Teilzahlungsverträge unter dem neuen Konsumkreditgesetz, in Hess Markus/Simmen Robert (Hrsg.), Das neue Konsumkreditgesetz (KKG), Zürich/Basel/Genf 2002, S. 35–64 (zit.: Barkredit); DERS., Neue Informationsstelle für Konsumkredit (IKO) und Zentralstelle für Kreditinformation (ZEK), in Hess Markus/Simmen Robert (Hrsg.), Das neue Konsumkreditgesetz (KKG), Zürich/Basel/Genf 2002, 157–169 (zit.: IKO); STAUDER BERND, La nouvelle législation suisse en matière de crédit à la consommation, REDC 2001, S. 5–17 (zit.: nouvelle loi); DERS., La prévention du surendettement du consommateur: la nouvelle approche de la LCC 2001, in Imsand Pierre-Louis (Hrsg.), La nouvelle loi fédérale sur le crédit à la consommation, Lausanne 2002, S. 105–144 (zit.: prévention); DERS., Leasingverträge nach revidiertem KKG, in Brunner Alexander/Rehbinder Manfred/Stauder Bernd (Hrsg.), JKR 2002, Bern 2003, S. 79–125 (zit.: Leasingverträge); DERS., Neues Leasingrecht und Art. 266k OR, plädoyer 3/2003, S. 30–34 (zit.: Art. 266k); DERS., Le «prêt responsable»: L'exemple de la nouvelle loi suisse sur le crédit à la consommation, in Etudes de droit de la consommation. Liber amicorum Jean Calais-Auloy, Paris 2004, S. 1029–1047 (zit.: prêt responsable); DERS., Der Grundsatz der verantwortungsvollen Kreditvergabe. Ein neuer Ansatz des Gemeinschaftsrechts und seine Konkretisierung im schweizerischen Konsumkreditrecht, in Reiffenstein Maria u.a. (Hrsg.), Konsumentenpolitik im Spannungsfeld von Liberalisierung und sozialer Verantwortung. Festschrift Gottfried Mayer, Wien/Graz 2004, S. 193–212 (zit.: verantwortungsvolle Kreditvergabe); DERS., Rezension von Simmen/Hess, Das neue Konsumkreditgesetz, JKR 2002, Bern 2003, S. 473–478; TERCIER PIERRE, Contrats spéciaux, 3. Aufl., Zürich/Basel/Genf 2003, S. 401–415; VEREIN SCHULDENSANIERUNG BERN (Hrsg.), Schulden – was tun? Ein Handbuch für Sozialtätige, Behördenmitglieder und Betroffene, Köniz 1995.

Literatur

KKG 1993 (soweit noch relevant)

Materialien: Bundesgesetz über den Konsumkredit (KKG) vom 8.10.1993 (AS 1994, 367–374); Botschaft I über die Anpassung des Bundesrechts an das EWR-Recht (Zusatzbotschaft I zur EWR-Botschaft) vom 27.5.1992, BBl 1992 V 157–177; Botschaft über das Folgeprogramm nach der Ablehnung des EWR-Abkommens vom 24.2.1993, BBl 1993 I 862–864, 915–921; AmtlBull. NR 1992, 1918–1924; AmtlBull. StR 1992, 720–725, 942–944 (Eurolex); AmtlBull. NR 1993, 786–792, 1725, 2044; AmtlBull. StR 1993, 202–204, 393–396, 701–703, 794 (Swisslex).

Literatur: BRUNNER ALEXANDER, Zum neuen Konsumkreditgesetz, plädoyer 2/1994, S. 24–26; BRUNNER ALEXANDER/REHBINDER MANFRED/STAUDER BERND, Privatautonomie zwischen Konsumkredit und Insolvenz, in Brunner Alexander/Rehbinder Manfred/Stauder Bernd (Hrsg.), JKR 1997, Bern 1997, S. 3–24; FAVRE-BULLE XAVIER, La résiliation anticipée du contrat de leasing – Le rôle du droit du bail à loyer (art. 266k CO), in Collezione Assista, Genf 1998, S. 116–139 (zit.: Leasing); HAUSHEER HEINZ, Anwendungsbereich und Abgrenzungsprobleme des KKG, insbesondere Leasing und Kreditkartengeschäfte, in Wiegand Wolfgang (Hrsg.), Das neue Konsumkreditgesetz (KKG), Bern 1994, S. 51–72; KOLLER THOMAS, Das Sanktionensystem des Konsumkreditrechts, in Wiegand Wolfgang (Hrsg.), Das neue Konsumkreditgesetz (KKG), Bern 1994, S. 81–105; KOLLER-TUMLER MARLIS, Konsumkreditrecht. Kommentar zum Bundesgesetz über den Konsumkredit vom 8. Oktober 1993, in Honsell Heinrich/Vogt Nedim Peter/Wiegand Wolfgang, Basler Kommentar, Obligationenrecht I, 2. Aufl., Basel/Frankfurt 1996, auch erschienen in Stauder Bernd/Koller-Tumler Marlis, Abzahlungsrecht. Konsumkreditrecht = Sonderedition zu BSK OR I, Basel/Frankfurt 1996 (zit.: BSK OR I-KOLLER-TUMLER); DIES., Konsumkreditvermittlung in der Schweiz, in Brunner Alexander/Rehbinder Manfred/Stauder Bernd (Hrsg.), JKR 1997, Bern 1997, S. 89–116; PIOTET DENIS, Missbräuche im Zinswesen und kantonales Konsumentenrecht, in Tercier Pierre (Hrsg.), Ergänzendes kantonales Recht, SPR I/2, Basel/Genf/München 2001, S. 285–292 = Droit cantonal complémentaire, Traité de droit privé suisse I/2, Fribourg/Basel/Frankfurt 1998, S. 328–335; RONCORONI GIACOMO/SCHÖBI FELIX, Kantonales Konsumkreditrecht im Binnenmarkt Schweiz, in Brunner Alexander/Rehbinder Manfred/Stauder Bernd (Hrsg.), JKR 1997, Bern 1997, S. 71–87; SCHMID HANS, Ökonomische Daten zum Konsumkredit in der Schweiz, in Brunner Alexander/Rehbinder Manfred/Stauder Bernd (Hrsg.), JKR 1997, Bern 1997, S. 25–40; STAUDER BERND, Konsumkreditrecht. Das Bundesgesetz über den Konsumkredit vom 8. Oktober 1993, AJP 1994, S. 675–690 (zit.: Konsumkreditrecht); DERS., Abzahlungsrecht, Kommentar zu den Art. 226a–228, in Honsell Heinrich/Vogt Nedim Peter/Wiegand Wolfgang, Basler Kommentar, Obligationenrecht I, 2. Aufl., Basel/Frankfurt 1996, auch erschienen in Stauder Bernd/Koller-Tumler Marlis, Abzahlungsrecht. Konsumkreditrecht = Sonderedition zu BSK OR I, Basel/Frankfurt 1996 (zit.: BSK OR I-STAUDER); DERS., L'endettement des particuliers. Rapport suisse, in Travaux de l'Association Henri Capitant, L'endettement, Journées argentines, tome XLVI, Paris 1997, S. 285–305; DERS., La consécration légale d'un devoir de diligence du donneur de crédit – réflexions à partir du droit suisse actuel et en préparation, in Observatoire du Crédit et de l'endettement (Hrsg.), La responsabilité du donneur de crédit aux particuliers, Namur 1996, S. 47–71; DERS., Zu einer Sorgfaltspflicht des Konsumkreditgebers – Leistungsfähigkeit und Grenzen eines neuen Ansatzes zur Prävention der Konsumentenüberschuldung, in Brunner Alexander/Rehbinder Manfred/Stauder Bernd (Hrsg.), JKR 1997, Bern 1997, S. 43–69 (zit.: Sorgfaltspflicht); TABIN JEAN-PIERRE, Misères à crédit, Lausanne 1992; WASSERFALLEN WALTER, Probleme der Zinsberechnung, in Wiegand Wolfgang (Hrsg.), Das neue Konsumkreditgesetz (KKG), Bern 1994, S. 73–79; WIEGAND WOLFGANG (Hrsg.), Das neue Konsumkreditgesetz (KKG), Bern 1994; DERS., Die zentralen Elemente des Konsumkreditgesetzes, in Wiegand Wolfgang (Hrsg.), Das neue Konsumkreditgesetz (KKG), Bern 1994, S. 37–50 (zit.: zentrale Elemente).

A. Grundlagen

Das auf Art. 97 BV gestützte Konsumkreditgesetz von 2001 (KKG)[1] ist der vorläufige Abschluss des Versuchs des Gesetzgebers, das wirtschaftliche Phänomen der Kundenfinanzierung beim Erwerb von Konsumgütern und Dienstleistungen in seinen unterschiedlichen Erscheinungsformen rechtlichen Bestimmungen zu unterwerfen. Es bezweckt, den Konsumentenschutz im Rahmen einer abschliessenden bundeseinheitlichen Regelung zu stärken. Das Gesetz, das formell als vollständige Neukodifikation der sensiblen Materie des Konsumkredits erscheint, ist – jedenfalls teilweise – eine Fortführung des im Swisslex-Verfahren erlassenen, eurokompatiblen Konsumkreditgesetzes von 1993. Das KKG 2001 trägt daher noch Züge der gemeinschaftsrechtlichen Gesetzestechnik. Dass sich das Gesetz zum einem auf den Verfassungsartikel zum Konsumentenschutz stützt und dass zum anderen einige Artikel ihren Ursprung im sekundären Gemeinschaftsrecht haben, kann nicht ohne Auswirkung auf die Auslegung der Gesetzesbestimmungen bleiben.

I. Geschichte[2]

Das nach langen Vorarbeiten 1962 erlassene Abzahlungsgesetz (Art. 226a–226m aOR)[3] sollte den Käufer, der den Kaufpreis in Raten zurückzuzahlen hatte, vor in der Rechtswirklichkeit weit verbreiteten Missbräuchen bewahren. Ziel dieses nach der Revision des Bürgschaftsrechts ersten Konsumentenschutzgesetzes war die Gewährleistung eines «vermehrten Sozialschutzes»[4] des Abzahlungskäufers. Es enthielt bereits einige der spezifischen konsumentenrechtlichen Schutzinstrumente, wie den Vertragsformalismus, positive Informationsgebote, ein Widerrufsrecht als Grundlage einer zeitlich begrenzten Überlegungsmöglichkeit, zwingende Vertragsbestimmungen und Ansätze einer Überschuldungsprävention. Da sein Anwendungsbereich auf die damals vorherrschenden Formen des Konsumkredits (Abzahlungskauf und zweckgebundene Drittfinanzierung) beschränkt war, standen in der Praxis bald die nicht oder nicht ausdrücklich geregelten Formen der zweckungebundenen Finanzierung (so genannter Kleinkredit) und der Gebrauchsüberlassungsverträge (Miet- und vor allem Leasingverträge) im Vordergrund.

Die vielfältigen Umgehungsversuche führten rasch zu parlamentarischen Vorstössen, die eine griffigere Regelung durch Einbezug der modernen Formen des

---

[1] Artikel ohne Gesetzesbezeichnung beziehen sich auf das KKG 2001.
[2] Siehe die Chronologie für die Jahre 1889–1997 in JKR 1997, S. 18–24; FAVRE-BULLE, présentation, S. 1 ff.; BK-GIGER, Teil I, Rz. 46 ff.; BRUNNER, KKG, Rz. 1–6.
[3] BG über den Abzahlungs- und Vorauszahlungsvertrag vom 23.3.1962 (AS 1962, 1047; BBl 1960 I 523).
[4] BBl 1960 I 538 f.

A. Grundlagen

Konsumkredits in den Anwendungsbereich des Gesetzes postulierten. Auf die Einzelinitiative Déonna 1971 mit einem ausformulierten Gesetzesentwurf und Vorentwürfen einer Expertenkommission zu zwei Bundesgesetzen 1974[5] folgte 1978 der Entwurf eines umfassenden Konsumkreditgesetzes.[6] Dieser bestimmte den Anwendungsbereich des Gesetzes nach funktionalen Kriterien und erfasste so auch den Kleinkredit und die Gebrauchsüberlassungsverträge. In der Sache ging es neben der Gewährleistung von effektivem Sozialschutz[7] neu vor allem um eine Stärkung der Instrumente zur Prävention der Konsumentenüberschuldung, insbesondere durch Einführung von Zweitkredit- und Kreditaufstockungsverboten. Nach intensiver, nicht immer ideologiefreier Diskussion scheiterte der während des Gesetzgebungsverfahrens in seiner Systematik geänderte und gegenüber der Regierungsvorlage stark entstellte und inhaltlich verwässerte Entwurf 1986 in der Schlussabstimmung.[8] Folglich standen die modernen Formen der Konsumkreditfinanzierung weiterhin ausserhalb jeder Schutzgesetzgebung. Erneute parlamentarische Vorstösse, insbesondere die Motion Affolter von 1989[9] und die Standesinitiativen Luzern von 1992[10] und Solothurn von 1993[11], blieben zunächst ohne Resultat.

Der Impuls für die Wiederaufnahme der gesetzgeberischen Aktivität im Bereich des Konsumkredits kam mittelbar aus Brüssel. Bei einem Beitritt zum EWR hätte die Schweiz als Teil des relevanten *Acquis communautaire* auch die Verbraucherkreditrichtlinie von 1986[12] umsetzen müssen.[13] Nach dem Nein zum EWR wurde der im Eurolex-Verfahren ausgearbeitete und bereits verabschiedete Gesetzesentwurf praktisch unverändert im Rahmen des Swisslex-Verfahrens als Konsumkreditgesetz 1993 verabschiedet, welches neben das weitergeltende Abzahlungsrecht des OR trat. Damit übernahm die Schweiz die konsumentenpolitische Zielsetzung der Gemeinschaftsregelung, machte aber im Gegensatz zu den meisten Mitgliedstaaten nicht von der Möglichkeit Gebrauch, darüber hinausgehende,

---

5 Nachweise in BSK OR I-STAUDER, Vorbem. zu Art. 226a–226m N 10.
6 Entwurf zu einem BG über den Konsumkredit und Botschaft vom 12.6.1978, BBl 1978 II 485–641.
7 Botschaft BBl 1978 II 486.
8 AmtlBull. StR 1986, 700.
9 AmtlBull. StR 1990, 258–263; NR 1991, 727–734.
10 AmtlBull. StR 1993, 204–205, 396–397; NR 1993, 792–793, 2359–2360.
11 AmtlBull. NR 1993, 2359–2360; StR 1994, 85–86.
12 Richtlinie 87/102/EWG vom 22.12.1986, ABl. L 42/48 vom 12.2.1987, und Richtlinie 90/88/EWG vom 22.2.1990, ABl. L 61/14 vom 10.3.1990. Diese Richtlinien werden durch umfassende Regelungen ersetzt werden. Siehe Legislative Entschliessung des Europäischen Parlaments vom 16.1.2008 zu dem Gemeinsamen Standpunkt des Rates vom 20.9.2007 im Hinblick auf den Erlass der Richtlinie über Verbraucherkreditverträge und zur Aufhebung der Richtlinie 87/102/EWG.
13 Allgemein hierzu STAUDER BERND, Der Konsumentenschutz nach dem EWR-Abkommen (Art. 72 EWR–A), in Jacot-Guillarmod Olivier (Hrsg.), Accord EEE, Commentaires et réflexions – EWR-Abkommen, Erste Analysen, Zürich 1992, S. 451–458.

den Konsumenten besser schützende Bestimmungen zu erlassen. Das KKG 1993 beschränkte sich folglich im Wesentlichen auf die objektive Information des Kreditnehmers und enthielt zu den praxisrelevanten Formen des Konsumkredits fast keine materiellen Schutzbestimmungen. Es war eher ein Konsumkredit-Informations-Gesetz und konnte – da auf Teilaspekte des Konsumkredits beschränkt – die bekannten Probleme der Konsumentenüberschuldung nicht lösen.

In dieses legislatorische (Teil-)Vakuum stiessen mehrere Kantone. Bereits 1957 war ein Interkantonales Konkordat zur Bekämpfung von Missbräuchen im Zinswesen in Kraft getreten.[14] Gestützt auf Art. 73 Abs. 2 OR erliessen einige Nicht-Konkordatskantone Höchstsätze für Konsumkreditkosten.[15] Ausserdem machten weitere Kantone vom Vorbehalt des Art. 6 ZGB Gebrauch und verabschiedeten sozialpolitisch motivierte gewerbepolizeiliche Vorschriften, die in erster Linie der Prävention der Konsumentenüberschuldung dienen sollten. Die zu diesem Zweck eingeführten Massnahmen waren vor allem die Begrenzung der Kreditdauer und die Beschränkung der Kreditgewährung auf ein Mass, das es dem Konsumenten ermöglichen sollte, seinen Rückzahlungsverpflichtungen nachzukommen.[16] Das Bundesgericht hat die Vereinbarkeit dieser kantonalen Bestimmungen mit dem Bundesrecht, insbesondere auch mit der Handels- und Gewerbefreiheit festgestellt.[17]

Im Ergebnis war der Konsumkreditmarkt von einer erheblichen Rechtszersplitterung gekennzeichnet. Auf Bundesebene standen das Abzahlungsrecht von 1962 und das KKG 1993 unkoordiniert nebeneinander und regelten teilweise dieselben Sachverhalte unterschiedlich, so dass jeweils ermittelt werden musste, welche der beiden Bestimmungen den Konsumenten besser schützte. Diese sollte nach Art. 7 KKG 1993 Vorrang haben.[18] Ausserdem wurden funktional vergleichbare Formen der Konsumkreditgewährung in den beiden Gesetzen ungleich behandelt, mit der Folge, dass das Niveau des Konsumentenschutzes je nach anwendbarem Recht variierte. Das Ausmass der Rechtszersplitterung wurde durch das Nebeneinander von Bundesrecht und Konkordats- sowie kantonalem Recht noch verstärkt. Ungeklärt waren schliesslich die Kriterien zur Feststellung des anwendbaren kantonalen Rechts im Falle, dass Kreditgeber und Konsument in verschiedenen Kantonen ansässig waren.[19] Die erhebliche Rechtsunsicherheit, die aus dieser Rechtszersplitterung resultierte, war der Entwicklung eines schweizerischen Konsumkreditmarkts

---

[14] Nachweise in Botschaft KKG 1998, BBl 1999, 3162 f. Im SR ist das Konkordat nicht mehr enthalten.
[15] Nachweise in Botschaft KKG 1998, BBl 1999, 3163 f.; vgl. auch SIMMEN, Barkredit, S. 36 Fn. 7.
[16] Nachweise in Botschaft KKG 1998, BBl 1999, 3163 f.
[17] BGE 119 Ia 59, 61; 120 Ia 286, 294, mit Anm. STAUDER BERND, AJP 2002, S. 369–371; BGE 120 Ia 299, 305 f.
[18] Zu den schwierigen Abgrenzungsfragen siehe BSK OR I-STAUDER, Vorbem. zu Art. 226a–226m N 15–20.
[19] Hierzu RONCORONI GIACOMO/SCHÖBI FELIX, Kantonales Konsumkreditrecht im Binnenmarkt Schweiz, JKR 1997, S. 71–87.

A. Grundlagen

hinderlich, und zwar sowohl für die Kreditgeberseite, die unterschiedliche Vorschriften bei der Kreditvergabe zu beachten hatte, wie auch für die Konsumenten, die nicht auf ein einheitliches Schutzniveau vertrauen konnten, gleichgültig welche Form des Konsumkredits in welchem Kanton gewährt wurde.[20]

Um diese Unzuträglichkeiten abzustellen und das Konsumkreditrecht auf eine einheitliche Gesetzesbasis zu stellen, legte der Bundesrat 1998 Botschaft und Entwurf eines Konsumkreditgesetzes vor.[21] Trotz erheblichen Widerstandes seitens der Anbieterseite und eines gewissen Rückfalls in ideologische Argumentationsmuster («Bevormundung des Konsumenten») bei den Beratungen kam es, anders als beim KKG-Entwurf 1978, am 23.3.2001 zur Verabschiedung des neuen KKG. Allerdings wurde der bundesrätliche Entwurf in zentralen Punkten «entschärft». Zudem wurden die modernen Formen des Konsumkredits, die zunehmend den Kreditmarkt dominieren, nicht allen Schutzbestimmungen unterworfen. Diese den Desiderata der Kreditgeberseite Rechnung tragenden Beschlüsse und vor allem die Tatsache, dass es ohne ein Mindestmass an Konsumentenschutz kein bundeseinheitliches Konsumkreditrecht geben konnte, erklären die schlussendliche Zustimmung der Räte zum Gesetz.[22] Es trat, nach Verabschiedung der Verordnung zum Konsumkreditgesetz (VKKG) am 6.11.2002, am 1.1.2003 in Kraft.

II. Zielsetzung

Das KKG 2001 verfolgt eine doppelte Zielsetzung. Zum einen ging es darum, die Rechtszersplitterung im Bereich des Konsumkreditrechts zu beenden und die Rechtsformen des Erwerbs auf Kredit auf eine einheitliche Bundesregelung zu stellen. Zum anderen sollte der Konsumentenschutz gegenüber der bisherigen Regelung gestärkt werden.[23]

1. Rechtsvereinheitlichung

Auf Bundesebene wird die Rechtsvereinheitlichung durch die alleinige Geltung des KKG 2001 erzielt, indem die bislang anwendbaren Vorschriften des KKG 1993 und des Abzahlungsrechts (Art. 226a–226m OR) formell aufgehoben wurden.[24]

---

[20] Botschaft KKG 1998, BBl 1999, 3164 f.
[21] Botschaft KKG 1998, BBl 1999, 3155–3201.
[22] Hierzu STAUDER BERND, Le consommateur – enfant chéri ou mal-aimé du législateur, in Chappuis Christine/Foëx Bénédict/Thévenoz Luc (Hrsg.), Le législateur et le droit privé. Colloque en l'honneur du professeur Gilles Petitpierre, Genf/Zürich/Basel 2006, S. 145–165, speziell S. 151–155.
[23] Botschaft KKG 1998, BBl 1999, 3156, 3165 f.
[24] Art. 41 und Anhang 2 KKG.

Das Verhältnis des neuen Konsumkreditrechts zum kantonalen Recht ist differenziert zu beurteilen. Zwar sieht Art. 38 vor, der Bund regle die Konsumkreditverträge abschliessend. Damit ist der Vorrang des Bundesrechts gegenüber dem kantonalen und dem interkantonalen Recht (Art. 49 Abs. 1 BV) ausdrücklich bekräftigt. Kantonale Vorschriften zu Höchstzinssätzen oder zu Massnahmen der Prävention der Konsumentenüberschuldung sind folglich ausser Kraft und können in Zukunft nicht mehr erlassen werden.[25] Jedoch heisst dies nicht, dass angesichts der Anordnung des Art. 38 überhaupt kein Raum mehr für kantonales Recht bestehe.[26] So enthält das KKG selbst Vorbehalte zu Gunsten des kantonalen Rechts, insbesondere zur Bewilligungspflicht für Kreditgeber und Kreditvermittler (Art. 39 und 40). Unbestritten gilt ferner der Grundsatz der abschliessenden Regelung nur für die Sachprobleme, die im neuen KKG einer Regelung zugeführt wurden; öffentlichrechtliche Bestimmungen zu anderen Problembereichen bleiben nach der Verfassung und dem durch das neue KKG nicht berührten Art. 6 ZGB weiterhin zulässig.[27] Umstritten ist hingegen, ob der Grundsatz der abschliessenden Bundesregelung der Geltung des kantonalen und interkantonalen Rechts auch dann entgegensteht, wenn es um Kredite (Konsumkredite oder gewerbliche Kredite) geht, die vom Anwendungsbereich des KKG nicht erfasst werden.[28] Für eine derart beschränkte Fortgeltung des kantonalen Rechts sprechen die besseren Gründe.[29] Denn die Rechtsvereinheitlichung kann von Art. 38 nur insoweit angeordnet werden, als der Anwendungsbereich des neues Konsumkreditrechts reicht. Ausserdem würde nach einer restriktiveren Auslegung das Niveau des Konsumentenschutzes unter dasjenige des bisherigen kantonalen Rechts absinken, was erklärtermassen nicht das Ziel der Neuregelung war.[30]

Die Reaktion der Kantone auf das Inkrafttreten des KKG ist unterschiedlich. Zum Teil wurden die öffentlichrechtlichen Schutzgesetze ausdrücklich aufgehoben bzw. im Sinne der Einführung einer Bewilligungspflicht ergänzt, zum Teil bleiben sie für nicht vom KKG erfasste Kredite in Kraft.[31] Während einige Kantone

---

[25] Schöbi, Überblick, S. 25; CR CO I-Favre-Bulle, Art. 38 LCC N 12.
[26] So aber BK-Giger, Teil I, Rz. 84, 88 f.; Teil II, Rz. 17, mit der unzutreffenden Aussage, der Konsumentenschutzartikel in der Verfassung (Art. 31^{sexies} aBV; jetzt Art. 97 BV) räume dem Bund im Bereich des Konsumentenschutzes eine ausschliessliche Kompetenz auch im öffentlichen Recht ein, es sei denn, die Verfassung enthalte einen ausdrücklichen Vorbehalt zugunsten einer kantonalen Kompetenz. Richtig aBV-Komm.-Rhinow, Art. 31^{sexies} aBV Rz. 37, und Piotet, S. 90: konkurrierende Kompetenz von Bund und Kantonen.
[27] Piotet, S. 96 f.; Schöbi, Überblick, S. 25; Simmen, Barkredit, S. 38.
[28] So aber wohl Schöbi, Überblick, S. 26; BK-Giger, Teil II, Rz. 28.
[29] Eingehend Piotet, S. 94–97; Koller-Tumler, Einführung, JKR 2002, S. 12 f.; Higi, JKR 2004, S. 57 Fn. 18; wohl auch CR CO I-Favre-Bulle, Art. 38 LCC N 13.
[30] Bundesrätin Metzler, AmtlBull. N 1999, 1882.
[31] So z.B. Zürich in § 215 EG ZGB: Höchstzinssatz von 18% für nicht dem KKG unterstellte Kredite. Vgl. etwa auch Art. 76–83 Loi (VD) sur l'exercice des activités économiques vom 31.5.2005 (RSV 930.01), die nach Art. 75 Abs. 1 nicht auf die vom KKG erfassten Formen des Konsumkredits anwendbar sind.

A. Grundlagen

das interkantonale Konkordat zur Bekämpfung von Missbräuchen im Zinswesen[32] gekündigt haben, gehen andere noch von dessen Fortgeltung aus.[33]

2. Sozialschutz

Zweites Ziel der Neuregelung war die Verbesserung des Sozialschutzes im Bereich des Konsumkredits. Gegenüber dem bisherigen Recht, das mit dem KKG 1993 nur eine eurokompatible Minimallösung darstellte, sollten die Rechte des Konsumenten gestärkt werden.[34] Denn, so Bundesrätin Metzler, «nur ein Konsumkreditgesetz, das den Schutz des sozial Schwächeren verbessert, kann für sich in Anspruch nehmen, abschliessend zu sein».[35] Adressat der Neuregelung sollte dabei nicht der geschäftserfahrene, kritische Konsument, sondern derjenige sein, der angesichts einer intensiven, oft aggressiven Marketingpraxis der Versuchung unterliegt und einen Konsumkredit in Anspruch nimmt, der seine finanziellen Möglichkeiten übersteigt.[36] Im Vordergrund der gesetzlichen Regelung stehen daher Instrumente, die – bislang bereits zum Teil im kantonalen Recht in Geltung – der Vorbeugung der Konsumentenüberschuldung dienen sollen (Höchstzinssatz, Kreditfähigkeitsprüfung). Diesen Verbesserungen des Konsumentenschutzes stehen allerdings der Wegfall gewisser Schutzmechanismen und daraus folgend Einschränkungen im bisher geltenden Schutzniveaus gegenüber.[37]

Zur Gewährleistung eines effektiven Sozialschutzes sieht Art. 37 wortgleich mit Art. 18 KKG 1993 vor, von den Bestimmungen des Gesetzes dürfe nicht zuungunsten der Konsumenten abgewichen werden. Der halbzwingende Charakter der Vorschriften soll bewirken, dass das gesetzliche Schutzniveau nicht durch Parteivereinbarung, auch nicht durch AGB, abgesenkt werden kann. Verbesserungen gegenüber dem Gesetz, wie etwa eine längere als die gesetzlich vorgesehene Widerrufsfrist, sind hingegen zulässig.[38] Ob eine für den Kunden nachteilige Abweichung vom KKG vorliegt, ist durch Auslegung jeder einzelnen Vertragsklausel zu ermitteln. Eine Kompensation nachteiliger durch günstige Klauseln ist unzulässig.[39] Rechtsfolge des Verstosses gegen die Schutzvorschriften ist die Nichtigkeit der betreffenden Vertragsklausel (Art. 19 Abs. 2, 20 Abs. 1 OR), sofern das Ge-

---

[32] Siehe oben Fn. 14.
[33] So etwa § 6 lit. c EG OR des Kantons Zug vom 28.8.2003. Anders BK-GIGER, Teil II, Rz. 41: «totale Unbeachtlichkeit der Bestimmungen des Interkantonalen Konkordats».
[34] Botschaft KKG 1998, BBl 1999, 3156, 3165.
[35] Bundesrätin Metzler, AmtlBull. NR 1999, 1882; StR 2000, 567.
[36] Botschaft KKG 1998, BBl 1999, 3165.
[37] Auf sie soll bei den einzelnen Sachproblemen hingewiesen werden.
[38] CR CO I-FAVRE-BULLE, Art. 37 LCC N 2 und 3; BSK OR I-KOLLER-TUMLER, Art. 18 KKG 1993 N 2.
[39] CR CO I-FAVRE-BULLE, Art. 37 LCC N 3; BSK OR I-KOLLER-TUMLER, Art. 18 KKG 1993 N 2.

setz nicht ausdrücklich andere Rechtsfolgen vorsieht (wie z.B. in Art. 15 und 32). Nach Art. 20 Abs. 2 OR hat die Nichtigkeit der Klausel im Zweifel nicht die Nichtigkeit des Konsumkreditvertrages zur Folge.

Das KKG enthält, anders als die Richtlinie 87/102/EWG[40], kein ausdrückliches Verbot der Umgehung der Schutzbestimmungen. Dieses ergibt sich aber ohne weiteres aus Art. 2 ZGB und dem zwingenden Charakter des Gesetzes.[41]

III. Auslegung

Grundsätzlich sind die Bestimmungen des KKG nach den herkömmlichen Methoden (Wortlaut, Systematik, Gesetzesmaterialien[42], Normzweck) auszulegen. Hierbei ist auf eine möglichst harmonische Einordnung der Schutzvorschriften in das allgemeine Vertragsrecht zu achten.

1. Verfassungskonforme Auslegung

Aus der verfassungsrechtlichen Verankerung des Konsumentenschutzes in Art. 97 BV, auf die das KKG gestützt ist, ergibt sich, dass bei der Rechtsanwendung dem gesetzlich intendierten Sozialschutz zur Geltung zu verhelfen ist. Die verfassungskonforme Auslegung hat zur Folge, dass die typische Ungleichgewichtslage zwischen Konsument und Anbieter[43] zu berücksichtigen und der *ratio legis* in Zweifel Vorrang gegenüber den anderen Auslegungsmethoden, insbesondere auch einem klaren Wortlaut[44], einzuräumen ist.

---

[40] Nachweise oben Fn. 12.
[41] CO CR I-Favre-Bulle, Art. 37 LCC N 5; BSK OR I-Koller-Tumler, Art. 18 KKG 1993 N 1.
[42] Beim KKG 2001 sind allerdings die traditionellen Materialien, d.h. die Botschaft des Bundesrates und die Protokolle der Beratungen in den Räten, zum Teil von nur sehr begrenzter Aussagekraft, da, etwa bei der Frage der Regelung des Konsumgüterleasing, das Parlament sich von den systematischen und inhaltlichen Vorgaben des bundesrätlichen Entwurfs weit entfernte und die zentralen Entscheidungen zugunsten der letztlich verabschiedeten Fassung nicht im Plenum der Räte, sondern in deren vorberatenden Kommissionen fielen, deren Protokolle nicht öffentlich zugänglich sind.
[43] Brunner Alexander, Was ist Konsumentenrecht? *in* Brunner Alexander/Rehbinder Manfred/Stauder Bernd (Hrsg.), JKR 1995, S. 31–57, speziell S. 49 f.; ders., Konsumverträge – Begriff, Typologie und wirtschaftsrechtliche Bedeutung, *in* Brunner Alexander/Rehbinder Manfred/Stauder Bernd (Hrsg.), JKR 2004, Zürich 2007, S. 3–45, speziell S. 7 f., 22; BGE 121 III 336, 339 f.
[44] BGE 131 III 314 ff.

2. Richtlinienkonforme Auslegung

Das KKG 2001 ist zwar in Fortführung des im Swisslex-Verfahren eurokompatibel ausgestalteten KKG 1993 erlassen worden, weicht aber teilweise vom Richtlinienrecht bewusst ab und geht in zentralen Punkten über den Regelungsbereich des harmonisierten Konsumkreditrechts hinaus. Dieser hybride Charakter des neuen KKG hat auch für dessen Auslegung Bedeutung. Soweit das KKG 2001 noch Bestimmungen enthält, die das Ergebnis des autonomen Nachvollzugs sind (wie z.B. Art. 1 Abs. 1: Begriff des Konsumkreditvertrags; Art. 3: Begriff des Konsumenten; Art. 17, 19–21: Rechte und Pflichten des Konsumenten), sind diese richtlinienkonform auszulegen.[45] Allein die Auslegungsgrundsätze des schweizerischen Rechts sind hingegen massgebend, wenn das KKG vom Richtlinienrecht abweicht, wie z.B. beim Begriff des Kreditgebers (Art. 2) oder bei Einschränkungen des Anwendungsbereichs (Art. 7 Abs. 1 lit. b). Gleiches gilt, wenn das KKG Regelungsbereiche enthält, die sich im Richtlinienrecht nicht finden. Beispielhaft seien erwähnt die Festlegung eines Höchstzinssatzes (Art. 14) und das Verfahren der Prävention der Konsumentenüberschuldung (Art. 22–32).

B. Anwendungsbereich

Der Anwendungsbereich der zwingend ausgestalteten Sozialschutznormen wird im KKG mit dem Begriff des Konsumkreditvertrags umschrieben. Nach Art. 1 Abs. 1 handelt es sich um einen Vertrag zwischen einem Kreditgeber und einem Konsumenten, in dem sich ersterer verpflichtet, letzterem einen Kredit zu gewähren. Art. 7 nimmt bestimmte Konsumkreditverträge von der Geltung des KKG aus. Ziel des Gesetzgebers war es, aus Gründen der Rechtssicherheit den Anwendungsbereich des KKG präzise zu bestimmen.

---

[45] BGE 129 III 335, 350; 130 III 182, 190; CR CO I-Favre-Bulle, Introd. à la LCC N 17; Stauder Bernd, L'influence de la jurisprudence de la CJCE sur le droit des contrats de consommation en Suisse, *in* Werro Franz/Probst Thomas (Hrsg.), Das schweizerische Privatrecht im Lichte des europäischen Gemeinschaftsrechts, Bern 2004, S. 75–104; Werro Franz/Probst Thomas, La jurisprudence de la CJCE en matière de droit privé et son influence sur la pratique du droit suisse, in Schweizerisches Jahrbuch für Europarecht/Annuaire Suisse de droit européen, Bern 2006, S. 453–463.

I. Persönlicher Anwendungsbereich

Der persönliche Anwendungsbereich des Gesetzes wird allein durch das Begriffspaar Kreditgeber und Konsument bestimmt. Ausserhalb des KKG stehen daher die bei Konsumkreditverträgen häufigen persönlichen Sicherungsverträge, insbesondere zwischen Sicherungsgeber/Bürge und Sicherungsnehmer/Kreditgeber.[46]

1. Kreditgeber

Kreditgeber ist nach Art. 2 jede natürliche oder juristische Person,[47] die «gewerbsmässig» Kredite gewährt. Damit ersetzt das Parlament bewusst das eurokompatible Kriterium der «Ausübung (der) gewerblichen oder beruflichen Tätigkeit» des KKG 1993 und des diesem folgenden bundesrätlichen Entwurfs durch dasjenige der Gewerbsmässigkeit der Kreditgewährung. Mit dieser Abweichung vom bisher geltenden Recht soll der persönliche Anwendungsbereich des KKG 2001 eingeengt werden, um zu verhindern, dass Handwerker, die hinsichtlich einer Rechnung einen Zahlungsaufschub gewähren, vom KKG erfasst werden.[48] Was der Gesetzgeber unter «gewerbsmässig» versteht, lässt sich aber den Materialien nicht entnehmen.

Unbestritten fallen Konsumkredite, die von nicht gewerblich tätigen Kreditgebern gewährt werden, insbesondere rein private Kreditgeschäfte, nicht unter das KKG.[49] Ebenso unbestritten unterliegen dem KKG all diejenigen Personen, deren Tätigkeit die Gewährung von Konsumkrediten typischerweise mit sich bringt, wie etwa Banken. Fraglich ist hingegen die Geltung des KKG hinsichtlich der Personen, die im Zusammenhang mit ihrer Tätigkeit als Verkäufer oder Dienstleistungserbringer einen Kredit i.S.d. Art. 1 gewähren. Zu denken ist z.B. an Verkäufer, die einen Abzahlungskauf oder einen Leasingvertrag abschliessen, oder die Kundenkarten mit einer Kreditoption an ihre Kunden abgeben. Würde man hier auf die Unterscheidung abstellen, ob die Vertriebstätigkeit bedeutsamer als die Kreditierung von Forderungen ist, würde man wichtige Formen des Konsumkredits vom Geltungsbereich des KKG ausklammern. Eine solch weitreichende Einschränkung des Konsumentenschutzes lässt sich den Beratungen im Parlament

---

[46] Hierzu ausführlich BELSER, JKR 2002, S. 203–234, und unten S. 246-248.
[47] Auch Personen des öffentlichen Rechts, sofern sie nicht hoheitlich auftreten, sondern in privaten Rechtsformen am Rechtsverkehr teilnehmen. Vgl. CR CO I-FAVRE-BULLE, Art. 2 LCC N 2; BSK OR I-KOLLER-TUMLER, Art. 2 KKG N 3; STAUDER, Konsumkreditrecht, S. 677 Fn. 27.
[48] So ausdrücklich Wicki, AmtlBull. StR 2000, 568.
[49] Anders bei Umgehungsgeschäften. Beispiel: Der Verkäufer tritt formell nur als «Vermittler» zwischen dem verkaufenden Konsumenten und dem Käufer auf, und diesem Kaufgeschäft werden die AGB des Verkäufers zugrunde gelegt.

nicht entnehmen. Es ist daher davon auszugehen, dass auch Personen als gewerbsmässig handelnde Kreditgeber anzusehen sind, die regelmässig[50] gegen Entgelt Kredit an Konsumenten gewähren, wobei es gleichgültig ist, ob es sich bei der Kreditierung um ihre originäre Haupttätigkeit oder um einen Aspekt der im Vordergrund stehenden Vertriebstätigkeit handelt. An der Gewerbsmässigkeit fehlt es jedoch dann, wenn die Kreditierung nur gelegentlich erfolgt.[51]

2. Konsument

Nach Art. 3, der dem eurokompatiblen Art. 2 KKG 1993 entspricht, ist Konsument eine natürliche Person, die sich einen Kredit zu einem privaten, d.h. zu einem nicht ihrer selbständigen[52] beruflichen oder gewerblichen Tätigkeit zuzurechnenden Zweck gewähren lässt.[53] Massgeblich ist nicht die objektive, sondern die für den Kreditgeber erkennbare subjektive Zweckbestimmung des Kredits.[54] Ein Kredit, der ausschliesslich oder ganz überwiegend gewerblichen oder beruflichen Zwecken dient,[55] wird vom KKG nicht erfasst. Hingegen ist bei gemischter, sowohl privater wie beruflicher Zweckbestimmung nach teleologischer Auslegung im Zweifel das KKG anwendbar.[56]

II. Sachlicher Anwendungsbereich

Der sachliche Anwendungsbereich wird zunächst, ohne jede Änderung gegenüber Art. 1 KKG 1993, positiv durch den Vertragsgegenstand, den Kredit, und eine Aufzählung der erfassten Kreditformen (Art. 1 Abs. 1) umschrieben.[57] Gemäss

---

[50] An Zahl und Dauer der Kreditgewährungen dürfen keine allzu hohen Anforderungen gestellt werden; siehe KOLLER-TUMLER, Einführung, JKR 2002, S. 24.
[51] In diesem Sinne auch SCHÖBI, Überblick, S. 10; KOLLER-TUMLER, Einführung, JKR 2002, S. 24 f.; CR CO I-FAVRE-BULLE, Art. 2 LCC N 5 f.; LUPI THOMANN, S. 25 f.; BRUNNER, KKG, Rz. 22.
[52] HAUSHEER, S. 57 f.; KOLLER-TUMLER, Einführung, JKR 2002, S. 25 f.; STAUDER, Konsumkreditrecht, S. 677; a.A. SIMMEN, Barkredit, S. 42; HESS, S. 68.
[53] Nicht unter das KKG fallen die so genannten Existenzgründungsdarlehen; siehe BSK OR I-KOLLER-TUMLER, Art. 8 KKG N 2; SIMMEN, Barkredit, S. 42; HASELBACH, S. 122. Hingegen ist das KKG auf Ausbildungsdarlehen an Studenten anwendbar; so zu Recht FAVRE-BULLE, bilan, S. 138; a.A. SIMMEN, S. 42.
[54] BSK OR I-KOLLER-TUMLER, Art. 3 KKG N 4 f.; STAUDER, Konsumkreditrecht, S. 677.
[55] Dazu gehört auch der Erwerb von Aktien, ob kurzfristig für spekulative Zwecke oder zur Investition in ein Unternehmen; siehe BGer, 5P.33/2006.
[56] HAUSHEER, S. 58 f.; STAUDER, Konsumkreditrecht, S. 677; HASELBACH, S. 122; enger SIMMEN, Barkredit, S. 42 f., und wohl auch BRUNNER, KKG, Rz. 28.
[57] Botschaft KKG 1998, BBl 1999, 3166 f. Insofern kann weiterhin auf die Literatur zum KKG 1993 zurückgegriffen werden.

Art. 1 Abs. 2 sollen auch bestimmte Gestaltungen des Konsumgüterleasing sowie Kredit- und Kundenkarten mit Kreditoptionen und Überziehungskredite als Konsumkreditverträge gelten. Negativ wird der Anwendungsbereich durch eine Reihe von Bereichsausnahmen (Art. 7) eingeschränkt.

1. Konsumkredit

a) Kredit

Gegenstand des Konsumkreditvertrags ist der Kredit. Der Begriff des Kredits wird im KKG nicht präzisiert. Er ist, wie ein Blick auf die erwähnten Kreditformen zeigt, nicht mit dem des Darlehens des OR identisch; vielmehr geht er als funktionaler Begriff weiter und lässt Raum für eine wirtschaftliche Betrachtungsweise.[58] Kreditierung ist immer dann anzunehmen, wenn eine Leistung erbracht wird im Vertrauen darauf, dass die geldliche Gegenleistung zu einem späteren Zeitpunkt ordnungsgemäss erfolgt.[59] Damit werden grundsätzlich sämtliche Arten der Waren-/Dienstleistungs- und der Geldkredite erfasst, gleichgültig, in welche Rechtsformen sie nach OR gekleidet sind.[60]

b) Formen

Art. 1 Abs. 1 nennt als Formen des Konsumkredits den Zahlungsaufschub, das Darlehen und die ähnliche Finanzierungshilfe. Die Aufzählung ist abschliessend, gleichzeitig aber, indem die «ähnliche Finanzierungshilfe» genannt wird, offen.[61] Auf diese Weise sollen dynamisch all die Formen des Kredits erfasst werden, die weder als Zahlungsaufschub noch als Darlehen qualifiziert werden können. Insoweit ist der Begriff «Konsumkredit» geeignet, selbst Kreditinnovationen, die zukünftig den Konsumenten am Markt angeboten werden, zu umfassen und damit den Schutzbestimmungen des Gesetzes zu unterwerfen.

Unter Zahlungsaufschub werden alle Vertragsverhältnisse verstanden, bei denen die Gegenleistung entgegen der gesetzlichen oder ursprünglich vereinbarten Fälligkeit später zu erbringen ist.[62] Konkret gehören zu dieser Form des Konsumkredits vor allem der Kreditkauf, insbesondere als Abzahlungskauf, wie er früher von den Art. 226a–226m aOR geregelt war, der Erwerb von Dienstleistungen auf

---

[58] Botschaft KKG 1998, BBl 1999, 3173. Zu den wirtschaftlichen Grundlagen des Konsumkreditgeschäfts und des Konsumgüterleasing, siehe LÜSCHER-MARTY, Kapitel 10.
[59] STAUDER, Konsumkreditrecht, S. 678; BSK OR I-KOLLER-TUMLER, Art. 1 KKG N 2 f.; CR CO I-FAVRE-BULLE, Art. 1 LCC N 11.
[60] BSK OR I-KOLLER-TUMLER, Art. 1 KKG N 2; STAUDER, Konsumkreditrecht, S. 678.
[61] Botschaft KKG 1998, BBl 1999, 3173.
[62] STAUDER, Konsumkreditrecht, S. 678; BSK OR I-KOLLER-TUMLER, Art. 1 KKG N 7; CR CO I-FAVRE-BULLE, Art. 1 LCC N 14.

B. Anwendungsbereich

Kredit, sonstige Stundungsvereinbarungen (*pactum de non petendo*), sowie, vorbehaltlich der Bereichsausnahmen in Art. 7, Kredit- und Kundenkarten, sofern der ausstehende Betrag erst am Monatsende zu begleichen ist.[63]

Da das KKG selbst den Begriff des Darlehens nicht definiert, ist Art. 312 OR einschlägig. Damit unterfallen dem KKG als Darlehen sämtliche Formen der Überlassung von Geld auf Zeit, wie auch immer die Praxis im Übrigen den Geldkredit ausgestaltet. Irrelevant ist daher, wiederum vorbehaltlich der Bereichsausnahmen des Art. 7, ob der Kredit z.B. auf einmal oder in Raten zurückzuzahlen ist, ob eine Kreditsicherung vereinbart oder ob die Kreditgewährung an ein Konto gebunden ist. Als Darlehen sind folgende Geldkredite anzusehen: Teilzahlungsdarlehen oder Ratenkredite, gleichgültig ob die Finanzierung zweckgebunden erfolgt (so genannte Drittfinanzierung) oder nicht (früher häufig Kleinkredite genannt); Tilgungs- oder Amortisationsdarlehen; Festkredite mit Tilgung des Kredits in einer Zahlung am Ende der vereinbarten Laufzeit; Kontokorrent- und Überziehungskredite; mit Kredit- oder Kundenkarten verbundene Kreditoptionen.[64] Angesichts der Vermarktung neuer Produkte, die allerdings häufig nur Varianten des Geldkredits sind, ist der Begriff des Darlehens weit auszulegen.[65]

Was konkret unter einer «ähnlichen Finanzierungshilfe» zu verstehen ist, war bereits unter der Geltung des KKG 1993 umstritten und ist ebenfalls nach KKG 2001 als nicht geklärt anzusehen. Überwiegend ging man davon aus, dass Gebrauchsüberlassungsverträge mit Finanzierungscharakter, d.h. Mietkauf-, Miet- und Leasingverträge, dem Konsumenten den Erwerb von Konsumgütern in ähnlicher Weise ermöglichten wie die traditionellen Formen des Geld- und Warenkredits.[66] Jedoch sollten nach Art. 6 Abs. 1 lit. c KKG 1993 die Schutzbestimmungen dann nicht anwendbar sein, wenn «das Eigentum letzten Endes auf den Mieter übergehen» soll. Da derartige Klauseln zum Eigentumsübergang in den Gebrauchsüberlassungsverträgen bewusst vermieden wurden, wurde diskutiert, ob nicht die Verträge mit Voll- bzw. Teilamortisation den Verträgen, die einen formellen Eigentumsübergang vorsehen, wegen wirtschaftlicher Zweckidentität gleichzustellen seien, wie es das Bundesgericht unter bestimmten Voraussetzungen auf der Grundlage von Art. 226m OR getan hat.[67] Sofern diese am Konsumentenschutzgedanken orientierte Auslegung abgelehnt wurde, war zu prüfen, ob eine derartige Vertragsgestaltung nicht als verpönte Gesetzesumgehung zu qualifizieren sei.[68]

---

[63] CR CO I-Favre-Bulle, Art. 1 LCC N 14–16; Favre-Bulle, présentation, S. 37 f.; BSK OR I-Koller-Tumler, Art. 1 KKG N 9–13; Stauder, Konsumkreditrecht, S. 678.
[64] CR CO I-Favre-Bulle, Art. 1 LCC N 17–22; Favre-Bulle, présentation, S. 38 f.; BSK OR I-Koller-Tumler, Art. 1 KKG N 15–22; Stauder, Konsumkreditrecht, S. 678.
[65] CR CO I-Favre-Bulle, Art. 1 LCC N 22.
[66] BSK OR I-Koller-Tumler, Art. 1 KKG N 25–29; Stauder, Konsumkreditrecht, S. 678.
[67] Näheres hierzu BSK OR I-Stauder, Art. 226m N 21–42.
[68] Stauder, Konsumkreditrecht, S. 681.

Da Art. 1 Abs. 1 wörtlich mit Art. 1 KKG 1993 übereinstimmt und zudem die Bereichsausnahme des Art. 6 Abs. 1 lit. c KKG 1993 entfallen ist, scheint alles für eine extensive Auslegung des Begriffs der ähnlichen Finanzierungshilfe zu sprechen.[69] Ob aber, weil Art. 1 Abs. 2 lit. a Kriterien für die Unterwerfung von Leasingverträgen unter das KKG nennt, im Rahmen des Art. 1 Abs. 1 kein Raum mehr für Gebrauchsüberlassungsverträge bleibt und diese deshalb allein nach Abs. 2 zu beurteilen sind, ist sehr streitig.[70] Zwar wird die Unterstellung von Miet-Kauf-Verträgen unter das KKG, soweit ersichtlich, allgemein als richtig angesehen.[71] Im Übrigen jedoch sollen nach einer restriktiven Meinung Gebrauchsüberlassungsverträge allein nach den Kriterien des Abs. 2, der als abschliessende Regelung verstanden wird, beurteilt werden.[72] Nach anderer Ansicht soll dies nur für Leasingverträge, nicht aber für Miet- und sonstige Gebrauchsüberlassungsverträge gelten, die dann gemäss Abs. 1 dem KKG unterstehen, wenn sie nach der bundesgerichtlichen Rechtsprechung von Art. 226m aOR erfasst worden wären.[73] Weitergehend wird angenommen, dass die zum KKG 1993 vertretene extensive Auslegung des Begriffs der ähnlichen Finanzierungshilfe auch unter dem KKG von 2001 beizubehalten sei und insoweit die Rechtsprechung des Bundesgerichts zu Art. 226m aOR[74] in der Tat relevant bleibt.[75] Art. 1 Abs. 2 lit. a hätte demnach nur insoweit eine Änderung herbeigeführt, als er klarstellt, dass auf Gestaltungsformen des Leasing, die die Klausel der retroaktiven Ratenerhöhung bei vorzeitiger Kündigung enthalten, stets die für Leasingverträge geltenden Bestimmungen des KKG gelten, und zwar selbst dann, wenn die Kriterien zur ähnlichen Finanzierungshilfe nicht verwirklicht sind.[76]

2. Sonderregelungen

Konsumgüterleasing, Kredit- und Kundenkarten sowie Überziehungskredite sind die modernen Ausprägungen des Konsumkredits. Sie verdrängen zunehmend die traditionellen Formen des Abzahlungskaufs und des Teilzahlungsdarlehens. Mit der Neuregelung sollte daher, auf der Grundlage der Beibehaltung des Art. 1

---

[69] Nach Botschaft KKG 1998, BBl 1999, 3173, ist am «sehr offenen, funktionalen Kreditbegriff», «der Raum für eine wirtschaftliche Betrachtungsweise lässt», festzuhalten.
[70] In BGer, 4C.58/2006, in einem *obiter dictum* offengelassen.
[71] SCHÖBI, Überblick, S. 12; HESS, S. 66; CR CO I-FAVRE-BULLE, Art. 1 LCC N 45; STAUDER, Leasingverträge, S. 85f.; LUPI THOMANN, S. 113ff.; ebenso SIMMEN, Barkredit, S. 45, für Leasingverträge mit Eigentumsübergang bei Vertragsende; vgl. auch HIGI, JKR 2004, S. 64 Fn. 33, S. 70.
[72] HESS, S. 12; hiergegen HIGI, JKR 2004, S. 66 Fn. 41.
[73] CR CO I-FAVRE-BULLE, Art. 1 LCC N 45–47; FAVRE-BULLE, bilan, S. 126; FAVRE-BULLE, présentation, S. 49f.; hiergegen ausdrücklich SIMMEN, Barkredit, S. 45.
[74] BGE 110 II 244, 246; 113 II 168, 172f.; BSK OR I-STAUDER, Art. 226m N 42.
[75] LUPI THOMANN, S. 103ff.
[76] Eingehend STAUDER, Leasingverträge, JKR 2002, S. 84–91.

B. Anwendungsbereich

KKG 1993, eine Klärung dahingehend herbeigeführt werden, ob und wann sie dem neuen Konsumkreditrecht unterstehen.[77] Dementsprechend bestimmt Abs. 2, welche der modernen Kreditgestaltungen «auch»[78] als Konsumkreditverträge gelten.

a) Leasing

Unabhängig davon, was man nach Art. 1 Abs. 1 unter einer ähnlichen Finanzierungshilfe zu verstehen hat, gelten jedenfalls auch Leasingverträge zwischen einem gewerbsmässig handelnden Kreditgeber und einem als Leasingnehmer bezeichneten Konsumenten über eine «dem privaten Gebrauch dienende (sc. bewegliche) Sache», mithin ein Konsumgut,[79] als Konsumkreditverträge, wenn sie eine retroaktive Ratenerhöhungsklausel enthalten (Art. 1 Abs. 2 lit. a).

Nach dem Wortlaut werden nur Leasingverträge den Konsumkreditverträgen gleichgestellt. Das KKG definiert allerdings nirgendwo den Leasingvertrag. Auch in den Materialien finden sich diesbezüglich keine Kriterien, die es erlauben würden, die Leasingverträge von anderen Gebrauchsüberlassungsverträgen abzugrenzen. Angesichts der Vielfalt der Gestaltungsformen[80] und deren variablen Bezeichnungen als Leasing- oder Mietverträge in der Praxis ist als Leasingvertrag i.S.d. Art. 1 Abs. 2 lit. a grundsätzlich jeder Gebrauchsüberlassungsvertrag über ein Konsumgut anzusehen (Art. 18 OR).[81]

Dem KKG unterstehen nach lit. a Gebrauchsüberlassungsverträge aber nur dann, wenn sie, anders als reine Mietverträge, Kreditcharakter haben. Wann ein solcher Kreditcharakter anzunehmen sei, war heftig umstritten. Während der Bundesrat im Vernehmlassungsentwurf von 1997 die Definition der Abgrenzungskriterien noch der Rechtsprechung überlassen wollte, schlug er angesichts heftiger Kritik im Entwurf als Kriterium die vor allem beim Autoleasing häufige Klausel der Überwälzung der Risiken des zufälligen Untergangs der Leasingsache auf den Leasingnehmer vor.[82] Dieses wurde indes verworfen, da es der Leasinggeber durch Änderung seiner Vertragsgestaltung letztlich in der Hand gehabt hätte, den Anwendungsbereich des KKG zu bestimmen. Ebensowenig konnte sich der Vorschlag[83] durchsetzen, Leasingverträge nur dann dem KKG zu unterwerfen, wenn

---

[77] Botschaft KKG 1998, BBl 1999, 3173.
[78] So der Gesetzestext.
[79] Damit fällt unbestritten das Immobilien-Leasing nicht unter den Anwendungsbereich des KKG.
[80] Siehe etwa ROTH, S. 969f.
[81] STAUDER, Leasingverträge, JKR 2002, S. 86ff.; LUPI THOMANN, S. 117; enger CR CO I-FAVRE-BULLE, Art. 1 LCC N 42, der den Anwendungsbereich von lit. a auf Leasingverträge begrenzen will; ähnlich HIGI, JKR 2004, S. 63ff.
[82] Art. 1 Abs. 2 lit. a i.d.F. des Entwurfs; hierzu Botschaft KKG 1998, BBl 1999, 3175. Zustimmend zunächst noch der Nationalrat, AmtlBull. NR 2000, 1886.
[83] Antrag Minderheit II zu Art. 1 Abs. 2, AmtlBull. NR 2000, 1883, 1886.

sie eine Klausel zum formalen Eigentumsübergang enthielten. Da derartige Klauseln in der Praxis nicht mehr verwendet werden, hätte die Annahme des Vorschlags die völlige Herausnahme des Konsumgüterleasing aus dem neuen Konsumkreditrecht bedeutet.

Das schliesslich Gesetz gewordene Kriterium der retroaktiven Leasingratenerhöhung bei vorzeitiger Kündigung des Leasingvertrags entstammt der Praxis des Autoleasing.[84] Es wurde erst während der Beratungen im Ständerat als Zweitrat von der Bundesverwaltung eingebracht[85] und nur in den Kommissionen, nicht aber im Plenum der Räte diskutiert.[86] Voraussetzung für die Anwendbarkeit des KKG ist daher, dass der Leasingvertrag für den Fall der vorzeitigen Kündigung durch den Leasingnehmer, die in Anlehnung an Art. 266k S. 1 OR nach Art. 17 Abs. 3 zulässig ist, eine Klausel enthält, die den Leasinggeber ermächtigt, nachträglich die Leasingraten zu erhöhen. Eine solche Klausel war nach überwiegender Ansicht nach Art. 266k S. 2 OR als verbotene Entschädigung unzulässig,[87] ist aber nun über Art. 17 Abs. 3 für die dem KKG unterstehenden Verträge legalisiert worden.[88] Für andere Gebrauchsüberlassungsverträge bleibt dagegen Art. 266k OR anwendbar.[89]

Die gesetzgeberische Entscheidung ist fragwürdig. Da sie auf eine in der Praxis des Leasing vor allem von Autos, nicht aber von allen Konsumgütern übliche Klausel als Abgrenzungskriterium des Anwendungsbereichs des KKG abstellt, überträgt sie den Anbietern die Möglichkeit, sich mittels konkreter Vertragsgestaltung dem Gesetz zu unterwerfen oder zu entziehen. So hat sich nach Inkrafttreten des Gesetzes bereits gezeigt, dass selbst beim Autoleasing, wo die Ratenerhöhungsklausel das Risiko der Wertminderung als Folge der ersten Inbetriebnahme des Autos bei vorzeitiger Kündigung des Vertrags abdecken soll, auf Vertragsgestaltungen zurückgegriffen wird, die dieses Risiko in anderer Weise, etwa durch eine hohe Anzahlung oder eine hohe erste Rate, mindern bzw. beseitigen, mit der Folge, dass das KKG nicht anwendbar ist.

Art. 1 Abs. 2 lit. a vermag daher nicht sämtliche Formen des kreditierten Erwerbs von Konsumgütern mittels Leasing oder – allgemeiner – Gebrauchsüberlassungsverträgen zu erfassen. Da ein klarer Wille des Gesetzgebers, derartige Verträge nur dann dem KKG zu unterwerfen, wenn sie die Kriterien des lit. a erfüllen, nicht ersichtlich ist, bleibt der Weg offen, die übrigen Gebrauchsüberlassungsver-

---

[84] Zur Fragwürdigkeit dieses Kriteriums siehe STAUDER, Leasingverträge, JKR 2002, S. 88–90.
[85] AmtlBull. StR 2000, 565. Eingehende Diskussion nur in der vorbereitenden ständerätlichen Kommission, deren Beratungen nicht veröffentlicht sind.
[86] AmtlBull. StR 2000, 568; AmtlBull. NR 2000, 1441–1443.
[87] Grundlegend FAVRE-BULLE, leasing, S. 116–139, m.w.N; BSK OR I-STAUDER, Art. 226m N 26 und 41 f.; vgl. auch die Nachweise in JKR 1996, 407.
[88] SCHÖBI, Überblick, S. 11.
[89] Zu den verschiedenen Hypothesen STAUDER, Art. 266k; wohl auch BK-GIGER, Teil II, Rz. 36; anders HESS, S. 76 f.

träge mit Kreditcharakter über Art. 1 Abs. 1 als ähnliche Finanzierungshilfen zu qualifizieren.[90] Sieht man hingegen in Abs. 2 lit. a eine abschliessende Regelung zur Erfassung der Gebrauchsüberlassungsverträge im Konsumkreditrecht, bliebe jeweils zu prüfen, ob die konkrete Vertragsgestaltung nicht einen Fall der Gesetzesumgehung (Art. 2 Abs. 2 ZGB) darstellt.

b) Kredit- und Kundenkarten

Unter Kreditkarten versteht man üblicherweise Karten, die in einem Dreiparteienverhältnis von einem Dritten, der die Sach- oder Dienstleistung nicht erbringt, nämlich dem Kreditkartenherausgeber, meist einer Bank oder Kreditkartengesellschaft, herausgegeben und dem Konsumenten als Zahlungsinstrument zur Verfügung gestellt werden. Kundenkarten werden vom Verkäufer oder Dienstleistungserbringer selbst herausgegeben. In diesem Zweiparteienverhältnis soll ebenfalls in erster Linie der Zahlungsvorgang vereinfacht werden.[91] Mit derartigen Karten ist in der Regel zusätzlich ein Kredit in der Form eines Zahlungsaufschubs i.S.d. Abs. 1 verbunden, wenn die Bezahlung der mittels Karte getätigten Geschäfte erst später, meist zum Monatsende zu erfolgen hat. Nicht vom KKG erfasst werden daher die reinen Debit- und Wertkarten.[92]

Art. 1 Abs. 2 lit. b stellt nun klar, dass das KKG insbesondere dann gelten soll, wenn die Kreditfunktion gegenüber der Zahlungsfunktion vorrangig ist. Dies ist dann anzunehmen, wenn zwischen dem Kartenherausgeber und dem Konsumenten eine Kreditoption vereinbart ist, d.h. wenn dem Konsumenten vertraglich die Möglichkeit eingeräumt wird, «den Saldo einer Kredit- oder Kundenkarte in Raten zu begleichen». Rechtlich handelt es sich um die Einräumung einer Kreditlinie oder -limite, verbunden mit dem Recht für den Konsumenten, die ausstehenden Beträge innerhalb dieser Kreditgrenze in Raten zurückzuzahlen.[93]

Mit der grundsätzlichen Erfassung der Kredit- und Kundenkarten als Konsumkredite nach Art. 1 Abs. 1 (Zahlungsaufschub) und Art. 1 Abs. 2 lit. b (Kreditoption) ist noch nicht geklärt, welche dieser Karten tatsächlich dem KKG unterworfen sind. Denn Art. 7 enthält für Kredit- und Kundenkarten bedeutsame Bereichsausnahmen.[94] Erwähnt seien hier nur die mit Karten verbundenen Kredite, die zins-

---

[90] Zum Verhältnis von Abs. 1 zu Abs. 2 lit. a siehe näher STAUDER, Leasingverträge, JKR 2002, S. 90f.
[91] Botschaft KKG 1998, BBl 1999, 3174; CR CO I-FAVRE-BULLE, Art. 1 LCC N 51f.
[92] Botschaft KKG 1998, BBl 1999, 3174; CR CO I-FAVRE-BULLE, Art. 1 LCC N 57; KILGUS, JKR 2002, S. 134.
[93] So richtig KILGUS, JKR 2002, S. 130 Fn. 3; unzutreffend BK-GIGER, Teil II, Rz. 68, nach dem das KKG auf Karten mit Kreditoption nicht anwendbar ist, falls von ihr kein effektiver Gebrauch gemacht worden ist, da es dann an einer Kreditierung fehle.
[94] Eingehend hierzu KILGUS, JKR 2002, S. 137–141; CR CO I-FAVRE-BULLE, Art. 1 LCC N 59.

und gebührenfrei gewährt werden oder die in höchstens drei Monaten zurückzuzahlen sind.[95]

c) Überziehungskredit

Nach Art. 1 Abs. 2 lit. b gelten Darlehen in der Form von vertraglich vereinbarten[96] Überziehungskrediten auf laufendem Konto[97] ebenfalls als Konsumkredite, vorbehaltlich der Bereichsausnahmen des Art. 7. Gegenüber dem üblichen Barkredit[98], der unter Art. 1 Abs. 1 (Darlehen) fällt, bestehen zwei Besonderheiten: zum einen muss der Kredit über ein laufendes Konto, d.h. ein in erster Linie dem Zahlungsverkehr dienendes Girokonto abgewickelt werden;[99] zum anderen hat der Konsument das Recht, bis zur Höhe desjenigen Betrags kontomässig zu verfügen, der der vereinbarten Kreditlimite entspricht, und den Kredit in Teilbeträgen zurückzuzahlen.[100]

3. Grenzen des Anwendungsbereichs

Eine Reihe von Konsumkrediten, die nach Art. 1 in den Anwendungsbereich des Gesetzes fallen, werden in Art. 7 aus ihm wieder ausgeschlossen. Die Gründe für diese Bereichsausnahmen sind vielfältig. So wird einerseits die sich aus dem weiten, funktionalen Konsumkreditbegriff ergebende Erfassung von Geschäftsformen mit Kreditelementen dann rückgängig gemacht, wenn ein Schutzbedürfnis des Konsumenten nicht oder allenfalls in geringem Masse besteht und Massnahmen der Überschuldungsprävention nicht erforderlich erscheinen. Andererseits werden Konsumkredite von der Geltung des KKG aus Gründen der Rücksichtnahme auf Desiderata der Kreditgeber ausgenommen, obwohl die Anwendung der Schutzvorschriften nach der *ratio legis* als notwendig erscheint.

Bei den modernen Formen der Konsumkredite, die in Art. 1 Abs. 2 umschrieben werden, sieht das KKG Einschränkungen der Geltung bestimmter Sozial-

---

[95] Art. 7 Abs. 1 lit. c und f.
[96] Art. 12 Abs. 4 regelt darüber hinaus auch die so genannte stillschweigend akzeptierte Kontoüberziehung, die als Geschäftsführung ohne Auftrag zu qualifizieren ist; Nachweise unten Fn. 267.
[97] So die richtige Formulierung, wie sie in Art. 8 Abs. 2 und Art. 12 benutzt wird. Überziehungskredite mit Kreditoptionen, von denen lit. b spricht, gibt es in der Praxis nicht. Vgl. HASELBACH, S. 122 Fn. 53.
[98] Dient das laufende Konto nur der Kreditabwicklung (Kontokorrentkredit), ist Art. 1 Abs. 1 und nicht Abs. 2 lit. b anwendbar, mit der Folge, dass die Formvorschriften sich nach Art. 9 und nicht nach Art. 12 richten. So richtig HASELBACH, S. 123.
[99] Da der Kredit vor allem auf Konsumenten mit regelmässigem Einkommen zugeschnitten ist, kommen in erster Linie Salärkonten in Betracht. Vgl. HASELBACH, S. 141; CR CO I-FAVRE-BULLE, Art. 1 LCC N 62.
[100] So die Bedeutung der Kreditoption bei Überziehungskrediten. Vgl. CR CO I-FAVRE-BULLE, Art. 1 LCC N 65.

B. Anwendungsbereich

schutznormen vor (Art. 8). Sie werden mit dem Bedürfnis nach Rechtssicherheit gerechtfertigt, führen aber im Ergebnis, insoweit den Wünschen der Kreditgeberseite folgend, zu einem «KKG-light».

a) Bereichsausnahmen

aa) Gratiskredite

So genannte Gratiskredite sind vom Geltungsbereich des KKG ausgenommen. Darunter sind Kredite zu verstehen, die «zins- und gebührenfrei» gewährt werden (Art. 7 Abs. 1 lit. c). Grundsätzlich sollen also die Schutzbestimmungen nur dann Anwendung finden, wenn der Konsument für die Kapitalüberlassung auf Zeit – in welcher Rechtsform auch immer – dem Kreditgeber ein Entgelt schuldet. Ebenso wenig gilt das KKG, wenn der Konsument für den Fall der Rückzahlung des Kreditbetrags auf einmal keine Zinsen zu zahlen hat (Art. 7 Abs. 1 lit. d). Hauptanwendungsbereich dieser Bereichsausnahmen sind Kredit- und Kundenkarten, bei denen die Zahlungsfunktion überwiegt und die Gefahr einer Konsumentenüberschuldung als gering eingeschätzt wird.[101] Hingegen sieht das Gesetz keine, auch nicht partielle Bereichsausnahme für Kredite mit geringem, z.B. unter dem Marktniveau liegenden Kostenniveau vor.[102]

bb) Bagatell- und Grosskredite

Der Gesetzgeber verneint ein Sozialschutzbedürfnis bei Konsumkrediten, deren Betrag unter 500 Franken liegt[103] oder 80 000 Franken[104] übersteigt (Art. 7 Abs. 1 lit. e).[105] Bei Grosskrediten, z.B. bei Überziehungskrediten, bemisst sich die Obergrenze nach der Kreditlinie und nicht nach der effektiven Kreditinanspruchnahme.[106] Da rein zahlenmässigen Abgrenzungen etwas Willkürliches anhaftet,[107] ist die Gefahr gross, dass sich der Kreditgeber durch künstliche Gestaltung der Kreditunter- oder -obergrenzen der Geltung des KKG zu entziehen versucht.[108]

---

[101] CR CO I-FAVRE-BULLE, Art. 7 N 18 et 19.
[102] Zu denken wäre an Freundschaftsdarlehen, die i.d.R. aber bereits wegen fehlender Kreditgebereigenschaft des Darleihers nicht unter das KKG fallen, und Arbeitgeberdarlehen, bei denen es an der Gewerbsmässigkeit der Kreditgewährung fehlen dürfte (Art. 2).
[103] Die von 350 auf 500 Franken angehobene Untergrenze ist nicht eurokompatibel; vgl. Art. 2 Abs. 1 lit. f Richtlinie 87/102/EWG.
[104] Der Bundesrat hatte vorgeschlagen, auf jede zahlenmässige Obergrenze zu verzichten; vgl. Botschaft KKG 1998, BBl 1999, 3175.
[105] Nach Art. 7 Abs. 2 kann der Bundesrat die Beträge veränderten Umständen anpassen.
[106] SIMMEN, Barkredit, S. 44; HASELBACH, S. 129.
[107] STAUDER, Konsumkreditrecht, S. 678; BSK OR I-KOLLER-TUMLER, Art. 6 KKG N 10; Botschaft KKG 1998, BBl 1999, 3175.
[108] Zur Gesetzesumgehung durch Aufteilung eines einheitlichen Geschäfts in mehrere Teilgeschäfte mit Beträgen unter 500 Franken siehe CR CO I-FAVRE-BULLE, Art. 7 LCC N 23 (zur vergleichbaren Problematik nach aufgehobenem Abzahlungsrecht vgl. BSK OR

cc) Kurzfristige Kredite

In Übereinstimmung mit dem KKG 1993[109] gilt eine Bereichsausnahme für so genannte kurzfristige Kredite. Darunter sind Konsumkredite zu verstehen, die entweder innerhalb von drei Monaten[110] oder in maximal 12 Monaten in nicht mehr als vier Raten[111] zurückzuzahlen sind (Art. 7 Abs. 1 lit. f).[112]

dd) Grundpfandgesicherte Kredite

Die Anwendbarkeit des Konsumkreditrechts auf Immobiliarkredite wurde mit dem KKG 2001 neu geregelt. Vom Geltungsbereich sind nur noch die grundpfandgesicherten Kredite ausgeschlossen (Art. 7 Abs. 1 lit. a). Hierbei ist es unerheblich, ob die Sicherung mit Grundpfandverschreibung, Schuldbrief oder Gült (Art. 824ff., 842ff. ZGB) direkt oder indirekt erfolgt, d.h. es reicht aus, wenn dem Kreditgeber am Schuldbrief ein Faustpfand oder fiduziarisches Eigentum[113] zusteht. Allerdings ist erforderlich, dass die Sicherung im Zeitpunkt des Vertragsschlusses effektiv, d.h. werthaftig besteht, mithin geeignet ist, den gewährten Konsumkredit tatsächlich zu sichern.[114] Im Regelfall werden Immobiliarkredite angesichts der üblichen Grundpfandsicherung ausserhalb des KKG bleiben.[115] Hingegen ist das neue Konsumkreditrecht auf den Erwerb von Grundstücken oder auf die Renovation von Gebäuden anwendbar, sofern die hierfür gewährten Kredite nicht grundpfandgesichert sind.

ee) Durch Sicherheiten gedeckte Kredite

Wie bereits das KKG 1993 enthält auch das neue KKG die von Bankenseite gewünschte, allerdings nicht eurokompatible Bereichsausnahme von Konsumkrediten, «die durch hinterlegte banküblich Sicherheiten gedeckt sind» (Art. 7 Abs. 1 lit. b). Gemeint sind Wertschriften-Lombardkredite, bei denen ein Schutzbedürfnis des Konsumenten verneint wird. Nach der Lehre ist angesichts der Unklarhei-

---

I-STAUDER, Art. 226m N 104f.). Zur Umgehung durch Festlegung einer über der Obergrenze liegenden Kreditlimite, für die es aller Voraussicht nach keinen rechtfertigenden Anhaltspunkt gibt, siehe KOLLER-TUMLER, Einführung, JKR 2002, S. 28.

[109] Art. 6 Abs. 1 lit. g KKG 1993.
[110] In erster Linie handelt es sich um die Kredit- und Kundenkarten ohne Kreditoption, bei denen die Zahlung der Rechnung regelmässig ein Mal pro Monat zu erfolgen hat.
[111] Wobei eine allfällige Anzahlung als Rate mitzuzählen ist.
[112] Einzelheiten und Hinweise zur Gesetzesumgehung bei CR CO I-FAVRE-BULLE, Art. 7 LCC N 31 und 32; RONCORONI, Flucht, Rz. 18f.
[113] SCHÖBI, Grundpfandgesicherte Kredite, JKR 2002, S. 162.
[114] Grundlegend SCHÖBI, Grundpfandgesicherte Kredite, JKR 2002, S. 162ff.; gegen die Zulässigkeit einer so genannten Schwanzhypothek ebenfalls KOLLER-TUMLER, Einführung, JKR 2002, S. 27; SIMMEN, Barkredit, S. 43.
[115] Zu den Folgen der ausnahmsweisen Geltung des KKG siehe eingehend SCHÖBI, Grundpfandgesicherte Kredite, JKR 2002, S. 166ff.

B. Anwendungsbereich

ten, was unter «banküblichen» Sicherheiten zu verstehen ist,[116] diese Bereichsausnahme auf den Fall der Lombardkredite zu beschränken, die aufgrund ausdrücklicher Pfandvereinbarung zustande gekommen sind. Eine Pfandklausel in AGB reicht hierfür nicht aus.[117]

Um diese Begrenzung zu neutralisieren, wurde die Bereichsausnahme ergänzt durch den Fall, dass die Kredite «durch ausreichende Vermögenswerte, welche der Konsument beim Kreditgeber hält»,[118] gedeckt sind (Art. 7 Abs. 1 lit. b).[119] Damit wird der Anwendungsbereich des KKG in nicht eurokompatibler Weise weiter eingeschränkt. In Betracht kommen Vermögenswerte des Konsumenten im Besitz des Kreditgebers,[120] sofern ihre Verwertbarkeit, beurteilt im Zeitpunkt des Vertragsschlusses, die vollständige Sicherung des Kredits zu gewährleisten geeignet ist.[121] Daran dürfte es zumindest bei Vermögenswerten fehlen, die im Banksafe hinterlegt sind.[122]

ff) Dienstleistungen von Versorgungsbetrieben

Werden Leistungen von privaten oder öffentlichen Versorgungsbetrieben (Lieferung von Gas, Wasser, Elektrizität, usw.) oder von sonstigen Dienstleistern (z.B. Versicherungen, Transport, Unterrichtskurse) kontinuierlich erbracht und ist der Konsument berechtigt, diese Leistungen in Teilzahlungen zu vergüten, liegt in aller Regel kein Kredit vor. Art. 7 Abs. 1 lit. g nimmt daher, in Übereinstimmung mit Art. 1 Abs. 2 lit. c Richtlinie 87/102/EWG, derartige Verträge vom Anwendungsbereich des KKG aus.[123] Fehlt es aber an der Gleichzeitigkeit des Austauschs von Leistung und Gegenleistung, weil der Konsument Zahlungen nach Erbringung der ihm geschuldeten Leistung zu tätigen hat, kommt, vorbehaltlich des Eingreifens sonstiger Bereichsausnahmen nach Art. 7 Abs. 1, die Anwendbarkeit des KKG in Betracht.[124]

---

[116] Nicht dazu gehört jedenfalls die Lohnzession, da diese bei Kreditgeschäften verboten ist (Art. 325 OR).
[117] STAUDER, Konsumkreditrecht, S. 678 f.; BSK OR I-KOLLER-TUMLER, Art. 6 KKG N 3; HAUSHEER, S. 66; CR CO I-FAVRE-BULLE, Art. 7 LCC N 11–13; HASELBACH, S. 127.
[118] Massgeblich ist der Zeitpunkt des Vertragsschlusses. Wird die vorhandene Deckung kurz nach Abschluss des Kreditvertrages ganz oder teilweise abgezogen, ist sie nicht mehr «ausreichend». Es liegt der Verdacht einer Gesetzesumgebung (Art. 2 Abs. 2 ZGB) nahe.
[119] Die Initiative hierfür ging vom Parlament aus; vgl. AmtlBull. NR 1999, 1866–1890; StR 2000, 569.
[120] Vor allem Sachwerte, Wertpapiere, Kontoguthaben. Weitere Hinweise bei HASELBACH, S. 128 Fn. 81.
[121] KOLLER-TUMLER, Einführung, JKR 2002, S. 27 f.; SIMMEN, Barkredit, S. 44.
[122] Insoweit ebenfalls einschränkend KOLLER-TUMLER, Einführung, JKR 2002, S. 27 f.; ohne Differenzierung SIMMEN, Barkredit, S. 44, und CR CO I-FAVRE-BULLE, Art. 7 LCC N 15.
[123] BSK OR I-KOLLER-TUMLER, Art. 6 KKG N 12; CR CO I-FAVRE-BULLE, Art. 7 LCC N 34 f.
[124] CR CO I-FAVRE-BULLE, Art. 7 LCC N 35.

b) Eingeschränkte Anwendung des KKG

Bestimmte Konsumkreditverträge unterliegen nicht allen Vorschriften des KKG. Aus Gründen der Rechtssicherheit nennt Art. 8 die auf die modernen, in Art. 1 Abs. 2 umschriebenen Formen des Konsumkredits geltenden Bestimmungen.

aa) Leasing

Art. 8 Abs. 1 enthält einen Verweis auf die Bestimmungen des KKG, die auch auf Leasingverträge i.S.v. Art. 1 Abs. 2 lit. a anwendbar sind, sowie auf solche Vorschriften des KKG, die den Besonderheiten der Leasingverträge Rechnung tragen sollen und daher nur für diese gelten. Mit Recht kann man daher von einem Leasinggesetz im KKG[125] sprechen.

Art. 8 Abs. 1 enthält jedoch offensichtlich Lücken, die als Redaktionsfehler korrigiert werden müssen. So gelten auf Leasingverträge auch die Bestimmungen zu den Begriffen und zum Anwendungsbereich (Art. 1–7), zum Zweck der Kreditfähigkeitsprüfung (Art. 22), zur Bewilligungspflicht der Kreditvermittler (Art. 39–40) und zur Anwendbarkeit des UWG auf die Leasingwerbung (Art. 36).[126]

bb) Kredit- und Kundenkarten; Überziehungskredite

Entsprechendes gilt für die von Art. 1 Abs. 2 lit. b als Konsumkreditverträge erfassten Kredit- und Kundenkarten mit Kreditoption und Überziehungskredite auf laufendem Konto. Art. 8 Abs. 2 nennt die auf sie anwendbaren Vorschriften des KKG, enthält jedoch wie Abs. 1 Lücken, die gefüllt werden müssen (Anwendbarkeit der nicht genannten Art. 1–7, 22–24, 39–40 und 36).

III. «Annexe» Verträge

Unter Konsumentenschutzgesichtspunkten hätte es nahegelegen, im neuen Konsumkreditrecht auch die Probleme zu regeln, die sich aus Verträgen ergeben, die anlässlich oder im Umfeld von Konsumkreditverträgen geschlossen werden. Das KKG tut dies nur teilweise und fragmentarisch.

1. Kreditvermittlung

Erstmals enthält mit dem KKG ein Bundesgesetz spezifische und abschliessende[127] Vorschriften des öffentlichen und des Privatrechts zur Vermittlung von Kon-

---

[125] CR CO I-Favre-Bulle, Art. 8 LCC N 2 («loi dans la loi»).
[126] CR CO I-Favre-Bulle, Art. 8 LCC N 6; Stauder, Leasingverträge, JKR 2002, S. 94; Lupi Thomann, S. 143 f.; Müntener, S. 32.
[127] Art. 38, vorbehaltlich des Verweises auf kantonales Recht in Art. 39 und 40.

B. Anwendungsbereich

sumkrediten.[128] Sie greifen ein, wenn eine Kreditvermittlung i.S.v. Art. 4 vorliegt, d.h. wenn eine natürliche oder juristische Person gewerbsmässig Konsumkreditverträge vermittelt. Das erst vom Parlament eingeführte restriktive Kriterium der Gewerbsmässigkeit ist in gleicher Weise wie beim Begriff des Kreditgebers auszulegen.[129] Von Gewerbsmässigkeit der Kreditvermittlung ist daher dann auszugehen, wenn eine Person regelmässig gegen Entgelt Konsumkredite[130] vermittelt. Auch hier kann es nicht darauf ankommen, ob es sich bei dieser Vermittlungstätigkeit um die Haupttätigkeit oder eine nicht unerhebliche Nebentätigkeit handelt[131] und ob sie im Einzelfall als Mäkler- (Art. 412 OR) oder als Agenturvertrag (Art. 418a OR) zu qualifizieren ist.[132]

Der Gesetzgeber scheint davon auszugehen, dass bei der Kreditvermittlung vertragliche Beziehungen nur zwischen gewerbsmässig handelnden Kreditgebern und Kreditvermittlern bestehen, mit der Folge, dass die Vergütung für die Kreditvermittlung nur vom Kreditgeber, nicht aber vom Konsumenten geschuldet ist (Art. 35 Abs. 1). Voraussetzung für einen Anspruch des Kreditvermittlers gegen den Kreditgeber ist daher eine zwischen ihnen bestehende dahingehende vertragliche Vereinbarung. Daraus folgt, wie Art. 35 Abs. 2 klarstellt, dass die Kosten der Kreditvermittlung in die Gesamtkosten des Kredits und damit auch in den effektiven Jahreszins (Art. 6) eingehen (Art. 5 und 34 Abs. 1) und dem Konsumenten nicht gesondert in Rechnung gestellt werden dürfen. Dennoch liegt im Verhältnis zwischen Konsument und Kreditvermittler ebenfalls ein Vertrag vor, nämlich ein unentgeltlicher Auftrag, der die Grundlage für Sorgfaltspflichten des Kreditvermittlers (Art. 398 OR) bei seiner Tätigkeit für den Konsumenten darstellt.[133]

Art. 39 Abs. 1 unterwirft die Kreditvermittler i.S.d. Art. 4 grundsätzlich einer kantonalen Bewilligungspflicht. Ausgenommen sind nur Vermittler, die dem Bankengesetz unterstehen (Art. 39 Abs. 3 lit. a), sowie diejenigen, die Konsumkredite zur Finanzierung des Erwerbs ihrer eigenen Waren oder Dienstleistungen vermitteln (Art. 39 Abs. 3 lit. b). Hierzu dürften etwa Autoverkäufer zählen,[134] die mit Kleinkreditbanken oder Leasinggesellschaften zusammenarbeiten.[135] Das Verfahren der Bewilligung richtet sich nach kantonalem Recht (Art. 39 Abs. 2); die Be-

---

[128] Zum zuvor geltenden kantonalen Recht, siehe die Übersicht in Botschaft KKG 1998, BBl 1999, 3163f., sowie KOLLER-TUMLER, Konsumkreditvermittlung, JKR 1997, S. 89ff.
[129] CR CO I-FAVRE-BULLE, Art. 4 LCC N 3.
[130] I.S.d. Anwendungsbereichs des KKG.
[131] Oben S. 232
[132] Auf eine Regelung des Verhältnisses Kreditgeber – Kreditvermittler hat der Gesetzgeber bewusst verzichtet, vgl. Botschaft KKG 1998, BBl 1999, 3188.
[133] BRUNNER, KKG, Rz. 33.
[134] Voraussetzung ist allerdings, dass sie «gewerbsmässig» i.S.d. Art. 4 handeln. Die blosse Bekanntgabe der Adresse eines möglichen Kreditgebers reicht nicht aus; siehe Botschaft KKG 1998, BBl 1999, 3174.
[135] Beispiel bei KOLLER-TUMLER, Einführung, JKR 2002, S. 21.

willigungsvoraussetzungen sind dagegen bundeseinheitlich geregelt (Art. 40 und Art. 4–8*a* VKKG).

2. Sicherungsverträge

Verträge zur Sicherung der Rückzahlung des Kredits (Bürgschaften, Garantieverträge, Vereinbarung einer solidarischen Haftung), deren Abschluss häufig von Kreditgebern zur Voraussetzung für die Gewährung eines Konsumkredits gemacht wird, fallen nicht in den Anwendungsbereich des KKG, obwohl auf Seiten des Sicherungsgebers (meist Familienangehörige oder Freunde des Konsumenten) im Falle der Inanspruchnahme durch den Kreditgeber die Gefahr der Überschuldung besteht. Der bundesrätliche Entwurf sah zwar ein Verbot vor, dass sich Ehegatten für einen Konsumkredit solidarisch verpflichten können,[136] wobei allerdings auf ein Verbot von Bürgschaften und Garantieverträgen verzichtet wurde.[137] Auf diese wenn auch nur partielle Schutzmassnahme wurde jedoch im Parlament unter Hinweis auf die Vertragsfreiheit und die Bürgenschutzbestimmungen des OR verzichtet.

Der Schutz des Sicherungsgebers richtet sich daher in erster Linie nach den allgemeinen vertragsrechtlichen Vorschriften.[138] Das KKG hilft nur indirekt und punktuell. So dürfen bei der Prüfung der Kreditfähigkeit des Konsumenten allfällige persönliche Sicherheiten, ob in der Form einer solidarischen Verpflichtung, einer Bürgschaft oder einer Garantieerklärung, nicht berücksichtigt werden (Art. 28 Abs. 2, 29 Abs. 2, 30 Abs. 1). Folglich darf ein Konsumkredit nur gewährt werden, wenn der Konsument allein nach seiner Einkommens- oder Vermögenslage in der Lage sein wird, seinen aus dem Kredit erwachsenen Verpflichtungen vertragsgemäss nachzukommen. Ausserdem führen die Nichtigkeit des Kreditvertrags (Art. 15) oder die Ausübung des Widerrufsrechts durch den Konsumenten nach Art. 16 bei akzessorischen Sicherungen, vor allem bei Bürgschaften, zum Wegfall der Verpflichtung auch des Sicherungsgebers.[139] Die bei Verletzung der Vorschriften zur Kreditfähigkeitsprüfung angeordnete Rechtsfolge des vollständigen oder teilweisen Rechtsverlusts der Ansprüche des Kreditgebers (Art. 32) kommt wegen des Akzessorietätsprinzips auch dem Sicherungsgeber zugute.[140]

---

[136] Art. 10a Abs. 1 S. 3 E-KKG 1998.
[137] Botschaft KKG 1998, BBl 1999, 3177f.
[138] Hierzu eingehend BELSER, JKR 2002, S. 203–234, speziell S. 222–232.
[139] BELSER, JKR 2002, S. 212–214.
[140] BELSER, JKR 2002, S. 214f.

B. Anwendungsbereich

3. Schuldenregulierungsverträge

Mehrfach- und Kettenverschuldungen werden angesichts der Vielzahl der einem Konsumenten zur Verfügung stehenden Konsumkreditformen und einer die Konsequenzen einer Kreditaufnahme verschweigenden Marketingpraxis auch in Zukunft ein nicht nur marginales Phänomen sein. Bei erheblicher Überschuldung kann nur eine Schuldensanierung helfen. Der Gesetzgeber hat es abgelehnt, die mit der Schuldenregulierung verbundenen Probleme, deren Existenz er durchaus anerkennt, im KKG zu regeln.[141]

In der Praxis wichtig ist die vor allem von sozialen, gemeindlichen oder kantonalen Schuldenberatungsstellen oder Konsumentenorganisationen angebotene Hilfe, dem Konsumenten bei seinen Verhandlungen mit dem Kreditgeber beizustehen. Diese nicht profitorientierte Tätigkeit wirft keine Probleme im Zusammenhang mit dem KKG auf.[142]

In eingeschränktem Masse kann die Schuldensanierung auch das Ergebnis eines gerichtlichen Verfahrens sein. In Betracht kommt insbesondere das gerichtlich beaufsichtigte Verfahren der einvernehmlichen privaten Schuldenbereinigung nach Art. 333–336 SchKG.[143] Der mit den Gläubigern geschlossene Schuldenbereinigungsvertrag kann Stundungs- oder Abzahlungsvereinbarungen und/oder einen (teilweisen) Erlass von Kreditforderungen vorsehen. Voraussetzung ist allerdings die Zustimmung sämtlicher Gläubiger. Hingegen sind mit dem Konkursverfahren (Art. 191 SchKG) keine derartigen Hilfsmassnahmen zugunsten des Kreditschuldners verbunden.

Sozialschutzprobleme wirft aber vor allem die kommerzielle, d.h. die profitorientierte Schuldenbereinigung auf. Während in der Werbung der Eindruck erweckt wird, der Schuldenbereiniger übernehme die Schulden gegenüber den Kreditgebern und der Konsument werde folglich in Zukunft nur noch Zahlungsverpflichtungen ihm gegenüber haben, funktioniert er in Wirklichkeit letztlich bloss als Zahlstelle im Verhältnis zwischen dem Konsumenten und den Kreditgebern. Seine Tätigkeit hat im Regelfall nicht eine Schuldentilgung, sondern im Gegenteil angesichts der vom Schuldenbereiniger geltend gemachten Gebühren und Kosten eine Erhöhung der Schulden zur Folge.[144] Das KKG ist auf diese Problematik nur in dem in der Praxis eher seltenen Fall anwendbar, dass der Schuldenbereiniger tatsächlich eine Schuldübernahme in dem Sinne vereinbart, dass der Konsument

---

[141] Botschaft KKG 1998, BBl 1999, 3169, da der richtige Ort für eine Regelung das SchKG sei.
[142] Hinweise zur Praxis bei HUNKELER, JKR 2002, S. 187–191. Nach Art. 24 Abs. 2 können Institutionen der Schuldensanierung, die vom Kanton unterstützt werden, Zugang zu den Daten der IKO haben, wenn der Konsument zustimmt.
[143] Hierzu HUNKELER, JKR 2002, S. 184–187. Zur Praxis siehe UHLMANN FELIX, Private Schuldenbereinigung nach Art. 333 ff. SchKG, in Brunner Alexander/Rehbinder Manfred/Stauder Bernd (Hrsg.), JKR 2000, Bern 2000, S. 237–254.
[144] Zur Praxis und rechtlichen Einordnung siehe HUNKELER, JKR 2002, S. 191–199.

von seinen Verbindlichkeiten gegenüber seinen Kreditgebern frei wird und nur noch dem Schuldenbereiniger gegenüber verpflichtet ist. Eine solche Vereinbarung ist als Abschluss eines Konsumkreditvertrags i.S.d. KKG zu qualifizieren, so dass der Schuldenbereiniger eine Kreditfähigkeitsprüfung durchzuführen und die Formerfordernisse des Gesetzes zu beachten hat.[145] Bei den in der Praxis üblichen Gestaltungen der Schuldenbereinigung, in der der Schuldenbereiniger im Wesentlichen nur als Zahlstelle fungiert, gilt das KKG nicht.[146]

Ob die Schutzlücke durch den Gesetzgeber geschlossen wird, erscheint vorläufig eher unwahrscheinlich, obwohl der Bundesrat einen dahingehenden Vorschlag bereits im Entwurf des KKG 1978[147] vorgelegt hatte. Dieser sah vor, dass der Konsument dem Schuldenbereiniger nur dann für seine Tätigkeit eine Vergütung schuldet, wenn sich der Kreditgläubiger mit der Schuldensanierung einverstanden erklärt hat, wenn mithin die Tätigkeit des Schuldenbereinigers zu einem Erfolg für den Konsumenten geführt hat.[148]

C. System der Überschuldungsprävention

Die Bestimmungen zur Überschuldungsprävention bilden den «Kern» des neuen Konsumkreditrechts.[149] Sie beruhen auf der Feststellung, dass eine Überschuldung, deren Ursache zwar nicht stets, aber doch oft (auch) ein Konsumkredit ist, für den Konsumenten zu einer ausweglosen Situation führen kann, die sich in der Praxis gleichzeitig auf seine Familie sowie den Staat auswirkt.[150] Das KKG versucht diesen Gefahren durch präventive Massnahmen vorzubeugen. In Anlehnung an kantonale, sozialpolitisch motivierte Vorschriften[151], deren Verfassungsmässigkeit das Bundesgericht bestätigt hatte,[152] und unter Berücksichtigung von Empfehlungen der Eidgenössischen Kommission für Konsumentenfragen[153] wird insbesondere eine gesetzliche Pflicht zu Lasten des Kreditgebers eingeführt, die Kreditfähigkeit des Konsumenten zu prüfen (Art. 22–32). Ist nach den gesetzlichen

---

[145] Ebenso HUNKELER, JKR 2002, S. 193.
[146] HUNKELER, JKR 2002, S. 198f., der auf die mögliche Anwendbarkeit des UWG, der PBV und des StGB verweist.
[147] Botschaft KKG 1978, BBl 1978 II 609f., 640 (Schlussbestimmungen, Art. 1).
[148] Vgl. den ähnlichen Gesetzesvorschlag von HUNKELER, JKR 2002, S. 199f.
[149] Botschaft KKG 1998, BBl 1999, 3180 sowie 3156: «Zentrum der Vorlage».
[150] Botschaft KKG 1998, BBl 1999, 3168.
[151] Hierzu oben S. 226.
[152] Nachweise oben S. 226 Fn. 17.
[153] Anregungen und Empfehlungen der EKK vom 18.7.1995 für eine Neuordnung des Konsumkreditrechts, veröffentlicht in JKR 1996, S. 621–625 (deutsch) und S. 625–630 (französisch). Vgl. Botschaft KKG 1998, BBl 1999, 3169.

C. System der Überschuldungsprävention

Kriterien seine Kreditfähigkeit zu verneinen, darf der Kreditgeber ihm keinen Konsumkredit gewähren.[154]

I. Grundlagen und Grenzen des präventiven Ansatzes

Grundlage für den Gesetzgeber, die Kreditfähigkeitsprüfung zu regeln, war seine Einschätzung, dass die von der Kreditgeberseite aus wirtschaftlichem Eigeninteresse an der Vermeidung vorhersehbarer Verluste praktizierte Prüfung der Kreditfähigkeit des Konsumenten sich ausschliesslich an Kriterien der betriebwirtschaftlichen Rentabilität orientierte.[155] Die mindestens ebenso wichtige sozialpolitische Dimension der Konsumkreditgewährung, deren Bedeutung auch das Bundesgericht hervorgehoben hatte,[156] blieb praktisch ausgeklammert.[157] Daher bezweckt die Kreditfähigkeitsprüfung, wie es Art. 22 programmatisch formuliert, «die Vermeidung einer Überschuldung des Konsumenten infolge eines Konsumkreditvertrags».

Leitbild des Gesetzgebers ist nicht mehr, wie noch im KKG 1993, der auf der Grundlage objektiver Information rational entscheidende Konsument, sondern die Person, die – auch durch Marketing beeinflusst, eventuell manipuliert – in Verkennung ihrer finanziellen Situation der Versuchung erliegt, echte oder vermeintliche Bedürfnisse oder Wünsche auf dem Kreditwege zu befriedigen.[158] Der Schutz dieses wirtschaftlich und sozial eher schwachen, leicht verwundbaren Kreditnehmers und nicht des dem Idealtypus nachlebenden, eigenverantwortlich handelnden Konsumenten,[159] mithin sozialpolitische Motive, rechtfertigen die mit der gesetzlichen Kreditfähigkeitsprüfung verbundene Einschränkung der Vertragsfreiheit und damit der Geschäftspolitik des Kreditgebers.[160]

Der Kreditgeber hat auf der Grundlage der augenblicklichen[161] finanziellen Situation[162] des Konsumenten in jedem einzelnen Fall die Kreditfähigkeit des Kreditnehmers, d.h. seine Fähigkeit zu prüfen, den im Konsumkreditvertrag eingegangenen Verpflichtungen, also vor allem den Rückzahlungsverpflichtungen, nachzukommen. Sind die gesetzlich festgelegten Kriterien der Kreditfähigkeit nicht erfüllt, hat die Kreditgewährung zu unterbleiben. Im gegenteiligen Fall darf der Kre-

---

154 So ausdrücklich Art. 3 lit. n UWG.
155 Botschaft KKG 1998, BBl 1999, 3167f.
156 BGE 120 Ia 286, 294; 120 Ia 299, 306.
157 Botschaft KKG 1998, BBl 1999, 3167f.
158 Botschaft KKG 1998, BBl 1999, 3165. Siehe auch BRUNNER/REHBINDER/STAUDER, Privatautonomie, JKR 1997, S. 3–24.
159 BRUNNER/REHBINDER/STAUDER, Privatautonomie, JKR 1997, S. 6–8.
160 Botschaft KKG 1998, BBl 1999, 3167.
161 Vorhersehbare Änderungen sind ebenfalls zu berücksichtigen.
162 Zur notwendigen Differenzierung nach den Arten des Konsumkredits, siehe unten S. 251.

ditgeber den Kredit zur Verfügung stellen, bleibt aber frei, dies nicht zu tun, etwa weil der Kreditnehmer nicht dem Profil entspricht, das der Kreditgeber im Rahmen seiner Geschäftspolitik festgelegt hat, m.a.W. wenn ihm trotz der Kreditfähigkeit die Kreditwürdigkeit fehlt.[163]

Die Überschuldungsprävention ist grundsätzlich geeignet, positive Wirkungen zu zeitigen.[164] Der präventive Ansatz des KKG muss jedoch dann versagen, wenn der Kredit an einen kreditfähigen Konsumenten gewährt wurde und sich dessen finanzielle Situation nachträglich durch den Eintritt unvorhersehbarer Ereignisse verschlechtert.[165] Hier bedürfte es spezifischer Schuldnerschutzvorschriften, die das KKG jedoch nur in unzureichender Weise vorsieht (Art. 18). Insbesondere wurde ausdrücklich abgelehnt, in das Gesetz eine richterliche Kompetenz aufzunehmen, geeignete Massnahmen wie etwa Zinsreduktionen oder Laufzeiterstreckungen anzuordnen.[166] So bleiben nur die über das Konsumkreditrecht hinausgehenden allgemeinen betreibungsrechtlichen Vorschriften zur einvernehmlichen privaten Schuldenbereinigung (Art. 333–336 SchKG) und das auch Konsumenten offenstehende Konkursverfahren (Art. 191 SchKG), deren Effizienz allerdings beschränkt ist.[167]

II. Kreditfähigkeitsprüfung

1. Unterstellte Kredite

Eine wirksame Prävention würde voraussetzen, dass der Kreditgeber bei jedem anvisierten Konsumkredit eine Kreditfähigkeitsprüfung durchführen muss. Der Anwendungsbereich des präventiven Ansatzes ist jedoch enger: Nur diejenigen Konsumkreditverträge unterliegen der Prüfungspflicht, die vom Anwendungs-

---

[163] STAUDER, prévention, S. 134–136.
[164] Vorbehaltlich der Grenzen, die sich aus dem KKG selbst ergeben. Dazu STAUDER, prévention, S. 142–143, und unten S. 286.
[165] Botschaft KKG 1998, BBl 1999, 3168; SCHMID, JKR 2002, S. 75f.; STAUDER, prévention, S. 143.
[166] Botschaft KKG 1998, BBl 1999, 3169, in Ablehnung eines an Art. 226k aOR orientierten Vorschlags der EKK, JKR 1996, S. 624f.
[167] GASSER DOMINIK, Schuldenbereinigung und Konkurs – Wege der Sanierung von Konsumenten, in Brunner Alexander/Rehbinder Manfred/Stauder Bernd (Hrsg.), JKR 1997, Bern 1997, S. 117–130; DALLÈVES LOUIS, Règlement amiable ou judiciaire des dettes selon la LP révisée, AJP 1995, S. 1564–1570; GILLIÉRON PIERRE-ROBERT, Voies et moyens pour remédier au surendettement des particuliers, in Foëx Bénédict/Thévenoz Luc (Hrsg.), Insolvence, désendettement et redressement, Basel/Genf/München 2000, S. 129–144; BRUNNER ALEXANDER, Art. 191, Art. 333–336, in Staehelin Adrian/Bauer Thomas/Staehelin Daniel (Hrsg.), Kommentar zum Bundesgesetz über Schuldbetreibung und Konkurs, Basel 1998, S. 1837–1841, 2973–2998.

bereich des KKG¹⁶⁸ erfasst werden. Dazu gehören gemäss Art. 1 Abs. 1 die Konsumkredite in der Form eines Darlehens (insbesondere Abzahlungsdarlehen, ob zweckgebunden oder nicht, einschliesslich der Kleinkredite, Überziehungskredite auf laufendem Konto), eines Zahlungsaufschubs (Abzahlungsgeschäfte über Sachen oder Dienstleistungen, Kredit- und Kundenkarten) sowie einer ähnlichen Finanzierungshilfe (insbesondere Gebrauchsüberlassungsverträge, einschliesslich bestimmter Leasingverträge¹⁶⁹), ausserdem Konsumgüterleasingverträge mit retroaktiver Ratenerhöhungsklausel (Art. 1 Abs. 2 lit. a) und Kredit- und Kundenkarten mit Kreditoption (Art. 1 Abs. 2 lit. b). Der Kreditfähigkeitsprüfung nicht unterworfen sind dagegen all die Konsumkredite, für die das KKG Bereichsausnahmen vorgesehen hat (Art. 7), vor allem auch die Hypothekarkredite.¹⁷⁰ Die Ankoppelung des Geltungsbereichs der Kreditfähigkeitsprüfung an den des KKG bewirkt mithin eine nicht unerhebliche Einschränkung der Wirksamkeit des präventiven Ansatzes zur Vermeidung der Konsumentenüberschuldung.

2. Prüfungskriterien

a) Grundlagen

Der Konsument soll nur dann einen Konsumkredit aufnehmen dürfen, wenn er voraussichtlich in der Lage sein wird, diesen zurückzuzahlen. Denn nur dann gilt er als kreditfähig. Um eine objektive Prüfung der Kreditfähigkeit zu gewährleisten, werden im KKG hierzu Kriterien zwingend festgelegt (Art. 28–30). Mit dem Bezug auf die Einkommens- bzw. Vermögensverhältnisse des Konsumenten entsprechen sie zwar grundsätzlich der betriebswirtschaftlichen Rationalität, auf die bereits die bisherige Praxis der Kreditgeber abstellte. Jedoch werden diese wirtschaftlichen Kriterien durch weitere ergänzt, in denen insbesondere der sozialpolitischen Dimension der Überschuldungsproblematik (Auswirkungen der Überschuldung auf den Konsumenten selbst, seine Familie und den Staat) Rechnung getragen werden soll.¹⁷¹ Daraus ergibt sich, dass die Prüfung vor Vertragsschluss (Art. 28 Abs. 1, 29 Abs. 1, 30 Abs. 1) zu erfolgen hat und die konkreten¹⁷² wirtschaftlichen Verhältnisse des Konsumenten zu berücksichtigen sind.¹⁷³ Damit sind

---

168 Dazu eingehend oben S. 231 ff.
169 Streitig, Näheres oben S. 231 f.
170 Ausgeschlossen sind auch die Kredite an Nichtkonsumenten (Unternehmen, freie Berufe, Landwirte) sowie Kredite unter Privaten.
171 SCHMID, JKR 2002, S. 56.
172 Damit wird ausdrücklich auf starre, abstrakt formulierte Kriterien wie das Verbot von Mehrfachkrediten und Laufzeitbeschränkungen verzichtet, wie sie noch im Entwurf eines KKG 1978 vorgesehen waren, siehe Botschaft KKG 1998, BBl 1999, 3167, und AmtlBull. NR 1999, 1919 f.
173 Botschaft KKG 1998, BBl 1999, 3167, 3180; STAUDER, prévention, S. 117; SCHMID, JKR 2002, S. 56.

rein mathematische oder auf Wahrscheinlichkeits- oder Erfahrungswerten beruhende Verfahren zur Erstellung einer Risikoprognose, wie etwa das so genannte *credit scoring*, bei der Kreditfähigkeitsprüfung ausgeschlossen. Sie dürfen jedoch bei der anschliessenden Kreditwürdigkeitsprüfung kreditfähiger Konsumenten eingesetzt werden.[174]

Geht man davon aus, dass alle Formen des Konsumkredits, unbeachtlich ihrer juristischen Einkleidung, funktional gleichwertig sind, erlauben sie es doch dem Konsumenten auf Kredit zu erwerben, müssten einheitliche Kriterien der Kreditfähigkeit gelten. Solche hatte der Entwurf noch vorgesehen.[175] Das KKG unterscheidet hingegen nach der Art der gewährten Konsumkredite. Für die Kredite nach Art. 1 Abs. 1 gelten die allgemeinen Kriterien des Art. 28 (Grundmodell), die die sozialpolitische Problematik einbeziehen; für Leasingverträge sowie Kredit- und Kundenkarten mit Kreditoption und Überziehungskredite auf laufendem Konto (Art. 1 Abs. 2) sieht das Gesetz hingegen spezifische, den Wünschen der Kreditgeberseite stark entgegenkommende Kriterien vor (Art. 29 und 30).

b) Grundmodell

Das Grundmodell beruht auf folgenden Grundsätzen: (1) Nach Art. 28 Abs. 2 muss der Konsument in der Lage sein, den Kredit aus seinem Einkommen zurückzuzahlen (betriebswirtschaftliches Kriterium), wobei sein Vermögen nicht berücksichtigt werden darf (sozialpolitisches Kriterium).[176] (2) Das Einkommen darf nur insoweit zur Rückzahlung des Kredits herangezogen werden, als dem Konsumenten ein Existenzminimum verbleibt[177] (Art. 28 Abs. 2 und 3, sozialpolitisches Kriterium). (3) Um eine zu langfristige Verschuldung zu verhindern, ist die Rückzahlungsfähigkeit des Konsumenten auf der Grundlage einer fiktiven Amortisationsdauer von 36 Monaten zu kalkulieren (Art. 28 Abs. 4, sozialpolitisches Kriterium).

---

[174] STAUDER, prévention, S. 114.
[175] Art. 15c; allerdings sollte den Besonderheiten der Kredit- und Kundenkarten sowie der Überziehungskredite auf laufendem Konto Rechnung getragen werden (Art. 15d).
[176] Botschaft KKG 1998, BBl 1999, 3182. Der Satz im bundesrätlichen Entwurf (Art. 15 Abs. 2 S. 2), das Vermögen (sowie die Erträge aus Vermögen) werde bei der Beurteilung der Kreditfähigkeit nicht berücksichtigt, wurde während der parlamentarischen Beratungen zwar gestrichen. Damit war aber, nach Auffassung der ganz überwiegenden Lehre (siehe SCHMID, JKR 2002, S. 57f.; STAUDER, prévention, S. 118f.; CR CO I-FAVRE-BULLE, Art. 28 LCC N 3), keine sachliche Änderung verbunden. Anders nur SIMMEN, Barkredit, S. 52f., und BK-GIGER, Teil II, Rz. 288ff. Vgl. auch Art. 7 Abs. 1 lit. b, der für Konsumkredite eine Bereichsausnahme von der Geltung des KKG vorsieht, sofern der Konsument für diese eine Sicherheit aus seinem Vermögen stellen kann.
[177] Art. 12 BV (Recht auf Existenzsicherung). Siehe auch BGE 122 I 101, 104, sowie SCHMID, JKR 2002, S. 56f.

C. System der Überschuldungsprävention

aa) Relevantes Einkommen

Als Einkommen gilt das Arbeits- oder Renteneinkommen[178], einschliesslich der vermögensrechtlichen Ansprüche des Konsumenten gegen seinen Ehegatten (Art. 163 ZGB) und gegen seine erwerbstätigen Kinder (Art. 323 ZGB).[179] Da allein auf die Eigentumsverhältnisse des Konsumenten/Kreditnehmers abzustellen ist, darf bei der Kreditfähigkeitsprüfung das Einkommen Dritter, insbesondere von Ehegatten, ebensowenig berücksichtigt werden[180] wie eine eventuelle Bürgschaft oder Garantieverpflichtung zugunsten des Konsumenten.

Das dem Konsumenten für sein Leben und das seiner Familie garantierte Existenzminimum wird nicht nach den Richtlinien der Schweizerischen Konferenz für Sozialhilfe berechnet; vielmehr gilt als Existenzminimum der nicht pfändbare Teil des Einkommens i.S.v. Art. 93 Abs. 1 SchKG (Art. 28 Abs. 2).[181] Er bestimmt sich nach den diesbezüglichen Richtlinien, die im Wohnsitzkanton des Konsumenten gelten (Art. 28 Abs. 3 S. 1).[182]

Dieses im Verhältnis zu den Sozialhilferichtlinien tiefer angesetzte betreibungsrechtliche Existenzminimum[183] wird um drei Faktoren erweitert, die eine realistische Einschätzung der Rückzahlungsfähigkeit des Konsumenten gewährleisten sollen, da es sich um regelmässige Kostenfaktoren handelt: um den tatsächlich geschuldeten Mietzins (lit. a),[184] die Steuern (lit. b)[185] und allfällig bestehende

---

[178] Bei Selbständigerwerbenden das nach Abzug der Gestehungskosten verbleibende Nettoeinkommen, Botschaft KKG 1998, BBl 1999, 3183. Ausgenommen sind die absolut unpfändbaren Fürsorgeleistungen, Leistungen der AHV und der IV sowie Ergänzungsleistungen (Art. 92 Abs. 1 Ziff. 8 und 9a SchKG). Botschaft KKG 1998, BBl 1999, 3183.

[179] Botschaft KKG 1998, BBl 1999, 3183.

[180] Allgemeine Auffassung, vgl. nur SCHMID, JKR 2002, S. 58; SIMMEN, Barkredit, S. 50; HESS, S. 81; STAUDER, prévention, S. 118 Fn. 54.

[181] Begründet wird diese gesetzgeberische Entscheidung mit dem Hinweis, es sei nicht opportun, das Konsumkreditvolumen weiter einzuschränken; so Botschaft KKG 1998, BBl 1999, 3183 f.

[182] Damit wird den unterschiedlichen Lebenshaltungskosten in den einzelnen Kantonen Rechnung getragen, Botschaft KKG 1998, BBl 1999, 3183.

[183] BÜHLER ALFRED, Betreibungs- und prozessrechtliches Existenzminimum, AJP 2002, S. 644–661; allgemein zur verfassungsrechtlichen Absicherung des Existenzminimums (Art. 12 BV) siehe GYSIN CHARLOTTE, Schutz des Existenzminimums, Basel/Genf/Zürich 1999; AMSTUTZ KATHRIN, Das Grundrecht auf Existenzsicherung – Bedeutung und inhaltliche Ausgestaltung des Art. 12 der neuen Bundesverfassung, Bern 2002.

[184] Zwar wird im betreibungsrechtlichen Existenzminimum bereits der Mietzins berücksichtigt, jedoch nur insoweit, als dem Schuldner nicht zugemutet werden kann, eine billigere Wohnung anzumieten, vgl. Botschaft KKG 1998, BBl 1999, 3183. Mit der Anordnung in Art. 28 Abs. 3 S. 2, bei der Berechnung sei der tatsächlich geschuldete Mietzins zugrunde zu legen, soll im Bereich der Prüfung der Kreditfähigkeit eine Diskussion um die «Angemessenheit» einer Wohnung verhindert werden, so Botschaft KKG 1998, BBl 1999, 3183. Massgeblich ist der gesamte effektive Mietzins, nicht der um den bereits im betreibungsrechtlichen Existenzminimum berücksichtigten Teil gekürzte Betrag; anders noch STAUDER, prévention, S. 121.

[185] Der Gesetzgeber trägt hier der Erfahrungstatsache Rechnung, dass Konsumenten ver-

Konsumkreditverpflichtungen (Art. 28 Abs. 3 S. 2). Der Konsument ist damit nur dann kreditfähig, wenn das betreibungsrechtliche Existenzminimum, vermehrt um diese drei Kostenfaktoren, niedriger ist als sein Einkommen (erweitertes Existenzminimum). Die Vorschläge, weitere Faktoren zu berücksichtigen, insbesondere auch einen Freibetrag für unvorhersehbare Ausgaben anzuerkennen, wurden abgelehnt.[186] Der Katalog der massgeblichen Kostenfaktoren ist damit abschliessend.

Vorbestehende Verpflichtungen aus Konsumkrediten sind in der noch ausstehenden Höhe[187] bei der Prüfung der Kreditfähigkeit zu berücksichtigen (Art. 28 Abs. 3 S. 2 lit. c), da sie die Fähigkeit des Konsumenten einengen, neu eingegangenen Rückzahlungsverpflichtungen nachzukommen. Nach dem Gesetzeswortlaut gilt dies jedoch nur für Konsumkredite, die der Informationsstelle für Konsumkredit (IKO) gemeldet sind. Eine solche Meldepflicht besteht für sämtliche traditionellen Konsumkredite i.S.v. Art. 1 Abs. 1 (Art. 25), für Leasingverträge i.S.v. Art. 1 Abs. 2 lit. a (Art. 26)[188] sowie, eingeschränkt, für Kredit- und Kundenkarten sowie Überziehungskredite auf laufendem Konto[189] i.S.v. Art. 1 Abs. 2 lit. b insoweit, als der Konsument von der Kreditoption effektiv «dreimal hintereinander» Gebrauch gemacht hat und der ausstehende Betrag mindestens 3000 Franken ausmacht (Art. 27). Die IKO kann folglich nur ein unvollständiges Bild der vorbestehenden Konsumentenverschuldung und damit der Kreditfähigkeit des Konsumenten geben, sind es doch gerade die Kredit- und Kundenkarten, die heute in der Praxis zunehmend benutzt werden und deren ausstehende Saldi im Regelfall nicht in der IKO-Liste erscheinen. Es ist daher richtig anzunehmen, dass jedenfalls die Konsumkredite, die zwar nicht der IKO gemeldet sind, deren Existenz und Höhe aber den Kreditgebern bekannt ist, etwa weil sie in der neben der IKO fortbestehenden Zentralstelle für Kreditinformation (ZEK) gespeichert sind, ebenfalls berücksichtigt werden müssen.[190]

---

suchen, ihren Verpflichtungen aus Konsumkreditverträgen nachzukommen, dafür aber Steuern und Abgaben für staatliche Leistungen nicht mehr bezahlen, so Botschaft KKG 1998, BBl 1999, 3168. Um den Kreditgebern die Berücksichtigung des Kostenfaktors Steuern zu erleichtern, darf auf die Quellensteuertabellen abgestellt werden, vgl. Botschaft KKG 1998, BBl 1999, 3183.

[186] AmtlBull. NR 1999, 1907 f.
[187] Hierbei ist auch hinsichtlich dieser Restverpflichtungen die fiktive Amortisationsdauer von 36 Monaten zugrunde zu legen (Art. 28 Abs. 4 S. 2); Botschaft KKG 1998, BBl 1999, 3184; a.A. SIMMEN, Barkredit, S. 51.
[188] Anders, trotz des klaren Wortlauts und der *ratio legis*, SIMMEN, Barkredit, S. 52. Er verkennt, dass Art. 29 Abs. 2 hier nicht analog angewendet werden kann, da er sich auf die Kriterien der Beurteilung der Kreditfähigkeit bei Leasingverträgen und nicht auf die Berücksichtigung von vorbestehenden Verpflichtungen bezieht.
[189] HASELBACH, S. 139 f.; CR CO I-FAVRE-BULLE, Art. 27 LCC N 1; a.A. SCHÖBI, Überblick, S. 17, da das Gesetz keine Meldepflicht für Überziehungskredite vorsehe; der Gesetzgeber sei davon ausgegangen, dass bei Lohnkonti der Saldo regelmässig ausgeglichen werde.
[190] So zutreffend SCHMID, JKR 2002, S. 59.

C. System der Überschuldungsprävention

bb) Fiktive Amortisationsdauer

Der Gesetzgeber hat auf die Festlegung von starren Laufzeitbeschränkungen bewusst verzichtet. Es ist also Sache der Parteien, die Dauer des Kredits vertraglich festzulegen.[191] Da die Vereinbarung sehr langer Laufzeiten zu kleineren Raten führt, kann der Kreditgeber eher von der Kreditfähigkeit des Konsumenten ausgehen als bei einer kürzeren Laufzeit. Die Gefahren für die Überschuldung von Konsumenten aus langfristigen Kreditverhältnissen wachsen aber entsprechend der Laufzeit eines Kredits, wird doch über mehrere Jahre hinweg Kaufkraft vorweggenommen und damit das künftige Einkommen belastet.[192] Um dieser Gefahr zu begegnen, sieht das Gesetz vor, dass Kredite grundsätzlich unter Zugrundelegung einer maximalen Laufzeit von 36 Monaten[193] vom Konsumenten zurückgezahlt werden können. Die Anordnung dieser (fiktiven) Amortisationsdauer (Art. 28 Abs. 4 S. 1) bedeutet, dass die für die Feststellung der Kreditfähigkeit relevanten Rückzahlungsraten auf der Grundlage einer angenommenen Vertragsdauer von 36 Monaten immer dann zu berechnen sind, wenn der Kreditvertrag eine Dauer von 36 Monaten oder eine längere Laufzeit des Kredits vorsieht. Bei kürzeren Laufzeiten ist die vereinbarte effektive Vertragsdauer zugrunde zu legen.[194]

c) Sondermodelle

Nach Art. 29 Abs. 2 Alt. 1 kann die Kreditfähigkeit des Konsumenten bei Leasingverträgen i.S.v. Art. 1 Abs. 2 lit. a[195] nach zwei Modellen geprüft werden. Durch die Verweisung auf Art. 28 Abs. 2 und 3 (Modell 1) soll dem Konsumenten das erweiterte betreibungsrechtliche Existenzminimum nach den Kriterien des Grundmodells gesichert werden, wobei allerdings – und dies ist eine wichtige Einschränkung – bei der Berechnung der zulässigen Rückzahlungsraten keine fiktive Amortisationsdauer zugrunde zu legen ist.[196] Dem Gesetzgeber ging es darum, die Praxis des Autoleasinggeschäftes, die eine erheblich längere Vertragsdauer als 36 Monate kennt, nicht zu beeinträchtigen. Zu diesem Zweck nahm er in Kauf, dass im

---

[191] SCHMID, JKR 2002, S. 60.
[192] Botschaft KKG 1998, BBl 1999, 3184.
[193] Statt der 24 Monate, die der Entwurf (Art. 15c Abs. 4) vorsah. Siehe AmtlBull. NR 1999, 1908 ff., 1914 ff.; AmtlBull. StR 2000, 565, 579.
[194] So SCHMID, JKR 2002, S. 60; STAUDER, prévention, S. 128.
[195] Geht man davon aus, dass andere Leasingverträge von Art. 1 Abs. 1 erfasst werden können (siehe oben S. 235 ff.), gilt für diese das Grundmodell des Art. 28.
[196] Art. 29 Abs. 2 verweist nicht auf Art. 28 Abs. 4, dies entgegen dem bundesrätlichen Entwurf; siehe Bundesrätin Metzler, AmtlBull. NR 2000, 1517. Auch beim Leasingvertrag darf das Einkommen des Ehegatten oder eines Dritten nicht berücksichtigt werden. So richtig i.E. HESS, S. 81; warum dann aber Auskünfte über das Nettoeinkommen des Ehegatten eingeholt werden sollen, wie es SIMMEN, Barkredit, S. 53, vorschlägt, bleibt unerfindlich.

Automobilbereich mit langfristigen Leasingverträgen die Überschuldungsprävention in ihrer Wirksamkeit beeinträchtigt wird.[197]

Noch weiter geht die Gefährdung der *ratio legis* beim alternativen[198] Modell 2. Danach kann die Kreditfähigkeit des Leasingnehmers bejaht werden, wenn er Vermögenswerte[199] besitzt, die «die Zahlung der Leasingraten sicherstellen» (Art. 29 Abs. 2 Alt. 2). Anders als beim Grundmodell spielt also das Vermögen eine Rolle. Diese Vermögenswerte können die Zahlung der Leasingraten aber nur dann sicherstellen, wenn sie dem Konsumenten gehören,[200] pfändbar sind und ihr Wert höher ist als derjenige sämtlicher Leasingraten.[201] Die Regel der Zugrundelegung einer fiktiven Amortisationsdauer gilt auch bei diesem Modell nicht.

Bei Kredit- und Kundenkarten mit Kreditoption sowie bei Überziehungskrediten auf laufendem Konto i.S.v. Art. 1 Abs. 2 lit. b soll eine «summarische» Prüfung der wirtschaftlichen Verhältnisse (Vermögen und Einkommen) des Konsumenten,[202] ergänzt durch die Berücksichtigung der bei der IKO gemeldeten vorbestehenden Konsumkreditverträge,[203] zur Feststellung der Kreditfähigkeit ausreichen (Art. 30 Abs. 1).[204] Trotz der unklaren Formulierungen dürfte gemeint sein, dass der Kreditgeber die Kreditlimite als oberste Grenze der Kreditaufnahme derart festlegt, dass ein vernünftiges Verhältnis zwischen dieser Limite und den wirtschaftlichen Verhältnissen des Konsumenten besteht und keine Gefahr der Überschuldung bei voller Ausnutzung der Kreditlimite besteht.[205] Der Gesetzgeber räumt somit den Kartenherausgebern und den Kreditgebern, die Überziehungskredite gewähren, einen sehr weiten, kaum überprüfbaren Entscheidungsspielraum ein.[206] Damit ist die Wirksamkeit der Prävention der Konsumentenüber-

---

[197] AmtlBull. NR 2000, 1570 f.
[198] Eine Kumulation beider Modelle (Abstellen auf Einkommen und Vermögenswerte) ist entgegen der Ansicht von HESS, S. 81 f., unzulässig. So STAUDER, Rezension, JKR 2002, S. 475.
[199] Im Gegensatz zum Kriterium der Vermögensverhältnisse, auf das Art. 30 Abs. 1 S. 2 abstellt.
[200] Irrelevant ist, ob sich die Vermögenswerte im Besitz des Konsumenten, eines Dritten oder des Leasinggebers befinden, es sei denn, diese «decken» die Verpflichtungen aus Kreditverträgen (Art. 7 Abs. 1 lit. b). In diesem Fall liegt eine Bereichsausnahme von der Geltung des KKG vor. Vgl. STAUDER, Leasingvertrag, JKR 2002, S. 106. Das Leasingobjekt selbst stellt keinen derartigen Vermögenswert dar, da es nach dem Vertrag regelmässig Eigentum des Leasinggebers bleibt.
[201] In Betracht kommen bewegliche Sachen oder Immobilien, unabhängig davon, ob sie sofort realisiert werden können oder längerfristig investiert sind, nicht aber das Einkommen des Konsumenten. Vgl. STAUDER, Leasingvertrag, JKR 2002, S. 107.
[202] Auch hier müssen die Vermögensverhältnisse eines Dritten unberücksichtigt bleiben; a.A. und unzutreffend KÜNG, S. 104.
[203] KILGUS, JKR 2002, S. 144.
[204] Näheres bei HASELBACH, S. 134–137; BK-GIGER, Teil II, Rz. 335.
[205] Vgl. SCHMID, JKR 2002, S. 61.
[206] SCHÖBI, Überblick, S. 16. Hat der Kreditgeber Kenntnis von einer Verschlechterung der wirtschaftlichen Verhältnisse des Konsumenten, so ist die Prüfung zu wiederholen (Art. 30 Abs. 2).

schuldung gerade bei diesen modernen Formen der Konsumkreditgewährung erheblich gemindert.

d) Transparenz der Prüfungskriterien

Die Kriterien der Kreditfähigkeitsprüfung sind in der Vertragsurkunde[207] offenzulegen. Diese hat folgende Angaben[208] zu enthalten: bei den dem Grundmodell unterliegenden Verträgen den pfändbaren Teil des Einkommens, das festgestellte Existenzminimum sowie die hierbei berücksichtigten Kostenfaktoren (Miete, Steuern, vorbestehende Konsumkreditverpflichtungen), bei Leasingverträgen die einzelnen Vermögensgegenstände, die die Zahlung der Leasingraten sichern sollen, und ihren Wert, sowie bei Kartenverträgen und Überziehungskrediten die zugrunde gelegten Elemente der Einkommens- und Vermögensverhältnisse. Diese Angaben müssen so präzise[209] gemacht werden, dass der Konsument sich über die Ausübung des Widerrufsrechts (Art. 16) schlüssig werden und der Richter im Streitfall nachprüfen kann, ob der Kreditgeber bei der Kreditfähigkeitsprüfung den gesetzlichen Anforderungen gerecht geworden ist.[210] Ist dies nicht der Fall, greift die Sanktionsordnung des Art. 15, die zu Rechtsverlusten des Kreditgebers führt.[211]

III. Modalitäten der Kreditfähigkeitsprüfung

Um seiner Pflicht zur individuellen Prüfung der Kreditfähigkeit des Konsumenten nachkommen zu können, bedarf der Kreditgeber genauer Angaben zu den Elementen, aus denen sich nach dem Gesetz diese Kreditfähigkeit ergibt. Das KKG sieht keine allgemeine Pflicht des Kreditgebers vor, sich diese Angaben zu verschaffen.[212] Vielmehr geht es von dem Grundsatz aus, er dürfe sich auf die Angaben des Konsumenten zu seinen finanziellen bzw. wirtschaftlichen Verhältnissen verlassen (Art. 31 Abs. 1). Allerdings wird hierbei vorausgesetzt, dass der Kreditgeber den Konsumenten zur Abgabe der erforderlichen Angaben auffordert, falls letzterer sie nicht schon spontan gemacht hat.

---

[207] Oder in einem davon getrennten Schriftstück, das aber einen integrierenden Bestandteil des Vertrages bildet (Art. 9 Abs. 2 lit. j, 11 Abs. 2 lit. h, 12 Abs. 2 lit. d).
[208] Der Sache nach hat der Kreditgeber eine Art Haushaltsbudget aufzustellen. SIMMEN, Barkredit, S. 48, spricht von «Budgetberechnung».
[209] Allgemein gehaltene Formulierungen entsprechen, entgegen KÜNG, S. 94, nicht den gesetzlichen Anforderungen. Wie hier i. E. BK-GIGER, Teil II, Rz 146.
[210] SCHMID, JKR 2002, S. 59.
[211] Dazu näher unten S. 267 ff.
[212] Botschaft KKG 1998, BBl 1999, 3187; SCHMID, JKR 2002, S. 68; BK-GIGER, Teil II, Rz. 343.

Die Angaben des Konsumenten können nicht die alleinige Beurteilungsgrundlage der Kreditfähigkeit darstellen, und sei es auch nur, weil Konsumenten in Versuchung geraten könnten, ihre wirtschaftliche Situation zu beschönigen, um die Kreditgewährung nicht zu gefährden.[213] Dennoch sieht das Gesetz keine allgemeine Pflicht des Kreditgebers vor, die Richtigkeit der vom Konsumenten gemachten Angaben zu überprüfen,[214] macht aber von diesem Grundsatz zwei wichtige Ausnahmen.

Erstens dürfen offensichtlich unrichtige Angaben der Kreditfähigkeitsprüfung nicht zugrunde gelegt werden (Art. 31 Abs. 2).[215] Aus dieser Vorschrift ergibt sich mithin die Pflicht des Kreditgebers, die Angaben des Konsumenten jedenfalls auf ihre «offensichtliche Unrichtigkeit» hin zu überprüfen.[216] Praktische Relevanz hat diese Pflicht vor allem bei einem Widerspruch der Angaben mit den Daten der Informationsstelle für Konsumkredit (IKO).[217] Damit soll sichergestellt werden, dass jedenfalls die gemeldeten vorbestehenden Konsumkreditverpflichtungen in die Kreditfähigkeitsprüfung eingehen.

Zweitens besteht eine Pflicht des Kreditgebers zur Überprüfung von Angaben, wenn er Zweifel an deren Richtigkeit hat, und zwar anhand von amtlichen oder privaten Dokumenten, etwa einem Auszug aus dem Betreibungsregister oder einem Lohnausweis (Art. 31 Abs. 3). Trotz seines engeren Wortlauts, der nur auf den in der Praxis nie nachweisbaren Zweifel eines Kreditgebers abstellt, ist nach der *ratio legis* von einer Prüfungspflicht schon dann auszugehen, wenn «auf Grund objektiver Anhaltspunkte Anlass zu Zweifel besteht».[218]

---

[213] Vgl. Botschaft KKG 1998, BBl 1999, 3165, 3187.
[214] Ein dahin gehender Antrag wurde während der parlamentarischen Beratungen abgelehnt, AmtlBull. NR 1999, 1918f.
[215] Es wäre «rechtsmissbräuchlich, wenn ein Kreditgeber Phantasieangaben Glauben schenken oder zu solchen gar anstiften dürfte, um den Konsumenten als kreditfähig erscheinen zu lassen». So Botschaft KKG 1998, BBl 1999, 3187.
[216] So zutreffend SCHMID, JKR 2002, S. 69, der von einer «Recherchier- und Vergleichspflicht» spricht.
[217] Auf eine Darstellung der Einrichtung der IKO, insbesondere ihrer Errichtung und ihrem Verhältnis zur ZEK, der Meldepflichten und der datenschutzrechtlichen Problematik wird hier verzichtet. Vgl. Art. 23–27 KKG und Art. 2 und 3 VKKG sowie Anhang zu Inhalt, Umfang und Zugriffsberechtigungen bei IKO. Näher zu diesen Problembereichen SCHMID, JKR 2002, S. 62–66; SIMMEN, IKO; BK-GIGER, Teil II, Rz. 408–580.
[218] Zutreffend SCHÖBI, Überblick, S. 19; SCHMID, JKR 2002, S. 69. Legte man die Wortlautinterpretation zugrunde, bliebe Art. 31 Abs. 3 toter Buchstabe; vgl. hierzu STAUDER, prévention, S. 134; STAUDER, Rezension, JKR 2002, S. 476; a.A. HESS, S. 82 Fn. 39; SIMMEN, Barkredit, S. 54.

IV. Sanktionen

Die zentrale Bedeutung, die der Gesetzgeber der Prävention der Konsumentenüberschuldung durch eine Kreditfähigkeitsprüfung beimisst, zeigt sich im Sanktionensystem, das für alle Arten von Konsumkrediten in gleicher Weise gilt. Werden die gesetzlichen Vorschriften verletzt,[219] ist der Vertrag nicht etwa nichtig,[220] sondern wird aufrechterhalten;[221] dem Kreditgeber droht aber teilweiser oder totaler Verlust seiner vertraglichen Ansprüche (Art. 32). Es geht also nicht darum, die Verletzung von Diligenzpflichten im vorvertraglichen Bereich zu sanktionieren, sondern das im KKG nicht allgemein formulierte,[222] ihm aber zugrunde liegende, sozialpolitisch motivierte Verbot,[223] einen Konsumkredit an einen nicht kreditfähigen Konsumenten zu gewähren, effektiv durchzusetzen.

Da der Vertrag weiterbesteht, ändern sich die Pflichten des Kreditgebers nicht. Er hat dem Konsumenten den Kredit in der vereinbarten Form und für die vertraglich festgelegte Vertragsdauer[224] zur Verfügung zu stellen. Bei Leasingverträgen bedeutet dies, dass der Konsument das Leasingobjekt während der vollen vertraglich vereinbarten Dauer weiter zu benutzen berechtigt ist, es aber bei Vertragsende zurückgeben muss, es sei denn, der Konsument mache von einer eventuell vertraglich vereinbarten Kaufoption Gebrauch.[225]

Die Anordnung des Rechtsverlusts als Sanktion zu Lasten des Kreditgebers führt aber zu einer Änderung der Pflichtenstellung des Konsumenten. Hierbei unterscheidet der Gesetzgeber danach, ob der Kreditgeber die gesetzlichen Vorschriften in «schwerwiegender» oder in «geringfügiger» Weise missachtet hat (Art. 32 Abs. 1 und 2).

---

[219] Art. 32 bezieht sich zwar nicht auf Art. 31. Diese Vorschrift bleibt aber anwendbar, da sie nur das Ausmass der allgemeinen Pflicht zur Prüfung der Kreditfähigkeit konkretisiert. So CR CO I-Favre-Bulle, Art. 31 LCC N 3; Stauder, prévention, S. 137 Fn. 116; a.A. wohl BK-Giger, Teil II, Rz. 344.

[220] Die Bezugnahme auf die Regeln über die ungerechtfertigte Bereicherung in Art. 32 Abs. 1 ist als blosse Rechtsfolgenverweisung zu verstehen.

[221] Streitig. Zur Begründung siehe Stauder, prévention, S. 135f., 140–142; ders., Leasingvertrag, JKR 2002, S. 109f., 70f.; im Ergebnis ebenso Koller-Tumler, Einführung, JKR 2002, S. 39f.; Piotet, S. 89; wohl auch CR CO I-Favre-Bulle, Art. 32 LCC N 2; a.A. im Sinne der Nichtigkeit des Vertrages, Schmid, JKR 2002, S. 70f. (Verstoss gegen ein gesetzliches Verbot); Müntener, S. 43f.; eingehend BK-Giger, Teil II, Rz. 661 ff., 797 ff.

[222] Siehe aber Art. 3 lit. n UWG («Verbot der Kreditvergabe»).

[223] Stauder, prévention, 141; vgl. auch Botschaft KKG 1998, BBl 1999, 3169.

[224] Da bei Überziehungskrediten auf laufendem Konto in der Regel keine feste Vertragsdauer festgelegt wird (*revolving credit*), gilt die Verpflichtung des Kreditgebers nur bis zum Zeitpunkt der Beendigung des vertraglichen Verhältnisses, deren Modalitäten in der Vertragsurkunde enthalten sein müssen (Art. 12 Abs. 2 lit. c).

[225] Ebenso Piotet, S. 89f.; CR CO I-Favre-Bulle, Art. 32 LCC N 2; a.A. Schmid, JKR 2002, S. 72, der dem Leasinggeber den Vindikationsanspruch auf das Leasingobjekt versagt.

Bei einer geringfügigen Verletzung der Vorschriften zur Kreditfähigkeitsprüfung[226] verliert der Kreditgeber «Zinsen und Kosten». Der Sache nach wird der Konsumkredit *ex lege* in einen Gratiskredit umgewandelt. Die vereinbarten Zahlungspflichten des Kreditnehmers erlöschen. Hat er bereits geleistet, kann er Zinsen und Kosten zurückverlangen.[227] Hingegen bleibt seine Rückzahlungsverpflichtung bestehen. Um deren Höhe festzustellen, sind die Amortisationsraten um den Zinsen- und Kostenanteil zu kürzen.[228] Bei Leasingverträgen ist eine Neukalkulation der Leasingraten erforderlich. Der Gesamtbetrag der Raten bei Ende der vertraglich vereinbarten Laufzeit darf den im Leasingvertrag angegebenen Barzahlungspreis des Leasingobjektes (Art. 11 Abs. 2 lit. a), vermindert um dessen Restwert[229] im Zeitpunkt der Beendigung des Vertrags (Art. 11 Abs. 2 lit. g), nicht überschreiten. Hat der Konsument mehr als diesen Betrag geleistet, steht ihm der Rückforderungsanspruch nach Art. 32 Abs. 2 i.V.m. Art. 32 Abs. 1 S. 2 und Art. 62ff. OR zu.

Bei schwerwiegenden Verstössen gegen die Vorschriften zur Kreditfähigkeitsprüfung verliert der Kreditgeber zusätzlich die «Kreditsumme» (Art. 32 Abs. 1), d.h. seinen Anspruch auf Rückzahlung der Kreditvaluta.[230] Hat der Konsument den Kredit bereits ganz oder teilweise zurückgezahlt, steht ihm ein Rückzahlungsanspruch zu (Art. 32 Abs. 1 S. 2). Bei Leasingverträgen entspricht der Kreditsumme der Teil der Leasingraten, mit dem der Wert des Leasingobjektes amortisiert werden soll.[231] Der Konsument kann daher sämtliche bereits erbrachten Leasingraten zurückfordern, muss aber das Leasingobjekt am Vertragsende dem Leasinggeber zurückgeben,[232] dessen Restwert diesem zusteht.[233]

Das Ausmass des den Kreditgeber treffenden Rechtsverlustes hängt somit von der Schwere des Gesetzesverstosses ab. Der Gesetzgeber hat es bewusst unterlas-

---

[226] Hierzu zählen auch die gesetzlichen Meldepflichten der Art. 25–27 (Art. 32 Abs. 2).
[227] Die Verweisung auf die Rechtsfolgen der Art. 62ff. OR (siehe oben Fn. 220) in Art. 32 Abs. 1 S. 2 gilt auch im Rahmen von Art. 32 Abs. 2.
[228] Bei Barkrediten handelt es sich um die Differenz zwischen dem Nettokredit- und dem Gesamtkreditbetrag (vgl. Art. 9 Abs. 2 lit. a und d), bei zweckgebundenen Finanzierungen um die Differenz zwischen dem Barzahlungs- und dem sich aus dem Kreditvertrag ergebenden Gesamtpreis (Art. 10 Abs. 2 lit. b).
[229] Dieser entspricht dem vertraglich vereinbarten Wert des vom Konsumenten zurückzugebenden Leasingobjekts.
[230] Entgegen dem klaren Wortlaut und dem deutlich erkennbaren Willen des Gesetzgebers hält BK-GIGER, Teil II, Rz. 687, 777f., 799, die Bestimmung des Art. 32 Abs. 1 für ungültig, da sie «mit der Strukturordnung im Darlehensrecht kollidiert», und nimmt eine «Auslegungslücke» an.
[231] I.E. ebenso MÜNTENER, S. 48. Anders SCHMID, JKR 2002, S. 72, der vertritt, der Anspruch auf Rückforderung des Leasingobjekts entfalle, da dieser wertmässig dem Verlust der Kreditsumme entspreche.
[232] PIOTET, S. 89f.
[233] Vorbehaltlich abweichender vertraglicher Vereinbarungen, etwa der Einräumung einer Kaufoption zugunsten des Konsumenten; vgl. STAUDER, Leasingvertrag, JKR 2002, S. 111.

C. System der Überschuldungsprävention

sen, Abgrenzungskriterien zu nennen. Es ist daher Sache der Praxis, Fallgruppen zu bilden und Konkretisierungen vorzunehmen.[234] Da Art. 32 ein bestimmtes Verhalten des Kreditgebers sanktioniert, scheint es naheliegend, auf die bekannten Kategorien von Vorsatz und Fahrlässigkeit[235] oder von leichtem und grobem Verschulden zurückzugreifen.[236] Diese Lösung ist jedoch abzulehnen, da es für die Anwendung der Sanktionenordnung des Art. 32 gerade nicht auf Verschulden ankommen kann. Massgebend ist allein die *ratio* der Kreditfähigkeitsprüfung, nämlich sicherzustellen, dass dem sozialpolitischen Gebot, eine Konsumentenüberschuldung zu vermeiden (Art. 22), und dem öffentlichem Interesse an einer Prävention einer solchen Verschuldung effizient nachgelebt wird.[237] Ein Kreditgeber, der seine Kreditentscheidungen allein nach betriebswirtschaftlichen Kriterien fällt und die im KKG formulierten Elemente des Sozialschutzes nicht in seine Entscheidung einfliessen lässt, verstösst grundsätzlich in schwerwiegender Weise gegen das Gesetz.

Beispielhaft seien genannt: keine individuelle Kreditfähigkeitsprüfung (allein *credit scoring*); Nichtbeachtung der Kriterien zur Feststellung des Existenzminimums, insbesondere Berücksichtigung der betreibungsrechtlichen Richtlinien eines anderen als des Wohnsitzkantons des Konsumenten; Nichteinbeziehung der effektiven Miete und der Steuern nach Quellensteuertabellen; Nichteinsichtnahme in die IKO-Liste;[238] Nichtberücksichtigung der dort enthaltenen Angaben zu vorbestehenden Kreditverpflichtungen; Überschreiten der sich aus der fiktiven Amortisationsdauer ergebenden Ratenhöhe; blindes Vertrauen auf die Angaben des Konsumenten trotz offenbarer Unrichtigkeit oder wenn sich Zweifel aufdrängen müssten; bei Leasingverträgen, wenn bei ihnen nur pauschal das Vermögen, nicht aber konkrete Vermögenswerte zugrunde gelegt werden; wenn bei Kredit- und Kundenkarten sowie bei Überziehungskrediten auf laufendem Konto ein Missverhältnis zwischen den wirtschaftlichen Verhältnissen des Konsumenten und der Höhe der Kreditlimite besteht. Von geringfügigen Verstössen ist auszugehen etwa bei blossen Kalkulationsfehlern.[239]

---

[234] Botschaft KKG 1998, BBl 1999, 3186.
[235] SCHÖBI, Überblick, S. 18. Vgl. auch BK-GIGER, Teil II, Rz. 742.
[236] So wohl CR CO I-FAVRE-BULLE, Art. 32 LCC N 6; MÜNTENER, S. 49f.
[237] STAUDER, prévention, S. 138f.; DERS., Leasingvertrag, JKR 2002, S. 112; wohl auch BK GIGER, Teil II, Rz. 744.
[238] Anders HASELBACH, S. 154, bei Überziehungskrediten.
[239] STAUDER, prévention, S. 138f.; DERS., Leasingvertrag, JKR 2002, S. 112; CR CO I-FAVRE-BULLE, Art. 32 LCC N 7; SIMMEN, Barkredit, S. 54f.

D. Schutz der Vertragsentschliessungsfreiheit des Konsumenten

Der Konsument soll seine Kreditentscheidung frei, informiert und überlegt treffen können.[240] Zu diesem Zweck sieht das KKG Schutzinstrumente bereits für die Phase der Willensbildung des Konsumenten vor, die gegenüber dem früheren Recht präzisiert und ausgebaut wurden. Lauterkeitsrechtliche Täuschungsverbote sowie Informations- und Warngebote ergänzen die vorvertraglichen Informationspflichten des Kreditgebers und das dem Konsumenten zuerkannte Widerrufsrecht. Diese Schutzinstrumente sind gleichzeitig geeignet, einer leichtfertigen Kreditaufnahme präventiv entgegenzuwirken und ergänzen so die spezifischen Bestimmungen zur Verhinderung der Konsumentenüberschuldung im KKG.[241]

I. Konsumkreditwerbung

Das KKG selbst regelt die Konsumkreditwerbung nicht, sondern verweist in Art. 36 insoweit auf das Lauterkeitsrecht. Das UWG enthält einige spezifische Vorschriften zur Vermarktung von Konsumkrediten (Art. 2 lit. k–n UWG), die die allgemeinen lauterkeitsrechtlichen Bestimmungen des UWG, insbesondere das Täuschungsverbot (Art. 3 lit. b UWG) ergänzen. Der Verweis gilt für alle Formen von Konsumkrediten, obwohl Art. 8 die Norm des Art. 36 nicht ausdrücklich als auf Leasingverträge, Kredit- und Kundenkartenverträge und Überziehungskredite auf laufendem Konto für anwendbar erklärt. Hier ist von einem Redaktionsversehen auszugehen, kann es doch nicht der Wille des Gesetzgebers gewesen sein, die modernen Formen der Konsumkreditgewährung von der Schutzwirkung des Lauterkeitsrechts auszuschliessen.[242]

Blosse Erinnerungswerbung ohne spezifische Angaben zu irgendeinem Kostenelement des Konsumkredits ist lauterkeitsrechtlich zulässig.[243] Werbung mit unrichtigen oder irreführenden Angaben unterfallen dem allgemeinen Täuschungsverbot des Art. 3 lit. b UWG. Weitergehend enthalten Art. 3 lit. k und l UWG das

---

[240] Grundlegend zur Bedeutung der Konsumenteninformation VIGNERON-MAGGIO-APRILE SANDRA, L'information des consommateurs en droit européen et en droit suisse de la consommation, Genf/Zürich/Basel/Brüssel 2006.

[241] STAUDER, prévention, S. 110f.; DERS., L'endettement des particuliers. Rapport suisse, in Travaux de l'Association Henri Capitant, L'endettement, Journées argentines, tome XLVI, Paris 1997, S. 285–305.

[242] STAUDER, Leasingvertrag, JKR 2002, S. 95; ihm folgend BK-GIGER, Teil II, Rz. 827; DERS., Sonderrecht, S. 634f., 639; im Ergebnis ebenso CR CO I-FAVRE-BULLE, Art. 8 LCC N 6 und 14; HASELBACH, S. 155 (betr. Überziehungskredite); KÜNG, S. 108 (betr. Kredit- und Kundenkarten); wohl ablehnend HESS, S. 83 (betr. Leasing); für Nichtgeltung des UWG DAVID, S. 171 ff.

[243] BGE 120 IV 287.

Gebot, bei einer an das Publikum gerichteten Konsumkreditwerbung («öffentliche Auskündigung»), die irgendein konkretes Kostenelement enthält, präzise Angaben zur Identität des Kreditgebers (Verpönung der anonymen Werbung)[244] und zu den Kosten der Kreditierung des Erwerbs (Nettokreditbetrag[245], Gesamtkosten des Kredits, insbesondere effektiver Jahreszins) zu machen. So soll der Konsument in die Lage versetzt werden, im Vorfeld konkreter Vertragsverhandlungen Kostenvergleiche zwischen den Angeboten verschiedener Kreditgeber anzustellen.

Neu ist das Warngebot des Art. 3 lit. n UWG. In der Werbung ist ausdrücklich darauf hinzuweisen, dass «die Kreditvergabe verboten ist, falls sie zur Überschuldung des Konsumenten führt».[246] Der Konsument soll angesichts einer häufig suggestiven Werbung, die auf seine vermeintliche Bedürfnisse abstellt, sich nicht nur der Kosten des sofortigen Erwerbs auf Kredit, sondern auch der damit verbundenen Gefahr einer Überschuldung bewusst werden.[247]

Lauterkeitsrechtliche Verstösse im Konsumkreditbereich können zivilrechtlich, vorab mit Unterlassungsklagen (Art. 9 und 10 UWG), und strafrechtlich (Art. 23–27 UWG) sanktioniert werden.

II. Gültigkeitserfordernisse des Vertrags

Der Konsumkreditvertrag unterliegt bestimmten Form- und inhaltlichen Voraussetzungen (Art. 9–12), die für Kostentransparenz sorgen und vor Übereilung schützen sollen.[248] Bei Nichteinhaltung dieser Schutzvorschriften ist der Vertrag nichtig (Art. 15 Abs. 1). In Abweichung vom allgemeinen Obligationenrecht gelten besondere Nichtigkeitsfolgen (Art. 15 Abs. 2–4).

1. Form

Konsumkreditverträge sind, soweit sie dem KKG unterworfen sind, schriftlich abzufassen (Art. 9 Abs. 1, 11 Abs. 1, 12 Abs. 1). Da es sich um ein gesetzliches Form-

---

[244] Postfach- und Briefkastenadressen reichen nicht aus; siehe BK-Giger, Teil II, Rz. 848; David, S. 190.
[245] Barzahlungspreis bei Abzahlungskäufen und drittfinanzierten Waren- und Dienstleistungsgeschäften.
[246] Vage Formulierungen wie z.B. «Wir handeln verantwortungsvoll», «Nur für kreditfähige Konsumenten» (so Küng, S. 110) oder «Wir gewähren nur Kredit, wenn damit keine Überschuldung droht» usw., die nicht das Verbot wiedergeben, genügen nicht den lauterkeitsrechtlichen Anforderungen und können sanktioniert werden.
[247] Ausserdem handelt unlauter, wer bei Anbahnung und Abschluss von Konsumkreditverträgen Vertragsformulare verwendet, die wesentliche gesetzlich geforderte Angaben nicht enthalten (Art. 3 lit. m UWG).
[248] Stauder, Konsumkreditrecht, S. 685; BSK OR I-Koller-Tumler, Art. 8 KKG N 1.

erfordernis handelt (Art. 11 OR), ist die Vertragsurkunde vom Kreditgeber und vom Konsumenten eigenhändig zu unterzeichnen (Art. 13 Abs. 1, 14 Abs. 1 OR). Auf Seiten des Kreditgebers dürfte eine Faksimileunterschrift ausreichen (Art. 14 Abs. 2 OR).[249] Es genügt aber nicht, wenn das Kreditangebot nur vom Kreditgeber und die Annahmeerklärung nur vom Konsumenten unterschrieben werden.[250] Die Vertragsurkunde muss die gesetzlich geforderten Inhaltsangaben enthalten, wobei allerdings Einzelheiten der Kreditfähigkeitsprüfung in einem getrennten Schriftstück niedergelegt sein dürfen, das dennoch einen integrierenden Bestandteil des Vertrags bildet (Art. 9 Abs. 2 lit. j, 11 Abs. 2 lit. h, 12 Abs. 2 lit. d). Sollen AGB in den Konsumkreditvertrag einbezogen werden, müssen sie Bestandteil der Urkunde sein. Eine Bezugnahme auf AGB reicht ebensowenig wie ihre blosse Beifügung.[251] Seit 2005 ist der eigenhändigen Unterschrift die qualifizierte elektronische Signatur gleichgestellt (Art. 14 Abs. 2bis OR).

Dem Konsumenten ist eine «Kopie» des Konsumkreditvertrages auszuhändigen (Art. 9 Abs. 1 HS 2, 11 Abs. 1 HS 2, 12 Abs. 1 HS 2). Gemeint ist eine Ausfertigung oder ein Vertragsdoppel[252], auch in Form eines Computer-Ausdrucks oder einer Fotokopie,[253] sofern die «Kopie» die Originalunterschriften beider Parteien trägt.[254]

Die Formvorschriften gelten ebenfalls bei Vertragsänderung, mit Ausnahme allfälliger Zins- und Kostenerhöhungen, sofern diese formal und inhaltlich den gesetzlichen Erfordernissen entsprechen (Art. 9 Abs. 2 lit. c, 12 Abs. 2 lit. b). Kreditumschuldungen, die zu einer Erhöhung der Kreditsumme führen (so genannte Kreditaufstockungen), sind als Neukredite zu behandeln.[255]

2. Inhaltsanforderungen

Das KKG schreibt zwingend einen Mindestinhalt des Vertrages vor, wobei es nach der Art des Konsumkredits differenziert: Barkredite, insbesondere Kleinkredite, und Abzahlungsverträge über Waren oder Dienstleistungen (Art. 9 Abs. 2), Abzahlungsgeschäfte und Drittfinanzierung von Erwerbsgeschäften, also zweck-

---

[249] SIMMEN, Barkredit, S. 45 f.
[250] Für das Erfordernis einer einheitlichen Urkunde BSK OR I-KOLLER-TUMLER, Art. 8 KKG N 2; CR CO I-FAVRE-BULLE, Art. 9 LCC N 6 und 10; a.A. SIMMEN, Barkredit, S. 45.
[251] BSK OR I-KOLLER-TUMLER, Art. 8 KKG N 4; CR CO I-FAVRE-BULLE, Art. 9 LCC N 7; HASELBACH, S. 132.
[252] BSK OR I-KOLLER-TUMLER, Art. 8 KKG N 3. In der französischen Fassung von Art. 9 Abs. 1 findet sich der Begriff «exemplaire».
[253] BSK OR I-KOLLER-TUMLER, Art. 8 KKG N 3; CR CO I-FAVRE-BULLE, Art. 9 LCC N 10, verlangt zwei Ausfertigungen und hält eine Fotokopie für nicht ausreichend; unzutreffend SIMMEN, Barkredit, S. 46, der bereits die Übergabe einer Kopie der (nur) vom Kreditgeber unterzeichneten Vertragsurkunde für ausreichend hält.
[254] CR CO I-FAVRE-BULLE, Art. 9 LCC N 10; wohl auch HESS, S. 70.
[255] Der Kreditgeber muss folglich eine neue Kreditfähigkeitsprüfung durchführen.

gebundene Barkredite (Art. 9 Abs. 2, Art. 10), Leasingverträge (Art. 11 Abs. 2), Kredit- und Kundenkartenverträge mit Kreditoption und Überziehungskredite auf laufendem Konto (Art. 12 Abs. 2). Hier sei nur auf das besonders wichtige Gebot, den Konsumenten objektiv über die Kosten des Kreditgeschäfts in Kenntnis zu setzen, hingewiesen.

Zentrales Element zur Konsumenteninformation und zur Gewährleistung der Kostentransparenz als Grundlage für den Vergleich der Kreditkosten verschiedener Anbieter ist die Angabe des effektiven Jahreszinses (Art. 9 Abs. 2 lit. b, 11 Abs. 2 lit. e). Darunter ist die in einem Prozentsatz des Nettokreditbetrags ausgedrückte Gesamtkostenbelastung des Konsumenten (sämtliche Kosten, einschliesslich der Zinsen und sonstigen Kosten, Art. 5[256]) pro Jahr zu verstehen (Art. 6). Er ist bei Barkrediten und Abzahlungsgeschäften nach einer einheitlichen mathematischen Formel (Art. 33 Abs. 1 und Anhang 1), die auf der so genannten Annuitätenmethode beruht,[257] bei Vertragsschluss (Art. 33 Abs. 1) zu berechnen. Dabei wird angenommen, dass der Kredit während der vereinbarten Dauer fortbesteht und beide Parteien ihren Verpflichtungen ordnungsgemäss nachkommen (Art. 33 Abs. 2).[258]

Bei Leasingverträgen gelten für die Berechnung des effektiven Jahreszinses andere Massstäbe; abgestellt wird auf den Barkaufpreis des Leasingobjekts, dessen Restwert bei Vertragsende und die Leasingraten[259] (Art. 33 Abs. 4).[260] Unklar bleibt, was bei Leasingverträgen unter dem Barzahlungspreis zu verstehen ist.[261] Bei Abzahlungsgeschäften (Art. 10 lit. b) ist dies der Preis, den der Konsument zu entrichten hätte, wenn er den Preis sofort bei Übergabe der Sache bezahlt hät-

---

[256] Eine Gebühr zur Abgeltung der Kreditfähigkeitsprüfung darf nicht separat berechnet werden; so richtig RONCORONI, Flucht, Rz. 20. Ausnahmen von der Pflicht zur Einbeziehung sämtlicher Kosten enthält Art. 34 Abs. 2 und 3. Nach Abs. 4 müssen aber zwingend vorgeschriebene Restschuldversicherungen berücksichtigt werden.

[257] BSK OR I-KOLLER-TUMLER, Art. 16/17 KKG N 7; CR CO I-FAVRE-BULLE, Art. 33 LCC N 6; vgl. näher zur Annuitätenmethode WASSERFALLEN, Probleme der Zinsberechnung, S. 73–79.

[258] Enthält der Vertrag eine Zinsänderungsklausel (Art. 9 Abs. 2 lit. c) und können die späteren Zinsen und Kosten im Zeitpunkt des Vertragsschlusses noch nicht beziffert werden, wird eine fiktive Berechnungsmethode mit den ursprünglichen Zinsen und Kosten (Art. 33 Abs. 3) angewandt.

[259] Da diese mehrwertsteuerpflichtig sind, ist die in Rechnung gestellte Mehrwertsteuer bei der Berechnung des effektiven Jahreszinses zu berücksichtigen. Art. 34 Abs. 2 lit. b ist insoweit nicht anwendbar. So BGer, 4C.58/2006.

[260] Obwohl bei Leasingverträgen eine Vollkaskoversicherung in aller Regel zwingend vorgeschrieben wird, sieht das Gesetz die Berücksichtigung der Versicherungskosten bei der Berechnung des effektiven Jahreszinses nicht vor (vgl. Art. 34 Abs. 4). Vgl. BK-GIGER, Teil II, Rz. 618f.; SIMMEN, Barkredit, S. 57 Fn. 101; HESS, S. 74. Die Entscheidung des Gesetzgebers überzeugt nicht, da so der effektive Jahreszins bei Leasingverträgen im Gegensatz etwa zu Barkrediten und Abzahlungsgeschäften künstlich niedrig gehalten wird und damit die Vergleichbarkeit der Kreditangebote nicht gewährleistet ist.

[261] Diese Frage wird in der Literatur, soweit ersichtlich, nicht diskutiert.

te.²⁶² Die Gegenüberstellung dieses Preises mit dem Preis, den er im Rahmen des Kreditvertrages zu begleichen hat (Art. 10 lit. b), soll ihm die effektive mit der Kreditgewährung verbundene Kostenbelastung vor Augen führen. Deshalb entspricht die Angabe eines überhöhten Barzahlungspreises nicht den gesetzlichen Anforderungen, wird doch so die effektive Mehrbelastung durch den Kredit verschleiert.²⁶³ Auf Grund dieser ebenfalls bei Leasingverträgen massgeblichen *ratio legis* müsste der Leasinggeber, der auch Bargeschäfte tätigt, den bei diesen geltenden Preis im Leasingvertrag angeben. Allerdings geschieht dies häufig nicht; vielmehr wird bei Auto-Leasingverträgen nicht der um Rabatte oder sonstige Vergünstigungen geminderte effektive, sondern nur der höhere nicht praktizierte Barzahlungspreis angegeben.²⁶⁴ Damit wird nicht genügend deutlich, dass die Höhe der Rabatte usw. die zum Teil kreditbedingte Kostenerhöhung gegenüber dem effektiven Barzahlungspreis ausdrückt. Tätigt der Leasinggeber nur Leasinggeschäfte, gibt er in der Praxis den Listenpreis des Herstellers oder Importeurs im Vertrag an, obwohl er das Auto deutlich unter diesem Preis erworben hat. Da aber nur dieser tiefere Preis zu finanzieren ist, erscheint der auf den Listenpreis berechnete effektive Jahreszins niedriger, als er in Wirklichkeit ist. Ein Vergleich mit den Kosten anderer Kreditformen wird so verfälscht. Richtig wäre daher, dass der Leasinggeber den effektiv von ihm gezahlten Kaufpreis als Barkaufpreis angibt.²⁶⁵ Allerdings würde dies bedeuten, dass man von ihm verlangt, Interna seiner Geschäftspraxis offenzulegen. Ob der Gesetzgeber dies wollte, lässt sich den Materialien nicht entnehmen.²⁶⁶ Bei Kreditgebern, die nur Leasinggeschäfte tätigen, wird man daher die Angabe des Listenpreises genügen lassen müssen, auch wenn dadurch keine wirkliche Kostentransparenz geschaffen werden kann.

Handelt es sich um Kreditoptionen bei Kredit- und Kundenkarten oder um einen so genannten vereinbarten Überziehungskredit²⁶⁷, ist nicht der effektive Jahreszins, sondern allein der bei Vertragsschluss zugrunde gelegte Nominalzinssatz,

---

262 BSK OR I-STAUDER, Art. 226a N 37ff.; BSK OR I-KOLLER-TUMLER, Art. 9 KKG N 7.
263 BSK OR I-KOLLER-TUMLER, Art. 9 KKG N 7; BSK OR I-STAUDER, Art. 226a N 39.
264 Beispiel aus der Werbepraxis (2002): Der niedrige oder 0% Zins wird auf den Listenpreis als Barkaufpreis berechnet und in derselben Anzeige wird angeboten, alternativ das gleiche Auto mit einem Rabatt von mehreren Tausend Franken unter dem Listenpreis bar zu erwerben.
265 So auch RONCORONI, kein Fortschritt, Jusletter 13.1.2003, S. 2.
266 Ablehnend CR CO I-FAVRE-BULLE, Art. 11 N 9; trotz Bedenken auch STAUDER, Leasingvertrag, JKR 2002, S. 97.
267 Die Überziehung beruht auf vertraglicher Vereinbarung. Daneben kennt das KKG die «stillschweigend akzeptierte» Kontoüberziehung (Art. 12 Abs. 4). Hierbei handelt es sich nicht um einen Fall des konkludenten Vertragsschlusses, sondern um die einseitige Tolerierung einer Kontoüberziehung, auf die die Vorschriften über die Geschäftsführung ohne Auftrag anwendbar sind. Vgl. STAUDER, Konsumkreditrecht, AJP 1994, S. 680; BSK OR I-KOLLER-TUMLER, Art. 10 N 16; CR CO I-FAVRE-BULLE, Art. 12 N 11; HASELBACH, S. 133f.

ergänzt durch die zu diesem Zeitpunkt berechneten Kosten, anzugeben (Art. 12 Abs. 2 lit. b).[268]

3. Zustimmungserfordernisse

Konsumkreditverträge welcher Form auch immer, sofern sie nur vom Anwendungsbereich des KKG erfasst werden,[269] können von einem Minderjährigen nur mit Zustimmung des gesetzlichen Vertreters geschlossen werden (Art. 13 Abs. 1).[270] Aus Gründen des Minderjährigenschutzes verschärft das KKG die gesetzliche Regelung des ZGB. Die Zustimmung hat schriftlich (Art. 13 Abs. 1 OR) zu erfolgen (Art. 13 Abs. 1) und ist spätestens bei Vertragsunterzeichnung abzugeben (Art. 13 Abs. 2). Eine nachträgliche Genehmigung durch den gesetzlichen Vertreter, aber auch durch den inzwischen mündig gewordenen Minderjährigen[271] entfaltet keine Wirkungen (Art. 19 Abs. 1). Das Zustimmungserfordernis gilt auch für Konsumkreditverträge, die der Minderjährige im Bereich des freien Kindesvermögens schliesst. Art. 13 ist insoweit *lex specialis* zu Art. 323 ZGB.[272] Bei fehlender oder nicht rechtzeitiger Zustimmung ist der Vertrag nichtig (15 Abs. 1).

4. Sanktionen

Die Bedeutung, die der Gesetzgeber dem Schutz der Vertragsentschliessungsfreiheit beimisst, zeigt sich im Sanktionensystem des Art. 15.[273] Die Nichtbeachtung der Formvorschrift, der Inhaltsgebote[274] und des Zustimmungserfordernisses (Art. 9–13) führt zur Nichtigkeit des Konsumkreditvertrages (Art. 15 Abs. 1). Sind

---

[268] CR CO I-FAVRE BULLE, Art. 12 LCC N 6, KÜNG, S. 97; HASELBACH, S. 131 f. Liegt keine derartige Vereinbarung vor, toleriert aber der Kreditgeber eine Kontoüberziehung, muss er den Konsumenten nachträglich über Jahreszins und Kreditkosten informieren, wenn die Überziehung mehr als drei Monate dauert (Art. 12 Abs. 4).

[269] Insbesondere auch Leasingverträge, Kredit- und Kundenkartenverträge mit Kreditoption sowie Überziehungskredite, und nicht nur Abzahlungsverträge, vgl. Art. 226b Abs. 2 aOR.

[270] In Übernahme und Erweiterung der Regelung des Art. 226b Abs. 1 aOR sah der Entwurf (Art. 10a) ein Zustimmungserfordernis auch des Ehegatten vor. Diese sehr umstrittene Regelung (Nachweise zu den parlamentarischen Beratungen bei CR CO I-FAVRE-BULLE, Art. 13 LCC N 1 Fn. 1) wurde nicht Gesetz.

[271] BSK OR I-STAUDER, Art. 226b N 12.

[272] CR CO I-FAVRE-BULLE, Art. 13 N 4; KOLLER-TUMLER, Einführung, JKR 2002, S. 19.

[273] VIGNERON-MAGGIO-APRILE (oben Fn. 240), S. 390 ff., speziell S. 414 f.

[274] Die mathematisch korrekte Berechnung des effektiven Jahreszinses, die im Ergebnis deshalb zu einer falschen Angabe des effektiven Jahreszinses führt, weil Kostenfaktoren entgegen dem KKG berücksichtigt/nicht berücksichtigt wurden, kann nicht als blosser Rechenfehler nach Art. 24 Abs. 3 OR korrigiert werden, sondern ist nach Art. 15 zu sanktionieren. So BGer, 4C.58/2006.

noch keine Leistungen erbracht worden, entfallen die vertraglichen Pflichten beider Parteien.[275]

Da die aus der Nichtigkeit folgende sofortige Rückabwicklung des Vertrages nach Vindikations- bzw. Bereicherungsrecht für den Konsumenten zu erheblichen Schwierigkeiten führen würde, wenn er den Kredit bereits zum Erwerb einer Sache oder Dienstleistung benutzt hat, sieht das Gesetz entsprechend Art. 11 KKG 1993[276] besondere Nichtigkeitsfolgen vor, die dem Sozialschutzbedürfnis des Konsumenten Rechnung tragen und für den Kreditgeber wegen ihres abschreckenden Charakters einen hinreichenden Anreiz zu gesetzeskonformem Verhalten darstellen sollen (Art. 15 Abs. 2–4). Bei Barkrediten, Abzahlungsgeschäften, Kredit- und Kundenkartenverträgen mit Kreditoption sowie bei Überziehungskrediten auf vertraglicher Grundlage verliert der Kreditgeber seinen Anspruch auf Zinsen und Kosten (Art. 15 Abs. 2), obwohl der Konsument seinen Kredit erst nach Ablauf der im Vertrag festgelegten Laufzeit zurückzahlen muss (Art. 15 Abs. 2 und 3). Der Sache nach wird also der nichtige Konsumkredit *ex lege* zu einem Gratiskredit. Die zivilrechtlichen Sanktionen enthalten mithin ein pönales Element[277] (Nichtigkeit *sui generis*). Bei Leasingverträgen gilt eine hiervon abweichende Sonderregelung (Art. 15 Abs. 4).

a) Nichtigkeitsfolgen bei Konsumkrediten (ausser Leasingverträgen)

Wurde der Kreditbetrag schon ausgezahlt, wirkt sich die Nichtigkeit nur auf die Pflichtenstellung des Konsumenten aus.[278] Seine Pflicht zur Vergütung des Kredits (Zinsen und Kosten) fällt dahin. Er muss die Kreditvaluta nicht sofort, sondern bis zum Ende der vertraglichen Kreditdauer zurückzahlen. Der Rückzahlungsmodus ist im Regelfall der gleich hoher monatlicher[279] Teilzahlungen.[280] Dies gilt auch dann, wenn der Vertrag die Rückzahlung in einem Betrag zu Vertragsende

---

[275] HASELBACH, S. 150 f. Bei Verletzung vorvertraglicher Pflichten, insbesondere auch der Inhaltsgebote, kann der Konsument Schadenersatz nach den Grundsätzen der *culpa in contrahendo* verlangen; siehe CR CO I-FAVRE-BULLE, Art. 15 N 11; PIOTET, S. 77; KOLLER-TUMLER, Einführung, JKR 2002, S. 36.

[276] Hierzu grundlegend KOLLER, Sanktionensystem, S. 81 ff.; BSK OR I-KOLLER-TUMLER, Kommentierung des Art. 11 KKG.

[277] Bereits im KKG 1993 hatte der Gesetzgeber auf strafrechtliche Sanktionen verzichtet; siehe KOLLER, Sanktionensystem, S. 84–86.

[278] Die allgemeinen Regeln der Vindikation und des Bereicherungsrechts werden von der *lex specialis* des Art. 15 Abs. 2 und 3 verdrängt. So bereits zum KKG 1993 BSK OR I-KOLLER-TUMLER, Art. 11 KKG N 9. Dennoch wird man den Konsumenten den auf Art. 64 OR gestützten Einwand des Wegfalls der Bereicherung zugestehen müssen, soll doch durch Art. 15 seine Rechtsstellung gegenüber den allgemeinen Vorschriften nicht verschlechtert werden; so zutreffend PIOTET, S. 78.

[279] Es sei denn, der Vertrag sähe längere Zeitabstände vor (Art. 15 Abs. 2).

[280] Dies gilt auch bei Überziehungskrediten; a.A. HASELBACH, S. 151, der für «Einzelfalllösungen» plädiert.

stipuliert.²⁸¹ Bei Abzahlungsgeschäften bedeutet dies, dass der Konsument keine Teilzahlungszuschläge, sondern nur den Barzahlungspreis bezahlen muss. Sobald er Zahlungen in Höhe dieses Preises entrichtet hat, ist er seinen Verpflichtungen nachgekommen; die Kaufsache wird sein Eigentum.

b) Nichtigkeitsfolgen bei Leasingverträgen

Im Gegensatz zur Nichtigkeitssanktion, die bei allen anderen Formen des Konsumkredits gilt, verliert der Leasinggeber bei Nichtigkeit des Leasingvertrages nicht Zinsen und Kosten. Vielmehr muss der Konsument das Leasingobjekt zurückgeben²⁸² und die bis zum Zeitpunkt der effektiven Rückgabe geschuldeten Leasingraten, die die Kreditkosten enthalten, zahlen (Art. 15 Abs. 4 S. 1). Der Sache nach handelt es sich um die für eine Kündigung typischen, *ex nunc* wirkenden Rechtsfolgen.²⁸³

Die Sonderregelung für Leasingverträge enthält ebenfalls ein pönales Element. Der Leasinggeber hat keinen Anspruch auf einen Betrag, der dem durch die erste Ingebrauchnahme des Leasingobjektes entstehenden, bei Autos recht hohen Wertverlust entspricht (Art. 15 Abs. 4 S. 2).²⁸⁴ Allerdings wirkt diese Bestimmung nur dann wirklich abschreckend, wenn der Kunde die Nichtigkeit bald nach Abschluss des Vertrages geltend macht, wird doch mit zunehmender Amortisation des Leasingobjektes der Wertverlust weitgehend ausgeglichen. Ausserdem ist in der Praxis häufig mit einer bei Vertragsschluss fälligen Kaution oder mit einer sehr hohen ersten Rate der Wertverlust bereits abgedeckt, so dass die Regelung des Satzes 2 keine abschreckende Wirkung entfalten kann.²⁸⁵

Die bewusste Entscheidung des Gesetzgebers, den Leasinggeber gegenüber anderen Kreditgebern zu privilegieren, stellt einen Wertungswiderspruch dar und lässt sich nicht mit den Besonderheiten des Leasingvertrages rechtfertigen.²⁸⁶ Sie ist zwar zu respektieren, muss aber wegen des bei einer der wichtigsten Formen des Konsumkredits reduzierten Niveaus des Schutzes des Kon-

---

281 BSK OR I-Koller-Tumler, Art. 11 KKG N 11.
282 Zur Anwendbarkeit von Art. 938 Abs. 2 ZGB bei Unmöglichkeit der Herausgabe des Leasingobjektes oder dessen Beschädigung, siehe CR CO I-Favre-Bulle, Art. 15 LCC N 17; Piotet, S. 81 f.
283 Stauder, Leasingvertrag, JKR 2002, S. 100; BK-Giger, Teil II, Rz. 660. Der Gesetzgeber (AmtlBull. StR 2000, 575) traf diese Regelung in Anlehnung an eine bundesgerichtliche Rechtsprechung (BGE 110 II 244, 248 f.), die bei Nichtigkeit eines unter das Abzahlungsrecht fallenden Leasingvertrages die analoge Anwendung der Kündigungsfolgen des Art. 226i aOR anordnete und dem Leasinggeber eine mietähnliche Nutzungsentschädigung zusprach.
284 Dies entspricht Art. 938 Abs. 1 ZGB; anders Art. 226i aOR. Insoweit ist die Regelung des KKG für den Konsumenten günstiger als die Anwendung der abzahlungsrechtlichen Vorschrift. So auch CR CO I-Favre-Bulle, Art. 15 LCC N 16.
285 Vgl. Roncoroni, Flucht, Rz. 13.
286 So aber BK-Giger, Teil II, Rz. 659 f.

sumenten, der die Nichtigkeit des Vertrages in aller Regel nicht verursacht hat, kritisiert werden.[287]

III. Widerrufsrecht

Das KKG enthält für alle Formen des Konsumkredits zugunsten des Konsumenten ein Widerrufsrecht (Art. 16). Dieses spezifisch konsumentenrechtliche Vertragslösungsrecht führt dazu, dass der Konsument über eine Überlegungsfrist nach Vertragsschluss verfügt. Eine solche rechtfertigt sich vor allem dann, wenn die kreditrelevanten Informationen dem Konsumenten erst im letzten Moment, d.h. kurz vor der Vertragsunterzeichnung zugänglich gemacht werden. Ausserdem soll der Konsument angesichts der in aller Regel weitreichenden finanziellen Konsequenzen einer Kreditaufnahme informiert das Für und Wider abwägen können. Fehlen hierzu die Voraussetzungen vor Vertragsschluss, kann die mit dem Widerrufsrecht verbundene nachträgliche Überlegungsfrist leichtfertigen Kreditentscheidungen entgegenwirken.

1. Voraussetzungen und Ausübungsmodalitäten

Das Widerrufsrecht besteht nicht nur bei Abzahlungs- und gleichgestellten Geschäften[288], sondern neu auch bei reinen Barkrediten (Kleinkredite), bei Kredit- und Kundenkartenverträgen mit Kreditoption und vertraglich vereinbarten Überziehungskrediten[289] sowie bei Leasingverträgen. In der Vertragsurkunde ist auf Bestehen und Frist des Widerrufsrechts hinzuweisen.[290] Art. 16 geht als *lex specialis* Art. 40b OR zum Widerrufsrecht bei Haustürgeschäften vor.[291]

Für alle Kreditformen gelten die gleichen Ausübungsmodalitäten. Das Widerrufsrecht ist ein Gestaltungsrecht und kann frei ausgeübt werden. Die Entscheidung, sich vom Vertrag zu lösen, ist an keine inhaltlichen Voraussetzungen gebunden und bedarf keiner Rechtfertigung. Unerheblich ist, ob die vom Konsumenten widerrufene Willenserklärung rechtlich Angebot oder Annahmeerklärung ist (Art. 16 Abs. 2 S. 1). Nach dem Gesetzeswortlaut bedarf der Widerruf der Schriftform (Art. 16 Abs. 1 S. 1); bei teleologischer Auslegung genügt jedoch auch eine mündliche oder elektronisch übermittelte Widerrufserklä-

---

[287] KOLLER-TUMLER, Einführung, JKR 2002, S. 37 f.
[288] So nach früherem Abzahlungsrecht (Art. 226a und 226m aOR).
[289] Nicht aber bei bloss tolerierten Überziehungskrediten, siehe Art. 16 Abs. 1 S. 2.
[290] Nach dem Wortlaut nicht aber auf das Schriftformerfordernis (Art. 9 Abs. 2 lit. h, 11 Abs. 2 lit. f); a.A. für eine Hinweispflicht KOLLER-TUMLER, Einführung, JKR 2002, S. 18.
[291] Botschaft KKG 1998, BBl 1999, 3179.

D. Schutz der Vertragsentschliessungsfreiheit des Konsumenten

rung.[292] Die Widerrufsfrist beträgt 7 Tage (Art. 16 Abs. 1 S. 1). *Dies a quo* ist der auf den Tag des Erhalts der Vertragskopie folgende Tag (Art. 16 Abs. 2 S. 1).[293] Da in der Vertragsurkunde auf das Widerrufsrecht und die Widerrufsfrist hingewiesen wird, weiss der Konsument von seinem Recht und verfügt effektiv über eine siebentägige Überlegungsfrist. Fehlen diese Angaben, ist der Vertrag nichtig (Art. 15 Abs. 1), und der Konsument schuldet weder Zins noch Kosten (Art. 15 Abs. 2 und 3), gleich wie wenn er widerrufen hätte (Art. 16 Abs. 3 S. 1).[294]

2. Rechtsfolgen

Der Widerruf, der vor der Vornahme irgendeiner Erfüllungshandlung erfolgt, führt zum Wegfall der Verpflichtungen der Vertragsparteien mit Wirkung *ex tunc*.[295] Das KKG enthält jedoch kein Verbot, vor Ablauf der Widerrufsfrist die Kreditvaluta auszuzahlen, die Kaufsache bzw. das Leasingobjekt dem Konsumenten zu übergeben oder die kreditierte Dienstleistung zu erbringen. Erfüllt der Kreditgeber und widerruft nun der Konsument, richten sich die Rechtsfolgen nicht nach Bereicherungsrecht, sondern nach der Sondervorschrift des Art. 16 Abs. 3, wobei je nach Art des Konsumkredits differenziert wird.

Wurde vor Ausübung des Widerrufsrechts bei Barkrediten die Darlehensvaluta bereits ausbezahlt, bei Überziehungskrediten die Kreditlinie und bei Kredit- und Kundenkarten die Kreditoption[296] in Anspruch genommen, wandelt sich der Konsumkredit in einen Gratiskredit, der in Teilzahlungen zurückgezahlt werden kann (Art. 16 Abs. 3 S. 1 i.V.m. Art. 15 Abs. 2 und 3).[297]

---

[292] Es würde dem Schutzzweck des Gesetzes widersprechen, wollte man die Nichtbeachtung des Schriftformerfordernisses dadurch sanktionieren, dass der Widerruf als nicht erklärt anzusehen wäre. Art. 16 Abs. 1 S. 1 ist, wie Art. 40b Abs. 1 OR bei Haustürgeschäften, als Ordnungsvorschrift zu verstehen. Aus Beweisgründen dürfte allerdings eine schriftliche Widerrufserklärung zweckmässig sein, trifft doch sonst den Konsumenten die Beweislast für Abgabe und Rechtzeitigkeit des Zugangs der Erklärung. So bereits zu Art. 40b Abs. 1 OR SCHÖBI FELIX, Ein Vertragsrecht für das digitale Zeitalter, *in* Hans Rudolf Trüeb (Hrsg.), Aktuelle Rechtsfragen beim E-Commerce, Zürich 2001, S. 47–61, 55ff.; STAUDER BERND, Die Haustürgeschäfte nach Obligationenrecht, SJK 465, Genf 2001, S. 12f.; DERS., Leasingvertrag, S. 101; a.A. SIMMEN, Barkredit, S. 60; HESS, S. 75; HASELBACH, S. 144 Fn. 184; TERCIER, contrats, Rz. 2884; wohl auch KOLLER-TUMLER, Einführung, JKR 2002, S. 18 Fn. 62.

[293] I.V.m. Art. 9 Abs. 1, 11 Abs. 1, 12 Abs. 1 und Art. 77 Abs. 1 Ziff. 1 und Abs. 2 OR. Erfolgt der Widerruf schriftlich, reicht es zur Fristwahrung aus, wenn er am siebten Tag der Post übergeben wird (Art. 16 Abs. 2 S. 2).

[294] Anders ist es beim Leasingvertrag, bei dem die Nichtigkeitsfolgen wegen unterlassener Information über das Widerrufsrecht für den Konsumenten weniger günstig sind (Art. 15 Abs. 4). Siehe unten S. 269f.

[295] STAUDER, Leasingvertrag, JKR 2002, S. 100; PIOTET, S. 87.

[296] Unzutreffend KÜNG, S. 98, nach dem Art. 16 Abs. 3 S. 1 die Kredit- und Kundenkarten mit Kreditoption nicht betreffe.

[297] Zu Einzelheiten siehe oben S. 268f.

Bei den anderen Formen des Konsumkredits (Abzahlungskauf, Kreditierung einer Dienstleistung oder Leasingvertrag) ist der Tatsache Rechnung zu tragen, dass der Konsument die Sache bis zum Widerruf genutzt oder die Dienstleistung in Anspruch genommen haben kann. Die Rechtsfolgen des Widerrufs richten sich entsprechend der Verweisungsnorm des Art. 16 Abs. 3 S. 2 nach denen, die bei einem Widerruf von Haustürgeschäften gelten (Art. 40f OR). Der Konsumkreditvertrag wandelt sich nach der Umwandlungstheorie[298] in ein Rückabwicklungsschuldverhältnis, so dass der *status quo ante* wiederherzustellen ist. Die bereits erbrachten Leistungen sind zurückzuerstatten (Art. 40f Abs. 1 OR). Insbesondere muss der Konsument die Kaufsache oder das Leasingobjekt zurückgeben.[299] Im Falle des Gebrauchs der Sache schuldet der Konsument dem Kreditgeber einen «angemessenen Mietzins» (Art. 40f Abs. 2 OR). Darunter ist eine Nutzungsentschädigung für den Zeitraum zwischen Ingebrauchnahme der Sache und deren Rückgabe zu verstehen, die sich nach dem üblichen Preis für die Miete einer derartigen Sache richtet.[300] Sie umfasst weder den Wertverlust, der durch die erste Ingebrauchnahme der Sache entsteht,[301] da die gesetzgeberische Wertung des Art. 15 Abs. 4 S. 2 auch im Rahmen der Rechtsfolgen des Widerrufs Geltung beansprucht,[302] noch einen vom Kreditgeber angestrebten Gewinn.[303]

Da in Anspruch genommene Dienstleistungen nicht zurückerstattet werden können, schuldet der Konsument dem Kreditgeber Ersatz seiner Auslagen und Verwendungen gemäss Art. 40f Abs. 3 OR i.V.m. Art. 402 OR, sofern sie bei vertragsgemässer Erbringung der Dienstleistung entstanden sind,[304] allerdings weder Zinsen auf diese Auslagen noch Zahlung von Honorar oder Gewinn.[305] Weitere Entschädigungen, in welcher Form auch immer (Schadenersatz aus *culpa in contrahendo*, Reugeld oder Konventionalstrafe), sind unzulässig (Art. 40f Abs. 4 OR).[306]

---

[298] BGE 114 II 151.
[299] Zu den Rechtsfolgen bei Unmöglichkeit der Rückerstattung siehe CR CO I-STAUDER, Art. 40f N 5; DERS., Die Haustürgeschäfte nach Obligationenrecht, SJK 465, Genf 2001, S. 16, m.w.N.; PIOTET, S. 88.
[300] STAUDER, Leasingvertrag, JKR 2002, S. 102; so wohl auch HESS, S. 76; MÜNTENER, S. 40.
[301] PIOTET, S. 87f.; CR CO I-FAVRE-BULLE, Art. 16 LCC N 6; STAUDER, Leasingvertrag, JKR 2002, S. 102; CR CO I-STAUDER, Art. 40f N 7; MÜNTENER, S. 40f.
[302] Hat der Kreditgeber den Konsumenten nicht ordnungsgemäss über sein Widerrufsrecht informiert, kann der Richter nach Art. 4 ZGB den Betrag der Entschädigung herabsetzen. So die Botschaft zu einem BG über die Förderung der Konsumenteninformation und zu einem BG zur Änderung des Obligationenrechts, BBl 1986 II 395; BSK OR I-GONZENBACH, Art. 40f N 3; STAUDER, Leasingvertrag, JKR 2002, S. 102.
[303] CR CO I-STAUDER, Art. 40f N 7, m.w.N.
[304] Botschaft (oben Fn. 302), BBl 1986 II 395
[305] Einzelheiten bei CR CO I-STAUDER, Art. 40f N 8 und 9; DERS., Haustürgeschäfte (oben Fn. 299), S. 17; BSK OR I-GONZENBACH, Art. 40f N 3.
[306] Vertragsklauseln, die eine derartige Entschädigung vorsehen oder in anderer Weise die Ausübung des Widerrufsrechts direkt oder indirekt beeinträchtigen, sind nichtig. Vgl. Botschaft (oben Fn. 302), BBl 1986 II 395; BSK OR I-GONZENBACH, Art. 40f N 3; CR CO I-STAUDER, Art. 40f N 10f.

E. Schutz bei Vertragsabwicklung

Angesichts der eingehenden Regelung zur Sicherstellung der Entschliessungsfreiheit des Konsumenten und der zentralen Bedeutung, die der Gesetzgeber der Prävention der Konsumentenüberschuldung durch die Kreditfähigkeitsprüfung vor Vertragsschluss beimisst, erstaunt es nicht, dass er der Phase der Vertragsabwicklung weniger Beachtung geschenkt hat. Die Parteien können daher ihre Rechte und Pflichten im Rahmen der Vertragsfreiheit festlegen. In der Praxis bedeutet dies, dass der Kreditgeber seine Allgemeinen Geschäftsbedingungen (AGB) durchsetzen und dem Vertrag zugrunde legen kann. Diese regeln *de facto* das vertragliche Kreditverhältnis. Die Allgemeinen Bank-, Kredit-, Kreditkarten- oder Leasingbedingungen zeichnen sich bekanntlich durch einseitige Interessenwahrung seitens des redigierenden Kreditgebers aus: Verstärkung der Pflichtenstellung des Konsumenten und Ausweitung der Rechte des Kreditgebers. Diese realtypische Unausgewogenheit der AGB kann mangels einer griffigen Inhaltskontrolle nur in extremen Ausnahmefällen korrigiert werden. Anlässlich der Revision des KKG sollten die bisherigen Schutzinstrumente des Abzahlungsrechts und des Konsumkreditrechts von 1993 sowie bestimmte Schutzmassnahmen des kantonalen Rechts im neuen Konsumkreditgesetz beibehalten werden, um ein Absinken des Schutzniveaus gegenüber dem bislang geltenden Recht zu verhindern. Dieses Ziel wurde zwar nur zum Teil erreicht, aber immerhin enthält das neue KKG Schutzbestimmungen, durch die die Rechte des Konsumenten gestärkt werden sollen. Einige halbzwingende Vorschriften (Art. 37) schränken so die einseitige Wahrnehmung der Vertragsfreiheit durch den Kreditgeber ein.

I. Höchstzinssatz

Anders als das KKG 1993 und das Abzahlungsrecht sieht das neue Konsumkreditgesetz (Art. 14) einen Höchstzins für Konsumkredite vor.[307] Die Regelung ist das Ergebnis eines politischen Entscheides des Gesetzgebers, liess sich doch kein Kompromiss finden zwischen den Gegnern, die erhebliche ordnungspolitische Be-

---

[307] Durch diese Regelung, die sich als abschliessend versteht (Art. 38), soll der Geltung der auf Art. 73 Abs. 2 OR gestützten kantonalen Bestimmungen des öffentlichen Rechts zu Höchstzinssätzen (Nachweise in Botschaft KKG 1998, BBl 1999, 3163f., 3178), deren Verfassungsmässigkeit das BGer festgestellt hatte (BGE 119 Ia 59; 120 Ia 286), sowie der Zinsbegrenzung im Interkantonalen Konkordat über Massnahmen zur Bekämpfung von Missbräuchen im Zinswesen vom 8.10.1957 (hierzu Botschaft KKG 1998, BBl 1999, 3162f.) ein Ende gesetzt werden. Gleichzeitig will aber die bundesrechtliche Regelung ein «zumindestens ähnlich hohes Konsumentenschutzniveau» erreichen (Botschaft KKG 1998, BBl 1999, 3166).

denken[308] geltend machten, und den Befürwortern eines Konsumentenschutzes, der dem bisherigem kantonalen Recht entspricht.[309]

Der «höchstens zulässige Zinssatz» (Art. 14 S. 1) beträgt derzeit 15% (Art. 1 VKKG). Unterhalb dieser Grenze kann der Zinssatz von den Parteien frei vereinbart werden. Der Bundesrat verfügt bei der Festsetzung des Höchstzinssatzes über einen weiten Gestaltungsspielraum,[310] auch wenn er «den von der Nationalbank ermittelten, für die Refinanzierung des Konsumkreditgeschäfts massgeblichen Zinssatz»[311] zu berücksichtigen hat (Art. 14 S. 2). Mit dem Kriterium der von offizieller Seite festgestellten Refinanzierungskosten wird indirekt anerkannt, dass den Kreditgebern eine Marge bleiben soll, mit der sie das Kreditgeschäft rentabel betreiben können.[312] Dennoch soll der Höchstzinssatz von 15% «in der Regel» nicht überschritten werden (Art. 14 S. 3). Daher darf nur ausnahmsweise ein höherer Zinssatz festgelegt werden, etwa wenn wegen eines besonders hohen Zinsniveaus die Refinanzierungskosten sehr stark gestiegen sind.[313]

Mit dem Höchstzinssatz ist der effektive Jahreszins gemeint, der die Gesamtkosten des Kredits ausdrückt (Art. 6 i.V.m. Art. 5, 33 und 34). Kann dieser objektiv nicht festgestellt werden, ist der Jahreszins massgebend,[314] für dessen Berechnung das Gesetz jedoch keine Kriterien liefert.

Wird der zulässige Höchstzinssatz, aus welchen Gründen auch immer, überschritten, kommt es nicht zu einer geltungserhaltenden Reduktion des Zinses auf das gesetzlich zulässige Mass; vielmehr ist der Vertrag nichtig und wandelt sich in einen Gratiskredit (Art. 15 Abs. 1–3).[315]

Die Anwendung der davon abweichenden speziellen Nichtigkeitsfolgen, die Art. 15 Abs. 4 bei Leasingverträgen anordnet,[316] führt zu widersinnigen Ergebnissen.[317] Der Leasinggeber wäre berechtigt, bis zum Zeitpunkt der Rückgabe des

---

[308] Siehe etwa die virulente Kritik bei BK-GIGER, Teil II, Rz. 154 ff.
[309] Botschaft KKG 1998, BBl 1999, 3169. Zu den parlamentarischen Debatten siehe die Nachweise bei CR CO I-FAVRE-BULLE, Art. 14 LCC N 6 Fn. 11.
[310] Er wird «sozialpolitische Erwägungen» (Art. 10b Abs. 2 E-KKG) in seine Entscheidung einbeziehen dürfen, auch wenn dieses Kriterium ausdrücklich nicht in die Endfassung des Gesetzes eingegangen ist. Vgl. auch BRUNNER, KKG, Rz. 69, der zu Recht auf die Bedeutung der Verfassungsnorm zum Konsumentenschutz (Art. 97 BV) bei der Konkretisierung von Art. 14 hinweist.
[311] Ein spezieller Referenzzinssatz für die Refinanzierung von Konsumkrediten wird von der Nationalbank nicht erhoben (Auskunft der Nationalbank vom 8.3.2007).
[312] Auf die Rentabilität hatte bereits Art. 10b Abs. 2 E-KKG abgestellt, allerdings ohne die Einschränkungen, die sich jetzt im Gesetz finden. Das BGer wies schon in BGE 119 Ia 59, 69, auf mögliche verfassungsrechtliche Bedenken gegenüber einem starren Höchstzinssatz hin.
[313] Begleitbericht VKKG, S. 2 f.; SIMMEN, Barkredit, S. 56.
[314] Unstreitig. Vgl. nur Begleitbericht VKKG, S. 3; CR CO I-FAVRE-BULLE, Art. 14 LCC N 5; SIMMEN, S. 56 f.; KOLLER-TUMLER, Einführung, JKR 2002, S. 16.
[315] Hierzu siehe oben S. 268 f.
[316] Siehe oben S. 269 f.
[317] Siehe etwa das Beispiel bei KOLLER-TUMLER, Einführung, JKR 2002, S. 38.

E. Schutz bei Vertragsabwicklung

Leasingobjekts die Leasingraten zu fordern. Da diese aber auf der Grundlage des überhöhten Zinses berechnet wurden, würde er nach dem Wortlaut des Gesetzes aus der Gesetzesverletzung Vorteile ziehen.[318] Dass ein solches Ergebnis vom Gesetzgeber gewollt war, lässt sich den parlamentarischen Beratungen[319] nicht entnehmen; vielmehr scheint die Problematik schlicht übersehen worden zu sein. Es handelt sich daher um eine Gesetzeslücke, die nach den rechtspolitischen Wertungen, die dem KKG zugrunde liegen, zu schliessen ist.[320] Folglich ist Art. 15 Abs. 4 auf den Fall der Verletzung des Höchstzinssatzes bei Leasingverträgen nicht anwendbar. Eine geltungserhaltende Reduktion, also die Herabsetzung des gesetzwidrigen Zinssatzes auf die gesetzlich zulässigen 15%[321], ist abzulehnen, da von dieser Sanktion keine Abschreckungs- und Präventionswirkung ausginge.[322] Argumentiert man, der Kreditgeber dürfe bei Verstoss gegen Art. 14 jedenfalls nicht besser stehen, als wenn der Konsument den Vertrag nach Art. 16 widerrufen hätte, würde dem Leasinggeber immerhin eine nach Art. 16 Abs. 3 S. 2 i.V.m. Art. 40f OR zu berechnende Nutzungsentschädigung[323] zustehen.[324] Mit dieser Sanktion wird aber nicht genügend dem Unterschied Rechnung getragen, dass man dem Leasinggeber bei einem Widerruf gewisse Einbussen nur deshalb zumutet, weil er die Sache – wenn auch gesetzeskonform – schon vor Ablauf der Widerrufsfrist geliefert hat, wohingegen es hier um die Sanktion der Verletzung einer zentralen Schutzvorschrift geht.

Die Gesetzeslücke kann allein mit einer Sanktionsordnung geschlossen werden, von der eine effektive Abschreckungs- und folglich verhaltenssteuernde Wirkung ausgeht. Eine solche sieht der Gesetzgeber in Art. 15 Abs. 1–3 vor, nämlich die Umwandlung des nichtigen Kredits in einen Gratiskredit.[325] Gleiches muss bei Konsumgüterleasingverträgen gelten.[326] Der Konsument kann das Leasingobjekt bis zum Ablauf der vereinbarten Vertragsdauer nutzen. Der Leasinggeber verliert seinen Anspruch auf Zinsen und Kosten mit der Folge, dass der Konsument nur die um die Zins- und Kostenfaktoren geminderten Leasingraten zu zahlen hat,

---

[318] Anders HESS, S. 85, der Art. 15 Abs. 4 für anwendbar hält, da das Pönale zu Lasten des Leasinggebers darin läge, dass er den durch Ingebrauchnahme des Leasingobjektes verursachten Wertverlust trage; wohl auch BK-GIGER, Teil II, Rz. 659f., der allerdings die Sanktionsproblematik bei Verletzung von Art. 14 nicht diskutiert. Zur Relativität des Aspekts des Wertverlustes vgl. oben S. 269.

[319] Der E-KKG sah auch bei Leasingverträgen die Rechtsfolge der Umwandlung des nichtigen Vertrages in einen Gratiskredit vor.

[320] Ebenso CR CO I-FAVRE-BULLE, Art. 15 LCC N 14.

[321] So aber CR CO I-FAVRE-BULLE, Art. 15 LCC N 14.

[322] Botschaft KKG 1998, BBl 1999, 3178: Eine solche geltungserhaltende Reduktion müsste «geradezu als Einladung an die Kreditgeberin gelten, es mit einem vom Gesetz verpönten Zins einmal zu versuchen».

[323] Dazu oben S. 272.

[324] Diese Lösung schlägt PIOTET, S. 82f., vor.

[325] Vgl. auch Art. 32 bei Verstössen gegen die Vorschriften zur Kreditfähigkeitsprüfung.

[326] So bereits STAUDER, Leasingvertrag, JKR 2002, S. 114f.

Nach Ablauf der Vertragsdauer muss der Konsument das Leasingobjekt an den Leasinggeber herausgeben, sofern der Vertrag diesem den Restwert[327] zuordnet.

II. Verteidigungsrechte des Konsumenten in Dreiecksverhältnissen

Bei Konsumkrediten im Zweiparteienverhältnis stehen dem Konsumenten im Falle der Nicht-, der nicht rechtzeitigen oder der Schlechterfüllung die Rechtsbehelfe des Allgemeinen und, je nach Rechtsform des Konsumkredits, auch die des Besonderen Teils des Obligationenrechts zur Verfügung.[328] Ist von vornherein eine dritte Person an der Kreditierung des Erwerbs von Waren oder Dienstleistungen beteiligt (z.B. bei drittfinanzierten Geschäften) oder tritt sie später hinzu (z.B. bei Zession von Forderungen gegen den Konsumenten oder Übertragung eines Wechsels), besteht die Gefahr, dass der Konsument seine Rechtsbehelfe, die ihm gegen den Vertragspartner aus dem Erwerbsgeschäft zustehen, nicht gegenüber dem Dritten, der Zahlung verlangt, geltendmachen kann. Insbesondere Einredenausschlussklauseln sollen in der Praxis verhindern, dass der Dritte über Einwendungen oder Einreden mit Leistungsstörungen im Erwerbsgeschäft konfrontiert wird. Dieser Folge, die unter Umständen zur Rechtlosstellung des Konsumenten führen kann, versucht der Gesetzgeber entgegenzuwirken, indem er ihm auch in Dreiecksverhältnissen die Möglichkeit zugesteht, Verteidigungsrechte, die im Erwerbsgeschäft ihren Ursprung haben, gegenüber dem Dritten auszuüben.[329]

1. Einredenerhalt bei Zession

Tritt der Abzahlungsverkäufer, der Leasinggeber oder der Herausgeber von Kredit- oder Kundenkarten seine Forderungen gegen den Konsumenten, etwa zur Refinanzierung, an einen Dritten ab oder zediert er sie an Inkassounternehmen, schützt zwar Art. 169 Abs. 1 OR den Konsumenten vor dem Verlust seiner Gegenrechte aus dem Grundgeschäft. Da diese Schuldnerschutzvorschrift aber dispositiver Natur ist, kann sie durch eine AGB-Klausel ersetzt werden, in der er auf die Wahrnehmung der Gegenrechte verzichtet. Dieser Gefahr wirkt die zwingende Vorschrift des Art. 19 entgegen, indem sie dem Konsumenten das «unabdingbare Recht» zur Geltendmachung seiner Gegenrechte gewährt. Damit sind die früher üblichen Einredenverzichts- oder -ausschlussklauseln nichtig.[330]

---

[327] In der Praxis wird der Restwert im Vertrag angegeben; vgl. HESS, S. 74.
[328] Vorbehaltlich abweichender Regelungen, insbesondere in den AGB der Kreditgeber.
[329] Vgl. bereits Art. 226f aOR sowie Art. 13–15 KKG 1993, die der EU-Richtlinie über den Verbraucherkredit (oben Fn. 12) entsprechen.
[330] CR CO I-FAVRE-BULLE, Art. 19 LCC N 2; HESS, S. 77; BSK OR I-KOLLER-TUMLER, Art. 13 KKG N 3; STAUDER, Konsumkreditrecht, S. 686.

E. Schutz bei Vertragsabwicklung

Art. 19 betrifft nicht nur, wie der Wortlaut nahelegt, die Einreden, sondern umfasst auch sämtliche Einwendungen[331] des Konsumenten aus dem Konsumkreditvertrag.[332] Obwohl im Gesetzestext nicht ausdrücklich erwähnt, hat der Konsument auch das Recht, seine Forderungen mit denjenigen des Kreditgebers zu verrechnen (so genannte Verrechnungseinrede).[333] Ausserdem ist der Konsument berechtigt, sämtliche ihm aus dem Verhältnis zum Dritten direkt zustehenden Gegenrechte wahrzunehmen.[334]

2. Einwendungsdurchgriff

Wählt der Verkäufer oder Dienstleistungserbringer (Lieferant)[335] nicht den Weg der Refinanzierung durch Zession seiner Forderungen gegen den Konsumenten, kann letzterer nur dann auf Kredit erwerben, wenn ihm von einem Dritten, dem Kreditgeber, ein Darlehen gewährt wird, das dazu dienen soll, den Preis für die Kaufsache oder die Dienstleistung zu bezahlen. Bei diesen drittfinanzierten Erwerbsgeschäften schliesst der Konsument zwei Verträge, einen Kauf- oder Dienstleistungsvertrag mit dem Verkäufer oder Dienstleistungserbringer mit Vereinbarung der Barzahlung des Preises und einen Darlehensvertrag mit einem Kreditgeber, wobei die Darlehensvaluta, die er auf einmal oder, was der Regelfall in der Praxis ist, in Raten zurückzuzahlen hat, dazu dient, den Preis für die Leistung aus dem Erwerbsgeschäft zu entrichten. Das wirtschaftlich einheitliche Krediterwerbsgeschäft wird mithin in zwei rechtlich selbständige Verträge aufgespalten, was grundsätzlich zur Folge hat, dass der Konsument seine Gegenrechte aus dem Erwerbsgeschäft nicht gegen den Kreditgeber geltendmachen könnte. Auch trüge er das Risiko einer eventuellen Leistungsunfähigkeit des Verkäufers oder Dienstleistungserbringers.[336] Art. 21[337] soll diese Konsequenzen abmildern und gewährt dem Konsumenten, jedenfalls im Falle von Leistungsstörungen im Erwerbsgeschäft, zwingend (Art. 37) einen Einwendungsdurchgriff. Er kann somit gegenüber dem Kreditgeber «alle Rechte» (d.h. sämtliche Einreden und Einwen-

---

[331] CR CO I-Favre-Bulle, Art. 19 LCC N 3; BSK OR I-Koller-Tumler, Art. 13 KKG N 4; Stauder, Konsumkreditrecht, S. 686.
[332] Die Geltendmachung von Gegenrechten aus anderen Rechtsverhältnissen als dem Konsumkreditvertrag unterliegen den allgemeinen zessionsrechtlichen Regeln; CR CO I-Favre-Bulle, Art. 19 LCC N 3.
[333] Richtlinienkonforme Auslegung (siehe oben S. 231); so auch BSK OR I-Koller-Tumler, Art. 13 KKG N 5; Stauder, Konsumkreditrecht, S. 686; wohl auch BK-Giger, Teil II, Rz. 194, 198; a.A. CR CO I-Favre-Bulle, Art. 19 LCC N 5.
[334] BSK OR I-Koller-Tumler, Art. 13 KKG N 6.
[335] Beispiel für Dienstleistungen bei BSK OR I-Koller-Tumler, Art. 15 KKG N 7.
[336] Stauder, Konsumkreditrecht, S. 686.
[337] Er stimmt wörtlich (bis auf den in Abs. 1 lit. e genannten Betrag) mit Art. 15 KKG 1993 überein, der die entsprechende Regelung der Verbraucherkredit-Richtlinie (oben Fn. 12) übernahm.

dungen) «geltendmachen, die ihm gegenüber dem Lieferanten zustehen» (Art. 21).[338]

Der Anwendungsbereich des Einwendungsdurchgriffs betrifft nach dem Wortlaut nur Leistungsstörungen bei Nicht-, nicht rechtzeitiger, nur teilweiser oder Schlechtlieferung im Erwerbsgeschäft (Art. 15 Abs. 1 lit. c), hingegen nicht Mängel in dessen Entstehungsphase (Nichtigkeit, Anfechtung, Übervorteilung, Widerruf nach Art. 16).[339]

Der Einwendungsdurchgriff ist an sehr restriktive Voraussetzungen geknüpft. Erstens muss zwischen dem Lieferanten und dem Kreditgeber eine «Abmachung» über die Kreditgewährung an Kunden des Lieferanten bestehen (lit. a). In dieser Abmachung, die in einem Rahmenvertrag festgelegt sein, aber auch auf anderen weniger förmlichen Gestaltungen der wirtschaftlichen Zusammenarbeit von Lieferant und Kreditgeber beruhen kann,[340] manifestiert sich die wirtschaftliche Verbundenheit der beiden formalrechtlich selbständigen Verträge. Für die Annahme einer Abmachung, deren Existenz der Konsument nach allgemeinen Regeln zu beweisen hätte,[341] müssen Indizien ausreichen, da er sich sonst in einem Beweisnotstand befände. Insoweit bleibt die Rechtsprechung zum Einwendungsdurchgriff nach früherem Abzahlungsrecht weiterhin relevant.[342] Zweitens muss die Abmachung eine Vereinbarung enthalten, nach der der Lieferant den Kredit suchenden Konsumenten ausschliesslich an den Kreditgeber zu verweisen hat (so genanntes Ausschliesslichkeitserfordernis, lit. a). Geht man vom Wortlaut aus, wird der Konsument eine derartige Vereinbarung praktisch nie nachweisen können, und Art. 21 bliebe toter Buchstabe. Da diese Folge kaum gewollt sein kann, muss in teleologischer Auslegung «ein überwiegendes oder auch schon häufiges Zusammenwirken» zwischen Lieferant und Kreditgeber aus-

---

[338] BRUNNER, KKG, geht von einem eigenständigen, vom bisherigen Verständnis der Art. 19 und 21 völlig abweichenden Ansatz aus. Nach ihm (Rz. 73, 103) bezieht sich Art. 21 in systematischer Hinsicht allein auf den Barkredit des Art. 9 und sanktioniert die Umgehung des auf Dreiparteienverhältnisse (Rz. 80 ff.) anwendbaren Art. 10 i.V.m. Art. 19, die «sowohl genetisch als auch normlogisch eine Einheit bilden» (Rz. 85). Art. 10 betreffe den Finanzierungskredit als Dreiparteienverhältnis und verbundenes Rechtsgeschäft (Rz. 81), mit der Folge, dass in rechtlicher Hinsicht eine Zession der Forderung des Anbieters gegen den Konsumenten notwendig sei (Rz. 85). Damit gelte dann der Einredenerhalt des Art. 19.

[339] Hier wäre zu prüfen, ob sich nicht nach allgemeinen Rechtsgrundsätzen die Folgen der Mängel im Erwerbsgeschäft auf die Wirksamkeit des Kreditgeschäfts auswirken, etwa indem die Parteien den Bestand des Erwerbsgeschäfts zur Bedingung für den Bestand des Kreditgeschäfts gemacht haben (vgl. Genfer Cour de Justice, SJ 1966, 49, 51). Zu denken wäre auch an die Anwendung der Lehre vom Wegfall der Geschäftsgrundlage im Kreditverhältnis. Vgl. die Hinweise bei BSK OR I-KOLLER-TUMLER, Art. 15 KKG N 3.

[340] CR CO I-FAVRE-BULLE, Art. 21 LCC N 6; STAUDER, Konsumkreditrecht, S. 686; BSK OR I-KOLLER-TUMLER, Art. 15 KKG N 8; enger BK-GIGER, Teil II, Rz. 221.

[341] CR CO I-FAVRE-BULLE, Art. 21 LCC N 7.

[342] BGE 122 III 165 und die kantonale Rechtsprechung, Nachweise bei BSK OR I-STAUDER, Art. 226m N 75 und 76.

E. Schutz bei Vertragsabwicklung

reichen.[343] Drittens muss der Konsument den Kredit im Rahmen der Abmachung erhalten (lit. b) und der Betrag des Erwerbsgeschäfts höher als Fr. 500 sein (lit. e).

Liegen diese Voraussetzungen vor, ist der Konsument berechtigt, «alle Rechte», die ihm aus Leistungsstörungen im Erwerbsgeschäft zustehen, auch gegen den Kreditgeber geltendzumachen. Insbesondere darf er die Zahlung verweigern, kann Schadenersatz verlangen und unter Umständen, etwa bei Wandlung im Rahmen eines Kaufvertrages, bereits erfolgte Zahlungen zurückfordern.[344] Voraussetzung ist allerdings, dass er zuvor gegen den Lieferanten «erfolglos» vorgegangen ist (Subsidiarität des Einwendungsdurchgriffs, lit. d). Wie weithin anerkannt, dürfen keine überspannten Anforderungen an die Subsidiarität gestellt werden. So ist nicht erforderlich, dass der Konsument zuvor den Prozessweg beschreitet.[345] Es muss ausreichen, wenn er den Lieferanten ernsthaft aufgefordert hat, seiner Leistungspflicht ordnungsgemäss nachzukommen und dieser dies ablehnt oder sich in Schweigen hüllt.[346]

Der für drittfinanzierte Abzahlungsgeschäfte geschaffene Einwendungsdurchgriff kommt bei nicht zweckgebundenen Barkrediten nicht in Betracht. Denn an einer wirtschaftlichen Einheit fehlt es insbesondere, wenn der Konsument aus eigenem Antrieb den Kreditgeber aufsucht und von diesem tatsächlich die Valuta zur völlig freien Verfügung ausbezahlt erhält (Kleinkredit)[347] oder wenn er einen Überziehungskredit in Anspruch nimmt.[348] Bei Kreditkarten mit Kreditoption ist trotz des Bestehens von Rahmenverträgen zwischen dem Kreditkartenherausgeber und den Lieferanten eine Ausschliesslichkeitsvereinbarung sehr selten. Art. 21 ist im Regelfall nicht anwendbar.[349]

---

[343] So BSK OR I-KOLLER-TUMLER, Art. 15 KKG N 9; kritisch zur wörtlichen Lesart auch CR CO I-FAVRE-BULLE, Art 21 LCC N 8, der allerdings diese Abweichung vom Wortlaut de lege lata nicht für zulässig hält. A A. HESS, S. 79; BK-GIGER, Teil II, Rz. 222.

[344] Beispiele bei CR CO I-FAVRE-BULLE, Art. 21 LCC N 11; BSK OR I-KOLLER-TUMLER, Art. 15 KKG N 10–12.

[345] CR CO I-FAVRE-BULLE, Art. 21 LCC N 6; BSK OR I-KOLLER-TUMLER, Art. 15 KKG N 13; WIEGAND, zentrale Elemente, S. 49 f; STAUDER, Konsumkreditrecht, S. 687.

[346] CR CO I-FAVRE-BULLE, Art. 21 LCC N 6; BSK OR I-KOLLER-TUMLER, Art. 15 KKG N 13; STAUDER, Konsumkreditrecht, S. 687; restriktiver wohl BK-GIGER, Teil II, Rz. 230 f.

[347] BSK OR I-KOLLER-TUMLER, Art. 15 KKG N 17. Allerdings ist hier unter Umständen zu prüfen, ob nicht ein Fall der Gesetzesumgehung vorliegt. Vgl. STAUDER, Konsumkreditrecht, S. 687.

[348] CR CO I-FAVRE-BULLE, Art. 21 LCC N 9; nach EuGH, 4. Oktober 2007, Rampion/Franfinance SA, Rs. C-429/05, Slg. 2007 I-nnv, Rz. 42–44, ist die Vorschrift zum Einwendungsdurchgriff anwendbar «sowohl auf einen zur Finanzierung eines einzigen Geschäfts bestimmten Kredit als auch auf die Krediteröffnung ..., die dem Verbraucher erlaubt, den gewährten Kredit wiederholt zu nutzen.» Die Geltendmachung von Gegenrechten durch den Konsumenten darf auch nicht von weiteren als den in Art. 11 Abs. 2 S. 1 RL (= Art. 21 KKG) genannten Voraussetzungen abhängig gemacht werden (Rz. 46–50).

[349] KILGUS, JKR 2002, S. 143 Fn. 51; CR CO I-FAVRE-BULLE, Art. 21 LCC N 9; BSK OR I-KOLLER-TUMLER, Art. 15 KKG N 17.

Nach Art. 8 Abs. 1 ist Art. 21 auch auf Leasingverträge anwendbar. In Betracht kommt nur das indirekte Konsumgüterleasing,[350] das auf einer Dreiecksbeziehung (Hersteller/Lieferant, Leasinggeber, Konsument) beruht. Allerdings besteht nur zwischen dem Leasinggeber und dem Konsumenten, nicht aber zwischen letzterem und dem Hersteller/Lieferanten eine vertragliche Beziehung,[351] wie es Art. 21 voraussetzt. Nach dem Wortlaut scheidet daher ein Einwendungsdurchgriff aus.[352] Jedoch ist zu beachten, dass sich beim Konsumgüterleasing die gleiche Rechtlosstellung wie beim drittfinanzierten Abzahlungsgeschäft ergibt, würde man dem Konsumenten nicht das Recht zugestehen, bei Leistungsstörungen dem Leasinggeber gegenüber etwa die Zahlung der Leasingraten zu verweigern.[353] Dies ist aber gerade der Zweck der Einredenausschlussklauseln im Leasingvertrag. Durch sie soll verhindert werden, dass der Konsument sich auf direkt im Leasingverhältnis anwendbare zwingende mietrechtliche Schutzvorschriften[354] oder auf ihm im Leasingvertrag abgetretene kaufrechtliche Rechtsbehelfe aus dem Kaufvertrag zwischen Hersteller/Lieferant und Leasinggeber[355] im Wege des Einwendungsdurchgriffs berufen kann. Entgegen seinem Wortlaut fordert die *ratio legis* des Art. 21, nämlich Konsumentenschutz bei Dreieckskreditverhältnissen zu gewähren, eine zumindest analoge Anwendung.[356] Insofern hat die Verweisung in Art. 8 auf Art. 21 seine Berechtigung. Folglich sind Freizeichnungsklauseln im Leasingvertrag dann unwirksam, wenn der Konsument erfolglos gegen den Lieferanten vorgegangen ist.[357] Ob aber Art. 21 beim Konsumgüterleasing in der Praxis Bedeutung erlangen wird, hängt auch davon ab, wie die Gerichte mit dem Ausschliesslichkeitserfordernis (lit. a) umgehen.[358]

---

[350] Beim direkten Leasing (meist Hersteller- oder Händler-Leasing) besteht eine Zweiparteienbeziehung, so dass der Konsument seine Gegenrechte direkt gegenüber seinem Vertragspartner geltend machen kann.

[351] Der Kaufvertrag über das Leasingobjekt, das häufig der Konsument ausgewählt hat, wird zwischen dem Hersteller/Lieferanten und dem Leasinggeber geschlossen.

[352] KELLER, S. 106.

[353] Auf diese Problematik gehen CR CO I-FAVRE-BULLE, Art. 8 LCC N 4 und Art. 21 LCC N 2, sowie LUPI THOMANN, S. 143 ff., nicht ein.

[354] Art. 256 Abs. 2 lit. a OR i.V.m. Art. 258, 259 ff., 259a OR. Zur umstrittenen Frage der Anwendbarkeit mietrechtlicher Vorschriften auf den Konsumgüterleasingvertrag siehe KOLLER-TUMLER/KOLLER/DIAS, S. 165 ff., m.w.N.

[355] Die Frage der Abtretbarkeit kaufrechtlicher Gewährleistungsansprüche, insbesondere von Gestaltungsrechten, ist streitig. Daher werden sie in der Praxis seltener. Näheres hierzu in KOLLER-TUMLER/KOLLER/DIAS, S. 164 f., m.w.N. Ausserdem würden eventuelle Freizeichnungsklauseln im Kaufvertrag sich auf die Rechtsstellung des Konsumenten/Zessionars negativ auswirken.

[356] So mit eingehender Begründung KOLLER-TUMLER/KOLLER/DIAS, S. 171 ff.; i.E. ebenso KELLER, S. 106 ff.; HESS, S. 78 (ohne Begründung); HONSELL, OR BT, S. 267 (ohne Begründung); zweifelnd ROTH, S. 975.

[357] KOLLER-TUMLER/KOLLER/DIAS, S. 175; KELLER, S. 110; wohl auch HESS, S. 79.

[358] KOLLER-TUMLER/KOLLER/DIAS, S. 175 f.

E. Schutz bei Vertragsabwicklung

3. Wechsel- und Checkverbot

Mit dem Wechsel- und Checkverbot des Art 20, der wörtlich mit Art. 14 KKG 1993 übereinstimmt, soll verhindert werden, dass der Konsument, der von einem gutgläubigen Dritten aus einer wertpapiermässigen Verpflichtung in Anspruch genommen wird, seine aus dem Konsumkreditgeschäft stammenden Gegenrechte diesem gegenüber nicht geltendmachen kann.[359] Er soll mithin vor den Folgen, die sich aus der Verkehrsfähigkeit von Wechsel und Check ergeben, geschützt und vor der Strenge der Wechselbetreibung (Art. 177 SchKG) bewahrt werden.[360]

Das Verbot untersagt es dem Kreditgeber, Zahlungen oder Sicherheiten in Form von Wechseln, die irgendwelche Forderungen aus dem Konsumkreditgeschäft verkörpern, anzunehmen (Art. 14 Abs. 1).[361] Unzulässig ist auch die Entgegennahme von Checks als Sicherheit (Art. 14 Abs. 1).[362] Hingegen kann der Check von Konsumenten etwa zur Verfügung über die Kreditvaluta oder zur Rückzahlung des Kredits benutzt werden.

Die Verletzung des Wechsel- oder Checkverbots durch den Kreditgeber hat keine Auswirkungen auf die Wirksamkeit der wertpapiermässigen Verbriefung gegenüber gutgläubigen Dritten.[363] Stattdessen sieht Art. 20 Abs. 2 und 3 Sanktionen zu Lasten des Kreditgebers vor. Dieser hat vor der Übertragung des Papiers dieses dem Konsumenten herauszugeben;[364] ist dies nicht mehr möglich, schuldet er ihm Schadenersatz.[365]

---

[359] Siehe etwa Art. 1007 OR.
[360] BSK OR I-Koller-Tumler, Art. 14 KKG N 1.
[361] Damit ist das früher vor allem im Autohandel übliche so genannte C-Geschäft, bei dem die Kreditraten wechselmässig verbrieft wurden, nicht mehr zulässig. Vgl. bereits BSK OR I-Stauder, Vorbem. zu Art. 226a–226m N 4.
[362] Verpönt ist vor allem die Annahme von in der Regel vordatierten Checks, die bei Zahlungsschwierigkeiten vom Kreditgeber an Dritte indossiert werden. Siehe CR CO I-Favre-Bulle, Art. 20 LCC N 3; BSK OR I-Koller-Tumler, Art. 14 KKG N 8.
[363] CR CO I-Favre-Bulle, Art. 20 LCC N 4 und 7, und BSK OR I-Koller-Tumler, Art. 14 KKG N 5 und 9, die geringere Anforderungen an die Bösgläubigkeit stellen, wenn ein gewerblicher Kreditgeber einen Wechsel, bei dem ein Konsument Bezogener ist, an einen Dritten, insbesondere im Rahmen einer Refinanzierung, indossiert. A.A. BK-Giger, Teil II, Rz. 239 f.
[364] Macht der Kreditgeber selbst die verbriefte Forderung geltend, steht dem Konsumenten eine persönliche Einwendung zu. Vgl. BSK OR I-Koller-Tumler, Art. 14 KKG N 12.
[365] Einzelheiten bei CR CO I-Favre-Bulle, Art. 20 LCC N 5 und 6; BSK OR I-Koller-Tumler, Art. 14 KKG N 10 und 11; BK-Giger, Teil II, Rz. 244.

III. Recht auf vorzeitige Rückzahlung

Von «eminenter konsumentenpolitischer Bedeutung»[366] ist das Recht des Konsumenten, den Konsumkredit vor Fälligkeit ohne Angabe eines Grundes zurückzuzahlen (Art. 17 Abs. 1 und 2). Die in Abweichung von Art. 81 Abs. 1 OR zwingend (Art. 37) ausgestaltete jederzeitige Erfüllbarkeit der Verpflichtungen aus dem Kreditvertrag ermöglicht es dem Konsumenten, seine Schulden vor dem Fälligkeitstermin ganz oder teilweise[367] abzubauen oder unter Umständen den Kredit bei einem anderen Kreditgeber zinsgünstiger umzuschulden.[368] Entscheidet sich der Konsument für die vorzeitige Rückzahlung des Kredits, hat er ein unabdingbares Recht auf Erlass der Zinsen und auf Ermässigung der Kosten (Art. 17 Abs. 2). Bei Leasingverträgen i.S.v. Art. 1 Abs. 2 lit. a gilt eine Sonderregelung (Art. 17 Abs. 3). Zwar darf der Konsument wie nach bisherigem Recht (Art. 266k S. 1 OR) den Vertrag vorzeitig kündigen, jedoch muss er im Gegensatz zu Art. 266k S. 2 OR[369] eine Vorfälligkeitsentschädigung zahlen. Damit besteht ein deutlicher Wertungswiderspruch zwischen dem Konsumgüterleasing und den anderen Formen des Konsumkredits.

1. Grundsätze[370]

Bei vorzeitigen Zahlungen erlöschen die Verpflichtungen des Konsumenten in Höhe der geleisteten Summen, bei vollständiger Rückzahlung erlischt das Kreditverhältnis.[371] Weigert sich der Kreditgeber, Zahlungen vor Fälligkeit entgegenzunehmen, gerät er in Annahmeverzug.[372] Vertragsklauseln, die beispielsweise Vertragsstrafen oder Vorfälligkeitsentschädigungen vorsehen, sind nichtig, da sie dem Konsumenten entgegen Art. 17 Abs. 1 und 2 die Wahrnehmung des Rechts auf vorzeitige Rückzahlung des Kredits verunmöglichen oder zumindest erschweren.[373]

---

[366] BSK OR I-Koller-Tumler, Art. 12 KKG N 12.
[367] Art. 17 steht vorzeitigen Teilzahlungen nicht entgegen; so zu Recht BSK OR I-Koller-Tumler, Art. 12 KKG N 3.
[368] CR CO I-Favre-Bulle, Art. 17 LCC N 6; BSK OR I-Koller-Tumler, Art. 12 KKG N 2.
[369] Stauder, Art. 266 k, und Favre-Bulle, leasing, jeweils m.w.N.
[370] Bei Kredit- und Kundenkarten mit Kreditoption sowie Überziehungskrediten soll nach Art. 8 Abs. 2 die Bestimmung des Art. 17 ebenfalls gelten. Allerdings wird sie dann kaum praktische Relevanz haben, wenn die Zins- und Kostenpflicht von vornherein nur für die effektiv beanspruchte Kreditsumme geschuldet ist; so Kilgus, JKR 2002, S. 143.
[371] BK-Giger, Teil II, Rz. 171.
[372] CR CO I-Favre-Bulle, Art. 17 LCC N 6; BSK OR I-Koller-Tumler, Art. 12 KKG N 3.
[373] Stauder, Konsumkreditrecht, S. 686; CR CO-Favre-Bulle, Art. 17 LCC N 11; BSK OR I-Koller-Tumler, Art. 12 KKG N 4; BK-Giger, Teil II, Rz. 175.

E. Schutz bei Vertragsabwicklung

Der Konsument hat erstens Anspruch auf Erlass der Zinsen, die er sonst für die nicht beanspruchte Kreditdauer zu zahlen hätte (Art. 17 Abs. 2). Zweitens ist er berechtigt, eine angemessene Ermässigung der Kosten zu verlangen (Art. 17 Abs. 2). Das Gesetz stellt keine Kriterien auf, nach denen die Angemessenheit der Kostenreduktion zu berechnen ist. Bei laufzeitabhängigen Kostenfaktoren dürfte eine Ermässigung dann angemessen sein, wenn sie der nicht beanspruchten Kreditdauer Rechnung trägt. Laufzeitunabhängige, vor allem nur einmal anfallende Kosten sind in geringerem Umfange herabzusetzen.[374] Der Richter verfügt im Streitfall über einen weiten Ermessensspielraum, bei dessen Ausübung er der Tatsache Rechnung zu tragen hat, dass die Gesamtkreditkosten vom Kreditgeber relativ frei auf Zinsen und Kosten verteilt werden und in Kostenfaktoren auch Zinselemente stecken können.

Wegen der grossen Bedeutung des Rechts auf vorzeitige Rückzahlung sowie auf Zinserlass und Kostenreduktion ist der Konsument im Konsumkreditvertrag auf die Rechtslage hinzuweisen (Art. 9 Abs. 2 lit. g, 10). Fehlen diese Angaben, ist der Vertrag nichtig (Art. 15). Damit der Konsument vor Wahrnehmung seiner Rechte erfahren kann, wie hoch der von ihm nach vorzeitiger Rückzahlung noch geschuldete, zinsermässigte Betrag ist, trifft den Kreditgeber nach Art. 2 ZGB die vertragliche Nebenpflicht, ihm die erforderlichen Auskünfte umfassend und nachvollziehbar zu erteilen.[375]

2. Kündigungsrecht bei Leasingverträgen

Nach Art. 17 Abs. 3 S. 1 ist der Konsument berechtigt, einen Konsumgüterleasingvertrag i.S.d. Art. 1 Abs. 2 lit. a[376] vorzeitig zu beenden, wie dies bereits nach Art. 266k S. 1 OR der Fall war. Im Gegensatz zur Rechtslage bei den anderen Formen des Konsumkredits (Art. 17 Abs. 1 und 2) steht ihm jedoch kein Anspruch auf Erlass von Zinsen und auf Ermässigung der Kosten zu. Auch verbietet das KKG – anders als Art. 266k S. 2 OR – dem Kreditgeber nicht, eine Entschädigung für die vorzeitige Kündigung zu verlangen. Im Gegenteil, die vor allem in der Auto-Leasingbranche übliche, bislang verpönte[377] nachträgliche Ratenerhöhungsklausel, die in der Sache eine Vorfälligkeitsentschädigung darstellt, wird durch Art. 17 Abs. 3 S. 2 legalisiert. Damit soll der Leasinggeber vollen Ersatz der durch die erste Ingebrauchnahme des Konsumobjektes verursachten Wertminderung

---

[374] BSK OR I-KOLLER-TUMLER, Art. 12 KKG N 7; CR CO I-FAVRE-BULLE, Art. 17 LCC N 10; a.A. BK-GIGER, Teil II, Rz. 174, der sich gegen jede Reduktion ausspricht.
[375] STAUDER, Konsumkreditrecht, S. 686; CR CO I-FAVRE-BULLE, Art. 17 LCC N 11; BSK OR I-KOLLER-TUMLER, Art. 12 KKG N 9; BK-GIGER, Teil II, Rz. 176.
[376] Bei anderen, von Art. 1 Abs. 1 erfassten Leasing- oder sonstigen Gebrauchsüberlassungsverträgen (Nachweise oben S. 235 ff.) gilt die Regelung des Art. 17 Abs. 1 und 2.
[377] Nachweise oben Fn. 87.

geltend machen können. Die vertraglich vereinbarten und bereits geleisteten Leasingraten werden retroaktiv erhöht mit der Folge, dass der Konsument zusätzliche Beträge in Höhe des noch nicht amortisierten Wertverlustes schuldet.[378] So kommen auf den Konsumenten unter Umständen erhebliche finanzielle Mehrbelastungen zu, falls er von seinem Recht auf vorzeitige Kündigung Gebrauch macht. Die in Art. 17 Abs. 1 und 2 erkennbare konsumentenpolitische Schutzrichtung fehlt in Abs. 3 vollständig. Stattdessen wurde einseitig den betriebswirtschaftlichen Interessen der Leasinggeber der Vorzug eingeräumt.[379] Ferner gelten nicht mehr gleiche Spiesse für alle Konsumkreditgeber, was ordnungspolitisch bedenklich erscheint.[380]

Die Vorfälligkeitsentschädigung darf nur den Wertverlust aus der vorzeitigen Kündigung für die effektive Vertragsdauer ausgleichen.[381] Keinesfalls schuldet der Konsument mittels der nachträglichen Ratenerhöhung das Erfüllungsinteresse. Die Höhe dessen, was der Konsument zusätzlich zu zahlen hat, ist entsprechend einer nach «anerkannten Grundsätzen» erstellten Tabelle (Art. 17 Abs. 3 S. 2 i.V.m. Art. 11 Abs. 2 lit. g) zu berechnen. Was damit gemeint ist, bleibt offen. Der Verweis stellt wohl auf die Branchenüblichkeit derartiger Tabellen ab.[382] Diese müssen jedenfalls objektiv nachvollziehbar zu jedem Kündigungstermin die vertraglich vereinbarten Leasingraten und für den Fall der Kündigung den geschuldeten Zusatzbetrag nennen.[383] Um dem Konsumenten rechtzeitig Kenntnis von den Folgen der vorzeitigen Kündigung zu geben, muss die Vertragsurkunde die Tabelle zur retroaktiven Ratenerhöhung enthalten (Art. 11 Abs. 2 lit. g).

IV. Verzug des Konsumenten bei der Rückzahlung des Kredits

Der Konsument ist nur kreditfähig, wenn er den Kredit aus seinem Einkommen zurückbezahlen kann, ohne dass dadurch das erweiterte Existenzminimum tangiert wird.[384] Bei vorhersehbaren Rückzahlungsschwierigkeiten darf er keinen Kredit erhalten. Probleme ergeben sich daher vor allem[385], wenn unvorhersehbare

---

[378] CR CO I-FAVRE-BULLE, Art. 17 LCC N 15.
[379] STAUDER, Leasingvertrag, JKR 2002, S. 117 f.; a.A. BK-GIGER, Teil II, Rz. 182 ff.
[380] STAUDER, Leasingvertrag, JKR 2002, S. 117 f.
[381] Klauseln, die eine darüber hinausgehende Entschädigung vorsehen, sind nichtig. Vgl. CR CO I-FAVRE-BULLE, Art. 11 LCC N 20 f.
[382] Die vom Schweizerischen Leasingverband (SLV) ursprünglich geplante Ausarbeitung der Grundsätze hat (bislang) nicht stattgefunden. Der Verband verweist nun hinsichtlich der Entwicklung der Grundsätze, nach denen die Tabelle aufgebaut sein soll, auf die Praxis (Auskunft des SLV vom 15.3.2007).
[383] CR CO I-FAVRE-BULLE, Art. 11 LCC N 22.
[384] Hierzu oben S. 251 ff.
[385] Auch die durch die Kreditfähigkeitsprüfung nicht erfasste Mehrfachverschuldung durch Kredit- und Kundenkarten und Überziehungskredite unterhalb der Grenze von Fr. 3000 (Art. 27) kann Quelle von Rückzahlungsschwierigkeiten sein.

E. Schutz bei Vertragsabwicklung

Ereignisse entweder sein Einkommen schmälern oder die Ausgaben erhöhen.[386] Schon kleinere Änderungen des verfügbaren Einkommens können die regelmässige Rückzahlung gefährden, ist doch das massgebliche betreibungsrechtliche Existenzminimum sehr niedrig angesetzt.[387]

Art. 18 enthält Schuldnerschutzvorschriften bei Verzug des Konsumenten mit der Leistung von Kredit- oder Leasingraten. Die Beendigung des Vertrages wird an erschwerte Voraussetzungen geknüpft; ausserdem ist eine maximale Höhe für den Verzugszins festgelegt.[388]

Die Voraussetzungen (Mahnung und Nachfristansetzung[389]) und Rechtsfolgen des Verzugs (Wahlrecht des Gläubigers) richten sich nach den allgemeinen Vorschriften der Art. 103 ff. OR.[390] Will der Kreditgeber wegen eines Zahlungsrückstandes den Vertrag nach Art. 107 Abs. 2 OR beenden (Rücktritt bei Abzahlungsgeschäften und Barkrediten; Kündigung[391] bei Leasingverträgen), muss er sich dies bei Abzahlungskäufen (Art. 214 Abs. 3 OR),[392] nicht aber bei den anderen Formen des Konsumkredits vorbehalten. Ausserdem muss der Zahlungsrückstand eine bestimmte Relevanzschwelle überschritten haben, die gemäss Art. 18 Abs. 1 mindestens 10% des Nettokreditbetrags bei Geldkrediten (Art. 9 Abs. 2 lit. a) oder des Barzahlungspreises bei Warenkrediten (Art. 10 lit. b) und gemäss Art. 18 Abs. 2 mehr als drei monatlich geschuldete Raten bei Leasingverträgen ausmacht.[393]

Anders als im früheren Abzahlungsrecht (Art. 226i aOR) sind die Rechtsfolgen des Verzugs nicht konsumentenfreundlich ausgestaltet. So werden die Forderungen des Kreditgebers wertmässig nicht durch das Erfüllungsinteresse begrenzt,[394] und der Konsument wird nicht vor eventuell überrissenen Forderungen des Kreditgebers geschützt, können doch die dispositiven Vorschriften des OR zum Verzug durch *de facto* nicht kontrollierbare AGB-Klauseln ersetzt werden. Nur die

---

[386] Verlust des Arbeitsplatzes, Reduzierung der Arbeitszeit, Krankheit, Geburt eines Kindes usw.
[387] Siehe oben S. 253 f.
[388] Art. 18 ersetzt die Art. 226h, i und k aOR, die für einfache und drittfinanzierte Abzahlungsgeschäfte sowie über Art. 226m Abs. 1 aOR auch für die meisten Leasingverträge einen weitergehenden Schuldnerschutz vorsahen, als dies die Neuregelung im KKG 2001 tut.
[389] Bei Leasingverträgen ist die Frist von Art. 257d Abs. 1 OR zu beachten. Siehe PIOTET, S. 71; KOLLER-TUMLER, Einführung, JKR 2002, S. 20.
[390] Eingehende Analyse bei PIOTET, S. 70 ff.
[391] So richtig, entgegen dem Wortlaut von Art. 18 Abs. 2, CR CO I-FAVRE-BULLE, Art. 18 LCC N 5; STAUDER, Leasingvertrag, JKR 2002, S. 119.
[392] Und bei Leasing- und anderen Gebrauchsüberlassungsverträgen, die eine Klausel zum Eigentumsübergang oder eine Kaufoption enthalten. So PIOTET, S. 72 ff.; KOLLER-TUMLER, Einführung, JKR 2002, S. 20.
[393] Unklar ist, ob bei Kartenverträgen die Relevanzschwelle am Betrag der Kreditlinie oder des effektiv beanspruchten Kredits zu messen ist; hierzu KILGUS, JKR 2002, S. 148 f.
[394] So aber Art. 226i aOR. Hierzu BSK OR I-STAUDER, Art. 226i N 2 und 16.

Höhe des Verzugszinses[395] ist durch den vereinbarten Vertragszinssatz begrenzt (Art. 18 Abs. 3), wie er sich aus der Vertragsurkunde ergibt (Art. 9 Abs. 2 lit. b, 10, 11 Abs. 2 lit. e). Vertragsstrafen- oder ähnliche Klauseln, die zu einer höheren Belastung des Konsumenten führen, sind wegen Umgehung des Art. 18 Abs. 3 nichtig.[396]

F. Ausblick

Versucht man, vier Jahre nach Inkrafttreten des KKG eine Bilanz zu ziehen, so kann diese nur provisorisch sein. Es mangelt vor allem noch an bundesgerichtlicher Rechtsprechung zu den vielfachen Fragen, die das Gesetz offen gelassen hat. Ob und inwieweit kantonale Entscheide ergangen sind, lässt sich angesichts der sehr restriktiven Publikationspraxis der unteren Gerichte kaum feststellen, so dass es auch insoweit an Anschauungsmaterial zu Problemfeldern und Lösungsansätzen fehlt.

Das erste Ziel des Gesetzgebers, das Konsumkreditrecht auf eine bundeseinheitliche Rechtsbasis zu stellen, wurde einmütig begrüsst und ist weitgehend erreicht. Die frühere Rechtszersplitterung auf bundesrechtlicher Ebene besteht nicht mehr, und die verbleibenden kantonalen Restkompetenzen[397] dürften in der Praxis keine unüberwindbaren Schwierigkeiten bereiten. Die damit gewonnene Rechtssicherheit wird jedoch wieder in Frage gestellt, wenn Kreditgeber den Konsumenten Konsumkreditformen anbieten, die ausserhalb des Anwendungsbereichs des KKG liegen und/oder bei denen der Verdacht der Gesetzesumgehung besteht.

Das zweite und wichtigste Ziel war es, den Sozialschutz des Konsumenten im Bereich des Konsumkredits zu verbessern, wobei nach Ansicht des Gesetzgebers erst die Erreichung eines «zumindest ähnlich hohen Konsumentenschutzniveaus» die Ausserkraftsetzung des kantonalen Konsumkreditrechts rechtfertigen könne.[398] Die Stärkung der Vertragsentschliessungsfreiheit des Konsumenten durch Ergänzung der bereits bestehenden Informationsgebote in der Vertragsurkunde und durch Gewährung eines Widerrufsrechts bei allen Formen des Konsumkredits, die Einführung eines spezifischen Verfahrens zur Prävention der Konsumentenüberschuldung in der Form einer rechtlich verbindlichen Kreditfähigkeitsprüfung vor jeder Kreditentscheidung sowie die Sanktionierung von Fehlverhalten des Kre-

---

[395] Das KKG verlangt nicht die Angabe des Verzugszinses im Vertrag. Liegt keine dahingehende Vertragsklausel vor (Art. 104 Abs. 2 OR), gilt der gesetzliche Verzugszinssatz von 5% (Art. 104 Abs. 1 OR). Siehe CR CO I-Favre-Bulle, Art. 18 LCC N 3.
[396] Koller-Tumler, Einführung, JKR 2002, S. 20; Piotet, S. 76 f.
[397] Siehe oben S. 228 f.
[398] Botschaft KKG 1998, BBl 1999, 3166.

F. Ausblick

ditgebers durch Mechanismen, die eine hinreichend abschreckende Wirkung entfalten und daher zum effektiven Respekt der gesetzlichen Anordnungen anhalten sollen, erscheinen als zentrale und unabdingbare Massnahmen zum Schutz des kreditsuchenden Konsumenten. Sie temperieren die von rein betriebswirtschaftlichen Aspekten dominierte Betrachtungsweise der Kreditgeber, indem diese gezwungen werden, auf die vom Gesetzgeber unter sozialpolitischen Gesichtspunkten als berechtigt erkannten Sozialschutzbedürfnisse der Konsumenten Rücksicht zu nehmen.

Das KKG wird allerdings den hohen Ansprüchen, denen der Bundesrat in seinem Entwurf zu entsprechen suchte, in der vom Parlament verabschiedeten Fassung in vielen Punkten nicht gerecht. Neben Redaktionsversehen und gesetzestechnischen Mängeln leidet das Gesetz an fehlender inhaltlicher Kohärenz. Diese ist vor allem das Ergebnis intensiver Lobbyarbeit der Kreditgeber im Parlament, die sogar dazu führte, dass in einer wichtigen Frage – welches sind die Kriterien, die zu einer Unterwerfung von Konsumgüterleasingverträgen unter das Gesetz führen und welche Vorschriften sollen auf diese Verträge anwendbar sein? – die Weichenstellungen in der vorbereitenden Kommission des Ständerats ohne anschliessende inhaltliche Diskussion im Plenum erfolgten, über die dann der Nationalrat nur im Differenzbereinigungsverfahren befinden konnte. Das Ergebnis ist Rechtsunsicherheit hinsichtlich der vom Gesetz erfassten Konsumgüterleasingverträge.[399]

Der Entwurf des Bundesrats zeichnete sich durch die zutreffende Annahme aus, dass angesichts der funktionalen Gleichwertigkeit aller Formen des Konsumkredits – sie ermöglichen es ungeachtet ihrer rechtlichen Ausgestaltung dem Konsumenten, Waren oder Dienstleistungen auf Kredit zu erwerben – für diese grundsätzlich gleiche Regeln gelten sollten. Ausnahmen sah der Entwurf nur vor, wo diese wegen der wirtschaftlichen oder rechtlichen Besonderheiten einer bestimmten Form des Konsumkredits notwendig waren. Dann sollten die insoweit anderen Bestimmungen allerdings in ihrer Schutzrichtung und –intensität gleichwertig sein.

Analysiert man das KKG unter diesem Gesichtspunkt, stellt man fest, dass die traditionellen Formen des Konsumkredits, vor allem der Barkredit als so genannter Kleinkredit, aber auch die Waren- und Dienstleistungskredite (Abzahlungs- und drittfinanzierte Erwerbsgeschäfte), relativ umfassenden Schutzbestimmungen unterliegen. Das trifft jedoch nicht zu, wenn es um die modernen Formen geht, in denen dem Konsumenten der Erwerb auf Kredit angeboten wird: Konsumgüterleasing, Kredit- und Kundenkarten mit Kreditoption und Überziehungskredite auf laufendem Konto. Auf sie sind nicht sämtliche Vorschriften des KKG anwendbar (Art. 8), zum Teil werden spezifische Regeln erlassen, die in aller Regel gegenüber den allgemeinen Vorschriften des KKG Erleichterungen für die Kreditgeber oder deren Besserstellung vorsehen und für die häufig eine sachliche Rechtfertigung nicht ersichtlich ist.

---

[399] Dazu oben S. 235 ff.

So soll bei Leasingverträgen die Nichtbeachtung der Vorschriften zum Schutz der Vertragsentschliessungsfreiheit nicht, wie bei den anderen Formen des Konsumkredits, zu einem Gratiskredit führen (Art. 15 Abs. 2 und 3), sondern nur zu einer *ex nunc* wirkenden Vertragsbeendigung, die es dem Leasinggeber erlaubt, die bisher gezahlten Leasingraten zu behalten (Art. 15 Abs. 4). Und diese Rechtsfolge soll nach dem Wortlaut des Gesetzes sogar dann gelten, wenn der Vertragsmangel in einem wucherischen, weil den gesetzlichen Höchstsatz übersteigenden Zins liegt.[400] Bei traditionellen Kreditformen steht dem Konsumenten im Falle der vorzeitigen Rückzahlung des Kredits ein Recht auf Zinserlass und Kostenreduktion zu (Art. 17 Abs. 1 und 2), wohingegen er bei Leasingverträgen, die er vor Ende der Vertragsdauer kündigt, mit einer retroaktiven Erhöhung der Leasingraten belastet wird (Art. 17 Abs. 3). Bei Leasingverträgen und Kartenverträgen mit Kreditoption sowie bei Überziehungskrediten knüpft die Kreditfähigkeitsprüfung nicht an das alleinige Beurteilungskriterium des Einkommens an, sondern lässt Vermögenswerte oder Vermögensverhältnisse (Art. 29 und 30) ausreichen. Ausserdem gilt beim Leasing nicht die Regel der so genannten fiktiven Amortisation, so dass Kredite über sehr lange Laufzeiten, 48 bis 60 Monaten,[401] gewährt werden.[402] Damit wird, ebenfalls anders als bei den traditionellen Formen des Konsumkredits, den Kreditgebern ein weiter und nur schwer zu überprüfender Spielraum für die Beurteilung der Kreditfähigkeit der Konsumenten eingeräumt. Bei Kartenverträgen und Überziehungskrediten soll sogar eine «summarische Prüfung» ausreichen (Art. 30).

Es erstaunt daher nicht, dass seit Inkrafttreten des KKG Anfang 2003 die Zahl der Barkredite nicht unerheblich zurückgegangen ist[403] und die der Kreditkarten mit Kreditoption[404] und der Überziehungskredite[405] drastisch zugenommen hat. Konsumgüterleasingverträge, vor allem im Automobilbereich,[406] gingen zwar leicht zurück.[407] Bemerkenswert ist aber, dass die Gesamtsumme der Anfangsverpflichtungen aus Leasinggeschäften nur knapp unter derjenigen aller sonstigen

---

[400] Zur Korrektur dieses Ergebnisses siehe oben S. 274 ff.
[401] Die durchschnittliche Laufzeit von Leasingverträgen stieg von 45,6 Monaten (31.12.2002) auf 53,3 Monate (31.12.2006). Siehe ZEK, Jahresbericht 2006, S. 12.
[402] Oben S. 255 f.
[403] Rückgang der Zahl der Neuabschlüsse von 190 886 (31.12.2002) auf 156 395 (31.12.2006). Vgl. ZEK, Jahresbericht 2006, S. 13.
[404] Genaue Zahlen waren nicht erhältlich. Die ZEK führt keine Statistiken zu Kartenverträgen. Jedoch enthalten die weit verbreiteten Gratiskreditkarten, die über einen der Grossverteiler vermarktet werden, zwingend die Kreditoption.
[405] Hierzu RONCORONI, Flucht, Rz. 1–4. Die Zahl der Überziehungskredite stieg von 10 177 (31.12.2001) auf 77 485 (31.12.2006); im gleichen Zeitraum schwoll das Gesamtvolumen von 96 Millionen auf rund 1,8 Milliarden an. Vgl. ZEK, Jahresbericht 2004, S. 9, 2006, S. 12.
[406] Die verfügbaren Statistiken enthalten auch Leasingverträge mit KMU.
[407] Rückgang der Zahl der Neuabschlüsse von 152 412 (31.12.2001) auf 133 403 (31.12.2006). Vgl. ZEK, Jahresbericht 2006, S. 13.

F. Ausblick

Konsumkredite liegt und dass die der noch ausstehenden Restverpflichtungen seit Jahren die sämtlicher übrigen Konsumkredite übersteigt.[408] Die Kreditgeber bevorzugen diejenigen Formen der Kreditgewährung, bei denen der Gesetzgeber sie weniger belastet und es ihnen erlaubt, im Wesentlichen ihre bisherige Praxis fortzuführen.[409] Es kann vorausgesagt werden, dass dieser Trend anhalten wird.

Die im Gesetz angelegten Schwächen bei der Kreditfähigkeitsprüfung von Konsumenten, die ihre Bedürfnisse über Leasing, Karten mit Kreditoption oder Überziehungskredite finanzieren, vor allem aber die Tatsache, dass unvorhersehbare Ereignisse während der Vertragsdauer eintreten können, führen zu Schwierigkeiten bei der Rückzahlung des Kredits. Die Verzugsregelung (Art. 18) hilft hier nur sehr eingeschränkt weiter, da sie, anders als im aufgehobenen Abzahlungsrecht, die finanziellen Ansprüche des Kreditgebers nicht begrenzt und auch kein richterliches Moderationsrecht vorsieht. Das KKG sinkt insoweit unter das Niveau des Abzahlungsrechts von 1962.

Der Konsument wird, kann er seinen Zahlungsverpflichtungen nicht mehr nachkommen, letztlich auf das Betreibungs- und Konkursrecht verwiesen.[410] Damit gelten Grundsätze, die von ökonomischer Rationalität geprägt sind und – angesichts des Fehlens einer privaten Schuldenbereinigung, die auch gegen den Widerstand einzelner Gläubiger möglich wäre, und eines Konkursverfahrens, das keine Chance i.S. eines *fresh start* vorsieht – nicht der sozialpolitischen Bedeutung der Problematik der Konsumentenüberschuldung Rechnung tragen.

Trotz erheblicher Verbesserungen gegenüber der bisherigen Rechtslage ist das KKG kein Gesetzeswerk aus einem Guss, das den Sozialschutz des Konsumenten bei allen Formen des Konsumkredits in gleicher oder zumindest gleichwertiger Weise sicherstellt. Als «KKG light» favorisiert es, ordnungspolitisch bedenklich, die Entwicklung des Marktes hin zu bestimmten Gestaltungen des Konsumkredits. Und es sind gerade diese, bei denen der Konsumentenschutz weniger stringent gilt als bei den traditionellen Formen.

Soll die gesetzgeberische Zielsetzung in der Praxis nicht verwässert werden, ist eine Revision des neuen Gesetzes unabdingbar. Dann sollte aber auch der Schuldnerschutz im Betreibungs- und Konkursfall an den Postulaten des Konsumentenschutzes ausgerichtet werden.

---

[408] ZEK, Jahresbericht 2006, S. 12 und 13.
[409] Dies mag auch die langen Laufzeiten (in Monaten) erklären (Werte zum 31.12.2006). Barkredite: 40,4 (Neuabschlüsse), 45,5 (laufende Kredite); Teilzahlungsverträge: 36,1 (Neuabschlüsse), 38,6 (laufende Kredite); Leasingverträge: 48,7 (Neuabschlüsse), 53,5 (laufende Verträge). Vgl. ZEK, Jahresbericht 2006, S. 12 und 13.
[410] So ausdrücklich Botschaft KKG 1998, BBl 1999, 3168.

Nachtrag

Folgende Publikation konnte nicht mehr berücksichtigt werden:

KRUMMENACHER PETER, Konsumentenleasing. Zur Anwendbarkeit des Konsumkreditgesetzes und zwingender Bestimmungen des Mietrechts auf Konsumentenleasingverträge, Zürich 2007.

4. Kapitel: Reiserecht[*]

BERND STAUDER

Dr. iur., emeritierter Professor der Universität Genf

---

[*] Manuskript abgeschlossen am 31. Mai 2007, punktuell aktualisiert bis 15. November 2007. Der Autor dankt lic. iur. Hildegard Stauder-Bilicki, Chargée d'enseignement an der Faculté de droit der Universität Genf, für die kritische Durchsicht des Manuskripts.

Inhaltsübersicht

A. **Grundlagen des Reiserechts** 300

    I. Erscheinungsformen 300
    II. Rechtsquellen 301

B. **Pauschalreiserecht** 303

    I. Grundlagen 303
        1. Zielsetzung 303
        2. Geltende Vorschriften 304
        3. Auslegung 304
        4. Verfahren 306
        5. Internationales Privatrecht 307
            a) Gerichtsstand 307
            b) Anwendbares Recht 308
    II. Anwendungsbereich 309
        1. Sachlicher Anwendungsbereich 309
            a) Angebot von mindestens zwei touristischen Hauptleistungen . 309
            b) Im Voraus festgelegte Verbindung 310
            c) Gesamtpreis 312
        2. Persönlicher Anwendungsbereich 312
            a) Veranstalter 313
            b) Konsument 314
        3. Einschränkungen 314
            a) Sachlicher Anwendungsbereich 314
            b) Persönlicher Anwendungsbereich 315
            c) Anwendbare Vorschriften 315
    III. Konsumenteninformation und Vertragsschluss 316
        1. Vorvertragliche Information 317
            a) Werbung 317
                aa) Mindestinhalt 317
                bb) Verbindlichkeit der Prospektangaben 319
            b) Informationen vor Vertragsschluss 319
                aa) Vertragsbedingungen 320
                bb) Reiseformalitäten 321
                cc) Identität des Luftfahrtunternehmens 321
                dd) Weitere Informationspflichten 322
        2. Vertragsschluss 323
            a) Einbeziehung von ARB 323

	b) Ausnahmen		324
		aa) Telefonbuchung	325
		bb) Buchung am Flughafen	325
		cc) Internetbuchung	325
	3. Vertragliche Information		326
		a) Reisebestätigung	326
		b) Information vor Reisebeginn	328
IV.	Vertragsrechtliche Schutzbestimmungen		329
	1. Vertragsänderungen vor Reiseantritt		330
		a) Stellung eines Ersatzreisenden	330
		aa) Voraussetzungen	330
		bb) Rechtsfolgen	331
		b) Wesentliche Vertragsänderung	332
		aa) Preiserhöhung	332
		bb) Sonstige Vertragsänderungen	334
		cc) Wahlrechte des Konsumenten	336
		aaa) Information des Konsumenten	336
		bbb) Annahme der Vertragsveränderung	337
		ccc) Rücktritt und Teilnahme an einer Ersatzreise	337
		dd) Schadenersatz wegen Nichterfüllung	339
		c) Annullierung der Pauschalreise	339
		aa) Annullierung durch den Veranstalter	339
		bb) Annullierung durch den Konsumenten	342
	2. Gewährleistung für Reisemängel		343
		a) Begriff des Reisemangels	343
		b) Beanstandungsobliegenheit	345
		c) Gewährleistungsrechte	347
		aa) Fortsetzung der Reise	348
		aaa) Ersatzmassnahmen	348
		bbb) Selbstabhilfe	349
		ccc) Preisminderung	350
		bb) Kündigung der Reise	351
		aaa) Voraussetzungen	352
		bbb) Rechtsfolgen	353
		d) Verjährung	354
	3. Haftung für Schadenersatz		354
		a) Voraussetzungen	355
		aa) Vertragsverletzung	356
		bb) Verantwortlichkeit	356
		aaa) Einstandspflicht für Verhalten der Leistungsträger	356
		bbb) Kausalhaftung	357
		cc) Schaden	358
		aaa) Materieller Schaden	358

Inhaltsübersicht

	bbb) Seelische Unbill	359
	ccc) Andere Schäden	359
	ddd) Entgangene Urlaubsfreude	360
	dd) Kausalität	362
	aaa) Allgemeines Lebensrisiko	362
	bbb) Versäumnisse des Kunden	362
	b) Grenzen der Haftung	363
	aa) Haftungsentlastung	363
	aaa) Verhalten unbeteiligter Dritter	364
	bbb) Höhere Gewalt, nicht vorhersehbare oder nicht abwendbare Ereignisse	365
	ccc) Beistandspflicht des Veranstalters	365
	bb) Haftungseinschränkungen	366
	aaa) Internationale Übereinkommen	366
	bbb) Vertragliche Regelungen	368
	c) Beanstandungsobliegenheit, Reklamationsfrist, Verjährung	369
V.	Insolvenzschutz	369
	1. Gesetzliche Regelung	370
	a) Grundlagen	371
	b) Voraussetzungen	372
	c) Inhalt	372
	aa) Erstattung bezahlter Beträge	373
	bb) Rückreise	374
	d) Nachweis der Insolvenzabsicherung	376
	2. Praxis der Insolvenzabsicherung	377

C. Reisevermittlung 378

I.	Grundlagen	371
	1. Formen des Vertriebs von Reiseleistungen	379
	2. Rechtliche Qualifizierung der Vermittlung von Reisedienstleistungen	380
	a) Abgrenzung Reisevermittlungs-/Pauschalreisevertrag	380
	b) Reisevermittlung als Auftrag	381
II.	Vermittlung von Pauschalreisen	382
	1. Handeln des Reisebüros für den Reiseveranstalter	383
	2. Interessenwahrungspflichten gegenüber dem Kunden	384
	a) Beratungspflichten	385
	b) Informationspflichten	386
	c) Sonstige Interessenwahrungspflichten	387
III.	Vermittlung einzelner Reiseleistungen	389
	1. Preisangabe bei Individualreisen	389

Bernd Stauder

        2. Interessenwahrungspflichten 390
            a) Beratungspflichten 391
            b) Informationspflichten 392
            c) Sonstige Interessenwahrungspflichten 393
    IV. Verantwortlichkeit 394

D. **Überbuchung, Annullierung oder Verspätung von Flügen** 395

    I. Anwendungsbereich 395
        1. Sachlicher Anwendungsbereich 395
        2. Persönlicher Anwendungsbereich 396
    II. Voraussetzungen der Ausgleichs-, Unterstützungs- und
        Betreuungsleistungen 397
        1. Nichtbeförderung 397
        2. Annullierung und Verspätung von Flügen 398
    III. Die Leistungspflichten des ausführenden Luftfahrtunternehmens . . 399
        1. Betreuungsleistungen 400
        2. Unterstützungsleistungen 400
            a) Bei Nichtbeförderung und Annullierung 400
            b) Bei Verspätung 401
        3. Ausgleichsleistungen 402
            a) Rechtsnatur und Höhe des Ausgleichsanspruchs 402
            b) Besonderheiten bei freiwilligem Verzicht auf die Beförderung 403
            c) Entlastungsmöglichkeiten bei Annullierung des Fluges 403
                aa) Rechtzeitige Information 403
                bb) Aussergewöhnliche unvermeidbare Umstände 404
    IV. Konkurrenzen 405
        1. Montrealer Übereinkommen 405
        2. Pauschalreiserecht 406

Literatur

Schweiz

a) Rechtslage seit PRG

Materialien: Botschaft II über die Anpassung des Bundesrechts an das EWR-Recht (Zusatzbotschaft II zur EWR-Botschaft) vom 15.6.1992, BBl 1992 V 237–263; Botschaft über das Folgeprogramm nach der Ablehnung des EWR-Abkommens vom 24.2.1993, BBl 1993 I 887–889; BG über Pauschalreisen, vom 18.6.1993, SR 944.3; VO über den Lufttransport, vom 17.8.2005, SR 748.411.

Literatur: CHAIX FRANÇOIS, La responsabilité de l'organisateur de voyages à la lumière de la jurisprudence genevoise relative aux art. 13 et 14 LVF, SJZ 2005, 416–418; CHAPPUIS CHRISTINE, Cour de Justice des Communautés européennes: un arrêt significatif pour la notion suisse de dommage?, SJ 2002, 389–396; DETTLING-OTT REGULA, Auswirkungen des Luftverkehrsabkommens auf die Rechtsstellung der Flugpassagiere, in Cottier Thomas/Oesch Matthias (Hrsg.), Die sektoriellen Abkommen Schweiz-EG, Ausgewählte Fragen zur Rezeption und Umsetzung der Verträge vom 21. Juni 1999 im schweizerischen Recht, Bern 2002, S. 83–94; DIES., Neue Haftungsregeln für Passagiere, Jusletter 7.4.2003; DIES., Das Inkrafttreten des Montrealer Übereinkommens in der Schweiz und die neue Lufttransportverordnung, SVLR/ASDA 2005, 58–78; DIES., Das sektorielle Luftverkehrsabkommen zwischen der Schweiz und der Europäischen Gemeinschaft: Aspekte der Anwendbarkeit und eine erste Bilanz, ZSR 2006 I 3–13; FANKHAUSER ANDREAS, Die Haftung von Luftfahrtunternehmen für psychische Schädigungen der Fluggäste, in Camprubi Madeleine (Hrsg.), Angst und Streben nach Sicherheit in Gesetzgebung und Praxis, Zürich/Basel/Genf 2004, S. 191–205; FRANK RICHARD, Bundesgesetz über Pauschalreisen vom 18. Juni 1993, Kurzkommentar, Zürich 1994; GHIRINGHELLI STEFANO, Risarcibilità delle vacanze impedite o rovinate, in Collezione Assista, Genf 1998, S. 174–190; GIRSBERGER ANDREAS, Pauschalreisen, in Weber Rolf H. u.a. (Hrsg.), Aktuelle Probleme des EG-Rechts nach dem EWR-Nein, Zürich 1993, S. 131–139; HANGARTNER SANDRO, Das neue Bundesgesetz über Pauschalreisen, Diss. Zürich 1997; HONSELL HEINRICH, Reisevertrag, in Obligationenrecht, Besonderer Teil, 8. Aufl., Bern 2006, S. 446–450; KOLLER-TUMLER MARLIS, Der Konsumentenvertrag im schweizerischen Recht, Bern 1995, S. 198–208 (zit.: Konsumentenvertrag); MARCHAND SYLVAIN, De l'helvético-compatibilité de la loi fédérale du 18 juin 1993 sur les voyages à forfait, AJP 1994, 721–738 (zit.: voyage à forfait); DERS., Le triptyque de la protection du passager aérien en droit suisse et européen, in Baddeley Margareta (Hrsg.), La protection de la personne par le droit, Journée de droit civil 2006, En l'honneur de Martin Stettler, Zürich 2007, S. 167–191 (zit.: triptyque); MARTINELLI ALESSANDRO, Die Haftung bei Pauschalreisen im schweizerischen, französischen und deutschen Recht, Basel/Frankfurt 1997; METZ ROLF, Reiserecht. Aktuelle Informationen 2000. Beratungs- und Informationspflichten, Brissago 2001 (zit.: 2000); DERS., Reiserecht. Aktuelle Informationen 2001. Annullierung von Reisen und Annullierungskostenversicherung, Brissago 2002 (zit.: 2001); DERS., Reiserecht. Aktuelle Informationen 2002, Reiseabbruch und Extra-Rückreisekostenversicherung, Brissago 2002 (zit.: 2002); DERS., Aktuelle Informationen 2003. Die 20 Punkte, welche Sie wissen müssen, Brissago 2003 (zit.: 2003); DERS., Aktuelle Informationen 2004. Krankenkassen- und Unfallversicherungsleistungen im Ausland, Brissago 2004 (zit.: 2004); DERS., Aktuelle Informationen 2005. Das Übereinkommen von Montreal, Brissago 2005 (zit.: 2005); DERS., Aktuelle Informationen 2006. Handbuch zum Pauschalreisegesetz, Brissago 2006 (zit.: 2006); DERS., Aktuelle Informationen 2007. Nichtbeförderung, Annullierung und grosse Verspätung im Luftverkehr – Verordnung (EG) Nr. 261/2004, Brissago 2007 (zit.: 2007); NOTARSTEFANO CASIMO, Importanza et portata innovativa della «Loi fédérale sur les voyages à forfait» del 18 giugno 1993 nell'ambito dell'esperienza giuridica elvetica, ZSR 1995 I 437–445; PAETZOLD VERONIKA, Pauschalreisen und Recht in Deutschland und in der Schweiz, Zürich 1996; PERREN PHILIPP, Neue Entwicklungen im Haftungsrecht. Vom Warschauer Abkommen zum Montreal Übereinkommen (dargestellt am Beispiel der Behandlung von Personenschäden), in Spühler Karl (Hrsg.), Internationales Zivilprozess- und Verfahrensrecht V, Zürich-Basel-Genf 2005, S. 1–30; ROBERTO VITO, Das neue Pauschalreisegesetz, recht

1994, 4–16 (zit.: Pauschalreisegesetz); DERS., Zur Ersatzfähigkeit verdorbener Ferien, recht 1997, 108–112 (zit.: verdorbene Ferien); DERS., Bundesgesetz über Pauschalreisen (PRG), *in* Honsell Heinrich/Vogt Nedim Peter/Wiegand Wolfgang, Basler Kommentar, Obligationenrecht I, 4. Aufl., Basel 2007 (zit.: BSK OR I-ROBERTO); SCHAFFELHUBER KAI, Insolvenzschutz im Pauschalreiserecht nach Art. 18 PRG, JKR 2000, Bern 2000, S. 157–183; SCHILLER KASPAR, Vom Warschauer zum Montrealer Abkommen. Einige Aspekte der neuen Haftungsordnung im Lufttransport, SJZ 2000, 184–189; STAUDER BERND, Le contrat de voyage, *in* Commissione ticinese per la formazione dei giuristi (Hrsg.), Temi scelti de diritto contrattuale, Lugano 1997, S. 61–85 (zit.: voyage); DERS., Pauschalreiserecht in der Schweiz, *in* Deutsche Gesellschaft für Reiserecht e.V. (Hrsg.), DGfR Jahrbuch 1998, Baden-Baden 1999, S. 21–28 (zit.: Pauschalreiserecht); DERS., L'insolvabilité de l'organisateur de voyages et la protection des consommateurs, *in* Foëx Bénédict/Thévenoz Luc (Hrsg.), Insolvence, désendettement et redressement, Festschrift Louis Dallèves, Basel-Genf 2000, S. 293–309 (zit.: insolvabilité); DERS., L'influence de la jurisprudence de la CJCE sur le droit des contrats de consommation en Suisse, *in* Werro Franz/Probst Thomas (Hrsg.), Das schweizerische Privatrecht im Lichte des europäischen Gemeinschaftsrechts, Bern 2004, S. 75–104 (zit.: influence); DERS., Loi fédérale sur les voyages à forfait, *in* Thévenoz Luc/ Werro Franz (Hrsg.), Commentaire romand, Code des obligations I, Basel/Genf/München 2003 = STAUDER BERND/FAVRE-BULLE XAVIER, Droit de la consommation, Basel/Genf/München 2004, S. 1–64 (Sonderedition zu CR CO I) (zit.: CR CO I-STAUDER); DERS., Aktuelle Entwicklungen des Reiserechts in der Schweiz, RRa 2007, 194–202; DERS., Die Europäisierung des schweizerischen Privatrechts – das Beispiel des Reiserechts, *in* Boele-Woelki Katharina et al. (Hrsg.), The Future of European Contract Law, Liber amicorum E. H. Hondius, Austin etc. 2007, S. 265–279 (zit. Europäisierung); DERS., Die Insolvenzabsicherung im Pauschalreiserecht. Schweizerisches Recht im Lichte des Gemeinschaftsrechts, *in* British Institute of International and Comparative Law (Hrsg.), Private Law Beyond the National Systems, Liber amicorum Guido Alpa, London 2007, S. 911–925 (zit.: Insolvenzabsicherung); STEINER HANSJÖRG, Eingeschränkte Haftung des Reiseveranstalters nach Pauschalreisegesetz – BGE 130 III 182, HAVE 2004, 115–118; TERCIER PIERRE, Contrats spéciaux, 3. Aufl., Zürich/Basel/Genf 2003, S. 817–829; WERRO FRANZ, Le préjudice: une notion dans la mouvance des conceptions, *in* Chappuis Christine/Winiger Bénédict (Hrsg.), Le préjudice. Une notion en devenir, Genf/Zürich/Basel 2005, S. 125–135 (zit.: préjudice); DERS., Contrat de voyage à forfait et … vacances gâchées! Y a-t-il un lien entre l'indemnité due et le contrat?, *in* Tercier Pierre u.a. (Hrsg.), Gauchs Welt. Recht, Vertragsrecht und Baurecht, Festschrift für Peter Gauch, Zürich/Basel/Genf 2004, S. 695–708 (zit.: vacances gâchées); WERRO FRANZ/PROBST THOMAS, La jurisprudence de la CJCE en matière de droit privé et son influence sur la pratique du droit suisse, Schweizerisches Jahrbuch für Europarecht/Annuaire Suisse de droit européen, Bern-Zürich 2006, S. 453–463; WERRO FRANZ/SCHAFER DANIEL, Le droit du consommateur de mettre fin au contrat de voyage à forfait, *in* Collezione Assista, Genf 1998, S. 748–762; WICKIHALDER URS, Haftungsfragen bei Ersatzbeförderung nach Flugüberbuchung, SJZ 2004, 332–336; WIEGAND WOLFGANG, Zwei Urteile des EuGH zu Pauschalreisen und ihre Bedeutung für die Schweiz, Jusletter 17.6.2002; WITTMANN FRANZ M., Neuere Entwicklungen in der luftverkehrsrechtlichen Unfallhaftung, HAVE 2003, 3–17.

b) Rechtslage vor PRG

BLUMER-NEMITZ HANS, Die Rechtsstellung des Reisebüros bei Flugreisen, Basel 1989; FRANK RICHARD, Grundfragen des Reiseveranstaltungsvertrages, SJZ 1981, 141–148, 157–162; GAUCH PETER, «Entgangener Feriengenuss» – Gedanken zu einer «Mitteilung», SJZ 1983, 276; GIRSBERGER ANDREAS, Der Reisevertrag, ZSR 1986 II 1–106 (zit.: Reisevertrag); METZ ROLF. Rechtshandbuch für Reiseveranstalter, Reisevermittler, Reisebüros, Bern 1983; DERS., Die Rechtsbeziehungen der Reiseveranstalter, SBB, Hotels zu den Reisevermittlern, Zürich 1990; ROBERTO VITO, Die Haftung des Reiseveranstalters, Zürich 1990 (zit.: Haftung); DERS., Schadenersatz wegen verdorbener Ferien. Anm. zu Handelsgericht Zürich, Urt. v. 20.3.1987 und 2.6.1988, SJZ 1990, 32–33, 91–92 (zit.: Schadenersatz); SCHLUEP WALTER R., Der Reiseveranstaltungsvertrag, SPR VII/2, 1979, S. 919–927; SCHUPPISSER MARKUS, Haftung des Flugreiseveranstalters. Eine Übersicht anhand der Rechtsordnungen einiger Länder mit typischen Entwicklungen in diesem Rechtsbereich, Zürich 1987; DERS., Zur Haftung des Reiseveranstalters, SJZ 1988, 205–214; STAEHELIN BERNHARD, Gewerbsmässiger Luftverkehr und Konsumentenschutz, SVLR/ASDA 1991, 5–46; STAUDER BERND, Le contrat de voyage, ZSR 1986 II 388–477 (zit.: contrat de voyage); DERS., Die AGB der Reiseveranstalter, in Baudenbacher Carl (Hrsg.), AGB – eine Zwischenbilanz, St. Gallen 1991, S. 139–222 (zit.: AGB); TERCIER PIERRE, Avis de droit sur l'opportunité d'une réforme du droit des agences et des contrats de voyages, Bern 1984 (vervielfältigtes Rechtsgutachten für BIGA) (zit.: avis de droit); WEISS WOLFGANG, Der Pauschalreisevertrag nach schweizerischem und österreichischem Recht, öJZ 1987, S. 738–751.

Recht der Europäischen Gemeinschaft

Materialien: Richtlinie 90/314/EWG vom 13.6.1990 über Pauschalreisen, ABl. 1990 L 158/59 vom 23.6.1990 (zit. Pauschalreise-Richtlinie); KOMMISSION. Bericht über die Durchführung der Richtlinie 90/314/EWG über Pauschalreisen in den innerstaatlichen Rechtsvorschriften der EG-Mitgliedstaaten, SEC(1999) 1800 final (zit. Bericht); Verordnung (EG) Nr. 2027/97 vom 9.10.1997 über die Haftung von Luftfahrtunternehmen bei Unfällen, ABl. L 285/1 vom 17.10.1997, geändert durch VO (EG) Nr. 889/2002 vom 13.5.2002, ABl. L 140/2 vom 30.5.2002; Verordnung (EG) Nr. 261/2004 vom 11.2.2004 über eine gemeinsame Regelung für Ausgleichs- und Unterstützungsleistungen für Fluggäste im Fall der Nichtbeförderung und bei Annullierung oder grosser Verspätung von Flügen, ABl. L 46/1 vom 17.2.2004; Verordnung (EG) Nr. 2111/2005 vom 14.12.2005 über die Erstellung einer gemeinschaftlichen Liste der Luftfahrtunternehmen, gegen die in der Gemeinschaft eine Betriebsuntersagung ergangen ist, sowie über die Unterrichtung von Fluggästen über die Identität des ausführenden Luftfahrtunternehmens und zur Aufhebung des Artikels 9 der Richtlinie 2004/36/EG, ABl. L 344/15 vom 27.12.2005.

Literatur: FÜHRICH ERNST, Die Fluggastrechte der VO (EG) Nr. 261/2004 in der Praxis, MDR 2007, Sonderbeilage zu Heft 7, S. 1–14 (zit.: Fluggastrechte); GAEDTKE ENRICO, Fluggastrechte: Praktische Schwierigkeiten bei der Anwendung der Verordnung (EG) Nr. 261/2004, VuR 2007, 201–205; GRUNDMANN STEFAN, Europäisches Schuldvertragsrecht, 4.01 Pauschalreise-Richtlinie, Berlin/New York 1999, S. 602–625; HOWELLS GERAINT/WILHELMSSON THOMAS, EC Consumer Law, Aldershot 1997, S. 231–246; MARCHAND SYLVAIN, La protection du consommateur de voyages aériens selon le règlement (CE) 261/2004, in Thévenoz Luc/Reich Norbert (Hrsg.), Droit de la consommation – Konsumentenrecht – Consumer Law. Liber amicorum Bernd Stauder, Zurich/Basel/Baden-Baden 2006, S. 267–295 (zit.: règlement); DERS., Le triptyque de la protection du passager aérien en droit suisse et européen, in Baddeley Magareta (Hrsg.), La protection de la personne par le droit, Journée de droit civil 2006, En l'honneur Martin Stettler, Zürich 2007, S. 167–191 (zit. triptyque); METZ ROLF, Aktuelle Informationen. Nichtbeförderung, Annullierung und grosse Verspätung im Luftverkehr – Verordnung (EG) Nr. 261/2004, Brissago 2007 (zit. 2007); REICH NORBERT/MICKLITZ HANS-W., Europäisches Verbraucherrecht, 4. Aufl., Baden-Baden 2003, S. 673–705; STAUDER BERND, Les voyages à forfait – quelques réflexions sur la réglementation communautaire, in Osman Filali (Hrsg.), Vers un Code européen de la consommation, Bruxelles 1998, S. 151–163 (zit.: réflexions); SCHMID RONALD, Fluggastrechte in der Praxis. Ein Überblick über Entscheidungen zur Verordnung (EG) Nr. 261/2004 mit Anmerkungen, NJW 2007, 261–267 (zit.: Fluggastrechte); SCHMID RONALD/MÜLLER-ROSTIN WOLF, Die Änderungen des internationalen Lufttransportrechts durch das Montrealer Übereinkommen von 1999, SVLR/ASDA 2003, 13–37; STAUDINGER ANSGAR/SCHMIDT-BENDUN RÜDIGER, Neuregelung über Ausgleichs- und Unterstützungsleistungen für Fluggäste, NJW 2004, 1897–2001; TONNER KLAUS, Reiserecht in Europa, Neuwied 1992 (zit.: Reiserecht); TONNER KLAUS, Richtlinie 90/314/EWG des Rates über Pauschalreisen, in Grabitz Eberhard/Hilf Meinhard (Hrsg.), Das Recht der Europäischen Union, Teil II, Sekundärrecht, Band IV (Hrsg. Wolf Manfred), München 1999 (zit.: Richtlinie); TONNER KLAUS, 10 Jahre EG-Pauschalreise-Richtlinie – eine Bilanz, EWS 2000, 473–478 (zit.: Bilanz); DERS., Die EG-Verord-

nung über Ausgleichsleistungen bei Nichtbeförderung, Annullierung und grosser Verspätung –
ein wichtiger Beitrag des Rechts zur Qualitätssicherung im Luftverkehr, RRa 2004, 59–61.

Auslandsrecht

BLÄUMAUER INGRID, Reiserecht, Wien 2000; DEWENTER JÖRG, Die rechtliche Stellung des Reisebüros, Baden-Baden 2000; BRENNECKE CARSTEN, Höhere Gewalt im Reisevertragsrecht, Diss. Köln 2003; DORNBUSCH JÖRG OLIVER, Absicherung des Reisenden gegen das Insolvenzrisiko: Umsetzung des Art. 7 der Pauschalreiserichtlinie aus deutscher und europäischer Sicht, Frankfurt/Berlin 1999; ECKERT HANS-WERNER, Reisevertrag, in Soergel Th./Siebert W. (Hrsg.), Bürgerliches Gesetzbuch, Kommentar, Band 4/2, Schuldrecht III/1, 12. Aufl., Stuttgart 2000 (zit.: SOERGEL-ECKERT); ECKERT JÖRN, §§ 651a–651m, in Staudinger, Kommentar zum Bürgerlichen Gesetzbuch, Buch 2, Recht der Schuldverhältnisse, Berlin 2003 (zit.: STAUDINGER-ECKERT); FÜHRICH ERNST, Reiserecht. Handbuch des Reisevertrags-, Reiseversicherungs- und Individualreiserechts, 5. Aufl., Heidelberg 2005 (zit.: Reiserecht); DERS., Basiswissen Reiserecht – Grundriss des Reisevertrags- und Individualreiserechts, München 2007; GRAZIANI-WEISS WOLFGANG, Reiserecht in Österreich, Wien 1995; KALLER Paul, Reiserecht, 2. Aufl., München 2005; KOSESNIK-WEHRLE HEINZ/LEHHOFER HANS PETER/MAYER GOTTFRIED/LANGER STEFAN, Konsumentenschutzgesetz (KSchG), Kurzkommentar, §§ 31b–31f, 2. Aufl., Wien 2004 (zit.: KSchG-MAYER); LINDNER BEATRIX, Verbraucherschutz in der Transformation. Die Umsetzung der Pauschalreiserichtlinie in Polen, Ungarn und der Tschechischen Republik im Vergleich, Baden-Baden 2004; MARTINELLI ALESSANDRO, Die Haftung bei Pauschalreisen im schweizerischen, französischen und deutschen Recht, Basel/Frankfurt 1997; MICHITSCH ANDREA, Reiserecht. Kommentar der §§ 31bff. KSchG, Wien/Graz 2004; NEUNER JÖRG, Der Reisevermittlungsvertrag, AcP 1993, 1–34; PAPADOPOULOU PANAJOTA, Reiserecht in Griechenland, Baden-Baden 2002; PELLET VOLKER, Die reisevertragliche Gewährleistung in Deutschland, England und Frankreich und die Auswirkungen der EG-Pauschalreiserichtlinie, Frankfurt 1993; SARIA GERHARD (Hrsg.), Reise ins Ungewisse. Reiserecht in einem geänderten Umfeld, Wien/Graz 2005; SCHMID RONALD/TONNER KLAUS. Meine Rechte als Fluggast. Luftverkehrs- und Reiserecht, Verbraucherschutz, München 2003; SCHULZ DANIELA, Rechtsprechungsübersicht zum Reiserecht 2004 bis 2006, VuR 2006, 177–186; DIES., Rechtsprechungsübersicht zum Reiserecht 2006 bis 2007, VuR 2007, 205–214; STIFF MANUEL, Die Umsetzung der Pauschalreiserichtlinie 90/314/EWG in Spanien. Unter Berücksichtigung der Gemeinsamkeiten und Unterschiede zur Rechtslage in Deutschland, Baden-Baden 2002; TAMM MARINA, Die Pflichten des Reisebüros gegenüber dem Reisekunden und die Folgen einer Pflichtverletzung, VuR 2006, 329–337; TONNER KLAUS, Reisevertrag, in Münchner Kommentar zum Bürgerlichen Gesetzbuch, Band 4, 4. Aufl., München 2005 (zit.: MK-TONNER); DERS., Reisevertrag (§§ 651a bis 651m BGB), in Gebauer Martin (Hrsg.), Zivilrecht unter europäischem Einfluss, Stuttgart/München 2005, S. 507–544 (zit.: Reisevertrag); WEISS WOLFGANG, Der Pauschalreisevertrag nach schweizerischem und österreichischem Recht, öJZ 1987, 738–751.

Schriften zum Reise- und Verkehrsrecht, Baden-Baden, seit 1999; Spezialzeitschrift Reiserecht aktuell (RRa)

A. Grundlagen des Reiserechts

I. Erscheinungsformen

Wer seine Reise ohne die Hilfe von Spezialisten der Reisebranche organisiert, wird in der Regel mit verschiedenen Leistungsanbietern (Beförderungsunternehmen, Hotels, Restaurationsbetrieben, usw.) direkt Kontakt aufnehmen. Seine Reise be-

A. Grundlagen des Reiserechts

ruht auf einer oder mehreren vertraglichen Beziehungen, die als Transport-, Beherbergungs-, Bewirtungs- oder Gastaufnahmevertrag bezeichnet werden. Dieses Individualreiserecht umfasst somit unterschiedliche Verträge, auf Grund derer der Reisende unmittelbare Ansprüche gegen die Leistungsanbieter erwirbt. Will oder kann der Reisende sich nicht selbst um die Organisation der Reise kümmern, wird er auf die Kompetenz der Reisebranche zurückgreifen. Das Angebot der Tourismusbranche an den Reisenden ist vielfältig und orientiert sich an seinen Bedürfnissen. Werden mehrere touristische Leistungen gebündelt und als ein kohärentes Ganzes zu einem Gesamtpreis angepriesen, liegt eine Pauschalreise vor. Derartige Angebote, zum Beispiel von Ferienreisen mit Transport und Unterkunft, aber auch von Rundfahrten, sind vor allem dann attraktiv, wenn es sich um Reisen jenseits der Grenzen handelt, nehmen sie doch dem Reisenden Mühen ab und geben ihm hinsichtlich des Reiseverlaufs das Gefühl der Sicherheit. Ausserdem steht ihm beim Pauschalreisevertrag ein einziger Vertragspartner gegenüber, nämlich der Reiseveranstalter, der für den ordnungsgemässen Ablauf der Reise einzustehen hat.

Dem Reisenden, ob er nun eine Individual- oder eine Pauschalreise plant, fehlt häufig der Überblick über das reichhaltige Angebot. Er vertraut deshalb auf die Marktübersicht eines Reisebüros und lässt sich beraten. Entschliesst er sich zu reisen, vermittelt ihm das Reisebüro die gewählte Pauschalreise eines Reiseveranstalters oder die für eine Individualreise gewünschten einzelnen touristischen Leistungen unterschiedlicher Anbieter. Die Tätigkeit des Reisebüros beruht auf einem Reisevermittlungsvertrag mit dem Reisenden. Dieser Vertrag tritt zu den durch Vermittlung mit dem Reiseveranstalter bzw. den einzelnen Leistungsanbietern vom Reisenden geschlossenen Verträgen.

Individualreiserecht, Pauschalreiserecht und Reisevermittlungsrecht bilden das Reiserecht i.w.S. Es umfasst öffentlichrechtliche Vorschriften, etwa zur Ausübung bestimmter Tätigkeiten im Tourismusbericht (zum Beispiel Gewerbe-, Gaststätten- oder Lebensmittelrecht), und privatrechtliche, vorab vertragsrechtliche Bestimmungen. Die folgende Darstellung beschränkt sich auf das Recht des Pauschalreisevertrags, auch Reiserecht i.e.S. oder Recht des Reiseveranstaltungsvertrags genannt, und des Reisevermittlungsvertrags. Ergänzt wird sie durch Normen aus dem Lufttransportrecht, soweit diese Auswirkungen auf die Reiseverträge haben. Nicht behandelt werden folglich die öffentlichrechtlichen Vorschriften, die einzelnen Vertragstypen des Individualreiserechts sowie das Reiseversicherungsrecht.

II. Rechtsquellen

Entsprechend ihrer liberalen Tradition unterwirft die Schweiz die Reisebüros, also die gewerblichen Anbieter von Reiseleistungen in Form der Pauschalreise oder der Reisevermittlung, keiner Bewilligungspflicht.[1] Zur Aufnahme ihrer Tä-

---

[1] Siehe aber die Rechtslage im 19. Jahrhundert nach dem BG vom 22.3.1888 betreffend

tigkeit müssen sie weder wirtschaftliche Voraussetzungen zur Gewährleistung finanzieller Solidität erfüllen noch fachliche Eignung und Sachkompetenz nachweisen.[2]

Der Reisevermittlungsvertrag ist bis heute nicht spezialgesetzlich geregelt. Auf ihn werden gemeinhin die Bestimmungen des Auftragsrechts angewandt. Der Pauschalreisevertrag wurde bis 1993 als Innominatkontrakt qualifiziert, der Elemente des Werkvertrags, des Auftrags, des Kaufs und der Miete in sich vereinigt.[3]

Mit dem Pauschalreisegesetz vom 18. Juni 1993 (PRG) wurde der Pauschalreisevertrag durch autonomen Nachvollzug der zunächst im Eurolex-, dann nach dem EWR-Nein im Swisslex-Verfahren übernommenen Richtlinie 90/314/EWG vom 13.6.1990 über Pauschalreisen[4] zu einem Nominatvertrag geadelt.[5] Aus politischen Gründen hat der schweizerische Gesetzgeber nicht von der Mindeststandardklausel Gebrauch gemacht, die es erlaubt hätte, beim Konsumentenschutz über das Mindestniveau der Richtlinie hinauszugehen.

Das schweizerische Reiserecht, auch soweit es europäischen Ursprungs ist, wird teilweise von internationalen Übereinkommen zur Beförderung von Personen und Gepäck und von Verordnungsrecht der Europäischen Union zum Lufttransport überlagert. Erwähnt sei hier nur das Montrealer Übereinkommen über die Beförderung im internationalen Luftverkehr von 1999[6], das das bislang geltende Warschauer Abkommen von 1929 ersetzt und die Haftung des Luftfrachtführers bei Schäden der Flugpassagiere regelt. Ferner hat die Schweiz auf der Grundlage des bilateralen Vertrags mit der Europäischen Union im Luftverkehrsbereich[7] drei EU-Verordnungen übernommen, die die Rechte der Flugpassagiere stärken.[8] Ausserdem wurde, soweit erforderlich, das nationale Recht entsprechend angepasst.[9]

Die verschiedenen Normenkomplexe des spezialgesetzlichen und des allgemeinen schweizerischen Rechts, des internationalen Rechts und des europäischen Verordnungsrechts stehen weitgehend unkoordiniert nebeneinander.

---

den Geschäftsbetrieb von Auswanderungsagenturen; vgl. auch TERCIER, avis de droit, S. 50 ff., dessen Vorschlag, ein Bewilligungssystem einzuführen, nicht Gesetz geworden ist.

[2] Anders die Rechtslage bei den Kreditvermittlern nach Art. 39 und 40 KKG, Art. 4–8a VKKG i.V.m. kantonalem Recht.

[3] GIRSBERGER, Reisevertrag, S. 22 ff.; STAUDER, contrat de voyage, S. 421 f.

[4] Zur Geschichte des PRG siehe HANGARTNER, S. 7–12.

[5] MARCHAND, voyage à forfait, S. 721 («lettres de noblesse»).

[6] SR 0.748.411.

[7] Abkommen vom 21.6.1999 zwischen der Schweizerischen Eidgenossenschaft und der Europäischen Gemeinschaft über den Luftverkehr, SR 0.748.127.192.68. Hierzu DETTLING-OTT REGULA, Das sektorielle Luftverkehrsabkommen zwischen der Schweiz und der Europäischen Gemeinschaft: Aspekte der Anwendbarkeit und eine erste Bilanz, ZSR 2006 I 3–13.

[8] VO (EG) Nr. 2027/97 i.d.F. der VO (EG) Nr. 889/2002; VO (EG) Nr. 261/2004; VO (EG) Nr. 2111/2005.

[9] Verordnung vom 17.8.2005 über den Lufttransport (LTrV), SR 748.411.

B. Pauschalreiserecht

Zentrale Grundlage des Pauschalreiserechts ist das BG über Pauschalreisen vom 18. Juni 1993 (PRG).[10] Es trat am 1.7.1994 in Kraft.

I. Grundlagen

1. Zielsetzung

Das PRG bezweckt in erster Linie den Schutz des Konsumenten in seiner Eigenschaft als Pauschalreisender, wie sich aus der Übernahme der Richtlinie[11], die zum konsumentenpolitischen *acquis communautaire* gehört,[12] sowie aus dem Konsumentenschutzartikel der Verfassung (Art. 31^{sexies} aBV; jetzt Art. 97 BV) ergibt, auf die das PRG gestützt ist.[13]

Der Konsumentenschutz soll im Wesentlichen mit drei Instrumenten verwirklicht werden: Schaffung von Markttransparenz und Gewährleistung einer umfassenden vorvertraglichen Information des Konsumenten (Art. 3–6); Garantie eines Mindeststandards an Vertragsgerechtigkeit (Art. 7–17); Sicherstellung bestimmter wirtschaftlicher Interessen des Konsumenten im Falle der Zahlungsunfähigkeit des Reiseveranstalters (Art. 18).

Die Schutzbestimmungen des PRG stellen das Mindestniveau an Sozialschutz dar, auf das der Konsument vertrauen dürfen soll. Von ihnen darf nicht zu seinen Ungunsten abgewichen werden (Art. 19).[14] Dieser halbzwingende Charakter der Vorschriften erlaubt nur eine Verbesserung seiner Rechtslage gegenüber dem Gesetz und verbietet nachteilige Klauseln, ob individuell vereinbart oder in der Form von vorformulierten Allgemeinen Reisebedingungen (ARB).[15] Die Frage, ob eine negative Abweichung gegenüber dem PRG vorliegt, ist für jede Klausel selbständig zu beantworten. Eine Kompensation nachteiliger Klauseln durch günstige ist unzulässig.[16] Vielmehr ist die vom Gesetz zum Nachteil des Konsumenten abweichende Klausel nichtig; der Vertrag bleibt ohne die unwirksame Klausel bestehen (Art. 19 Abs. 2, 20 Abs. 1 und 2 OR).[17] Das PRG enthält zwar kein ausdrückliches

---

[10] SR 944.3. Artikel ohne Gesetzesbezeichnung sind solche des PRG.
[11] Vgl. dort Erwägungsgründe 4 und 6.
[12] Art. 72 EWR-A. Allgemein hierzu STAUDER BERND, Der Konsumentenschutz nach dem EWR-Abkommen (Art. 72 EWR-A), in Jacot-Guillarmod Olivier (Hrsg.), Accord EEE, Commentaires et réflexions – EWR-Abkommen, Erste Analysen, Zürich 1992, S. 451–458.
[13] MARCHAND, voyage à forfait, S. 721; CR CO I-STAUDER, rem.prél. à la LVF N 2.
[14] Es sei denn, das PRG sieht ausdrücklich eine Abweichung vor, wie in Art. 16 Abs. 2.
[15] Zur wenig gesetzeskonformen Praxis siehe STAUDER, voyage, S. 74ff., 79ff.
[16] BSK OR I-ROBERTO, Art. 19 PRG N 1; HANGARTNER, S. 183.
[17] BSK OR I-ROBERTO, Art. 19 PRG N 1; CR CO I-STAUDER, Art. 19 LVF N 3.

Verbot der Gesetzesumgehung. Ein solches ergibt sich jedoch aus Art. 2 Abs. 2 ZGB und dem zwingenden Charakter der Schutzbestimmungen.[18]

2. Geltende Vorschriften

Das PRG enthält die in erster Linie auf den Pauschalreisevertrag anwendbaren Vorschriften. Die sondergesetzliche Regelung als *lex specialis* ist, soweit es um vertragsrechtliche Fragen geht, durch die *lex generalis* des Obligationenrechts zu ergänzen. Da das PRG aber nur denjenigen Teilbereich des Pauschalreiserechts regelt, der europarechtlich mit der Richtlinie harmonisiert wurde, sind allein die allgemeinen vertragsrechtlichen Vorschriften anwendbar, wenn das PRG für bestimmte Problembereiche Lücken aufweist, wie zum Beispiel bei Vertragsschluss, Annullierung der Reise vor Reiseantritt durch den Konsumenten, Verjährung, usw. Gleiches gilt grundsätzlich bei Pauschalreiseverträgen, die nicht unter den Anwendungsbereich des PRG (Art. 1 und 2) fallen.[19] Bei Leistungsstörungen der Reiseleistung Flugtransport gelten zusätzlich die Bestimmungen der VO (EG) 261/2004 zu Ausgleichs- und Unterstützungsleistungen. Bei Haftung wegen Schäden im Lufttransport sind neben Art. 14–16 das Montrealer Übereinkommen von 1999 und die schweizerische Verordnung über den Lufttransport von 2005 zu beachten.

Nicht alle Bestimmungen der Richtlinie wurden ausdrücklich in das PRG übernommen.[20] Bezüglich der Werbung für Pauschalreisen und der vorvertraglichen Information sind daher auch Art. 3 lit. b und 18 UWG sowie Art. 10 Abs. 1 lit. n PBV zu berücksichtigen.[21] Eine punktuelle Ergänzung der Informationspflichten des Reiseveranstalters ergibt sich weiter aus der VO (EG) Nr. 2111/2005 über die Unterrichtung von Fluggästen.

3. Auslegung

Obwohl das PRG grundsätzlich nach den allgemeinen Methoden auszulegen ist, kommt der teleologischen Auslegung im Zweifel besondere Bedeutung zu, da das Gesetz auf die Verfassungsbestimmung zum Konsumentenschutz (jetzt Art. 97 BV) abgestützt ist und die Stärkung des Konsumentenschutzes bezweckt (verfassungskonforme Auslegung).[22] Daraus ergibt sich, dass die Ungleichge-

---

[18] BSK OR I-ROBERTO, Art. 19 PRG N 1; HANGARTNER, S. 183; CR CO I-STAUDER, Art. 19 LVF N 4.
[19] Näher hierzu unten S. 314 ff.
[20] Zusatzbotschaft II zur EWR-Botschaft, BBl 1992 V 242 f.
[21] Siehe unten S. 317 ff.
[22] BezGer ZH, 16.5.1989, SJZ 1990, 214, 216; STAUDER, voyage, S. 63 Fn. 13; allgemeiner BRUNNER ALEXANDER, Was ist Konsumentenrecht?, in Brunner Alexander/Rehbinder Manfred/Stauder Bernd (Hrsg.), JKR 1995, Bern 1995, S. 31–57, speziell S. 50. Vgl. auch BGE 121 III 336, 339 f.

B. Pauschalreiserecht

wichtslage zwischen Anbieter und Konsument bei der Interpretation zu berücksichtigen ist.

Da das PRG im Rahmen des autonomen Nachvollzugs während des Swisslex-Verfahrens eurokompatibel ausgestaltet wurde, unterliegt es ferner entsprechend dem Willen des schweizerischen Gesetzgebers dem gemeinschaftsrechtlichen Grundsatz der richtlinienkonformen Auslegung,[23] wie inzwischen auch von der Rechtsprechung anerkannt wurde. So hat das Bundesgericht in einem Fall zum Pauschalreiserecht entschieden, das PRG sei als autonom nachvollzogenes Recht «in Zweifelsfällen europarechtskonform auszulegen».[24] Folglich haben die zahlreichen Entscheidungen des EuGH zur Pauschalreise-Richtlinie[25] Bedeutung auch bei der Auslegung des schweizerischen Pauschalreiserechts, jedenfalls soweit dieses eurokompatibel verabschiedet wurde.[26] Darüber hinaus können die nationalen Umsetzungsgesetze der Mitgliedstaaten zur Pauschalreise-Richtlinie zumindest dann eine Auslegungshilfe darstellen, wenn und soweit sie – wie das Schweizer Recht – nicht über den Mindeststandard des Gemeinschaftsrechts hinausgehen.[27]

Auch die zum *acquis communautaire* gehörenden und in der Schweiz geltenden EG-Verordnungen[28] sind auf der Grundlage der Entscheidungen des EuGH auszulegen. Dies gilt uneingeschränkt für die Rechtsprechung bis zum 21. Juni 1999, für Urteile nach diesem Datum aber nur insoweit, als der Gemischte Ausschuss (Luftverkehrsausschuss Gemeinschaft/Schweiz) es beschliesst.[29]

---

[23] Grundlegend WIEGAND WOLFGANG, Zur Anwendung von autonom nachvollzogenem EU-Privatrecht, in Forstmoser Peter et al. (Hrsg.), Einfluss des europäischen Rechts auf die Schweiz – Festschrift Roger Zäch, Zürich 1999, S. 171–189; CR CO I-STAUDER, rem.prél. à la LVF N 4; STAUDER, influence, S. 75–104; DERS., Europäisierung, S. 270ff.

[24] BGE 130 III 183, speziell 191; zuvor schon BGE 129 III 335, speziell 350. Siehe auch CJ GE, 14.11.2003, ACJC/1198/2003 (Safari in Tansania), mitgeteilt von CHAIX, S. 416–418.

[25] EuGH, 8. Oktober 1996, Erich *Dillenkofer* u.a./Bundesrepublik Deutschland, Verb. Rs. C-178–179/94, C-188–190/94, Slg. 1996, I-4845; EuGH, 14. Mai 1998, *Verein für Konsumenteninformation*/Österreichische Kreditversicherungs AG, Rs. C-364/96, Slg. 1998, I-2949; EuGH, 11. Februar 1999, *AFS Intercultural Programs* Finland ry, Rs. C-237/97, Slg. 1999, I-840; EuGH, 15. Juni 1999, *Rechberger* u.a./Republik Österreich, Rs. C-140/97, Slg. 1999, I-3499; EuGH, 12. März 2002, Simone *Leitner*/TUI Deutschland GmbH & Co KG, Rs. C-168/00, Slg. 2002, I-2631; EuGH, 30. April 2002, *Club-Tour*, Viagens e Turismo SA, Rs. C-400/00, Slg. 2000, I-4051.

[26] Zu den Grenzen des Grundsatzes der richtlinienkonformen Auslegung des schweizerischen Rechts, siehe STAUDER, influence, S. 83–86.

[27] CR CO I-STAUDER, rem.prél. à la LVF N 4.

[28] Fn. 8.

[29] Art. 1 Abs. 2 i.V.m. Art. 21 f. Bilaterales Luftverkehrsabkommen Schweiz – EG (Fn. 7).

4. Verfahren

Der Pauschalreisevertrag ist ein Konsumentenvertrag.[30] Folglich unterliegen Streitigkeiten aus einem Pauschalreisevertrag bis zu einem Streitwert von 20 000 Franken[31] den kantonalen Schlichtungs- bzw. einfachen und raschen Gerichtsverfahren, die die Kantone nach Art. 97 Abs. 3 BV einzuführen hatten.[32] Der Zugang zum Bundesgericht wird im Regelfall angesichts der hohen Streitwertgrenze der Beschwerde in Zivilsachen von 30 000 Franken (Art. 74 Abs. 1 BGG)[33] ausgeschlossen sein, es sei denn, es handle sich um eine «Rechtsfrage von grundsätzlicher Bedeutung» (Art. 74 Abs. 2 BGG). Dieser gesetzlich nirgendwo definierte Begriff[34] muss erst durch die Gerichtspraxis konkretisiert werden. Es erscheint aber wenig wahrscheinlich, dass eine Konsumentenstreitigkeit die sicher hoch anzusetzenden Begründungsanforderungen erfüllen könnte.[35]

Der inländische Gerichtsstand richtet sich nach den Vorschriften des Gerichtsstandsgesetzes.[36] Die Rollenverteilung in einem Prozess ergibt sich aus den Besonderheiten, die in der Reisebranche gelten. Da der Konsument den Reisepreis in aller Regel vor Antritt der Reise vollständig bezahlen muss, besteht für den Reiseveranstalter kein Anlass, gegen ihn gerichtlich vorzugehen. Hingegen muss der Konsument aktiv werden, wenn er seine Rechte aus Reisemängeln geltend machen, insbesondere Schadenersatz verlangen will. Besonders wichtig ist deshalb der Klägergerichtsstand des Konsumenten,[37] der nach dessen Wahl an seinem Wohnsitz oder am Sitz des Reiseveranstalters ist (Art. 22 Abs. 1 lit. a GestG). Ist der Konsument Beklagter, gilt der Gerichtsstand seines Wohnsitzes (Art. 22

---

[30] BezGer ZH, 16.5.1989, SJZ 1990, 214; KOLLER-TUMLER, Konsumentenvertrag, S. 207; BRUNNER ALEXANDER, Konsumverträge – Begriff, Typologie und wirtschaftliche Bedeutung, in Brunner Alexander/Rehbinder Manfred/Stauder Bernd (Hrsg.), JKR 2004, Bern 2007, S. 3–45, speziell S. 14f., 39.

[31] VO über die Streitwertgrenze in Verfahren des Konsumentenschutzes und des unlauteren Wettbewerbs vom 7.3.2003, SR 944.8.

[32] BRÖNNIMANN JÜRGEN, Kantonales Konsumentenverfahren, in Brunner Alexander/Rehbinder Manfred/Stauder Bernd (Hrsg.), JKR 1999, Bern 2000, S. 17–31.

[33] BG vom 17.6.2005 über das Bundesgericht (BGG), SR 173.110.

[34] Für SPÜHLER KARL/DOLGE ANNETTE/VOCK DOMINIK, Kurzkommentar zum Bundesgesetz über das Bundesgericht, Zürich/St. Gallen 2006, Art. 74 BGG N 5, handelt es sich um die «Schlüsselfrage des ganzen BGG».

[35] Auch der Beschwerdegrund der Verletzung verfassungsmässiger Rechte (Art. 116 BGG), der es erlaubt, in Fällen unterhalb der Streitwertgrenze die subsidiäre Verfassungsbeschwerde nach Art. 113 ff. BGG zu ergreifen, wird – von Ausnahmefällen abgesehen – nicht gegeben sein.

[36] BG vom 24.3.2000 über den Gerichtsstand in Zivilsachen (GestG), SR 272.

[37] Ob die Schutzbestimmungen des GestG auch dann anwendbar sind, wenn der Konsument im Rahmen seiner beruflichen Tätigkeit eine Pauschalreise bucht (Geschäftsreise) oder wenn er eine juristische Person ist, erscheint fraglich, da Art. 22 GestG auf den üblichen Verbrauch für persönliche oder familiäre Bedürfnisse abstellt. Zu diesen Hypothesen siehe unten S. 314.

Abs. 1 lit. b GestG). Eine im Voraus getroffene Gerichtsstandsprorogation ist unzulässig. Dahingehende Klauseln im Pauschalreisevertrag, ob individuell oder in ARB vereinbart, sind nichtig (Art. 21 Abs. 1 lit. a GestG).[38]

Die Reisebranche hat ein aussergerichtliches Streiterledigungsverfahren in Reisesachen eingeführt. Der Ombudsmann der Schweizer Reisebranche, auf dessen Tätigkeit in den ARB der Reiseveranstalter hingewiesen wird, hat zwar keine Entscheidungsbefugnisse, kann aber als Vermittler zwischen den Parteien auf einvernehmliche Lösungen hinwirken. Bei Streitigkeiten wegen Ausgleichs- und Unterstützungsleistungen im Falle von Überbuchung, Annullierung oder erheblicher Verspätung von Flügen auf der Grundlage der VO (EG) 261/2004 kann sich der Reisende an das Bundesamt für Zivilluftfahrt (BAZL) wenden, das jedoch ebenfalls nicht entscheidungsbefugt ist.

5. Internationales Privatrecht

Immer häufiger buchen Schweizer Konsumenten Pauschalreisen bei Anbietern jenseits der Grenzen. Insbesondere das Internet begünstigt diese Entwicklung. Damit stellen sich die Fragen nach Gerichtsstand und anwendbarem Recht.[39]

a) Gerichtsstand

Im Verhältnis zu Reiseanbietern aus Vertragsstaaten des Lugano-Übereinkommens gelten folgende zwingende Bestimmungen (Art. 15 LugÜ): Klägergerichtsstand des Konsumenten ist nach seiner Wahl das Gericht an seinem Wohnsitz oder dasjenige am Sitz des Anbieters (Art. 14 Abs. 1 LugÜ), sofern die besonderen Anwendungsvoraussetzungen des Art. 13 Abs. 1 LugÜ (im Wesentlichen: Umwerbung des Konsumenten in seinem Land) erfüllt sind. Ist der Konsument Beklagter, ist das Gericht an seinem Wohnsitz zuständig (Art. 14 Abs. 2 LugÜ). Hat der Anbieter seinen Sitz in einem Nicht-Vertragsstaat, gelten zwingend (Art. 114 Abs. 2 IPRG) für den Klägergerichtsstand ähnliche Regeln (Art. 114 Abs. 1 IPRG). Auch hier müssen entsprechende restriktive Voraussetzungen der Umwerbung (Verweis auf Art. 120 Abs. 1 lit. a–c IPRG) erfüllt sein. Liegen diese nicht vor oder ist der Konsument Beklagter, gelten die allgemeinen Regeln (Art. 112 IPRG – Wohnsitz des Konsumenten; Art. 113 IPRG – Erfüllungsort). Aus historischen Gründen geniesst mithin nur der passive, weil umworbene, nicht aber der aktive, Initiative zeigende Konsument den Schutz des Klägergerichtsstandes.[40]

---

[38] Näheres zu den Gerichtsständen bei Konsumentenverträgen bei GROSS BALZ, Verträge mit Konsumenten, in Müller Thomas/Wirth Markus (Hrsg.), Gerichtsstandsgesetz, Kommentar, Zürich 2001, Art. 22 GestG, und BSK GestG-BRUNNER, Art. 21 und 22.
[39] Grundlegend WEBER-STECHER URS M., Internationales Konsumvertragsrecht, Zürich 1997.
[40] Kritik bei SCHWANDER IVO/BEHN KARSTEN, Entwicklungen im internationalen und europäi-

Diese vor allem auch bei Internetgeschäften unbefriedigende Rechtslage[41] soll nach einem Teil der Lehre *de lege lata* dadurch korrigiert werden, dass auf die spezielle Anwendungsvoraussetzung der Umwerbung verzichtet wird.[42] Hält man diesen Weg methodisch nicht für gangbar, dürfte sich die Rechtslage mit der Revision des Lugano-Übereinkommens[43] ändern. In Anlehnung an Art. 15–17 der EU-Verordnung über die Gerichtszuständigkeit von 2000[44] soll das Kriterium der Umwerbung durch dasjenige der auch auf den Wohnsitzstaat des Konsumenten ausgerichteten Tätigkeit ersetzt werden, so dass die Unterscheidung zwischen aktivem und passivem Konsumenten praktisch dahinfällt.[45] Damit würde für alle Verbraucher, ob sie nun traditionell oder via Internet grenzüberschreitend Pauschalreiseverträge schliessen, der Klägergerichtsstand gelten.[46]

b) Anwendbares Recht

Gemäss Art. 120 Abs. 1 lit. a–c IPRG ist auf den von einem passiven, weil umworbenen Konsumenten geschlossenen Pauschalreisevertrag zwingend schweizerisches Recht anwendbar. Rechtswahlklauseln sind nichtig (Art. 120 Abs. 2 IPRG), und zwar selbst dann, wenn das ausländische Recht, etwa weil Mitgliedstaaten bei der Umsetzung der Pauschalreise-Richtlinie auf der Grundlage der Mindeststandardklausel den Konsumenten besser schützende Vorschriften verabschiedet haben, dem schweizerischen Konsumenten einen höheren Schutzstandard als den des PRG gewähren würde. Ob diese unter Umständen für den passiven Konsumenten ungünstige Situation *de lege lata* korrigiert werden kann, ist angesichts des Fehlens höchstrichterlicher Rechtsprechung umstritten.[47] Hingegen gelten die

---

schen Konsumentenvertragsrecht, *in* Brunner Alexander/Rehbinder Manfred/Stauder Bernd (Hrsg.), JKR 2004, Bern 2007, S. 119–148, speziell S. 123 ff.

[41] Hierzu auch STAUDER BERND, Contrats transfrontières de consommation conclus via Internet (b2c) – droit international privé: compétence judiciaire et droit applicable, *in* Koller Thomas/Muralt Müller Hanna (Hrsg.), Tagung 2001 für Informatikrecht/Journée 2001 d'information juridique, Bern 2002, S. 115–134, speziell S. 125 ff., 129 f., m.w.N.

[42] SCHWANDER/BEHN (Fn. 40), S. 122 f.

[43] Von der Schweiz am 30.10.2007 unterzeichnet; hierzu eingehend MARKUS ALEXANDER R., Die Konsumentenzuständigkeiten der EuGVO und des revidierten LugÜ, besonders im E-Commerce, ZZZ 2004, 181–216.

[44] Verordnung (EG) Nr. 44/2001 vom 22.12.2000 über die gerichtliche Zuständigkeit und die Anerkennung und Vollstreckung von Entscheidungen in Zivil- und Handelssachen, ABl. L 12/1 vom 16.1.2001.

[45] Für eine Übernahme dieser Regelung des revidierten LugÜ in das IPRG durch Revision des Art. 114 plädieren SCHWANDER/BEHN (Fn. 40), S. 129.

[46] Näheres hierzu bei MARKUS (Fn. 43), S. 186 f., 191 f., 200; SCHWANDER/BEHN (Fn. 40), S. 127–129.

[47] SCHWANDER/BEHN (Fn. 40), S. 132 f., plädieren für ein Ignorieren der speziellen Anwendungsvoraussetzungen der lit. a–c in Art. 120 Abs. 1. Vgl. auch SIEHR KURT, Telemarketing und Internationales Recht des Verbraucherschutzes, *in* Brunner Alexander/Rehbinder Manfred/Stauder Bernd (Hrsg.), JKR 1998, Bern 1998, S. 151–201, speziell S. 177 f., der

allgemeinen Vorschriften, wenn ein aktiver Konsument den Vertrag abschliesst. Die Rechtswahl in einer ARB-Klausel (Art. 116 IPRG) oder die Anknüpfung an die charakteristische Leistung (Art. 117 Abs. 2 IPRG) führt in diesem Fall zur Anwendbarkeit des Rechts am Sitz des Reiseanbieters.[48]

II. Anwendungsbereich

Art. 1 und 2 umschreiben den Anwendungsbereich des PRG. Es gilt, wenn der Vertrag zwischen einem Veranstalter und einem Konsumenten geschlossen wird (Art. 2) und eine Pauschalreise zum Gegenstand hat (Art. 1).

1. Sachlicher Anwendungsbereich

Pauschalreise ist die im Voraus festgelegte Verbindung von mindestens zwei touristischen Hauptleistungen, wenn die Verbindung zu einem Gesamtpreis angeboten wird. Diese Definition des Art. 1 Abs. 1 enthält die drei konstitutiven Elemente der Pauschalreise, nämlich das Angebot von mindestens zwei touristischen Hauptleistungen, deren im Voraus festgelegte Verbindung und den Gesamtpreis für diese Leistungen.

a) Angebot von mindestens zwei touristischen Hauptleistungen

Gegenstand der Leistungspflicht[49] des Veranstalters müssen touristische Leistungen[50] sein (Art. 1 Abs. 1 lit. c). Dazu gehören nicht nur Beförderung und Unterkunft, sondern auch sonstige Leistungen, die nach der Verkehrsauffassung als touristisch anzusehen sind. Zu denken wäre beispielsweise an Sprachkurse, Bereitstellung einer Wellnessinfrastruktur, Reisebegleitung durch einen fachlich besonders ausgewiesenen Reiseleiter, Besuch von Opern, Teilnahme an Sportveranstaltungen, usw. Hingegen fehlt es am touristischen Charakter der Leistungen etwa bei Verträgen im Rahmen von Schüleraustauschprogrammen[51] oder bei Zurver-

---

Art. 120 Abs. 2 IPRG derart korrigieren will, dass eine Rechtswahl nur dann ausgeschlossen ist, wenn sie den Verbraucher des Schutzes beraubt, den ihm das Recht an seinem gewöhnlichen Aufenthaltsort gewährt.

[48] Gleiches gilt für diejenigen Konsumenten, die eine Pauschalreise für berufliche Zwecke buchen oder juristische Person sind; so CR CO I-STAUDER, rem.prél. à la LVF N 11; MARCHAND, triptyque, S. 177.
[49] Kasuistik bei HANGARTNER, S. 15–17; BSK OR I-ROBERTO, Art. 1 PRG N 3–5; CR CO I-STAUDER, Art. 1 LVF N 3–7; MK-TONNER, § 651a N 12 ff.; FÜHRICH, Reiserecht, S. 66 ff.
[50] Der Begriff der Dienstleistungen, der im deutschsprachigen Text benutzt wird, ist zu eng, siehe dazu FRANK, Art. 1 PRG N 5, und CR CO I-STAUDER, Art. 1 LVF N 3 Fn. 3.
[51] EuGH, *AFS Intercultural Programs* (Fn. 25).

fügungstellung von Konferenzräumen, da letztere ausschliesslich professionellen Zwecken dienen.[52]

Die einzelnen touristischen Leistungen müssen Hauptleistungen sein. Dies ist der Fall, wenn sie «einen beträchtlichen Teil der Gesamtleistung ausmachen». Davon ist nach dem Gesetz bei Beförderung und Unterkunft regelmässig auszugehen. Andere touristische Leistungen dürfen nicht nur Nebenleistungen von Beförderung oder Unterkunft sein (Art. 1 Abs. 1 lit. c). Als Beispiele für Leistungen, die keinen erheblichen Teil der Gesamtleistung ausmachen, seien Verpflegung an Bord von Flugzeugen oder in Schlafwagen, Transfer vom Flughafen zum Hotel, übliche Reisebegleitung, Stadtrundfahrten, Besorgung von Eintrittskarten zu sportlichen oder kulturellen Anlässen[53] genannt. Hingegen handelt es sich neben den unproblematischen Fällen des Urlaubs mit Flug und Unterkunft oder der touristischen Rundreise auch bei Kreuzfahrten oder *Fly-Drive-* oder *Fly-Sleep-*Angeboten um die Kombination von Hauptleistungen.[54] Nicht erforderlich ist, dass eine Transportleistung zu den touristischen Hauptleistungen gehört. Man denke zum Beispiel an einen Opernbesuch in der Arena von Verona, wenn der Anbieter Hotel und Opernkarten besorgt und der Konsument im eigenen Wagen anreist.

Nach dem PRG liegt erst dann eine Pauschalreise vor, wenn mindestens zwei touristische Hauptleistungen angeboten werden. Es reicht also nicht aus, wenn der Konsument nur eine touristische Hauptleistung (Flug, Hotel, Chalet oder Ferienwohnung[55]) in Anspruch nehmen will, gleichgültig ob mit oder ohne eine weitere (Neben-)Leistung.

b) Im Voraus festgelegte Verbindung

Die einzelnen touristischen Hauptleistungen müssen im Voraus miteinander zu einer «Gesamtleistung» (Art. 1 Abs. 1 lit. c) verbunden werden. Diese Bündelung entspricht der typischen Tätigkeit eines Reiseveranstalters, der mehrere touristische Haupt- und eventuell auch Nebenleistungen zu einem kohärenten Ganzen zusammenfasst und als solches am Markt anbietet bzw. die von einem Dritten bereits gebündelte Reise «ankauft» und als eigene vermarktet. In beiden Hypothesen «kauft» der Konsument ein Endprodukt, als dessen «Hersteller» der Veranstalter erscheint.

Die Bündelung muss «im voraus» erfolgt sein. Bisher ging man davon aus, dass der Veranstalter selbst die Leistungen auswählt und bündelt oder zumindest als

---

[52] TONNER, Richtlinie, Art. 2 N 7a.
[53] Es sei denn, die Reise sei allein oder vorwiegend auf den Besuch einer solchen Veranstaltung zugeschnitten.
[54] BSK OR I-ROBERTO, Art. 1 PRG N 4f.; HANGARTNER, S. 16.
[55] Siehe aber unten S. 316.

fertiges Gesamtpaket anbietet.[56] Diese restriktive Auffassung muss angesichts der Rechtsprechung des EuGH[57] nuanciert werden. Nach dem *Club-Tour*-Urteil kann eine Pauschalreise auch dann vorliegen, wenn die Reise «von einem Reisebüro auf Wunsch und nach den Vorgaben eines Verbrauchers oder einer beschränkten Verbrauchergruppe organisiert»[58] wird. Damit bestätigt der EuGH zunächst die bereits zum schweizerischen Recht vertretene Auffassung, nach der auch moderne Formen von Reisen, die durch einen grösseren Einfluss des Konsumenten auf die Gestaltung der Reiseleistungen gekennzeichnet sind, dem Gesetz unterfallen. Hierzu gehören Baukasten-Reisen, bei denen der Konsument aus einer Vielzahl in einem Katalog angebotener einzelner Leistungen eine Auswahl treffen und diese nach seinen Vorstellungen kombinieren kann,[59] sowie *Incentive*-Reisen, die das Reisebüro nach den Angaben beispielsweise eines Unternehmens für dessen mit einer Reise zu belohnende Mitarbeiter zusammengestellt.[60]

Nach dem *Club-Tour*-Urteil liegt nämlich eine Bündelung «im voraus» bereits dann vor, wenn sie während der Vertragsverhandlungen, jedenfalls vor Vertragsschluss erfolgt, unabhängig davon, ob sie auf Wünschen beruht, die der Konsument geäussert hat.[61] Damit wird bei Buchung von mindestens zwei Einzelleistungen über ein Reisebüro die Abgrenzung zwischen der Reiseveranstaltung und der Reisevermittlung schwierig.[62] Anbieter im Internet von Einzelleistungen von Beförderungsunternehmen oder Hotels sowie von Reisen von Reiseveranstaltern (sogenannte Online-Reiseportale), die dem Konsumenten eine grosse Auswahlfreiheit bieten, könnten als Reiseveranstalter qualifiziert werden[63] und dann dem PRG unterliegen.

Die Abgrenzung zwischen Reiseveranstaltung und Reisevermittlung kann nicht mehr nach dem Kriterium der Person – Veranstalter oder Konsument –, die die Initiative für die Bündelung der Reiseleistungen ergreift, vorgenommen werden,

---

[56] Wobei vom Konsumenten geäusserte und vom Veranstalter akzeptierte Sonderwünsche berücksichtigt werden können; vgl. Pauschalreise-RL Anhang, lit. j, und Art. 6 Abs. 1 lit. c PRG.
[57] EuGH, *Club-Tour* (Fn. 25), mit Anm. TONNER KLAUS, EuZW 2002, 403 f.
[58] EuGH, *Club-Tour* (Fn. 25), Tz. 16.
[59] BSK OR I-ROBERTO, Art. 1 PRG N 7; CR CO I-STAUDER, Art. 1 LVF N 9; MARCHAND, voyage à forfait, S. 722; MARTINELLI, S. 36; HANGARTNER, S. 17 f.
[60] BSK OR I-ROBERTO, Art. 1 PRG N 8; CR CO I-STAUDER, Art. 1 LVF N 9; MARCHAND, voyage à forfait, S. 722; a.A. HANGARTNER, S. 18.
[61] EuGH, *Club-Tour* (Fn. 25), Tz. 19 f.
[62] Hierzu FÜHRICH ERNST, Bündelung von Reiseleistungen durch das Reisebüro nach Kundenwunsch als Pauschalreise?, RRa 2002, 194–197; DERS., Der Begriff des Reiseveranstalters im Lichte der neueren Rechtsprechung des BGH und des EuGH, in Deutsche Gesellschaft für Reiserecht (Hrsg.), DGfR Jahrbuch 2002, Baden Baden 2003, S. 89–97; ECKERT HANS-WERNER, Das Reisebüro als Reiseveranstalter bei Zusammenstellung mehrerer Einzelleistungen auf Wunsch des Kunden?, RRa 2003, 194–198.
[63] Siehe MK-TONNER, § 651a BGB N 23; FÜHRICH ERNST, Dynamic Packaging und virtuelle Veranstalter. Entwicklung und Anwendung des Reisevertragsrechts auf die neue Internetbasierte Pauschalreise, RRa 2006, 50–57.

da in beiden Fällen nach der *Club-Tour* Entscheidung eine im voraus erfolgte Festlegung der Reiseleistungen vorliegt.[64] Massgeblich kann daher nur sein, in welcher Eigenschaft das Reisebüro die Leistungen anbietet, ob als eigene oder solche Dritter im fremden Namen. Die Abgrenzung ist demnach aus der Sicht des redlichen Konsumenten nach dem Vertrauensprinzip vorzunehmen,[65] wobei die Bündelung der Reiseleistungen durch das Reisebüro nicht mehr die notwendige Voraussetzung, sondern nur noch ein Indiz für das Vorliegen einer Pauschalreise darstellt.[66]

c) Gesamtpreis

Nach dem Wortlaut von Art. 1 Abs. 1 liegt eine Pauschalreise vor, wenn die Hauptreiseleistungen «zu einem Gesamtpreis» angeboten werden. Die separate Inrechnungstellung einzelner Nebenleistungen, wie z.B. von Ausflügen oder von Vollpension, steht dem nicht entgegen. Abs. 2 stellt ausserdem klar, dass das PRG selbst dann anwendbar bleibt, wenn einzelne (Haupt)-Reiseleistungen getrennt berechnet werden. Somit ist die Fakturierung des Reisepreises als Gesamtpreis nicht konstitutive Voraussetzung, sondern nur Indiz für die Annahme einer Pauschalreise.[67]

Nach der auch für die Auslegung des PRG massgeblichen *Rechberger*-Entscheidung des EuGH[68] ist Pauschalreiserecht selbst dann anzuwenden, wenn die Teilnahme für den Konsumenten unentgeltlich ist und er allenfalls gewisse Sonderleistungen zu bezahlen hat, sofern der Veranstalter mit dieser «kostenlosen» Reise wirtschaftliche Zwecke, etwa im Rahmen einer Marketing-Strategie, verfolgt.[69]

2. Persönlicher Anwendungsbereich

Mit dem Begriffspaar Veranstalter – Konsument wird der persönliche Anwendungsbereich des PRG umschrieben (Art. 2 Abs. 1 und 3). Nur sie sind Parteien des Pauschalreisevertrags. Der Vermittler (Art. 2 Abs. 2) wirkt am Vertrieb der

---

[64] Siehe STAUDER, influence, S. 94–96; ebenso TONNER (Fn. 57), S. 403 f.; KAROLLUS MARGIT MARIA, Entgangene Urlaubsfreude und Reisen «à la carte» – Zwei EuGH-Entscheidungen zur Pauschalreise-Richtlinie, JBl 2002, 566–578, speziell S. 568 f.

[65] BGE 115 II 474; STAUDER, influence, S. 96 f.; CR CO I-STAUDER, Art. 1 LVF N 9; BSK OR I-ROBERTO, Art. 1 PRG N 8. Eine ARB-Klausel, nach der das Reisebüro nur Fremdleistungen vermittelt, wäre unzulässig, wenn nach den Gesamtumständen des Einzelfalls der Konsument von einer Reiseleistung des Anbieters ausgehen durfte.

[66] MARCHAND, voyage à forfait, S. 722; BSK OR I-ROBERTO, Art. 1 PRG N 8; CR CO I-STAUDER, Art. 1 LVF N 9.

[67] MARCHAND, voyage à forfait, S. 722; CR CO I-STAUDER, Art. 1 LVF N 10; BSK OR I-ROBERTO, Art. 1 PRG N 9 f.; HANGARTNER, S. 19. Ebenso BGer, 4C.125/2004.

[68] EuGH, *Rechberger* (Fn. 25), Tz. 30 f.

[69] STAUDER, influence, S. 96; wohl auch BSK OR I-ROBERTO, Art. 1 PRG N 10.

B. Pauschalreiserecht

Pauschalreisen des Veranstalters als dessen Stellvertreter mit, ist aber selbst nicht Vertragspartei.

a) Veranstalter

Veranstalter ist jede natürliche oder juristische Person, die nicht nur gelegentlich Pauschalreisen organisiert (Art. 2 Abs. 1), d.h. am Markt touristische Reiseleistungen anbietet, die vor Vertragsschluss gebündelt werden, und zu deren Erbringung in eigener Verantwortung er sich verpflichtet.[70] Unbeachtlich ist, ob er die versprochenen Leistungen dem Konsumenten selbst, über sein Personal oder über unabhängige Leistungsträger wie Beförderungsunternehmen oder Hoteliers zur Verfügung stellt. Unerheblich ist weiterhin, wie Abs. 1 ausdrücklich klarstellt, welchen Vertriebsweg der Veranstalter für seine Pauschalreisen wählt: Direktvertrieb, Vertrieb über ein eigenes Zweigstellen- oder Filialnetz oder über unabhängige Reisebüros, mit denen in der Regel ein Mäkler- (Art. 412ff. OR) oder ein Agenturvertrag (Art. 418aff. OR) besteht.[71]

Das PRG stellt in Anlehnung an die Richtlinie in einigen Bestimmungen (z.B. Art. 14 Abs. 1, 17 Abs. 2, 18 Abs. 1) den «Vermittler, der Vertragspartei ist», dem Reiseveranstalter gleich. Hierbei handelt es sich um eine gesetzgeberische Fehlleistung, da ein Vermittler entweder den Vertragsschluss zwischen dem Konsumenten und dem Reiseveranstalter vermittelt, also in direkter Stellvertretung für letzteren handelt, oder aber selbst die Pauschalreise anbietet und dann Veranstalter ist.[72]

Einem Veranstalter sind nur diejenigen Vermittler gleichzustellen, die eine von einem Pauschalreiseanbieter stammende Reise dem Konsumenten als ihre eigene anbieten, die mit anderen Worten aus der Sicht eines redlichen Konsumenten wie ein Veranstalter auftreten. Auf diesen Quasi-Veranstalter sind dann die Vorschriften des PRG voll anwendbar. Die Abgrenzung zwischen dem Vermittler und dem Quasi-Veranstalter ist nach dem Vertrauensprinzip vorzunehmen.[73]

Nach den gleichen vertrauenstheoretischen Grundsätzen ist zu entscheiden, ob vor Ort gebuchte Zusatzleistungen wie etwa lokale Ausflüge nur vermittelt oder vom Veranstalter im Rahmen der Pauschalreise angeboten werden.[74]

---

[70] BSK OR I-Roberto, Art. 2 PRG N 5; CR CO I-Stauder, Art. 2 LVF N 2.
[71] CR CO I-Stauder, Art. 2 LVF N 2; BSK OR I-Roberto, Art. 2 PRG N 8.
[72] Hangartner, S. 27; BSK OR I-Roberto, Art. 2 PRG N 2f.; CR CO I-Stauder, Art. 2 LVF N 4; KG VD, 6.11.2003, JKR 2004, S. 348.
[73] BGE 115 II 474, 477; BGer 4C.125/2004; CR CO I-Stauder, Art. 2 LVF N 4; BSK OR I-Roberto, Art. 2 PRG N 5 und 9.
[74] BGE 111 II 270; BSK OR I-Roberto, Art. 2 PRG N 5; CR CO I-Stauder, Art. 2 LVF N 4; OLG Frankfurt, RRa 2006, 224–225. Hinsichtlich eines von der örtlichen Reiseleitung angebotenen Ausflugs, der «bei uns» gebucht und bezahlt werden kann, siehe die widersprüchlichen Entscheide des OLG Düsseldorf, VuR 2005, 221 und 223 zu derselben (!) Reise, mit kritischer Anmerkung von Tonner Klaus, VuR 2005, 224–225.

b) Konsument

Vertragspartner des Veranstalters ist der Reisende, den das Gesetz als Konsumenten bezeichnet (Art. 2 Abs. 3). Konsument ist nicht nur, wie bei anderen konsumentenpolitischen Gesetzen (Art. 3 KKG, Art. 40a Abs. 1 OR), eine natürliche Person, die die Reise zu privaten Zwecken bucht. Vielmehr gilt in Übernahme der Vorgaben der Richtlinie eine weite Definition. Konsument ist folglich jede natürliche oder juristische Person,[75] ohne dass es auf den Zweck der Pauschalreise ankäme. Damit unterstehen auch Geschäftsreisen dem PRG, sofern nur mindestens zwei touristische Hauptleistungen (etwa Flug und Hotel; Flug und Mietauto) gebündelt werden.[76]

Konsument ist die Person, die den Pauschalreisevertrag in eigenem Namen abschliesst (lit. a) oder in deren Namen der Vertrag in direkter Stellvertretung geschlossen wird (lit. b), ferner der Begünstigte aus einem echten Vertrag zugunsten Dritter i.S.d. Art. 112 OR (lit. b)[77] oder der Ersatzreisende, der an die Stelle des ursprünglichen Reisenden gemäss Art. 17 tritt (lit. c).[78] Alle Personen, die Konsument i.S.d. Gesetzes sind, können die ihnen aus dem Pauschalreiserecht zustehenden Rechte geltend machen.[79]

3. Einschränkungen

Bestimmte Pauschalreisen werden vom Anwendungsbereich des PRG ausgeschlossen. Bei ihnen scheint der Gesetzgeber ein Schutzbedürfnis des Konsumenten zu verneinen oder aber die Anwendung der gesetzlichen Schutzvorschriften als zu aufwändig zu erachten.

a) Sachlicher Anwendungsbereich

Bei Pauschalreisen, die maximal 24 Stunden dauern oder bei denen keine Übernachtung eingeschlossen ist (Art. 1 Abs. 1), ist das PRG nicht anwendbar. Die Reisedauer bestimmt sich nach den vertraglichen Vereinbarungen, selbst wenn sie effektiv darüber hinausgehen sollte.[80]

---

[75] Unstreitig. Vgl. nur BSK OR I-ROBERTO, Art. 2 PRG N 7; CR CO I-STAUDER, Art. 2 LVF N 9; KOLLER-TUMLER, Konsumentenvertrag, S. 205; MARCHAND, voyage à forfait, S. 723 Fn. 22.

[76] H.L., vgl. MARCHAND, voyage à forfait, S. 723; KOLLER-TUMLER, Konsumentenvertrag, S. 205 f.; CR OR I-STAUDER, Art. 2 LVF N 9; BRUNNER, Konsumverträge (Fn. 30), S. 39; a.A. BSK OR I-ROBERTO, Art. 2 PRG N 7.

[77] Beispielsweise bei *Incentive*-Reisen, bei denen das Unternehmen den Vertrag zugunsten der reisenden Betriebsangehörigen schliesst.

[78] Zu den Voraussetzungen der Stellung eines Ersatzreisenden, siehe unten S. 330 f.

[79] KOLLER-TUMLER, Konsumentenvertrag, S. 205; CR CO I-STAUDER, Art. 2 LVF N 9 f.; BSK OR I-ROBERTO, Art. 2 PRG N 7.

[80] HANGARTNER, S. 21; CR CO I-STAUDER, Art. 1 LVF N 11.

B. Pauschalreiserecht

b) *Persönlicher Anwendungsbereich*

Auch Pauschalreisen, die von einem Gelegenheitsveranstalter angeboten werden, fallen nicht unter das PRG (Art. 2 Abs. 1). Das Kriterium des «nicht nur gelegentlich(en)» Organisierens ist wörtlich von der Pauschalreise-Richtlinie übernommen.[81] Damit wird bewusst von der in konsumentenschützenden Richtlinien üblichen Definition des Anbieters abgewichen, nach der dieser in Ausübung seiner gewerblichen oder beruflichen Tätigkeit handeln muss. Folglich kann es für die Abgrenzung zwischen Gelegenheitsveranstalter und Reiseveranstalter i.S.d. PRG nicht darauf ankommen, ob die Pauschalreise im Rahmen einer gewerblichen Tätigkeit oder aber ohne Gewinnerzielungsabsicht angeboten wird.[82] Entscheidend ist vielmehr die Zahl der zwar nicht häufig, aber doch regelmässig offerierten Reisen[83]. Damit gilt das PRG nicht nur, wenn ein Reisebüro, das üblicherweise nur Reisen vermittelt, hin und wieder auch eine Pauschalreise zusammenstellt und anbietet, sondern auch, wenn Betriebe, Vereine, Schulen oder Gemeinden zwar nicht oft, aber doch regelmässig Pauschalreisen organisieren.[84]

c) *Anwendbare Vorschriften*

Die vom PRG ausgeschlossenen Pauschalreiseverträge sind Innominatkontrakte. Die Rechte und Pflichten der Parteien ergeben sich in erster Linie aus der *lex contractus*. Jedoch ist wegen der Vergleichbarkeit der Problematik mit derjenigen der gesetzlich geregelten Pauschalreisen vom Richter jeweils zu prüfen, ob nicht bestimmte Vorschriften des PRG analog angewendet werden können.[85] In Betracht kommen insbesondere die Art. 3–6 zu den vorvertraglichen Informationspflichten, die eine Ausprägung des Grundsatzes von Treu und Glauben (Art. 2 Abs. 1 ZGB) sind,[86] die Art. 14 Abs. 1 und 15 Abs. 1, die die traditionelle Vermittlerklausel für nichtig erklären,[87] Art. 7 zu den Einschränkungen der Reisepreiserhöhung nach

---

[81] Art. 2 Ziff. 2 Pauschalreise-RL.
[82] So aber die h.L; vgl. KOLLER-TUMLER, Konsumentenvertrag, S. 203 f.; TERCIER, contrats, Rz. 5668; HANGARTNER, S. 21 f.; ihm folgend BSK OR I-ROBERTO, Art. 2 PRG N 6. A.A. CR CO I-STAUDER, Art. 1 LVF N 3.
[83] Ein bis zwei Reisen pro Jahr; BSK-OR I-ROBERTO, Art. 2 PRG N 6.
[84] Anders BSK OR I-ROBERTO, Art. 2 PRG N 6; HANGARTNER, S. 21 f.; KOLLER-TUMLER, Konsumentenvertrag, S. 204, die sich auf die parlamentarischen Beratungen (AmtlBull. NR 1993, 785) berufen. Massgeblich sei, ob die Reise einem unbestimmten oder einem beschränkten Abnehmerkreis angeboten werde. Dieses Kriterium wurde jedoch ausdrücklich vom EuGH, *Rechberger* (Fn. 25), Tz. 31, als nicht richtlinienkonform verworfen.
[85] Dieses methodische Vorgehen wird von der Lehre einhellig vorgeschlagen. Vgl. nur MARCHAND, voyage à forfait, S. 722; HANGARTNER, S. 20 f.; BSK OR I-ROBERTO, Art. 1 PRG N 6, 11; CR CO I-STAUDER, Art. 1 LVF N 12 f.
[86] MARCHAND, voyage à forfait, S. 722; MARTINELLI, S. 47; BSK OR I-ROBERTO, Art. 1 PRG N 11; CR CO I-STAUDER, Art. 1 LVF N 12; a.A. HANGARTNER, S. 21.
[87] BSK OR I-ROBERTO, Art. 1 PRG N 11; CR CO I-STAUDER, Art. 1 LVF N 12; HANGARTNER, S. 21.

Vertragsschluss,[88] Art. 16 Abs. 1, der die Zulässigkeit von Haftungsbegrenzungsklauseln einschränkt,[89] und Art. 17 zum Recht des Konsumenten, einen Ersatzreisenden zu stellen.[90] Hingegen wird man Art. 18 zur Pflicht der Insolvenzabsicherung nicht sinngemäss anwenden können.[91] Subsidiär gelten die Bestimmungen des OR, nach denen bislang der Innominatvertrag Pauschalreise beurteilt wurde. Insofern sind Rechtsprechung und Lehre aus der Zeit vor Inkrafttreten des PRG immer noch einschlägig.

Auf diese Grundsätze kann ebenfalls bei veranstaltermässig angebotenen Einzelleistungen zurückgegriffen werden. Sofern eine analoge Anwendung einzelner Bestimmungen des PRG nicht in Betracht kommt, bleibt die frühere Rechtsprechung, insbesondere zur Zurverfügungstellung von Ferienwohnungen,[92] bedeutsam.[93]

III. Konsumenteninformation und Vertragsschluss

In Art. 3–6 verankert das PRG umfassende, wenn auch nicht abschliessende[94] vorvertragliche und vertragliche Informationspflichten des Veranstalters. Soweit die Bestimmungen als Schuldner dieser Pflichten auch den Vermittler nennen, ist dies unrichtig, es sei denn, dieser geriere sich als Quasi-Veranstalter.[95] Zwar spielt der Vermittler rechtstatsächlich eine nicht unerhebliche Rolle bei der Information des Konsumenten, indem er ihm in seinem Reisebüro Informationen übermittelt. Er tut dies aber in direkter Stellvertretung des allein verpflichteten Veranstalters.[96]

Das PRG regelt den Vertragsschluss nicht ausdrücklich, statuiert jedoch besondere Voraussetzungen für die Einbeziehung von ARB (Art. 4 Abs. 1 und 2 S. 1) und sieht Abschlusserleichterungen bei Last-Minute-Reisen vor (Art. 4 Abs. 2 S. 2).

---

[88] MARTINELLI, S. 47; CR CO I-STAUDER, Art. 1 LVF N 12.
[89] HANGARTNER, S. 21; BSK OR I-ROBERTO, Art. 1 PRG N 11; CR CO I-STAUDER, Art. 1 LVF N 12.
[90] MARTINELLI, S. 47; BSK OR I-ROBERTO, Art. 1 PRG N 11; CR CO I-STAUDER, Art. 1 LVF N 12.
[91] HANGARTNER, S. 21; implizit auch CR CO I-STAUDER, Art. 1 LVF N 12; ausdrücklich BSK OR I-ROBERTO, Art. 1 PRG N 6, bei Zurverfügungstellung von Ferienwohnungen.
[92] BGE 115 II 474; OGer ZH, 25.8.1983, ZR 1984, 33.
[93] MARCHAND, voyage à forfait, S. 722; MARTINELLI, S. 57f.; HANGARTNER, S. 17; BSK OR I-ROBERTO, Art. 1 PRG N 6; CR CO I-STAUDER, Art. 1 LVF N 13.
[94] BSK OR I-ROBERTO, Vorbem. zu Art. 3–6 PRG N 1; MARCHAND, voyage à forfait, S. 726f.; CR CO I-STAUDER, Introd. aux art. 3–6 LVF N 2.
[95] Dazu oben S. 313.
[96] BSK OR I-ROBERTO, Art. 4 PRG N 1; CR CO I-STAUDER, Introd. aux art. 3–6 LVF N 1. Näher dazu unten S. 383ff.

B. Pauschalreiserecht

1. Vorvertragliche Information

Vorschriften zur vorvertraglichen Information bezwecken, die Markttransparenz zu erhöhen und gleichzeitig zu gewährleisten, dass der Konsument in Kenntnis der relevanten Daten eine freie und überlegte Entscheidung trifft.[97]

a) Werbung

Die Werbung für Pauschalreisen untersteht den Anforderungen des UWG und darf insbesondere keine irreführenden Angaben enthalten (Art. 3 lit. b UWG).[98] Wirbt der Reiseveranstalter gegenüber Konsumenten[99] mit dem Preis oder enthält die Werbung Hinweise zu Preisrahmen oder Preisgrenzen,[100] sind zusätzlich die Bestimmungen der PBV zu beachten, die auch auf Pauschalreisen anwendbar ist (Art. 10 Abs. 1 lit. n PBV).[101] Die Preiswerbung muss den Grundsätzen der Preiswahrheit und -klarheit entsprechen.

aa) Mindestinhalt

Nach Art. 13 PBV ist der tatsächlich zu zahlende Preis anzugeben. Das Bundesgericht[102] hatte auf dieser Grundlage bereits 1987 die bei einer Zeitungswerbung erforderlichen Preis- und preisrelevanten Angaben präzisiert. Nach der PBV-Änderung von 1999 wurden in einem Informationsblatt des SECO im Wesentlichen die Kriterien der bundesgerichtlichen Rechtsprechung für die obligatorische Preisbekanntgabe übernommen. Mit Art. 13 PBV war allerdings nicht zu vereinbaren, dass die Behörden es im Informationsblatt ausdrücklich erlaubten, Nebenkosten wie Flughafengebühren, staatliche Taxen, Kerosenzuschläge, usw. nicht in den Endpreis zu integrieren, sondern getrennt aufzuführen.

---

[97] CR CO I-STAUDER, Introd. aux art. 3–6 LVF N 1; grundlegend VIGNERON-MAGGIO-APRILE SANDRA, L'information des consommateurs en droit européen et en droit suisse de la consommation, Zürich/Brüssel 2006, S. 311 ff.

[98] Diese Vorschrift entspricht den Anforderungen von Art. 3 Abs. 1 Pauschalreise-RL.

[99] I.S.v. Art. 2 Abs. 2 PBV. Dieser Bestimmung liegt die übliche Definition des Konsumenten als Person zugrunde, die nicht im Rahmen ihrer beruflichen oder gewerblichen Tätigkeit handelt, ist also enger als diejenige des Art. 2 PRG (siehe oben S. 314). Da nach der RL die Information in Prospekten gewissen Mindestanforderungen entsprechen muss, gleichgültig welcher Konsument umworben wird, muss aber der weite Konsumentenbegriff des Art. 2 PRG auch im Rahmen der PBV gelten.

[100] Hierzu SUTTER GUIDO, Die Preisbekanntgabepflicht als Instrument der Konsumenteninformation, *in* Brunner Alexander/Rehbinder Manfred/Stauder Bernd (Hrsg.) JKR 1999, Bern 2000, S. 199–235, speziell S. 225.

[101] SUTTER (Fn. 100), S. 219 f., verweist für den Begriff der Pauschalreise in der PBV auf das PRG. Auch nach dem Informationsblatt des SECO, Preisbekanntgabe und Werbung für Reiseangebote vom 1.6.2006, soll die PBV nur bei Pauschalreisen i.S.d. PRG gelten. Diese Einschränkung ergibt sich nicht aus der PBV. Ihrer *ratio* entspricht es eher, sie auch bei Pauschalreisen, die ausserhalb des PRG stehen (oben S. 314 ff.), anzuwenden.

[102] BGE 113 IV 36, 40.

Nach Art. 3 Abs. 2 S. 1 lit. a–g Pauschalreise-Richtlinie muss ein Reiseprospekt, den ein Veranstalter zur Verfügung stellt, bestimmte detaillierte Mindestangaben zum Preis sowie zu preisrelevanten Elementen und Qualitätsmerkmalen der Reise enthalten. Die ursprünglich geplante Umsetzung dieser Vorschrift durch Modifikation der PBV[103] erfolgte nur insoweit, als die Pauschalreisen ausdrücklich dem PBV unterstellt und das Informationsblatt des SECO geändert wurden. Angesichts vieler Missbräuche bei der Preiswerbung für Pauschalreisen wurde das Informationsblatt 2006 erneut überarbeitet. Die dort enthaltenen Mindestinhaltsanforderungen an die Preiswerbung[104] entsprechen im Wesentlichen denen der bundesgerichtlichen Rechtsprechung und der Richtlinie. Sie gelten nicht nur für Prospekte und Kataloge, die die Richtlinie ausdrücklich erwähnt, sondern für alle Werbeträger wie Zeitungsannoncen, Fernsehen, Teletext, E-Mail oder Internet, usw. Der Grundsatz der Prospektwahrheit erfordert, dass die Angaben «deutlich lesbar, klar und genau»[105] sind. Kodierte Umschreibungen, die die Nachteile des Angebots verharmlosen sollen, wie beispielsweise «zentrale Lage» für Lärm, sind unzulässig.[106]

Bedenklich erscheint, dass der Grundsatz, der effektiv zu zahlende Preis sei anzugeben (Art. 13 PBV), trotz der Klarstellungen im Informationsblatt 2006 weiterhin zum Teil nicht respektiert wird. Zwar sind jetzt die meisten bislang getrennt aufgeführten Nebenkosten (öffentliche Taxen, Gebühren oder Steuern, Hafen- und Flughafentaxen, Ein- und Ausreisegebühren, Sicherheitsgebühren, Kerosinzuschläge sowie sämtliche sonstigen obligatorischen Zuschläge) in den Endpreis einzubeziehen. Dies gilt auch für die sogenannte Beratungs- oder Dossiergebühren des Veranstalters,[107] die in der Praxis aber dennoch meist getrennt genannt werden. Unter rechtlichen Gesichtspunkten sehr fragwürdig ist auch, dass die «Trinkgelder» bei Kreuzfahrten nicht im Endpreis enthalten sind, obwohl es sich in Wahrheit um obligatorisch vom Reisenden zu entrichtende Lohnbestandteile für das Personal handelt.[108]

Die Verletzung der Vorschriften zur Preiswerbung wird zivilrechtlich (Art. 9 und 10 UWG) oder strafrechtlich (Art. 23 UWG, Art. 21 PBV) sanktioniert.[109] Fraglich ist, ob gleiches bei Nichtbeachtung der nur im SECO-Informationsblatt

---

[103] Zusatzbotschaft II zur EWR-Botschaft, BBl 1992 V 242f.
[104] Der Veranstalter ist frei, auf eine Preiswerbung zu verzichten und kann so den gesetzlichen Informationsanforderungen entgehen. Vgl. nur CR CO I-Stauder, Art. 3 LVF N 2.
[105] So Art. 3 Abs. 2 S. 1 Pauschalreise-RL; Hangartner, S. 41.
[106] Hangartner, S. 41f.; CR CO I-Stauder, Art. 3 LVF N 4. Weitere Beispiele bei Führich, Reiserecht, S. 180f.
[107] Anders, wenn eine Reisebüro eine Pauschalreise vermittelt. Für diese eigene Leistung kann der Vermittler eine Gebühr verlangen und separat berechnen. Siehe unten S. 382.
[108] Insoweit gilt Art. 12 PBV nicht. Mit der PBV nicht zu vereinbaren ist weiter die in jüngster Zeit häufiger werdende Praxis, für die Beförderung von normalem Reisegepäck (ein Koffer) sowie für die Zahlung mittels Kreditkarte eine zusätzliche Gebühr zu verlangen, wenn kein anderer, kostenfreier Zahlungsweg zur Verfügung steht.
[109] In Betracht kommen ferner eine Anfechtung des Vertrags nach Art. 23, 31 OR und eine Schadenersatzpflicht des Veranstalters aus *culpa in contrahendo* wegen unzureichender

geforderten Angaben zu Preis und wesentlichen Eigenschaften der Pauschalreise gilt, da dieses die Gerichte nicht bindet.[110]

bb) Verbindlichkeit der Prospektangaben

Nach Art. 3 Abs. 2 sind die in einem Prospekt enthaltenen obligatorischen oder darüber hinausgehenden freiwilligen Angaben, ob in Form von Text, Bild, Film oder Video,[111] für den Veranstalter verbindlich und dürfen nicht mehr nur als rechtlich unverbindliche Anpreisungen im Rahmen des Marketing verstanden werden.

Die rechtliche Bedeutung der Prospektangaben ist eine doppelte: (1) Macht der Konsument auf der Grundlage eines Reiseprospekts ein Angebot, das der Veranstalter annimmt, wird widerleglich vermutet, dass die Prospektangaben Vertragsinhalt geworden sind, ohne dass der Konsument einen dahingehenden Konsens speziell nachweisen muss.[112] (2) Die Prospektangaben bestimmen den Inhalt der Verpflichtungen des Veranstalters hinsichtlich der Eigenschaften der Reise. Sie sind mithin als zugesicherte Eigenschaften zu qualifizieren.[113] Fehlen sie, haftet der Veranstalter wegen Reisemängeln (Art. 13 ff.).[114] Ein solcher genereller und nicht nur punktueller Einfluss von Werbung in der Vertragsanbahnungsphase auf den Vertrag stellt für das schweizerische Recht eine Neuerung dar.[115]

Wird die Vermutung widerlegt, entfällt die verbindliche Wirkung der Prospektangaben. Abgesehen vom unproblematischen Fall der späteren Parteivereinbarung (Art. 3 lit. a) ist dies möglich, wenn der Prospekt selbst – und nicht nur die ARB – einen ausdrücklichen und ohne weiteres erkennbaren Änderungsvorbehalt enthält und die Änderung dem Konsumenten klar und präzise vor Vertragsschluss, entsprechend den Voraussetzungen des Art. 4 Abs. 1 und 2, mitgeteilt wurde (Art. 3 lit. b).[116] Eine Mitteilung in der Reisebestätigung ist, da zu spät erfolgt, ohne rechtliche Wirkung.

b) Informationen vor Vertragsschluss

Der Konsument ist vor Vertragsschluss über alle für seine Entscheidung, eine Pauschalreise zu buchen, relevanten Daten in Kenntnis zu setzen. Art. 4 verpflichtet

---

Information. Vgl. MARCHAND, voyage à forfait, S. 724, 734 f.; CR CO I-STAUDER, Art. 3 LVF N 10.

[110] SUTTER (Fn. 100), S. 209; CR CO I-STAUDER, Art. 3 LVF N 9.
[111] HANGARTNER, S. 38.
[112] MARCHAND, voyage à forfait, S. 724.
[113] Ganz h.L., vgl. HANGARTNER, S. 39; HONSELL, OR BT, S. 448; BSK OR I-ROBERTO, Art. 3 PRG N 2; CR CO I-STAUDER, Art. 3 LVF N 6.
[114] BSK-OR I-ROBERTO, Art. 3 PRG N 2; TERCIER, contrats, Rz. 5688; CR CO I-STAUDER, Art. 3 LVF N 6.
[115] Vgl. auch die entsprechende Regelung zu Werbeangaben beim Konsumgüterkauf in Art. 2 Abs. 2 lit. d RL 1999/44/EG vom 25.5.1999 zu bestimmten Aspekten des Verbrauchsgüterkaufs und der Garantien für Verbrauchsgüter, ABl. L 171/12 vom 7.7.1999.
[116] HANGARTNER, S. 40; CR CO I-STAUDER, Art. 3 LVF N 7.

den Reiseveranstalter zu umfassender Information über sämtliche Vertragsbedingungen (Abs. 1 und 2) und Reiseformalitäten (Abs. 3 und 4). Alle Daten müssen dem Konsumenten schriftlich vorliegen, bevor er sich zu einer Reise entschliesst.

aa) Vertragsbedingungen

Nach Art. 4 Abs. 1 betrifft die Mitteilungspflicht «alle Vertragsbedingungen». Darunter sind die für die Reisebestätigung nach Art. 6 erforderlichen Angaben, einschliesslich der vom Veranstalter akzeptierten Sonderwünsche des Konsumenten (Art. 6 Abs. 1 lit. c), sowie die vollständigen ARB zu verstehen.[117] Auch wenn einige der Angaben bereits im Prospekt oder in sonstigen Werbemitteln enthalten sein müssen,[118] genügt der Veranstalter seinen Verpflichtungen nicht, wenn er auf diese bloss hinweist.[119] Nur wenn der Konsument den Prospekt bereits in Händen hält, kann sich der Veranstalter auf einen klaren und präzisen Verweis beschränken.

Abs. 2 ermöglicht es dem Veranstalter, die Vertragsbedingungen auch «in einer anderen geeigneten Form», zum Beispiel mündlich oder elektronisch, zu übermitteln; er muss sie dann aber vor Vertragsschluss schriftlich bestätigen. Zu denken ist etwa an eine Bekanntgabe der Vertragsbedingungen am Telefon oder per E-Mail mit anschliessender schriftlicher Bestätigung vor Abschluss des Vertrages, z.B. auch per Fax. Der Versand einer Reisebestätigung nach Art. 6 wäre nicht ausreichend, da nicht rechtzeitig erfolgt.[120] Eine Ausnahme gilt nur bei Last-Minute-Reisen (Art. 4 Abs. 2 S. 2).[121]

Das PRG enthält keine ausdrücklichen Sanktionen der Verletzung der vorvertraglichen Informationspflichten. Die Vertragsbedingungen, über die nicht nach Massgabe von Art. 4 Abs. 1 und 2 informiert wurde, werden nicht Vertragsbestandteil. Dies gilt insbesondere für ARB-Klauseln. Folglich kann sich der Veranstalter nicht auf für ihn günstige Vertragsbedingungen wie zum Beispiel zur Mindestteilnehmerzahl (Art. 6 Abs. 1 lit. d) oder zur Reisepreiserhöhung (Art. 7 lit. a) stützen.[122] Nach teleologischer Auslegung dürfte sich hingegen der Konsument auf eine ihm günstige Vertragsbedingung berufen, selbst wenn sie ihm nicht schriftlich mitgeteilt oder bestätigt wurde.[123]

---

[117] MARCHAND, voyage à forfait, S. 725; FRANK, Art. 4 PRG N 1; CR CO I-STAUDER, Art. 4 LVF N 2; enger BSK OR I-ROBERTO, Art. 4 PRG N 1, der Art. 4 Abs. 1 und 2 auf die Einbeziehung von AGB beschränken will.
[118] Oben S. 317f.
[119] HANGARTNER, S. 49.
[120] CR CO I-STAUDER, Art. 4 LVF N 3.
[121] Dazu unten S. 324ff.
[122] Annulliert er die Reise, muss er Schadenersatz leisten (Art. 10 Abs. 4, 14ff.); nur der im Prospekt veröffentlichte (Art. 3 Abs. 2) oder vereinbarte Preis wäre vom Konsumenten zu bezahlen (Art. 7), vgl. MARCHAND, voyage forfait, S. 725; STAUDER, voyage, S. 70; CR CO I-STAUDER, Art. 4 LVF N 10.
[123] MARCHAND, voyage à forfait, S. 725; STAUDER, voyage, S. 70.

B. Pauschalreiserecht

bb) Reiseformalitäten

Angehörige der EU- und EFTA-Staaten sind vor Abschluss des Vertrages spontan schriftlich oder in einer anderen geeigneten Form klar und vollständig über die für sie geltenden Einreisebestimmungen und gesundheitspolizeilichen Anforderungen des Ziellandes und der eventuellen Transitländer zu informieren (Art. 4 Abs. 3). Gegenüber Konsumenten anderer Nationalitäten hat die Information nur auf unverzügliche Anfrage hin zu erfolgen und kann sich auf die Einreisevorschriften beschränken (Art. 4 Abs. 4).

Konkret geht es um das Erfordernis eines offiziellen Reisedokuments (Identitätskarte, Pass), dessen Typ (elektronische Lesbarkeit, weitere Voraussetzungen) und Gültigkeitsdauer sowie die allfällige Notwendigkeit eines Visums, die übliche Dauer für seine Beschaffung und eventuelle Einschränkungen (Stempel bestimmter Länder).[124] Unter gesundheitspolizeilichen Formalitäten sind insbesondere die obligatorische Impfpflicht, die zwischen Impfung und Einreisezeitpunkt einzuhaltende Frist, nicht aber bloss nützliche Gesundheitsvorkehrungen zu verstehen.[125]

Erteilt der Veranstalter keine, unrichtige oder unvollständige Informationen und kann der Konsument deswegen die Reise nicht antreten, ist dieser berechtigt, vom Vertrag zurückzutreten, ohne eine Entschädigung zu schulden.[126] Hat er einen Schaden erlitten, kann er ausserdem dessen Ersatz verlangen (Art. 14 ff.).[127]

cc) Identität des Luftfahrtunternehmens

Zusätzlich hat der Veranstalter den Konsumenten über die Identität der die Flüge effektiv ausführenden Luftfahrtunternehmen zu unterrichten.[128] Allgemeine Hinweise wie «renommierte Fluggesellschaft» oder «IATA-Gesellschaft» reichen nicht mehr aus. Damit soll verhindert werden, dass der Veranstalter Flüge von Flugunternehmen, die für Europa gesperrt sind (so genannte Schwarze Liste der EU), durchführen lässt. Wird ein Konsument auf einen Flug mit einer Gesellschaft der Schwarzen Liste gebucht, hat er Anspruch auf Erstattung des Reisepreises oder auf eine anderweitige Beförderung. Treffen ihn zusätzliche Kosten, weil er um-

---

[124] HANGARTNER, S. 50f.; CR CO I-STAUDER, Art. 4 LVF N 12.
[125] Ob auch auf behördlich nur empfohlene Impfungen hingewiesen werden muss, ist umstritten. Dafür CR CO I-STAUDER, Art. 4 LVF N 13; dagegen HANGARTNER, S. 52.
[126] TERCIER, contrats, Rz. 5695; BSK OR I-ROBERTO, Art. 4 PRG N 7; CR CO I-STAUDER, Art. 4 LVF N 15.
[127] TERCIER, contrats, Rz. 5695; BSK OR I-ROBERTO, Art. 4 PRG N 7; MARCHAND, voyage à forfait, S. 726.
[128] Art. 11 i.V.m. Art. 2 lit. c VO (EG) Nr. 2111/2005. Zum Geltungsbereich siehe Art. 10. Vgl. LINDNER BEATRIX, Die Pflicht zur Unterrichtung von Fluggästen über die Identität des ausführenden Luftfahrtunternehmens. Eine erste Einschätzung der Verordnung (EG) Nr. 2111/2005, RRa 2006, 58–64. Die Verordnung ist für die Schweiz am 1.2.2008 in Kraft getreten (Entscheidung des Gemischten Ausschusses vom 5.12.2007).

bucht, nachdem er von der Sperrung der Gesellschaft erfahren hat, oder erleidet er einen Unfall, kann er Schadenersatz verlangen (Art. 14 ff.).[129]

dd) Weitere Informationspflichten

Die ausdrückliche Regelung der vorvertraglichen Informationspflichten in Art. 13 PBV und Art. 4 ist nicht abschliessend. So hat der Veranstalter die Sicherstellung des Reisepreises bzw. der Rückreise im Konkursfall nachzuweisen, und zwar nach dem Wortlaut von Art. 18 auf Verlangen des Konsumenten, in richtlinienkonformer Auslegung jedoch spontan. Es handelt sich daher in Wirklichkeit um eine Informationspflicht über Bestehen und Ausgestaltung der Insolvenzabsicherung.[130] Der Konsument soll in die Lage versetzt werden, auf den Vertragsschluss zu verzichten, wenn die Sicherstellung fehlt oder unzureichend ist.

Weitere Informationspflichten können sich aus Art. 2 Abs. 1 ZGB ergeben.[131] Es geht um die Frage, ob der Veranstalter von sich aus, und gegebenenfalls wie detailliert, über Umstände informieren muss, die – soweit vorhersehbar – die Durchführung der Reise erheblich beeinträchtigen (z.B. Naturkatastrophen) oder Leben oder Gesundheit der Reisenden gefährden könnten (z.B. Epidemien, Bürgerkrieg, Unruhen, Terrorismusgefahr, usw.). Sicher besteht keine Informationspflicht, wenn die Gefährdung während der Reise nicht über das allgemeine Lebensrisiko hinausgeht (z.B. Verkehrsunfälle, Überfälle, Krankheit). Allerdings ist es schwierig, verlässliche Kriterien zur Abgrenzung des allgemeinen Lebensrisikos von spezifischen, rechtlich relevanten Gefährdungssituationen und damit zur Bestimmung von Informationspflichten zu nennen. Massgeblich sind die Umstände des Einzelfalls. Anhaltspunkte könnten folgende Aspekte sein. Sind die Sachverhalte, die zur Beeinträchtigung der Reise (z.B. jährliches Aufkommen von Wirbelstürmen in der Karibik) oder zur Gefährdung des Konsumenten (z.B. latente Terrorismusgefahr ohne konkrete Gefährdungssituation) führen könnten, allgemein bekannt, braucht der Veranstalter auf sie nicht besonders hinzuweisen.[132] Allerdings darf der Kenntnisstand des insoweit relevanten Durchschnittskonsumenten nicht überschätzt werden. Insbesondere, wenn sich eine potentielle Gefährdung zur konkreten Gefahrensituation verdichtet, besteht eine Informationspflicht. Dann darf sich der Veranstalter nicht damit begnügen, auf die von den Aussenministerien, etwa dem EDA, publizierten Angaben oder Warnungen zu verweisen,[133] da diese, und sei es nur aus politischen Gründen, nicht immer vollständig oder zuverlässig

---

[129] Art. 12 VO (EG) Nr. 2111/2005 i.V.m. VO (EG) Nr. 261/2004 (Fn. 8).
[130] CR CO I-STAUDER, Art. 18 LVF N 14; vgl. § 651k Abs. 3 BGB. Näher unten S. 376 f.
[131] Diese Problematik wurde in der Schweiz vor allem mit dem Anschlag in Luxor aktuell. Da mit den Opfern eine aussergerichtliche Einigung erzielt wurde, fehlt es an Rechtsprechung zu diesem Bereich.
[132] So OLG Celle, RRa 2005, 260 (Djerba).
[133] Anders wohl BSK OR I-ROBERTO, Art. 5 PRG N 2.

sind.[134] Vielmehr darf man vom Veranstalter als professionellem Anbieter verlangen, sich eingehend über die Lage in den von ihm angebotenen Zielgebieten zu informieren, um die Information, soweit erforderlich, an seine Kunden weitergeben zu können.[135]

2. Vertragsschluss

Der Vertragsschluss erfolgt mangels spezieller Bestimmungen im PRG nach den allgemeinen Vorschriften (Art. 1 ff. OR). Insbesondere stellen die nach Art. 3 Abs. 2 den Veranstalter bindenden Prospektangaben keine verbindliche Offerte sondern, entsprechend Art. 7 Abs. 2 OR, eine *invitatio ad offerendum* dar.[136] Mit der Veröffentlichung von Prospekten oder ähnlichem Werbematerial unterliegt der Veranstalter keinem Kontrahierungszwang.[137] Für den Pauschalreisevertrag gelten keine gesetzlichen Schriftformerfordernisse. Er kann daher auch mündlich, telefonisch oder mittels elektronisch übermittelter Willenserklärungen (E-Mail oder Internet) geschlossen werden.

a) *Einbeziehung von ARB*

Pauschalreiseverträge als Massenverträge richten sich in der Praxis nach den vom Veranstalter vorformulierten ARB. Für deren Einbeziehung in den Vertrag gelten die von Rechtsprechung und Lehre aus dem Vertrauensprinzip entwickelten Grundsätze.[138] Der Veranstalter muss den Konsumenten deutlich auf die Existenz seiner ARB und seinen Willen, diese dem Pauschalreisevertrag zugrunde zu legen, hingewiesen und ihm die materielle Möglichkeit gegeben haben, von den Klauseln effektiv Kenntnis zu nehmen. Erfüllt der Veranstalter diese Obliegenheiten, genügt für die Einbeziehung der ARB eine ausdrückliche oder konkludente Zustimmung des Reisenden.[139] Zusätzlich zu diesen allgemeinen Einbeziehungsvoraussetzungen stellt nun Art. 4 Abs. 1 und 2 zwecks Stärkung der Vertragsentschliessungsfreiheit des Konsumenten weitere Voraussetzungen auf.

Die ARB müssen dem Konsumenten vor Vertragsschluss vollständig und schriftlich mitgeteilt bzw., wenn sie ihm mündlich oder elektronisch übermittelt werden,

---

[134] Immerhin kann man ihnen Indizfunktion beimessen, vgl. MK-TONNER, § 651j BGB N 15.
[135] Zum Ganzen eingehend ECKERT HANS WERNER, Terroranschläge im Reisegebiet und die Informationsanforderungen für Reiseveranstalter, RRa 2006, 98–103.
[136] HANGARTNER, S. 39; BSK OR I-ROBERTO, Art. 3 PRG N 1 f.; MARCHAND, voyage à forfait, S. 724; CR CO I-STAUDER, Art. 3 LVF N 5; a.A. FRANK, Art. 3 PRG N 21 ff.
[137] HANGARTNER, S. 35; CR CO I-STAUDER, Art. 3 LVF N 5.
[138] Vgl. nur BK-KRAMER, Art. 1 OR N 188–209 und Art. 19/20 OR N 274–296; BRUNNER ALEXANDER, Die Kontrolle Allgemeiner Geschäftsbedingungen in der aktuellen schweizerischen Lehre und Praxis, ZSR 1999 I 305–333, speziell S. 321 ff.; zur Einbeziehung von Reise-AGB siehe eingehend STAUDER, AGB, S. 147 ff.
[139] Zusätzliche Einbeziehungsvoraussetzungen gelten bei den ungewöhnlichen Klauseln.

schriftlich bestätigt werden (Art. 4 Abs. 1, Abs. 2 S. 1).[140] Ein blosser, selbst schriftlicher Verweis auf die ARB oder die nur auszugsweise Übermittlung genügt nicht den gesetzlichen Anforderungen.[141] Als ausreichend wird hingegen ein klarer und präziser Verweis auf die im Reiseprospekt abgedruckten ARB angesehen, sofern der Konsument im Besitz dieses Dokuments ist.[142] Eine Bezugnahme auf die ARB erst in der Reisebestätigung ist verspätet, da nach Vertragsschluss erfolgt, und führt nicht zur Einbeziehung der ARB in den Vertrag.[143] Sind die allgemeinen und die nach PRG zusätzlichen Einbeziehungsvoraussetzungen nicht erfüllt, werden die ARB nicht Vertragsinhalt; dieser richtet sich allein nach den zwingenden Vorschriften des PRG und den allgemeinen Bestimmungen des OR.

b) Ausnahmen

Gemäss Art. 4 Abs. 2 S. 2 entfällt die Pflicht zur schriftlichen Bestätigung nach Art. 4 Abs. 2 S. 1, «wenn ihre Erfüllung einen Vertragsschluss verunmöglichen würde». Voraussetzung ist aber auch hier eine vorherige Übermittlung der Vertragsbedingungen, wenn auch in anderer als schriftlicher Form (Art. 4 Abs. 2 S. 1).[144] Mit dieser Formulierung sollen Last-Minute-Buchungen möglich bleiben, die entfielen, wären dem Konsumenten vor Vertragsschluss sämtliche Vertragsbedingungen, insbesondere die ARB, schriftlich mitzuteilen.[145] Was eine «Last-Minute»-Reise ist, wird im Gesetz nicht präzisiert.[146] Die Praxis kennt «Last-Minute»-Angebote, die bis zu vier Wochen vor Reiseantritt gebucht werden können. Diese lange Frist ist keinesfalls mit den Kriterien des Art. 4 Abs. 2 S. 2 vereinbar.[147] Von Last-Minute-Reisen darf nur gesprochen werden, wenn die Zeit nicht ausreicht, dem Kunden vor Vertragsschluss ein schriftliches Exemplar der ARB auszuhändigen. In diesem Zusammenhang sollte zweckmässigerweise nach der Art der Buchung differenziert werden.

---

[140] Auch die Bestätigung muss vor Vertragsschluss erfolgen; so zu Recht HANGARTNER, S. 45f.; a.A. BSK OR I-ROBERTO, Art. 4 PRG N 3.
[141] HANGARTNER, S. 44; CR CO I-STAUDER, Art. 4 LVF N 4.
[142] MARCHAND, voyage à forfait, S. 725; BSK OR I-ROBERTO, Art. 4 PRG N 2; CR CO I-STAUDER, Art. 4 LVF N 4.
[143] HANGARTNER, S. 44; BSK OR I-ROBERTO, Art. 4 PRG N 1; STAUDER, voyage, S. 69.
[144] HANGARTNER, S. 46.
[145] Diese Ausnahmevorschrift ist nicht anwendbar in all den Fällen, in denen die Respektierung der gesetzlichen Voraussetzungen den Vertragsschluss lediglich erschwert, so CR CO I-STAUDER, Art. 4 LVF N 5.
[146] Vgl. die deutsche Regelung in § 6 Abs. 5 BGB-InfoV, die sie definiert als Reisen, bei denen die Buchungserklärung weniger als sieben Werktage vor Reisebeginn abgegeben wird. Siehe auch MK-TONNER, § 6 BGB-InfoV N 23f.
[147] KG VD, 6.11.2003, JKR 2004, S. 348f., lässt die Frage offen bei Buchung weniger als 7 Tage vor der Abreise.

B. Pauschalreiserecht

aa) Telefonbuchung

Bei der Reisebuchung per Telefon[148] wird es regelmässig nicht möglich sein, die ARB dem Konsumenten mündlich mitzuteilen. Besitzt der Konsument einen Reiseprospekt oder anderes Werbematerial, das die ARB enthält, und verweist der Veranstalter mündlich klar und deutlich auf sie, ist Art. 4 Abs. 1 erfüllt. Der Vertrag kann auf der Grundlage der ARB geschlossen werden. Liegen dagegen dem Konsumenten die ARB nicht vor und erfolgt die Buchung zu einem Zeitpunkt, der es nicht mehr zulässt, sie ihm per Post oder Fax vor Reiseantritt zu übermitteln, so liegt zwar eine Last-Minute-Buchung vor, die den Veranstalter im Prinzip von der schriftlichen Bestätigung der Vertragsbedingungen dispensieren würde. Jedoch wird es dann an der vorherigen Mitteilung der ARB in einer anderen geeigneten Form fehlen (Art. 4 Abs. 2 S. 1).[149] Im Ergebnis wird der Vertrag dann zwar zustande kommen (Art. 4 Abs. 2 OR), allerdings ohne wirksame Einbeziehung der ARB. Könnten schliesslich dem Konsumenten die ARB vor dem Vertragsschluss übersandt werden, erfolgt dies aber nicht, ist Art. 4 Abs. 2 S. 2 von vornherein nicht anwendbar. Auch in dieser Hypothese sind die ARB nicht wirksam einbezogen.

bb) Buchung am Flughafen

Erfolgt die Buchung an einem Schalter des Veranstalters (oder eines als sein Stellvertreter handelnden Reisebüros) am Flughafen, so ist trotz der zeitliche Nähe zum Abflug die Einhaltung der Informationsgebote des Art. 4 Abs. 1 und Abs. 2 S. 1 möglich. Dem Konsumenten können die ARB oder ein Ausdruck vorgelegt werden, so dass er die Möglichkeit hat, von ihnen effektiv Kenntnis zu nehmen, bevor er seine für den Vertragsschluss erforderliche Buchungserklärung abgibt. Art. 4 Abs. 2 S. 2 ist daher nicht anwendbar.[150] Erfolgt keine schriftliche Mitteilung der ARB, ist bei Buchung der Vertrag ohne diese geschlossen.

cc) Internetbuchung

Buchungen von Pauschalreisen via Internet werden immer häufiger, stellt dieses elektronische Medium doch für die Veranstalter einen weiteren Vertriebsweg dar. Die interaktive Web-Seite des Veranstalters mit einer Präsentation der Reise und der Preise ist im Regelfall als *invitatio ad offerendum* zu qualifizieren.[151] Die Buchung durch den Konsumenten ist dann rechtlich das Angebot zum Abschluss des

---

[148] Hierzu Hangartner, S. 45 f.; Stauder, AGB, S. 148 ff.; CR CO I-Stauder, Art. 4 LVF N 6.
[149] Nach BSK OR I-Roberto, Art. 4 PRG N 3, soll in diesem Fall die nach Vertragsschluss erfolgte schriftliche Bestätigung ausreichen. Hiergegen mit Recht Hangartner, S. 45 f.
[150] Tonner, Richtlinie, Art. 4 N 9; CR CO I-Stauder, Art. 4 LVF N 7.
[151] Stauder Bernd, Der Schutz der Konsumenten im E-Commerce, *in* Trüeb Hans Rudolf (Hrsg.), Aktuelle Rechtsfragen des E-Commerce, Zürich 2001, S. 139–159, speziell S. 148.

Pauschalreisevertrages. Damit die ARB wirksam Vertragsbestandteil werden, müssen die Einbeziehungsvoraussetzungen, die die Rechtsprechung entwickelt hat, vor Abgabe der Buchungserklärung erfüllt sein, muss also die Web-Seite den Konsumenten auf die Bedeutung der ARB als Vertragsbestandteil hinweisen und ihn zwingend zum Text der ARB leiten (und sei es auch nur über einen Hyperlink), so dass er von den Klauseln Kenntnis nehmen kann.[152] Wenn der Veranstalter die Web-Seite entsprechend ausgestaltet, kann dies die Voraussetzungen einer Mitteilung der Vertragsbedingungen einschliesslich der ARB in einer anderen als der schriftlichen Form i.S.d. Art. 4 Abs. 2 S. 1 erfüllen.[153] Allerdings ist dann noch eine schriftliche Bestätigung vor Vertragschluss, d.h. vor Zugang der Annahmeerklärung des Veranstalters beim Konsumenten erforderlich.[154] Meist wird eine derartige Bestätigung rechtzeitig möglich sein, so dass die Ausnahmevorschrift für Last-Minute-Reisen des Art. 4 Abs. 2 S. 2 nicht anwendbar wäre. In der Praxis erfolgt die Bestätigung allerdings entweder nur auf elektronischem Weg oder zu spät mit der Folge, dass die ARB nicht Vertragsbestandteil werden. Die schriftliche Bestätigung wäre nur dann verzichtbar, wenn die Online-Buchung so kurzfristig erfolgt, dass eine Übersendung der ARB per Post oder Fax vor Vertragsschluss unmöglich ist. In diesem eher seltenen Fall werden die ARB aber nur dann Grundlage des Vertrages, wenn die Web-Seite den Anforderungen der Rechtsprechung an die Einbeziehung von AGB und denen des Art. 4 Abs. 1 entspricht.[155]

3. Vertragliche Information

Das PRG verpflichtet den Veranstalter, dem Konsumenten bestimmte Informationen nach Vertragsschluss zu bestätigen oder zur Verfügung zu stellen. Art. 6 verlangt umfangreiche und präzise Angaben zur Reise (so genannte Reisebestätigung) und Art. 5 konkrete Hinweise zur praktischen Reisedurchführung.

a) Reisebestätigung

Mit der Reisebestätigung soll der Konsument ein Dokument[156] erhalten, das die wichtigsten Eigenschaften und Modalitäten der Reise, über die sich Veranstalter

---

[152] Eingehend LANGER DIRK, Verträge mit Privatkunden im Internet, Zürich/Basel/Genf/Köln 2003, S. 354 ff.; STAUDER (Fn. 151), S. 148–151.
[153] CR CO I-STAUDER, Art. 4 LVF N 8; TONNER, Richtlinie, Art. 4 N 11.
[154] Zur Problematik der Bestimmung des genauen Zeitpunkts des Vertragsschlusses, siehe LANGER (Fn. 152), S. 279 ff.
[155] CR CO I-STAUDER, Art. 4 LVF N 8.
[156] Die Schriftform ist für die Reisebestätigung nicht vorgeschrieben, wird in der Praxis allerdings angesichts des Umfangs der geforderten Angaben im Regelfall eingehalten. Siehe CR CO I-STAUDER, Art. 6 LVF N 3; HANGARTNER, S. 53. Zulässig sind auch Reisebestätigungen über E-Mail oder Internet.

und Konsument geeinigt haben, zusammenfasst. Sie ist nicht die Annahme des Angebots des Reisenden durch den Veranstalter, sondern folgt dem Vertragsschluss nach, hat rein deklaratorische Bedeutung und kann den Inhalt des Vertrages nicht nachträglich ändern.[157] Insbesondere werden ARB, die erst der Reisebestätigung beiliegen oder auf die in ihr Bezug genommen wird, nicht Bestandteil des Vertrages. Umgekehrt bleibt *lex contractus* das, was zwar vereinbart, aber nicht in die Reisebestätigung aufgenommen wurde, wie etwa Sonderwünsche des Konsumenten, die der Veranstalter akzeptiert hatte.[158]

In die Reisebestätigung sind sämtliche[159] in Art. 6 geforderten Angaben aufzunehmen, selbst wenn diese zum Teil schon im Prospekt oder in der Mitteilung oder Bestätigung nach Art. 4 enthalten waren. Denn der Konsument soll sie nicht in verschiedenen Dokumenten zusammensuchen müssen, sondern einen vollständigen Überblick in einer einzigen Urkunde erhalten.[160] Da die VO (EG) Nr. 2111/2005 auch für die Schweiz gilt,[161] ist Art. 6 Abs. 2 lit. c dahingehend ergänzend auszulegen, dass unter der Rubrik «Transportmittel» auch das effektiv mit der Beförderung betraute Luftfahrtunternehmen genannt werden muss.

Wann die Reisebestätigung dem Kunden vorliegen muss, bestimmt Art. 6 nicht. Weil sie es ihm u.a. erlauben soll, allfällige Abweichungen vom Vertrag festzustellen und zu reklamieren, sollte die Übermittlung unverzüglich nach Vertragsschluss erfolgen.[162]

Das PRG schweigt zur Sanktion bei Fehlen der Reisebestätigung oder bei Übergabe einer unvollständigen oder inhaltlich unrichtigen Bestätigung. Es gilt Folgendes: Angaben, über die nicht nach Art. 4 Abs. 1 und 2 informiert wurde, werden trotz Aufnahme in die Reisebestätigung nicht Vertragsbestandteil. Sind sie dem Veranstalter günstig, kann er sich nicht auf sie berufen.[163] Umgekehrt sind vom vertraglich Vereinbarten abweichende Angaben irrelevant, da die Reisebestätigung nur deklaratorische und nicht konstitutive Wirkung hat. Die Nichtbeachtung von Art. 6 stellt ausserdem eine Vertragsverletzung dar, die je nach Fallgestaltung den Konsumenten zur Preisminderung oder zur Geltendmachung von Schadenersatz (Art. 13 ff.) berechtigen kann.[164] Wird er etwa nicht auf die Möglichkeit des Abschlusses einer Reiserücktrittsversicherung oder einer Ver-

---

[157] HANGARTNER, S. 53 f.
[158] CR CO I-STAUDER, Art. 6 LVF N 4; HANGARTNER, S. 55 f.
[159] Die erforderlichen Angaben können hier nicht im Einzelnen erläutert werden. Dazu ausführlich HANGARTNER, S. 54 ff.; MK-TONNER, § 6 BGB-InfoV N 8 ff.; FÜHRICH, S. 518 ff.
[160] CR CO I-STAUDER, Art. 6 LVF N 6; TONNER, Richtlinie, Art. 4 N 6; a.A. BSK OR I-ROBERTO, Art. 6 PRG N 1, und HANGARTNER, S. 55 f., nach denen ein ausdrücklicher, präziser Hinweis auf diese Unterlagen ausreichend ist.
[161] Vgl. oben S. 302, 321 f.
[162] HANGARTNER, S. 55; CR CO I-STAUDER, Art. 6 LVF N 5.
[163] Siehe oben S. 320, m.w.N.
[164] BSK OR I-ROBERTO, Art. 6 PRG N 2; HANGARTNER, S. 62 f.; CR CO I-STAUDER, Art. 6 LVF N 7.

sicherung, die die Kosten der Rückführung bei Krankheit oder Unfall deckt, hingewiesen (Art. 6 Abs. 1 lit. g i.V.m. Art. 5 lit. e) oder fehlen konkrete Angaben zum Versicherer, so kann er Ersatz eines dadurch verursachten Schadens verlangen (Art. 14–16).[165]

b) Information vor Reisebeginn

Art. 5 verpflichtet den Veranstalter, rechtzeitig vor Reiseantritt den Konsumenten über bestimmte Modalitäten der Reisedurchführung schriftlich, per Fax oder E-Mail[166] zu informieren, um ihm zu erlauben, noch vor Abreise allfällige Dispositionen[167] wie etwa Abschluss einer Reiserücktrittsversicherung zu treffen.[168] Diese Informationen können, wie es in der Praxis häufig geschieht, in der Reisebestätigung gemäss Art. 6 enthalten sein.[169] Die Verletzung dieser vertraglichen Nebenpflicht[170] zieht die Verantwortlichkeit des Reiseveranstalters nach sich (Art. 14–16).

Für den Reisenden besonders wichtig[171] ist die präzise Angabe (Name, Adresse und Telefonnummer) einer Person oder Stelle, die ihm bei Schwierigkeiten Hilfe leisten kann (Art. 5 lit. c). In Betracht kommt die örtliche Vertretung des Veranstalters, wenn eine solche besteht, sonst eine «örtliche Stelle», etwa für den Veranstalter handelnde lokale Agenturen oder Touristenbüros, sofern die Leistung von Hilfe tatsächlich zu ihren Aufgaben gehört, subsidiär eine spezielle, grundsätzlich rund um die Uhr besetzte direkt wählbare Notrufnummer des Veranstalters.[172]

Die in Art. 5 enthaltene Aufzählung ist nicht abschliessend.[173] Ändern sich z.B. die vor Vertragsschluss (Art. 4) mitgeteilten Einreisebestimmungen oder Gesundheitserfordernisse vor Reiseantritt, ist der Konsument umgehend zu informieren

---

[165] HANGARTNER, S. 62f.; CR CO I-STAUDER, Art. 6 LVF N 7; a.A. FRANK Art. 5 PRG N 6f.
[166] Eine mündliche Information reicht nicht aus. Siehe BSK OR I-ROBERTO, Art. 5 PRG N 1; CR CO I-STAUDER, Art. 5 N 3.
[167] Näheres bei HANGARTNER, S. 65.
[168] CR CO I-STAUDER, Art. 5 LVF N 2, FRANK, Art. 5 PRG N 12.
[169] Je nach Art der gebuchten Pauschalreise kann eine Übergabe dieser Informationen am Flughafen kurz vor dem Abflug noch als rechtzeitig betrachtet werden, so zu Recht HANGARTNER, S. 63.
[170] MARCHAND, voyage à forfait, S. 726; CR CO I-STAUDER, Art. 5 LVF N 1.
[171] Zu den anderen von Art. 5 geforderten Angaben eingehend HANGARTNER, S. 63–65; BSK OR I-ROBERTO, Art. 5 N 2; CR CO I-STAUDER, Art. 5 LVF N 4; MK-TONNER, § 6 BGB-InfoV N 2ff.; FÜHRICH, Reiserecht, S. 530ff.
[172] Der Konsument muss mit der Wahl der Notrufnummer unmittelbar in Kontakt zu einer Person treten können, die effektiv bei der Behebung der Schwierigkeiten helfen kann. Nummern von Telefonzentralen reichen ebenso wenig aus wie Anrufbeantworter. Auch ein Verweis auf Informationstafeln im Hotel oder dort ausliegende Informationsmappen genügt nicht den gesetzlichen Voraussetzungen.
[173] BSK OR I-ROBERTO, Art. 5 PRG N 1; MARCHAND, voyage à forfait, S. 726f.; CR CO I-STAUDER, Art. 5 LVF N 5.

(Art. 2 Abs. 1 ZGB).[174] Haben sich potentiell erhebliche Beeinträchtigungen der Reise oder ein allgemeines Gefährdungspotential[175] nach Vertragsschluss zu einer konkreten Gefahr verdichtet, muss der Reisende unverzüglich auf die neue Situation hingewiesen werden, damit er vor dem vorgesehenen Reisebeginn ihm zweckmässig erscheinende Massnahmen ergreifen, gegebenenfalls vom Vertrag zurücktreten kann. In der Praxis wird der Veranstalter in vielen solchen Fällen bereits aus eigener Initiative die Reise annullieren oder die Reiseroute teilweise ändern.

IV. Vertragsrechtliche Schutzbestimmungen

Das PRG will den Konsumenten in den Art. 7–17 gegen Klauseln schützen, die der Anbieter wegen des strukturellen Ungleichgewichts, das die gegenseitigen Beziehung kennzeichnet, einseitig als Vertragsgrundlage durchsetzen kann. Es geht vor allem um in ARB häufige Klauseln, die die Rechte des Veranstalters ausweiten und diejenigen des Reisenden beseitigen oder einschränken. Ziel des Gesetzgebers ist es, in einigen als besonders wichtig erachteten Problembereichen ein Mindestmass an Vertragsgerechtigkeit wiederherzustellen.

Die aus dem Gemeinschaftsrecht übernommenen Schutzbestimmungen sind halbzwingender Natur. Von ihnen darf nicht zu Lasten des Konsumenten abgewichen werden (Art. 19). Bei Verstössen gegen diese Vorschriften sind die entsprechenden Klauseln des Pauschalreisevertrags nichtig (Art. 19 Abs. 2, 20 Abs. 1 und 2 OR).[176]

Im Übrigen gilt grundsätzlich Vertragsfreiheit, die es den Parteien erlaubt, ihre Vertragsbeziehungen autonom zu regeln. In der Praxis bedeutet dies jedoch, dass der Anbieter auf der Einbeziehung seiner vorformulierten ARB bestehen wird. Inhaltlich missbräuchliche Klauseln können kaum effektiv bekämpft werden, fehlt es doch an einer griffigen Inhaltskontrolle der Allgemeinen Geschäftsbedingungen im schweizerischen Recht. Es ist bezeichnend, dass die ARB schweizerischer Anbieter, die in der Schweiz benutzt werden, ein niedrigeres Mass an Ausgewogenheit aufweisen als diejenigen, die europäische und schweizerische Anbieter in den EU- und EWR-Mitgliedstaaten verwenden.

---

[174] HANGARTNER, S. 51 f.; CR CO I-STAUDER, Art. 4 LVF N 14, Art. 5 LVF N 5.
[175] Hierzu oben S. 322 f.
[176] Siehe oben S. 303 f. Zu der wenig gesetzeskonformen Praxis der ARB siehe eingehend STAUDER, voyage, S. 70 ff. Stichproben haben ergeben, dass diese Situation in den letzten zehn Jahren kaum verbessert wurde.

1. Vertragsänderungen vor Reiseantritt

Der Grundsatz *pacta sunt servanda* schützt auch im Pauschalreiserecht vor einseitigen Vertragsänderungen. Um aber dem u.U. berechtigten Ansinnen einer der Parteien an einer Modifikation der *lex contractus* Rechnung zu tragen, sehen die Art. 7–11 und 17 punktuelle Ausnahmen unter gleichzeitiger Berücksichtigung der schutzwürdigen Interessen der von der Änderung betroffenen anderen Partei vor.

a) Stellung eines Ersatzreisenden

War vor Inkrafttreten des PRG ein Konsument verhindert, an einer gebuchten Reise teilzunehmen, oder hatte er seine Meinung geändert und wollte auf die Reise verzichten, musste er vom Vertrag zurücktreten und bestimmte Kosten auf sich nehmen (Art. 377f. OR analog),[177] es sei denn man anerkannte eine vertragliche Nebenpflicht des Veranstalters, einen Ersatzreisenden zu akzeptieren.[178] Die damaligen ARB sahen in der Stellung eines Ersatzreisenden eine isolierte «Annullierung» der Reise, die hohe Stornokosten nach sich zog, und eine Neuanmeldung mit der Folge, dass der Veranstalter im Extremfall für die Reise bis zu 180% der Reisepreises kassierte. Dieser Situation wirkt jetzt Art. 17 entgegen, der dem Konsumenten ein Recht zur Stellung eines Ersatzreisenden zuerkennt und gleichzeitig die finanziellen Interessen des Veranstalters wahrt.

Die Stellung eines Ersatzreisenden wird vom Gesetz unrichtig als «Abtretung der Buchung» bezeichnet. Da mit ihr nicht nur die Rechte, sondern auch die Pflichten vom ursprünglichen Kunden auf den Ersatzreisenden übergehen, handelt es sich um eine gesetzliche Konstruktion, die der Vertragsübernahme nahesteht.[179] Nach Art. 17 bedarf es für die Übertragung der Reisendenstellung auf einen Ersatzreisenden nicht der Einwilligung des Veranstalters. Dieser hat jedoch ein Widerspruchsrecht, falls die gesetzlichen Voraussetzungen nicht erfüllt sind (Art. 17 Abs. 1).

aa) Voraussetzungen

Erste Voraussetzung ist nach dem Wortlaut des Gesetzes die Verhinderung des Konsumenten (z.B. durch Krankheit oder Unfall). Dieses – richtlinienkonforme – Kriterium[180] wurde vom Parlament trotz des Widerstandes des Bundesrates beibe-

---

[177] STAUDER, contrat de voyage, S. 444; MARCHAND, voyage à forfait, S. 730.
[178] STAUDER, contrat de voyage, S. 428–430; i.E. ebenso MARCHAND, voyage à forfait, S. 730f.
[179] HANGARTNER, S. 67f.; MARCHAND, voyage à forfait, S. 730 Fn. 82; wohl auch BSK OR I-ROBERTO, Art. 17 PRG N 2; CR CO I-STAUDER, Art. 17 LVF N 2. Im Gegensatz zur Vertragsübernahme bleibt allerdings der ursprüngliche Vertragspartner solidarisch zur Zahlung des Reisepreises verpflichtet, vgl. Art. 17 Abs. 2.
[180] Art. 4 Abs. 3 Pauschalreise-RL.

halten.[181] Da Art. 17 die schützenswerten Interessen des Veranstalters befriedigt, sollte aber auf diese «schikanöse»[182] Voraussetzung verzichtet werden. Ein Recht zur Stellung eines Ersatzreisenden ist daher schon dann anzunehmen, wenn der Konsument nicht reisen will.[183] Zweite Voraussetzung ist die Erfüllung aller Teilnahmebedingungen durch den Ersatzreisenden, soweit sie im Reiseprospekt, dem vorvertraglichen Informationsdokument und der Reisebestätigung enthalten sind (Art. 4 und 6). Die Hinderungsgründe können sich aus dem Zuschnitt der Reise ergeben (Alter, körperliche Verfassung, sportliche Fähigkeiten, Geschlecht) oder Folge gesetzlicher oder behördlicher Anordnungen sein (Einreisebeschränkungen bei Fehlen einer Impfung, eines offiziellen Reisedokuments oder des Visums).[184] Hingegen ist die Praxis mancher Leistungsträger wie Transportunternehmen oder Hoteliers, die sich in ihrem Vertrag mit dem Veranstalter das Recht vorbehalten, einen Ersatzreisenden auch dann abzulehnen, wenn dieser alle gesetzlichen Reisebedingungen erfüllt, kein Hinderungsgrund.[185] Drittens muss der Konsument den Veranstalter «innert angemessener Frist» vor dem Abreisetermin über die Stellung des Ersatzreisenden informieren (Art. 17 Abs. 1 *in fine*). Der Veranstalter soll prüfen können, ob die Teilnahmevoraussetzungen vorliegen, insbesondere ob ein Visum noch rechtzeitig eingeholt werden kann; ausserdem soll er, falls erforderlich, neue Reisedokumente ausstellen und die Leistungsträger über den Reisendenwechsel informieren können. Angesichts der modernen Telekommunikationsmittel werden heute die meisten Reisendenwechsel auch sehr kurzfristig möglich sein. Da die Dauer der angemessenen Frist von den konkreten Umständen des Einzelfalls abhängt, kann sie nicht für alle Reisen einheitlich festgelegt werden. Entsprechend standardisierte ARB-Klauseln sind daher unwirksam (Art. 19).[186]

bb) Rechtsfolgen

Der Ersatzreisende wird Konsument i.S.d. Art. 2 Abs. 3 lit. c und tritt an die Stelle des ursprünglichen Kunden. Ihm stehen alle Rechte und Pflichten aus dem Pauschalreisevertrag zu. Beide haften solidarisch für den noch nicht beglichenen Teil

---

[181] Zusatzbotschaft II zur EWR-Botschaft, BBl 1992 V 253. Hierzu HANGARTNER, S. 69 f.
[182] So Zusatzbotschaft II zur EWR-Botschaft, BBl 1992 V 253.
[183] Im Ergebnis unbestritten. Vgl. nur BSK OR I-ROBERTO, Art. 17 PRG N 5; CR CO I-STAUDER, Art. 17 LVF N 6 f.; MARCHAND, voyage à forfait, S. 730 f.; FRANK, Art. 17 PRG N 2; HANGARTNER, S. 170; TERCIER, contrats, Rz. 5683.
[184] HANGARTNER, S. 71; BSK OR I-ROBERTO, Art. 17 PRG N 3.
[185] CR CO I-STAUDER, Art. 17 LVF N 4. Verlangt der Ersatzreisende zusätzliche Leistungen, wie Meerblick oder Halbpension, muss er die Mehrkosten tragen. Der Veranstalter hat in diesem Fall kein Widerspruchsrecht gegen die Übertragung der Reise. So BSK OR I-ROBERTO, Art. 17 PRG N 3; CR CO I-STAUDER, Art. 17 LVF N 5; a.A. FRANK, Art. 17 PRG N 6–8.
[186] BSK OR I-ROBERTO, Art. 17 PRG N 4; HANGARTNER, S. 71 f.; CR CO I-STAUDER, Art. 17 LVF N 8.

des Reisepreises (Art. 17 Abs. 2). Gleiches gilt für die durch die Übertragung der Reise entstehenden effektiven Mehrkosten (Verwaltungs- und Telekommunikationskosten, Porto), die nicht pauschaliert werden dürfen (Art. 17 Abs. 2 i.V.m. Art. 19).[187] Der aus dem Reisevertrag ausscheidende Konsument schuldet keine für die Annullierung einer Reise in ARB vorgesehenen Stornokosten, da die finanziellen Interessen des Veranstalters mit der solidarischen Haftung des alten und des neuen Kunden und dem Ersatz der Mehrkosten ausreichend gesichert sind.[188]

Widerspricht der Veranstalter der Stellung eines Ersatzreisenden, weil dieser die Teilnahmebedingungen nicht erfüllt oder weil der Konsument ihn nicht rechtzeitig über den Reisendenwechsel informiert hat, bleibt der ursprüngliche Kunde alleiniger Vertragspartner und schuldet den Reisepreis. Ist sein Verhalten als Annullierung der Reise zu deuten, endet der Vertrag durch Rücktritt, so dass er die vertraglich vorgesehenen Stornokosten schuldet.[189] Widerspricht der Veranstalter ohne Grund, verliert er im Ergebnis seinen Anspruch auf den Reisepreis.[190]

b) Wesentliche Vertragsänderung

Zwischen der Veröffentlichung eines Reiseprospekts und dem Abschluss des Reisevertrags bzw. dem Reisebeginn liegt häufig ein längerer Zeitraum, während dessen nicht vorhersehbare Umstände eintreten können, die die Kalkulationsbasis des Reisepreises in Frage stellen oder Änderungen im Reiseablauf erforderlich machen. Der auch das PRG beherrschende Grundsatz *pacta sunt servanda* erlaubt es dem Veranstalter nicht, die sich daraus ergebenden Risiken einseitig durch Preisänderungs- oder Leistungsvorbehaltsklauseln auf den Reisenden zu überwälzen. Denn als Unternehmer trägt grundsätzlich er das wirtschaftliche Risiko sich ändernder Umstände. Nur ausnahmsweise und unter engen Voraussetzungen hält der Gesetzgeber es für legitim, dass der Veranstalter einseitig den Preis erhöht (Art. 7) oder andere Elemente der Reise modifiziert (Art. 8). Die Interessen des betroffenen Konsumenten werden in diesen Fällen durch ein Rücktrittsrecht (Art. 10) gewahrt. Das Gesetz unterscheidet zwischen der Preiserhöhung und der sonstigen Vertragsänderung.

aa) Preiserhöhung

Der Veranstalter ist nur dann berechtigt, den Reisepreis zu erhöhen, wenn drei Voraussetzungen kumulativ erfüllt sind (Art. 7 lit. a–c): (1) Der Vertrag enthält ei-

---

[187] HANGARTNER, S. 73f.; CR CO I-STAUDER, Art. 17 LVF N 10; MK-TONNER, § 651b BGB N 15; a.A. BSK OR I-ROBERTO, Art. 17 PRG N 6.
[188] CR CO I-STAUDER, Art. 17 LVF N 9.
[189] Siehe unten S. 352f.
[190] Ausführliche Begründung bei CR CO I-STAUDER, Art. 17 LVF N 6 und 11; vgl. auch HANGARTNER, S. 73; MARCHAND, voyage à forfait, S. 731.

nen ausdrücklichen[191] Preiserhöhungsvorbehalt.[192] Die entsprechende Klausel muss ausserdem genaue Angaben zur Berechnung des neuen Preises machen (lit. a). Eine allgemeine Formulierung, Kostensteigerungen würden in entsprechendem Verhältnis auf den Reisepreis geschlagen, genügt den gesetzlichen Anforderungen nicht.[193] Vielmehr muss die Klausel – trotz aller Schwierigkeiten einer konformen Formulierung – mindestens die Faktoren der Kostensteigerung, die der Kalkulation zugrunde gelegten Währungen und Wechselkurse sowie den respektiven Anteil von Transport, Taxen und Gebühren am Gesamtpreis angeben. Nur so kann verhindert werden, dass entgegen den Intentionen des Gesetzgebers Preiserhöhungen willkürlich vorgenommen und nicht vom Konsumenten auf ihre Rechtfertigung hin überprüft werden können.[194] (2) Preiserhöhungen dürfen nur aus den in lit. c abschliessend[195] genannten Gründen vorgenommen werden.[196] In Betracht kommen allein: Erhöhung der Beförderungskosten, insbesondere von Treibstoff und von Abgaben oder Gebühren für bestimmte Leistungen wie Landegebühren oder Flughafentaxen, ausserdem eine Änderung der Wechselkurse der der Reise zugrunde gelegten Währung,[197] nicht aber allgemeine Steuererhöhungen, wie z.B. der Mehrwertsteuer.[198] (3) Jede Preiserhöhung muss mindestens drei Wochen vor dem Abreisetermin «erfolgt» (lit. b), d.h. die entsprechende Mittei-

---

[191] Es reicht nicht aus, wenn der Vorbehalt sich allein in den ARB findet. Auf ihn muss deutlich hingewiesen werden (Art. 4 Abs. 1 i.V.m. Art. 6 Abs. 2 lit. g). Hierzu HANGARTNER, S. 75 f.

[192] Art. 4 Abs. 4 lit. a Pauschalreise-RL verlangt, dass der Vertrag die «Möglichkeit einer Preiserhöhung oder -senkung» vorsieht. Diese Vorschrift wurde nur teilweise in das PRG übernommen. Zu den Gründen siehe Zusatzbotschaft II zur EWR-Botschaft, BBl 1992 V 248 f. Kritisch zu dieser Auslassung BSK OR I-ROBERTO, Art. 7 PRG N 6. Vgl. als Beispiel einer konformen Umsetzung § 31c Abs. 1 S. 2 österreichisches KSchG. Siehe auch MK-TONNER, § 651a BGB N 103, der das Fehlen einer Verpflichtung zur Preissenkung im deutschen Recht als Verstoss gegen die Richtlinie qualifiziert.

[193] So aber BSK OR I-ROBERTO, Art. 7 PRG N 2; wohl auch HANGARTNER, S. 76.

[194] CR CO I-STAUDER, Art. 7 LVF N 4; TERCIER, contrats, Rz. 5708; nur teilweise gl.M. BSK OR I-ROBERTO, Art. 7 N 4 f. Zur nicht gesetzeskonformen ARB-Praxis in der Schweiz, siehe STAUDER, voyage, S. 74 ff.; DERS., Pauschalreiserecht, S. 25. Zur Konkretisierung der gesetzlichen Anforderungen vgl. im deutschen Recht BGH, 19.11.2002, NJW 2003, 507 und 741 (Kerosinzuschlag I und II); hierzu ECKERT HANS WERNER, Preiserhöhungsklauseln im Reisevertrag auf der Grundlage der Rechtsprechung des Bundesgerichtshofs, RRa 2005, 3–8; siehe auch MK-TONNER, § 651a BGB N 100 f. m.w.H.; zum österreichischen Recht vgl. OGH, 11.7.2005, RRa 2005, 285, und KSchG-MAYER, § 31c N 7.

[195] HANGARTNER, S. 76; BSK OR I-ROBERTO, Art. 7 PRG N 5; CR CO I-STAUDER, Art. 7 LVF N 5.

[196] Preiserhöhungen von bestimmten Leistungsträgern wie Hoteliers können ebenso wenig überwälzt werden wie Kalkulationsirrtümer. Im letzteren Fall kann aber der Veranstalter gemäss Art. 24, 31 OR den Vertrag anfechten, wenn ein wesentlicher Irrtum vorliegt.

[197] Kritisch zu dieser Regelung wegen der Möglichkeit, Kursschwankungen auf den Finanzmärkten abzusichern, HANGARTNER, S. 77. BSK OR I-ROBERTO, Art. 7 PRG N 5, hält deshalb Preiserhöhungen wegen Wechselkursänderungen nicht für gerechtfertigt.

[198] BSK OR I-ROBERTO, Art. 7 PRG N 4; CR CO I-STAUDER, Art. 7 LVF N 6.

lung dem Konsumenten zugegangen sein.[199] Mit dieser Schonfrist soll der Konsument vor neuen Kostenbelastungen in letzter Minute geschützt werden. Ausserdem braucht er Bedenkzeit, um gegebenenfalls seine Rechte nach Art. 10 ausüben zu können.

Liegen diese Voraussetzungen nicht vor, ist jede Preiserhöhung unwirksam. Weigert sich der Veranstalter, die Reiseleistungen zum ursprünglichen Preis zu erbringen und annulliert er die Reise, weil der Kunde den Preiszuschlag nicht bezahlt, stehen diesem die Rechte nach Art. 10 i.V.m. Art. 11 Abs. 1 zu.[200] Ist eine Preiserhöhung nach Art. 7 zulässig und nicht höher als 10%, muss der Konsument sie hinnehmen.[201] Liegt sie dagegen über 10%, gilt sie als wesentliche Vertragsänderung (Art. 8 Abs. 2)[202] mit der Folge, dass der Konsument vom Reisevertrag zurücktreten und die Wahlrechte des Art. 10 ausüben kann.

bb) Sonstige Vertragsänderungen

Behält sich der Veranstalter Änderungsmöglichkeiten im Prospekt vor, so kann er davon nur vor dem Vertragsschluss Gebrauch machen (Art. 3 lit. b). Es gilt auch hier der Grundsatz *pacta sunt servanda*. Änderungen nach diesem Zeitpunkt, aber vor Reiseantritt sind daher grundsätzlich nicht zulässig. Ausnahmen kommen allenfalls in Betracht, wenn die Änderungen auf Umständen beruhen, die vom Veranstalter oder seinen Leistungsträgern weder vorhergesehen noch abgewendet werden können.[203] Sind die Modifikationen als «wesentlich» zu qualifizieren, gewährt Art. 8 Abs. 1 dem Veranstalter das Recht, sie vorzunehmen.[204] Ob Gleiches auch bei unwesentlichen Vertragsänderungen gilt, ist angesichts des Schweigens des Gesetzes umstritten.[205] Die Frage hat jedoch nur eine beschränkte praktische Relevanz, da auch dann, wenn man eine solche nicht wesentliche Modifikation für zulässig hält,[206] sie einen Reisemangel darstellen kann, für den der Veranstalter einzustehen hat.

Das PRG stellt für die Zulässigkeit einer wesentlichen Vertragsänderung keine ausdrücklichen Voraussetzungen auf. Insbesondere ist, anders als bei der Preis-

---

[199] TERCIER, contrats, Rz. 5709; HANGARTNER, S. 77; CR CO I-STAUDER, Art. 7 LVF N 7.
[200] MARCHAND, voyage à forfait, S. 728; CR CO I-STAUDER, Art. 7 LVF N 9.
[201] CR CO I-STAUDER, Art. 7 LVF N 11.
[202] Unwiderlegliche Vermutung; siehe HANGARTNER, S. 82; CR CO I-STAUDER, Art. 8 LVF N 8; WERRO/SCHAFER, S. 753.
[203] BSK OR I-ROBERTO, Art. 8 PRG N 2; HANGARTNER, S. 83; CR CO I-STAUDER, Art. 8 LVF N 6. Vgl. Art. 3 Abs. 5 S. 1 Pauschalreise-RL, der voraussetzt, dass sich der Veranstalter «gezwungen sieht», eine wesentliche Vertragsänderung vorzunehmen. So auch Zusatzbotschaft II zur EWR-Botschaft, BBl 1992 V 249.
[204] Allerdings kann dann der Konsument vom Vertrag zurücktreten (Art. 10).
[205] Für ein Änderungsrecht HANGARTNER, S. 83; MARCHAND, voyage à forfait, S. 728; a.A. CR CO I-STAUDER, Art. 8 LVF N 2 und 5.
[206] Ob auf der Grundlage einer entsprechenden Vorbehaltsklausel oder ohne eine solche.

erhöhung gemäss Art. 7, ein Vorbehalt im Vertrag nicht erforderlich.[207] Da das Änderungsrecht *ex lege* besteht, hat eine Klausel mit einem Leistungsänderungsvorbehalt, wie sie sich regelmässig in den ARB findet, rein deklaratorische Bedeutung.[208]

Nach Art. 8 Abs. 1 ist eine wesentliche Vertragsänderung «jede erhebliche Änderung eines wesentlichen Vertragspunktes», nicht jedoch eine Änderung eines nicht wesentlichen Vertragspunktes, selbst wenn sie erheblich ist, oder eines wesentlichen Vertragspunktes, wenn sie nicht erheblich ist. Die Konkretisierung dieser unbestimmten Begriffe bereitet Schwierigkeiten, da das Gesetz keine aussagekräftigen weiteren Kriterien enthält. Es ist daher auf die Umstände des Einzelfalls abzustellen.[209] Immerhin erscheint es möglich, folgende Leitlinien zu formulieren:

Die gesetzgeberische Wertung, eine Erhöhung des Reisepreises um «mehr als 10%» stelle eine wesentliche Vertragsänderung dar (Art. 8 Abs. 2), lässt sich auf die Leistungsänderung übertragen. Mindert diese den Wert der Reise in gleicher Höhe, ist ebenfalls unwiderleglich die Wesentlichkeit der Modifikation zu vermuten.[210] Werden mehrere Vertragspunkte geändert, die getrennt betrachtet nicht erheblich sind, so kann doch ihre Kumulation zu einer Wertminderung der Reise führen, die den Schwellenwert von 10% überschreitet. Auch dann ist von einer wesentlichen Vertragsänderung auszugehen.[211]

Kann man auf dieses quantitative Kriterium nicht zurückgreifen, muss die Wesentlichkeit der Vertragsänderung anhand des Vertragsinhalts festgestellt werden.[212] Relevant sind daher die Angaben zur Reise im Prospekt (Art. 3 lit. b) und in der schriftlichen Mitteilung bzw. Bestätigung (Art. 4 Abs. 1 und 2) sowie die sonstigen Punkte, über die ein Konsens erzielt wurde, gleichgültig ob diese in der Reisebestätigung wiedergegeben sind oder nicht (Art. 6).[213]

In erster Linie bestimmen die Parteien, ob ein Vertragspunkt wesentlich ist. Davon ist im Regelfall auszugehen bei Sonderwünschen des Konsumenten (z.B. Zimmer mit Meerblick, Rollstuhlgängigkeit des Hotels), die der Veranstalter akzeptiert hat (Art. 6 Abs. 2 lit. c), und bei zugesicherten Eigenschaften[214] der Reise (z.B. Hotelkategorie, Linienflug, Freizeit- oder Sporteinrichtungen). Im Übrigen

---

[207] BSK OR I-Roberto, Art. 8 PRG N 3; Hangartner, S. 84; CR CO I-Stauder, Art. 8 LVF N 4.
[208] BSK OR I-Roberto, Art. 8 PRG N 3; CR CO I-Stauder, Art. 8 LVF N 4; Hangartner, S. 84.
[209] Hangartner, S. 80; BSK OR I-Roberto, Art. 8 PRG N 1.
[210] Martinelli, S. 140; Marchand, voyage à forfait, S. 728; BSK OR I-Roberto, Art. 8 PRG N 1; CR CO I-Stauder, Art. 8 LVF N 9.
[211] BSK OR I-Roberto, Art. 8 PRG N 1; Martinelli, S. 138; CR CO I-Stauder, Art. 8 LVF N 13 *in fine*.
[212] Auf die Grundsätze zum wesentlichen Irrtum i.S.d. Art. 24 OR wollen Tercier, contrats, Rz. 5700, Hangartner, S. 80, und Werro/Schafer, S. 753, abstellen.
[213] Martinelli, S. 123 ff.; Frank, Art. 8–10 PRG N 29; CR CO I-Stauder, Art. 8 LVF N 10.
[214] Siehe zu den Prospektangaben oben S. 319. Vgl. auch Martinelli, S. 129 f.

ist der Vertrag nach dem Vertrauensprinzip auszulegen.[215] Der Reisende darf davon ausgehen, dass der Gesamtzuschnitt der Reise, also Reisezweck (z.B. Badeurlaubsreise, kulturelle Rundreise, Opernreise) und Reisecharakter (z.B. Seniorenreise, Expedition) nicht verändert werden.[216]

Ferner muss eine Änderung eines wesentlichen Vertragspunkts vorliegen. Das ist zu bejahen, wenn sie nach Reiseantritt zu einem Gewährleistungsansprüche auslösenden Reisemangel wegen negativen Abweichens der Istbeschaffenheit der Reise von der vertraglichen Sollbeschaffenheit führen würde.[217] Schliesslich verlangt das Gesetz, dass die Änderung erheblich ist,[218] was anhand der Umstände des Einzelfalls zu entscheiden ist. Es muss geprüft werden, ob dem Konsumenten nach Treu und Glauben noch zugemutet werden kann, trotz der Änderung die Reise anzutreten. Bei der Konkretisierung des Zumutbarkeitskriteriums ist auf den Reisezuschnitt, Art und Ausmass der Modifikation des Vertragspunktes und die Schwere des durch die Änderung verursachten Mangels abzustellen.[219]

cc) Wahlrechte des Konsumenten

Bei einer Preiserhöhung von mehr als 10% oder einer sonstigen wesentlichen Vertragsänderung kann der Konsument zwischen Annahme der Vertragsänderung und kostenlosem Rücktritt[220] vom Reisevertrag wählen (Art. 10 Abs. 1). Entscheidet er sich für den Rücktritt, hat er ein zweites Wahlrecht zwischen Rückerstattung der bezahlten Beträge (Abs. 3 lit. c) oder Teilnahme an einer Ersatzreise (Abs. 3 lit. a und b).

aaa) Information des Konsumenten

Um dem Konsumenten die Wahrnehmung seiner Rechte und insbesondere eine freie Entscheidung zwischen den ihm gebotenen Optionen zu ermöglichen, muss der Veranstalter ihn rechtzeitig über die Vertragsänderung sowie über die Auswirkungen der Modifikation auf den Reisepreis[221] und, obwohl nicht ausdrücklich

---

[215] CR CO I-STAUDER, Art. 8 LVF N 11.
[216] BSK OR I-ROBERTO, Art. 8 PRG N 1; HANGARTNER, S. 81; CR CO I-STAUDER, Art. 8 LVF N 11. Weitere Beispiele: Ersetzung des Linienflugs durch einen Charterflug, eines Fluges durch eine Busfahrt, eines Strandhotels durch ein Hotel im Landesinneren, eines Luxushotels durch ein Mittelklassehotel, Fehlen von Wellnesseinrichtungen usw.
[217] MARTINELLI, S. 312 ff.; CR CO I-STAUDER, Art. 8 LVF N 12. Siehe unten S. 343 ff.
[218] Hierzu eingehend MARTINELLI, S. 135 ff.
[219] MARTINELLI, S. 137 f., mit zahlreichen Beispielen; WERRO/SCHAFER, S. 753; MARCHAND, voyage à forfait, S. 728; CR CO I-STAUDER, Art. 8 LVF N 13. Mehrere isoliert betrachtet wenig erhebliche Änderungen können in ihrer Kumulation den Antritt der Reise für den Konsumenten unzumutbar machen, vgl. MARTINELLI, S. 138.
[220] Die französische Fassung spricht unzutreffend von *résiliation* (Kündigung); vgl. nur MARCHAND, voyage à forfait, S. 727.
[221] BSK OR I-ROBERTO, Art. 9 PRG N 2. Eine Preiserhöhung ist nur unter den Voraussetzungen des Art. 7 zulässig.

vorgeschrieben, über die Rechte, die ihm nach Art. 10 zustehen,[222] informieren. Bei einer Preiserhöhung ist der Konsument bis spätestens drei Wochen vor Reiseantritt (Art. 7 lit. b), bei sonstigen wesentlichen Vertragsänderungen «so bald wie möglich» (Art. 9), d.h. unmittelbar nach Eintritt des Umstandes, auf den die Änderung gestützt wird,[223] spätestens aber so rechtzeitig, dass er noch «entsprechende Entscheidungen ... treffen»[224] kann, zu informieren.[225]

bbb) Annahme der Vertragsänderung

Nach Art. 10 Abs. 1 kann der Konsument sich mit der wesentlichen Vertragsänderung ausdrücklich oder stillschweigend (Art. 1 Abs. 2 OR) einverstanden erklären.[226] Allerdings ist im Schweigen des Kunden auf die Änderungsmitteilung nicht ohne weiteres eine Annahmeerklärung i.S.v. Art. 6 OR zu sehen,[227] auch wenn Art. 10 Abs. 2 ihn nicht verpflichtet, den Veranstalter über sein Einverständnis mit den geänderten Bedingungen zu informieren. Die in ARB häufige Klausel, das Schweigen des Konsumenten oder eine mehr als 5 Tage nach Mitteilung des Veranstalters erfolgte Ablehnung gelte als Zustimmung zur Änderung der Reisebedingungen, stellt eine unwiderlegliche Vermutung zu seinen Lasten dar, die ihn in der Praxis häufig seiner gesetzlichen Rechte nach Art. 10 berauben würde. Sie ist daher unzulässig (Art. 19).[228]

ccc) Rücktritt und Teilnahme an einer Ersatzreise

Entscheidet sich der Konsument, die Vertragsänderung nicht zu akzeptieren, kann er vom Vertrag zurückzutreten (Art. 10 Abs. 1) und die Rückerstattung aller gezahlten Beträge verlangen (Art. 10 Abs. 3 lit. c) oder seinen Anspruch auf Teilnahme an einer Ersatzreise geltend machen (Art. 10 Abs. 3 lit. a und b). Ihn trifft die Obliegenheit,[229] den Veranstalter «so bald wie möglich» über den Rücktritt (Art. 10 Abs. 2) und die von ihm getroffene Wahl zu informieren.[230] Der Veranstalter soll in die Lage versetzt werden, gegebenenfalls die Voraussetzungen für eine Ersatzreise zu schaffen.

---

[222] CR CO I-STAUDER, Art. 9 LVF N 4.
[223] BSK OR I-ROBERTO, Art. 9 PRG N 1; MARTINELLI, S. 144 ff.
[224] Art. 4 Abs. 5 S. 1 Pauschalreise-RL.
[225] Die Informationspflicht ist vertragliche Nebenpflicht, deren Verletzung eine Schadenersatzpflicht des Veranstalters nach sich ziehen kann; CR CO I-STAUDER, Art. 9 LVF N 5.
[226] BSK OR I-ROBERTO, Art. 10 PRG N 1; HANGARTNER, S. 85.
[227] MARCHAND, voyage à forfait, S. 737; FRANK, Art. 8–10 PRG N 32 f.; CR CO I-STAUDER, Art. 10 N 2; wohl auch ROBERTO, Pauschalreisegesetz, S. 15; anders Botschaft über das Folgeprogramm, BBl 1993 I 888; offen gelassen bei MARTINELLI, S. 148 f. Problematik nicht behandelt bei HANGARTNER.
[228] STAUDER, voyage, S. 75; CR CO I-STAUDER, Art. 10 LVF N 2.
[229] MARCHAND, voyage à forfait, S. 737; HANGARTNER, S. 86; CR CO I-STAUDER, Art. 10 LVF N 4; a.A. MARTINELLI, S. 149 (Verpflichtung).
[230] So, obwohl nicht ausdrücklich in Art. 10 Abs. 2 vorgesehen, MARTINELLI, S. 148; CR CO I-STAUDER, Art. 10 LVF N 4.

Im Fall eines Rücktritts schuldet der Konsument keinerlei Entschädigung (Art. 10 Abs. 1). Klauseln in ARB, die an den Rücktritt eine Zahlungsverpflichtung, z.B. Annullationskosten, Dossiergebühren, Vertragsstrafen, usw. knüpfen, sind nichtig (Art. 19).[231] Gleiches gilt von Klauseln, die in anderer Weise die Wahlrechte des Konsumenten einschränken.[232]

Macht der Konsument sein Recht auf «Rückerstattung aller von ihm bezahlten Beträge» (Art. 10 Abs. 3 lit. c) geltend, wandelt sich der Vertrag in ein Rückabwicklungsschuldverhältnis. Zurückzuzahlen sind nicht nur der Reisepreis, sondern auch alle anderen Beträge, die der Konsument an den Veranstalter geleistet hat, wie Dossiergebühren, Zuschläge, Preis für Sonderleistungen wie Ausflüge, einschliesslich allfällig entrichteter Versicherungsprämien.[233] Nach dem Gesetz hat die Rückerstattung «schnellstmöglich» zu erfolgen, worunter im Regelfall eine Frist von nicht mehr als zwei bis drei Arbeitstagen zu verstehen ist.[234]

Alternativ hat der Konsument Anspruch auf Teilnahme an einer Ersatzreise, sofern «der Veranstalter ihm eine solche anbieten kann» (lit. a). Mit dieser Formulierung wird deutlich, dass es nicht im freien Belieben des Veranstalters liegt, eine Ersatzreise anzubieten oder nicht. Vielmehr soll dem Konsumenten ein Anspruch im Rechtssinne[235] zustehen, der allein davon abhängt, ob im Angebot des Veranstalters objektiv eine Ersatzreise zur Verfügung steht, die von ihrem Zuschnitt her (Daten, Destination, Art und Komfort der Unterkunft, Transportmittel) der ursprünglich gebuchten Reise vergleichbar ist.[236] Diese gesetzliche Lösung stellt keine unzumutbare Belastung des Veranstalters dar, sind doch die meisten Pauschalreisen, insbesondere Bade- und Ferienreisen, standardisierte und damit austauschbare Produkte. Ist es dem Veranstalter objektiv unmöglich, eine vergleichbare Ersatzreise anzubieten,[237] steht ihm eine Einwendung gegen das Begehren des Konsumenten zu.[238]

---

[231] MARTINELLI, S. 147; CR CO I-STAUDER, Art. 10 LVF N 5.
[232] MARTINELLI, S. 147; BSK OR I-ROBERTO, Art. 10 PRG N 1; CR CO I-STAUDER, Art. 10 LVF N 5.
[233] STAUDER, voyage, S. 73; CR CO I-STAUDER, Art. 10 LVF N 6.
[234] HANGARTNER, S. 90; CR CO I-STAUDER, Art. 10 LVF N 7. Nach Ablauf dieser Frist sind auch ohne Mahnung Verzugszinsen (Art. 104 OR) geschuldet.
[235] MARCHAND, voyage à forfait, S. 732; WERRO/SCHAFER, S. 754; BSK OR I-ROBERTO, Art. 10 PRG N 2; CR CO I-STAUDER, Art. 10 LVF N 8; unklar Zusatzbotschaft II zur EWR-Botschaft, BBl 1992 V 250. Ob dieser Anspruch stets effektiv durchgesetzt werden kann, ist fraglich; vgl. die Zweifel bei BSK OR I-ROBERTO, Art. 10 PRG N 2; HANGARTNER, S. 88 f.; MARCHAND, voyage à forfait, S. 732. In der Praxis erwähnen die ARB entweder die Ersatzreise überhaupt nicht oder stellen sie als blosse Möglichkeit dar, die auf einem Entgegenkommen des Veranstalters beruht. Vgl. STAUDER, voyage, S. 74 f.
[236] BSK OR I-ROBERTO, Art. 10 PRG N 2; STAUDER, voyage, S. 73; HANGARTNER, S. 88.
[237] Fraglich erscheint, ob der Veranstalter, falls sein eigenes Angebot keine Ersatzreise erlaubt, sich am Markt eine vergleichbare Ersatzreise besorgen muss, wenn der Konsument sich dafür entscheidet.
[238] MARCHAND, voyage à forfait, S. 733; CR CO I-STAUDER, Art. 10 LVF N 8; MARTINELLI, S. 152.

Entspricht die Ersatzreise von ihrem Zuschnitt her der ursprünglich gebuchten Reise, ist es unerheblich, ob sie gleich- oder höherwertig ist (lit. a). Im letzteren Fall hat der Konsument keinen Aufpreis zu zahlen.[239] Kostet die Ersatzreise dagegen weniger, wird der ursprünglich geschuldete Reisepreis um den Preisunterschied vermindert (lit. b).

Der Anspruch auf die Ersatzreise ist ein modifizierter Erfüllungsanspruch. Weigert sich der Veranstalter, eine Ersatzreise anzubieten, oder beruft er sich zu Unrecht auf Unmöglichkeit, eine solche Reise zur Verfügung zu stellen, liegt Nichterfüllung vor, die ihn schadenersatzpflichtig macht (Art. 14). Statt Schadenersatz zu verlangen, kann der Konsument auch eine Ersatzreise von vergleichbarem Zuschnitt bei einem anderen Veranstalter auf Kosten seines ursprünglichen Vertragspartners buchen (Art. 366 Abs. 2 *in fine* OR analog).[240]

dd) Schadenersatz wegen Nichterfüllung

Art. 10 Abs. 4 behält für alle Hypothesen der Ausübung des Wahlrechts wegen wesentlicher Vertragsänderung, die der Konsument ja nicht zu vertreten hat (Annahme der Vertragsänderung, Ersatzreise, Rücktritt), zusätzlich einen Anspruch wegen Nichterfüllung vor.[241] Der Schadenersatzanspruch richtet sich nach Art. 14–16. Insbesondere stehen dem Veranstalter die Entlastungsmöglichkeiten des Art. 15 zur Verfügung.[242]

c) Annullierung der Pauschalreise

Die Annullierung der Pauschalreise vor dem Reiseantritt[243] ist rechtlich ein Rücktritt. Erfolgt sie durch den Veranstalter, stehen dem Konsumenten nach Art. 11 bestimmte Rechte zu. Hingegen ist die Annullierung der Reise durch den Kunden im PRG nicht geregelt. Es gelten daher die allgemeinen Vorschriften des Obligationenrechts.

aa) Annullierung durch den Veranstalter

Wenn der Veranstalter vom Vertrag zurücktritt, «aus welchem Grund auch immer»,[244] d.h. ob ein Rücktrittsgrund vorliegt oder nicht, hat er den Konsumenten

---

[239] Zusatzbotschaft II zur EWR-Botschaft, BBl 1992 V 250; MARCHAND, voyage à forfait, S. 731; HANGARTNER, S. 88; MARTINELLI, S. 151; CR CO I-STAUDER, Art. 10 LVF N 9.
[240] MARCHAND, voyage à forfait, S. 732 f. und dort Fn. 100; CR CO I-STAUDER, Art. 10 LVF N 10. Einer richterlichen Ermächtigung i.S.v. Art. 98 Abs. 1 OR bedarf es nicht.
[241] HANGARTNER, S. 91; BSK OR I-ROBERTO, Art. 10 PRG N 4; CR CO I-STAUDER, Art. 10 LVF N 11; a.A. MARTINELLI, S. 153.
[242] TERCIER, contrats, Rz. 5706; BSK OR I-ROBERTO, Art. 10 PRG N 4; CR CO I-STAUDER, Art. 10 LVF N 11.
[243] Die Pauschalreise-RL (Art. 4 Abs. 6) spricht von Stornierung. Erfolgt die Annullierung nach Reisebeginn, sind die Vorschriften zu Reisemängeln (Art. 12 ff.) anwendbar.
[244] So der Text des Art. 4 Abs. 6 S. 1 Pauschalreise-RL.

davon «so bald wie möglich» in Kenntnis zu setzen (Art. 9 analog).[245] Dieser kann dann das Wahlrecht des Art. 10 wahrnehmen. Er hat also entweder Anspruch auf Rückerstattung aller von ihm gezahlten Beträge (Art. 10 Abs. 3 lit. c) oder auf eine Ersatzreise (Art. 10 Abs. 3 lit. a und b).[246] Dies gilt auch bei Rücktritt wegen Nichterreichens der Mindestteilnehmerzahl oder im Falle von höherer Gewalt (Art. 11 Abs. 2 lit. a und b *a contrario*).[247] Ausserdem ist der Konsument berechtigt, Schadenersatzansprüche wegen Nichterfüllung geltend zu machen (Art. 11 Abs. 1 i.V.m. Art. 10 Abs. 4, 14–16). Alle diese Ansprüche entfallen jedoch, wenn der Rücktritt auf einem vom Konsumenten zu vertretenden Umstand beruht (Art. 11 Abs. 1).[248]

In zwei Hypothesen, nämlich wenn der Rücktritt auf einer vertraglichen Vereinbarung wegen Nichterreichens einer bestimmten Mindestteilnehmerzahl beruht oder wenn höhere Gewalt vorliegt, also der Rücktrittsgrund vom Veranstalter nicht zu vertreten ist, steht dem Konsumenten kein Schadenersatz zu (Art. 11 Abs. 2). Ihm verbleibt aber das Wahlrecht zwischen Rückerstattung des Gezahlten und Ersatzreise.

Voraussetzungen für die erste Ausnahme von der Schadenersatzpflicht (Art. 11 Abs. 2 lit. a) sind (1) die wirksame vertragliche Vereinbarung einer Klausel (Art. 4 Abs. 1 und 2),[249] die den Veranstalter zur Annullierung der Reise wegen Nichterreichens der präzise anzugebenden[250] Mindestteilnehmerzahl berechtigt, und ihre Wiedergabe in der Reisebestätigung, welche ausserdem das spätestmögliche Datum für die Mitteilung von der Annullierung enthalten muss (Art. 6 Abs. 1 lit. d),[251] sowie (2) die rechtzeitige schriftliche Information des Konsumenten von der Annullierung der Reise, und zwar innerhalb der vertraglich vereinbarten Frist (Art. 11 Abs. 2 lit. a), spätestens aber drei Wochen vor der Abreise.[252] Ist die Klausel zur Annullierung wegen Nichterreichens der Mindesteilnehmerzahl nicht wirksam vertraglich vereinbart worden, entspricht sie nicht den gesetzlichen Erfordernissen zum Inhalt der Reisebestätigung oder erfolgt die Mitteilung an den Konsumenten nicht schriftlich oder zu spät, ist die Annullierung der Reise als eine schadenersatzpflichtige Nichterfüllung des Reisevertrags zu qualifizieren.

---

[245] HANGARTNER, S. 92; CR CO I-STAUDER, Art. 11 LVF N 4.
[246] Siehe oben S. 337 ff.
[247] CR CO I-STAUDER, Art. 11 LVF N 5; HANGARTNER, S. 91.
[248] Diese Ausnahme ist eng auszulegen; siehe HANGARTNER, S. 92; CR CO I-STAUDER, Art. 11 LVF N 3. In Betracht kommt z.B. das Fehlen von erforderlichen Reisedokumenten oder von Impfungen.
[249] Hierzu oben S. 323 ff.
[250] BSK OR I-ROBERTO, Art. 11 PRG N 3; CR CO I-STAUDER, Art. 11 LVF N 7. Ein blosser Bezug auf eine «ungenügende Teilnehmerzahl» entspricht nicht den gesetzlichen Anforderungen.
[251] Es reicht nicht aus, dass sich die Klausel nur im Reiseprospekt oder in der Reisebestätigung findet. CR CO I-STAUDER, Art. 11 LVF N 7.
[252] In Anlehnung an die gesetzliche Frist für eine Preiserhöhung (Art. 7 lit. b). So HANGARTNER, S. 94 f.; CR CO I-STAUDER, Art. 11 LVF N 7.

B. Pauschalreiserecht

Die zweite Ausnahme betrifft den Fall der höheren Gewalt (Art. 11 Abs. 2 lit. b).[253] Nach der Pauschalreise-Richtlinie liegt höhere Gewalt vor bei «ungewöhnlichen und unvorhersehbaren Ereignissen, auf die derjenige, der sich auf höhere Gewalt beruft, keinen Einfluss hat und deren Folgen trotz Anwendung der gebotenen Sorgfalt nicht hätten vermieden werden können».[254] «Weil dies selbstverständlich ist»[255], wurde diese autonome Begriffsbestimmung des Gemeinschaftsrechts nicht in das PRG übernommen. Geht man davon aus, dass nach schweizerischem Verständnis das Ereignis von aussen hereinbrechen muss,[256] ist der Begriff der höheren Gewalt im Obligationenrecht enger und damit im Pauschalreiserecht konsumentenfreundlicher. Trotz der an sich gebotenen richtlinienkonformen Auslegung des PRG[257] kann er bei der Interpretation von Art. 11 beibehalten werden, da die Richtlinie gemäss ihrem Art. 8 nur den Mindestschutzstandard beinhaltet und der schweizerische Gesetzgeber mit deren Übernahme nicht beabsichtigt hatte, das bestehende Schutzniveau abzusenken.[258]

Das Ereignis muss zwischen dem Zeitpunkt des Vertragsschlusses und dem des Reiseantritts eingetreten und darf weder vorhersehbar noch vermeidbar gewesen sein. In Betracht kommen etwa Naturkatastrophen (Erdbeben, Zyklone, Erdrutsche oder Überschwemmungen), Epidemien, Krieg und bürgerkriegsähnliche Zustände, staatliche Reiseverbote oder Reisebeschränkungen, Generalstreiks, Streiks von Fluglotsen, usw.[259] Streiks oder andere Ereignisse im Einflussbereich des Veranstalters oder der Leistungsträger (z.B. Streik des Personals[260]), insbesondere die ausdrücklich erwähnte Überbuchung von Transportmitteln oder Unterkünften (Art. 11 Abs. 2 lit. b S. 2) stellen ebenso wenig höhere Gewalt dar wie die fehlende Rentabilität der Pauschalreise.[261] Die in den ARB häufigen Klauseln[262], die jeden Streik oder jedes Verhalten eines Leistungsträgers als höhere Gewalt definieren, sind somit nichtig (Art. 19).

---

[253] Die ausdrückliche Erwähnung der höheren Gewalt in Art. 11 ist überflüssig, da diese Ausnahme von einer Schadenersatzpflicht sich bereits aus der Verweisung auf Art. 15 Abs. 1 lit. c in Art. 11 Abs. 1 i.V.m. Art. 10 Abs. 4 ergibt. Siehe BSK OR I-ROBERTO, Art. 11 PRG N 4; HANGARTNER, S. 94.
[254] Art. 4 Abs. 6 Unterabs. 2 ii) Pauschalreise-RL.
[255] Zusatzbotschaft II zur EWR-Botschaft, BBl 1992 V 251.
[256] Vgl. nur BGE 111 II 429, 433; BSK OR I-SCHNYDER, Art. 41 N 21.
[257] Hierzu oben S. 305.
[258] CR CO I-STAUDER, Art. 11 LVF N 9. Zur vergleichbaren Situation im deutschen Recht, siehe TONNER, Richtlinie, Art. 4 N 53f.
[259] CR CO I-STAUDER, Art. 11 LVF N 10. Weitere Kasuistik und Hinweise auf die deutsche Rspr. bei MK-TONNER, § 651j BGB N 9–11.
[260] So ausdrücklich CJ GE, 16.6.2006, ACJC/720/2006 (nicht veröffentlicht).
[261] CR CO I-STAUDER, Art. 11 LVF N 11; HANGARTNER, S. 96.
[262] Beispiele bei STAUDER, voyage, S. 81.

bb) Annullierung durch den Konsumenten

Das PRG regelt die Annullierung der Pauschalreise durch den Konsumenten vor Reiseantritt nur punktuell. Erhöht der Veranstalter den Reisepreis um mehr als 10%, nimmt er eine sonstige wesentliche Vertragsänderung vor (Art. 10 Abs. 1 i.V.m. Art. 7 und 8 Abs. 2 sowie Art. 8 Abs. 1)[263] oder erbringt er nicht den Nachweis der Insolvenzabsicherung (Art. 18 Abs. 2),[264] ist der Kunde berechtigt, vom Vertrag zurückzutreten. Funktional entspricht dem Rücktritt die Stellung eines Ersatzreisenden (Art. 17),[265] da auch in diesem Fall der Konsument nicht an der Reise teilnimmt und den Reisepreis, wenn auch nicht vom Veranstalter, so doch vom Ersatzreisenden zurückerhält.

In allen anderen Hypothesen, mithin wenn die Übertragung der Reise an einen Ersatzreisenden am berechtigten Widerspruch des Veranstalters scheitert, vor allem aber, wenn der Kunde aus objektiven Gründen nicht reisen kann oder wenn er schlicht reiseunwillig ist, gelten die allgemeinen Vorschriften des Obligationenrechts.

Nach dem insoweit analog anwendbaren Art. 377 OR kann der Konsument jederzeit vom Reisevertrag zurücktreten. Tut er dies ohne begründeten Anlass, so schuldet er dem Veranstalter Ersatz der Aufwendungen und volle Schadloshaltung, mithin das Erfüllungsinteresse einschliesslich des entgangenen Gewinns. Annulliert er die Reise aus begründetem Anlass, z.B. weil ihn Umstände wie Krankheit oder Unfall objektiv an der Teilnahme hindern, schuldet er Vergütung für vom Veranstalter geleistete Arbeit, nicht aber Ersatz des entgangenen Gewinns (Art. 378 Abs. 1 OR analog).[266]

Um Beweisschwierigkeiten zu entgehen, sehen die Veranstalter in ihren ARB regelmässig eine Entschädigung in Höhe eines bestimmten Prozentsatzes vom Reisepreis vor, die je nach der Art der Reise und der zeitlichen Nähe zum Abreisetermin gestaffelt ist und 100% erreichen kann. Qualifiziert man diese Entschädigung als pauschalierten Schadenersatz, stellt sich die Frage, ob der Konsument nicht das Recht hat, den Beweis anzutreten, die zu ersetzenden Aufwendungen oder Schadensposten seien in dieser Höhe nicht angefallen[267] oder wären tiefer gewesen, wenn der Veranstalter seiner Schadensminderungspflicht (Art. 44 i.V.m. Art. 99 Abs. 3 OR) nachgekommen wäre.[268] Sieht man in der Pauschalierung eine

---

[263] Siehe oben S. 334.
[264] Dazu unten S. 376.
[265] Siehe oben S. 330 ff.
[266] GIRSBERGER, Reisevertrag, S. 79 ff.; STAUDER, contrat de voyage, S. 444; HANGARTNER, S. 98 f.; METZ, 2001, S. 6 f.; MARCHAND, voyage à forfait, S. 730; WERRO/SCHAFER, S. 758 f.; CJ GE, 25.6.1982, SJ 1982, 577, 588.
[267] Als Beispiel sei der Fall genannt, dass der bei einer Reise mit limitierter Teilnehmerzahl durch die Annullierung frei gewordene Platz durch Nachrücken eines anderen Reisenden von der Warteliste besetzt wurde.
[268] Der Veranstalter unterliess z.B. die noch mögliche Stornierung des Fluges und/oder der Hotelreservierung.

B. Pauschalreiserecht

Konventionalstrafe, kann diese, wenn sie unangemessen hoch ist, nach Art. 163 Abs. 3 OR vom Richter herabgesetzt werden[269] und darf, vorbehaltlich gegenteiliger Vereinbarung, überhaupt nicht gefordert werden, wenn die Unmöglichkeit des Reiseantritts vom Konsumenten nicht zu vertreten ist (Art. 163 Abs. 2 OR).[270]

Die praktische Bedeutung dieser gesetzlichen Bestimmungen ist allerdings verschwindend gering, da die Konsumenten, auf Anraten der Veranstalter oder weil sie sich dazu gezwungen sehen,[271] eine Annullationsversicherung abschliessen.[272]

2. Gewährleistung für Reisemängel

Das PRG enthält keine umfassende und kohärente Regelung der Voraussetzungen einer Gewährleistungspflicht des Reiseveranstalters für Reisemängel. Unter dem Titel «Nichterfüllung und nicht gehörige Erfüllung des Vertrages» betrifft Art. 12 «jeden Mangel bei der Erfüllung des Vertrages», während Art. 13 nach seinem Wortlaut allein die teilweise Nichterfüllung, Art. 14 hingegen die Nichterfüllung und die nicht gehörige Erfüllung regelt. Es ist heute anerkannt, dass die Vorschriften insoweit korrigierend auszulegen sind, als sie jeden Fall der fehlenden Vertragskonformität erfassen, ob es sich nun um gänzliche oder teilweise Nichterfüllung oder um Schlechterfüllung handelt, können doch diese Abgrenzungen bei Pauschalreisen ohnehin kaum zuverlässig vorgenommen werden.[273]

Art. 12 Abs. 2 und Art. 13 sollen das Äquivalenzinteresse des Konsumenten (Aufrechterhaltung des vertraglichen Gleichgewichts), Art. 14–16 unter schadenersatzrechtlichen Gesichtspunkten sein Integritätsinteresse schützen.[274]

a) *Begriff des Reisemangels*

Der Reisemangel wird im PRG, insoweit in Übereinstimmung mit der Pauschalreise-Richtlinie, nicht definiert. Nach der Lehre[275] liegt ein Reisemangel vor, wenn die Reise nicht dem entspricht, was vertraglich vereinbart wurde, wenn also die Istbeschaffenheit von der Sollbeschaffenheit negativ abweicht. Hierbei ist in erster

---

[269] HANGARTNER, S. 98; WERRO/SCHAFER, S. 760.
[270] WERRO/SCHAFER, S. 760. Beispiele wären Krankheit oder Unfall.
[271] So wird der Abschluss einer Annullationsversicherung in Prospekten und Reiseunterlagen häufig als «obligatorisch» bezeichnet.
[272] Zur Informationspflicht des Veranstalters über diese Versicherung nach Art. 6 Abs. 1 lit. g, siehe oben S. 327 f.
[273] BSK OR I-ROBERTO, Art. 13 PRG N 1; HANGARTNER, S. 101; CR CO I-STAUDER, Art. 12 LVF N 2; Art. 13 LVF N 2.
[274] CR CO I-STAUDER, Art. 12 LVF N 1.
[275] In der Schweiz gibt es kaum Rspr. zu Reisemängeln. Konkrete Beispiele finden sich vor allem in der reichen deutschen Rspr., auf die auch MARTINELLI, S. 179–187, und HANGARTNER, S. 110–115, zurückgreifen. Siehe die umfangreiche Mängelübersicht bei MK-TONNER, Anhang zu § 651e BGB, und FÜHRICH, Reiserecht, S. 973 ff.

Linie auf das Gesamtleistungsbündel, das die Pauschalreise auszeichnet, abzustellen.[276] Daneben können aber auch einzelne Reiseleistungen mangelhaft sein. In der Praxis betreffen die Beanstandungen der Konsumenten vor allem Transport, Unterkunft, Verpflegung, Lärm, Wasserverschmutzung, Modifikationen der Reise, usw.

Das Fehlen vertraglich zugesicherter Eigenschaften stellt immer einen Reisemangel dar, unabhängig davon, ob der Wert oder die Tauglichkeit der Reise dadurch beeinträchtigt wird.[277] Die den Veranstalter bindenden Angaben in Reiseprospekten, Zeitungsannoncen, auf Teletext- oder Internetseiten (Art. 3)[278] sind grundsätzlich zugesicherte Eigenschaften.[279] Gleiches gilt von den Angaben, die Art. 6 fordert, und die nach Art. 4 Abs. 1 und 2 vor Vertragsschluss dem Konsumenten mitgeteilt oder bestätigt werden, sowie bezüglich Sonderwünschen des Kunden, mit denen sich der Veranstalter einverstanden erklärt hat (Art. 6 Abs. 1 lit. c). Die Zusicherung kann auch durch Fotos oder Skizzen gegeben werden. Von den zugesicherten Eigenschaften sind die ohne weiteres als solche erkennbaren übertriebenen Anpreisungen in der Werbung zu unterscheiden (Traumstrand, Ferien wie im Paradies), es sei denn, sie stehen in krassem Widerspruch zur Wirklichkeit.[280]

Das Fehlen einer vorausgesetzten Eigenschaft ist dagegen nur relevant, wenn es den Wert oder die Tauglichkeit der Reise beeinträchtigt. Ob und welche Eigenschaft vom Konsumenten vorausgesetzt werden kann, bestimmt sich nach dem Vertrauensprinzip.[281] Zu fragen ist, was ein durchschnittlicher – und nicht etwa ein besonders empfindlicher – Konsument der Zielgruppe gerade dieser Reise, unter Berücksichtigung des Reisetyps (Familien-, Senioren-, Frauen-, Jugendreise), des Reisezwecks (Badeurlaub, Studien-, Wander-, Sprachreise, Expedition), der Kategorie und des Preises der Reise[282] sowie der Reisebeschreibung in Prospekt oder anderen Marketingsubstraten, der Mitteilungen nach Art. 4 Abs. 1 und 2 und der Reisebestätigung (Art. 6) redlicherweise erwarten durfte.[283]

Liegt keine Zusicherung vor oder werden bei vorausgesetzten Eigenschaften Wert oder Tauglichkeit der Reise nicht beeinträchtigt, kommt eine Einstands-

---

[276] BSK OR I-ROBERTO, Art. 12 PRG N 3; HANGARTNER, S. 102 f.; CR CO I-STAUDER, Art. 12 LVF N 3.
[277] HANGARTNER, S. 104; CR CO I-STAUDER, Art. 12 LVF N 10.
[278] Siehe oben S. 319.
[279] Beispiele bei HANGARTNER, S. 103 f.; BSK OR I-ROBERTO, Art. 12 PRG N 4. Beispiele aus der deutschen Rspr. bei FÜHRICH, Reiserecht, S. 189 f.
[280] BSK OR I-ROBERTO, Art. 12 PRG N 4; CR CO I-STAUDER, Art. 12 LVF N 6 (statt angepriesenem Luxushotel Unterkunft im Zelt; der Traumsandstrand ist ein steil abfallender Fels); HANGARTNER, S. 104 f.
[281] KG VD, 19.5.2004, JKR 2004, S. 345.
[282] Auch wenn eine Pauschalreise als Last-Minute-Reise mit Preisabschlägen angeboten wird, darf der Konsument davon ausgehen, dass sie die gleiche Qualität wie die preislich nicht herabgesetzte Reise aufweist.
[283] HANGARTNER, S. 102, 115; BSK OR I-ROBERTO, Art. 12 PRG N 6.

pflicht des Veranstalters für Reisemängel nicht in Betracht. Geringfügige Änderungen oder Unannehmlichkeiten, wie sie sich vor allem im Massentourismus ergeben, sind vom Konsumenten hinzunehmen.[284]

In den ARB finden sich oft so genannte allgemeine Landes- oder Ortsüblichkeitsklauseln, mit denen der Veranstalter seine Zusicherungen hinsichtlich des Qualitätsniveaus im Zielland relativieren oder entsprechende Erwartungen der Konsumenten dämpfen will. Soweit sie nur die Selbstverständlichkeit in Erinnerung rufen, dass der Konsument in anderen Ländern mit anderen Gebräuchen und Gewohnheiten, auch etwa zu Essen, Sauberkeit, Lärm, rechnen muss und nicht den gewohnten heimischen Standard erwarten darf,[285] sind sie unschädlich, aber auch überflüssig. Sollen sie jedoch das Niveau der Sollbeschaffenheit der Reise herabsetzen, sind sie unzulässig, insbesondere wenn diese auf Zusicherungen beruht. Der Konsument, der die orts- oder landesüblichen Zustände des Ziellandes in der Regel nicht kennt und auch nicht zu kennen braucht, darf erwarten, dass ihm relevante Abweichungen vom heimischen Standard vor Vertragsschluss, und nicht erst in der Reisebestätigung oder sonstigen nach diesem Zeitpunkt übermittelten Unterlagen klar mitgeteilt werden. Allein objektive und vollständige vorvertragliche Information kann die Sollbeschaffenheit der Reise beeinflussen.[286]

b) Beanstandungsobliegenheit

Nach Art. 12 Abs. 1 hat der Konsument jeden Mangel, den er «an Ort und Stelle», d.h. vor dem Ende der Reise feststellt, zu beanstanden, um dem Veranstalter die Möglichkeit zu geben, selbst oder über sein Personal, seine Leistungsträger oder allenfalls beauftragte Dritte für Abhilfe zu sorgen (Art. 12 Abs. 2) oder Ersatzmassnahmen zu treffen (Art. 13). Es handelt sich um eine Obliegenheit.[287] Im PRG nicht geregelt ist die Mängelanzeige nach Beendigung der Reise.

Eine Beanstandung ist nicht erforderlich, wenn der Veranstalter (oder sein Personal vor Ort) den Mangel kennt oder hätte kennen müssen, wenn eine Abhilfe objektiv unmöglich ist, wenn der Kontakt mit dem Veranstalter etwa wegen Fehlens einer Notrufnummernangabe (Art. 5 lit. c) nicht oder nur mit unverhältnismässigem Aufwand hergestellt werden kann oder wenn der Konsument über die Beanstandungsobliegenheit nicht ordnungsgemäss, mithin nicht in den Formen

---

[284] BSK OR I-ROBERTO, Art. 12 LVF N 6; CR CO I-STAUDER, Art. 12 LVF N 10; MARTINELLI, S. 187f., und HANGARTNER, S. 106f., jeweils mit Beispielen; weitere Beispiele aus der umfangreichen deutschen Rspr. bei MK-TONNER, § 651c BGB N 15–19, und FÜHRICH, Reiserecht, S. 196ff., sowie in RRa, die regelmässig Gerichtsentscheidungen publiziert.
[285] Beispiele aus der deutschen Rspr. bei FÜHRICH, Reiserecht, S. 202ff.
[286] HANGARTNER, S. 105; BSK OR I-ROBERTO, Art. 12 PRG N 5; CR CO I-STAUDER, Art. 12 LVF N 7; FRANK, Art. 12 PRG N 13; OGer ZH, 25.8.1983, ZR 1984, 33, 36f.; KG VD, 19.5.2004, JKR 2004, S. 347; METZ, 2006, S. 14.
[287] Allg. Meinung, siehe nur HANGARTNER, S. 116; BSK OR I-ROBERTO, Art. 12 PRG N 7; CR CO I-STAUDER, Art. 12 LVF N 11; MARCHAND, voyage à forfait, S. 737.

der Art. 4 Abs. 1 und 2, sondern gar nicht oder nur mittels einer ARB-Klausel informiert wurde.[288]

Entgegen dem Wortlaut des Art. 12 Abs. 1 unterliegt der Konsument nicht etwa einer doppelten Beanstandungsobliegenheit; vielmehr ist Adressat jeder Beanstandung grundsätzlich der Veranstalter als sein Vertragspartner, der ja für Reisemängel einzustehen hat. Konkret bedeutet dies aber nicht, dass sich der Konsument mit seiner Reklamation stets direkt an den Veranstalter wenden muss, sondern es genügt, wenn er Personen in Kenntnis setzt, die mit Empfangsvollmacht (Art. 32 Abs. 1 OR) ausgestattet sind oder deren Verhalten dem Veranstalter zugerechnet werden kann (Anscheinsvollmacht). Hierzu zählen der Reiseleiter, die örtliche Repräsentanz des Veranstalters (Art. 5 lit. c), unter Umständen örtliche Stellen[289] sowie grundsätzlich auch die Leistungsträger, jedenfalls wenn der Mangel in ihrem Einflussbereich aufgetreten ist, ausserdem das die Pauschalreise vermittelnde Reisebüro, bei dem der Konsument gebucht hatte.[290]

Die Beanstandung muss den Mangel genau beschreiben, damit der Veranstalter Abhilfe schaffen kann. Zwar sieht das Gesetz Schriftform oder eine andere geeignete Form vor (Art. 12 Abs. 1); allgemein wird jedoch angenommen, dass auch eine mündliche bzw. telefonische Reklamation ausreicht, selbst wenn aus Beweisgründen die schriftliche Beanstandung ratsam erscheint.[291] Eine Klausel in ARB, die die Schriftform oder die Erstellung eines Mängelprotokolls vorschreibt, ist nichtig (Art. 19).[292] Wird auf der Grundlage einer wirksamen Beanstandung ein Mängelprotokoll erstellt, wie es in der Praxis während der Reise vor Ort häufig geschieht, beinhaltet dieses keine Anerkennung des Mangels, es sei denn, der für den Veranstalter Handelnde sei hierzu bevollmächtigt. Es darf aber immerhin von einer natürlichen Vermutung ausgegangen werden, der protokollierte Mangel habe tatsächlich bestanden.[293]

Die Beanstandung hat «so bald wie möglich» (Art. 12 Abs. 1) zu erfolgen, damit rasch für Abhilfe gesorgt werden kann. Im Einzelnen hängt die Frist von Art und Schwere des Mangels ab.[294] Klauseln in ARB, die eine starre Frist vorsehen, entsprechen nicht den gesetzlichen Anforderungen und sind nichtig (Art. 19).[295]

---

[288] CR CO I-STAUDER, Art. 12 LVF N 12; HANGARTNER, S. 117f.; BSK OR I-ROBERTO, Art. 12 PRG N 8; vgl. auch BGE 115 II 474, 480.
[289] Siehe oben S. 328.
[290] Vgl. BSK OR I-ROBERTO, Art. 12 PRG N 9–11; MARTINELLI, S. 190ff.; HANGARTNER, S. 120ff.; CR CO I-STAUDER, Art. 12 LVF N 13.
[291] BSK OR I-ROBERTO, Art. 12 PRG N 12; HANGARTNER, S. 119f.; MARTINELLI, S. 195f.; CR CO I-STAUDER, Art. 12 LVF N 14.
[292] CR CO I-STAUDER, Art. 12 LVF N 14.
[293] BSK OR I-ROBERTO, Art. 12 PRG N 13; HANGARTNER, S. 120.
[294] So kann z.B. der Konsument mit der Reklamation wegen schlechten Essens ein oder zwei Tage zuwarten, um zu sehen, ob es sich um einen Ausrutscher oder den Normalfall handelt.
[295] CR CO I-STAUDER, Art. 12 LVF N 15; HANGARTNER, S. 118f.

Hat der Konsument einen Mangel nicht oder nicht rechtzeitig beanstandet aus Gründen, die er nicht zu vertreten hat, wie Krankheit, Unfall, fehlende Angaben in der Reisebestätigung (Art. 6 Abs. 1 lit. f), Unmöglichkeit den Adressaten der Anzeige trotz zumutbarer Bemühungen zu erreichen, oder ist eine Beanstandung nicht erforderlich, ist dies rechtlich unbeachtlich.[296] In allen anderen Fällen hat der Kunde seine Beanstandungsobliegenheit verletzt, was aber, anders als im Kaufrecht (Art. 201 Abs. 2 OR), nicht zu einem Verlust der Rechte nach Art. 12 Abs. 1, 13, 14–16 führt.[297] Wenn die Verletzung jedoch zur Entstehung oder Verschlimmerung des Schadens beigetragen oder die Vornahme von Abhilfe- oder Ersatzmassnahmen unmöglich gemacht oder erschwert hat, liegt ein Verstoss gegen die Schadensminderungspflicht vor, deren Folgen der Reisende zu tragen hat.[298]

c) *Gewährleistungsrechte*

Liegt ein Reisemangel vor, stehen dem Konsumenten im Falle der Fortsetzung der Reise die Rechte auf «geeignete Lösungen» (Art. 12 Abs. 2), auf Ersatzmassnahmen und auf Preisminderung (Art. 13 Abs. 1) zu. Ausserdem ist er gemäss Art. 13 Abs. 2 S. 1 berechtigt, die Reise durch Kündigung zu beenden.

Art. 13 scheint, insoweit in fast wörtlicher Übernahme des Richtlinientextes,[299] die Verpflichtungen des Veranstalters auf Fälle fehlender Vertragskonformität von einer gewissen Erheblichkeit zu beschränken. Dies würde gegenüber der vor Inkrafttreten des PRG geltenden Rechtslage[300] eine klare Verschlechterung der Rechtsstellung des Konsumenten bedeuten, könnte er doch bei «normalen» Reisemängeln weder die Vornahme von Ersatzmassnahmen verlangen noch den Reisepreis mindern. Eine weitere korrigierende Auslegung[301] der Vorschrift ist daher dahingehend erforderlich, dass Abs. 1 bei jedem Reisemangel, jedoch Abs. 2, der den Weg zur Kündigung öffnet, nur bei einem «erheblichen» Mangel (qualifizierter Mangel) anwendbar ist.[302]

Der Reiseveranstalter haftet für eigenes Fehlverhalten sowie für dasjenige seines Personals und seiner Leistungsträger und deren Personal.[303] Dies gilt, da Gewähr-

---

[296] MARTINELLI, S. 200; HANGARTNER, S. 117; CR CO I-STAUDER, Art. 12 LVF N 16.
[297] MARCHAND, voyage à forfait, S. 737; HANGARTNER, S. 116; MARTINELLI, S. 201 ff.; BSK OR I-ROBERTO, Art. 12 PRG N 7; CR CO I-STAUDER, Art. 12 LVF N 17.
[298] BSK OR I-ROBERTO, Art. 12 PRG N 7; CR CO I-STAUDER, Art. 12 LVF N 17; MARCHAND, voyage à forfait, S. 737; MARTINELLI, S. 203; HANGARTNER, S. 116 f.; TERCIER, contrats, Rz. 5723.
[299] Art. 4 Abs. 7 Pauschalreise-RL.
[300] Dazu GIRSBERGER, Reisevertrag, S. 57 ff.; STAUDER, contrat de voyage, S. 434 ff.
[301] Siehe oben S. 343.
[302] MARCHAND, voyage à forfait, S. 733; HANGARTNER, S. 135; MARTINELLI, S. 214 ff.; BSK OR I-ROBERTO, Art. 13 PRG N 11; CR CO I-STAUDER, Art. 13 LVF N 3.
[303] Siehe die Wertung in Art. 14 Abs. 1. BSK OR I-ROBERTO, Art. 13 PRG N 3; CR CO I-STAUDER, Art. 13 LVF N 4.

leistung Risikoübernahme bedeutet,[304] unabhängig vom Verschulden, d.h. auch bei Ereignissen, die keine der Parteien beherrschen kann.[305] Die Haftungsentlastungsgründe des Art. 15 Abs. 1 lit. b und c gelten nicht im Rahmen von Art. 13.[306] Der Veranstalter haftet allerdings nicht, wenn der Reisemangel vom Konsumenten selbst zu vertreten ist.[307]

aa) Fortsetzung der Reise

Durch bestimmte Massnahmen, die der Veranstalter zu ergreifen verpflichtet ist, sollen die Voraussetzungen dafür geschaffen werden, dass, wie es Art. 13 Abs. 1 lit. a formuliert, «die Pauschalreise weiter durchgeführt werden kann». Unterlässt es der Veranstalter, die erforderlichen Massnahmen zu treffen, ist der Konsument berechtigt, selbst für Abhilfe zu sorgen. Ein eventuell verbleibender Minderwert der Reise soll durch eine Geldzahlung ausgeglichen werden.

aaa) Ersatzmassnahmen

Nach Art. 12 Abs. 2[308] «bemüht sich der Veranstalter nach Kräften um geeignete Lösungen». Wäre diese Vorschrift «ohne rechtlich verbindlichen Inhalt»,[309] oder beinhaltete sie nur eine auftragsrechtlich zu qualifizierende Beistandspflicht,[310] hätte sie keine oder nur geringe Bedeutung. Richtigerweise wird aber der Veranstalter zu einem Verhalten verpflichtet, das auf einen bestimmten Erfolg, nämlich die Korrektur mangelhafter Leistungen,[311] gerichtet ist. Die Verletzung dieser Pflicht kann Schadenersatzansprüche nach sich ziehen.[312]

Der Veranstalter hat, auch ohne dass es eines ausdrücklichen dahingehenden Verlangens des Konsumenten bedürfte,[313] die zur Fortsetzung der Reise erforder-

---

[304] BSK OR I-ROBERTO, Art. 13 PRG N 3; HANGARTNER, S. 122.
[305] Auch bei Umständen, die von aussen negativ auf den Verlauf der Reise einwirken, insbesondere bei höherer Gewalt (Art. 11 Abs. 1, 10 Abs. 3 analog); vgl. CR CO I-STAUDER, Art. 13 LVF N 4; a.A. bei höherer Gewalt BSK OR I-ROBERTO, Art. 13 PRG N 3.
[306] HANGARTNER, S. 123; CR CO I-STAUDER, Art. 13 LVF N 4; MARCHAND, voyage à forfait, S. 734.
[307] Systematische Auslegung von Art. 13 i.V.m. Art. 15 Abs. 1 lit. a und Art. 11 Abs. 1. BSK OR I-ROBERTO, Art. 13 PRG N 3; MARCHAND, voyage à forfait, S. 733; CR CO I-STAUDER, Art. 13 LVF N 5.
[308] Diese Vorschrift entspricht praktisch wörtlich Art. 6 Pauschalreise-RL, der allerdings nur im Zusammenhang mit einem ursprünglich geplanten Schlichtungsverfahren verständlich ist; vgl. hierzu TONNER, Richtlinie, Art. 6 N 1 ff. Warum der Schweizer Gesetzgeber sie im Rahmen der Gewährleistung wegen Reisemängeln übernommen hat, lässt sich der Zusatzbotschaft II zur EWR-Botschaft, BBl 1992 V 251, nicht entnehmen.
[309] So BSK OR I-ROBERTO, Art. 12 PRG N 2.
[310] So HANGARTNER, S. 124 f.
[311] Beispiele bei MARTINELLI, S. 208 f.
[312] CR CO I-STAUDER, Art. 12 LVF N 19; FRANK, Art. 12 PRG N 39; PAETZOLD, S. 40 f. Ebenso TONNER, Richtlinie, Art. 6 N 7 und 8.
[313] Dieses wird allerdings in der Regel zumindest implizit in der Mängelanzeige enthalten sein; vgl. CR CO I-STAUDER, Art. 13 LVF N 7.

lichen «angemessenen Vorkehrungen» zu treffen (Art. 13 Abs. 1 lit. a). Ein Unterschied zwischen diesen Vorkehrungen und den nach Art. 12 Abs. 2 geschuldeten «geeignete(n) Lösungen» ist nicht ersichtlich.[314] Er muss den Mangel durch Ersatzmassnahmen beheben und so den vertragsgemässen Zustand wiederherstellen. Beim Anspruch auf Ersatzmassnahmen handelt es sich folglich um einen modifizierten Erfüllungsanspruch.[315]

Die geforderten Vorkehrungen sind angemessen, wenn die Ersatzleistungen im Verhältnis zu der im Vertrag vereinbarten Qualität gleich- oder höherwertig sind, was sich nicht nur nach objektiven Kriterien (Hotelkategorie, Linienflug), sondern auch und vor allem nach dem Reisezuschnitt (Badeurlaub, kulturelle Rundreise) und den vertraglichen Zusicherungen (Lage des Hotels, Verfügbarkeit von Wellness- oder Sporteinrichtungen) beurteilt.[316] Ist die Ersatzleistung von geringerer Qualität oder hat sie eine Änderung des Reisezuschnitts zur Folge, darf der Konsument sie ablehnen.[317] Akzeptiert er sie, kann er den Minderwert nach Art. 13 Abs. 1 lit. b geltend machen. Der Veranstalter ist nicht berechtigt, wegen der von ihm getroffenen Ersatzmassnahmen einen Preisaufschlag oder den Ersatz sonstiger Kosten (Umzug in ein anderes Hotel, Taxi) zu verlangen (Art. 13 Abs. 3). Erfordert die Wiederherstellung des vertragsgemässen Zustandes einen unverhältnismässigen Aufwand, darf sie der Veranstalter verweigern,[318] schuldet dem Konsumenten dann aber eine entsprechende Herabsetzung des Reisepreises (Art. 13 Abs. 1 lit. b).

bbb) Selbstabhilfe

Das PRG sieht kein Recht auf Selbstabhilfe des Konsumenten vor, wenn die Ersatzmassnahmen nicht oder nicht innert einer angemessenen Frist getroffen werden.[319] Ein solches steht ihm jedoch nach Art. 366 Abs. 2 OR analog zu. Einer vorherigen Bewilligung des Richters bedarf es nicht.[320] Die normalerweise erforderliche Fristsetzung kann entfallen, wenn der Veranstalter Ersatzmassnahmen ab-

---

[314] Die Zusatzbotschaft II zur EWR-Botschaft, BBl 1992 V 251, geht auf diese Problematik nicht ein.
[315] MARCHAND, voyage à forfait, S. 733; MARTINELLI, S. 217; BSK OR I-ROBERTO, Art. 13 PRG N 4; CR CO I-STAUDER, Art. 13 LVF N 8.
[316] HANGARTNER, S. 125; MARTINELLI, S. 218 f.; BSK OR I-ROBERTO, Art. 13 PRG N 4; CR CO I-STAUDER, Art. 13 LVF N 8.
[317] HANGARTNER, S. 124; CR CO I-STAUDER, Art. 13 LVF N 8; BSK OR I-ROBERTO, Art. 13 PRG N 4.
[318] So ausdrücklich im deutschen Recht § 651c Abs. 2 S. 2 BGB. Zum schweizerischen Recht siehe HANGARTNER, S. 126 f.; MARTINELLI, S. 220 f.; CR CO I-STAUDER, Art. 13 LVF N 8.
[319] So aber ausdrücklich im deutschen Recht § 651c Abs. 3 BGB.
[320] Sie käme in der Praxis ohnehin zu spät. Vgl. BSK OR I-ROBERTO, Art. 13 PRG N 5; CR CO I-STAUDER, Art. 13 LVF N 9; MARCHAND, voyage à forfait, S. 733 f.; eingehend HANGARTNER, S. 127 ff., und MARTINELLI, S. 222 ff.; insoweit hat sich die Rechtslage mit dem Inkrafttreten des PRG nicht geändert; siehe STAUDER, contrat de voyage, S. 438 f.

lehnt oder nicht in der Lage ist, sie zu treffen (Fehlen einer örtlichen Vertretung), sowie wenn eine sofortige Massnahme notwendig ist (Taxi vom Flughafen zum Hotel anstatt des nicht erschienenen Transferbusses).

Die zulässige Selbstabhilfe erfolgt auf Kosten des Veranstalters. Er hat dem Reisenden die Aufwendungen zu ersetzen, die dieser zur Wiederherstellung des vertragsmässigen Zustandes für erforderlich halten durfte (Ersatzhotel). Die Ersatzleistungen müssen sich im Rahmen des Zuschnitts der gebuchten Reise halten und sollen grundsätzlich gleichwertig sein.[321] Ist dies nicht möglich, soll der Konsument auf eine höherwertige Leistung zurückgreifen dürfen, wobei auch die Mehrkosten ersatzfähig sind (Art. 13 Abs. 3 analog). Bei der Frage, welche Ersatzleistungen der Konsument für erforderlich halten durfte, ist zu berücksichtigen, dass er keinen oder nur einen beschränkten Überblick über die Angebote am Zielort hat. Kleinere Fehleinschätzungen dürfen daher nicht zu seinen Lasten gehen.[322] Wie das Recht auf Abhilfe durch Ersatzmassnahmen ist auch das Selbstabhilferecht mit dem Anspruch auf Aufwendungsersatz als modifizierter Erfüllungsanspruch[323] und nicht als Schadenersatzanspruch[324] zu qualifizieren. Deshalb entfallen die Möglichkeiten des Veranstalters, sich nach Art. 15 Abs. 1 lit. b und c zu entlasten.[325]

ccc) Preisminderung

Unter der unzutreffenden Bezeichnung Schadenersatz regelt Art. 13 Abs. 1 lit. b das Recht des Konsumenten auf Minderung des Reisepreises wegen Reisemängeln.[326] Infolge der in der Praxis üblichen Vorauszahlung des vollen Reisepreises handelt es sich um den Anspruch auf Teilrückzahlung dieses Preises. Lit. b ist neben dem Recht auf Ersatzmassnahmen anwendbar und gilt nicht nur für fortbestehende Mängel, sondern bis zum Zeitpunkt ihrer Beseitigung auch für solche, die inzwischen durch Abhilfe behoben sind, sowie für mangelhafte Ersatzleistungen.[327]

Bei Ermittlung der Preisminderung ist nicht auf den Preis der einzelnen Reiseleistungen,[328] sondern auf den Gesamtpreis der Reise abzustellen, da eine Pau-

---

[321] BSK OR I-ROBERTO, Art. 13 PRG N 5; CR CO I-STAUDER, Art. 13 LVF N 10; HANGARTNER, S. 129; ausführlich MARTINELLI, S. 226–228.
[322] MARTINELLI, S. 226 f.; CR CO I-STAUDER, Art. 13 LVF N 10.
[323] CR CO I-STAUDER, Art. 13 LVF N 11; MARTINELLI, S. 217, 228. Mit der Ersatzvornahme wird die Vertragspflicht erfüllt und erlischt. Siehe BSK OR I-ZINDEL/PULVER, Art. 366 N 39.
[324] So aber BSK OR I-ROBERTO, Art. 13 PRG N 5, und HANGARTNER, S. 129 f., die Art. 14 für anwendbar halten.
[325] A.A. HANGARTNER, S. 129 f.
[326] Überwiegende Meinung, siehe nur BSK OR I-ROBERTO, Art. 13 PRG N 6; HANGARTNER, S. 130; MARTINELLI, S. 228 f.; MARCHAND, voyage à forfait, S. 734; CR CO I-STAUDER, Art. 13 LVF N 12; a.A. allein FRANK, Art. 13 PRG N 18 ff.
[327] CR CO I-STAUDER, Art. 13 LVF N 12; MARTINELLI, S. 219; HANGARTNER, S. 130.
[328] Wie der Wortlaut von Art. 13 Abs. 1 lit. b nahelegt. So wohl CJ GE, 24.11.2003,

schalreise mehr ist als die blosse Addition von Einzelleistungen und jeder Mangel einer Einzelleistung sich auf die Qualität der Gesamtreise auswirken kann.[329] Nach der relativen Berechnungsmethode wird der Reisepreis folglich in dem Verhältnis herabgesetzt, in dem der Wert der mangelhaften Leistung zum Wert der Gesamtreise bei mangelfreier Erbringung steht.[330] Diese Methode darf jedoch nicht schematisch angewandt werden; vielmehr sind auch Art und Dauer des Mangels, seine Intensität, seine Auswirkungen auf andere Reiseleistungen, der Reisecharakter und die besondere Bedeutung einer Einzelleistung im Rahmen der Gesamtreise mit zu berücksichtigen. Handelt es sich z.B. um eine 14-tägige archäologische Rundreise, bei der der Besuch des Nationalmuseums, in dem sich die Ausgrabungsfunde befinden, als notwendige Ergänzung zur Besichtigung der Ausgrabungsstätten und Höhepunkt der Reise angepriesen wird, und ist das Museum geschlossen, liegt ein Mangel vor, der nicht nur zur Preisminderung in Höhe des ersparten Eintrittspreises führt, sondern den Veranstalter zur Rückzahlung von 1/28 des gesamten Reisepreises verpflichtet, wenn für den Museumsbesuch ein halber Tag vorgesehen war. Im Extremfall kommt eine Minderung in Höhe von 100% des Reisepreises in Betracht, wenn zwar eine Einzelleistung fehlerfrei erbracht wurde (Transport), diese aber für den Konsumenten wertlos ist (keine Unterkunft am Zielort und deshalb sofortige Rückkehr).[331] Die von manchen deutschen Gerichten praktizierte, allerdings durchaus umstrittene schematische Reduzierung des Reisepreises nach Prozentsätzen je nach Art des Mangels (so genannte Frankfurter Tabelle) erlaubt es nicht, den Besonderheiten der jeweiligen Reise Rechnung zu tragen. Sie wird daher allenfalls als Orientierungshilfe bei typischen standardisierten Massenreisen dienen können.[332]

bb) Kündigung der Reise

Art. 13 Abs. 2 verpflichtet den Veranstalter zum Rücktransport des Konsumenten. Hierin sieht die überwiegende Meinung[333] die Anerkennung eines Rechts des Konsumenten, den Reisevertrag mit Wirkung *ex nunc* zu kündigen. Als einschnei-

---

ACJC/1198/2003 (Safari in Tansania), wenn die mangelhafte Leistung ohne Schwierigkeiten isoliert werden kann, Urteil mitgeteilt von CHAIX, S. 417f.

[329] BSK OR I-ROBERTO, Art. 13 PRG N 6; CR CO I-STAUDER, Art. 13 LVF N 13; HANGARTNER, S. 131; MARTINELLI, S. 232. So wohl auch CJ GE, 13.5.2005, ACJC/602/2005 (Kreuzfahrt), und 23.4.2004, ACJC/511/2004 (Mongolei), mitgeteilt von CHAIX, S. 418.

[330] MARTINELLI, S. 233; BSK OR I-ROBERTO, Art. 13 PRG N 7; CR CO I-STAUDER, Art. 13 LVF N 14; HANGARTNER, S. 131f.

[331] HANGARTNER, S. 133; BSK OR I-ROBERTO, Art. 13 PRG N 6; METZ, 2006, S. 16; CR CO I-STAUDER, Art. 13 LVF N 14.

[332] BSK OR I-ROBERTO, Art. 13 PRG N 8; CR CO I-STAUDER, Art. 13 LVF N 15; HANGARTNER, S. 133f.

[333] BSK OR I-ROBERTO, Art. 13 PRG N 9; HANGARTNER, S. 134; CR CO I-STAUDER, Art. 13 LVF N 16; MARCHAND, voyage à forfait, S. 729; a.A. nur MARTINELLI, S. 239ff., 241 (analoge Anwendung des Wandlungsrechts nach Art. 368 OR).

dende Massnahme kommt das Kündigungsrecht nur bei Vorliegen eines qualifizierten Mangels in Betracht.[334]

aaa) Voraussetzungen

Drei Voraussetzungen müssen kumulativ erfüllt sein, damit der Konsument den Vertrag kündigen kann. Erstens muss, in den Worten des Gesetzes (Art. 13 Abs. 2 S. 1), «ein erheblicher Teil der vereinbarten Leistungen nicht erbracht» sein oder nicht erbracht werden können. Damit wird der qualifizierte Mangel umschrieben, der nicht nur die Fälle der Teilleistung, sondern jeden Reisemangel erfasst.[335] Eine nicht vertragskonforme Leistung ist dann erheblich, wenn dem Konsumenten unter Berücksichtigung aller Umstände, insbesondere der Intensität und Dauer des Mangels und des Zwecks und der Art der Reise nicht zugemutet werden kann, diese fortzusetzen.[336]

Zweitens wird vorausgesetzt, dass die «angemessenen Ersatzmassnahmen» (Art. 13 Abs. 1 lit. a) nicht getroffen werden können (Art. 13 Abs. 2 S. 1 Alt. 1)[337] oder dass der Veranstalter sich weigert, sie zu treffen.[338] Alternativ reicht es aus, wenn ein wichtiger Grund vorliegt, der den Konsumenten berechtigt, die vorgeschlagenen Ersatzmassnahmen abzulehnen (Art. 13 Abs. 2 S. 1 Alt. 2). Davon ist auszugehen, wenn die Abhilfe nicht zur Beseitigung des Mangels führt oder wenn die Ersatzleistung nicht mindestens gleichwertig ist.[339]

Drittens darf der Konsument erst kündigen, nachdem er dem Veranstalter eine angemessene Frist zur Behebung des Mangels gesetzt hat und diese erfolglos verstrichen ist.[340] Die Fristsetzung braucht nicht die Androhung der Kündigung zu enthalten. Sie ist entbehrlich,[341] wenn die Behebung des Mangel objektiv unmöglich ist, wenn sich der Veranstalter ernsthaft weigert, die erforderlichen Abhilfemassnahmen zu ergreifen oder wenn ein besonderes Interesse des Konsumenten die sofortige Kündigung rechtfertigt. Das wäre etwa der Fall, wenn die Reise eine grössere Zahl von Mängeln aufweist und kaum Hoffnung auf eine baldige Behebung besteht, so dass der Reisezweck gefährdet ist.[342]

---

[334] Siehe oben S. 347.
[335] Siehe oben S. 343.
[336] CR CO I-STAUDER, Art. 13 LVF N 18; BSK OR I-ROBERTO, Art. 13 PRG N 11; HANGARTNER, S. 135 ff., und MARTINELLI, S. 235, jeweils mit Beispielen.
[337] Bei Fehlen der zugesicherten Rollstuhlgängigkeit des Hotels ist eine Ersatzunterkunft mit dieser Eigenschaft am Zielort nicht verfügbar.
[338] MARTINELLI, S. 236; CR CO I-STAUDER, Art. 13 LVF N 19.
[339] HANGARTNER, S. 137 f.; CR CO I-STAUDER, Art. 13 LVF N 19.
[340] BSK OR I-ROBERTO, Art. 13 PRG N 10; CR CO I-STAUDER, Art. 13 LVF N 21; HANGARTNER, S. 138.
[341] So die ausdrückliche Regelung im deutschen Recht nach § 651e Abs. 2 S. 2 BGB.
[342] CR CO I-STAUDER, Art. 13 LVF N 21; BSK OR I-ROBERTO, Art. 13 PRG N 10; HANGARTNER, S. 138 f., mit weiteren Beispielen.

bbb) Rechtsfolgen

Die Kündigung beendet den Reisevertrag mit Wirkung *ex nunc*. Der Veranstalter wird von seiner Verpflichtung frei, die für den Zeitraum nach der Kündigung vertraglich vorgesehenen Leistungen zu erbringen. Von dieser Rechtsfolge macht Art. 13 Abs. 2 S. 1 insofern eine Ausnahme, als der Veranstalter nachvertraglich verpflichtet wird, für den Rücktransport des Konsumenten zum Ort der Abreise zu sorgen.[343] Diese Beförderungsleistung muss der ursprünglich im Vertrag vereinbarten mindestens gleichwertig sein. Die eventuellen Mehrkosten (Linienflug statt Charter) hat der Veranstalter zu tragen (Art. 13 Abs. 3).[344] Dieser kann sich nicht auf die Entlastungsgründe des Art. 15 Abs. 1 lit. b und c berufen, so dass der Rückbeförderungsanspruch des Reisenden selbst dann besteht, wenn der qualifizierte Reisemangel durch höhere Gewalt verursacht wurde und Eratzmassnahmen nicht getroffen werden können.[345]

Ist das für den Rücktransport vorgesehene Beförderungsmittel nicht gleichwertig, soll die Rückbeförderung nicht alsbald[346] erfolgen oder weigert sich der Veranstalter, seiner nachvertraglichen Pflicht zum Rücktransport nachzukommen, ist der Konsument berechtigt, für Selbstabhilfe zu sorgen (Art. 368 Abs. 2 OR analog) und die Rückreise auf Kosten des Veranstalters selbst zu organisieren.[347]

Mit der Kündigung entfällt der Anspruch des Veranstalters auf den Teil des Reisepreises, der das Äquivalent für die ab dem Zeitpunkt des Rücktransports nicht mehr erbrachten Reiseleistungen darstellt. Ausserdem kann der Konsument für die Dauer des Vorliegens des Reisemangels, d.h. bis zum Zeitpunkt des Rücktransports, Minderung geltend machen. Bei der Berechnung des vom Veranstalter an den Konsumenten insgesamt zu bezahlenden Betrags ist nicht auf den Wert der einzelnen Leistungen, sondern auf den der Gesamtreise abzustellen.[348] Da es sich

---

[343] Voraussetzung ist natürlich, dass die Beförderung zu den vertraglich geschuldeten Leistungen gehört. Ausserdem unterstreicht Art. 13 Abs. 2 S. 1 ausdrücklich, dass eine einvernehmliche Vertragsänderung dahingehend möglich ist, dass die Rückbeförderung auch an einen anderen als den Abreiseort erfolgen kann.

[344] HANGARTNER, S. 139 f.; MARTINELLI, S. 238 f.; CR CO I-STAUDER, Art. 13 LVF N 22.

[345] CR CO I-STAUDER, Art. 13 LVF N 22; MARCHAND, voyage à forfait, S. 729.

[346] Je nach Art und Schwere des Reisemangels und der bestehenden Beförderungsverbindungen wird die Wartezeit, die dem Konsumenten bis zum Rücktransport zugemutet werden kann, unterschiedlich lang ausfallen, darf aber im Regelfall ein bis zwei Tage nicht überschreiten. Vgl. BSK OR I-ROBERTO, Art. 13 PRG N 12; HANGARTNER, S. 140.

[347] MARTINELLI, S. 239; HANGARTNER, S. 142; MARCHAND, voyage à forfait, S. 730; CR CO I-STAUDER, Art. 13 LVF N 23.

[348] CR CO I-STAUDER, Art. 13 LVF N 24; MARCHAND, voyage à forfait, S. 729 f.; im Ergebnis wohl ebenso HANGARTNER, S. 140 ff., 142 (der allerdings im Schadenersatzanspruch nach Art. 13 Abs. 2 S. 2 den Minderungsanspruch sieht und nicht einen Verweis auf Art. 14); z.T. anders BSK OR I-ROBERTO, Art. 13 PRG N 12, der nicht den Gesamtpreis als massgebliche Bezugsgrösse anerkennt; noch anders MARTINELLI, S. 239 ff., 241 (analoge Anwendung des Wandlungsrechts nach Art. 368 OR).

nicht um Schadenersatzansprüche handelt, kommt eine Haftungsentlastung nach Art. 15 Abs. 1 lit. b und c nicht in Betracht.[349]

Die Ersatzmassnahmen, das Minderungsrecht sowie die Ansprüche auf Rückbeförderung und teilweise Rückerstattung des Reisepreises wegen Reisemängeln nach Art. 13 sollen das Äquivalenzinteresse des Konsumenten wahren. Soweit der Reisemangel ausserdem sein Integritätsinteresse berührt, kann der Konsument Ersatz des ihm entstandenen Schadens verlangen. Art. 13 Abs. 2 S. 2 verweist insofern auf Art. 14–16.[350]

d) Verjährung

Die Verjährung der Ansprüche wegen Reisemängeln ist nicht ausdrücklich geregelt. Da Art. 13 unter dem Begriff der Reisemängel auch Fälle der teilweisen oder vollständigen Nichterfüllung erfasst, erscheint eine analoge Anwendung des Art. 371 OR (einjährige Verjährungsfrist)[351] nicht angemessen; vielmehr ist die allgemeine Verjährungsfrist von zehn Jahren (Art. 127 OR) anwendbar.[352]

3. Haftung für Schadenersatz

Die Art. 14–16 regeln die vertragliche Einstandspflicht des Veranstalters[353] für Schäden, die er beim Konsumenten verursacht hat. Sie ergänzen die Art. 12 Abs. 2 und 13 insofern, als sie das in diesen Vorschriften nicht abgedeckte Integritätsinteresse wahren. Art. 14 Abs. 1 verankert den Grundsatz, dass der Veranstalter für eigenes Verhalten und das seiner Leistungsträger[354] einsteht. Art. 15 Abs. 1 zählt abschliessend Haftungsentlastungsgründe auf. Der Betrag des zu ersetzenden Schadens kann unter engen Voraussetzungen herabgesetzt werden (Art. 14 Abs. 3, 16).

Die Vorschriften der Art. 14–16 sind *leges speciales* im Verhältnis zu den allgemeinen Bestimmungen der Art. 97 und 101 OR und gehen diesen vor.[355] Erfüllt

---

[349] MARCHAND, voyage à forfait, S. 729f.; CR CO I-STAUDER, Art. 13 LVF N 24.
[350] CR CO I-STAUDER, Art. 13 LVF N 25.
[351] So aber BSK OR I-ROBERTO, Art. 13 PRG N 15. Dies war die von der Lehre vor Inkrafttreten des PRG vorgeschlagene Lösung, vgl. GIRSBERGER, Reisevertrag, S. 86, und STAUDER, contrat de voyage, S. 442.
[352] MARCHAND, voyage à forfait, S. 737; CR CO I-STAUDER, Introd. aux art. 14–16 N 5; HANGARTNER, S. 184; PAETZOLD, S. 49.
[353] Mit der Erwähnung des «Vermittlers, der Vertragspartei ist», ist der Quasi-Veranstalter gemeint. Der Vermittler selbst hat nicht für die ordnungsgemässe Durchführung der Reise einzustehen. Siehe oben S. 313.
[354] Art. 14 Abs. 2 behält das Rückgriffsrecht des Veranstalters gegen seinen Leistungsträger vor. Deren Rechtsverhältnis richtet sich, sofern schweizerisches Recht anwendbar ist, nach der *lex contractus* (Art. 19 ist nicht anwendbar) und den Vorschriften des Handelsreisenden- oder Agenturvertrags.
[355] TERCIER, contrats, Rz. 5728; HANGARTNER, S. 143; CR CO I-STAUDER, Introd. aux art. 14–16 LVF N 2.

das Verhalten des Veranstalters gleichzeitig die Voraussetzungen einer unerlaubten Handlung, zum Beispiel bei Verletzung einer Verkehrssicherungspflicht, besteht Anspruchskonkurrenz mit Art. 41 und 55 OR.[356] Der Leistende kann u.U. auch den Leistungsträger auf der Grundlage der Art. 41 oder 58 OR belangen. Die Tatsache, dass er dem Konsumenten vertragsrechtlich nicht haftet, da für sein Verhalten der Veranstalter einzustehen hat, steht seiner deliktsrechtlichen Verantwortlichkeit nicht entgegen.

Der Pauschalreiseveranstalter, der eine Beförderungsleistung mit einem Flug (ob Linie oder Charter) als Teil seines Leistungspakets anbietet, gilt als vertraglicher Luftfrachtführer,[357] der neben dem den Flug tatsächlich ausführenden Luftfrachtführer, d.h. der Fluggesellschaft, bei Tod oder Körperverletzung des Reisenden durch Unfall, bei Zerstörung, Beschädigung oder Verlust seines Reisegepäcks und bei Verspätung (Art. 17–19 MÜ; Art. 7 und 8 LTrV) schadenersatzpflichtig ist (Art. 39ff. MÜ).[358] Diese luftverkehrsrechtliche Haftung tritt neben die vertragsrechtliche des PRG.[359] Allerdings kann ein Schadenersatzanspruch[360] nach Art. 14–16 «nur unter den Voraussetzungen und mit den Beschränkungen geltend gemacht werden», die im Montrealer Übereinkommen vorgesehen sind (Art. 29 MÜ). Dieses völkerrechtliche Übereinkommen geht in seinem Anwendungsbereich den reisevertraglichen Schadenersatzansprüchen insofern vor,[361] als der Veranstalter sich nicht nur, wenn er als vertraglicher Luftfrachtführer nach MÜ, sondern auch wenn er als Veranstalter einer Flugpauschalreise nach PRG in Anspruch genommen wird, auf die Haftungseinschränkungen des MÜ berufen kann (Art. 14 Abs. 3).[362]

a) Voraussetzungen

Die Voraussetzungen der Einstandspflicht sind für alle Vertragsverletzungen einheitlich geregelt. Sie tragen den Besonderheiten der Pauschalreise Rechnung und

---

[356] Zu beachten ist, dass die Haftungsbeschränkung des Art. 16 Abs. 2 bei anderen als Personenschäden (dazu unten S. 368) nicht im Rahmen der deliktsrechtlichen Haftung gilt; vgl. BSK OR I-ROBERTO, Art. 16 PRG N 3; CR CO I-STAUDER, Art. 16 LVF N 5; HANGARTNER, S. 162.
[357] METZ, 2005, S. 7f.; FÜHRICH, Reiserecht, S. 400, 684, 687; SCHMID RONALD, Zur Haftung des Reiseveranstalters als Luftfrachtführer, *in* Saria Gerhard (Hrsg.), Reise ins Ungewisse, Wien-Graz 2005, S. 121–127. Allerdings ist er nicht Luftfrachtführer nach der VO (EG) Nr. 2027/97 i.d.F. der VO (EG) Nr. 889/2002 (Fn. 8), da diese nur auf Luftfahrtunternehmen mit einer Betriebsgenehmigung anwendbar ist; SCHMID (diese Fn.), S. 122.
[358] Siehe unten S. 367f.
[359] FÜHRICH, Reiserecht, S. 687.
[360] Gewährleistungsrechte wegen Reisemängeln werden durch das MÜ nicht verdrängt. Vgl. METZ, 2005, S. 17; SCHMID (Fn. 357), S. 126; FÜHRICH, Reiserecht, S. 169f., 687.
[361] Ansprüche wegen seelischer Unbills und entgangener Urlaubsfreude (dazu unten S. 359ff.) werden durch das MÜ nicht ausgeschlossen. So FÜHRICH, Reiserecht, S. 170, 687; a.A. SCHMID (Fn. 357), S. 127.
[362] METZ, 2005, S. 17, mit Beispielen; FÜHRICH, Reiserecht, S. 169, 687; SCHMID (Fn. 357), S. 126. Siehe unten S. 366ff.

gewährleisten durch den zwingenden Charakter der Bestimmungen (Art. 19) ein hohes Mass an Konsumentenschutz. Gleichzeitig trägt der Gesetzgeber aber auch den berechtigten Interessen der Veranstalter Rechnung.

aa) Vertragsverletzung

Nach Art. 14 Abs. 1 ist der Veranstalter für die «gehörige Vertragserfüllung» verantwortlich. Er haftet bei Schäden, die die Folge irgendeiner Vertragsverletzung – und nicht nur, wie es Art. 15 Abs. 1 nahelegt, der Nichterfüllung und der mangelhaften Erfüllung – sind, sofern die Ersatzmassnahmen (Art. 10 Abs. 3 lit. a und b, 12 Abs. 2 und 13 Abs. 1 und 2 S. 2) das vertragliche Gleichgewicht nicht wiederherstellen. Unerheblich ist, ob es sich um die Verletzung einer vertraglichen Haupt- oder Nebenpflicht handelt. In Betracht kommen insbesondere: ungerechtfertigte Annullierung der Reise vor dem Abreisetermin (Art. 11, 10 Abs. 4), teilweise Nichterfüllung als Folge von unwesentlichen oder wesentlichen Vertragsänderungen (Art. 10), Nichtzurverfügungstellung einer Ersatzreise (Art. 10 Abs. 3 lit. a und b), Fehlen bestimmter Leistungen oder von Ersatzmassnahmen (Art. 13 Abs. 2 *in fine*), sonstige Mängel der Reise oder der Ersatzreise (Art. 10 Abs. 3 lit. a und b), insbesondere Fehlen von zugesicherten oder vorausgesetzten Eigenschaften (Art. 3, 12 Abs. 1 und 13 Abs. 1), positive Vertragsverletzung, Verletzung von Informationspflichten (Art. 4–6, Art. 2 Abs. 2 ZGB).[363]

bb) Verantwortlichkeit

aaa) Einstandspflicht für Verhalten der Leistungsträger

Der Veranstalter haftet «unabhängig davon, ob er selbst oder andere Dienstleistungsträger die vertraglichen Leistungen zu erbringen haben» (Art. 14 Abs. 1). Der Gesetzgeber trägt hier der Tatsache Rechnung, dass der Veranstalter die einzelnen Leistungen als ein Ganzes, als Leistungsbündel, anbietet, selbst wenn die effektive Erfüllung in der Hand anderer Personen oder Unternehmen liegt.[364] Da-

---

[363] CR CO I-STAUDER, Art. 14 LVF N 1; MARCHAND, voyage à forfait, S. 734f. Vgl. Ger Seebezirk FR, 6.8.2004, JKR 2004, S. 344f.: ungenügende Instruktion der Teilnehmer an einem Kameltrekking über den Umgang mit Kamelen (*in casu* abgelehnt).

[364] Die Haftung des Veranstalters für das Verhalten seiner Erfüllungsgehilfen setzt voraus, dass diese «in Ausübung ihrer Verrichtungen» (Art. 101 Abs. 1 OR) gehandelt haben. Es muss also ein funktioneller Zusammenhang zwischen dem schädigenden Verhalten und der Leistungserbringung bestehen. Darüber hinaus haftet der Veranstalter nach einer neueren Ansicht (BSK OR I-WIEGAND, Art. 101 N 10, m.w.N.; MARTINELLI, S. 91; CR CO I-STAUDER, Art. 14 LVF N 3) wegen Verletzung einer Schutzpflicht auch für Handlungen, die der Erfüllungsgehilfe nur gelegentlich der Vertragserfüllung – zu denken wäre an einen Diebstahl im Hotelzimmer durch einen Hotelangestellten – begangen hat. Hinsichtlich der Haftungswegbedingungs- oder -beschränkungsklauseln geht Art. 14 Abs. 1 dem Art. 101 Abs. 2 und 3 OR als zwingende (Art. 19) *lex specialis* vor, vorbehaltlich der zulässigen Haftungsbeschränkungen der Art. 14 Abs. 3 und 16 Abs. 2; vgl. HANGARTNER, S. 149; MARTINELLI, S. 90 f.

mit sind nicht nur seine eigenen Angestellten, einschliesslich solcher am Urlaubsort oder Reiseleiter während einer Rundreise, sondern auch sämtliche unabhängigen Leistungsträger, wie insbesondere Beförderungs- und Unterkunftsunternehmen, seine Erfüllungsgehilfen i.S.v. Art. 101 OR.[365] Als solche gelten auch die Personen, deren sich der Veranstalter bedient, um Ersatzmassnahmen zur Verfügung zu stellen (Art. 13), oder deren Tätigkeit dem Veranstalter im Rahmen der Selbstabhilfe zugerechnet wird (Art. 366 Abs. 2 OR analog).[366]

Mit der klaren Bestimmung des Art. 14 Abs. 1 ist die früher umstrittene Frage[367] nach der Zulässigkeit der so genannten Vermittlerklausel, in der sich der Veranstalter nur als Vermittler im Verhältnis zwischen dem Konsumenten und den Leistungsträgern darstellte und allenfalls für ein Auswahlverschulden einzustehen bereit war, endgültig geklärt. Die Vermittlerklausel ist nichtig (Art. 19),[368] gleichgültig ob sie offen («wir sind nur Vermittler zwischen Ihnen und den mit der Erbringung der Leistungen beauftragten Unternehmen») oder versteckt («wir haften nur für die Auswahl unserer Leistungsträger, nicht aber für deren Verhalten») formuliert wird.[369] Hingegen haftet der Veranstalter nicht für das Verhalten von Dritten, deren er sich nicht zur Erfüllung seiner vertraglichen Verpflichtungen bedient (Art. 15 Abs. 1 lit. b).

bbb) Kausalhaftung

In Art. 14 Abs. 1 wird das Verschulden des Veranstalter nicht als Voraussetzung seiner Einstandspflicht genannt. Allerdings betrifft Art. 15 Abs. 1 lit. a–c Hypothesen, in denen die Haftung des Veranstalters entfällt, weil es in der Regel am Verschulden des Veranstalters fehlen wird. Daher geht ein Teil der Lehre davon aus, dem PRG liege eine «Verschuldenshaftung mit Beweislastumkehr beim Verschuldensnachweis» zugrunde.[370] Diese Ansicht ist mit der überwiegenden Meinung[371] und dem Bundesgericht[372] abzulehnen, da die Entlastungsgründe in Art. 15 Abs. 1 abschliessend aufgezählt sind und anders als Art. 97 Abs. 1 OR

---

[365] Vgl. nur BSK OR I-Roberto, Art. 14/15 PRG N 7; CR CO I-Stauder, Art. 14 LVF N 2.
[366] Marchand, voyage à forfait, S. 735; Martinelli, S. 90; CR CO I-Stauder, Art. 14 LVF N 2.
[367] Siehe hierzu nur Stauder, AGB, S. 190 ff.; ders., contrat de voyage, S. 422 f., jeweils m.w.N.; CJ GE, 25.6.1982, SJ 1982, 585.
[368] Heute allgemein anerkannt; vgl. nur Martinelli, S. 88; Hangartner, S. 150; CR CO I-Stauder, Art. 14 LVF N 2.
[369] Trotz der eindeutigen Rechtslage haben derartige Klauseln in der Praxis überlebt; siehe die Nachweise bei Stauder, voyage, S. 79 ff.
[370] So vor allem BSK OR I-Roberto, Art. 14/15 PRG, N 5; Schwenzer, N 22.38.
[371] Marchand, voyage à forfait, S. 734 f.; Hangartner, S. 147; Martinelli, S. 99 ff.; Frank, Art. 14 PRG N 23; Tercier, contrats, Rz. 5728; Paetzold, S. 45; CR CO I-Stauder, Art. 14 LVF N 5; ders., Pauschalreiserecht, S. 25 f.; Steiner, S. 115.
[372] BGE 130 III 182, 185: «Die Haftung des Reiseveranstalters kann damit als einfache Kausalhaftung bezeichnet werden, welche die Verletzung einer Sorgfaltspflicht präsumiert».

nicht den generellen Beweis des fehlenden Verschuldens zulassen. Der Veranstalter haftet daher für jeden durch eine Vertragsverletzung adäquat verursachten Schaden, und zwar selbst dann, wenn weder ihn noch seine Angestellten oder Leistungsträger ein Verschulden trifft (Kausalhaftung). Folglich sind Klauseln in ARB, die die Einstandspflicht des Veranstalters von einem Verschulden abhängig machen, nichtig (Art. 19).[373]

cc) Schaden

Der Ersatzanspruch des Konsumenten nach Art. 14 Abs. 1 richtet sich ausschliesslich auf sein Integritätsinteresse, kann mithin nur insoweit geltend gemacht werden, als Ersatzmassnahmen nach Art. 10 Abs. 3 lit. a und b und Art. 13 Abs. 1 lit. a, Rückbeförderung nach Art. 13 Abs. 2, Minderung des Reisepreises nach Art. 13 Abs. 1 lit. b oder Preisrückerstattung nach Rücktritt vom Vertrag gemäss Art. 10 Abs. 1 und 3 lit. c, 11 Abs. 1 nicht zu einem Ausgleich geführt haben. Art. 14–16 regeln daher den Ersatz des Mangelfolgeschadens.[374] Art. 16 nennt als Arten der ersatzfähigen Schäden Personen- und andere Schäden.

aaa) Materieller Schaden

Die Einstandspflicht des Veranstalters erstreckt sich in erster Linie auf materielle Schäden, also auf Personen-, Sach- und Vermögensschäden.[375] Als Personenschaden kommt jede Beeinträchtigung der körperlichen Unversehrtheit in Betracht, ob diese nun auf fehlende oder mangelhafte Sicherheitseinrichtungen oder -massnahmen im Hotelbereich, auf verdorbenes Essen oder auf einen Unfall, etwa beim Transport des Reisenden, zurückzuführen ist.[376] Anwendbar sind Art. 45 und 46 OR i.V.m. Art. 99 Abs. 3 OR. Ein Sachschaden liegt bei Zerstörung oder Beschädigung von Sachen des Reisenden vor, etwa bei Verlust oder Beschädigung von Reisegepäck.[377] Ersatzfähig sind ferner Vermögensschäden als Folge von Reisemängeln, die nicht über Art. 13 abgegolten werden. Zu denken wäre an Taxikosten, wenn der Transferbus zum Hotel ausfällt, oder an Telefonspesen.[378]

---

[373] Zur weit verbreiteten gesetzeswidrigen Vertragspraxis siehe die Nachweise bei STAUDER, voyage, S. 79–81.

[374] BSK OR I-ROBERTO, Art. 14/15 PRG N 9; CR CO I-STAUDER, Art. 14 LVF N 6; HANGARTNER, S. 150; MARTINELLI, S. 246 ff.

[375] BSK OR I-ROBERTO, Art. 14/15 PRG N 10; CR CO I-STAUDER, Art. 14 LVF N 7; HANGARTNER, S. 152 f.

[376] Weitere Beispiele bei HANGARTNER, S. 152, und FÜHRICH, Reiserecht, S. 326, m.w.H. zur deutschen Rspr.

[377] Taucht das Reisegepäck wieder auf, liegt für die Dauer des Fehlens ein Reisemangel nach Art. 13 vor, der den Konsumenten zur Minderung des Reisepreises berechtigt.

[378] BSK OR I-ROBERTO, Art. 14/15 PRG N 10. Weitere Beispiele bei HANGARTNER, S. 152 f., und FÜHRICH, Reiserecht, S. 327 f., mit Hinweisen zur zahlreichen deutschen Rspr. Hingegen sind die Aufwendungen im Zusammenhang mit der Selbstabhilfe nicht nach Art. 14 Abs. 1 ersetzbar, siehe oben S. 350, m.w.N.; a.A. BSK OR I-ROBERTO, Art. 14/15 PRG N 10; HANGARTNER, S. 153.

bbb) Seelische Unbill

Auf Grund des Verweises in Art. 99 Abs. 3 OR sind die Art. 47 und 49 OR auch im Pauschalreiserecht anwendbar, so dass der Konsument selbst oder seine Angehörigen Genugtuung verlangen können, etwa wenn sich der Reisende bei Benutzung einer defekten Sportanlage im gebuchten Hotel schwere Verletzungen zuzieht oder bei einer Busreise infolge Fehlverhaltens des Chauffeurs tödlich verunglückt.[379] Insoweit ergeben sich keine Besonderheiten gegenüber dem Allgemeinen Teil des Obligationenrechts.

ccc) Andere Schäden

Ob und inwieweit auch Ersatz eines «anderen», d.h. weder in einer unfreiwilligen Vermögenseinbusse durch Verminderung der Aktiven, Vermehrung der Passiven oder entgangenem Gewinn, noch in seelischer Unbill bestehenden Schadens, zum Beispiel wegen verdorbenen Urlaubs, verlangt werden kann, ist noch immer heftig umstritten. Die Lehre und das Bundesgericht[380] vertreten – beruhend auf der traditionellen Differenztheorie beim Vermögensbegriff, eine eher zurückhaltende Auffassung.[381] Die Problematik ist jedoch seit dem *Leitner*-Urteil des EuGH[382] von 2002 auch in der Schweiz in Fluss geraten. Zweckmässigerweise sollten verschiedene Fallgruppen unterschieden werden.

Ein Teil der Lehre will zu Recht Aufwendungen, die im Hinblick auf die gebuchte Reise gemacht sind und die infolge einer Vertragsverletzung für den Reisenden nutzlos geworden sind, als Schaden anerkennen (Frustrationsschaden).[383] Als solche nutzlose Aufwendungen kommen zum Beispiel die Kosten der Fahrt

---

[379] In dieser Hypothese wäre ebenfalls Art. 45 Abs. 3 OR (Ersatz des Versorgerschadens) anwendbar.

[380] Übersicht über den Meinungsstand bei GAUCH/SCHLUEP/REY, Rz. 2658 ff.

[381] FRANK, Art. 14 PRG N 24 ff.; ROBERTO, Haftung, S. 125 ff.; BSK OR I-ROBERTO, Art. 14/15 PRG N 11; HANGARTNER, S. 151; GAUCH, SJZ 1983, 276; BSK OR I-SCHNYDER, Art. 41 N 4; BGE 115 II 474, 481; 126 III 388, 394 (*passim*); KassGer ZH, 15.12.1995, ZR 1997, 47 = JKR 1997, S. 536, 538; HGer ZH, 20.3.1987, und 2.6.1988, SJZ 1990, 32: Generell seien verpfuschte Ferien kein Nachteil i.S.d. Vermögensschadens. Weitere Nachweise zur kantonalen Rspr. bei GAUCH/SCHLUEP/REY, Rz. 2687.

[382] Fn. 25.

[383] MARTINELLI, S. 251 f.; MARCHAND, voyage à forfait, S. 735; HANGARTNER, S. 153; CR CO I-STAUDER, Art. 14 LVF N 8; GHIRINGHELLI, S. 184 ff.; SCHWENZER, N 14.11. Unklar HGer ZH, 20.3.1987 und 2.6.1988, SJZ 1990, 32, das Frustrationsschaden mit versäumtem Feriengenuss und Genugtuung gleichsetzt. Das KassGer ZH, 15.12.1995, ZR 1997, 47 = JKR 1997, S. 539, lehnt zwar einerseits einen Ersatz wegen verpfuschtem Feriengenuss ab, da dieser nicht materieller Natur und folglich kein Vermögensbestandteil sei, qualifiziert aber andererseits den Reisepreis als Aufwendung, die nutzlos geworden sei, da der bezweckte Genuss nicht eingetreten sei und der Kunde den Gegenwert für den Preis nicht voll bekommen habe. Ähnlich OGer ZH, 13.11.1980, SJZ 1981, 79, wo aber kein gesamthaftes Reisearrangement, also kein Pauschalreisevertrag vorlag. Vgl. auch die Überlegungen bei GAUCH/SCHLUEP/REY, Rz. 2682 f.

zum Flughafen in Betracht, wenn die Annullierung der Reise dem Konsumenten erst am Flughafen mitgeteilt wird, sowie unter Umständen Kosten für Impfungen oder Visa. Hier handelt es sich aber in Wirklichkeit nicht um «anderen», sondern um materiellen Schaden, der zwar vor Reiseantritt entstanden ist, aber in unmittelbarem Zusammenhang mit der Reise steht. Hiervon zu unterscheiden sind auf den – allerdings nur – ersten Blick ähnlich gelagerte Fälle, z.B. wenn die Kosten für Impfungen und Visa nutzlos werden, weil der Reisewillige vor Reiseantritt verunfallt. Dann kann er die Reise nicht antreten aus Gründen, die er oder ein Dritter, nicht jedoch der Reiseveranstalter zu verantworten haben. Ein gegen diesen gerichteter Schadenersatzanspruch kommt von vornherein nicht in Frage.

Weiter wird, wenn auch nicht mehrheitlich, vertreten, der Wegfall oder die Beeinträchtigung einer Nutzungsmöglichkeit, die gegen Entgelt erworben wird, stelle einen ersatzfähigen Schaden (Kommerzialisierungsschaden) dar.[384] Wird der Reisetermin einer Pauschalreise vom Veranstalter verschoben oder war die Reise wegen schwerer Mängel (Krankheit als Folge verdorbener Speisen) misslungen, muss sie zu einem späteren Zeitpunkt nachgeholt werden, wenn der Konsument den von ihm erwarteten und preislich erworbenen Erholungswert erhalten will. Die Kosten für diese zweite Reise sind als materieller und somit zu ersetzender Schaden zu qualifizieren, einschliesslich eines eventuellen Verdienstausfalls, falls der Konsument unbezahlten Urlaub nehmen muss, oder zusätzlicher Kosten, falls er Ersatzpersonal einstellen muss.[385] Fraglich ist jedoch, ob eine Entschädigung auch geltend gemacht werden kann, wenn der Urlaub in Wirklichkeit nicht nachgeholt wird. Derartige bloss fiktive Kosten sind nach Obligationenrecht nicht ersatzfähig, da kein materieller Schaden angefallen ist und die Voraussetzungen der Art. 47 und 49 OR – vorbehaltlich ganz seltener Ausnahmefälle[386] – nicht erfüllt sind.

ddd) Entgangene Urlaubsfreude

Nun hat aber im *Leitner*-Urteil[387] der EuGH den in der Richtlinie verwendeten Schadensbegriff ausgelegt und festgestellt, dass nach systematischen und teleologischen Gesichtspunkten mit der Formulierung «Schäden, die nicht Körperschäden sind» (Art. 5 Abs. 2 Unterabs. 4 Pauschalreise-Richtlinie) nicht nur Sach- und Vermögensschäden, sondern auch immaterielle Schäden[388] gemeint sind. Kon-

---

[384] GIRSBERGER, Reisevertrag, S. 64; WERRO/SCHAFER, S. 754; GHIRINGHELLI, S. 187 ff.; CR CO I-STAUDER, Art. 14 LVF N 8; SCHWENZER, N 14.11; GAUCH/SCHLUEP/REY, Rz. 2664 ff.
[385] Vgl. auch GAUCH/SCHLUEP/REY, Rz. 2684 f., mit dem Hinweis, dass bei Einklagen des Erfüllungsinteresses das Nachholen der Reise unter Umständen als Naturalersatz, der mit zusätzlichen Kosten verbunden ist, angesehen werden kann.
[386] Im Normalfall führt die fehlende Erholung weder zu schwerer Erkrankung (Art. 47 OR) noch zu einer Verletzung der Persönlichkeitsrechte (Art. 49 OR).
[387] EuGH, *Leitner* (Fn. 25), Tz. 19 ff., 24.
[388] Schaden, der nicht als unfreiwillige Verschlechterung der Vermögenslage qualifiziert werden kann, nicht zu verwechseln mit der seelischen Unbill der Art. 47 und 49 OR.

B. Pauschalreiserecht

sequent anerkannte er einen Anspruch des Reisenden auf Schadenersatz wegen «entgangener Urlaubsfreude».[389] Da der schweizerische Gesetzgeber mit Art. 14–16 die Schadenersatzregelung des Art. 5 Pauschalreise-Richtlinie übernommen hat und Art. 16 von «anderen Schäden» (als Personenschäden) spricht, muss in richtlinienkonformer Auslegung[390] der gemeinschaftsrechtliche Begriff des Schadens auch im Rahmen des PRG massgeblich sein. Damit ist, entgegen der bisher mehrheitlich vertretenen Auffassung und der Rechtsprechung des Bundesgerichts, der immaterielle Schaden jedenfalls im Pauschalreiserecht ersatzfähig.[391] Dieser in der jüngeren Literatur ganz überwiegenden Meinung[392] ist die Genfer Cour de Justice in einem Urteil vom 14. November 2003 gefolgt.[393]

Die Schwere der (Vertrags-)Verletzung ist nicht Voraussetzung des Anspruchs auf Ersatz des immateriellen Schadens nach Art. 14 Abs. 1, da zum einen eine (allenfalls analoge) Anwendung des Art. 49 Abs. 1 OR nicht in Frage kommt, zum anderen die Einführung einer solchen Erheblichkeitsschwelle eine Haftungseinschränkung zur Folge hätte, die nach der Richtlinie und damit auch nach schweizerischem Pauschalreiserecht nicht zulässig ist.[394] Der Anspruch auf Schadenersatz wegen entgangener Urlaubsfreude steht nicht nur berufstätigen Reisenden, sondern auch Personen ohne Berufseinkommen wie Studenten oder Rentnern zu. Bei der Bemessung der Höhe der Entschädigung darf daher das Einkommen aus Erwerbstätigkeit nicht massgebend sein. Hingegen kann der Richter im Rahmen der Würdigung der Gesamtumstände des konkreten Falles den Reisepreis mitberücksichtigen.[395]

---

[389] Wie ihn das deutsche Recht bereits kannte, vgl. § 651f Abs. 2 BGB. Mit § 31e Abs. 3 S. 1 KSchG hat der österreichische Gesetzgeber das *Leitner*-Urteil umgesetzt.

[390] Hierzu oben S. 305, mit Nachweisen zu Lehre und Rspr.

[391] Eine andere Frage ist, ob sich der schweizerische Gesetzgeber dieser Konsequenz beim autonomen Nachvollzug der Richtlinie bewusst war.

[392] In diesem Sinne WIEGAND, Rz. 9; CHAPPUIS, S. 389, 395; CR CO I-STAUDER, Art. 14 LVF N 8; STAUDER, influence, S. 97–99; DERS., Europäisierung; WERRO, vacances gâchées, S. 695–708, speziell S. 704 ff.; WERRO FRANZ/PROBST THOMAS, La jurisprudence de la CJCE en matière de droit privé et son influence sur la pratique du droit suisse, in Epiney Astrid et al. (Hrsg.), Schweizerisches Jahrbuch für Europarecht 2005/2006/Annuaire Suisse de droit européen, Bern-Zürich 2006, S. 453–463, speziell S. 461 f. Für eine über das Pauschalreiserecht hinausgehende Anerkennung der Ersatzfähigkeit des immateriellen Schadens, siehe WERRO (diese Fn.), S. 787 f.; WERRO/PROBST (diese Fn.), S. 462 f.

[393] CJ GE, ACJC/1198/2003 (Safari in Tansania), mitgeteilt von CHAIX, S. 417 f.

[394] STAUDER, influence, S. 99. Vgl. auch MK-TONNER, § 651f BGB N 52. Zur möglichen Haftungsbeschränkung nach Art. 16 Abs. 2, siehe unten S. 268.

[395] BGH, RRa 2005, 57, speziell S. 60 f.

dd) Kausalität

aaa) Allgemeines Lebensrisiko

Der Veranstalter hat einen materiellen Schaden nicht zu ersetzen, wenn dieser die Folge der Verwirklichung des allgemeinen Lebensrisikos darstellt.[396] Die allgemeine Gefahr, Opfer eines Verkehrs- oder Sportunfalls, eines Diebstahls oder eines Überfalls zu werden,[397] gehört zur Risikosphäre eines jeden Menschen und ist von Konsumenten auch während einer Pauschalreise zu tragen. Es liegt kein Kausalzusammenhang zwischen dem Verhalten des Veranstalters und dem Schaden vor.

Wenn jedoch ein derartiges Ereignis auf eine Verletzung vertraglicher Verpflichtungen durch den Veranstalter oder seine Leistungsträger zurückzuführen ist, etwa weil der Verkehrsunfall durch den Buschauffeur verursacht wird, die Sporteinrichtungen Sicherheitsmängel aufweisen, der Dieb Angestellter des Hotels ist oder der Veranstalter nicht rechtzeitig auf eine erhöhte, dem Konsumenten nicht erkennbare Gefahr von körperlichen Angriffen hingewiesen hat, ist Art. 14 Abs. 1 anwendbar.

bbb) Versäumnisse des Kunden

Art. 15 Abs. 1 lit. a regelt einen weiteren Fall der fehlenden adäquaten Kausalität als Ausnahme von der Verantwortlichkeit des Veranstalters. Nach dieser Vorschrift entfällt seine Haftung, wenn der Schaden auf einem «Versäumnis» des Konsumenten, d.h. auf einem diesem zuzurechnenden Umstand beruht, unabhängig davon, ob ihn ein Verschulden trifft oder nicht.[398] Da das Versäumnis zur völligen Haftungsbefreiung des Veranstalters führt, muss es die alleinige Ursache der Nicht- oder mangelhaften Leistungserbringung sein.[399] Man denke beispielsweise an ein Erscheinen des Konsumenten am Flughafen erst nach dem Abflugtermin, an seine Zurückweisung im Zielland wegen fehlenden Visums, obwohl er über dieses Erfordernis ordnungsgemäss informiert war (Art. 4 Abs. 3 lit. a), oder an einen Ausschluss aus der Reisegruppe wegen wiederholten störenden Verhaltens, das die Fortführung der Reise gefährdet.[400]

---

[396] BSK OR I-Roberto, Art. 14/15 PRG N 10; CR CO I-Stauder, Art. 14 LVF N 7; Hangartner, S. 152; Martinelli, S. 259 f.
[397] Weitere Beispiele, mit Hinweisen zur deutschen Rspr., bei MK-Tonner, Art. 651c BGB N 24.
[398] Martinelli, S. 260; Marchand, voyage à forfait, S. 736; CR CO I-Stauder, Art. 15 LVF N 2.
[399] Martinelli, S. 259 f.; Marchand, voyage à forfait, S. 736; CR CO I-Stauder, Art. 15 LVF N 2; BGE 130 III 182, 187 f.: «Diese Regelung entspricht weitgehend den Anforderungen an eine Haftungsbefreiung wegen Unterbrechung des Kausalzusammenhangs nach den allgemeinen Grundsätzen des Haftpflichtrechts».
[400] Weitere Beispiele bei Martinelli, S. 260; Hangartner, S. 154 f.

Ein blosses Mitverschulden des Konsumenten reicht zur Anwendung von lit. a nicht aus. Ist das Versäumnis des Konsumenten nicht die alleinige Ursache des Schadens, kann der Richter die Höhe des vom Veranstalter zu ersetzenden Schadens gemäss Art. 44 Abs. 1 OR nach seinem Ermessen herabsetzen. Dem steht das PRG, auch in richtlinienkonformer Auslegung, nicht entgegen.[401]

b) Grenzen der Haftung

Liegt ein durch Vertragsverletzung adäquat verursachter Schaden vor, ist dieser grundsätzlich vollständig zu ersetzen. Grenzen der Haftung in Form von Haftungsentlastungen (Art. 15 Abs. 1) und Haftungsbeschränkungen (Art. 14 Abs. 3, 16) sind nur in den vom PRG vorgesehenen Hypothesen zulässig (Art. 19). Entgegen Art. 43 Abs. 1 OR besitzt der Richter keinen Ermessensspielraum hinsichtlich der Bemessung des Umfangs des zu ersetzenden Schadens. Insbesondere darf er den Schadensbetrag nicht unter Berufung auf ein geringes Verschulden des Veranstalters herabsetzen, da die Berücksichtigung fehlenden Verschuldens in Art. 15 Abs. 1 lit. a–c abschliessend[402] geregelt ist. Würde man geringes Verschulden als Reduktionsgrund anerkennen, hiesse dies, gesetzeswidrig Verschuldenselemente in die das PRG beherrschende Kausalhaftung einzuführen.

aa) Haftungsentlastung

Der Veranstalter wird von seiner Haftung entlastet, wenn die schadensstiftende Vertragsverletzung auf einem der Umstände beruht, die in Art. 15 Abs. 1 lit. b und c aufgezählt sind. Generell befreit fehlendes Verschulden nicht von der Haftung, es kann nur im Rahmen der lit. b und c relevant werden.[403] Ungeschriebene Voraussetzung der Haftungsentlastung ist, dass der Veranstalter im Zeitpunkt, in dem der haftungsbefreiende Umstand vorliegt, seinen vertraglichen Pflichten nachgekommen ist, insbesondere mangelfreie Leistungen angeboten und seine In-

---

[401] BGE 130 III 182, 189–191. Im Ergebnis ebenso TERCIER, contrats, Rz. 5733; HANGARTNER, S. 154; STEINER, S. 117. Ob allerdings, wie es das Bundesgericht in BGE 130 III 182, 191, annimmt, im Unterlassen der Unterrichtung des Veranstalters über den besonders hohen Wert des Kofferinhalts ein «grobes Selbstverschulden» des Konsumenten zu sehen ist, erscheint fraglich. Dies würde bedeuten, dass der Veranstalter den Transport der Gepäckstücke je nach deren ihm bekanntem oder erkennbarem Wert mit unterschiedlicher Sorgfalt zu organisieren verpflichtet wäre. Dafür gibt es, eine ausdrückliche anderweitige Vereinbarung zwischen den Parteien vorbehalten, keinen Anhaltspunkt. Vielmehr ist davon auszugehen, dass, wer für eine viertägige Flusskreuzfahrt Kleider und Schmuck im Wert von über 100 000 Franken im Koffer mitnimmt, elementare Vorsichtsmassnahmen ausser Acht lässt, wenn er nicht für eine ausreichende Versicherungsdeckung sorgt und den Schmuck im Koffer, nicht im Handgepäck oder am Körper transportiert. Darin liegt das erhebliche Mitverschulden des Konsumenten, nicht in der fehlenden Unterrichtung des Veranstalters.
[402] HANGARTNER, S. 152; MARTINELLI, S. 255; MARCHAND, voyage à forfait, S. 735 Fn. 120.
[403] CR CO I-STAUDER, Art. 15 LVF N 1.

formationspflichten erfüllt hat.[404] Der in Art. 8 ZGB aufgestellten Regel entsprechend trägt der Veranstalter die Beweislast für das Vorliegen der Voraussetzungen der Haftungsentlastung.[405]

aaa) Verhalten unbeteiligter Dritter

Versäumnisse unbeteiligter Dritter befreien den Veranstalter von seiner Haftung, wenn sie unvorhersehbar oder nicht abwendbar sind (lit. b). Als unbeteiligte Dritte kommen nur Personen in Betracht, die an der Erbringung der vertraglich vereinbarten Leistung nicht mitwirken, also nicht die Angestellten des Veranstalters im Reisebüro oder vor Ort, insbesondere wenn diese Ausflüge organisieren, die Leistungsträger und deren Angestellte sowie jede sonstige Person, die der Veranstalter oder der Leistungsträger zur Erfüllung der vertraglichen Pflichten heranzieht.[406] Ferner ist ein Dritter, den der Konsument mit Ersatzmassnahmen im Rahmen der Selbstabhilfe beauftragt,[407] nicht unbeteiligter Dritter.

Das Verhalten Dritter darf für den Veranstalter oder seine Leistungsträger «trotz aller gebotenen Sorgfalt»[408] nicht vorhersehbar oder nicht abwendbar sein. Ihn trifft somit eine Sorgfaltspflicht, sein Unternehmen sowie die angebotenen Reisen derart zu organisieren, dass bestimmte Verhaltensweisen Dritter vorhergesehen und geeignete Vorbeugungs- oder Abwehrmassnahmen getroffen werden können. Bei der Beurteilung der Sorgfalt ist ein objektiver Massstab anzulegen, d.h. auf subjektive Verhältnisse oder Kenntnisse des konkreten Veranstalters kommt es nicht an.[409] Ein Beispiel zum Baustellenlärm mag die Bedeutung von lit. b verdeutlichen. Wird im Hotelgelände gebaut, ist dies dem Leistungsträger und damit dem Veranstalter zuzurechnen. Wird eine Baustelle neben dem Hotel eröffnet, so ist der Lärm die Folge der Bautätigkeit eines an der Leistungserbringung nicht beteiligten Dritten. Wird schon vor Vertragsschluss gebaut, so hat der Veranstalter, weil der Lärm für ihn vorhersehbar war, für einen eventuellen Schaden einzustehen, es sei denn, er hat rechtzeitig den Konsumenten über den Lärm orientiert. Hingegen ist eine Bautätigkeit ohne behördliche Genehmigung in aller Regel zwar nicht vorhersehbar; sie ist aber abwendbar, wenn sie durch Einspruch bei den Behörden gestoppt werden kann. Unterbleibt dies, ist der Schaden auch in diesem Fall vom Veranstalter zu ersetzen.[410]

---

[404] MARTINELLI, S. 255f.; CR CO I-STAUDER, Art. 15 LVF N 1.
[405] MARTINELLI, S. 257; HANGARTNER, S. 153; CR CO I-STAUDER, Art. 15 LVF N 1.
[406] MARTINELLI, S. 261; HANGARTNER, S. 155; CR CO I-STAUDER, Art. 15 LVF N 3.
[407] MARTINELLI, S. 261; MARCHAND, voyage à forfait, S. 736 Fn. 123; CR CO I-STAUDER, Art. 15 LVF N 3. Siehe oben S. 349.
[408] Diese Referenz an einen Sorgfaltsmassstab, die in lit. b fehlt, ist entsprechend in lit. c zu ergänzen. MARTINELLI, S. 262; CR CO I-STAUDER, Art. 15 LVF N 4.
[409] CR CO I-STAUDER, Art. 15 LVF N 4; eingehend MARTINELLI, S. 263 ff.
[410] Weitere Beispiele bei MARTINELLI, S. 265 f.

bbb) Höhere Gewalt, nicht vorhersehbare oder nicht abwendbare Ereignisse

Nach lit. c haftet der Veranstalter nicht, wenn das schadensstiftende Ereignis auf höherer Gewalt[411] beruht oder trotz aller gebotenen Sorgfalt vom Veranstalter oder vom Leistungsträger nicht vorhergesehen oder abgewendet werden kann. Es kann sich um irgendein Ereignis handeln, das weder dem Konsumenten (lit. a) noch einem unbeteiligten Dritten zuzurechnen ist (lit. b), gleichgültig, ob es gewöhnlich oder aussergewöhnlich ist,[412] ob es, wie die höhere Gewalt, von aussen einwirkt oder nicht. Hinsichtlich der Organisationspflicht gilt der gleiche objektive Sorgfaltsmassstab wie bei lit. b.[413]

ccc) Beistandspflicht des Veranstalters

Nach Art. 15 Abs. 2 hat der Veranstalter «dem Konsumenten bei Schwierigkeiten», die die Folge des Verhaltens unbeteiligter Dritter (lit. b) oder von höherer Gewalt oder anderer nicht vorhersehbarer oder nicht abwendbarer Ereignisse (lit. c) sind, «Hilfe zu leisten». Zwar haftet er in diesen Fällen nicht für eventuell eingetretene Schäden des Konsumenten. Dennoch trifft ihn eine vertragliche Nebenpflicht,[414] Massnahmen zugunsten des Reisenden zu treffen, deren Art und Ausmass von der Schwere der Notsituation abhängen. Man denke an einen Unfall, der dem Konsumenten durch einen unbeteiligten Dritten zugefügt wird. Hier hat der örtliche Vertreter des Veranstalters oder der Reiseleiter sich um ärztliche Hilfe zu bemühen und, falls erforderlich, den sofortigen Rücktransport zu organisieren. Leistet der Veranstalter keine Hilfe, liegt eine zu Schadenersatz verpflichtende Vertragsverletzung (Art. 14 Abs. 1) vor.[415]

Das PRG regelt nicht die finanziellen Folgen der Hilfeleistung. Da diese vertraglich geschuldet wird,[416] hat der Veranstalter keinen Anspruch auf eine besondere Vergütung.[417] Die durch die Hilfeleistung verursachten Mehrkosten, wie etwa ausgelegte Kosten für ärztliche Versorgung, hat aber der Konsument zu erset-

---

[411] Zum Begriff der höheren Gewalt, siehe oben S. 341. Nach Art. 11 Abs. 2 lit. b S. 2 gilt Überbuchung nicht als höhere Gewalt.
[412] BSK OR I-Roberto, Art. 14/15 PRG N 5; Marchand, voyage à forfait, S. 736 Fn. 124; Hangartner, S. 156; CR CO I-Stauder, Art. 15 LVF N 6.
[413] Beispiele bei Martinelli, S. 267 f.
[414] Marchand, voyage à forfait, S. 736; Hangartner, S. 157; CR CO I-Stauder, Art. 15 LVF N 7; Martinelli, S. 272; a.A. Frank, Art. 15 PRG N 11 (gesetzliche Pflicht), sowie BSK OR I-Roberto, Art. 14/15 PRG N 3, für den Art. 15 Abs. 2 – ebenso wie Art. 12 Abs. 2 und insofern konsequent – «keine eigenständige Bedeutung» besitzt.
[415] Hangartner, S. 157 f.; Marchand, voyage à forfait, S. 736; CR CO I-Stauder, Art. 15 LVF N 9.
[416] Daher sind die Vorschriften über die Geschäftsführung ohne Auftrag, wie Frank, Art. 15 PRG N 12, und Hangartner, S. 158, meinen, nicht anwendbar.
[417] CR CO I-Stauder, Art. 15 LVF N 8; im Ergebnis auch Hangartner, S. 158; Marchand, voyage à forfait, S. 736.

zen.[418] Dazu zählen grundsätzlich nicht die Kosten des Rücktransports, wenn dieser im Vertrag vereinbart ist; allerdings kann der Veranstalter vom Konsumenten Ersatz allfälliger Mehrkosten (Linien- statt Charterflug) verlangen.[419]

bb) Haftungseinschränkungen

Eine Einschränkung der Haftung des Veranstalters ist nur in den vom PRG vorgesehenen Hypothesen zulässig (Art. 14 Abs. 3 und Art. 16).[420]

aaa) Internationale Übereinkommen

Zunächst behält Art. 14 Abs. 3 Haftungsbeschränkungen in internationalen Übereinkommen vor. Könnte sich ein Leistungsträger wie etwa ein Luftfahrtunternehmen, falls es direkt mit einem Konsumenten kontrahiert hätte, auf solche Übereinkommen berufen, um seine Haftung zu begrenzen, soll dies in gleichem Ausmass für den Veranstalter gelten. Allerdings betrifft Abs. 3 nur Schadenersatzansprüche nach Art. 14 Abs. 1 (Personen- und Sachschäden), nicht aber andere Ansprüche, etwa aus Gewährleistung wegen Reisemängeln[421] oder aus Delikt[422], ebenso wenig totale Wegbedingungen der Haftung. Da der Vorbehalt *ex lege* gilt,[423] bedarf es keiner vertraglichen Vereinbarung. Art. 14 Abs. 3 geht Art. 16 vor.

Selbstverständlich kann sich der Veranstalter nur auf Haftungsbeschränkungen der internationalen Übereinkommen berufen, die die Schweiz ratifiziert hat.[424] Die wichtigsten betreffen die Beförderung von Personen und Gütern, ob im Luftverkehr[425], bei Schiffsreisen zur See[426] oder im internationalen Eisenbahnverkehr[427]. Ihnen gleichzustellen sind die nationalen Gesetze, die auf der Grundlage dieser Übereinkommen erlassen wurden. Für den Bereich des Luftverkehrs ist dies die Verordnung über den Lufttransport (LTrV) von 2005.[428] Hingegen stellen

---

[418] Gemäss Art. 402 Abs. 1 OR (auftragsrechtliches Element des Pauschalreisevertrags); vgl. MARTINELLI, S. 273 f.; CR CO I-STAUDER, Art. 15 LVF N 8.
[419] MARTINELLI, S. 274; CR CO I-STAUDER, Art. 15 LVF N 8; a.A. MARCHAND, voyage à forfait, S. 736 (kein Ersatz der Mehrkosten in Anwendung von Art. 13 Abs. 3).
[420] Ausserdem kommt eine Haftungsreduktion wegen Mitverschuldens des Konsumenten in Betracht, siehe oben S. 363.
[421] BSK OR I-ROBERTO, Art. 14/15 N 12; CR CO I-STAUDER, Art. 14 LVF N 10; MARTINELLI, S. 278; HANGARTNER, S. 165.
[422] CR CO I-STAUDER, Art. 14 LVF N 13; PAETZOLD, S. 48.
[423] MARTINELLI, S. 277; HANGARTNER, S. 166; CR CO I-STAUDER, Art. 14 LVF N 10.
[424] MARTINELLI, S. 279 f.; CR CO I-STAUDER, Art. 14 LVF N 11.
[425] Montrealer Übereinkommen zur Vereinheitlichung bestimmter Vorschriften über die Beförderung im internationalen Luftverkehr (MÜ), vom 28.5.1999, SR 0.748.411.
[426] Athener Übereinkommen über die Beförderung von Reisenden und ihrem Gepäck auf See, vom 13.12.1974, SR 0.747.356.1.
[427] (Berner) Übereinkommen über den internationalen Eisenbahnverkehr (COTIF), vom 9.5.1980, SR 0.742.403.12, i.d.F. des Änderungsprotokolls vom 3.6.1999, SR 0.742.403.12.
[428] Die LTrV ist laut Ingress «in Ausführung» des MÜ erlassen und steht, nach Fn. 3, «im Einklang» mit den VO (EG) Nr. 2027/97 i.d.F. der VO (EG) Nr. 889/2002 über die Haftung von Luftfahrtunternehmen bei Unfällen.

die Beförderungsbedingungen der IATA kein Übereinkommen dar; vielmehr handelt es sich um Allgemeine Geschäftsbedingungen, die nur kraft Einbeziehung in den Vertrag Geltung erlangen können.[429] Verstossen sie gegen das PRG, sind sie nichtig (Art. 19).

Einfache nationale Gesetze, ob der Schweiz oder eines Ziellandes der Reise, die Haftungsbeschränkungen in anderen Bereichen enthalten, wie etwa zur Haftung der Transportunternehmen in der Binnenschifffahrt oder im Strassenbahn- oder Seilbahnverkehr, genügen Art. 14 Abs. 3 nicht.[430] Auf sie darf sich der Veranstalter auch dann nicht berufen, wenn der Leistungsträger im Verhältnis zu ihm derartige Haftungsbeschränkungen geltend machen kann.[431]

Die Bedeutung von Art. 14 Abs. 3 sei kurz am Beispiel der Luftbeförderung erläutert. Das MÜ ist auf internationale Beförderungen durch Luftfahrzeuge gegen Entgelt anwendbar, sofern Abflugort und Bestimmungsort in verschiedenen Vertragsstaaten liegen.[432] Die VO (EG) Nr. 2027/99 i.d.F. der VO (EG) Nr. 889/2002 und Art. 1 Abs. 1 LTrV weiten den Anwendungsbereich auf internationale Flüge, die vom MÜ nicht erfasst werden, und auf Inlandsflüge aus. Bei Flugunfällen mit Personenschäden ist die Haftung des ausführenden Luftfrachtführers[433] grundsätzlich unbeschränkt (Art. 17 Abs. 1, 21 MÜ; Art. 7 Abs. 1 LTrV). Sie ist verschuldensunabhängig bis zu einem Schadensbetrag von 100 000 Sonderziehungsrechten (z.Zt. etwa 180–200 000 Franken) pro Reisenden (Art. 17 Abs. 1; 21 Abs. 1 MÜ; Art. 7 Abs. 2 LTrV). Bei Schäden, die über diesem Betrag liegen, ist sie Verschuldenshaftung, wobei allerdings eine Verschuldensvermutung gilt und sich der Luftfrachtführer nur von seiner Haftung für den 100 000 Sonderziehungsrechte übersteigenden Betrag befreien kann, wenn er nachweist, dass ihn kein, auch kein leichtes Verschulden trifft (Art. 21 Abs. 2 MÜ; Art. 7 Abs. 3 LTrV).[434] Bei Sachschäden am Reisegepäck sehen Art. 17 Abs. 2, 22 MÜ und Art. 8 LTrV eine verschuldensunabhängige Haftung mit summenmässiger Haftungsbeschränkung vor.[435] Durch vertragliche Vereinbarung können die Haftung des Luftfrachtführers nicht ausgeschlossen und die Haftungshöchstbeträge nicht herabgesetzt werden

---

[429] Zusatzbotschaft II zur EWR-Botschaft, BBl 1992 V 252; BSK OR I-ROBERTO, Art. 14/15 PRG N 13; CR CO I-STAUDER, Art. 14 LVF N 11; HANGARTNER, S. 166; BezGer ZH, 16.5.1989, SJZ 1990, 214, 216.

[430] HANGARTNER, S. 166; MARTINELLI, S. 279; CR CO I-STAUDER, Art. 14 LVF N 12. Zur gesetzeswidrigen Praxis in den ARB, in denen nationale Gesetze ohne weiteres den internationalen Übereinkommen gleichgestellt werden, siehe STAUDER, voyage, S. 80 f.

[431] Gegenüber dem Konsumenten gelten nur die Haftungsbeschränkungen, die der Veranstalter mit ihm vereinbart hat und die den restriktiven Kriterien des Art. 16 genügen.

[432] Zu den Einzelheiten und Ausnahmen siehe Art. 1 MÜ.

[433] Zur Haftung des Pauschalreiseveranstalters als vertraglicher Luftfrachtführer siehe oben S. 355.

[434] METZ, 2005, S. 8–10; FÜHRICH, Reiserecht, S. 720 ff.

[435] METZ, 2005, S. 10 f.; FÜHRICH, Reiserecht, S. 725 ff. Zur verschuldensabhängigen Haftung wegen Verspätungen nach Art. 19, 22 MÜ, siehe METZ, 2005, S. 12–14; FÜHRICH, Reiserecht, S. 712 ff.

(Art. 26 und 47 MÜ). Auf die Bestimmungen des MÜ und der LTrV darf sich der Veranstalter nach Art. 14 Abs. 3 berufen.

bbb) Vertragliche Regelungen

Art. 16 mit dem Titel «Beschränkung und Wegbedingung der Haftung» ist *lex specialis* zu Art. 100 und 101 OR. Er betrifft nicht die Voraussetzungen der vertraglichen Haftung (Art. 14 Abs. 1), von denen, abgesehen von den Fällen des Art. 15 Abs. 1 lit. a–c, nicht abgewichen werden kann (Art. 19), sondern allein die Rechtsfolgen, nämlich die Möglichkeit der betragsmässigen Begrenzung der Haftung.[436] Auf die deliktische Haftung ist Art. 16 nicht anwendbar.[437]

Vertragsklauseln, ob individuell oder in ARB vereinbart, sind nichtig, wenn sie die Haftung des Veranstalters für Personenschäden wegbedingen oder beschränken (Art. 16 Abs. 1, 19).[438] Dies gilt auch für die bei Abenteuerreisen oder lokalen Ausflügen häufigen Klauseln, nach denen die Teilnahme auf eigene Gefahr des Konsumenten erfolgt.[439] Unzulässig sind ferner Klauseln, mit denen die Haftung auf den unmittelbaren Schaden beschränkt werden soll.

Bei anderen als Personenschäden, also bei Sach- und Vermögensschäden – sowie nach der hier vertretenen Auffassung auch bei entgangener Urlaubsfreude – gilt nach Art. 16 Abs. 2 Folgendes:[440] Haftungsausschlussklauseln sind immer nichtig (Art. 19). Gleiches gilt bei Haftungsbeschränkungsklauseln[441], wenn der Veranstalter oder eine Person, deren Verhalten ihm zuzurechnen ist (vor allem Angestellte, Leistungsträger),[442] vorsätzlich oder grob fahrlässig gehandelt hat.[443] Liegt nur leichte Fahrlässigkeit vor, darf die Haftung durch individuelle Vereinbarung oder in ARB[444] auf das Zweifache des Reisepreises begrenzt werden; eine höhere Entschädigung ist, da zu Gunsten des Konsumenten, zulässig (Art. 16 Abs. 2, 19). Hingegen sind andere Einschränkungen der Haftung, etwa die Begrenzung auf den unmittelbaren Schaden, nichtig.[445]

---

[436] CR CO I-STAUDER, Art. 16 LVF N 1.
[437] HANGARTNER, S. 162; BSK OR I-ROBERTO, Art. 16 PRG N 3; CR CO I-STAUDER, Art. 16 LVF N 5.
[438] Vorbehalten bleiben allein Haftungsbeschränkungen in internationalen Übereinkommen (Art. 14 Abs. 3).
[439] BSK OR I-ROBERTO, Art. 16 PRG N 1; CR CO I-STAUDER, Art. 16 LVF N 2; FRANK, Art. 16 PRG N 2.
[440] CR CO I-STAUDER, Art. 16 LVF N 3; BSK OR I-ROBERTO, Art. 16 PRG N 2; MARTINELLI, S. 282 ff.
[441] Auch hier bleiben Haftungsbeschränkungen in internationalen Übereinkommen vorbehalten (Art. 14 Abs. 3).
[442] Insofern sind die Haftungsbeschränkungsmöglichkeiten im Pauschalreiserecht enger als nach Art. 101 Abs. 2 OR.
[443] Zum Beispiel bei bewusster Überbuchung; siehe HANGARTNER, S. 165.
[444] Vorausgesetzt, die Einbeziehungsvoraussetzungen sind erfüllt; dazu oben S. 323 ff.
[445] Zur häufig gesetzeswidrigen Vertragspraxis siehe STAUDER, voyage, S. 80 f.

c) Beanstandungsobliegenheit, Reklamationsfrist, Verjährung

Da den Konsumenten im Rahmen von Art. 14, anders als bei Art. 12 Abs. 2 und 13 (Art. 12 Abs. 1), keine Beanstandungsobliegenheit trifft,[446] hat das Fehlen einer Rüge nicht die Verwirkung seiner Rechte auf Schadenersatz zur Folge, kann aber, wenn es adäquat kausal zur Entstehung oder Verschlimmerung eines Schadens beigetragen hat, unter dem Gesichtspunkt der Verletzung der Schadensminderungspflicht relevant sein und den Veranstalter berechtigen, die Herabsetzung des Betrags des von ihm zu ersetzenden Schadens zu beantragen (Art. 15 Abs. 1 lit. a i.V.m. Art. 99 Abs. 3, 44 Abs. 1 OR).[447]

Das PRG sieht für die Geltendmachung der Ansprüche nach Rückkehr von der Reise keine Frist vor.[448] Der Reisende verfügt daher über die Frist, die für die Verjährung der Ansprüche gilt.[449] Diese richtet sich angesichts des Fehlens einer speziellen Regelung im PRG nach der allgemeinen Vorschrift des Art. 127 OR, beträgt also 10 Jahre.[450] Entgegenstehende Klauseln in ARB sind nichtig (Art. 19).

V. Insolvenzschutz

In der Praxis hat der Kunde in aller Regel vor Reiseantritt den vollen Reisepreis zu zahlen. Vorauskasse-Klauseln in ARB sind nicht nur in der Schweiz, sondern weltweit üblich. Der Konsument verliert so bei Reisemängeln die Möglichkeit, seine eigene Leistung, also die Zahlung des Reisepreises, ganz oder teilweise zu verweigern. Stattdessen wird er darauf verwiesen, seine Rechte klageweise geltend zu machen. Vorauskasse-Klauseln führen also zu einer Umkehr der Parteirollen zum Nachteil des Konsumenten.[451] Ausserdem haben sie zur Folge, dass dieser die Risiken einer Insolvenz des Veranstalters trägt, vor allem, wenn die ebenfalls von dessen Insolvenz betroffenen Leistungsträger sich weigern, dem Reisenden die im Pauschalreisevertrag vereinbarten Leistungen zu erbringen.

Art. 18 soll nun nach gemeinschaftsrechtlichen Vorgaben[452] dem Konsumenten eine Absicherung bestimmter, mit der Insolvenz des Veranstalters verbundener

---

[446] MARCHAND, voyage à forfait, S. 737; HANGARTNER, S. 148; CR CO I-STAUDER, Introd. aux art. 14–16 LVF N 3.
[447] HANGARTNER, S. 148f.; CR CO I-STAUDER, Introd. aux art. 14–16 LVF N 3.
[448] Anders das deutsche Recht in § 651g Abs. 1 BGB (1 Monat).
[449] PAETZOLD, S. 46f.; CR CO-I STAUDER, Introd. aux art. 14–16 LVF N 3 i.V.m. Art. 12 LVF N 18; a.A. MARTINELLI, S. 204, der für eine einmonatige Verwirkungsfrist plädiert.
[450] MARCHAND, voyage à forfait, S. 737; PAETZOLD, S. 49; HANGARTNER, S. 184; CR CO I-STAUDER, Introd. aux art. 14–16 LVF N 5; a.A. BSK OR I-ROBERTO, Art. 14/15 PRG N 14 (1 Jahr).
[451] Hierzu oben S. 306.
[452] Vgl. TONNER KLAUS, Die Insolvenzabsicherung im Pauschalreiserecht, Baden-Baden 2002, S. 17ff.; DERS., Richtlinie, Art. 7.

Risiken gewährleisten. Fast wortgleich mit Art. 7 Pauschalreise-Richtlinie verlangt die Vorschrift in Abs. 1 vom Veranstalter den Nachweis der Sicherstellung der Erstattung schon bezahlter Beträge und der Rückreise im Falle seiner eigenen Zahlungsunfähigkeit oder seines Konkurses. Die Lösung der sich aus der Vorauskassepraxis ergebenden Probleme soll also nicht auf der Ebene des Vertragsrechts erfolgen, etwa durch ein Verbot der Klausel oder eine AGB-rechtliche Beschränkung ihrer Wirksamkeit[453], sondern durch eine Regelung, die eher dem Gewerberecht zuzuordnen ist.[454] Damit ist indirekt die Zulässigkeit der Vorauskasse-Klausel anerkannt. Allerdings werden, wenn auch in Übereinstimmung mit Art. 7 Pauschalreise-Richtlinie, nicht alle Insolvenzrisiken, denen der Konsument ausgesetzt ist, abgesichert. Insbesondere gilt Art. 18 nicht für Ansprüche wegen Reisemängeln einschliesslich Schadenersatzforderungen. Diese kann er nur als Konkursforderungen im Konkursverfahren anmelden.[455]

1. Gesetzliche Regelung

Der Gesetzgeber hat den Text der Richtlinie übernommen, ohne – was auch im Rahmen des autonomen Nachvollzugs in nationales Recht erforderlich gewesen wäre – zu bestimmen, wie die Konkursabsicherung erfolgen soll, wie sie zu finanzieren ist, was die Sicherstellung für die Rechtsstellung des Konsumenten bedeutet und wie ihr Fehlen effektiv sanktioniert werden kann.[456] Die Abstützung des PRG auf den Konsumentenschutzartikel (Art. 97 BV) und die vom Gesetzgeber gewollte Eurokompatibilität von Art. 18 rechtfertigen eine teleologische Auslegung dieser Vorschrift, die sich auf die Rechtsprechung des EuGH zur Interpretation des Art. 7 Pauschalreise-Richtlinie, vor allem in den Urteilen *Dillenkofer*, *Verein für Konsumenteninformation* und *Rechberger*[457], stützen kann.[458] Hauptkriterium für die Auslegung wird damit der effiziente Schutz des Reisenden im Insolvenzfall des Veranstalters.[459]

---

[453] So der BGH in einem Urteil von 1987, siehe BGHZ 100, 157.
[454] HANGARTNER, S. 171; siehe auch Zusatzbotschaft II zur EWR-Botschaft, BBl 1992 V 254.
[455] SCHAFFELHUBER, S. 170; HANGARTNER, S. 176; BSK OR I-ROBERTO, Art. 18 PRG N 2; CR CO I-STAUDER, Art. 18 LVF N 8; STAUDER, insolvabilité, S. 302; ebenso für das deutsche Recht BGH, RRa 2005, 116.
[456] Eine solche unzureichende Umsetzung einer sekundärrechtlichen Vorschrift hätte bei Mitgliedstaaten – und auch für die Schweiz, wäre sie dem EWR beigetreten – eine Staatshaftung für die sich aus der fehlenden oder inkorrekten Umsetzung ergebenden Schäden des Konsumenten ausgelöst. Siehe die EuGH-Entscheidungen *Dillenkofer* und *Rechberger* (Fn. 25).
[457] Fn. 25. Analyse der Rechtspr. in KOMMISSION, Bericht, S. 15 ff.
[458] STAUDER, insolvabilité, S. 294 f.; SCHAFFELHUBER, S. 162 f. Zur richtlinienkonformen Auslegung siehe oben S. 305.
[459] Erwägungsgründe 4, 6, 8 und 9 Pauschalreise-RL.

B. Pauschalreiserecht

a) Grundlagen

Der Veranstalter hat für eine Absicherung des Insolvenzrisikos zu sorgen. Es handelt sich um eine vertragliche Pflicht, die ihm dem Konsumenten gegenüber obliegt. Diese Sicherstellung bedeutet, dass ein von ihm unabhängiger Dritter[460] die Erstattung der gezahlten Beträge und den Rücktransport des Konsumenten im Fall der Zahlungsunfähigkeit gewährleistet. In welcher Weise die Ansprüche abgesichert werden können, entscheidet der nationale Gesetzgeber. In Betracht kommen in erster Linie Garantien von Banken oder Körperschaften des öffentlichen Rechts, Versicherungen oder ein gemeinsamer Garantiefonds der Branche.[461] Im Umsetzungsgesetz ist weiter festzulegen, dass sämtliche Reiseveranstalter sich einem System der Insolvenzabsicherung anzuschliessen haben. Art. 18 enthält aber weder Angaben zur Art der Insolvenzabsicherung noch Sanktionen für den Fall, dass Veranstalter sich ihrer Pflicht zur Sicherstellung entziehen. Insoweit ist diese Vorschrift eine *lex imperfecta*.[462]

Die Sicherstellung ist nicht nur eine Reflexwirkung aus der Insolvenzabsicherung;[463] vielmehr sind, wie der EuGH entschieden hat,[464] dem Konsumenten durchsetzbare und einredefreie[465] Rechtsansprüche auf die abgesicherten Leistungen gegen den Dritten zu gewähren (Rechte aus der Sicherstellung).[466] Der Vertrag des Veranstalters mit dem Träger des Systems der Insolvenzabsicherung muss folglich als echter Vertrag zugunsten der Konsumenten als Begünstigtem (Art. 112 Abs. 2 OR) ausgestaltet sein.[467]

Art. 18 enthält, insoweit in Übereinstimmung mit Art. 7 Pauschalreise-Richtlinie, keine Begrenzung der Zahlungsverpflichtungen des Trägers der Insolvenzabsicherung.[468] Insbesondere wäre eine Herabsetzung *pro rata* der dem Konsumenten geschuldeten Leistungen für den Fall, dass das Vermögen des Insolvenzabsicherungssystems nicht ausreicht, um alle Ansprüche voll zu erfüllen, unzulässig, da nicht richtlinienkonform.[469]

---

[460] KOMMISSION, Bericht, S. 20.
[461] KOMMISSION, Bericht, S. 20. Der Bundesrat erwähnt als Beispiel einer möglichen Sicherstellung die Bürgschaft, die Hinterlegung oder die Versicherung, vgl. Zusatzbotschaft II zur EWR-Botschaft, BBl 1992 V 254.
[462] STAUDER, insolvabilité, S. 298 f.; CR CO I-STAUDER, Art. 18 LVF N 5; HANGARTNER, S. 172.
[463] EuGH, *Dillenkofer* (Fn. 25), Tz. 40.
[464] EuGH, *Dillenkofer* (Fn. 25), Tz. 36, 42, bestätigt in *Verein für Konsumenteninformation* (Fn. 25), Tz. 18.
[465] Der Dritte darf dem Reisenden, der seine Ansprüche geltend macht, keine Einreden aus seinem Verhältnis zum Veranstalter entgegenhalten können, wie etwa – wenn eine Versicherung Träger des Insolvenzabsicherungssystems ist –, dieser habe seine Versicherungsprämien nicht bezahlt. Siehe SCHAFFELHUBER, S. 169; STAUDER, insolvabilité, S. 297.
[466] STAUDER, insolvabilité, S. 296; SCHAFFELHUBER, S. 168 f.
[467] SCHAFFELHUBER, S. 169; STAUDER, insolvabilité, S. 296 f.; CR CO I-STAUDER, Art. 18 LVF N 3.
[468] EuGH, *Rechberger* (Fn. 25), Tz. 61, 63; KOMMISSION, Bericht, S. 20.
[469] STAUDER, insolvabilité, S. 297.

b) Voraussetzungen

Die Ansprüche aus der Insolvenzabsicherung setzen zunächst voraus, dass zwischen dem Konsumenten und einem Veranstalter ein Pauschalreisevertrag i.S.v. Art. 1 und 2 besteht (Art. 18 Abs. 1). Bei einem blossen Reisevermittlungsvertrag geniesst der Reisende dagegen keinen Insolvenzschutz, ebenso wenig wie bei Pauschalreiseverträgen, die nicht dem PRG unterliegen.[470]

Zweitens muss in der Person des Veranstalters ein «Fall der Zahlungsunfähigkeit oder des Konkurses» vorliegen (Art. 18 Abs. 1), der nach Vertragsschluss und vor dem Ende[471] der Pauschalreise eintritt. Zahlungsunfähigkeit und Konkurs sind autonome Begriffe des Gemeinschaftsrechts und daher auch im schweizerischen Recht unabhängig von der Begrifflichkeit des nationalen Rechts (SchKG) auszulegen. Abzustellen ist auf den Schutzzweck[472] von Art. 7 Pauschalreise-Richtlinie, der den Konsumenten davor bewahren soll, dass ihm Leistungsträger die vertraglichen Leistungen unter Berufung auf die finanzielle Lage des Veranstalters verweigern. Folglich kann es auf eine förmliche Eröffnung des Konkursverfahrens oder eine Zahlungsunfähigkeit nach betriebswirtschaftlichen Kriterien nicht ankommen. Vielmehr ist der nach Art. 18 massgebliche Zeitpunkt bereits dann eingetreten, wenn der Veranstalter auf Grund seiner finanziellen Situation nicht mehr in der Lage ist sicherzustellen, dass die Reise angetreten oder bis zu ihrem vertraglich vorgesehenen Ende fortgeführt werden kann.[473]

c) Inhalt

Die Ansprüche des Reisenden sind auf Erstattung bezahlter Beträge und auf Rückreise gerichtet (Art. 18 Abs. 1), betreffen somit die Gegenleistung für die auf Grund[474] – und nicht nur anlässlich – der Insolvenz entfallenen Reiseleistungen. Art. 18 ist auf Ansprüche aus Reisemängeln und Schadenersatzansprüche (Art. 13–16) nicht anwendbar, da das Risiko, dass dahingehende Forderun-

---

[470] Siehe die Nachweise oben S. 314 ff. Zum «Vermittler, der Vertragspartei ist», siehe oben S. 313.

[471] Also auch während der Reise, vgl. EuGH, *Verein für Konsumenteninformation* (Fn. 25), Tz. 19; STAUDER, insolvabilité, S. 302 f.

[472] EuGH, *Verein für Konsumenteninformation* (Fn. 25), Tz. 19 und 20, mit Anm. von TONNER KLAUS, EuZW 1998, 440 f.

[473] Dies wird insbesondere bei Erfüllungsverweigerung durch die Leistungsträger der Fall sein. Vgl. SCHAFFELHUBER, S. 178; STAUDER, insolvabilité, S. 301; CR CO I-STAUDER, Art. 18 LVF N 7.

[474] SCHAFFELHUBER, S. 170; CR CO I-STAUDER, Art. 18 LVF N 8; EuGH, *Verein für Konsumenteninformation* (Fn. 25), Tz. 19. Siehe auch Art. 651k Abs. 1 BGB («infolge»). So ist Art. 18 nicht anwendbar, wenn der Konsument nach Rücktritt von der Pauschalreise Erstattung des Reisepreises nach Art. 10 Abs. 3 lit. c verlangt und anschliessend der Veranstalter in Konkurs fällt. Dieser Erstattungsanspruch kann nur als Konkursforderung geltend gemacht werden; siehe SCHAFFELHUBER, S. 170.

gen im Insolvenzfall nicht mehr durchgesetzt werden können, nicht von Art. 18 abgedeckt ist.[475]

aa) Erstattung bezahlter Beträge

Bezahlte Beträge sind nicht nur im Fall, dass die Insolvenz vor Beginn der Reise eintritt, sondern auch, wenn Leistungen insolvenzbedingt während der Reise eingestellt werden, zu erstatten.[476] Gegenstand der Erstattung ist die Gesamtheit der vom Konsumenten an den Veranstalter[477] für Leistungen im Rahmen der Pauschalreise gezahlten Beträge (Reisepreis, einschliesslich der Anzahlung,[478] Aufschläge für Sonderwünsche, fakultative Ausflüge vor Ort, Dossiergebühren, usw.). Ausgeschlossen sind nur die Beträge, die Leistungen von Dritten betreffen, wie die Vergütung des die Pauschalreise vermittelnden Reisebüros oder die Versicherungsprämien.[479] Vom Erstattungsbetrag darf nicht ein eventuell als Konkursdividende zu zahlender Betrag abgezogen werden.[480]

Bei Insolvenz nach Vertragsschluss, aber vor Reiseantritt, sind sämtliche an den Veranstalter gezahlten Beträge zu erstatten, bei Insolvenz nach Beginn der Reise allerdings nur «der Teil der Zahlung, der den nicht erbrachten Leistungen entspricht».[481] Bei der Feststellung, welche Leistungen nicht erbracht wurden, ist zu berücksichtigen, dass bestimmte Leistungen, insbesondere Flüge zum Urlaubsort und zurück, keinen Eigenzweck haben, sondern dem eigentlichen Reisezweck untergeordnet sind.[482] Dies bedeutet z.B.[483], dass im Extremfall einer insolvenzbedingten Rückreise unmittelbar nach Ankunft am Urlaubsort auch der real erfolgte, aber für den Reisenden wertlose Hinflug als eine entfallene Leistung behandelt und daher ersetzt werden muss. Folglich ist der gesamte Reisepreis zu erstatten. Tritt dagegen die Insolvenz bei einem zweiwöchigen Urlaub nach neun Tagen ein, behält der Hinflug zu 9/14 seinen Wert, und die Erstattung betrifft 5/14 des Preises für den Hinflug. Mit anderen Worten sind die Kosten der gebuchten Hinreise anteilsmässig auf die am Urlaubsort verbrachten Ferientage anzurechnen.[484] Sind diese bis zum Rücktransport von Reisemängeln betroffen, sind darauf gestützte

---

[475] Siehe oben S. 370, m.w.N.
[476] EuGH, *Verein für Konsumenteninformation* (Fn. 25), Tz. 19; STAUDER, insolvabilité, S. 302 f.
[477] Oder an den Reisevermittler als direkten Stellvertreter des Veranstalters (Art. 32 OR).
[478] EuGH, *Dillenkofer* (Fn. 25), Tz. 59 und 60.
[479] SCHAFFELHUBER, S. 170; CR CO I-STAUDER, Art. 18 LVF N 9; STAUDER, insolvabilité, S. 302; HANGARTNER, S. 175.
[480] STAUDER, insolvabilité, S. 302; CR CO I-STAUDER, Art. 18 LVF N 9.
[481] EuGH, *Verein für Konsumenteninformation* (Fn. 25), Tz. 19.
[482] SCHAFFELHUBER, S. 171
[483] In den folgenden Beispielen wird unterstellt, dass der Rückflug vom Träger des Insolvenzabsicherungssystems organisiert wird.
[484] HANGARTNER, S. 176; STAUDER, insolvabilité, S. 303; SCHAFFELHUBER, S. 177, mit weiteren Beispielen.

Ansprüche im Rahmen von Art. 18 selbst dann nicht erstattungsfähig, wenn die Mängel insolvenzbedingt sind, können also nur im Rahmen des Konkursverfahrens geltend gemacht werden.[485]

bb) Rückreise

Der Anspruch auf Rückreise[486] soll dem «gestrandeten» Konsumenten helfen, vor allem, wenn das Transportunternehmen sich weigert, «die der Rückreise entsprechende Leistung zu erbringen».[487] Die Rückreise im Rahmen von Art. 18 tritt an die Stelle der vertraglich vorgesehenen Beförderung zum Ausgangspunkt der Pauschalreise.

Weder Art. 18 noch Art. 7 Pauschalreise-Richtlinie lässt sich mit Sicherheit entnehmen, ob der Anspruch auf die Rückreise bedeutet, dass der Träger des Insolvenzabsicherungssystems den Rücktransport zu organisieren oder einen Dritten damit zu beauftragen hat, oder ob sich der Konsument selbst um den Rücktransport kümmern muss und nur Erstattung der hierbei anfallenden Kosten verlangen kann.[488] So ist die Umsetzung in den Mitgliedstaaten unterschiedlich erfolgt. Deutschland und Österreich sehen zugunsten des Konsumenten einen Aufwendungsersatz für die Kosten der selbst organisierten Rückreise vor, wohingegen Frankreich von einer Organisationspflicht des Trägers des Insolvenzabsicherungssystems ausgeht.[489] Angesichts des Fehlens klarer Angaben in Art. 18[490] dürften im schweizerischen Recht beide Hypothesen zulässig sein.[491] Art. 18 enthält *implicite* eine Wahlobligation i.S.v. Art. 72 OR derart, dass der Träger des Systems entweder die Rückreise zu organisieren hat, gleichgültig ob er sie selbst durchführt oder damit einen Dritten beauftragt, oder zur Erstattung der mit der Rückreise verbundenen, vom Konsumenten gemachten Verwendungen verpflich-

---

[485] Siehe oben S. 370.
[486] Dieser Anspruch besteht natürlich nur, wenn der Transport Teil der im Rahmen der Pauschalreise geschuldeten Leistungen ist.
[487] EuGH, *Verein für Konsumenteninformation* (Fn. 25), Tz. 19.
[488] Die KOMMISSION, Bericht, S. 21, scheint der ersten Alternative zuzuneigen. Vom Konsumenten dürfe nicht verlangt werden, seine Rückführung ins Heimatland vorzufinanzieren oder selbst zu organisieren.
[489] Art. 651 Abs. 1 Ziff. 2 BGB; Art. 3 Abs. 1 Ziff. 1 lit. b (österreichische) Verordnung des Bundesministers für wirtschaftliche Angelegenheiten zur Umsetzung des Art. 7 der Richtlinie des Rates vom 13. Juni 1990 über Pauschalreisen (90/314/EWG) im österreichischen Recht (Reisebürosicherungsverordnung, RSV), vom 14.9.1999, BGBl II Nr. 316/1999; Art. 12 Décret n° 95-490 vom 15.6.1994.
[490] Auch die Zusatzbotschaft II zur EWR-Botschaft, BBl 1992 V 254, bietet keine Interpretationshilfe.
[491] HANGARTNER, S. 176, geht ohne nähere Begründung von einer blossen Kostenerstattungspflicht (Verwendungsersatz) aus; ebenso SCHAFFELHUBER, S. 174, der allerdings dem Träger des Systems die Befugnis zubilligt, sich von seiner primären Pflicht zum Verwendungsersatz durch die Organisation der Rückreise zu befreien (*facultas alternativa*). BSK OR I-ROBERTO, Art. 18 PRG, behandelt das Problem nicht.

tet ist.⁴⁹² Die schweizerische Praxis scheint die erste Alternative, nämlich Übernahme der Organisation der Rückreise, zu bevorzugen.

Teilt der Träger des Insolvenzabsicherungssystems dem Konsumenten mit, er werde die Rückreise nicht organisieren, oder erfolgt eine angekündigte Rückbeförderung nicht innert einer kurzen, dem Konsumenten zumutbaren Wartezeit, wird dieser die notwendigen Schritte unternehmen, um an den Abreiseort zurückzukehren. Er hat dann Anspruch auf Ersatz seiner hiermit verbundenen Verwendungen. Zu diesen zählen nicht nur die Kosten des eigentlichen Rücktransports (Flugpreis), sondern auch alle sonstigen Ausgaben, insbesondere Hotel- und Verpflegungskosten bis zum erstmöglichen Zeitpunkt der Abreise und während der Rückreise einschliesslich notwendiger Zwischenaufenthalte, sowie Auslagen im Zusammenhang mit der Organisation der Rückreise.⁴⁹³ Hat ein Hotelier wegen der Insolvenz des Veranstalters dem Reisenden die nochmalige Bezahlung der Hotelkosten abgepresst, sind auch diese Kosten erstattungsfähig.⁴⁹⁴

Ersetzt werden nur die Verwendungen, die der Konsument für erforderlich halten durfte. Er muss also die Rückreise so schnell wie möglich antreten. Entschliesst er sich, noch einige Tage am Urlaubsort zu bleiben, trägt er die Aufenthaltskosten selbstverständlich allein. Das Transportmittel wie auch eine Ersatzunterkunft sollen nach Art und Klasse dem gebuchten Standard entsprechen. So kommt ein Linienflug statt des vertraglichen Charterflugs oder ein Hotel einer höheren Kategorie nur in Betracht, wenn eine zumutbare andere Flug- oder Unterkunftsmöglichkeit nicht besteht.⁴⁹⁵ Die Kosten der Rückreise können daher höher liegen als der Anteil des Rückflugs am Gesamtpreis der Pauschalreise. Bei der Frage, welche Kosten der Konsument für erforderlich halten durfte, ist zu berücksichtigen, dass er kein Spezialist der Reisebranche ist und auch keine umfassende Kenntnis von Unterkunfts- und Transportmöglichkeiten am Urlaubsort haben kann. Insoweit stehen eventuelle Fehleinschätzungen seinem Erstattungsanspruch nicht entgegen.

---

⁴⁹² STAUDER, insolvabilité, S. 304; CR CO I-STAUDER, Art. 18 LVF N 11. Bedenken gegen diese Lösung bei SCHAFFELHUBER, S. 174.
⁴⁹³ SCHAFFELHUBER, S. 175; STAUDER, insolvabilité, S. 304; CR CO I-STAUDER, Art. 18 LVF N 12; weitere Beispiele bei FÜHRICH, Reiserecht, S. 454 f.
⁴⁹⁴ Die Reisenden wurden bis zur Zahlung physisch am Verlassen des Hotels gehindert und hätten ohne die nochmalige Zahlung den Rückflug nicht antreten können, so der Sachverhalt in EuGH, *Verein für Konsumenteninformation* (Fn. 25). Der EuGH will die Kostenerstattung auf die vom Konsumenten dem Veranstalter für die Hotelunterkunft ursprünglich gezahlten Beträge beschränken (Tz. 22 und 23). Richtiger dürfte es sein, bei den erzwungenen Zahlungen von Verwendungen in direktem Zusammenhang mit der Rückreise zu sprechen. Nur so werden dem Konsumenten die von ihm effektiv abgepressten Hotelkosten ersetzt, die im Regelfall deutlich höher liegen als die zwischen dem Veranstalter und dem Hotelier ausgehandelten Preise. In diesem Sinne SCHAFFELHUBER, S. 172 f.; STAUDER, insolvabilité, S. 304 f.
⁴⁹⁵ STAUDER, insolvabilité, S. 305; SCHAFFELHUBER, S. 175; FÜHRICH, Reiserecht, S. 454 f.

d) Nachweis der Insolvenzabsicherung

Die Sicherstellung im Insolvenzfall ist nach Art. 18 Abs. 1 und Abs. 2 S. 1 dem Konsumenten auf dessen Verlangen hin nachzuweisen. Das PRG verlangt also nicht einen Nachweis gegenüber einer staatlichen Stelle, da es als ein privatrechtliches Gesetz konzipiert ist und eine gewerberechtliche Regelung der Reisebranche fehlt. Anders als etwa nach französischem Recht [496] ist die Existenz einer Insolvenzabsicherung also nicht Voraussetzung für eine gewerberechtliche Lizenz zur Ausübung der Reiseveranstaltertätigkeit.

Wie der Nachweis dem Konsumenten gegenüber erbracht werden soll, ergibt sich nicht ausdrücklich aus dem Gesetz. Nach teleologischer Auslegung kommt nur eine vom Veranstalter weitergereichte Bescheinigung des Trägers des Insolvenzabsicherungssystems in Betracht,[497] die es dem Konsumenten erlaubt, im Insolvenzfall seine Rechte wahrzunehmen. Daher muss diese Bescheinigung die Identität des Insolvenzabsicherers[498], die Art der Sicherung (Bankgarantie, Versicherung, Branchenfonds), die Art der Leistungen nach Antritt der Reise (Erstattung gezahlter Beträge sowie Rücktransport oder Erstattung der Rückreisekosten) und die Modalitäten der Geltendmachung der Ansprüche nennen.[499] In richtlinienkonformer Auslegung ist die Insolvenzabsicherung vom Veranstalter spontan und nicht nur auf Verlangen des Konsumenten (so aber Art. 18 Abs. 2 S. 1) nachzuweisen.

Das Fehlen des Nachweises berechtigt den Konsumenten, vom Vertrag zurückzutreten (Art. 18 Abs. 2 S. 2)[500] und Rückerstattung der gezahlten Beträge zu verlangen.[501] Diese privatrechtliche Sanktion ist jedoch lebensfremd und ineffektiv. In der Tat wird kaum je ein Konsument nach Vertragsschluss sich um die mit einer hypothetischen Insolvenz des Veranstalters verbundenen Risiken sorgen, zumal er über sein Rücktrittsrecht nicht informiert werden muss.[502] Da weitere Sanktionen fehlen,[503] ist allgemein anerkannt, dass die fast wörtliche Übernahme von Art. 7

---

[496] Art. L 212–1, L 212–2 Abs. 1 lit. c i.V.m. Art. L 211–1 Code du tourisme, vom 20.12.2004.

[497] Das Verwenden eines Reisegarantielogos genügt ebenso wenig den gesetzlichen Anforderungen wie die Übergabe einer allgemein gehaltenen Broschüre. Vgl. HANGARTNER, S. 175.

[498] Siehe die deutsche Regelung zum Sicherungsschein in § 651k BGB. Gemäss § 651k Abs. 4 BGB darf der Veranstalter keine Zahlung vom Konsumenten verlangen, wenn er nicht spätestens gleichzeitig den Sicherungsschein übergibt.

[499] CR CO I-STAUDER, Art. 18 LVF N 14; STAUDER, insolvabilité, S. 306; HANGARTNER, S. 175.

[500] Nach Art. 18 Abs. 3 hat der Konsument den Rücktritt schriftlich mitzuteilen. Es handelt sich nur um eine Ordnungsvorschrift. Siehe CR CO I-STAUDER, Art. 18 LVF N 15.

[501] Hat er noch nicht den vollen Reisepreis bezahlt, so kann er sich zunächst auf das Leistungsverweigerungsrecht nach Art. 82 OR berufen. Vgl. SCHAFFELHUBER, S. 166 f.; CR CO I-STAUDER, Art. 18 LVF N 15.

[502] Die in Art. 6 Abs. 1 lit. f Eurolex-Entwurf vorgesehene Informationspflicht wurde während der parlamentarischen Beratungen gestrichen.

[503] Die strafrechtlichen Bestimmungen, die die Verletzung von Art. 18 hätten sanktionieren sollen (Art. 20 Abs. 1 lit. c Eurolex-Entwurf), wurden im Parlament ebenfalls gestrichen; siehe BSK OR I-ROBERTO, Art. 18 PRG N 5; HANGARTNER, S. 172.

B. Pauschalreiserecht

Pauschalreise-Richtlinie eine gesetzgeberische Fehlleistung darstellt und eine effiziente und richtlinienkonforme Insolvenzabsicherung nur durch eine Gesetzesrevision erreicht werden kann.[504]

2. Praxis der Insolvenzabsicherung

Trotz der Lücken und Unklarheiten des Art. 18 hat die schweizerische Reisebranche[505] für eine Insolvenzabsicherung gesorgt, indem der Schweizerische Reisebüroverband eine privatrechtliche «Stiftung gesetzlicher Garantiefonds» errichtete. Dieser Branchenfonds bezweckt nach den Statuten die Sicherstellung der Kundengelder i.S.d. Pauschalreisegesetzes. Zwischen der Stiftung und den Reiseveranstaltern[506] muss ein Vertragsverhältnis (Teilnahmevertrag) bestehen.[507] Aus wettbewerbsrechtlichen Gründen können sich nicht nur Mitglieder des Branchenverbandes, sondern auch Nichtmitglieder am Fonds beteiligen. Eine Insolvenzabsicherung über einen derartigen Garantiefonds der Reisebranche ist richtlinienkonform.

Zwar sehen die Statuten durchsetzbare Ansprüche der Konsumenten nicht ausdrücklich vor. Dass dies aber gewollt ist, lässt sich mittelbar dem Zweck des Fonds und einem Kundenmerkblatt mit dem Titel «Reisegarantie» entnehmen. Die Information über die Sicherstellung erfolgt durch ein Reisegarantielogo und eine allgemein gehaltene explikative Broschüre. Dies entspricht nicht den Anforderungen an den Nachweis i.S.d. Art. 18 Abs. 1, so dass die Veranstalter den Konsumenten gegenüber zum Nachweis verpflichtet bleiben.

Inhaltlich sind die Ansprüche auf die «Sicherstellung der Einzahlungen und der Rückreise» gerichtet. Allerdings ist die Ausgestaltung der Sicherstellung nicht in allen Punkten mit dem richtlinienkonform ausgelegten Art. 18 vereinbar. So soll sie nicht bei Pauschalreisen mit einem Preis von weniger als 150 Franken gelten. Ausserdem wird die Leistungspflicht des Fonds durch die Höhe ihres Vermögens, erweitert um einen gleich hohen Betrag im Wege der Rückversicherung, begrenzt. Schliesslich wird die Erstattung auf den Reisepreis und eventuell vom Konsumenten bezahlte höhere Transport- und Unterkunftsleistungen, aber unter Ausschluss bestimmter anderer Leistungen,[508] beschränkt.

---

[504] BSK OR I-Roberto, Art. 18 PRG N 6; Stauder, insolvabilité, S. 308 f.; Hangartner, S. 181 f.
[505] Zur Praxis allgemein vgl. Hangartner, S. 177 f.; Schaffelhuber, S. 179–183; Stauder, insolvabilité, S. 306–308.
[506] Über Art. 18 hinaus sichert der Fonds auch Kundengelder von Reisevermittlern ab. Hierzu Schaffelhuber, S. 181.
[507] Der Branchenfonds verlangt von den teilnehmenden Reiseveranstaltern den Nachweis fachlicher Kompetenz und finanzieller Solidität. Insoweit tritt eine brancheninterne gewerbepolizeiliche Regelung an die Stelle der fehlenden gewerberechtlichen Kompetenzen der Behörden.
[508] Siehe zu diesen und anderen Abweichungen von den gesetzlichen Anforderungen Stauder, insolvabilité, S. 307 f.; Schaffelhuber, S. 181–183.

Einige Reiseveranstalter garantieren die Sicherstellung mittels einer Versicherung. Insgesamt, so wird geschätzt, sichern rund 50% der schweizerischen Veranstalter ihre Kunden gegen die Insolvenzrisiken ab. Da zu ihnen nahezu alle Grossanbieter gehören, geht man davon aus, dass bei rund 90% aller Pauschalreisen eine Insolvenzabsicherung besteht.[509] Die verbleibende Schutzlücke lässt sich nur durch eine gesetzgeberische Intervention schliessen, die alle Veranstalter zur Insolvenzabsicherung verpflichtet und die Durchsetzung dieser Pflicht mit hinreichend effektiven Sanktionen gewährleistet.

C. Reisevermittlung

Rund 30% der schweizerischen Reisenden wenden sich bei der Vorbereitung ihrer Ferien an ein Reisebüro, das seinen Kunden bestimmte Reisedienstleistungen anbietet, die in der Regel von anderen im Tourismusbereich tätigen Unternehmen erbracht werden. Die Reisenden buchen dort eine Pauschalreise, lassen sich einen Flug, ein Hotel oder ein Mietauto reservieren. Die wirtschaftliche Bedeutung dieser Tätigkeit der Reisebüros ist erheblich.

Dennoch ist die Reisevermittlung bislang nicht Gegenstand einer besonderen Regelung geworden. Die Schweiz kennt weder gewerberechtliche Vorschriften für die Aufnahme einer gewerblichen Reisebürotätigkeit[510] noch privatrechtliche Bestimmungen, die den Besonderheiten der Mittlerstellung des Reisebüros im Verhältnis zwischen den Anbietern von Reiseleistungen und den Reisenden Rechnung tragen. Auch in der Rechtsliteratur hat der Reisevermittlungsvertrag in den letzten Jahren kaum Beachtung gefunden.[511] Da auch Rechtsprechung selten ist,[512] kann im Folgenden nur beschränkt auf eine gefestigte Rechtslage zurückgegriffen werden. Stattdessen sollen Lösungsansätze zu vielen noch ungeklärten Problemen aufgezeigt werden, die sich vor allem als Folge der Veränderungen des wirtschaftlichen Umfelds der Reisebürotätigkeit und der rasanten Entwicklung der modernen Kommunikationstechnologien ergeben haben.

---

[509] Siehe die Angaben bei SCHAFFELHUBER, S. 179f. Die Grössenordnung der Angaben dürfte auch heute noch zutreffen.
[510] Gleiches gilt für die Tätigkeit des Reiseveranstalters, siehe oben S. 301f.
[511] Vgl. aber die Publikationen von METZ sowie STAUDER, contrat de voyage, S. 411–417. Anders im deutschen Recht, siehe nur die Monografie von DEWENTER, den grundlegenden Aufsatz von NEUNER sowie MK-TONNER, § 651a BGB N 44–60, und FÜHRICH, Reiserecht, S. 539–563.
[512] Siehe aber BGer, 4C.125/2004.

C. Reisevermittlung

I. Grundlagen

Das Reisebüro handelt auf der Ebene des Vertriebs von Reiseleistungen als «Zwischenhändler» zwischen dem «Produzenten» und den Konsumenten.[513] Die rechtliche Ausgestaltung dieser Vermittlung kann sehr unterschiedlich sein und hängt stark von der Intensität oder dem Fehlen einer Einbindung in die Vertriebsstruktur der eigentlichen Leistungserbringer ab.[514]

1. Formen des Vertriebs von Reiseleistungen

Das Reisebüro kann zu Reiseveranstaltern oder sonstigen Leistungserbringern in regelmässigen Vertragsbeziehungen stehen. In der Praxis dominiert die Tätigkeit für mehrere Anbieter, um den Kunden eine Auswahl aus unterschiedlichen Leistungsalternativen zu ermöglichen. Die Eingliederung eines Reisebüros in die Vertriebsstruktur eines einzigen Anbieters ist dagegen eher selten. In beiden Fällen handelt es sich rechtlich meist um einen Agenturvertrag i.S.d. Art. 418a OR, der das Reisebüro verpflichtet, beim Vertrieb von Reisedienstleistungen im Interesse des oder der Anbieter tätig zu werden. Bei der Vermittlung einzelner Reiseleistungen ist eine Maklertätigkeit i.S.d. Art. 412 OR nicht unüblich. Hier besteht im Gegensatz zum Agenturvertrag keine Tätigkeitspflicht des Reisebüros. In beiden Gestaltungen hängt die Vergütung in Form der Kommission/Provision vom Erfolg ab.

Daneben gibt es Reisebüros, die in keinerlei rechtlichen Beziehungen zu den Leistungserbringern stehen, sondern auf der Grundlage eines Auftrags des Kunden mit ihnen Kontakt aufnehmen. Diese «freien» Reisebüros werden für ihre Vermittlungstätigkeit allein von den Kunden honoriert. Derartige neutrale Vermittler von Reisedienstleistungen dürften in Zukunft an Bedeutung gewinnen, da sie ihre Leistungen über moderne Formen der Telekommunikation, insbesondere das Internet anbieten können.[515]

Die traditionellen Vertriebsformen in der Reisebranche sind seit einigen Jahren einem starken Druck zur Anpassung an neue Entwicklungen ausgesetzt. So ist die

---

[513] Wird das Reisebüro auch auf der Ebene der «Produktion» tätig und bietet es von ihm zusammengestellte Pauschalreisen am Markt an, ist es Reiseveranstalter und unterliegt dem PRG. Gleiches gilt, wenn es zwar fremde Leistungen anbietet, sich aber als Veranstalter geriert. Siehe oben S. 313.

[514] Ist das Reisebüro als «Filiale» nur eine rechtlich unselbständige Verkaufs- und Buchungsstelle des Leistungserbringers, liegt vordergründig zwar eine Vermittlertätigkeit vor. In Wahrheit handelt es sich aber um eine dezentralisierte Form des Eigenvertriebs. Unter wirtschaftlichen Gesichtspunkten gilt dies auch dann, wenn das Reisebüro ein rechtlich verselbständigter Teil der Konzernstruktur etwa eines Reisegrossveranstalters ist.

[515] FÜHRICH ERNST, Dynamic Packaging und virtuelle Veranstalter. Entwicklung und Anwendung des Pauschalreiserechts auf die neue Internet-basierte Pauschalreise, RRa 2006, 50–57.

Kommissionierung durch Fluggesellschaften, aber auch durch andere Leistungsanbieter weggefallen oder zumindest stark reduziert worden. Denn diese bieten zunehmend ihre Leistungen (auch) im Direktvertrieb an, um Kosten zu sparen. Parallel zu dieser Entwicklung buchen Konsumenten immer häufiger ihre Reiseleistungen unmittelbar beim «Produzenten», dem Leistungsanbieter, wobei das Kommunikationsmittel Internet den (Um-)Weg über das Reisebüro überflüssig macht. Um den Kostenausfall zu kompensieren, arbeiten die Reisebüros nicht mehr – wie es sich aus Kundensicht darstellte – unentgeltlich,[516] sondern verlangen unter Berufung auf ihre fachmännische Beratung vom Kunden eine Dossier-, Beratungs-, Buchungs- oder Servicegebühr oder eine Auftragspauschale.

2. Rechtliche Qualifizierung der Vermittlung von Reisedienstleistungen

Unabhängig davon ob und wie stark das Reisebüro in die Vertriebsstruktur eines oder mehrerer Anbieter eingegliedert ist, geht die Initiative für seine konkrete Vermittlungstätigkeit in der Praxis von den Konsumenten aus. Sie suchen das Reisebüro auf, um sich zu informieren, beraten zu lassen oder Pauschalreisen bzw. individuelle Reiseleistungen zu buchen.[517]

a) Abgrenzung Reisevermittlungs-/Pauschalreisevertrag

Da Reisebüros nicht nur Reiseleistungen vermitteln, sondern daneben auch eigene Pauschalreisen anbieten und zudem dem Konsumenten in der Regel nicht bewusst ist, wer der «Produzent» der Leistungen ist, sind die beiden wichtigsten Formen des Reisevertrags voneinander abzugrenzen.

Nach Art. 1 ist unter dem Begriff Pauschalreise die im Voraus erfolgte Verbindung von mindestens zwei touristischen Leistungen zu einem Gesamtpreis zu verstehen,[518] unter Reisevermittlung gemäss Art. 2 Abs. 2 dagegen das Anbieten einer solchen vom Veranstalter zusammengestellten Pauschalreise. Der Veranstalter vermarktet seine Reise direkt oder über den Vermittler, während der Vermittler eine fremde Leistung am Markt absetzt.

Die traditionelle Abgrenzung beider Vertragsformen, bei der im Wesentlichen darauf abgestellt wurde, wer die Bündelung der Reiseleistungen vornimmt, ist seit der *Club-Tour*-Entscheidung des EuGH[519] nicht mehr einschlägig. Nach den auch für das schweizerische Recht massgebenden Erwägungen des Gerichts soll es aus-

---

[516] Die Leistungsanbieter haben bisher die Kommissionen/Provisionen, die sie den Reisebüros zahlten, in den Preis der Reiseleistungen eingerechnet, so dass die Konsumenten indirekt für die Vermittlertätigkeit eine Vergütung entrichteten.
[517] Auf das Verhältnis Reisebüro – Leistungsanbieter wird nur insoweit eingegangen, als es Auswirkungen auf die Pflichtenstellung des Reisebüros gegenüber dem Kunden hat.
[518] Siehe im Einzelnen oben S. 309 ff.
[519] Nachweis in Fn. 25.

reichen, dass die Bündelung vor dem Zeitpunkt des Vertragsschlusses erfolgt, gleichgültig, ob sie auf den Veranstalter oder den Reisenden zurückgeht. Dies bedeutet, dass Formen der Reisebürotätigkeit, die bisher als Reisevermittlung qualifiziert wurden, nun als Pauschalreise gelten können, womit der Anwendungsbereich des Pauschalreiserechts zu Lasten der Reisevermittlung potentiell erheblich ausgeweitet wurde. Entscheidendes Abgrenzungskriterium ist nunmehr, ob die Leistungen vom Reisebüro als eigene oder als fremde angeboten werden. Nach vertrauenstheoretischen Grundsätzen, auf die schon vorher das Bundesgericht abgestellt hatte,[520] ist zu fragen, wie ein redlicher Konsument unter Berücksichtigung aller Umstände einschliesslich der Werbung das Angebot des Reisebüros verstehen durfte.[521] So spricht etwa die Tatsache, dass das Reisebüro den Veranstalter einer Pauschalreise oder die Personen, die eine einzelne Reiseleistung erbringen, nicht identifiziert, gegen eine Vermittlertätigkeit. Gleiches ist anzunehmen, wenn es die Kosten der Reiseleistungen nicht getrennt von der eigenen Vergütung fakturiert.

Eine Vermittlerklausel in den ARB[522] ändert nichts am Ergebnis der nach dem Vertrauensprinzip vorgenommenen Abgrenzung. Denn handelt es sich um eine Vermittlertätigkeit, ist sie überflüssig, da rein deklaratorisch; liegt hingegen ein Pauschalreisevertrag vor, ist sie wegen Verstosses gegen Art. 14 f. nichtig (Art. 19).

b) *Reisevermittlung als Auftrag*

Soll das Reisebüro für den Kunden eine Pauschalreise oder eine einzelne Reiseleistung buchen, erwartet der Konsument, dass es in seinem Interesse tätig wird und auf einen Abschluss mit dem Leistungserbringer hinarbeitet. Das Reisebüro schuldet mithin eine Dienstleistung im Hinblick auf ein bestimmtes Resultat (Abschluss), nicht aber den Eintritt des Erfolgs selbst.[523] Insbesondere schuldet es nicht die Erfüllung der vermittelten Reiseleistung (ordnungsgemässer Verlauf der Pauschalreise oder der gebuchten Flugbeförderung). Der Reisevermittlungsvertrag ist daher als Auftrag i.S.d. Art. 394 Abs. 1 OR zu qualifizieren.[524]

---

[520] BGE 115 II 477; BGer, 4C.125/2004.
[521] METZ, 2003, S. 3 f., 7. Hierzu oben S. 311 f.
[522] Reisebüros, die nur eine Vermittlertätigkeit ausüben, benutzen selten eigene ARB. Bieten sie auch Pauschalreisen als eigene Leistung an, sollen ihre ARB in aller Regel sowohl für die Vermittler- wie für die Veranstaltertätigkeit gelten.
[523] NEUNER, S. 21.
[524] GIRSBERGER, Reisevertrag, S. 92; STAUDER, contrat de voyage, S. 411 f.; METZ, 2000, S. 8; BGE 115 II 474; BGer, 4C.125/2004; OGer BL, 29.1.1985, ASDA 1985/2, 84, 94. Im deutschen Recht wird ein Geschäftsbesorgungsvertrag i.S.d. § 675 BGB mit werkvertraglichen Elementen (so die ganz h.L. und bisherige Rechtsprechung; Nachweise bei FÜHRICH ERNST, Informationspflichten über Pass und Visumvorschriften, RRa 2006, 194–197, speziell S. 196 f. und dort Fn. 21 und 22) bzw. dienstvertraglichen Elementen (NEUNER, S. 2 ff.) angenommen. Die Frage, ob überhaupt ein Vertragsverhältnis zwischen dem Reisenden und dem eine Pauschalreise vermittelnden Reisebüro vorliegt, wurde neuerdings vom BGH, RRa 2006, 170, offengelassen; kritisch hierzu FÜHRICH (diese Fn.), S. 196 f.

Eine Vergütung erfolgte bisher vor allem indirekt über die Einbeziehung der Kommission des Reisevermittlers in den Preis des Leistungserbringers. Heute findet sich daneben oder sogar ausschliesslich eine vom Konsumenten direkt für die Beratung durch das Reisebüro zu zahlende Gebühr.[525] Da diese neuerdings die – aus Kundensicht bislang unentgeltliche – Tätigkeit vergüten soll, ist sie noch nicht üblich und bedarf der Vereinbarung (Art. 394 Abs. 3 OR). Die Vergütungspflicht muss somit klar, und sei es nur durch einen nicht übersehbaren Hinweis am Schalter, offengelegt werden und der Kunde, wenn auch konkludent, zustimmen.

II. Vermittlung von Pauschalreisen

Wird ein Reisebüro im Hinblick auf die Buchung einer Pauschalreise tätig, schliesst der Konsument zwei Verträge ab, nämlich den Reisevermittlungsvertrag mit dem Reisebüro und, auf dessen Vermittlung hin, einen Pauschalreisevertrag mit dem Reiseveranstalter. Beide Anbieter trifft eine Reihe von Pflichten, die sich aus dem jeweiligen Vertragsverhältnis ergeben. Im Vordergrund steht die Pflicht des Reiseveranstalters, die vertraglich versprochenen Reiseleistungen zu erbringen. Ihr kommt er selbst oder mit Hilfe der für ihn tätigen Leistungsträger nach (Art. 14 Abs. 1). Das Reisebüro hingegen schuldet keine touristischen Leistungen im Rahmen einer Pauschalreise und erbringt diese auch nicht.

Das vom Konsumenten mit der Vermittlung beauftragte Reisebüro ist aber für den Veranstalter im Kundenverkehr tätig. Auf Grund der diesem gegenüber bestehenden Interessenwahrungspflicht (Art. 318c OR) wird es bei Vertragsanbahnung, -durchführung und -abwicklung eingeschaltet. Soweit es dabei Pflichten des Veranstalters wahrnimmt, handelt es als dessen Erfüllungsgehilfe (Art. 101 OR).

Daneben hat das Reisebüro gegenüber dem Konsumenten als seinem Auftraggeber eigene Interessenwahrungspflichten. Diese ergänzen die Pflichten des Veranstalters, so dass durch die Einschaltung des Reisebüros beim Abschluss eines Pauschalreisevertrags keine Schutzlücken entstehen. Im Falle eines Interessenkonfliktes, dem das Reisebüro angesichts seiner nach beiden Seiten bestehenden Interessenwahrungspflichten ausgesetzt sein kann, ist der getreuen und sorgfältigen Vermittlung (Art. 398 Abs. 2 OR) für den Konsumenten als typischerweise schutzwürdige Vertragspartei der Vorzug zu geben, zumal dieser die Interna, die zwischen Reisebüro und Veranstalter bestehen können, nicht kennt und auch nicht zu kennen braucht. Eigene wirtschaftliche Interessen, z.B. an einer möglichst hohen Kommissionierung, sind den Kundeninteressen unterzuordnen.[526]

---

[525] Siehe oben S. 380.
[526] METZ, 2000, S. 7.

C. Reisevermittlung

1. Handeln des Reisebüros für den Reiseveranstalter

Da dem Veranstalter das Verhalten des Reisebüros als seines Erfüllungsgehilfen bei der Wahrnehmung der ihm obliegenden Pflichten nach dem PRG zugerechnet wird, ist es auf Grund des Agenturvertrags verpflichtet, die ihm übertragenen Aufgaben so zu erfüllen, dass der Veranstalter nicht für Mängel einzustehen hat. Falls der Kundenverkehr dies erfordert, handelt das Reisebüro in aller Regel in direkter Stellvertretung für den Veranstalter (Art. 32 OR).[527]

Den umfassenden und spontan zu erfüllenden vorvertraglichen und vertraglichen Informationspflichten des Veranstalters (Art. 4–6)[528] kommt das Reisebüro dadurch nach, dass es dessen Informations-Unterlagen weiterleitet. Stellt es die Informationen aus eigener Kenntnis zur Verfügung oder ergänzt es unvollständige Unterlagen, wird es ebenfalls für den Veranstalter tätig.

Bei den Vertragsverhandlungen und beim Abschluss des Pauschalreisevertrags handelt das Reisebüro mit Vollmacht für den Reiseveranstalter. Dessen ARB werden nur Bestandteil des Vertrags, wenn die Einbeziehungsvoraussetzungen nach OR und PRG[529] erfüllt sind. Bei eingeschränkter Vollmacht etwa dahingehend, dass das Reisebüro keine Zusagen für Sonderwünsche machen darf, ist zu prüfen, ob nicht eine Zurechnung nach den Grundsätzen über die Anscheinsvollmacht erfolgen kann. Davon dürfte insbesondere dann auszugehen sein, wenn die Beschränkung für den Konsumenten nicht erkennbar sein konnte, z.B. weil sie in einer ARB-Klausel versteckt war.

In der Praxis beauftragt der Veranstalter häufig das Reisebüro, den Zahlungsverkehr mit dem Konsumenten abzuwickeln, also die Anzahlung und den Restbetrag des Reisepreises einzuziehen. Da in diesem Fall eine Inkassovollmacht besteht,[530] leistet der Konsument mit befreiender Wirkung an das Reisebüro. Entgegen Art. 418e Abs. 2 OR ist bei Fehlen einer Inkassobefugnis zumindest von einer Anscheinsvollmacht auszugehen, wenn die Notwendigkeit einer direkten Zahlung an den Veranstalter dem Konsumenten nicht klar mitgeteilt wurde, etwa durch Übergabe von auf ihn lautenden Einzahlungsscheinen. Kann die Entgegennahme der Zahlung durch das Reisebüro dem Veranstalter nicht zugerechnet werden, ist der Konsument nicht von seiner Zahlungspflicht befreit und riskiert, den Reisepreis nochmals zahlen zu müssen.[531]

Seine Pflicht, dem Konsumenten rechtzeitig die vollständigen Reisedokumente zu übergeben, kann der Veranstalter auch dadurch erfüllen, dass er sie ihm über das Reisebüro, bei dem die Pauschalreise gebucht wurde, zur Verfügung stellt. Auch hier handelt das Reisebüro als sein Erfüllungsgehilfe.

---

[527] METZ, 2000, S. 6; BGer, 4C.125/2004
[528] Siehe oben S. 319 ff., 326 ff.
[529] Siehe oben S. 323 ff.
[530] FÜHRICH, Reiserecht, S. 561; MK-TONNER, § 651a BGB N 57.
[531] Zur eventuellen Haftung des Reisevermittlers, siehe unten S. 394 f.

Erklärungen, die der Reisende vor, während oder nach der Reise abzugeben hat, sind grundsätzlich an seinen Vertragspartner, den Veranstalter, zu richten. Dies gilt z.B. für den Rücktritt vom Vertrag (Art. 10 Abs. 1 und 2) oder dessen Kündigung (Art. 13 Abs. 2), für die Entscheidung zugunsten einer Ersatzreise (Art. 10 Abs. 3), für Beanstandungen wegen Reisemängeln (Art. 12 Abs. 1) oder für die Geltendmachung von Ansprüchen (Art. 13, 14) sowie die Benennung eines Ersatzreisenden (Art. 17). Ob das Reisebüro zur Entgegennahme derartiger Erklärungen befugt ist,[532] hängt davon ab, ob es eine dahingehende Vollmacht besitzt[533] oder nur Empfangsbote ist. Im letzteren Fall würde den Konsumenten das Risiko der nicht rechtzeitigen Weiterleitung seiner Erklärungen an den Veranstalter treffen.

Hat der Veranstalter die Vertragsanbahnung und den Vertragsschluss an das Reisebüro übertragen, so darf ein redlicher Konsument davon ausgehen, dass es auch zur Entgegennahme von den Pauschalreisevertrag betreffenden Erklärungen befugt ist. Dies gilt erst recht, wenn das Reisebüro zusätzlich noch mit dem Inkasso betraut ist. Fehlt die Vertretungsmacht, ist die Erklärung dem Veranstalter jedenfalls nach den Grundsätzen der Anscheinsvollmacht wirksam zugegangen. Aus einer eventuell verspäteten Übermittlung der Erklärung durch das Reisebüro an den Veranstalter kann daher dem Konsumenten kein Nachteil entstehen. Gleiches muss auch gelten, wenn das Reisebüro nicht mit dem Veranstalter über einen Agenturvertrag verbunden ist, ändert sich doch aus Sicht des redlichen Dritten nichts. Die Zuständigkeit des Reisebüros für die Entgegennahme von Erklärungen des Konsumenten kann auch nicht durch eine Klausel in den ARB des Veranstalters beseitigt werden.[534]

2. Interessenwahrungspflichten gegenüber dem Kunden

Bei der Vermittlung einer Pauschalreise hat das Reisebüro die Interessen des Konsumenten getreu und sorgfältig wahrzunehmen (Art. 398 Abs. 2 OR). Diese eigenständigen, auf dem Auftrag beruhenden Pflichten betreffen alle Phasen von der Vertragsanbahnung bis zur Vertragsabwicklung und ergänzen die Pflichten, die der Veranstalter über das Reisebüro als seinen Erfüllungsgehilfen erfüllt.

---

[532] Zu dieser Problematik siehe die eingehende Analyse von Dewenter, S. 140ff., m.w.N. (zum deutschen Recht), der bei allen Erklärungen, ausser der Beanstandung von Mängeln, von einer Empfangszuständigkeit des Reisebüros ausgeht.

[533] Davon gehen Art. 12 Abs. 1 und Art. 418e Abs. 1 OR bei Beanstandungen wegen Mängeln aus. Vgl. auch Art. 10 Abs. 2. Nach BSK OR I-Wettenschwiler, Art. 418e N 2, gilt dies auch für andere Erklärungen wie die Anfechtung.

[534] Dewenter, S. 152.

C. Reisevermittlung

a) Beratungspflichten[535]

Der Konsument sucht die Vermittlung des Reisebüros, weil er auf dessen Marktübersicht und Fachkompetenz vertraut. Er möchte seine Vorstellungen von Art und Zuschnitt der Pauschalreise und eventuell vom Preis durch die fachmännische Beratung konkretisiert sehen. Inhalt und Ausmass der Beratung haben sich daher an den von ihm geäusserten oder erkennbaren Wünschen und Erwartungen zu orientieren.

Sind Reiseart (Badeurlaub), Reiseziel (Tunesien) und Reisezeit (Juni), gegebenenfalls nach Hinweisen[536] des Reisebüros, geklärt, erwartet der Konsument Hilfestellung bei der Auswahl des Reiseveranstalters. Zwar darf er nicht davon ausgehen, das Reisebüro werde ihm eine vollständige Übersicht über sämtliche Anbieter am Markt geben; vielmehr genügt eine repräsentative Auswahl.[537] Aber wenn das Reisebüro nur Angebote eines Veranstalters vermittelt oder wenn wichtige Anbieter des Reiseziellandes in seinem Sortiment fehlen, gehört es zu einer sorgfältigen Beratung, den Konsumenten ungefragt darauf hinzuweisen.[538] Auch darf es nicht verschweigen, dass ein Veranstalter eine identische Reise zu unterschiedlichen Preisen anbietet, um mehrere Kundensegmente zu erreichen.[539] Hat der Konsument Sonderwünsche (z.B. Sportanlagen, Rollstuhlgängigkeit des Hotels) geäussert, ist das Reisebüro verpflichtet abzuklären, ob Veranstalter, die im Übrigen den Vorstellungen des Kunden entsprechen, über die gewünschten Einrichtungen verfügen.

Der Preis der Reise ist zwar ein wichtiger, aber nicht immer der einzige Faktor, auf Grund dessen sich ein Kunde für eine Reise eines bestimmten Anbieters entscheidet. Man wird daher nicht annehmen können, eine getreue Beratung erfordere, dass das Reisebüro ungefragt nur den billigsten Veranstalter vorschlägt. Tut der Konsument aber in klarer Weise kund, dass der Preis für ihn ein wichtiger Entscheidungsparameter ist, hat es den billigsten Anbieter am Markt bzw. aus seinem Sortiment, wenn es auf diese Begrenzung seines Angebots hingewiesen hat, anzugeben.[540] Bei der Frage, was das billigste Angebot für die gewünschte Reise ist, muss berücksichtigt werden, dass unter Umständen kleine Unterschiede in den Leistungen bestehen oder verschiedene Fluggesellschaften in Betracht kommen. Liegen die Reisen mehrerer Anbieter insgesamt im selben Preisbereich, reicht es

---

[535] DEWENTER, S. 59 ff.; NIES IRMTRAUT, Die Beratungspflichten des Reisebüros, RRa 1997, 211–216; TAMM, S. 329–337.
[536] Bereits in dieser Phase hat das Reisebüro Hinweispflichten auf Umstände, die ein durchschnittlicher Konsument nicht zu kennen braucht, z.B. dass – je nach Reiseziel – die gewünschte Reisezeit in die Periode des Ramadan oder der Monsunregen fällt.
[537] Mit einer Beschränkung der Vorschläge auf die Veranstalter, die ihm die höchste Kommission bieten, würde allerdings das Reisebüro seine Interessenwahrungspflicht verletzen.
[538] DEWENTER, S. 65.
[539] Die Reise wird vom Veranstalter selbst als Exklusivreise angeboten und von einer Tochtergesellschaft als preiswertes Sonderangebot. Vgl. DEWENTER, S. 70 f.
[540] DEWENTER, S. 62 ff., m.w.N.; TAMM, S. 332; MK-TONNER, § 651a BGB N 54.

aus, wenn das Reisebüro dem Konsumenten Alternativen nennt, unter denen dieser dann seine Entscheidung treffen kann.

Auch wenn feststeht, mit welchem Veranstalter der Konsument reisen will, ist sein Beratungsbedarf noch nicht beendet. Für ihn sind die Preismodalitäten, die sich aus den unterschiedlichsten Buchungsvarianten ergeben, nicht immer durchsichtig. Man denke an Preise, deren Höhe vom jeweiligen Abflughafen (Basel oder Zürich) oder von der Abflugzeit abhängt. Im Gegensatz zum Konsumenten verfügt das Reisebüro über die nötige Sachkunde, die Preisvarianten leicht festzustellen und auszurechnen. Es hat ihn daher auf die Auswirkungen der Buchungsalternativen auf den Reisepreis hinzuweisen.[541]

b) Informationspflichten[542]

Es ist Sache des Veranstalters, den Informationspflichten des PRG zur Pauschalreise nachzukommen, wobei er sich des Reisebüros als seines Erfüllungsgehilfen bedienen kann.[543] Ob darüber hinaus das die Pauschalreise vermittelnde Reisebüro eigene, aus der auftragsrechtlichen Interessenwahrungspflicht ableitbare Informationspflichten treffen, ist problematisch, haftet doch dem Konsumenten bei Informationsmängeln der Reiseveranstalter selbst. Die Frage stellt sich vor allem bezüglich der Information über Einreisevorschriften (Pass, Visum, Impfungen). Geht man aber davon aus, dass der Konsument das Reisebüro bei der Wahl seiner Pauschalreise eingeschaltet hat, weil er auf dessen Sachkunde vertraut, für deren Inanspruchnahme er jetzt auch eine Vergütung zu zahlen hat, so entspricht es seinem legitimen Erwartungshorizont, über diese Fragen vollständig und korrekt informiert zu werden, und zwar vom Reisebüro, wenn der Veranstalter keine, unvollständige oder falsche Angaben macht.[544] Die Annahme einer eigenen Informationspflicht des Reisebüros ist insbesondere bei einer Insolvenz des Reiseveranstalters von praktischer Bedeutung.

Die Interessenwahrungspflicht des Reisebüros beinhaltet ferner, den Konsumenten über Umstände zu informieren, die für den Vertragsschluss mit dem Reiseveranstalter wichtig sind, die er aber nicht kennt. Dazu gehört auch dessen Bonität. Das Reisebüro muss daher über das Bestehen[545] oder Fehlen einer Insol-

---

[541] DEWENTER, S. 70f.
[542] Zu den Kriterien einer Präzisierung der Informationspflichten siehe TAMM, S. 331f.
[543] Siehe oben S. 383ff.
[544] So wohl METZ, 2000, S. 13f.; differenzierend, noch auf den Kenntnisstand des Reisenden abstellend, STAUDER, contrat de voyage, S. 413f. Die ganz h.L. in Deutschland spricht sich für eine eigenständige Informationspflicht des Reisebüros aus. Siehe nur FÜHRICH (Fn. 524), S. 194–197, m.w.H. in Fn. 21 zur h.L. und 22 zur Rechtsprechung; TAMM, S. 332–334; a.A. jetzt BGH, RRa 2006, 170, 172; hierzu TONNER KLAUS/SCHULZ DANIELA, Die Haftung des Reisebüros – von der BGH-Entscheidung vom 23. April 2006 zur Reform der Pauschalreise-Richtlinie, RRa 2007, 50–57.
[545] Einschliesslich Art und eventueller Einschränkungen der Absicherung.

venzabsicherung des Veranstalters i.S.v. Art. 18 informieren,[546] und zwar unabhängig davon, ob dieser seiner eigenen Mitteilungspflicht nachkommt oder nicht.[547] Es hat insoweit eine Nachforschungspflicht, um seiner Informationspflicht genügen zu können.

Wusste das Reisebüro von einem drohenden Insolvenzrisiko des Veranstalters oder hätte es davon angesichts der branchenintern zirkulierenden Informationen Kenntnis haben können, muss es den Konsumenten unterrichten. Dies gilt auch dann, wenn eine Insolvenzabsicherung vorhanden ist,[548] da diese nicht alle Insolvenzrisiken abdeckt.[549] Hingegen braucht das Reisebüro nicht generell die Bonität eines Reiseveranstalters zu prüfen, wenn kein konkreter Anlass zu Zweifeln besteht.[550]

Weiter darf ein Konsument erwarten, dass ihn das Reisebüro über ihm meist unbekannte finanzielle Risiken und die Möglichkeiten, sich gegen sie durch Versicherungen abzusichern, aufklärt. Zu denken ist an Reiserücktrittskosten-, Annullierungskosten- oder Rückreisekostenversicherungen,[551] sofern eine dahingehende Information durch den Veranstalter nicht erfolgt ist (Art. 5 lit. e).[552]

Nach Art. 11 i.V.m. Art. 10 Abs. 2, 2 lit. c S. 2 und lit. d VO (EG) Nr. 2111/2005 ist der Vermittler eines Flugs im Rahmen einer Pauschalreise neben dem Reiseveranstalter zur Information des Konsumenten über die Identität des den Flug effektiv ausführenden Luftfahrtunternehmens verpflichtet.[553]

c) Sonstige Interessenwahrungspflichten

Weitere Interessenwahrungspflichten des Reisebüros als Vermittler bestehen zunächst immer dann, wenn es bei Vertragsschluss und Vertragsabwicklung zwar für den Veranstalter als Erfüllungsgehilfe tätig wird, sein Handeln aber mangels Vollmacht oder Rechtsschein einer solchen Vollmacht diesem nicht zugerechnet werden kann.[554] So hat es das in der Buchung liegende Angebot des Konsumenten an den Veranstalter zum Abschluss eines Pauschalreisevertrags einschliesslich der geäusserten Sonderwünsche unverzüglich weiterzuleiten[555] und die Annahme oder

---

[546] METZ, 2000, S. 12.
[547] Siehe oben S. 322.
[548] TAMM, S. 330.
[549] Siehe oben S. 370, 372 f.
[550] DEWENTER, S. 66 ff.
[551] Hierzu METZ, 2001, S. 13 ff.; DERS., 2002, S. 10 f.
[552] METZ, 2000, S. 15.
[553] Das Luftfahrtunternehmen bzw. der Reiseveranstalter haben das vermittelnde Reisebüro über die Identität des ausführenden Luftfahrtunternehmens zu unterrichten. Erfolgt dies nicht und informiert das Reisebüro deshalb nicht den Reisenden, unterliegt es keinen Sanktionen; Art. 11 Abs. 4 und 5 VO (EG) Nr. 2111/2005.
[554] TAMM, S. 334 f.; vgl. auch STAUDER, contrat de voyage, S. 415.
[555] DEWENTER, S. 89; TAMM, S. 330.

Ablehnung des Angebots[556] ebenso wie die Reisebestätigung diesem zukommen zu lassen.[557] Die Reiseunterlagen muss das Reisebüro, falls diese vom Veranstalter nicht direkt an den Konsumenten versandt werden, auf ihre Vollständigkeit und Richtigkeit hin überprüfen und sie anschliessend dem Kunden rechtzeitig vor der Abreise weitergeben.[558] Hat das Reisebüro keine Inkassovollmacht, muss es Zahlungen des Kunden ablehnen[559] und diesem mitteilen, an welchen Veranstalter und auf welche Art und Weise die Zahlung erfolgen soll.[560] Geht man davon aus, dass das Reisebüro für die Entgegennahme von die Pauschalreise betreffenden Erklärungen keine Vollmacht besitzt, hat es den Konsumenten, der ihm gegenüber eine Erklärung abgeben will, entsprechend zu informieren und an den Veranstalter zu verweisen.[561]

Ob diese Interessenwahrungspflichten vom Reisebüro auch dann wahrgenommen werden müssen, wenn es mit Vollmacht handelt, mag fraglich erscheinen, wird doch sein Verhalten dem Veranstalter zugerechnet, der dem Reisenden im Falle eines Schadens wegen nicht korrekter oder nicht rechtzeitiger Übermittlung von Erklärungen, Dokumenten oder Zahlungen haftet. Diese für den Konsumenten auf den ersten Blick günstige Rechtslage trägt jedoch nicht genügend seinen legitimen Erwartungen Rechnung, bei Vertragsabschluss und Vertragsabwicklung auf die fachmännische Unterstützung des Reisebüros zählen und gegen dieses vorgehen zu können, wenn es seine Interessen nicht getreu und sorgfältig wahrnimmt.[562] Folglich treffen das Reisebüro grundsätzlich dieselben Pflichten, ob es Vollmacht besitzt oder nicht, ausgenommen bei Entgegennahme von Zahlungen und Erklärungen.[563] Besteht Vollmacht, sind diese an den Veranstalter weiterzuleiten; fehlt Vollmacht, muss das Reisebüro den Kunden an den Veranstalter verweisen.

---

[556] TAMM, S. 334; DEWENTER, S. 108.
[557] Hat das Reisebüro direkten Zugang zum elektronischen Buchungssystem des Veranstalters, wird die Weiterleitung von Angebot und Annahme überflüssig. Die Pflicht, dem Konsumenten die Reisebestätigung zukommen zu lassen, bleibt dennoch bestehen.
[558] METZ, 2000, S. 19; TAMM, S. 334; DEWENTER, S. 109 f.
[559] Falls es Zahlungen dennoch entgegennimmt, ist es zur unverzüglichen Weiterleitung an den Veranstalter verpflichtet; vgl. GIRSBERGER, Reisevertrag, S. 93; DEWENTER, S. 126.
[560] TAMM, S. 335.
[561] TAMM, S. 335; DEWENTER, S. 154 ff.
[562] Vgl. zur Interessenlage DEWENTER, S. 70. Nach BGHZ 82, 219, steht die Haftung des Veranstalters einer Eigenhaftung des Reisebüros wegen Beratungsmängeln nicht entgegen.
[563] TAMM, S. 334 f.; DEWENTER, S. 89 ff. (Reiseanmeldung), S. 108 (Reisebestätigung), S. 109 f. (Reiseunterlagen), S. 153 f. (Erklärungen), aber keine Pflicht zur Weiterleitung von Zahlungen (S. 124 ff.).

III. Vermittlung einzelner Reiseleistungen

Die Tätigkeit eines Reisebüros bei der Vermittlung einer oder mehrerer einzelner nicht zu einem kohärenten Ganzen gebündelter Reiseleistungen beruht auf einem Reisevermittlungsvertrag. Wie bei der Buchung einer Pauschalreise vertraut der Konsument auf die Marktübersicht und die Fachkenntnisse des Reisebüros, das ihn bei Auswahl und Buchung von Reiseleistungen unterstützen soll. Er erwartet entscheidungsrelevante Informationen, professionelle Beratung und korrekte Buchung. Der Vertrag zur Vermittlung von einzelnen Reiseleistungen ist ein entgeltlicher Auftrag.[564]

Das Reisebüro ist häufig mit den Leistungserbringern, vor allem Beförderungsunternehmen und Hoteliers, durch einen Agentur-, zum Teil auch durch einen Mäklervertrag verbunden, der es zur Wahrung ihrer Interessen verpflichtet. Insoweit kann eine Konflikt mit den nach dem Reisevermittlungsvertrag zu wahrenden Kundeninteressen auftreten. Wie bei der Vermittlung von Pauschalreisen ist auch hier den Interessen der Konsumenten der Vorzug zu geben. Insbesondere hat das Reisebüro eigene wirtschaftliche Interessen, etwa an hoher Kommissionierung, hintanzustellen.[565] Zunehmend werden Reisebüros aber auch ohne vertragliche Bindung an Leistungserbringer allein im Interesse ihrer Kunden tätig.

Durch die Vermittlung des Reisebüros tritt der Reisende in vertragliche Beziehungen zu einem oder mehreren Leistungserbringern. Diese allein haften ihm bei Nichterfüllung oder sonstigen Mängeln der Leistungen; das Reisebüro als blossen Beauftragten aus dem Reisevermittlungsvertrag trifft insoweit keine Einstandspflicht. Im Gegensatz zum Pauschalreisevertrag, bei dem Konsumenten in der Person des Veranstalters eine haftbare Person auch für nicht ordnungsgemässe Erbringung der einzelnen Reiseleistungen durch die Leistungsträger zur Verfügung steht (Art. 13, 14–16), ist seine Position bei der Reisevermittlung schwächer, muss er doch versuchen, seine Rechte gegenüber den häufig im Ausland befindlichen Leistungserbringern durchzusetzen. Die hierbei auftretenden Probleme des internationalen Privat- und Prozessrechts können den Zugang zum Recht in der Praxis erheblich erschweren.

1. Preisangabe bei Individualreisen

Bei der Vermarktung von einzelnen Reiseleistungen hat das Reisebüro die Vorschriften der Preisbekanntgabeverordnung zu beachten (Art. 10 Abs. 1 lit. o PBV). So muss es, gleich welcher Werbeträger eingesetzt wird,[566] sofern ein Preis

---

[564] Siehe oben S. 381f.
[565] Siehe oben S. 382.
[566] Also auch bei Werbung im Fernsehen, per Teletext oder Internet.

genannt wird, den effektiv zu zahlenden Gesamtpreis angeben (Art. 13 und 14 PBV). Dazu gehören alle obligatorischen Gebühren, Abgaben, Zuschläge, Taxen, usw. (Art. 10 PBV) sowie sämtliche für den Kunden wesentliche Informationen zur Leistung.[567] Die Werbung muss weiter bekanntmachen, «wo und über welchen Vertriebskanal das Reiseangebot zum angegebenen Preis erworben werden kann». Die zusätzlich erhobenen Beratungs- oder Servicegebühren sind in einer Preisliste den Kunden im Reisebüro gut lesbar zugänglich zu machen und ebenfalls in der Werbung zu nennen.

2. Interessenwahrungspflichten

Das Reisebüro muss die vom Kunden gewünschte Reservierung eines Fluges, Hotels oder Mietwagens gemäss seinen Weisungen vornehmen (Art. 397 Abs. 1 OR). Der Auftrag, bestimmte einzelne Reiseleistungen zu besorgen, schliesst die Bevollmächtigung des Reisebüros ein, die entsprechenden Verträge im Namen und für Rechnung des Kunden abzuschliessen (Art. 396 Abs. 2, 32 Abs. 1 OR).

Das Reisebüro übt seine Tätigkeit persönlich aus. Eine Substitution[568] ist nur zulässig, wenn es vom Kunden hierzu ermächtigt wird oder falls die Durchführung des Auftrags ohne Einschaltung eines Dritten nicht möglich wäre (Art. 398 Abs. 3 OR). Dies könnte z.B. der Fall sein, wenn das Reisebüro die gewünschte Buchung nur über einen Vermittler im Land des Leistungserbringers vornehmen kann, weil dessen Intervention vorgeschrieben ist,[569] oder weil es ihm an der notwendigen Kenntnis des Leistungsangebots im Zielland der Reise fehlt.[570] Bei befugter Substitution haftet das Reisebüro nur für sorgfältige Auswahl und Instruktion des Dritten (Art. 399 Abs. 2 OR). Erfolgt die Substitution aber im Interesse des Reisebüros und gibt es die Leistung des Dritten als seine eigene aus, indem es dessen Einschaltung nicht offenlegt, ist die Haftungsbeschränkung des Art. 399 Abs. 2 OR nicht gerechtfertigt.[571] Das Reisebüro trifft dann die volle Einstandspflicht für eventuelle Mängel bei der Auftragsausführung durch den Dritten (Art. 398 Abs. 1 OR). Die vielfach noch übliche Beauftragung von Korrespondenz-Reisebüros mit der Beschaffung von Flugscheinen, Hotelvouchern oder Eintrittskarten erfüllt häufig nicht die restriktiven Voraussetzungen einer befugten Substitution, zumal das beauftragte Reisebüro dank der modernen Telekommunikationsmittel Reservierungen auch in fernen Ländern zunehmend ohne grössere Schwierigkeiten selbst vornehmen kann.

---

[567] Einzelheiten im Informationsblatt des SECO zur Bekanntgabe und Werbung für Reiseangebote vom 1.6.2006.
[568] Zur Abgrenzung vom Erfüllungsgehilfen siehe BSK OR I-WEBER, Art. 398 N 3.
[569] Zu denken ist z.B. an die staatlichen Tourismusbehörden der früheren Ostblockländer, ohne die bestimmte touristische Leistungen nicht erhältlich waren.
[570] STAUDER, contrat de voyage, S. 416.
[571] BSK OR I-WEBER, Art. 399 N 3f.

C. Reisevermittlung

Inhalt und Umfang der Interessenwahrungspflichten richten sich nach der Art der gewünschten Reiseleistung, den hierzu vom Kunden gemachten Angaben und Weisungen und nach dessen für das Reisebüro erkennbaren legitimen Erwartungen.

a) Beratungspflichten

Wenn der Reisende seine Vorstellungen von der Reiseleistung präzise äussert (Flug in Economy Class mit Fluggesellschaft X von A nach B zum Datum y; Hotel Sonnenschein, Doppelzimmer mit Balkon zu den Daten x–y), besteht kein Beratungsbedarf. Kann allerdings die Buchung nicht entsprechend den konkreten Weisungen vorgenommen werden, ist das Reisebüro grundsätzlich gehalten, den Kunden darüber zu informieren und mit Hinweis auf mögliche Änderungen, etwa der Daten, neue Weisungen einzuholen.

Formuliert dagegen der Kunde seine Wünsche nur allgemein (Flug nach X für zwei Wochen im September), erwartet er konkrete Vorschläge als Grundlage für seine Entscheidung, übersieht er selbst doch kaum die Angebote am Markt. Wird das Reiseziel nur von wenigen Fluggesellschaften angeflogen, sollten ihm die Reisemöglichkeiten mit ihnen unterbreitet werden. Finden sich bestimmte Luftfahrtunternehmen nicht im Sortiment des Reisebüros oder sind Flüge bei Fluggesellschaften, wie z.B. bei manchen Anbietern von *Low Cost*-Flügen, nicht über Vermittler buchbar, wird das Reisebüro den Kunden auf diese Einschränkungen hinweisen. Gibt es wie bei Flügen nach Übersee vielfache Flugmöglichkeiten, muss sich die Beratung nicht auf sämtliche Kombinationen von Flügen erstrecken; vielmehr dürfte eine repräsentative Auswahl der Angebote der wichtigsten Fluggesellschaften ausreichen.

Wie bei der Buchung von Pauschalreisen verletzt das Reisebüro auch bei der Vermittlung von einzelnen Reiseleistungen nicht seine Beratungspflicht, wenn es dem Reisenden ungefragt nicht den billigsten Anbieter nennt. Anders ist die Rechtslage, wenn der Kunde danach gefragt hat.[572] Dabei ist zu beachten, dass es unter Umständen bei manchen Fluggesellschaften Sondertarife für Jugendliche und Senioren oder zeitlich beschränkte Sonderangebote mit tieferen Preisen als nach dem Normaltarif gibt.[573] Weiter können sich je nach Buchungs- und/oder Reisetermin, Abflughafen, Nonstop- oder Direktflügen unterschiedliche Preise ergeben. Der Pflicht, den billigsten Anbieter zu nennen, kann das Reisebüro in solchen Fällen dadurch nachkommen, dass es dem Kunden verschiedene Buchungsvarianten, die in etwa derselben Preiskategorie angehören, zur Auswahl vorlegt. Um ihm eine überlegte Entscheidung zu ermöglichen, hat es über die mit Buchungsvarianten verbundenen Umbuchungs- und Annullierungsbeschrän-

---
[572] FÜHRICH, Reiserecht, S. 556.
[573] METZ, 2000, S. 21.

kungen und die damit potenziell verbunden zusätzlichen Kosten zu informieren.[574]

Die Buchung, d.h. der Abschluss des Vertrages mit dem Leistungserbringer im Namen und für Rechnung des Kunden muss seiner Entscheidung in allen Punkten entsprechen.

b) Informationspflichten

Die Unternehmen, die die vermittelten Leistungen erbringen, unterliegen im Gegensatz zum Reiseveranstalter in der Regel keinen Informationspflichten. Ebenso wenig gelten die spezifischen Informationsgebote des PRG für das Reisebüro als Vermittler von einzelnen Reiseleistungen.[575] Dennoch trifft nicht den Reisenden das Risiko der Informationsbeschaffung; vielmehr fordert die Interessenwahrungspflicht des Reisebüros, dass es ihn mit den relevanten Informationen versorgt. Fraglich ist daher nicht das Bestehen, sondern nur das Ausmass dieser Informationspflicht.

Der Reisende hat einen Anspruch zu erfahren, mit wem das Reisebüro in seinem Namen den Vertrag abgeschlossen hat. Ihm ist die vollständige und genaue Identität und Adresse seines Vertragspartners zu nennen, damit er von diesem Erfüllung verlangen oder Schadenersatz fordern sowie, falls erforderlich, gegen ihn klageweise vorgehen kann. Die blosse Nennung eines Kontaktpartners des Reisebüros im Ausland reicht nicht aus. Ferner teilt das Reisebüro dem Reisenden den Preis der vermittelten Reiseleistung, getrennt von den Kosten eventueller Verwendungen (Art. 402 Abs. 1 OR), sowie die eigene Vergütung mit. Dabei sind die Originalpreise des Leistungserbringers, gegebenenfalls in einer anderen Währung als dem Schweizer Franken, zugrunde zu legen.[576] Die Praxis entspricht diesem Transparenzerfordernis nicht immer.

Die Interessenwahrungspflicht des Reisebüros verlangt weiter, den Kunden darauf hinzuweisen, dass die Leistungserbringer nicht zur Insolvenzabsicherung verpflichtet sind und daher das Risiko besteht, dass, kommen sie in Zahlungsschwierigkeiten, die versprochenen Leistungen nicht erbracht und bereits geleistete Zahlungen nicht zurückerstattet werden.[577] Dies bedeutet aber nicht, das Reisebüro müsse die Bonität der die Reiseleistungen erbringenden Unternehmen überprüfen, wenn dazu kein hinreichender Anlass besteht, und so das Insolvenzrisiko, das grundsätzlich der Kunde zu tragen hat, mindern.

---

[574] METZ, 2000, S. 21.
[575] Sie können auch nicht im Wege der Analogie auf ihn angewandt werden; vgl. DEWENTER, S. 119.
[576] Die Information über die Identität des Leistungserbringers und die Aufschlüsselung der Preise und Kosten liegen auch im Interesse des Reisebüros als blossem Reisevermittler, kann es doch so verhindern, dass beim Kunden der berechtigte Eindruck entsteht, es biete die Leistung als eigene an mit der Folge einer Haftung als Veranstalter.
[577] DEWENTER, S. 118f.

C. Reisevermittlung

Der Reisende ist stets und nicht nur, wenn er erkennbar nicht oder nur wenig reiseerfahren ist, ungefragt auf die Existenz eventueller Einreise- und Gesundheitsvorschriften (Pass, Visum, Impfung, sonstige behördliche Beschränkungen, usw.) hinzuweisen.[578] Einzelheiten muss das Reisebüro dann auf Verlangen mitteilen. Da insbesondere bei Flügen je nach der Buchungsklasse unterschiedlich hohe Kosten bei Annullierung oder Umbuchung entstehen, muss der Reisende auf die Möglichkeit von Versicherungen zur Abdeckung dieser Risiken aufmerksam gemacht werden.[579]

Auch bei der blossen Vermittlung einer Flugreise hat das Reisebüro dem Reisenden die Identität des den Flug effektiv ausführenden Luftfahrtunternehmens zu nennen (Art. 11 i.V.m. Art. 10 Abs. 2, 2 lit. c S. 2 und lit. d VO (EG) Nr. 2111/2005).

Da man von einem Individualreisenden ebenso wenig wie von einem Pauschalreisenden die umfassende Kenntnis von mit der Reise verbundenen Gefahren (als Folge z.B. von Unwetterkatastrophen, politischen Wirren oder terroristischen Anschlägen) voraussetzen kann, treffen das Reisebüro spezifische Informationspflichten vor der Buchung dann, wenn diese Gefahren über das allgemeine Lebensrisiko hinausgehen und unmittelbar drohen.[580] Bei der Frage, bei welchen Gefahren und ab welcher Intensität diese Pflichten bestehen, kann auf die für die Informationspflicht des Reiseveranstalters geltenden Kriterien verwiesen werden.[581] Gleiches gilt, wenn die Gefahren nach der Buchung, aber vor Reisebeginn auftreten.

c) Sonstige Interessenwahrungspflichten

Das Reisebüro ist auf Grund seiner Sachkunde, auf die der Reisende vertraut, verpflichtet, die Reiseunterlagen (Flugscheine, andere Beförderungsdokumente, Hotelvouchers, usw.), die es vom Leistungserbringer erhalten hat, auf ihre Vollständigkeit und Richtigkeit hin zu überprüfen[582] und anschliessend an den Reisenden weiterzuleiten (Art. 400 Abs. 1 OR). Ist es selbst zur Ausstellung derartiger Reisedokumente ermächtigt, etwa wenn es eine IATA-Lizenz besitzt, sind diese ebenfalls rechtzeitig dem Reisenden zu übermitteln.[583]

Bei Zahlungen für die einzelnen Reiseleistungen wird unterschieden: Sollen diese erst später direkt gegenüber dem Leistungserbringer erfolgen, wie es z.B. bei Hotelreservierungen oder Automieten üblich ist, hat das Reisebüro keine Inkassovollmacht und darf die Zahlungen nicht entgegennehmen. Verlangt der Leis-

---

[578] METZ, 2000, S. 13f.; STAUDER, contrat de voyage, S. 413f.; DEWENTER, S. 121; FÜHRICH (Fn. 524), S. 197; DERS., Reiserecht, S. 553f.; NEUNER, S. 23f. Zu den Informationserfordernissen im Einzelnen siehe oben S. 321.
[579] METZ, 2000, S. 15; a.A. FÜHRICH, Reiserecht, S. 554.
[580] METZ, 2000, S. 10f.; STAUDER, contrat de voyage, S. 414; TAMM, S. 334.
[581] Siehe oben S. 322f.
[582] METZ, 2000, S. 19; NIES (Fn. 535), S. 215; FÜHRICH, Reiserecht, S. 557.
[583] STAUDER, contrat de voyage, S. 414; TAMM, S. 334.

tungserbringer Vorauszahlung, etwa bei Flügen, ist das Reisebüro, jedenfalls wenn ein Agenturvertrag besteht, zum Inkasso des Preises bevollmächtigt. Der Reisende kann dann mit befreiender Wirkung an dieses leisten. Besteht keine Inkassozuständigkeit, teilt das Reisebüro dem Reisenden mit, wie er seiner Zahlungspflicht nachkommen kann bzw. leitet die Zahlung, falls es sie dennoch entgegennimmt, unverzüglich an den Leistungserbringer weiter.

Zur Interessenwahrung gehört schliesslich die Rechenschaftsablegung über die Ausführung der Reisevermittlung (Art. 400 Abs. 1 OR). Sie dient als Grundlage zum einen der sachgerechten Kontrolle der Tätigkeit des Reisebüros und zum anderen der Erstattung der «Auslagen und Verwendungen» durch den Reisenden (Art. 402 Abs. 1 OR). Das Reisebüro muss zu diesem Zweck den Preis der Reiseleistung,[584] den er dem Leistungserbringer gezahlt hat, und die sonstigen Kosten, also z.B. neben Telekommunikationskosten die einem Dritten eventuell zu zahlende Vergütung für dessen Intervention bei der Reservierung der Reiseleistung, präzise und grundsätzlich getrennt von der eigenen Vergütung angeben.

IV. Verantwortlichkeit

Das Reisebüro haftet dem Reisenden ausschliesslich wegen Verletzung der auftragsrechtlichen Pflichten bei der Vermittlung von Pauschalreisen oder einzelnen Reiseleistungen. Seine Verantwortlichkeit ist daher ausgeschlossen, wenn die vermittelte Leistung nicht vertragskonform durchgeführt wird. Dies gilt auch dann, wenn es für den Reiseveranstalter dem Reisenden gegenüber Pflichten wahrnimmt, da es insoweit nur als dessen Erfüllungsgehilfe handelt.[585]

Die ordnungsgemässe Reservierung einer Reiseleistung setzt die Beachtung bestimmter Beratungs- und Informationspflichten voraus. Sie betreffen den Kern der Tätigkeit des Reisebüros im Interesse des Reisenden und sind daher neben der Pflicht zur sorgfältigen Ausführung des Buchungsauftrags ebenfalls als Hauptpflichten zu qualifizieren.[586] Der Sorgfaltsmassstab stellt auf das Verhalten ab, das man von einem professionell handelnden Reisebüro objektiv erwarten darf. Hier werden hohe Ansprüche zugrunde gelegt, zumal die Reisebüros die Generalisierung der Vergütung ihrer Tätigkeit durch den Reisenden mit ihrer besonderen Fachkenntnis als Vermittler von Reiseleistungen rechtfertigen.[587] Dieser Sorgfaltsmassstab unterliegt keiner privatautonomen Gestaltung und kann daher nicht durch Vertragsklauseln reduziert werden.[588]

---

[584] METZ, 1998, S. 2; NEUNER, S. 24.
[585] Siehe oben S. 383 f.
[586] NEUNER, S. 22 f.
[587] STAUDER, contrat de voyage, S. 416.
[588] BSK OR I-WEBER, Art. 398 N 34.

Die vertragliche Haftung des Reisebüros ist Verschuldenshaftung mit Beweislastumkehr (Art. 97 Abs. 1 OR). Die Einstandspflicht besteht auch für die Erfüllungsgehilfen (eigenes Personal und beigezogene Dritte, Art. 399 Abs. 1, 101 OR). Nur im Fall der befugten Substitution beschränkt sich die Haftung auf die sorgfältige Auswahl und Instruktion des Dritten (Art. 399 Abs. 2 OR). Eine Haftungsbegrenzung kann insoweit vereinbart werden, als sie die Ebene der Vorwerfbarkeit betrifft. Die Einstandspflicht entfällt nur bei leichter Fahrlässigkeit des Reisebüros (Art. 100 Abs. 1 OR) und, entgegen Art. 101 Abs. 2 OR, seiner Erfüllungsgehilfen,[589] da ansonsten das Reisebüro jegliche Haftung für seine Angestellten ausschliessen könnte und der Kunde völlig ungeschützt dastände.

Die Ansprüche des Reisenden gegen das Reisebüro verjähren in 10 Jahren (Art. 127 OR).

D. Überbuchung, Annullierung oder Verspätung von Flügen

Die auch in der Schweiz seit dem 1.12.2006 geltende VO (EG) Nr. 261/2004 über Ausgleichs- und Unterstützungsleistungen für Fluggäste im Fall der Nichtbeförderung und bei Annullierung oder grosser Verspätung von Flügen vom 11.2.2004[590] enthält gemäss Art. 1 Abs. 1 Mindestrechte für Fluggäste und ergänzt die Rechte, die einem Reisenden nach internationalem (MÜ)[591] und nationalem Recht (LTrV, PRG) zustehen (Art. 3 Abs. 6, Art. 12 VO). Die weder abdingbaren noch einschränkbaren Fluggastrechte (Art. 15 VO) betreffen drei häufige Fälle von Leistungsstörungen bei der Beförderung im Luftverkehr.

I. Anwendungsbereich

1. Sachlicher Anwendungsbereich

Die Verordnung gilt für alle Flüge, unabhängig davon, ob es sich um Linien- oder Charterflüge handelt und ob der Flug eine isolierte Einzelleistung darstellt oder Teil eines Leistungsbündels im Rahmen eines Pauschalreisevertrags ist.[592] Voraus-

---

[589] BSK OR I-Weber, Art. 398 N 34 f., m.w.N.
[590] In diesem Abschnitt mit der Kennzeichnung VO zitierte Artikel beziehen sich auf die EG-Verordnung Nr. 261/2004.
[591] Die VO ist mit dem MÜ vereinbar, siehe EuGH, 10.1.2006, *International Air Transport Association*, European Low Fares Airline Association/Department of Transport, Rs. C-344/04, Slg. 2006, I-403.
[592] Erwägungsgrund 5 VO.

setzung ist allerdings, dass der Flug auf einem Flughafen der EG oder der Schweiz angetreten wird. Der Zielort des Fluges kann ein Flughafen innerhalb der EG oder der Schweiz sein oder in einem Drittstaat liegen, wobei es unerheblich ist, wo das Luftfahrtunternehmen seinen Sitz hat (Art. 3 Abs. 1 lit. a VO). Weiter ist die Verordnung anwendbar, wenn ein Luftfahrtunternehmen der EG oder der Schweiz einen Flug aus einem Drittstaat an einen Zielort in der EG oder der Schweiz ausführt (Art. 3 Abs. 1 lit. b VO).[593] Da in dieser zweiten Hypothese allein das den Flug tatsächlich ausführende Luftfahrtunternehmen betroffen ist, entfallen die Fluggastrechte, wenn beispielsweise bei einem *Code-Sharing*-Abkommen zwischen einer schweizerischen Fluggesellschaft und einem Flugunternehmen eines Drittstaates das letztere den Flug vom Drittstaat in die Schweiz effektiv durchführt.

Schwierige und noch nicht geklärte Fragen ergeben sich, wenn der Flug aus mehreren Flugabschnitten besteht, oder wenn es sich um einen Hin- und Rückflug handelt, etwa ob die Verordnung auch für den zweiten Flugabschnitt oder den Rückflug gilt. Bei der Auslegung von Art. 3 Abs. 1 lit. a VO käme es nach der deutschsprachigen Fassung auf den Flug an, wohingegen die englische und französische Fassung auf den Flughafen abstellen,[594] ab dem der Fluggast abfliegt. Da die Verordnung die Stärkung der Fluggastrechte bezweckt,[595] dürfte den fremdsprachigen Fassungen der Vorzug zu geben sein.[596] Mehrheitlich geht auch die Rechtsprechung davon aus, dass es sich bei Flügen mit mehreren Flugabschnitten oder bei «Rundflügen» mit Hin- und Rückreise um einen einheitlichen Flug handelt. Wird ein solcher Flug auf einem Flughafen der EG oder der Schweiz angetreten, kann die Verordnung auch auf den zweiten Flugabschnitt oder auf die Rückreise angewendet werden.[597]

2. Persönlicher Anwendungsbereich

Anspruchsberechtigter ist der Fluggast, gleichgültig ob er Konsument oder beruflich Reisender ist. Hingegen gilt die Verordnung nicht für kostenlos oder zu nicht öffentlich verfügbaren reduzierten Tarifen Reisende. Gedacht ist hier in erster Linie an die Mitarbeiter von Fluggesellschaften oder Reisebüros (Art. 3 Abs. 3 S. 1 VO).[598] Pauschalreisende, die den Preis des Fluges, den der Veranstal-

---

[593] Vorbehalten bleibt der Fall, dass der Fluggast im Drittstaat bereits Ausgleichs- oder Unterstützungsleistungen erhalten hat.
[594] «Passengers departing from an airport»; «passagers en départ d'un aéroport».
[595] Erwägungsgründe 1 und 4 VO.
[596] In diesem Sinn SCHMID, Fluggastrechte, S. 262.
[597] FÜHRICH, Fluggastrechte, S. S 3; siehe auch die Nachweise zur Rspr. bei SCHMID, Fluggastrechte, S. 262. Allerdings dürfen im Drittstaat noch keine Unterstützungs- und Ausgleichsleistungen erbracht worden sein.
[598] Satz 2 stellt klar, dass die VO auf Reisende anwendbar ist, die mit Bonus-Meilen im Rahmen von Kundenbindungsprogrammen reisen.

D. Überbuchung, Annullierung oder Verspätung von Flügen

ter mit dem Luftfahrtunternehmen ausgehandelt hat, nicht kennen, sind aber anspruchsberechtigt, da der von ihnen über den Reiseveranstalter an das Luftfahrtunternehmen gezahlte Preis zumindest mittelbar öffentlich zur Verfügung steht.[599]

Um seine Rechte geltend machen zu können, muss der Fluggast zunächst über eine bestätigte Buchung für den Flug verfügen, d.h. über einen traditionellen Papier-Flugschein oder einen elektronischen Beleg, aus dem hervorgeht, dass die Buchung vom Luftfahrtunternehmen oder vom Pauschalreiseveranstalter registriert wurde (Art. 3 Abs. 2 lit. a i.V.m. Art. 2 lit. f und g VO). Die Tatsache, dass der Veranstalter oder ein Reisevermittler die Buchung nicht an das Luftfahrtunternehmen weitergeleitet hat, hat nicht zur Folge, dass der Fluggast seine Rechte verliert.[600] Ausserdem muss der Reisende sich rechtzeitig zur angegebenen Zeit oder bei Fehlen einer solchen Angabe spätestens 45 Minuten vor dem Abflug zur Abfertigung am Schalter einfinden (Art. 3 Abs. 2 lit. a VO).[601]

Anspruchsgegner ist allein das ausführende Luftfahrtunternehmen, ob zwischen ihm und dem Fluggast ein Vertrag besteht oder nicht. Hierzu zählen auch die *Low-cost*-Fluggesellschaften. Ein Reiseveranstalter, der den Flug nicht selbst durchführt, kann auf der Grundlage der VO vom Reisenden nicht in Anspruch genommen werden, denn die Verordnung knüpft an die Beförderung, nicht an den Vertrag an.[602] Damit hat der Reisende am Flughafen, wo er mit einer Nicht- oder verspäteten Beförderung konfrontiert wird, einen Ansprechpartner, an den er sich für die Unterstützungs- und Ausgleichsleistungen wenden kann.

II. Voraussetzungen der Ausgleichs-, Unterstützungs- und Betreuungsleistungen

Die Verordnung sieht Fluggastrechte bei Störungen der Beförderungsleistung vor und unterscheidet die Fälle der Nichtbeförderung des Fluggastes, der Annullierung und der grossen Verspätung von Flügen.

1. Nichtbeförderung

Als Nichtbeförderung gilt zum einen die Weigerung des Luftfahrtunternehmens, den Fluggast zu befördern, obwohl dieser über eine gültige Buchung verfügt und

---

[599] AG Düsseldorf, RRa 2007, 38; zustimmend SCHMID, Fluggastrechte, S. 262.
[600] Anders ist es, wenn der Veranstalter dem Konsumenten «unzureichende Reiseunterlagen» übergeben hat und das Luftfahrtunternehmen deshalb die Beförderung verweigert (Art. 2 lit. j VO). Hierzu MARCHAND, règlement, S. 272.
[601] Hierzu und zur Ausnahme nach lit. b eingehend MARCHAND, règlement, S. 273 f.
[602] FÜHRICH, Fluggastrechte, S. S 3.

sich rechtzeitig zur Abfertigung eingefunden hat (Art. 2 lit. j i.V.m. Art. 3 Abs. 2 VO)[603], und zum anderen die Verlegung auf einen anderen Flug, was auch immer der Grund hierfür sein mag (Art. 3 Abs. 2 lit. b VO).[604] Vom gebuchten Flug kann ein Reisender nur aus «vertretbaren Gründen» ausgeschlossen werden,[605] wenn z.B. sein Gesundheitszustand ein erhebliches Risiko für ihn oder andere Passagiere darstellt oder wenn er die Sicherheit des Luftverkehrs gefährdet (Art. 2 lit. j VO), nicht hingegen wegen technischer Defekte des Flugzeugs.

Hauptanwendungsfall der Nichtbeförderung ist die Überbuchung, die heute planmässig aus Rentabilitätsgründen erfolgt. Sie bleibt ein Fall der Vertragsverletzung, deren Folgen allerdings durch leicht durchsetzbare Ausgleichsleistungen gemildert werden sollen.[606] Eine Überbuchung bleibt selbst dann eine Nichtbeförderung und wird nicht zu einem Fall blosser Verspätung, wenn eine Ersatzbeförderung des Fluggastes stattfindet.[607]

2. Annullierung und Verspätung von Flügen

Unter Annullierung ist die endgültige Nichtdurchführung eines geplanten Fluges zu verstehen, für den zumindest ein Platz reserviert war.[608] Sie ist von der Verspätung zu unterscheiden, bei der der vorgesehene Flug zwar stattfindet, der Abflug aber um mindestens zwei Stunden verzögert ist. Die Abgrenzung ist wichtig, weil der Reisende bei Annullierung Anspruch auf Ausgleichsleistungen nach Art. 7 i.V.m. Art. 5 Abs. 1 lit. c VO geltend machen kann, hingegen nicht bei blosser – selbst grosser – Verspätung.

Wie die Abgrenzung vorzunehmen ist, ist sehr umstritten.[609] Auch eine längere Verzögerung der Abflugzeit, sogar bis zum nächsten Tag, soll noch keine Annullierung darstellen; vielmehr muss die Verspätung so gross sein, dass sie einer Nichtdurchführung des Fluges gleichkommt.[610] Ob man generell vom Übergang

---

[603] Hinweise zur Rspr. bei SCHMID, Fluggastrechte, S. 264.
[604] Unerheblich ist, ob die Umbuchung vom Flugreiseunternehmen oder vom Pauschalreiseveranstalter vorgenommen wurde. Nachweise zur Rspr. bei FÜHRICH, Fluggastrechte, S. S 5.
[605] Zu den «vertretbaren Gründen» siehe FÜHRICH, Fluggastrechte, S. S 4, m.H. zur Rspr.
[606] MARCHAND, règlement, S. 286; FÜHRICH, Fluggastrechte, S. S 4.
[607] FÜHRICH, Fluggastrechte, S. S 4f., m.H. zur Rspr.
[608] Art. 2 lit. l VO. Die VO ist nicht anwendbar, wenn der Flug im Rahmen einer Pauschalreise aus anderen Gründen annulliert wird (Art. 3 Abs. 6 S. 2 VO).
[609] Zur umfangreichen Rspr. siehe SCHMID, Fluggastrechte, S. 262 ff.; FÜHRICH, Fluggastrechte, S. S 8; siehe zu diesem Fragenkomplex den Vorlagebeschluss des BGH beim EuGH vom 17.7.2007, RRa 2007, 233–238.
[610] LG Darmstadt, RRa 2006, 227. Ebenso FÜHRICH, Fluggastrechte, S. S 8; vgl. auch SCHMID, Fluggastrechte, S. 263f., der im Anschluss an AG Frankfurt a.M., RRa 2007, 39, annimmt, bei einer längeren Verlegung der Startzeit nach hinten könne «der zeitliche Rahmen einer blossen Verspätung deutlich überschritten werden».

von einer Verspätung zu einer Annullierung sprechen darf, wenn ein bestimmter Zeitfaktor überschritten wird (x Stunden nach planmässiger Abflugzeit), erscheint fraglich, da so den Besonderheiten des konkreten Falles nicht hinreichend Rechnung getragen werden kann. Welche Kriterien aber für die Beurteilung herangezogen werden sollen, ist noch nicht geklärt. Zum Teil wird auf die Beibehaltung der ursprünglichen oder die Vergabe einer neuen Flugnummer für den schliesslich durchgeführten Flug abgestellt.[611] Dieses formale Merkmal kann jedoch nicht ausschlaggebend sein, da sich die Luftfahrtunternehmen durch die blosse Nichtänderung der Flugnummer ihrer Pflicht zu Leistung von Ausgleichszahlungen entziehen könnten.[612] Überhaupt dürfte ein einziges Kriterium kaum für eine zuverlässige Abgrenzung genügen; vielmehr sollten verschiedene Indizien, wie z.B. Dauer der Wartezeit, Ausstellen eines neuen Tickets und/oder einer neuen Bordkarte, Vergabe einer neuen Flugnummer, Änderung des Fluggeräts, Aushändigung des Reisegepäcks und Notwendigkeit eines neuen *Check-in*, für die Entscheidung im konkreten Fall herangezogen werden.[613]

III. Die Leistungspflichten des ausführenden Luftfahrtunternehmens

Erfolgt die Beförderung des Passagiers nicht (Nichtbeförderung, Annullierung des Flugs) oder nur verspätet (grosse Verspätung des Flugs), ist das ausführende Luftfahrtunternehmen verpflichtet, ihm Leistungen zu erbringen, die als Ausgleichs-, Unterstützungs- und Betreuungsleistungen bezeichnet werden und entsprechend den Besonderheiten der Beförderungsstörungen unterschiedlich ausgestaltet sind.

Damit die Reisenden ihre Rechte nach der Verordnung wirksam wahrnehmen können, ist das ausführende Luftfahrtunternehmen verpflichtet, ihnen einen «schriftlichen Hinweis», also eine Art Merkblatt auszuhändigen, das ihre Rechte auf Ausgleichs- und Unterstützungsleistungen bei Nichtbeförderung, Annullierung und Verspätung eines Flugs um mehr als zwei Stunden erläutert (Art. 14 Abs. 2 S. 1 VO).[614] Zu den Betreuungsleistungen fordert die Verordnung keine ausdrücklichen Angaben.[615] Ebensowenig brauchen die Unternehmen die Fluggäste auf ihr Recht hinzuweisen, Schadenersatzansprüche nach dem MÜ und der VO (EG) Nr. 2027/97 und, für die Schweiz, nach der LTrV geltend zu machen, die im Schadensfall die Leistungen nach der Passagierrechte-Verordnung ergänzen können.

---

[611] So AG Schöneberg, RRa 2006, 93
[612] AG Frankfurt a.M., RRa 2007, 39; zustimmend SCHMID, Fluggastrechte, S. 264.
[613] So AG Frankfurt a.M., RRa 2007, 39; SCHMID, Fluggastrechte, S. 264; FÜHRICH, Fluggastrechte, S. S 8.
[614] Ausserdem ist am Schalter ein deutlich lesbarer Hinweis über die Passagierrechte bei Beförderungsstörungen anzubringen, dessen Text in Art. 14 Abs. 1 VO vorgeschrieben ist.
[615] Kritik bei MARCHAND, règlement, S. 276.

1. Betreuungsleistungen

Während der Wartezeit, d.h. bis eine Lösung der Beförderungsstörung gefunden ist, hat das ausführende Luftfahrtunternehmen nach Art. 4 Abs. 3, 5 Abs. 1 lit. b, 6 Abs. 1 i) und ii) VO Betreuungsleistungen i.S.v. Art. 9 VO zu erbringen, und zwar unabhängig vom Grund der Beförderungsstörung.[616]

Dem Fluggast sind folgende Leistungen unentgeltlich (Art. 9 Abs. 1 VO) anzubieten: Mahlzeiten und Erfrischungen in angemessenem Verhältnis zur Wartezeit (Art. 9 Abs. 1 lit. a VO), zwei Kommunikationsmöglichkeiten per Telefon, Telex, Telefax oder E-Mail (Art. 9 Abs. 2) sowie Hotelunterbringung und Transfer vom Flughafen zum Hotel, sofern notwendig (Art. 9 Abs. 1 lit. b und c VO).[617]

2. Unterstützungsleistungen

Art. 8 VO gewährt dem Fluggast Unterstützungsleistungen. Mit ihnen soll eine für den Passagier akzeptable Lösung der Störung der Beförderungsleistung gefunden werden. Die Rechte stehen dem Fluggast zu, auch wenn das ausführende Luftfahrtunternehmen kein Verschulden trifft. Die VO sieht auch keine Entlastungsmöglichkeit von der Pflicht zur Erbringung von Unterstützungsleistungen vor.[618]

a) Bei Nichtbeförderung und Annullierung

Bei Nichtbeförderung des Passagiers, gleich ob sie gegen seinen Willen erfolgt oder ob er als Freiwilliger i.S.v. Art. 4 Abs. 1 S. 1 VO auf den gebuchten Flug verzichtet und sich mit dem Luftfahrtunternehmen auf eine Gegenleistung einigt (Art. 4 Abs. 3 und Abs. 1 S. 2 VO), und bei Annullierung des Flugs (Art. 5 Abs. 1 lit. a VO) hat er folgende Wahlmöglichkeiten:

Entweder kann er auf die Erfüllung der noch nicht erbrachten Reiseleistung verzichten und, falls ein Teil des Hinflugs bereits erfolgt ist, einen Rückflug zum ersten Abflugort zum frühestmöglichen Zeitpunkt verlangen. Ausserdem ist er berechtigt, die Erstattung der Flugscheinkosten zu fordern, ob bestimmte Reiseabschnitte bereits zurückgelegt sind oder nicht, sofern «der Flug im Hinblick auf den ursprünglichen Reiseplan des Fluggastes zwecklos geworden ist» (Art. 8 Abs. 1 lit. a VO). Der Sache nach steht dem Passagier ein Recht zum Rücktritt vom Beförderungsvertrag oder zu dessen Kündigung zu, dessen Folgen Art. 8 Abs. 1 VO regelt.[619] Ist der Flug Teil einer Pauschalreise, behält der Reisende sein

---

[616] FÜHRICH, Fluggastrechte, S. S 9; MARCHAND, règlement, S. 279f.
[617] Eingehende Analyse bei MARCHAND, règlement, S. 277–279.
[618] MARCHAND, règlement, S. 285; FÜHRICH, Fluggastrechte, S. S 9.
[619] FÜHRICH, Fluggastrechte, S. S 9.

D. Überbuchung, Annullierung oder Verspätung von Flügen

Recht auf den Rückflug, allerdings entfällt sein Erstattungsanspruch nach der VO, sofern das PRG einen solchen für diesen Fall vorsieht.[620]

Oder der Fluggast kann auf Erfüllung bestehen und eine anderweitige Beförderung zum Endziel i.S.v. Art. 2 lit. h VO zum frühestmöglichen Zeitpunkt (Art. 8 Abs. 1 lit. b VO) oder zu einem späteren Zeitpunkt (Art. 8 Abs. 1 lit. c VO) verlangen.[621] Die Ersatzbeförderung hat zu «vergleichbaren Reisebedingungen» zu erfolgen, muss also grundsätzlich gleichwertig sein.[622] Dies schliesst weder eine Beförderung mit einem anderen Transportmittel – etwa einem Bus, sofern es sich um kurze Strecken handelt[623] – aus, noch eine Verlegung des Reisenden in eine andere Klasse (Art. 10 VO). Bei einer Herabstufung (*downgrading*) kann dieser eine teilweise Rückzahlung des Flugpreises, gestaffelt nach der Entfernung, verlangen (Art. 10 Abs. 2 VO), bei einer Höherstufung (*upgrading*) schuldet er dagegen keine Zuzahlung (Art. 10 Abs. 1 VO).

b) Bei Verspätung

Nicht jede Verspätung eines Flugs, sondern nur eine von mindestens fünf Stunden berechtigt den Fluggast zu Unterstützungsleistungen (Art. 6 Abs. 1 iii) VO), und zwar nur in der Form einer Erstattung des Flugpreises und eines Rückflugs gemäss Art. 8 Abs. 1 lit. a VO. Hingegen hätte der Fluggast keinen Anspruch auf eine Beförderung zum vertraglich vorgesehenen Endziel entsprechend Art. 8 Abs. 1 lit. b VO. Eine solche Regelung wäre widersinnig,[624] würde sie doch den Fluggast seines bei Verspätung grundsätzlich fortbestehenden Erfüllungsanspruchs berauben. Der fehlende Verweis auf Art. 8 Abs. 1 lit. b und c VO in Art. 6 Abs. 1 iii) VO kann daher nur bedeuten, dass der Fluggast allein zwischen dem Rücktritt vom Beförderungsvertrag (mit Flugpreiserstattung und Beförderung zum Ausgangsflughafen) und Erfüllung, d.h. Flug zum Endziel mit der ursprünglich vorgesehenen, jetzt verspäteten Maschine wählen kann; hingegen hat er kein Recht auf eine «anderweitige Beförderung» (Art. 8 Abs. 1 lit. b und c VO). Wird der verspätete Flug schliesslich annulliert, stehen ihm alle Rechte aus Art. 8 VO zu.

---

[620] Art. 11 Abs. 1 i.V.m. Art. 10 Abs. 3 lit. c PRG bei Annullierung der Pauschalreise vor Reiseantritt durch den Reiseveranstalter (oben S. 339 ff.); Art. 13 Abs. 1 lit. b, Abs. 2 PRG: Minderung des Reisepreises bei Vertragsverletzung, hier durch das Luftfahrtunternehmen als Erfüllungsgehilfe des Veranstalters (oben S. 350 ff.).

[621] Soll auf Wunsch des Fluggastes die Beförderung zu einem späteren Zeitpunkt erfolgen, kann das Luftfahrtunternehmen den Mangel verfügbarer Plätze geltend machen (Art. 8 Abs. 1 lit. c VO).

[622] MARCHAND, règlement, S. 284 f.

[623] Dies gilt insbesondere bei einem Transfer von einem zu einem anderen Flughafen derselben Stadt oder derselben Region (Art. 8 Abs. 3 VO).

[624] Hierzu auch MARCHAND, règlement, S. 283.

3. Ausgleichsleistungen

Ausgleichsleistungen (Art. 7 VO) werden nur bei Nichtbeförderung (Art. 4 Abs. 3 VO) und Annullierung des Fluges (Art. 5 Abs. 1 lit. c VO), nicht aber bei grosser Flugverspätung[625] geschuldet. Sie ergänzen die Betreuungs- und Unterstützungsleistungen. Im Falle der Annullierung sieht die Verordnung zugunsten des ausführenden Luftfahrtunternehmens Entlastungsmöglichkeiten vor, hingegen nicht bei der Nichtbeförderung.

a) Rechtsnatur und Höhe des Ausgleichsanspruchs

Die Höhe des Ausgleichsanspruchs richtet sich nach der Entfernung[626] zwischen Abflug- und Zielflughafen und liegt zwischen 250 und 600 Euros (Art. 7 Abs. 1 S. 1 VO). Bei einem Flug mit mehreren Reiseabschnitten ist für die Entfernung der letzte Zielort massgebend, auch wenn die Nichtbeförderung oder die Annullierung nur den ersten Reiseabschnitt betrifft (Art. 7 Abs. 1 S. 2).[627] Der Betrag der Ausgleichszahlung kann um 50% gekürzt werden,[628] wenn dem Fluggast im Rahmen der Unterstützungsleistungen eine alternative Beförderung zum Endziel angeboten wird[629] und der Alternativflug dort nicht später als zwei bis vier Stunden, gestaffelt nach der Entfernung, nach der planmässigen Ankunftszeit des ursprünglich gebuchten Fluges ankommt (Art. 7 Abs. 2 VO). Der Ausgleichsbetrag ist dem Fluggast in bar, durch Überweisung oder per Check zur Verfügung zu stellen. Reisegutscheine reichen als Ausgleichsleistung nur aus, wenn sich der Fluggast mit ihnen schriftlich einverstanden erklärt (Art. 7 Abs. 3 VO).

Die Beträge der Ausgleichsleistungen sind unabhängig von einem eventuell entstandenen Schaden geschuldet. Sie sollen den Reisenden ausserdem für das Ärgernis und die Unannehmlichkeiten[630], die mit der Nichtbeförderung oder Annullierung verbunden sind, entschädigen. Die Ausgleichsleistung ist daher als pauschalierter Schadenersatz mit Genugtuungsfunktion zu qualifizieren.[631]

---

[625] MARCHAND, règlement, S. 289; EuGH, *IATA* (Fn. 591), Tz. 47. In Betracht kommen aber Schadenersatzansprüche nach Art. 19 und 22 MÜ und Art. 10 LTrV.
[626] Da der Fluggast die Entfernung nach der Methode der Grosskreisentfernung (Art. 7 Abs. 4 VO) nicht ermitteln kann, dürfte insoweit das Luftfahrtunternehmen beweispflichtig sein. Siehe SCHMID, Fluggastrechte, S. 266f.
[627] SCHMID, Fluggastrechte, S. 266, m.H. zur Rspr.
[628] Eine Begrenzung der Ausgleichsleistung auf den Flugpreis, wie sie die *Low-Cost*-Fluggesellschaften gefordert hatten, ist nicht Gesetz geworden.
[629] Die Reduzierung des Ausgleichsanspruchs kommt nicht nur in Betracht, wenn der Fluggast sich für einen Ersatzflug zum Endziel entscheidet, sondern, sofern nur ein derartiges Angebot vorliegt, auch dann, wenn er vom Vertrag zurücktritt und Erstattung des Flugpreises wählt, siehe FÜHRICH, Fluggastrechte, S. S 9.
[630] So Erwägungsgründe 2 und 12 VO.
[631] FÜHRICH, Fluggastrechte, S. S 8, mit Hinweis auf die Rspr.; SCHMID, Fluggastrechte, S. 267; STAUDINGER/SCHMIDT-BENDUN, S. 1899.

D. Überbuchung, Annullierung oder Verspätung von Flügen

b) Besonderheiten bei freiwilligem Verzicht auf die Beförderung

Im Falle der Nichtbeförderung, insbesondere der Überbuchung, kann das ausführende Luftfahrtunternehmen die Zahlung eines Ausgleichs nach Art. 7 VO und den Ersatz eines eventuellen, weiter gehenden Schadens (Art. 12 Abs. 2 i.V.m. Abs. 1 S. 1 VO) vermeiden, wenn es den Passagier «zum freiwilligen Verzicht auf (seine) Buchung» bewegen kann (Art. 4 Abs. 1 S. 1 VO). In der Praxis erfolgt am Abfertigungsschalter ein Aufruf nach Freiwilligen, denen Ersatzleistungen als Gegenleistung für den Verzicht angeboten werden. Damit der Fluggast in voller Kenntnis entscheiden kann, ist er über seine Rechte durch einen sichtbaren Anschlag (Art. 14 Abs. 1 VO) und schriftlich mittels einer ihm auszuhändigenden Broschüre (Art. 14 Abs. 2 VO) umfassend zu informieren.

Welche Leistungen an die Stelle des gesetzlichen Ausgleichs (z.B. Ersatzflug zu einem späteren Termin, zum ursprünglichen oder zu einem anderen Zielflughafen, Barzahlung oder Fluggutscheine) treten, ist zwischen dem Luftfahrtunternehmen und dem Reisenden zu vereinbaren. Damit das Angebot attraktiv genug ist, um den Fluggast zum Verzicht auf seine Rechte auf Ausgleich, Schadenersatz und Betreuung (Art. 4 Abs. 1 S. 2 VO) zu bewegen, muss es zumindest den Rechten gleichwertig sein, die ihm bei Verweigerung der Beförderung zuständen. Das Luftfahrtunternehmen hat dem Fluggast zusätzlich zu den vereinbarten Ersatzleistungen die Unterstützungsleistungen nach Art. 8 zu gewähren (Art. 4 Abs. 1 S. 2 VO).[632]

c) Entlastungsmöglichkeiten bei Annullierung des Fluges

Die Pflicht zum Ausgleich nach Art. 7 VO entfällt, wenn das ausführende Luftfahrtunternehmen den Fluggast rechtzeitig von der Annullierung unterrichtet (Art. 5 Abs. 1 lit. c VO) oder wenn die Annullierung auf aussergewöhnliche unvermeidbare Umstände zurückgeht (Art. 5 Abs. 3 VO). In diesen Fällen bestehen aber die Ansprüche des Fluggastes auf Betreuungs- und Unterstützungsleistungen weiter.

aa) Rechtzeitige Information

Art. 5 Abs. 1 lit. c VO sieht ein System vor, das nach dem Zeitpunkt der Unterrichtung des Fluggastes differenziert. Eine einfache Information mindestens zwei Wochen vor der planmässigen Abflugzeit reicht nach lit. c i) aus, um das Luftfahrtunternehmen von seiner Ausgleichspflicht zu befreien. Erfolgt die Information weniger als zwei Wochen vor dem Abflug, ist dem Reisenden mit genauen Angaben eine anderweitige Beförderung anzubieten, bei der die Ankunftszeit eine be-

---

[632] Zu den Grenzen der Leistungspflicht nach Art. 8 VO im Falle von Ersatzleistungen nach Art. 4 Abs. 1 VO, siehe MARCHAND, règlement, S. 287.

stimmte Dauer (höchstens vier bzw. zwei Stunden) gegenüber der planmässigen Ankunftszeit nicht überschreiten darf (Art. 5 Abs. 1 lit. c ii) und iii), Abs. 2 VO).[633] Werden die Passagiere zu einem späteren Zeitpunkt über die Annullierung unterrichtet, ist die Information nicht mehr rechtzeitig und der Ausgleichsanspruch bleibt bestehen.

bb) Aussergewöhnliche unvermeidbare Umstände

Luftfahrtunternehmen berufen sich häufig auf aussergewöhnliche Umstände als Grund für die Annullierung eines Fluges, um der Ausgleichspflicht nach Art. 7 VO zu entgehen.[634] Die Haftungsentlastung nach Art. 5 Abs. 3 VO kommt jedoch nur in Betracht, wenn zwei Voraussetzungen kumulativ erfüllt sind: Erstens müssen aussergewöhnliche Umstände vorliegen und zweitens müssen diese unvermeidbar sein, selbst wenn alle zumutbaren Massnahmen ergriffen worden wären. Die Beweislast für das Vorliegen der Entlastungsvoraussetzungen trägt das Luftfahrtunternehmen (Art. 5 Abs. 3 VO).

Nach dem Beispielskatalog[635] kommen als aussergewöhnliche Umstände insbesondere in Betracht: politische Instabilität, mit der Durchführung des Fluges nicht zu vereinbarende Wetterbedingungen, Sicherheitsrisiken, unerwartete Flugsicherheitsmängel und den Betrieb des ausführenden Luftfahrtunternehmens beeinträchtigende Streiks. Da der Begriff der aussergewöhnlichen Umstände übereinstimmend mit den Grundsätzen des Montrealer Übereinkommens auszulegen ist,[636] können nur solche Umstände als aussergewöhnlich angesehen werden, die ausserhalb der betrieblichen Sphäre des Luftfahrtunternehmens anzusiedeln sind. Auf dessen Verschulden kommt es nicht an.[637] Mehrere Umstände bedürfen einer kurzen Erläuterung, zumal die Gerichte sich bereits mit einigen von ihnen als möglichen Entlastungsgründen befassen mussten.

Höhere Gewalt entlastet nach Art. 5 Abs. 3 VO das Luftfahrtunternehmen, obwohl sie im Beispielskatalog nicht ausdrücklich erwähnt ist.[638] Anders ist es in aller Regel bei technischen Defekten am Flugzeug (Triebwerks- oder Reifenschäden, Wartungsmängel), die zwar dessen Flugtüchtigkeit, nicht aber die Luftsicherheit beeinträchtigen können.[639] Sie haben ihren Grund in der Einfluss- und Risi-

---

[633] Die Beweislast für die Rechtzeitigkeit der Information liegt beim Luftfahrtunternehmen (Art. 5 Abs. 4 VO).
[634] So die Mitteilung der EU-KOMMISSION vom 16.2.2006, zitiert bei SCHMID, Fluggastrechte, S. 265.
[635] Erwägungsgrund 14 VO.
[636] Erwägungsgrund 14 VO.
[637] FÜHRICH, Fluggastrechte, S. S 6.
[638] MARCHAND, règlement, S. 291; FÜHRICH, Fluggastrechte, S. S 6.
[639] FÜHRICH, Fluggastrechte, S. S 6 f.; SCHMID, Fluggastrechte, S. 265 f., jeweils mit Hinweisen zur Rspr.; DENGLER FRITZ, Können Einreden nach Art. 5 Abs. 3 Verordnung (EG) Nr. 261/2004 mit technischen Mängeln am Fluggerät begründet werden?, RRa 2007, 210–215.

kosphäre des Luftfahrtunternehmens und wirken nicht auf das Flugzeug von aussen ein, wie etwa ein Blitzschlag oder Vögel. Ob und inwieweit ein Streik einen Entlastungsgrund darstellen kann, ist noch nicht endgültig geklärt.[640] Sicher wird man dies etwa bei einem Streik von Fluglotsen oder von Sicherheitskräften am Flughafen bejahen können, dagegen nicht unbedingt beim Streik des eigenen Personals des Luftfahrtunternehmens.[641] Aber selbst wenn man jeden Streik als aussergewöhnlichen Umstand ansähe, müsste das Luftfahrtunternehmen nachweisen, dass es alle zumutbaren Massnahmen zur Vermeidung oder Beendigung des Streiks oder der Streikfolgen, z.B. Beschaffung von Ersatzpersonal, ergriffen hatte.[642] Auch schlechte Wetterbedingungen, wie Nebel oder Schneefall, entlasten das Luftfahrtunternehmen nicht unbedingt. Nach der Rechtsprechung muss es vielmehr bei vorübergehender Schliessung des Flughafens dartun, welche Auswirkungen die Start- und Landebeschränkungen auf den annullierten Flug hatten und warum nach Wegfall der Schlechtwetterbedingungen der geplante Flug nicht durchgeführt wurde.[643]

IV. Konkurrenzen

1. Montrealer Übereinkommen

Da das MÜ weder die Nichtbeförderung noch die Annullierung des Fluges regelt, bestehen insoweit keine Konkurrenzprobleme. Bei Verspätung eines Fluges richten sich die Unterstützungs- und Betreuungsleistungen nach Art. 8 und 9 VO. Die Art. 19 und 22 MÜ, Art. 10 LTrV hingegen gewähren dem Reisenden einen Anspruch auf Ersatz der individuellen Schäden, die bei der Beförderung von Reisenden und Reisegepäck entstehen. Da die Leistungen nach Art. 8 und 9 VO nicht als Schadenersatz zu qualifizieren sind, bestehen die auf sie gerichteten Ansprüche neben denen nach Art. 19 und 22 MÜ, Art. 10 LTrV. Liegen die jeweiligen Voraussetzungen vor, können die Ansprüche kumulativ geltend gemacht werden.[644]

---

[640] Erwägungsgrund 14 VO spricht ohne Präzisierung nur von «Streiks».
[641] Für Annahme eines aussergewöhnlichen Umstandes Führich, Fluggastrechte, S. S 7; dagegen Schmid, Fluggastrechte, S. 266, mit Hinweisen zur widersprüchlichen Rspr.
[642] AG Frankfurt a.M., RRa 2006, 230; Schmid, Fluggastrechte, S. 266; Führich, Fluggastrechte, S. S 7.
[643] AG Frankfurt a.M., RRa 2007, 42; Schmid, Fluggastrechte, S. 266; Führich, Fluggastrechte, S. S 7.
[644] Führich, Fluggastrechte, S. S 10.

2. Pauschalreiserecht

Die Rechte eines Pauschalreisenden gegen seinen Reiseveranstalter werden durch die VO nicht berührt (Art. 3 Abs. 6 S. 1 VO). Der Konsument kann entscheiden, ob er im Falle einer Nichtbeförderung, einer Annullierung oder Verspätung eines Flugs die Rechte nach der VO geltend macht oder es vorzieht, sich je nach Fallgestaltung auf die reiserechtlichen Rechtsbehelfe bei wesentlicher Vertragsänderung vor Reiseantritt (Art. 10 PRG) oder bei Reisemängeln (Art. 13 und 14–16 PRG) zu berufen.

Sofern die von der VO erfassten Leistungsstörungen bei Beförderung im Luftverkehr gleichzeitig die Voraussetzungen pauschalreiserechtlicher Tatbestände erfüllen, auf Grund deren der Reisende Rücktritts- oder Kündigungsrechte, Rechte auf Ersatzmassnahmen oder Minderungsrechte hat, werden diese durch die VO nicht berührt (Art. 3 Abs. 6 S. 1 VO).[645] Sie verdrängen aber auch nicht seine Ansprüche nach Art. 7–9 VO.[646] Insbesondere hindert ihn die Geltendmachung der Rechte nach PRG nicht, zusätzlich Betreuungsleistungen nach Art. 9 VO zu verlangen. Dies gilt grundsätzlich auch für Unterstützungsleistungen nach Art. 8 VO, jedoch mit der Einschränkung, dass dann, wenn PRG und VO einen Anspruch auf eine identische Leistung gewähren, wie etwa das Recht auf einen Ersatzflug als eine «angemessene Vorkehrung» zur Fortführung der Reise i.S.v. Art. 13 Abs. 1 lit. a PRG oder als «anderweitige Beförderung ... unter vergleichbaren Reisebedingungen» i.S.v. Art. 8 Abs. 1 lit. b VO, der Reisende diesen nur einmal geltend machen kann.

Das Wahlrecht des Reisenden besteht auch bei Schadenersatzansprüchen (Art. 12 Abs. 1 S. 1 VO). Er kann den pauschalierten Schadenersatz nach Art. 7 VO oder den unter Umständen weitergehenden Anspruch auf Ersatz des Schadens, einschliesslich für entgangene Urlaubsfreude,[647] nach Art. 14–16 PRG geltend machen. Hat der Reisende die Ausgleichsleistung nach der VO vom ausführenden Luftfahrtunternehmen erhalten und verlangt er nun vom Reiseveranstalter Ersatz seines Schadens, kann dieser den Betrag der Ausgleichszahlung auf den Schadenersatzanspruch anrechnen (Art. 12 Abs. 1 S. 2 VO). Hingegen dürfen die Unterstützungsleistungen nach Art. 8 VO und die unentgeltlichen Betreuungsleistungen nach Art. 9 VO nicht angerechnet werden.

---

[645] Hierzu FÜHRICH, Fluggastrechte, S. S 12 f., zum deutschen Recht, das aber zum Teil über den Mindeststandard der Pauschalreise-RL hinausgeht und daher mit dem PRG nicht in allen Punkten vergleichbar ist.

[646] Die VO ist allerdings nicht anwendbar, wenn die Pauschalreise aus anderen Gründen als der Annullierung des Flugs, etwa wegen Nichterreichens der Mindestteilnehmerzahl (Art. 11 PRG), annulliert wird (Art. 3 Abs. 6 S. 2 VO). Ausserdem hat der Reisende kein Recht auf Erstattung der Flugscheinkosten nach Art. 8 Abs. 1 lit. a VO, sofern sich ein derartiger Anspruch aus dem Pauschalreiserecht ergibt (Art. 8 Abs. 2 VO).

[647] Hierzu siehe oben S. 360 f.

D. Überbuchung, Annullierung oder Verspätung von Flügen

Hat das Luftfahrtunternehmen aus einem Grund, der dem Reiseveranstalter zuzurechnen ist, wie z.B. Überbuchung (Art. 4 Abs. 3 VO) oder Ausstellung unzureichender Reiseunterlagen (Art. 2 lit. j VO), dem Flugpassagier eine Unterstützungs- oder Ausgleichsleistung (Rückzahlung eines Teils des Flugpreises oder pauschalierter Schadenersatz) erbracht, kann es beim Veranstalter nach allgemeinem Recht oder auf der Grundlage ihrer vertraglichen Beziehungen (Chartervertrag) Regress nehmen (Art. 13 S. 1 und 2 VO). Umgekehrt statuiert Art. 13 S. 3 VO das Recht des Reiseveranstalters, der dem Reisenden nach Pauschalreiserecht Leistungen wegen Störungen bei der Beförderung im Luftverkehr erbracht hat, nach allgemeinen Vorschriften oder auf Grund des Chartervertrags vom ausführenden Luftfahrtunternehmen Erstattung zu verlangen (Art. 13 S. 3 VO).

3. Teil:
Produktehaftpflicht[*]

FRANZ WERRO

Dr. iur., Professor an der Universität Freiburg und am Georgetown University Law Center

SÉBASTIEN CHAULMONTET

lic. iur., Rechtsanwalt

---

[*] Die Autoren danken lic. phil. Hildegard Chaulmontet und lic. iur. Nicole Rebel für die Durchsicht dieses Textes.

Inhaltsübersicht

A. Einleitung 414

B. Voraussetzungen der Haftung 416

    I. Allgemeine Voraussetzungen 416
        1. Ersatzfähige Schäden nach PrHG 416
            a) Personenschaden 416
            b) Sachschaden 416
        2. Immaterielle Unbill 418
    II. Spezifische Voraussetzungen 419
        1. Herstellerin 419
            a) Tatsächliche Herstellerin 420
            b) Quasiherstellerin 420
            c) Importeur 420
            d) Subsidiäre Haftung des Lieferanten 421
        2. Produkt 422
            a) Produktbegriff 422
            b) Grenzfälle 424
        3. Fehler 425
            a) Begriff des fehlerhaften Produkts 426
    III. Verschiedene Fehlertypen 428
        1. Fabrikationsfehler 428
        2. Konstruktionsfehler 429
        3. Instruktionsfehler 430
        4. Beurteilung des Fehlers 431
            a) Allgemeines 431
            b) Beurteilung des Fabrikationsfehlers 431
            c) Beurteilung des Konstruktionsfehlers 433
                aa) Fiktive Definition der Sicherheit 433
                bb) Grenzen des Consumer Expectation Test 434
                    aaa) Offensichtlich gefährliche Produkte 434
                    bbb) Fehlen berechtigter Sicherheitserwartungen 435
                cc) Risk-Utility Test 436

C. Verteidigungsmittel der Herstellerin 438

    I. Entlastungsgründe nach Art. 5 PrHG 438
        1. Fehlendes Inverkehrbringen 439
        2. Kein Fehler zum Zeitpunkt des Inverkehrbringens 442

3. Herstellung zu privaten Zwecken 443
4. Herstellung des Produkts nach verbindlichen, hoheitlich
   erlassenen Vorschriften 444
5. Ausschluss von Entwicklungsrisiken 444
   a) Zeitpunkt der Erkennbarkeit des Entwicklungsfehlers 446
   b) Ermittlung des Stands von Wissenschaft und Technik 446
   c) Kenntnisstand und Sorgfaltspflicht der Herstellerin 448
6. Entlastungsbeweis der Herstellerin eines Grundstoffes oder
   eines Teilprodukts 449
II. Haftungsausschluss oder -reduktion bei Verschulden des
Geschädigten 450

D. **Verbot der Haftungsbeschränkung** 452

E. **Verjährung und Verwirkung** 453

F. **Konkurrenzen** 454

I. Allgemeine deliktische Haftung und Haftung nach PrHG 454
II. Vertragliche und deliktische Haftung 457

G. **Solidarhaftung** 458

I. Haftung im Aussenverhältnis 459
II. Haftung im Innenverhältnis 460

Literatur: AMSTUTZ MARC/PICHONNAZ PASCAL/PROBST THOMAS/WERRO FRANZ (Hrsg.), Droit privé européen, Directives choisies, Bern/Athen 2004; BRÜGGEMEIER GERT, Unternehmenshaftung – Enterprise Liability. Eine Europäische Perspektive?, HAVE 2004, S. 162 ff. (zit.: Unternehmenshaftung); BREHM ROLAND, Kommentar zu Art. 41–61 OR, in Heinz Hausheer/Peter Walter (Hrsg.), Berner Kommentar, Das Obligationenrecht, Band VI, 1. Abteilung, 3. Teilband, 1. Unterteilung, 3. Aufl.; Bern 2006; BÜYÜKSAGIS ERDEM, La notion de défaut dans la responsabilité du fait des produits, Diss. Fribourg 2005; CHAUDET FRANÇOIS, La responsabilité extracontractuelle du fait des Produits, JdT 1986 I 568 ff.; CHRISTEN ANDRES, Produkthaftung nach der EG-Produkthaftungsrichtlinie im Vergleich zur Produkthaftung nach schweizerischem Recht, Diss. Zürich 1992; FELLMANN WALTER/VON BÜREN-VON MOOS GABRIELLE, Grundriss der Produktehaftpflicht, Bern 1993; GAUCH PETER, Die Produkthaftungsrichtlinie der EG, Ein Überblick, in Beiträge zum europäischen Recht, Festgabe zum Juristentag 1993, Fribourg 1993, S. 163 ff. (zit.: Produkthaftungsrichtlinie); HAAS JOSIANE, La responsabilité de l'entreprise en Europe: Un droit unique pour le Marché unique? Diss. Fribourg, Bern 2004; HAHN ANNE-CATHERINE, L'ébauche d'un droit européen de la responsabilité civile – Quelques réflexions comparatistes sur les fondements en matière de services et de produits, in Werro Franz (Hrsg.), L'auropéanisation du droit privé. Vers un code civil européen?, Fribourg 1998, S. 397 ff.; HESS HANS-JOACHIM, Kommentar zum Produktehaftpflichtgesetz (PrHG), 2. Aufl., Bern/Stuttgart 1996; HOWELLS GERAINT, Product Liability, in Hartkamp Arthur et al. (Hrsg.), Towards a European Civil Code, 3. Aufl. S. 645 ff.; DERS., gleiches Werk, 2. Aufl. (zit.: 2. Aufl.); HOWELLS GERAINT/MILDRED MARK, Is European Products Liability more Protective than the Restatement (3rd) of Torts: Products Liability, 65 (1998) Tenn. L. Rev. S. 985 ff. (zit.: Products Liability); DERS., Infected Blood: Defect and Discoverablity, A First Exposition of the EC Product Liability Directive, 65 The Modern Law Review S. 95 ff. (2002) (zit.: Infected Blood; JÄGGI THOMAS, Das Bundesgesetz über die Produktehaftpflicht, AJP 1993 1419 ff.; KÖTZ HEIN, Ist die Produkthaftung eine vom Verschulden unabhängige Haftung?, in Festschrift für Werner Lorenz zum siebzigsten Geburtstag, Tübingen 1991, S. 109 ff.; LARROUMET CHRISTIAN, Les transpositions française et espagnole de la directive sur la responsabilité du fait des produits défectueux devant la CJCE, D. 2002, S. 2462 ff.; MARKOVITS YVAN, La directive C.E.E. du 25 juillet 1985 sur la responsabilité du fait des produits défectueux, Paris 1990; MICKLITZ HANS-WOLFGANG, Ö und die USA, in Wie geht es weiter mit der Produkthaftung? Wissenschaftliches Kolloquium anlässlich des 70. Geburtstages von Hans Claudius Tachner, Saarbrücken 2001, S. 87 ff.; NADER RALPH/SMITH WESLEY J., No Contest. Corporate Lawyers and the Perversion of Justice in America, New York 1996; PAGE JOSEPH, Deforming Tort Law, Georgetown Law Journal 649 (1990); PETITPIERRE GILLES, La responsabilité du fabricant: les bases d'une responsabilité spéciale en droit suisse, à la lumière de l'expérience des Etats-Unis, Diss. Genf 1974; DERS., L'apparition d'un besoin social face à l'inédaquation du droit en vigueur: la genèse d'une nouvelle réglementation, in Chappuis Christine/Winiger Bénédict (Hrsg.), Journée du droit de la responsabilité civile 2002, Zürich 2003, S. 11 ff. (zit.: Genèse); POSCH WILLIBALD, Die bisherige Anwendung der Vorschriften des Produkthaftungsgesetzes. Warum so wenig Fälle in Deutschland und so zahlreiche in Österreich?, Zeitschrift für Europarechtliche Studien 2002, S. 55 ff.; REY HEINZ, Die Grundlagen des Sachenrechts und das Eigentum, 2. Aufl., Bern 2000 (zit.: Grundlagen); ROBERTO VITO, Schweizerisches Haftpflichtrecht, Zürich 2002; SEILER Hansjörg, Produktefehler, in Münch Peter/Geiser Thomas (Hrsg.), Handbücher für Anwaltspraxis, T. 5, Schaden – Haftung – Versicherung, Basel 1999, S. 935 ff.; TASCHNER HANS CLAUDIUS/FRIETSCH EDWIN, Produkthaftungsgesetz und EG-Produkthaftungsrichtlinie, 2. Aufl., München 1990; TERCIER PIERRE, Le concours d'actions selon la Directive européenne et les projets de droit suisse sur la responsabilité du fait du produit, in Beiträge zum europäischen Recht, Festgabe, Fribourg 1993, S. 191 ff. (zit.: Concours d'actions); VINEY Geneviève, L'interprétation par la CJCE de la directive du 25 juillet 1985 sur la responsabilité du fait des produits défectueux, JCP 2002, S. 1945 ff. (zit.: Interprétation); VOGEL DANIEL, Produkthaftung des Arzneimittelherstellers nach schweizerischem und deutschem Recht, Diss. Zürich 1991; WENIGER CATHERINE, La responsabilité du fait des produits pour les dommages causés à un tiers au sein de la Communauté européenne. Etude de droit comparé, Diss. Lausanne 1994; WESSNER PIERRE, Quelques propos erratiques sur des questions liées à la responsabilité du fait des produits défectueux, *in* Chappuis Christine/Winiger Bénédict (Hrsg.), Responsabilités objectives, Journée de la responsabilité civile 2002, Zürich 2003, S. 61 ff.; WERRO FRANZ, Die Sorgfaltspflichtverletzung als Haftungsgrund nach Art. 41 OR, ZSR 1997, S. 343 ff. (zit.: Sorgfaltspflichtverletzung); DERS., La responsabilité objective du fait des produits est-elle stricte?, *in* Chappuis Christine/Winiger Bénédict (Hrsg.), Responsabilités objectives, Journée de la responsabilité civile 2002, Zürich 2003, S. 29 ff. (zit.: Responsabilité produits); DERS., La responsabilité pour faute (art. 41 ss CO) de l'entrepreneur vis-à-vis du maître pour les défauts de l'ouvrage, *in* BR 3/96, S. 64 ff. (zit.: Responsabilité pour faute); DERS., Commentaire ad art. 41–61 CO, *in* Thévenoz Luc/Werro Franz (Hrsg.), Commentaire romand, Code des obligations I, Genf/Basel/München 2003 (zit. Commentaire); DERS., Le droit suisse de la responsabilité du fait des produits face au droit européen, *in* Werro Franz/Probst Thomas (Hrsg.), Le droit privé suisse face au droit communautaire européen: Questions actuelles en droit de la responsabilité civile et en droit des contrats/ Das schweizerische Privatrecht im Lichte des europäischen Gemeinschaftsrechts: aktuelle Fragen aus dem Haftpflicht- und Vertragsrecht, Bern 2004, S. 45 ff. (zit.: PEG); WERRO FRANZ/ BELSER EVA MARIA, Schweiz, *in* Graf von Westphalen Friedrich (Hrsg.), Produkthaftungshandbuch, Bd. 2: Das deutsche Produkthaftungsgesetz, Produktsicherheit, Internationales Privat- und Prozessrecht, Länderberichte zum Produkthaftungsrecht, 2. Aufl., München 1999; WERRO FRANZ/PALMER V. VERNON/HAHN ANNE-CATHERINE, *in* Werro Franz/Palmer V. Vernon (Hrsg.), The Boundaries of Strict Liability in European Tort Law, Durham/Bern/Bruxelles 2004, S. 294 ff., 312 ff., 325 ff., 433 ff.; WIDMER PIERRE, Produkthaftung. Urteilsanmerkung Zivilrecht, recht 1986, S. 50 ff.; DERS., Responsabilité du fait des produits et responsabilité du fait de l'organisation, *in* Mélanges Jacques-Michel Grossen, Basel/Frankfurt a.M. 1992, S. 349 ff. (zit.: Mélanges).

A. Einleitung

Bis zum Jahr 1993 unterlag die Haftpflicht der Herstellerin noch ausschliesslich den *allgemeinen Regeln des Obligationenrechts*. Das Opfer eines mangelhaften Produkts konnte somit die Herstellerin desselben allein gestützt auf Art. 41 OR bzw. bei Herstellung durch eine Hilfsperson auf Art. 55 OR zur Verantwortung ziehen. Die allgemeinen Regeln des Obligationenrechts waren kaum der industriellen Herstellung und den damit verbundenen Risiken gewachsen, da sowohl die Beweislast für das Verschulden von Art. 41 OR bzw. für das objektive Verschulden der Hilfsperson nach Art. 55 OR als auch die Möglichkeit für den Geschäftsherrn, sich durch Erbringen des Sorgfaltsbeweises zu befreien, mit der Schutzbedürftigkeit der Konsumenten nicht vereinbar waren.[1] Das Bundesgericht hatte dem 1984 Abhilfe geschaffen, indem es im sog. Schachtrahmen-Fall die Anforderungen an den Befreiungsbeweis von Art. 55 OR dahingehend verschärft hatte, dass dem Geschäftsherrn *de facto* kein Befreiungsbeweis mehr gelingen konnte.[2] Es hatte somit

---

[1] PETITPIERRE, Genèse, S. 22.
[2] BGE 110 II 456 = Pra 74 [1985] 280 ff.; kritisch dazu WIDMER, S. 50 ff.; CHAUDET, S. 569 ff.

A. Einleitung

eine *verschuldensunabhängige Haftung* eingeführt, wie es auch der europäische Gesetzgeber einige Monate später getan hat.[3]

Konkrete Schritte, um eine spezialgesetzliche Produktehaftpflicht im Schweizer Recht zu verwirklichen, wurden erst mit der geplanten Teilnahme am europäischen Binnenmarkt (EWR-Abkommen) und der dafür notwendigen Eurokompatibilität des Schweizer Rechts in Angriff genommen. Der Bundesrat legte im Hinblick auf die Ratifikation des EWR-Abkommens der Bundesversammlung mit der Botschaft vom 27. Mai 1992 den Entwurf zu einem Bundesgesetz über die Produktehaftpflicht (Eurolex-Entwurf) vor.[4] Die Anpassung des Schweizer Rechts an die PrH-RL hätte somit im Zuge der Ratifikation des EWR-Abkommens verabschiedet werden sollen. Bekanntermassen wurde das EWR-Abkommen am 6. Dezember 1992 abgelehnt und somit das ganze Eurolex-Paket hinfällig. Der Gesetzgeber entschied sich dennoch dafür, bestimmte Bereiche des schweizerischen Rechts im Rahmen des autonomen Nachvollzuges anzupassen. Eine leicht veränderte Variante des Eurolex-Entwurfs wurde somit im Rahmen des *Swisslex-Projekts* von 1993 verabschiedet.[5] Das *PrHG* trat dann am 1. Januar 1994 in Kraft. Es hat aber bis jetzt nur einen einzelnen Niederschlag in der bundesrechtlichen Rechtsprechung erfahren.[6]

Mit der weitgehenden Übernahme der *PrH-RL* hat der Gesetzgeber eine Produktehaftpflicht im Schweizer Recht eingeführt, die allein auf den *Mangel* abstellt. Diese neue Regelung bedeutet dennoch nicht, dass die allgemeinen Regeln des Obligationenrechts in Produktehaftpflichtfällen ihre Bedeutung verloren haben.

Die *Eurokompatibilität* bzw. der autonome Nachvollzug des europäischen Rechts beschränkt sich nicht auf die Rechtssetzung, sondern erstreckt sich auch auf die *europarechtskonforme Auslegung*. Laut bundesgerichtlicher Rechtsprechung muss nämlich ein Schweizer Gericht bei der Auslegung von autonom nachvollzogenem Binnenrecht – hier dem Nachvollzug der PrH-RL – die vom Gesetzgeber gewollte Harmonisierung auch in der Auslegung und Anwendung des Rechts anstreben, soweit die binnenstaatlich zu beachtende Methodologie eine solche Angleichung zulässt.[7] Das Schweizer PrHG muss somit auch im Lichte der europäischen Rechtsprechung und der Weiterentwicklung des europäischen Rechts interpretiert werden. Eine gegenteilige Lösung würde wohl dem gesetzgeberischen Willen widersprechen.

---

[3] Richtlinie 85/374/EWG des Rates vom 25. Juli 1985 (PrH-RL), ABl. EG 1985 L 210/29 ff., durch das amerikanische Modell der 60er Jahre inspiriert; WERRO, Responsabilité produits, S. 29 m.w.H.; WIDMER, Mélanges, S. 351 ff.
[4] BBl 1992 V 419 ff.
[5] BBl 1993 I 884 ff.; PETITPIERRE, Genèse, S. 23 f.
[6] BGE 133 III 81; zu den Gründen der spärlichen Rechtsprechung siehe WESSNER, S. 66 ff.
[7] BGE 129 III 335 E. 6; vgl. auch BGE 125 II 293 E. 4e.

B. Voraussetzungen der Haftung

I. Allgemeine Voraussetzungen

Die Haftung der Herstellerin erfordert zunächst, dass die allgemeinen Voraussetzungen erfüllt werden: Es bedarf also eines *Schadens* und eines *natürlichen und adäquaten Kausalzusammenhangs* zwischen Produktfehler und Schaden.

Das PrHG verweist, was die Leistung von *Genugtuung* (Art. 47 und 49 OR) anbelangt, auf das *allgemeine Recht* (vgl. Art. 11 PrHG). Ferner sieht das PrHG nur für bestimmte Arten von Schäden eine spezielle ausservertragliche Haftung vor (Art. 1 Abs. 1 PrHG). Reine *Vermögensschäden* werden zudem nicht ersetzt.

1. Ersatzfähige Schäden nach PrHG

a) Personenschaden

Nach dem PrHG sind zunächst *Personenschäden* ersatzfähig. Der Personenschaden wird im PrHG nicht weiter definiert; es gilt somit die Definition des allgemeinen Rechts. Der Personenschaden umfasst folglich alle durch Körperverletzung oder Tötung eines Menschen verursachten materiellen Einbussen.[8]

Das PrHG schützt die *körperliche Integrität aller Personen*, unabhängig von der Frage, ob sie das schädigende Produkt durch Vertrag erworben haben, lediglich *innocent bystander* waren oder das Produkt im Rahmen einer privaten oder gewerblichen Tätigkeit benutzt haben.

Das PrHG enthält bezüglich der *Schadensberechnung* keine spezifische Regelung, weshalb auch hier das allgemeine Recht (Art. 45 und 46 OR) Anwendung findet (vgl. Art. 11 PrHG).

b) Sachschaden

Das PrHG bietet keinen umfassenden Schutz vor *Sachschäden*. Die Herstellerin haftet laut PrHG nur, wenn die beschädigte oder zerstörte Sache ihrer Art nach gewöhnlich zum *privaten Gebrauch oder Verbrauch* bestimmt und vom Geschädigten *hauptsächlich privat verwendet* wird. (Art. 1 Abs. 1 lit. b PrHG). Der PrH-RL nachgebildet zielt das PrHG allein darauf ab, die von Konsumenten erlittenen Sachschäden (sogenannte Konsumentensachschäden) zu ersetzen und nicht jene, die von gewerblichen und beruflichen Benutzern erlitten werden. Letztere werden auf die allgemeinen Regeln des Obligationenrechts verwiesen.

---

[8] REY, Rz 219.

B. Voraussetzungen der Haftung

Ein Taxifahrer kauft beispielsweise mangelhaftes Motoröl. Er benutzt dieses sowohl für seinen privaten Wagen als auch für sein Taxi; beide Fahrzeuge werden durch den Gebrauch des mangelhaften Öls beschädigt. Der Taxifahrer wird sich allein für die Beschädigung seines privaten Wagens auf das PrHG berufen können.

Eine solche *Einschränkung* des ersatzfähigen Schadens ist *fragwürdig*. Sie mag im europäischen Recht vielleicht noch durch die begrenzte Gesetzgebungskompetenz der EU gerechtfertigt sein,[9] im Schweizer Recht hingegen fehlt ihr jegliche Begründung. Diese Einschränkung verkennt insbesondere, dass die gewerblichen Benutzer genau so schutzbedürftig sind wie die Konsumenten.[10]

Das PrHG enthält zudem eine weitere von der PrH-RL übernommene Einschränkung. Es besteht ein *Selbstbehalt;* die geschädigte Person hat gemäss Art. 6 PrHG ihren Sachschaden bis zu einer Höhe von Fr. 900.– selbst zu tragen. Diese Bestimmung ist mehrdeutig. Einerseits schliesst sie Schäden unter Fr. 900.– aus dem Anwendungsbereich des PrHG aus, ohne jedoch gleichzeitig der geschädigten Person bei diesen Schäden ein Zurückgreifen auf das allgemeine Recht (Art. 41 oder Art. 55 OR) zu verwehren; dies bestätigt auch die Rechtsprechung des EuGH.[11] Andererseits muss diese Norm u.E. auch dahingehend ausgelegt werden, dass, wenn der Schaden Fr. 900.– übersteigt, dem Geschädigten das Recht auf vollen Ersatz des erlittenen Schadens zusteht, ohne Abzug des Selbstbehalts.[12]

Die Einschränkung in Art. 9 PrH-RL, die leider auch im PrHG übernommen wurde, *entbehrt jeglicher Rechtfertigung.*[13] Zur Verwirklichung eines europäischen Marktes bedarf es nicht einer Norm, welche die Entschädigung kleinerer Schäden gestützt auf das europäische Recht ausschliesst.[14] Unberechtigt erscheint diesbezüglich auch der Standpunkt, den der EuGH in zwei seiner drei *Urteile vom 25. April 2002* vertritt. Der EuGH untersagte nämlich den Mitgliedsstaaten, eine Haftung für Schäden unter 500 Euro einzuführen, die, wie die PrH-RL, das alleinige Kriterium des Produktfehlers als Haftungsgrundlage hat.[15] Der EuGH be-

---

[9] CHRISTEN, S. 56.
[10] WERRO, Rz 713.
[11] EuGH, 25. April, 2002, *Kommission/Griechenland*, Rs. C-154/00, Slg. 2002, I-3879, Rn. 27 ff.; EuGH, 25. April 2002, *Kommission/Frankreich*, Rs. C-52/00, Slg. 2002, I-3827, Rn. 17 ff.
[12] Dieses ist u.E. aus der Rechtsprechung des EuGH zur Richtlinie abzuleiten. Der EuGH unterstreicht nämlich, dass der Gemeinschaftsgesetzgeber eine «übermässige Anzahl an Rechtsstreitigkeiten bei geringfügigen materiellen Schäden» vermeiden wollte; s. EuGH, 25. April 2002, *Kommission/Griechenland*, Rs. C-154/00, Slg. 2002, I-3879, Rn. 29 und 30. Sofern die Höhe des Sachschadens die Anwendung der Richtlinie begründet, ist die Legitimation der begrenzenden Funktion des Selbstbehalts hinfällig. Es ist somit nicht gerechtfertigt, sie vom reparierbaren Sachschaden in Abzug zu bringen. Gl.M. CHRISTEN, S. 273. A.M. die herrschende Schweizer Lehre: BSK OR I-FELLMANN, Art. 6 PrHG N 2; HESS, Art. 4 N 3; REY, Rz 1183 f.
[13] WERRO, Rz 715.
[14] HOWELLS, S. 646.
[15] EuGH, 25. April 2002, *Kommission/Griechenland*, Rs. C-154/00, Slg. 2002, I-3879, Rn. 18; EuGH, 25. April 2002, *Kommission/Frankreich*, Rs. C-52/00, Slg. 2002, I-3827, Rn. 22.

gründet seinen Standpunkt damit, dass die Richtlinie ein Gesetzgebungsakt sei, der nicht etwa nur Mindeststandards aufstelle, sondern vielmehr eine «vollständige Harmonisierung» bezwecke.[16] Eine solche Rechtsprechung wird jedoch nicht verhindern können, dass es bei diesen Schäden Abweichungen zwischen den nationalen Rechtsordnungen gibt und geben wird, die zu Wettbewerbsverzerrungen zwischen den Herstellerinnen führen können. Das liegt daran, dass das auf Produktschäden anwendbare allgemeine Haftungsrecht der Mitgliedstaaten variiert, je nachdem, ob es als reine Verschuldenshaftung oder als Haftung für *vermutetes Verschulden* (Beweislastumkehr) konzipiert ist. Obwohl bis heute vom EuGH geduldet, unterscheidet sich im Ergebnis eine Haftung für vermutetes Verschulden nicht von einer Haftung, die allein auf den Produktfehler abstellt. Wie dem auch sei, um Wettbewerbsverzerrungen auf dem Markt zu vermeiden, müsste man die Harmonisierung weit mehr vorantreiben, als es die PrH-RL tut.[17]

Es ist anzumerken, dass das PrHG nur die *Mangelfolgeschäden* abdeckt und nicht den Schaden am Produkt selber (Art. 1 Abs. 2 PrHG).[18] Um Ersatz für diese Art der Schäden zu erlangen, wird sich der Geschädigte meistens auf die Sachmängelhaftung, ausnahmsweise auf Art. 41 OR, berufen müssen. So bedauernswert diese Unterscheidung auch sein mag, sie ist klassischer Natur: Sie übernimmt die traditionelle Trennung zwischen vertraglicher und deliktischer Haftung.[19] Man denke etwa an einen defekten Toaster, der einen Wohnungsbrand verursacht. Das PrHG bildet einzig Grundlage für den Ersatz der an der Wohnung entstandenen Schäden. Der bei dem Brand ebenfalls entstandene Schaden am Toaster wird gestützt auf die Sachmängelhaftung ersetzt, allenfalls gestützt auf Art. 41 OR.

2. Immaterielle Unbill

Der Ersatz der immateriellen Unbill aufgrund einer Beeinträchtigung durch das fehlerhafte Produkt wird ausdrücklich vom Anwendungsbereich der PrH-RL ausgenommen (Art. 9 PrH-RL). Die PrH-RL überlässt es somit dem jeweiligen Recht der Mitgliedstaaten, den immateriellen Schaden zu normieren. Im Gegensatz zur PrH-RL schliesst das PrHG die Genugtuung für *immaterielle Unbill* zwar nicht explizit aus; ausdrücklich regelt das PrHG sie aber auch nicht. Es stellt sich somit die Frage, ob ein qualifiziertes Schweigen des Gesetzgebers vorliegt oder ob der Verweis in Art. 11 Abs. 1 PrHG auch Art. 47 und 49 OR umfasst. Ein Verweis auf die Art. 47 und 49 OR wird von der Zusatzbotschaft I zur EWR-Botschaft[20] statuiert

---

[16] EuGH, 25. April 2002, *Kommission/Griechenland*, Rs. C-154/00, Slg. 2002, I-3879, Rn. 20; EuGH, 25. April 2002, *Kommission/Frankreich*, Rs. C-52/00, Slg. 2002, I-3827, Rn. 24.
[17] Ausführlich dazu WERRO, PEG, S. 61 ff., und insbesondere HAAS, Rz 401 ff., 781 ff.
[18] CHRISTEN, S. 60; OFTINGER/STARK II/1, § 16 Rz 392; SEILER, S. 938; WERRO, Rz 716 f.
[19] Kritisch gegenüber diesen Unterscheidungen WERRO, Responsabilité de l'entrepreneur, S. 69.
[20] BBl 1992 V 429.

B. Voraussetzungen der Haftung

und von der herrschenden Lehre[21] angenommen. Da es sich aber bei Art. 47 und 49 OR um unselbstständige Haftungsnormen handelt, bleibt noch zu klären, nach welchen *Haftungsvoraussetzungen* die Genugtuung geschuldet wird. Die Zusatzbotschaft I zur EWR-Botschaft[22] und, ihr folgend, die herrschende Lehre[23] sind der Auffassung, das Verschulden sei keine Haftungsvoraussetzung und somit würden die Genugtuungsansprüche den Haftungsvoraussetzungen des PrHG unterstehen. Diese Lösung vermag zwar im Hinblick auf den Konsumentenschutz zu überzeugen, angesichts der sehr engen Anlehnung des PrHG an die PrH-RL hätte man aber konsequenterweise annehmen dürfen, dass auch in der Schweiz die Haftungsvoraussetzungen der Genugtuung vom allgemeinen Recht bestimmt werden (Art. 41 oder 55 OR). Hätte der Schweizer Gesetzgeber von der PrH-RL abweichen wollen, so hätte es ihm oblegen, dies im PrHG klarer zum Ausdruck zu bringen.

II. Spezifische Voraussetzungen

Die Anwendung des PrHG erfordert zudem die kumulative Erfüllung der folgenden *drei spezifischen Voraussetzungen*: Es bedarf einer Herstellerin, eines Produkts und eines Fehlers desselben.

1. Herstellerin

Subjekt der Haftung ist in erster Linie die tatsächliche Herstellerin, d.h. die Person, die ein Produkt herstellt. Das PrHG stellt zudem diejenigen Personen der Herstellerin gleich, die den Anschein erwecken, Herstellerin zu sein, und solche, die das Produkt im Rahmen ihrer geschäftlichen Tätigkeit einführen. In den Fällen, in denen die Herstellerin nicht festgestellt werden kann, haftet der Lieferant subsidiär.

Grundsätzlich trifft die im PrHG vorgesehene Haftung nur Personen, die Produkte mit wirtschaftlichem Zweck oder im Rahmen ihrer beruflichen Tätigkeit herstellen oder vertreiben (Art. 5 Abs. 1 lit. c PrHG).

---

[21] BSK OR I-FELLMANN, Art. 1 PrHG N 5f., HESS, Art. 1 N 57ff.; HONSELL, Haftpflicht, § 21 Rz 51; REY, Rz 1180; a.M. FELLMANN/VON BÜREN-VON MOOS, Rz 108.
[22] BBl 1992 V 1ff., 429.
[23] BSK OR I-FELLMANN, Art. 1 PrGH N 5f., HESS, Art. 1 N 57ff.; HONSELL, Haftpflicht, § 21 Rz 51; REY, Rz 1180; a.M. FELLMANN/VON BÜREN-VON MOOS, Rz 108.

a) Tatsächliche Herstellerin

Nach Art. 2 Abs. 1 lit. a PrHG gilt als Herstellerin die Person, die das *Endprodukt*, einen *Grundstoff* oder ein *Teilprodukt* herstellt. Indem das PrHG dem Geschädigten mehrere Hersteller gegenüberstellt, minimiert es das Insolvenzrisiko und stellt zudem sicher, dass dem Verbraucher keine mittellose Endherstellerin vorgeschoben wird.[24]

Die Herstellerin eines Endprodukts kann sich nicht ihrer Verantwortung entledigen, indem sie geltend macht, dass die Fehlerhaftigkeit ihres Produkts von derjenigen des Grundstoffes oder eines Teilprodukts herrührt. Die Herstellerin des Grundstoffes oder Teilprodukts kann sich hingegen von der Haftung befreien, wenn sie beweist, «dass der Fehler durch die Konstruktion des Produkts, in das der Grundstoff oder das Teilprodukt eingebaut wurde, oder durch die Anleitungen der Herstellerin dieses Produkts verursacht worden ist» (Art. 5 Abs. 2 PrHG).[25]

b) Quasiherstellerin

Art. 2 Abs. 1 lit. b PrHG stellt der tatsächlichen Herstellerin die Personen gleich, die durch Anbringung ihres Namens, ihres Warenzeichens oder eines anderen Erkennungszeichens auf dem Produkt *den Anschein erwecken, ebenfalls Herstellerin zu sein*. Das Gesetz wollte damit die Vertriebshändler erfassen, die – insbesondere mit grossen Vertriebsmarken – wie eine Herstellerin auftreten und damit die Geschädigten schützen, die oft nicht in der Lage sind, die tatsächliche Herstellerin zu eruieren. So ist es zum Beispiel im Bereich der Elektronikprodukte üblich, dass das Produkt einer bestimmten Herstellerin ebenfalls unter einer anderen Marke, einem neuen Namen und einer neuen Seriennummer vertrieben wird. Die Person, die auf diese Art und Weise ihre Marke anbringt, läuft Gefahr, als Herstellerin im Sinne des Gesetzes qualifiziert zu werden und dementsprechend auch zu haften. Solche *«private label»*-Produkte sind oftmals auch bei Supermarktketten zu finden, welche diese unter ihrem Namen vermarkten, obwohl sie nicht von ihnen selbst produziert wurden.

c) Importeur

Wenn das Produkt aus dem Ausland importiert wurde, kann der Geschädigte ebenfalls den Importeur belangen (Art. 2 Abs. 1 lit. c PrHG). Er ist somit nicht gezwungen, die ausländische Herstellerin zur Verantwortung zu ziehen.[26] Importeur im Sinne von Art. 2 Abs. 1 lit. c PrHG ist «jede Person, die ein Produkt zum

---

[24] HESS, Art. 2 N 8; WERRO, Rz 723.
[25] CHRISTEN, S. 22 und 111 ff.; FELLMANN/VON BÜREN-VON MOOS, Rz 44 ff.
[26] HESS, Art. 1 N 27; WERRO, Rz 727.

B. Voraussetzungen der Haftung

Zweck des Verkaufs, der Vermietung, des Mietkaufs oder einer andern Form des Vertriebs im Rahmen ihrer geschäftlichen Tätigkeit einführt».[27]

d) *Subsidiäre Haftung des Lieferanten*

Das PrHG sieht zudem noch eine *subsidiäre Haftung* des Lieferanten vor. *Jede Person, die ein Produkt vertreibt*, ohne dessen Herstellerin zu sein, ist Lieferant im Sinne des Gesetzes.

Es sei hier noch bemerkt, dass der EuGH in seinem Urteil vom 25. April 2002 Frankreich betreffend entschieden hat, dass das französische Recht, welches eine direkte verschuldensunabhängige Haftung des Lieferanten vorsieht, gegen die Richtlinie verstösst, die allein eine subsidiäre Haftung vorsieht. Der EuGH begründet dies damit, dass die Richtlinie eine vollständige Harmonisierung derjenigen Punkte, die sie regelt, verfolge. Somit ist es den Mitgliedsstaaten verboten, zum Schutze des Konsumenten eine strenger angelegte Haftung beizubehalten.[28] Angesichts des vom Bundesgericht statuierten Prinzips der europarechtskonformen Auslegung von autonom nachvollzogenem Binnenrecht gilt diese Auslegung auch für Art. 2 Abs. 2 PrHG.[29]

Gemäss Art. 2 Abs. 2 PrHG haftet der Lieferant dem Geschädigten gegenüber nur dann, wenn die *Herstellerin des Produkts nicht festgestellt werden kann* und er nach einer entsprechenden Aufforderung nicht innerhalb einer angemessenen Frist die Herstellerin oder die Person nennt, die ihm das Produkt geliefert hat. Die Aufforderung durch den Geschädigten bedarf keiner speziellen Form.

Um gültig zu sein, muss die Aufforderung zumindest diejenigen Elemente beinhalten, die dem Lieferanten erlauben, die Identität der Herstellerin oder der Person, die ihm das Produkt geliefert hat, zu nennen.[30] Die Frist, um den Geschädigten zu informieren, wird nach den Gegebenheiten des Einzelfalles bestimmt.[31] Bei der Festsetzung der Frist müssen sowohl das Interesse des Geschädigten an einer schnellen Erledigung des Schadensfalles, bei älteren Schäden das Verwirkungsrisiko als auch das Interesse des Lieferanten, weitere Nachforschungen vorzunehmen oder das Produkt zu begutachten, berücksichtigt werden.[32]

Gemäss Art. 2 Abs. 3 PrHG findet die subsidiäre Haftung des Lieferanten auch Anwendung, wenn bei eingeführten Produkten die Identität des Importeurs nicht festgestellt werden kann. Dies gilt selbst dann, wenn der Name der Herstellerin angegeben ist.

---

[27] Bezüglich der Grenzen dieser Regelung innerhalb des Binnenmarktes s. HOWELLS, 2. Aufl., S. 452.
[28] EuGH, 25. April 2002, *Kommission/Frankreich*, Rs. C-52/00, Slg. 2002, I-3827, Rn. 18 ff., 36–41.
[29] BGE 129 III 335 E. 6.
[30] HESS, Art. 2 N 102 und 111 ff.
[31] REY, Rz 1204.
[32] WERRO, Rz 731.

2. Produkt

a) Produktbegriff

Der Produktbegriff umfasst grundsätzlich alle *beweglichen Sachen*. Da das PrHG diesen Begriff nicht definiert, muss zur Begriffsbestimmung die sachenrechtliche Definition der beweglichen Sache gemäss Art. 713 ZGB sowie die Rechtsprechung des EuGH herangezogen werden.

Bewegliche Sachen sind somit «jene Objekte, deren räumliche Lage ohne Substanzverlust beliebig geändert werden kann, da sie nicht in fester Verbindung mit dem Boden stehen».[33] Unbewegliche Sachen wie Strassen, Brücken oder Liegenschaften stellen demnach kein Produkt im Sinne des PrHG dar.

Als Produkte gelten sowohl *vom Menschen geschaffene Gegenstände* wie Konsumgüter, technische Anlagen, Maschinen und Geräte, Fahrzeuge, chemische Stoffe, Nahrungsmittel und Verpackungsmaterialien als auch *aus der Natur gewonnene Grundstoffe* wie Kohle, Edelmetalle, Erdöl, Sand, Kies, Holz oder Wasser.[34] Ferner beschränkt sich das PrHG nicht auf industrielle Erzeugnisse, sondern erfasst auch handwerklich produzierte bewegliche Sachen.[35] Sofern sie dem menschlichen Körper entnommen wurden, können auch Blut und Organe Produkteigenschaften aufweisen; Herstellerin derselben im Sinne des Gesetzes wird jedoch die Blut- oder Organbank sein und nicht der Spender.[36]

Das Sachenrecht liefert dennoch nur einen ersten Anhaltspunkt, um das Produkt im Sinne des PrHG zu bestimmen. Der Produktbegriff kennt einerseits eine Ausweitung (Art. 3 Abs. 1 lit. a PrHG) und andererseits eine Einschränkung (Art. 3 Abs. 2 PrHG) des sachenrechtlichen Begriffs der beweglichen Sache.

Gemäss Art. 3 Abs. 1 lit. a PrHG behält eine bewegliche Sache auch dann ihre Eigenschaft als Produkt bei, wenn sie *Bestandteil* einer anderen beweglichen oder unbeweglichen Sache wird. Nach den Grundsätzen des Sachenrechts verliert sie zwar ihre rechtliche Selbstständigkeit und teilt fortan das rechtliche Schicksal der Hauptsache (Akzessionsprinzip)[37], gemäss ausdrücklichem Wortlaut des PrHG bewahrt sie jedoch ihre Produkteigenschaft und somit auch ihre haftpflichtrechtliche Selbständigkeit.

Um dies zu veranschaulichen, denke man an ein Fenster, das in das Dach eines Hauses eingebaut wird. Das Fenster behält seine Eigenschaft als (eigenständiges) Produkt, obwohl es zu einem Bestandteil des Hauses geworden ist.

---

[33] REY, Grundlagen, Rz 143.
[34] HESS, Art. 3 N 4.
[35] GAUCH, Produkthaftungsrichtlinie, S. 168; MARKOVITS, Rz 254.
[36] CHRISTEN, S. 37 ff., 42; HESS, Art. 3 N 55; SCHWENZER, Rz 53.35 f.; für Hinweise auf die englische Rechtsprechung s. WERRO, PEG, S. 69 f.
[37] STEINAUER, Droit Réels II, Rz 1622 ff.

B. Voraussetzungen der Haftung

Auch verliert ein Produkt seine Produkteigenschaft nicht dadurch, dass es im Rahmen einer Dienstleistung eingesetzt wird.[38] Es gilt hier, die Fehlerhaftigkeit des Produkts von derjenigen der Dienstleistung zu unterscheiden: Ein fehlerhaftes Produkt impliziert somit nicht die Fehlerhaftigkeit der Dienstleistung.

Als Beispiel kann hier ein Fall des EuGH erwähnt werden, in dem ein Krankenhaus eine von einer Apotheke eines anderen Krankenhauses hergestellte Flüssigkeit benützte, um damit eine Niere vor einer Transplantation durchzuspülen. Die Flüssigkeit war fehlerhaft, so dass die Niere für eine Transplantation nicht mehr verwendbar war. Der EuGH stellte fest, dass diese Flüssigkeit an sich sehr wohl ein fehlerhaftes Produkt sei und dass man, entgegen der Ansicht des Generalanwalts, nicht einfach nur eine fehlerhafte Dienstleistung annehmen dürfe: Das Produkt selbst ist betroffen, so dass der Umstand, dass es im Rahmen einer medizinischen Dienstleistung eingesetzt wurde, nichts daran ändert.[39]

Obwohl *Elektrizität* keine bewegliche Sache im Sinne des ZGB darstellt,[40] gilt sie gemäss PrHG als Produkt (Art. 3 Abs. 1 lit. a PrHG). Der haftungsauslösende Fehler wird meist in einer Schwankung der Stromspannung oder der Stromstärke liegen.[41]

Die Frage, ob das PrHG bei *Nichtlieferung von Elektrizität* zur Anwendung gelangt, ist strittig. Ein Teil der Lehre lehnt dies mit der Begründung ab, es könne nicht von einem fehlerhaften Produkt die Rede sein, wenn gar kein Produkt geliefert worden sei.[42] Manche Autoren vertreten hingegen die Meinung, das Vertrauen der Konsumenten auf eine ununterbrochene Stromlieferung müsse geschützt werden.[43] Ferner betonen sie zu Recht, eine Herstellerin könne sonst dazu neigen, bei sich abzeichnenden Stromschwankungen die Stromversorgung ganz einzustellen, um sich der Haftung zu entziehen.[44] Des Weiteren sind u.E. starke Stromschwankungen von Stromunterbrechungen kaum zu unterscheiden, zumal sie meistens die gleichen Schäden verursachen. Um nicht der Begriffsjurisprudenz zu verfallen, ist es somit unabdingbar, auch Stromunterbrechungen unter dem Begriff des Produkts zu subsumieren.

Es sei hier schliesslich noch darauf hingewiesen, dass, wie es anfänglich auch die PrH-RL von 1985 tat, das PrHG *landwirtschaftliche Bodenerzeugnisse sowie Tierzucht-, Fischerei- und Jagderzeugnisse* vom Anwendungsbereich des Gesetzes ausschliesst, obwohl es sich hierbei um bewegliche Sachen handelt. Solche Erzeug-

---

[38] WERRO, Rz 742 f.
[39] EuGH, 10. Mai 2001, *Veedfald/Arhus Amtskommune*, Rs. C-203/99, Slg. 2001, I-3569, Rn. 11 ff.; vgl. WERRO, PEG, S. 65 ff.
[40] STEINAUER, Droit Réels I, Rz 114; Art. 713 ZGB setzt lediglich Elektrizität den beweglichen Sachen gleich.
[41] BSK OR I-FELLMANN, Art. 3 PrHG N 12 und Art. 4 PrHG N 29; HESS, Art. 3 N 7 und Art. 4 N 118.
[42] CHRISTEN, S. 12.
[43] HESS, Art. 3 N 9.
[44] FELLMANN/VON BÜREN-VON MOOS, Rz 154; BSK OR I-FELLMANN, Art. 4 PrHG N 29; WERRO, Rz 741.

nisse gelten erst dann als Produkt, wenn sie einer ersten Verarbeitung unterzogen worden sind. Die ursprüngliche Begründung lag darin, dass unverarbeitete Bodenerzeugnisse wie auch Tierzucht-, Jagd- oder Fischereierzeugnisse nicht industriell hergestellt würden und deshalb keine verschärfte Haftung erforderlich sei. Diese Einschränkung ist seitens der Lehre auf die berechtigte Kritik gestossen, sie beruhe auf einer verfehlten Vorstellung von modernen landwirtschaftlichen Produktionsbedingungen und den damit verbundenen Gefahren (bspw. bei der Verwendung chemischer Hilfsmittel). Zudem beschränkt sich das PrHG nicht auf industrielle Erzeugnisse, sondern erfasst bspw. auch unverarbeitete Rohstoffe wie Öl, Kohle oder Mineralien. Die BSE-Krise hat dem europäischen Gesetzgeber die Risiken der Massentierhaltung demonstriert und schliesslich 1999 zu einer Streichung dieser Einschränkung aus der PrH-RL geführt;[45] in dieser Hinsicht widerspricht das geltende Schweizer Recht dem europäischen.

b) Grenzfälle

Die Anwendung des PrHG ist unter anderem dann umstritten, wenn *geistige Leistungen* in einer beweglichen Sache verkörpert sind. Weist die bewegliche Sache als solche einen Fehler auf (bspw. weil ein Buch oder eine CD Schadstoffe enthält), so findet nach einhelliger Meinung das PrHG Anwendung. Ist hingegen der Inhalt mit einem Mangel behaftet (d.h. die im Buch oder in der CD enthaltenen Informationen), so ist die Frage der Anwendbarkeit des PrHG strittig. Ein Teil der Lehre vertritt die Meinung, eine Anwendung komme keinesfalls in Frage, da es sich beim Inhalt um ein immaterielles Gut handle.[46] Ein anderer Teil der Lehre ist der Ansicht, man müsse unterscheiden, ob der Fehler ursprünglich beim Verfasser («Denkfehler») oder bei der Duplizierung des Werks (Druckfehler, Textverwechslungen usw.) entstanden sei. Im ersten Fall solle das PrHG grundsätzlich nicht zur Anwendung gelangen, hingegen im zweiten, da es sich dabei um ein typisches Risiko der Massenproduktion handle.[47]

U.E. erscheint es grundsätzlich als gekünstelt, den Inhalt vom Beinhaltenden trennen zu wollen. Eine Herstellerin haftet ja auch für eine fehlerhafte Konstruktion oder Instruktion, die nichts anderes als geistige Leistungen darstellen. Auch eine Unterscheidung der inhaltlichen Fehler, die auf deren Ursprung abstellt, vermag kaum zu überzeugen. Dort schlägt das Argument der Massenproduktion nämlich schon deshalb fehl, weil das PrHG ebenfalls handwerklich erstellte Produkte erfasst. Zudem liegt gerade auch in der Massenverbreitung eines vom Verfasser zu vertretenden inhaltlichen Fehlers ein beträchtliches Schädigungspotential, das allein schon die Anwendung des PrHG zu rechtfertigen vermag. Die

---

[45] PrH-RL geändert durch die RL 1999/34 EG des europäischen Parlaments und des Rates vom 10. Mai 1999, ABl. L 141/20 vom 04.06.1999; AMSTUTZ et al. (Hrsg.), S. 338.
[46] HONSELL, Haftpflicht, § 21 Rz 30 f.
[47] BSK OR I-FELLMANN, Art. 3 PrHG N 9; REY, Rz 1186b.

Herstellerin des gedruckten Werkes (in der Regel der Verleger) und nicht dessen Verfasser sollte somit sowohl für jeglichen inhaltlichen Fehler wie auch für das Beinhaltende haften.[48]

Es bestehen auch verschiedene Meinungen darüber, ob *Software* als solche ein Produkt im Sinne des PrHG ist. Für einen Teil der Lehre sind Software-Programme nur ein immaterielles Rechtsgut und können dementsprechend kein Produkt im Sinne des PrHG sein.[49] Ein grosser Teil der Lehre unterscheidet zwischen Standard-Software und Individual-Software. Sie anerkennt die Produkteigenschaft Ersterer aufgrund ihrer Verkörperung in einem Datenträger (CD, DVD, Diskette etc.) und verneint diese mit Bezug auf Letztere, weil hier der Dienstleistungscharakter überwiegen soll.[50] U.E. ist es nicht gerechtfertigt, zwischen Standard-Software und Individual-Software zu unterscheiden. Das Kriterium der materiellen Verknüpfung ist rein formell und führt dazu, ähnliche Sachverhalte unterschiedlich zu behandeln.[51] Ebenso spielt es keine Rolle, ob eine Software heruntergeladen oder auf einem materiellen Datenträger gespeichert übergeben wird: Das PrHG findet immer Anwendung.[52]

Von den soeben behandelten Fällen müssen diejenigen unterschieden werden, bei denen eine *Software* von Anfang an in einem Produkt integriert ist (bspw. in einem Auto, in einer Uhr oder in einem Bancomat). Wenn die integrierte Software einen Fehler aufweist, dann ist das Produkt als Ganzes fehlerhaft. Die Anwendbarkeit des PrHG ist in diesen Fällen unzweifelhaft gegeben.[53]

3. Fehler

Sowohl das PrHG als auch die PrH-RL knüpfen die Haftung der Herstellerin an das fehlerhafte Produkt und nicht an den Herstellungsprozess als solchen an. Das PrHG schafft somit ein System der Haftung, in welchem der Geschädigte zwar den Fehler beweisen muss, nicht aber die Sorgfaltspflichtverletzung der Herstellerin oder deren Hilfsperson. Die Herstellerin verfügt auch nicht über die normalerweise dem Geschäftsherrn zustehenden Befreiungsbeweise. Sie kann sich somit nicht der Haftung entziehen, indem sie den Nachweis erbringt, die erforderliche Sorgfalt aufgewendet zu haben.[54]

---

[48] Vgl. auch HESS, Art. 3 N 43 f.
[49] HONSELL, Haftpflicht, § 21 Rz 30 f.
[50] BSK OR I-FELLMANN, Art. 3 PrHG N 10; REY, 1186c.
[51] Vgl. HESS, Art. 3 N 49 f.; ROBERTO, Rz 364.
[52] WERRO, Rz 745; vgl. auch ROBERTO, Rz 364.
[53] BSK OR I-FELLMANN, Art. 3 PrHG N 10.
[54] BGE 110 II 456; WERRO, Responsabilité produits, S. 31.

a) Begriff des fehlerhaften Produkts

Gemäss Art. 4 Abs. 1 PrHG ist «ein Produkt fehlerhaft, wenn es nicht die Sicherheit bietet, die man unter Berücksichtigung aller Umstände zu erwarten berechtigt ist; insbesondere sind zu berücksichtigen:

a) die Art und Weise, in der es dem Publikum präsentiert wird;
b) der Gebrauch, mit dem vernünftigerweise gerechnet werden kann;
c) der Zeitpunkt, in dem es in Verkehr gebracht wurde.»

Art. 4 Abs. 2 PrHG präzisiert, dass ein Produkt nicht allein deshalb als fehlerhaft zu gelten hat, weil später ein verbessertes Produkt in Verkehr gebracht wurde.

Der Fehler eines Produkts besteht also in seinem *Mangel an Sicherheit*, die man unter Berücksichtigung aller Umstände vernünftigerweise erwarten darf. Die Wertung der Umstände erfolgt konkret, aber nicht subjektiv. Somit ist der Fehler ein *normativer Begriff*.[55] Er stellt auf die berechtigten Sicherheitserwartungen eines durchschnittlichen Anwenders und nicht auf diejenigen des tatsächlichen Benutzers ab.[56] Eine anderslautende Lösung würde zu einer nicht zu rechtfertigen Belastung der Herstellerin führen, die dann für subjektive Besonderheiten jedes Einzelnen wie bspw. besondere Empfindlichkeiten haften müsste. Dieses persönliche Risiko muss jeder Einzelne selbst tragen.[57]

Da das PrHG nicht nur die Benutzer eines Produkts, sondern auch unbeteiligte Dritte (*innocent bystanders*) schützt, müssen auch deren Sicherheitserwartungen in die Bewertung miteinbezogen werden. Es muss somit letztlich auf die Sicherheitserwartungen der *Allgemeinheit* abgestellt werden.[58]

So sollen bei der Beurteilung, ob eine Kühlerfigur eines Luxusautos bei einer Kollision mit einem Fussgänger die berechtigten Sicherheitserwartungen erfüllt, nicht allein die Sicherheitserwartungen eines idealtypischen Fahrers (Benutzers) berücksichtigt werden, sondern auch diejenigen aller potenziell aufgespiessten Passanten.

Indem der Gesetzgeber die Haftung allein auf das Fehlen der mit Recht erwarteten *Sicherheit* abgestellt hat, wollte er ausschliessen, dass der Herstellungsprozess bzw. die Sorgfalt bei der Herstellung berücksichtigt wird. Der Fokus liegt somit auf dem *Resultat* (dem fehlerhaften Produkt) und nicht etwa auf einem mangelhaften Verhalten der Herstellerin.[59] Diese Lösung kommt den Konsumenten insofern zugute, als sie nicht eine Sorgfaltspflichtverletzung der Herstellerin nachweisen müssen.

---

[55] BGE 133 III 381 E. 3.1.
[56] FELLMANN/VON BÜREN-VON MOOS, Rz 76; WERRO, Responsabilité produits, S. 32; BGE 133 III 81 E. 3.1.
[57] TASCHNER/FRIETSCH, Art. 6 Richtl. N 4.
[58] FELLMANN/VON BÜREN-VON MOOS, Rz 183; HESS, Art. 4 N 9 ff; TASCHNER/FRIETSCH, Art. 6 Richtl. N 4.
[59] WERRO, Responsabilité produits, S. 32.

B. Voraussetzungen der Haftung

In Fällen der Werkeigentümerhaftung (Art. 58 OR) stellen die Gerichte bisweilen darauf ab, ob es technisch möglich und finanziell zumutbar gewesen wäre, die erkannte Gefahr zu beseitigen. Die finanziellen Aufwendungen gelten dann als zumutbar, wenn sie in einem vernünftigen Verhältnis zu den Interessen der Benutzer und dem Zweck des Werkes stehen.[60] Der europäische Gesetzgeber wollte jedoch hinsichtlich der Produktehaftung die Sorgfaltsfrage von vornherein ausschliessen[61] und die Lehre scheint allgemein darin übereinzustimmen, dass die Sorgfalt in Bezug auf die Fabrikationsfehler eines Produkts auch *nicht zu berücksichtigen* sei.

Viel schwieriger zu beantworten erscheint hingegen die Frage, ob eine Sorgfaltspflichtverletzung der Herstellerin bei der Beurteilung, ob die Instruktion (Gebrauchsanweisung etc.) angemessen war, ausser Acht zu lassen sei. So vertritt die herrschende französische Lehre die Meinung, dass sich ein Instruktionsfehler nur mit Bezugnahme auf ein Tun der Herstellerin und nicht auf ein Resultat ermitteln lasse.[62] Diese Ansicht muss jedoch relativiert werden. Es kann nur in denjenigen Fällen auf ein Tun der Herstellerin abgestellt werden, in denen eine sorgfältige Instruktion überhaupt geeignet ist, eine Schädigung durch das Produkt zu verhindern (also ein «Resultat» zu erzielen). Sollte eine solche gefahrabwendende Instruktion objektiv betrachtet nicht möglich sein, weil bspw. das Produkt derart komplex oder gefährlich ist, so haftet die Herstellerin, wenn sie das Produkt trotzdem in Verkehr bringt.

Ferner *unterscheidet* sich der Fehlerbegriff des PrHG vom Mangel des *vertraglichen Gewährleistungsrechts* (Kauf- oder Werkvertrag). Während sich der Fehler des PrHG als *Mangel an Sicherheit*, die man zu erwarten berechtigt ist, definiert, handelt es sich beim Mangel des vertraglichen Gewährleistungsrechts um das Fehlen *zugesicherter Eigenschaften* oder *zu Recht erwarteter Eigenschaften*, auf die sich der Käufer bzw. der Besteller nach Treu und Glauben berufen darf.[63] Das Gewährleistungsrecht zielt primär darauf ab, das gestörte Gleichgewicht zwischen Leistung und Gegenleistung wiederherzustellen. Das PrHG bezweckt hingegen einzig den Ersatz von Mangelfolgeschäden.[64]

Es stellt sich schliesslich noch die Frage, ob der Begriff «Sicherheit» gemäss Art. 4 Abs. 1 PrHG auch die *Wirksamkeit* eines Produkts erfasst. Ein Produkt wäre dann fehlerhaft, wenn es die billigerweise erwartete Wirksamkeit nicht bietet. Diese Frage ist eindeutig zu bejahen.[65] Aus Produktehaftungssicht sollte nicht zwi-

---

[60] Vgl. BGE 126 II 113, 116 II 422; ausführlich dazu WERRO, Commentaire, Art. 58 N 16 ff.
[61] Vgl. MARKOVITS, Rz 293 ff.
[62] Vgl. MARKOVITS, Rz 325 f. m.w.H.
[63] TERCIER, Contrats, Rz 636; für eine rechtsvergleichende Analyse s. PETITPIERRE, Genèse, S. 17 ff.
[64] Vgl. zum Ganzen FELLMANN/VON BÜREN-VON MOOS, Rz 196 ff.; HESS, Art. 4 N 18 f.
[65] Gl.M. Hess, Art. 4 N 92 f.; bejahend in Bezug auf die PrH-RL GAUCH, Produkthaftungsrichtlinie, S. 173; verneinend in Bezug auf die PrH-RL TASCHNER/FRIETSCH, Art. 6 Richtl. N 29.

schen einem Produkt unterschieden werden, das schädigende Eigenschaften aufweist, die es nicht haben dürfte, und einem Produkt, das schützende Eigenschaften haben müsste, diese aber nicht bietet. Es gilt das Vertrauen der Konsumenten auf die Wirksamkeit des Produkts zu schützen. Sollte demnach ein Produkt nicht den berechtigten Schutzerwartungen gerecht werden, so ist es als *fehlerhaft* zu qualifizieren. Ein wirkungsloses Medikament, ein nicht funktionierender Airbag, ein «undichtes» Kondom sind somit fehlerhafte Produkte in Sinne von Art. 6 PrHG.

III. Verschiedene Fehlertypen

Sowohl die PrH-RL als auch das PrHG beurteilen den Fehler aufgrund des schädigenden Ergebnisses, ohne den in Betracht kommenden Fehlertyp als solchen zu berücksichtigen: Der Geschädigte hat somit nicht den Ursprung bzw. den Typ des Fehlers zu beweisen, sondern allein, dass das Produkt nicht *die Sicherheit aufwies, die berechtigterweise erwartet werden darf*.[66]

Obwohl das PrHG selbst keine Unterscheidung der einzelnen Fehlertypen kennt, kann dennoch aus begrifflichen Gründen eine dreiteilige Klassifikation in Fabrikations-, Konstruktions- und Instruktionsfehler vorgenommen werden.[67] Auch das Bundesgericht übernimmt in seiner neueren Rechtsprechung diese Aufteilung,[68] hält aber richtigerweise zugleich fest, dass ihr keine normative Bedeutung zukommt.[69]

1. Fabrikationsfehler

Ein Fabrikationsfehler liegt dann vor, wenn das *fertige Produkt von dem von der Herstellerin geplanten abweicht*. Obwohl das Produkt als solches richtig konzipiert wurde, weist es dennoch herstellungsbedingt einen Fehler auf.[70] Dieser Fehler kann durch einen Angestellten, einen unaufmerksamen Vorgesetzten, eine Fehlfunktion einer Maschine, einen missgünstigen Dritten oder eine ungenügende Endkontrolle verursacht worden sein. Es ist irrelevant, auf welche Art und Weise oder durch welche Person der Fehler zustande gekommen ist, denn der Hersteller hat immer für den fehlerhaften Zustand seiner Produkte einzustehen. Der haf-

---

[66] BGE 133 III 81 E. 4.1; Hess, Art. 4 N 7 ff.; s.a. Werro/Belser, Rz 35 ff.
[67] Hess, Art. 4 N 21 ff.; Seiler, Rz 948 ff.; Werro, Rz 754. Einige Autoren hingegen vertreten die Meinung, dass eine solche Einteilung nicht sachdienlich ist, da sie auch das PrHG nicht berücksichtigt: BSK OR I-Fellmann, Art. 4 PrGH N 4; Fellmann/von Büren-von Moos, Rz 202; Petitpierre, Genèse, S. 13 f.; Roberto Rz 366; Schwenzer, Rz 53.37 f.
[68] BGE 133 III 81 E. 3.2.; ferner Urteil 4C.307/2005 vom 25. Januar 2006, E. 3.
[69] BGE 133 III 81 E. 4.1.
[70] Hess, Art. 4 N 37.

tungsauslösende Faktor ist einzig und allein *das Resultat und nicht der Herstellungsprozess*. Die Herstellerin kann sich nur dann der Haftung entziehen, wenn das Produkt bspw. durch das Handeln eines Dritten nach dem Inverkehrbringen fehlerhaft wird.[71]

Obwohl sich das Bundesgericht im Schachtrahmen-Fall (BGE 110 II 456) nicht explizit dazu äussert, kann man dennoch annehmen, dass die Herstellerin wegen eines Fabrikationsfehlers auf der Grundlage von Art. 55 OR haftbar gemacht wurde. In diesem Fall ging es um einen Bauarbeiter, der sich schwere Verletzungen zugezogen hatte, weil eine einbetonierte Aufhängeschlaufe eines Schachtrahmens gerissen war und seinen Fuss zerquetscht hatte. Die Schachtrahmen waren in grosser Menge und von langjährigen und bewährten Arbeitern hergestellt worden und es hatte bis zu diesem Zeitpunkt keinen einzigen ähnlichen Vorfall gegeben. Das Bundesgericht hielt fest, dass auch dann erhöhte Anforderungen an den Befreiungsbeweis des Geschäftsherrn zu stellen sind, wenn die Arbeit der Hilfspersonen als solche nicht gefährlich ist, Fehler bei der Herstellung des Produkts aber zu einer Gefahr für Personen, die es bestimmungsgemäss verwenden, führen können. Das Bundesgericht entschied, dass sich die vom Geschäftsherrn gemäss Art. 55 OR verlangte Sorgfalt nicht nur auf die richtige Auswahl, Überwachung und Instruktion der Hilfspersonen beschränkt, sondern darüber hinaus der Geschäftsherr auch für eine *zweckmässige Arbeitsorganisation* und nötigenfalls für die Endkontrolle seiner Erzeugnisse zu sorgen hat, wenn damit eine Schädigung Dritter verhindert werden kann. Ist eine Endkontrolle der Produkte nicht möglich oder unzumutbar, so muss der Geschäftsherr eine Konstruktionsart wählen, die Fabrikationsfehler und die sich daraus ergebende Schädigungsgefahr mit hoher Wahrscheinlichkeit ausschliesst.

2. Konstruktionsfehler

Im Gegensatz zum Fabrikationsfehler entsteht der Konstruktionsfehler nicht erst durch einen Fehler beim Herstellungsprozess, sondern schon in der *Planung und Entwicklung* des Produkts.[72] Der Sicherheitsmangel betrifft somit *alle hergestellten Exemplare* und nicht allein das Produkt, das tatsächlich zum Schaden geführt hat.

Ein berühmtes Fallbeispiel eines Konstruktionsfehlers ist das des Ford Pinto. Bei diesem Fahrzeug war der Benzintank so platziert, dass bei Auffahrkollisionen eine akute Brand- und Explosionsgefahr bestand.[73]

---

[71] WERRO, Rz 755.
[72] HESS, Art. 4. N 22.
[73] *Grimshaw v. Ford Motor Co.*, 119 Cal. App.3d 757, 174 Cal. Rptr. 348 (1981). Zu bemerken sei hier noch, dass, obwohl Ford die Gefährlichkeit des Fahrzeugs kannte, die Konzeption des Benzintanks nicht änderte, da man schätzte, dass es günstiger käme, eventuelle

3. Instruktionsfehler

Der Instruktionsfehler unterscheidet sich von den zwei vorhergehenden Fehlertypen dadurch, dass er sich nicht im Produkt selbst niederschlägt, sondern sich in der *mangelhaften Information durch den Hersteller* manifestiert.[74] Diese Information kann ungeeignet oder ungenügend sein oder gänzlich fehlen. Ein gefährliches Produkt ist also dann fehlerhaft, wenn der Benutzer nicht auf sachgemässe Art und Weise auf die Gefahren hingewiesen wird, die der Gebrauch mit sich bringen kann.[75]

Damit die Instruktionen dem Benutzer entgegengehalten werden können, müssen sie ausreichend präzise und verständlich sein und dürfen nicht dahingehend ausgelegt werden, dass sie einer Wegbedingung der Haftung gleichkommen; dies würde gegen Art. 8 PrHG verstossen.

Zahlreiche Beispiele zum Instruktionsfehler findet man in der amerikanischen Kasuistik (wenn sie nicht gerade erfunden wurden, um das amerikanische Recht ins Lächerliche zu ziehen). Da wären beispielsweise die Sonnenblenden, die man vor die Windschutzscheibe stellt, um das Fahrzeug vor der Hitze zu schützen, auf denen folgender Hinweis zu lesen ist: «*remove before driving*» (vor dem Losfahren entfernen)![76] Ein erstinstanzliches französisches Gericht hat entschieden, dass Zigaretten, die ohne Hinweis auf ihre Schädlichkeit verkauft werden, als fehlerhaft betrachtet werden müssen.[77]

Ein Fabrikations- oder Konstruktionsfehler kann nicht dadurch beseitigt werden, dass die Herstellerin den Benutzer darüber informiert.[78] Die Nichtbeachtung solcher Hinweise durch den Benutzer kann höchstens einen Herabsetzungsgrund gemäss Art. 44 OR darstellen.

Opfer zu entschädigen. Die 125 Mio. USD, die Ford schlussendlich zahlen musste, überstiegen um 1 Mio. USD die Kosten, die durch den Verzicht auf einen Umbau der Fahrzeuge eingespart worden waren. Näheres dazu bei NADER/SMITH, S. 70 ff.

[74] HESS, Art. 4 N 41.
[75] Zur Fragestellung bezüglich Medikamente s. VOGEL, S. 250 f.; s.a. WERRO/PALMER/HAHN, S. 323 ff. und 437 ff.
[76] Weitere Beispiele von Übertreibungen in diesem Bereich bei PAGE, S. 676 ff.
[77] Der Entscheid wurde im November 1999 gefällt. Er rief ein grosses Medienecho hervor. Mit Urteil vom 9. März 2005 hat auch ein Appellationsgericht in Rom in diesem Sinne entschieden.
[78] A.M. BSK OR I-FELLMANN, Art. 4 PrHG N 15; HESS, Art. 4 N 41. Vgl. die Analyse auf europäischer Ebene bei WERRO/PALMER/HAHN, S. 440 ff.

4. Beurteilung des Fehlers

a) Allgemeines

Das Konzept der legitimen Sicherheit ist dem allgemeinen Haftpflichtrecht nicht fremd (z. B. in Bezug auf Art. 58 OR). Was die Produktehaftpflicht angeht, so ist der Ursprung dieses Konzepts jedoch im amerikanischen *consumer expectation test* zu suchen.[79] Dieser Test besteht darin, dass man von den *berechtigten Sicherheitserwartungen einer vernünftigen Person* ausgeht und nicht von denen des tatsächlich Geschädigten. Es müssen somit die Erwartungen eines durchschnittlichen Konsumenten bzw. der *Allgemeinheit* ermittelt werden.[80] Dem amerikanischen Recht folgend wurde der Test der berechtigten Sicherheitserwartungen der Konsumenten (*consumer expectation test*) von der PrH-RL und dem PrHG übernommen.

Dieser Test stiess in Europa zuerst auf Kritik und zwar nicht wie in den USA seitens der Unternehmen, sondern seitens der Konsumentenschützer. Letztere befürchteten, dass die berechtigten Erwartungen der Konsumenten eingeschränkt würden, indem man sie an das vernünftige Verhalten der Herstellerinnen anknüpft.[81] Diese Befürchtung hat sich bis heute nicht bewahrheitet.

b) Beurteilung des Fabrikationsfehlers

Die Feststellung eines Fabrikationsfehlers beruht auf einem Vergleich des schadhaften Produkts mit dem geplanten Produkt, das den berechtigten Sicherheitserwartungen entspricht.[82] Wenn der *Grad der Sicherheit beim schadhaften Produkt niedriger ist als beim geplanten*, so liegt ein Fabrikationsfehler vor. In dieser Beurteilung werden weder der Herstellungsprozess noch das Verhalten der an der Herstellung Beteiligten berücksichtigt. Das einzige relevante Kriterium, um das Vorliegen eines Fehlers zu bejahen oder zu verneinen, ist somit die Konformität des fertigen Produkts mit dem geplanten.

Insbesondere aufgrund des objektiven Charakters der Haftpflicht sollte jeglicher Einbezug des Verhaltens der Herstellerin und somit ihres Verschuldens in die Beurteilung des Fehlers strickt abgelehnt werden.[83] Dies war sicherlich auch die Überlegung der Richter, die in einem deutschen Fall die Verletzung einer Person durch die *Explosion einer Wasserflasche* zu beurteilen hatten.[84] Auch das Bun-

---

[79] Dieses Kriterium stammt aus dem Kaufrecht und wurde in den 60iger Jahren vom *Restatement (2nd) of Torts* in den USA übernommen und dann unter dem Druck der Unternehmer, die es als zu konsumentenfreundlich erachteten, von den Gerichten wieder weitgehend fallengelassen. Vgl. WERRO, Responsabilité produits, S. 35 m.w.H.
[80] WERRO, Responsabilité produits, S. 35 m.w.H.
[81] HOWELLS/MILDRED, Products Liability, S. 995; DERS., Infected Blood, S. 95 ff.
[82] KÖTZ, S. 114.
[83] Dazu KÖTZ, S. 112 f.
[84] BGH, NJW 1995, 2162; als Beispiel für einen amerikanischen Fall *Escola v. Coca Cola Bottling Company of Fresno*, 24 Cal.2d 453, 150 P.2d 436.

desgericht ist im oben erwähnten Schachtrahmen-Fall von den gleichen Überlegungen ausgegangen.[85] Obwohl es festhält, dass eine alternative Konzeption des Produkts mit wenig Kosten möglich gewesen wäre,[86] definiert es dennoch den Fehler als Resultat, d.h. als zufallsbedingten Unterschied zwischen dem schadhaften und dem eigentlich geplanten Produkt.

Diese Vorgehensweise setzt jedoch voraus, dass der Grad der berechtigterweise erwarteten Sicherheit des geplanten Produkts bestimmt werden kann. Gerade dieser Punkt ist aber oftmals problematisch. Natürlich kann immer von einer absoluten Sicherheit ausgegangen werden. Im oben erwähnten Beispiel der Wasserflasche[87] könnte man somit sagen, dass die erwartete Sicherheit die ist, dass nie eine Flasche explodiert. Diese Sicherheitserwartung ist aber nicht berechtigt. Sollten nämlich Statistiken zeigen, dass eine von 100 000 Flaschen explodiert, so ist es unrealistisch, mit einer absoluten Sicherheit zu rechnen.

Zudem könnte der *Fabrikationsfehler auch als ein Konzeptionsfehler verstanden werden*: Eine von 100 000 Flaschen explodiert, weil die verwendeten Herstellungsmethoden tatsächlich ein solches Risiko nicht vollständig ausschliessen können. Diese Behauptung würde indessen die Frage aufwerfen, ob die Herstellungsmethoden adäquat waren und somit, wie beim Instruktionsfehler, bei dem die Tauglichkeit der gegebenen Information hinterfragt wird (*inadequate instructions*[88]), die Diskussion über das Verschulden der Herstellerin wieder entfachen. Man könnte jedoch auch behaupten, dass trotz eines nicht beherrschbaren statistischen Risikos oder der exorbitanten Kosten, um dieses zu beseitigen, der Sicherheitsmangel nicht akzeptabel ist und dass, wo auch immer die technischen Grenzen liegen mögen, die Herstellerin für den Fehler haften muss. Letztere Ansicht hätte zur Folge, dass der Unterschied *zwischen einem Fabrikations- und einem Konstruktionsfehler* verkannt würde.[89]

Genau diese Unterscheidung hat ein englisches Gericht bei einem Prozess verworfen, in dem die Opfer von Bluttransfusionen den Herstellern dieses Produkts gegenüberstanden.[90] Das Gericht vertrat die Auffassung, dass sich ein Fabrikationsfehler nicht von einem Konstruktionsfehler unterscheide, und dass sich der Konsument von Blutprodukten darauf verlassen dürfe, im Falle einer Transfusion nicht infiziert zu werden.[91] Diesem Urteil gemäss gibt es Produkte, die so sind, wie

---

[85] BGE 110 II 456.
[86] BGE 110 II 456 E. 3b.
[87] BGH, NJW 1995 2162.
[88] Restatement (Third) of Torts, § 2.
[89] Für den Beibehalt dieser Unterscheidung BÜYÜKSAGIS, S. 299ff.
[90] *A & Others v. National Blood Authority,* Queen's Bench 26 März 2001; vgl. auch HOWELLS/ MILDRED, Infected Blood, S. 99.
[91] *A & Others v. National Blood Authority*, § 39–40: «United States tort law has developed a difference between manufacturing defects, design defects and instruction defects. [...] However, notwithstanding, that there was some use of these American terms in the travaux preparatoires, there is no place for them in the Directive. [...] Given that there is a dispute

B. Voraussetzungen der Haftung

sie sein sollten (*standard products*) und solche, die es eben nicht sind (*non standard products*), ohne dass man sich fragen muss, ob der Fehler fabrikations- oder konstruktionsbedingt war.[92] Ob das Risiko hätte abgewendet werden können, spiele hierbei ebenfalls keine Rolle.[93]

Gleiche Überlegungen in Bezug auf die Vorhersehbarkeit des Risikos waren auch in einem anderen englischen Fall wegweisend.[94] Hier ging es um einen Sicherheitsmangel bei einem Gummiband, das einen herausnehmbaren Schalensitz in einem Kinderwagen festhalten sollte. Ein zwölfjähriger Knabe, der seiner Mutter beim Befestigen dieses Gummibands half, wurde dabei am Auge verletzt.[95]

c) Beurteilung des Konstruktionsfehlers

Wie schon beim Fabrikationsfehler kann auch die Beurteilung des Konstruktionsfehlers ohne Bezugnahme auf die Sorgfalt der Herstellerin erfolgen; sie setzt aber voraus, dass die *Sicherheitserwartungen bestimmbar sind,* sonst würden sie auf einer *Fiktion* beruhen. Dies ist dann der Fall, wenn es keine berechtigten Sicherheitserwartungen der Konsumenten gibt. Angesichts der Grenzen des *consumer expectation test* haben gewisse amerikanische Gerichte diesen Test zu Gunsten des *risk-utility test* in Frage gestellt.

aa) Fiktive Definition der Sicherheit

Solange die berechtigten Sicherheitserwartungen bestimmbar sind, kann man den Fehler als Fehlen dieser Sicherheit definieren.[96] Das Problem liegt nun aber ge-

---

between the parties in this case as to what is meant by a manufacturing defect, it seems to me sensible to concentrate simply on the concept of a standard or non-standard product.»; vgl. HOWELLS/MILDRED, Infected Blood, S. 99.

[92] *A & Others v. National Blood Authority*, § 36: «Thus a standard product is one which is and performs as the producer intends. A non-standard product is one which is different, obviously because it is deficient or inferior in terms of safety, from the standard product: and were is the harmful characteristic or characteristics present in the non-standard product, but not in the standard product, which has or have caused the material injury or damage.»

[93] *A & Others v. National Blood Authority*, § 68: «However I conclude that the following are not relevant: (i.) Avoidability of the harmful characteristic-i.e. impossibility or unavoidability in relation to precautionary measures [...].»

[94] *Iman Abouzaid v. Mothercare (UK) LTD*, Case No: B3/2000/2273. Der Experte hatte in seinem Schlussbericht festgehalten: «[...] in 1990 no manufacturer of child care products could reasonably have been expected to have recognized that elastic attachment straps for a cosytoes could pose a hazard to the eyes of children or adults, since the potential risk had not at that time been recognized even by experts in the safety of such childcare products». Dennoch entschied der Richter: «The product was defective because it was supplied with a design which permitted the risk to arise and without giving a warning that the user should not so position himself that the risk arose.»

[95] *Iman Abouzaid v. Mothercare (UK) LTD*, Case No: B3/2000/2273.

[96] Vgl. KÖTZ, S. 113 f.

rade darin, dass die Sicherheit ein relativer Begriff ist und oftmals auf einer *petitio principii* beruht. Es ist indessen bekannt, dass alle Vorkehrungen, die eine Herstellerin während den verschiedenen Etappen der Herstellung trifft, einen Einfluss auf die Qualität des Produkts haben. Auch wird im Allgemeinen anerkannt, dass das Publikum keine absolute Sicherheit erwarten darf. Die berechtigten Sicherheitserwartungen nun aber dennoch in einer Weise zu definieren, ohne den Aufwand zu berücksichtigen, den eine Herstellerin aufbringen muss, um die von ihren Produkten herrührenden Gefahren zu minimieren, läuft darauf hinaus, eine von der Realität und den Gegebenheiten der Herstellung abgelöste Sicherheitserwartung zu schaffen. Dies entspricht nun aber genau der Konzeption der fiktiven Sicherheit, der die *Gerichte in Europa* bis jetzt gefolgt sind.[97]

Diese Konzeption entspricht nicht derjenigen *vieler amerikanischer Gerichte*, die der Meinung sind, dass über die berechtigten Sicherheitserwartungen der Konsumenten hinaus der Konzeptionsfehler auch auf einer Analyse der Sorgfalt bei der Herstellung beruhen muss.[98] Es müssen somit die vor dem Inverkehrbringen gemachten Tests, die für die Verbesserung der Sicherheit getätigten Investitionen oder die Existenz sicherer Alternativkonstruktionen berücksichtigt werden. Der Nachteil dieses Vorgehens liegt darin, dass mit der Frage des Verhaltens der Herstellerin auch wieder diejenige des Verschuldens aufgeworfen wird, obwohl gerade letztere ausgeschlossen werden sollte. Die Frage lautet nämlich somit erneut, ob das Verhalten der Herstellerin bei der Konstruktion sachgemäss war. Sollte dies nicht der Fall sein, so wird man festhalten, sie habe die Sorgfalt verletzt, die man berechtigterweise von ihr hätte erwarten können.[99]

bb) Grenzen des Consumer Expectation Test

Obwohl der *consumer expectation test* grundsätzlich zu begrüssen ist, stösst er dennoch an Grenzen.[100] Wie noch darzulegen ist, befreit er die Herstellerin von der Haftung, wenn der Fehler offensichtlich ist. Nutzlos ist er aber vor allem dann, wenn die Konsumenten nicht in der Lage sind, berechtigte Sicherheitserwartungen zu hegen.

aaa) Offensichtlich gefährliche Produkte

Wendet man bei der Beurteilung des Konstruktionsfehlers das Kriterium der berechtigen Sicherheitserwartungen an, so können Produkte, deren Gefährlichkeit für die Konsumenten offensichtlich ist, *nicht für fehlerhaft gehalten werden*.[101] Wenn die Konsumenten keine berechtigten Sicherheitserwartungen hegen dürfen,

---

[97] WERRO, PEG, S. 34 ff. m.w.H.
[98] Dazu ausführlich BÜYÜKSAGIS, S. 330 ff.
[99] Vgl. auch MICKLITZ, S. 87.
[100] Vgl. die rechtsvergleichende Analyse bei BÜYÜKSAGIS, S. 268 ff.
[101] HOWELLS, 2. Aufl., S. 453.

sind sie auch nicht geschützt. Dies kann zum paradoxen Resultat führen, dass offensichtliche Gefahren und Risiken von der Herstellerin nicht beseitigt werden müssen, auch wenn dies kostengünstig möglich wäre.

Einer der Lösungsansätze dieses Problems liegt im Einbezug des Nutzens vom Produkt in die Analyse. Es scheint somit höchst fragwürdig bei Produkten, deren Nutzen in keiner Relation zu deren Risiken steht, die Verantwortlichkeit der Herstellerin aufgrund der Offensichtlichkeit der Risiken zu verneinen. Diese Betrachtungsweise hat in den USA gewisse Gerichte dazu geführt, die Erwartungen der Konsumenten dann unberücksichtigt zu lassen, wenn die Risiken eines Produkts dessen Nutzen überwiegen.[102]

Umgekehrt wird allgemein anerkannt, dass die *Nützlichkeit eines Produkts* dessen Risiken zu rechtfertigen vermag. Man denke nur an die HIV-Medikamente, die oftmals verheerende Nebenwirkungen haben.

bbb) Fehlen berechtigter Sicherheitserwartungen

Der *consumer expectation test* schützt auch diejenigen Benutzer nicht, die schutzbedürftiger sind als durchschnittliche Konsumenten wie bspw. besonders empfindliche Personen oder geistig behinderte Menschen.[103] Die Sicherheitserwartungen eines durchschnittlichen Konsumenten erscheinen somit für diejenigen nutzlos, die höhere Sicherheitserwartungen haben oder bei denen solche Erwartungen nicht entstehen können.[104] Somit ist ein Benutzer mit einem unter dem Durchschnitt liegenden Erkenntnis- und Erfahrungswissen nicht geschützt und zwar selbst dann nicht, wenn er durch kostengünstige Massnahmen hätte geschützt werden können.

Es gibt auch Produkte, deren Zielgruppe nicht in der Lage ist, berechtigte Sicherheitserwartungen zu entwickeln. Dies ist bspw. bei Kinderspielzeugen der Fall. Welche oder wessen Sicherheitserwartungen sollen hier gelten?

Um die Grenzen des *consumer expectation test* zu veranschaulichen, wurden in den USA auch die Fälle aufgezeigt, in denen niemand Sicherheitserwartungen entwickeln kann. Dies ist typischerweise der Fall, wenn es sich um ein *neues oder technisch hochentwickeltes Produkt* handelt, insbesondere um Medikamente.[105] Manchmal ist es nämlich sogar für Spezialisten unmöglich zu wissen, welche Wirkungen man von einem neuen Produkt erwarten muss. Auch hier wurde die Frage aufgeworfen, ob nicht die berechtigten Sicherheitserwartungen durch die Beurteilung ersetzt werden sollten, wie das Produkt vor dem Inverkehrbringen getestet wurde oder welche Sicherheitsmassnahmen die Herstellerin getroffen hat. Dabei würde die Haftung der Herstellerin von der Angemessenheit dieser Massnahmen

---

[102] Siehe unten B.III.4.c.cc., S. 436f.
[103] HOWELLS/MILDRED, Products Liability, S. 995.
[104] HESS, Art. 4 N 7ff.
[105] HOWELLS/MILDRED, Products Liability, S. 995.

abhängen. Manche amerikanische Gerichte schlugen deshalb vor, dass beim Fehlen von berechtigten Erwartungen die Risiken im Vergleich zum Nutzen des Produkts berücksichtigt werden müssen.[106]

Auch bei Produkten, deren technische Eigenschaften besser bekannt sind, führt die Ermittlung der berechtigten Sicherheitserwartungen mitunter zu *waghalsigen Spekulationen*. Wie ist bspw. der Fall des Allradwagens zu beurteilen, der auf einer asphaltierten Strasse bei relativ hoher Geschwindigkeit mit einem Rad gegen einen 15 bis 20 Zentimeter hohen Stein fährt und daraufhin nach etwa 60 Kilometern dieses Rad verliert? Mit dieser Frage konfrontiert hat ein kalifornisches Gericht festgehalten, der *consumer expectation test* sei unnütz und willkürlich: Bei fehlenden Informationen bezüglich der Kosten und der Machbarkeit eines soliden Produkts sei es nicht möglich zu bestimmen, was angemessen gewesen wäre.[107]

Schliesslich ist auch die Präsentation bzw. Instruktion des Produkts geeignet, Sicherheitserwartungen vorzugeben oder zu beeinflussen.[108] Der *consumer expectation test* vermag somit nicht sicherzustellen, dass sich die Sicherheitserwartungen frei bilden können, ohne vom Erscheinungsbild des Produkts und somit von der Herstellerin beeinflusst zu werden.

Für all diese Fälle bietet der *consumer expectation test* kaum eine überzeugende Lösung. Deshalb hat die Praxis andere Kriterien wie bspw. die Kosten der Sicherheitsmassnahmen im Vergleich zu den Risiken des Produkts bei der Beurteilung der Fehlerhaftigkeit miteinbezogen (*risk-utility test*).

cc) Risk-Utility Test

Wegen der oben beschriebenen Schwierigkeiten haben gewisse amerikanische Gerichte den *consumer expectation test* durch den *risk-utility test* ersetzt.[109] Sie vertreten die Meinung, dass in manchen Fällen auf den Nutzen und die Risiken eines Produkts abgestellt werden muss, um den Fehler zu beurteilen, wobei allenfalls auch berücksichtigt wird, was die Herstellerin hätte anders machen können und zu welchem Preis (Alternativkonstruktion des Produkts).[110]

Differenzierter schlagen andere Gerichte vor, den *consumer expectation test* durch das Abwägen zwischen Nutzen und Risiken des Produkts *zu ergänzen*.[111] In

---

[106] Vgl. *Potter v. Chicago Pneumatic Tool Company*, 694 A.2d 1319 (1997).
[107] *Heaton v. Ford Motor Co.*, 435 P.2d 806 (1967). Näheres bei WERRO, Responsabilité produits, S. 41 m.w.H.
[108] Vgl. TASCHNER/FRIETSCH, § 3 ProdHaftG N 31 ff.
[109] S.a. *Barker v. Lull Engineering Co.*, 20 Cal.3d 413, 573 P.2d 443, 34 Cal. Rptr. 2d 607 (1978).
[110] *Ruiz-Guzman v. Amvac Chem. Corp.*, 141 Wn.2d 493, 499.
[111] z.B. *Perkins v. Wilkinson Sword Inc.*, Ohio Supreme Court 1998, Ohio St.3d 507, wo das oberste Gericht von Ohio entschieden hat, dass es möglich sei, entweder den *consumer expectation test* oder den *risk-utility test* anzuwenden, um den Fehler des Produkts zu beweisen; s.a. *McCabe v. American Honda Motor Co.*, Cal. App. 4th, 123 Cal. Rptr. 2d 303 (2002), wo das oberste Gericht von Kalifornien die beiden Tests parallel angewendet hat.

B. Voraussetzungen der Haftung

einem ersten Schritt vergleichen sie die Risiken mit dem Nutzen eines Produkts, um dann in einem zweiten Schritt zu ermitteln, welche berechtigten Erwartungen des Konsumenten sich daraus ergeben, wobei die Kosten des Produkts, die Höhe des Risikos sowie die Kosten und Machbarkeit der Beseitigung des Risikos mitberücksichtigt werden.[112]

Das oberste Gericht des Bundesstaates Connecticut musste sich mit der Klage von Benutzern eines bestimmten Typus von druckluftbetriebenen Werkzeugen befassen. Die Benutzer machten geltend, die übermässigen Vibrationen hätten ihnen schwere Schäden zugefügt. Das Gericht war der Auffassung, die Konsumenten seien nicht in der Lage gewesen, berechtigte Erwartungen zu hegen. Es befand deshalb, der *consumer expectation test* müsse durch den *risk-utility test* ergänzt werden und es sei zu beurteilen, ob es zum Schutz der Konsumenten eine besser geeignete Alternativkonstruktion gegeben hätte und mit welchen Kosten diese gegebenenfalls verbunden gewesen wäre. Dieser Entscheid gibt insoweit Anlass zur Kritik, als er einer Aufgabe der *strict liability* gleichkommt. Das Gericht negiert diesen Umstand, indem es behauptet, das Augenmerk sei immer noch auf das Produkt als solches und nicht auf das Verhalten der Herstellerin gerichtet. Diese Behauptung vermag indessen nicht zu überzeugen.[113]

Einen vergleichbaren, aber dennoch strengeren Ansatz verfolgt das *Restatement (3rd) of Torts § 2*, das sowohl die Haftung der Herstellerin von den Unzulänglichkeiten der gewählten Konstruktion abhängig macht als auch die *Beweislast einer besseren Alternativkonstruktion dem Konsumenten aufbürdet*. Sollte der Konsument diesen Beweis nicht erbringen können, so ist die Herstellerin von der Haftung befreit.[114] Dem Ansatz des *Restatement (3rd) of Torts § 2* konnten bis heute jedoch viele bedeutende Gerichte widerstehen.

Auch wenn dies nicht ausdrücklich gesagt wird, handelt es sich hier um eine Rückkehr zu einer Haftung aus nachgewiesenem Verschulden.[115] Den Beweis erbringen zu müssen, die Herstellerin habe nicht die sicherste Konzeption gewählt, impliziert nämlich den Nachweis, dass angesichts der Umstände die Herstellerin nicht die gebotene Sorgfalt aufgebracht hat. Der Verfall des Konsumentenschutzes könnte markanter kaum sein.[116]

---

[112] *Potter v. Chicago Pneumatic Tool Company*, 694 A2d 1319 (1997).
[113] *Potter v. Chicago Pneumatic Tool Company*, 694 A2d 1319 (1997): «The focus should be on the product itself, and not on the conduct of the manufacturer.»
[114] Restatement (Third) of Torts: § 2, comment d; BRÜGGEMEIER, Unternehmenshaftung, S. 166 f.
[115] Vgl. MICKLITZ, S. 79 ff.
[116] Näheres bei WERRO, Responsabilité produits, S. 42 ff.

C. Verteidigungsmittel der Herstellerin

Der Herstellerin stehen hauptsächlich *zwei Verteidigungsmittel* zur Verfügung. Erstens kann sie sich der Haftung entziehen, indem sie die Entlastungsgründe von Art. 5 PrHG geltend macht. Zweitens kann sie sich auf das Verhalten des Geschädigten berufen, um sich zu befreien, bzw. eine Herabsetzung der Entschädigung zu erreichen.

I. Entlastungsgründe nach Art. 5 PrHG

Die kausale Natur einer Haftung hängt nicht allein von der Grundlage derselben ab, sondern auch von dem Umfang der Entlastungsgründe, die der haftpflichtigen Person zur Verfügung stehen.

Die den Entlastungsgründen beigemessene Bedeutung ist stark von den dem Haftpflichtrecht zugewiesenen Aufgaben und politischen Entscheidungen abhängig. Das Bedürfnis, die Konsumenten durch das Haftpflichtrecht zu schützen, ist angesichts der Qualität staatlicher Unfallverhütungsmassnahmen und der Unfallversicherungspflicht in der EU und der Schweiz sicherlich weniger ausgeprägt als in den USA.[117]

Art. 5 Abs. 1 PrHG enthält eine abschliessende Aufzählung der der Herstellerin zur Verfügung stehenden Entlastungsgründe. Es obliegt der Herstellerin, die sich auf einen Entlastungsgrund berufen will, diesen nachzuweisen.[118]

Der hier benutzte Terminus «Entlastungsgrund», der auch mehrheitlich von der deutschsprachigen Lehre verwendet wird, ist wohl nicht der zutreffendste, da es in den meisten Fällen, in denen sich die Herstellerin auf einen «Entlastungsgrund» berufen kann, tatsächlich um den Beweis geht, dass – entgegen dem Anschein – nicht alle *Haftungsvoraussetzungen* erfüllt sind.

Der EuGH hat in der Sache *Veedfald* bezüglich der Entlastungsgründe betont, diese seien nach ständiger Rechtsprechung und angesichts des Zweckes der PrH-RL eng auszulegen.[119] Dieser konsumentenfreundliche Auslegungsgrundsatz sollte auch die Auslegung der Entlastungsgründe des PrHG bestimmen.

Neben den Entlastungsgründen von Art. 5 PrHG finden auch die allgemeinen Entlastungsgründe Anwendung. So können höhere Gewalt, grobes Selbst- oder Drittverschulden den adäquaten Kausalzusammenhang unterbrechen. Aufgrund der kausalen Natur der Haftung muss die Herstellerin dennoch für diejenigen Feh-

---

[117] WERRO, Rz 787.
[118] CHRISTEN, S. 91; FELLMANN/VON BÜREN-VON MOOS, Rz 311; REY, Rz 1206.
[119] EuGH, 10. Mai 2001, *Veedfald/Arhus Amtskommune*, Rs. C-203/99, Slg. 2001, I-3569, Rn. 14f.

C. Verteidigungsmittel der Herstellerin

ler einstehen, die von Dritten vor dem Inverkehrbringen des Produkts verursacht wurden.

1. Fehlendes Inverkehrbringen

Gemäss Art. 5 Abs. 1 lit. a PrHG können sich die Herstellerin, die Quasiherstellerin, der Lieferant und der Importeur von der Haftung befreien, indem sie beweisen, *das Produkt nicht in Verkehr gebracht zu haben*. Da das Inverkehrbringen eine wesentliche Bedingung der Haftung darstellt, handelt es sich eigentlich im Falle eines fehlenden Inverkehrbringens um einen Fall der Nichthaftung.

Der Zeitpunkt des Inverkehrbringens markiert auch den Beginn der zehnjährigen Verwirkungsfrist von Art. 10 PrHG. Der exakte Zeitpunkt des Inverkehrbringens ist somit auch bei der Feststellung, ob die Ansprüche gemäss PrHG verwirkt sind, entscheidend.

Das PrHG definiert den Begriff des Inverkehrbringens nicht. Laut herrschender Lehre liegt ein Inverkehrbringen dann vor, wenn die Herstellerin die *tatsächliche Gewalt über das Produkt aufgibt*.[120] Das Inverkehrbringen muss zudem mit dem *Willen der Herstellerin* erfolgen.[121] Bei der willentlichen Entäusserung handelt es sich nicht um ein Rechtsgeschäft, sondern um eine tatsächliche Handlung, die somit keiner Geschäftsfähigkeit bedarf.[122] Die Herstellerin trägt die Beweislast, das schädigende Produkt nicht in Verkehr gebracht zu haben.

Die Regel von Art. 5 Abs. 1 lit. a PrHG will vermeiden, dass eine Herstellerin für ein Produkt haften muss, das ihren Einflussbereich nicht oder nur gegen ihren Willen verlassen hat.[123] Zu denken ist etwa an die Fälle, in denen ein Produkt aus der Produktionsstätte entwendet wird, ein Dritter das Produkt auf Grund eines Versehens in Verkehr bringt oder ein Mitarbeiter durch ein Produkt, das sich noch im Einflussbereich der Herstellerin befindet, verletzt wird.

Der EuGH hat in der Sache *Veedfald* betont, dass angesichts des Schutzzweckes der PrH-RL die in Art. 7 lit. a PrH-RL vorgesehene Haftungsbefreiung eng auszulegen und folglich also hauptsächlich auf die Fälle zu beschränken sei, in denen eine andere Person als die Herstellerin das Produkt aus dem Herstellungsprozess herausnimmt oder es gegen den Willen der Herstellerin verwendet.[124]

Da das Inverkehrbringen ein sehr offener Begriff ist, gibt es in der Lehre dementsprechend auch eine Anzahl von Kontroversen. So ist bspw. strittig, ob und wann bei *Eigennutzung* ein Inverkehrbringen vorliegt. U.E. sollte immer dann von

---

[120] Hess, Art. 5 N 3.
[121] Fellmann/von Büren-von Moos, Rz 316 ff.; Hess, Art. 5 N 4 f.; Rey, Rz 1208.
[122] Hess, Art. 5 N 5 f.
[123] Fellmann/von Büren-von Moos, Rz 312; Werro, Rz 793.
[124] EuGH, 10. Mai 2001, *Veedfald/Arhus Amtskommune*, Rs. C-203/99, Slg. 2001, I-3569, Rn. 14 ff.; siehe auch Werro, PEG, 66.

einem Inverkehrbringen ausgegangen werden, wenn bei Eigennutzung Dritte in Kontakt mit dem Produkt kommen.[125] Somit sollte eine LKW-Herstellerin, die von ihr hergestellte LKWs auf öffentlichen Strassen benutzt, sich nicht bei Schädigung Dritter auf den Entlastungsgrund des fehlenden Inverkehrbringens berufen können. Auch wenn eine Herstellerin ihre *Produkte nur ausstellt*, sollte von einem Inverkehrbringen ausgegangen werden, sobald Aussenstehende mit dem Produkt in Berührung kommen. Ein Inverkehrbringen im Sinne von Art. 7 lit. c PrH-RL wird laut EuGH auch nicht dadurch automatisch ausgeschlossen, dass das Produkt in der *Herrschaftssphäre der Herstellerin* verwendet wird. Ein Inverkehrbringen liegt demnach auch vor, wenn ein Krankenhaus (bzw. dessen Apotheke) zur Behandlung seiner Patienten ein Produkt herstellt, das anschliessend im Rahmen einer in seiner Herrschaftssphäre erbrachten Dienstleistung benutzt wird.[126] Werden hingegen Produkte zur Durchführung von *Qualitätstests* oder *Reparaturen* an einen Dritten weitergegeben, so sollte ein Inverkehrbringen abgelehnt werden, sofern die Produkte allein diesem Dritten und nicht der Aussenwelt allgemein zugänglich gemacht werden.[127] Einerseits gehören diese Tatbestände nämlich noch zum Herstellungsprozess im weiteren Sinne und andererseits gibt die Herstellerin die Sachherrschaft über ihre Produkte nicht auf, sondern übt diese zeitweise über einen Dritten aus, bevor ihr das Produkt zurückgegeben wird. Dementsprechend kann das Produkt auch nicht in die Hände potenzieller Benutzer und damit potenzieller Opfer gelangen. Ein gegenteiliger Ansatz würde sonst Klein- und Mittelbetriebe benachteiligen, die oft darauf angewiesen sind, gewisse Arbeitsschritte auszulagern. Sie würden nämlich Gefahr laufen, noch während des Herstellungsprozesses dem PrHG unterstellt zu werden. Ein früheres Inverkehrbringen anzunehmen dient auch den Verbrauchern nicht, da sonst die Verwirkungsfrist bereits zu laufen beginnt, bevor das Produkt überhaupt mit Verbrauchern in Berührung gelangt und ihnen einen Schaden zufügen kann.

Auch die Übergabe des Produkts an ein anderes Rechtssubjekt (bspw. eine andere Gesellschaft) bedeutet für sich allein nicht unbedingt ein Inverkehrbringen. Es muss hier eine faktische bzw. wirtschaftliche Betrachtungsweise angewendet werden. Würde auf die Organisationsform der Herstellerin abgestellt, so könnte die Herstellerin den Beginn der Verwirkungsfrist und somit die Haftungsdauer beeinflussen. Der Zeitpunkt des Inverkehrbringens wäre bspw. ein anderer, je nachdem, ob die Herstellerin den Vertrieb über Tochterfirmen oder Zweigstellen abwickelt. Ein Inverkehrbringen sollte demnach so lange ausgeschlossen sein, bis das Produkt tatsächlich den Kontrollbereich eines Konzerns, zu dem die Herstellerin

---

[125] FELLMANN/VON BÜREN-VON MOOS, Rz 319; CHRISTEN, S. 92 f.; HESS, Art. 5 N 6.
[126] EuGH, 10. Mai 2001, *Veedfald/Arhus Amtskommune*, Rs. C-203/99, Slg. 2001, I-3569.
[127] Diese Auffassung vertritt auch der Generalanwalt in seinen Schlussanträgen im Fall *O'Byrne/Sanofi Pasteur MSD Ltd, Sanofi Pasteur SA*, Rs. C-127/04, Publikation in der Slg. ausstehend, Rn. 34 und 36; a. M. bezüglich Materialprüfung bei gleichzeitigem Entzug der Kontrolle HESS, Art. 5 N 8.

C. Verteidigungsmittel der Herstellerin

gehört, verlässt. Denn solange das Produkt innerhalb des Konzerns bleibt, kann die Herstellerin sicherstellen, dass es Dritten nicht zugänglich gemacht wird.[128] In diesem Sinne verlangt auch der EuGH, dass anhand der Umstände des jeweiligen Einzelfalls festzustellen sei, «ob die Verbindungen zwischen dem Hersteller und einer anderen Einrichtung so eng sind, dass der Begriff des Herstellers im Sinn der Artikel 7 und 11 der Richtlinie auch diese andere Einrichtung umfasst und die Übergabe des Produkts von der einen Einrichtung an die andere nicht sein Inverkehrbringen im Sinne der genannten Bestimmung bewirkt».[129] Diese Regel muss allerdings in Einklang mit einer weiteren Aussage des EuGH gebracht werden, wonach ein Produkt dann als in Verkehr gebracht gilt, «wenn es den vom Hersteller eingerichteten Prozess der Herstellung verlassen hat und in einen Prozess der Vermarktung eingetreten ist, in dem es in ge- oder verbrauchsfertigem Zustand öffentlich angeboten wird».[130] Diese Definition könnte dahingehend verstanden werden, dass der EuGH beim Inverkehrbringen auf den Zeitpunkt abstellt, in dem das Produkt auch tatsächlich den *Verbrauchern* öffentlich angeboten wird.[131] Eine eventuelle Verzögerung zwischen dem Zeitpunkt, in dem die Herstellerin die Macht über ihr Produkt aufgibt und demjenigen, in dem das Produkt auch tatsächlich den Verbrauchern zugänglich gemacht wird, ginge somit insofern zu Lasten der Herstellerin, als die Verwirkungsfrist während dieser Zeit nicht zu laufen beginnen würde. So erstrebenswert diese Auslegung im Hinblick auf den Schutz der Geschädigten auch sein mag, sie würde für die Herstellerinnen eine nicht zu rechtfertigende Verschiebung des Zeitpunkts des Inverkehrbringens bedeuten, liegt doch eine eventuelle Zwischenlagerung durch einen *unabhängigen Dritten* (z.B. einen Grossisten) nicht in ihrem Einflussbereich. Zudem muss der Begriff des Inverkehrbringens auch der Tatsache Rechnung tragen, dass die Haftung nicht auf die Herstellerin des Endprodukts kanalisiert wird, sondern auch Herstellerinnen von Teilprodukten erfasst (Art. 2 Abs. 1 lit. a PrHG). Eine Definition des Inverkehrbringens muss deshalb auf alle Herstellerinnen anwendbar sein. Aus der Sicht eines Zulieferers kann das Inverkehrbringen aber allein an die *Auslieferung* an eine weiterverarbeitende Herstellerin anknüpfen. Der Zeitpunkt, in dem das Endprodukt öffentlich angeboten wird, muss zumindest für die Herstellerin des Teilprodukts irrelevant bleiben. Es vermag auch kaum der Meinung des EuGH zu entsprechen, beim Inverkehrbringen auf den Zeitpunk abzustellen, in dem das Produkt den *Verbrauchern* öffentlich angeboten wird. Einerseits hält das Gericht fest, dass es bei der Frage des Inverkehrbringens grundsätzlich unerheblich sei, «ob das

---

[128] Diese Auffassung vertritt auch der Generalanwalt in seinen Schlussanträgen im Fall *O'Byrne/Sanofi Pasteur MSD Ltd, Sanofi Pasteur SA*, Rs. C-127/04, Publikation in der Slg. ausstehend, Rn. 42 ff, insb. Rn 47 und 52.
[129] EuGH, 9. Februar 2006, *O'Byrne/Sanofi Pasteur MSD Ltd, Sanofi Pasteur SA*, Rs. C-127/04, Publikation in der Slg. ausstehend, Rn. 30.
[130] EuGH, 9. Februar 2006, *O'Byrne/Sanofi Pasteur MSD Ltd, Sanofi Pasteur SA*, Rs. C-127/04, Publikation in der Slg. ausstehend, Rn. 20 ff. und insb. Rn. 32.
[131] Für eine solche Auslegung WERRO, Péremption, S. 580 ff. und insb. S. 583.

Produkt unmittelbar vom Hersteller an den Verwender oder an den Verbraucher verkauft wird oder ob dieser Verkauf im Rahmen eines Vertriebsvorgangs mit einem oder mehreren Beteiligten erfolgt».[132] Andererseits betont der EuGH auch, dass Art. 11 PrH-RL, der die Ausübung der dem Geschädigten nach der Richtlinie zustehenden Ansprüche zeitlich begrenzen soll, einen neutralen Charakter habe und deshalb nicht - im Gegensatz zu Art. 7 PrH-RL - zu Gunsten der Geschädigten auszulegen sei.[133] Vielmehr müsse die Bestimmung der zeitlichen Grenzen nach objektiven Kriterien erfolgen und der Rechtssicherheit dienen.[134] Im Hinblick auf letztere Anforderung würde es zumindest fraglich erscheinen, auf einen Zeitpunkt abstellen zu wollen, der in der Regel weder von der Herstellerin noch vom Geschädigten mit Gewissheit bestimmt werden kann bzw. der vom Zufall des Distributionsvorganges abhängt. Schliesslich würde solch eine Auslegung auch zum stossenden Resultat führen, dass eine Herstellerin grundsätzlich nicht gegenüber ihren Grossisten für durch ihre Produkte verursachte Schäden haften würde (z. B. wenn gelagerte Ware einen Schaden verursacht), da diese noch nicht als in Verkehr gebracht erachtet würden.

2. Kein Fehler zum Zeitpunkt des Inverkehrbringens

Art. 5 Abs. 1 lit. b PrHG sieht vor, dass die potenziell haftpflichtige Person befreit ist, wenn sie beweist, dass «nach den Umständen davon auszugehen ist, dass der Fehler, der den Schaden verursacht hat, noch nicht vorlag, als sie das Produkt in Verkehr brachte». Die Herstellerin haftet somit nicht für Fehler, die auf *unsachgerechte nachträgliche Manipulationen* durch den Geschädigten selbst oder durch einen Dritten erfolgen, wie es z. B. bei einer laienhaften Reparatur des Produkts vorkommen kann. Angesichts der besonderen Beweisschwierigkeiten hat der Gesetzgeber durch das Hinzufügen der Formel «nach den Umständen davon auszugehen» die Beweisführung durch die haftpflichtige Person erleichtert. Im Gegensatz zum normalerweise verlangten Vollbeweis genügt es bereits, wenn ein hohes Mass an Wahrscheinlichkeit dagegen spricht.[135]

Der Herstellerin diese Beweislast aufzubürden ist *nicht selbstverständlich*. Es hätte auch vom Geschädigten der Beweis verlangt werden können, dass der Fehler schon beim Inverkehrbringen vorhanden gewesen ist. Der Geschädigte muss den-

---

[132] EuGH, 9. Februar 2006, *O'Byrne/Sanofi Pasteur MSD Ltd, Sanofi Pasteur SA*, Rs. C-127/04, Publikation in der Slg. ausstehend, Rn. 28.
[133] EuGH, 9. Februar 2006, *O'Byrne/Sanofi Pasteur MSD Ltd, Sanofi Pasteur SA*, Rs. C-127/04, Publikation in der Slg. ausstehend, Rn. 25 f.
[134] EuGH, 9. Februar 2006, *O'Byrne/Sanofi Pasteur MSD Ltd, Sanofi Pasteur SA*, Rs. C-127/04, Publikation in der Slg. ausstehend, Rn. 26.
[135] FELLMANN/VON BÜREN-VON MOOS, Rz 324; HESS, Art. 5 N 23 ff.; JÄGGI, S. 1422; POSCH, S. 108.

noch laut geltendem Gesetz nur beweisen, dass der Schaden auf ein fehlerhaftes Produkt zurückzuführen ist.

3. Herstellung zu privaten Zwecken

Gemäss Art. 5 Abs. 1 lit. c PrHG haften nur Personen, die mit *wirtschaftlichem Zweck* oder *im Rahmen ihrer beruflichen Tätigkeiten* ein Produkt herstellen oder vertreiben. Das PrHG findet somit keine Anwendung, wenn ein Freizeitbastler kostenlos für einen Dritten etwas fertigt oder ein Pilzsammler einen Dritten unentgeltlich in den Genuss seiner Pilze kommen lässt.[136]

Die Begründung dieser Norm liegt darin, dass nur eine Herstellerin, die einen wirtschaftlichen Zweck verfolgt, in der Lage ist, die aus dem Haftungsrisiko entstehenden Kosten (z.B. Versicherungsprämien) in die Preiskalkulation miteinfliessen zu lassen und somit auf die Gesamtheit der Kunden zu überwälzen.[137]

Anzumerken bleibt, dass die PrH-RL und somit auch das PrHG nicht allein auf industriell gefertigte Produkte Anwendung findet.[138] Der EuGH hat dies im Fall *Veedfald* bestätigt,[139] obwohl der Generalanwalt in seinen Schlussanträgen die gegenteilige Meinung vertrat.[140]

Grundsätzlich setzt der wirtschaftliche Zweck die Bezahlung eines Entgeltes voraus. Er entfällt jedoch nicht schon deshalb, weil im konkreten Fall kein Entgelt für das Produkt bezahlt wurde.[141] Verschenkt z.B. eine Herstellerin Produkte zu Werbezwecken, so sollte grundsätzlich der wirtschaftliche Zweck als gegeben erachtet werden. Der EuGH hat bezüglich des wirtschaftlichen Zweckes auch entschieden, dass es an der wirtschaftlichen und beruflichen Natur der Herstellung von Produkten, die für eine konkrete medizinische Leistung hergestellt werden, nichts ändre, wenn die Bezahlung nicht direkt durch den Patienten, sondern durch die öffentliche Hand aus Steuermitteln erfolge. Es handle sich nämlich nicht um eine unbezahlte Tätigkeit, die als solche unter die Haftungsbefreiung von Art. 7 lit. c PrH-RL fallen könne.[142]

Wie bei den anderen Entlastungsbeweisen von Art. 5 PrHG obliegt es nicht dem Geschädigten, den wirtschaftlichen Zweck der Herstellung oder des Vertriebes zu

---

[136] BSK OR I-FELLMANN, Art. 5 PrHG N 9ff.; HESS, Art. 5 N 32ff.
[137] CHRISTEN, S. 99; FELLMANN/VON BÜREN-VON MOOS, Rz 327; WERRO, Rz 800.
[138] GAUCH, Produkthaftungsrichtlinie, S. 168.
[139] EuGH, 10. Mai 2001, *Veedfald/Arhus Amtskommune*, Rs. C-203/99, Slg. 2001, I-3569, Rn. 11ff. Auch wenn die «industrielle» Herstellung in der E. 3 der PrH-RL erwähnt wird, kommt ihr keine einschränkende Bedeutung zu. Die industrielle Fertigung stellt somit kein Tatbestandsmerkmal der Produktehaftung dar; vgl. CHRISTEN, S. 37f.; ferner MARKOVITS, Rz 254.
[140] Schlussanträge des Generalanwalts, Rs. C-203/99, Slg. 2001, I-3569, Rn. 13.
[141] HESS, Art. 5 N 37.
[142] EuGH, 10. Mai 2001, *Veedfald/Arhus Amtskommune*, Rs. C-203/99, Slg. 2001, I-3569.

beweisen. Der Geschädigte muss lediglich beweisen, dass die haftpflichtige Person das fehlerhafte Produkt auch tatsächlich hergestellt oder vertrieben hat. Es obliegt somit der Herstellerin zu beweisen, dass sie «das Produkt weder für den Verkauf oder eine andere Form des Vertriebs mit wirtschaftlichem Zweck hergestellt noch im Rahmen ihrer beruflichen Tätigkeit hergestellt oder vertrieben» (Art. 5 Abs. 1 lit. c PrHG) hat.

4. Herstellung des Produkts nach verbindlichen, hoheitlich erlassenen Vorschriften

Art. 5 Abs. 1 lit. d PrHG schliesst auch dann die Haftung der Herstellerin aus, «wenn der Fehler darauf zurückzuführen ist, dass das Produkt verbindlichen, hoheitlich erlassenen Vorschriften entspricht». Dieser Entlastungsgrund findet hauptsächlich in Fällen von Konstruktionsfehlern Anwendung.

Es muss sich hierbei um zwingende gesetzliche Vorschriften handeln, die der Herstellerin nur die Wahl lassen, diese entweder einzuhalten oder überhaupt nicht zu produzieren.[143] Es muss somit eine Gesetzesbestimmung vorliegen; private Regelwerke bzw. technische Normen (z.B. SIA- oder ISO-Normen) genügen dieser Anforderung nicht.[144] Auch Gesetze, die nur einen Mindeststandard der Sicherheitsanforderungen festsetzen, vermögen keine Entlastung der Herstellerin zu bewirken.[145] Das Gleiche gilt ferner für Polizeierlaubnisse wie öffentlich-rechtliche Bewilligungen, Genehmigungen, Zulassungen oder Abnahmen.[146] Zumindest kann die Einhaltung gesetzlicher Normen oder technischer Vorschriften als «Umstand» im Sinne von Art. 4 Abs. 1 PrHG berücksichtigt werden.[147]

5. Ausschluss von Entwicklungsrisiken

Gemäss Art. 5 Abs. 1 lit. e PrHG haftet die Herstellerin nicht, wenn «der Fehler nach dem Stand der Wissenschaft und Technik im Zeitpunkt, in dem das Produkt in Verkehr gebracht wurde, nicht erkannt werden konnte». Das PrHG schliesst somit explizit die Haftung für sogenannte Entwicklungsrisiken aus.[148] Die Herstellerin haftet demnach nur für die Fehler ihrer Produkte, die sie zum Zeitpunkt des Inverkehrbringens nach dem damaligen objektiven Wissensstand hätte erkennen

---

[143] REY, Rz 1215.
[144] HESS, Art. 4 N 42 ff.
[145] BSK OR I-FELLMANN, Art. 5 PrHG N 14.
[146] CHRISTEN, S. 102 f.; FELLMANN/VON BÜREN-VON MOOS, Rz 333; HESS, Art. 5 N 50.
[147] REY, Rz 1215.
[148] Art. 5 Abs. 1 lit. e PrHG, Art. 7 lit. e PrH-RL; HESS, Art. 5 N 55; vgl. die rechtsvergleichende Analyse von WENIGER, S. 136 ff.

müssen. Beim Entwicklungsrisiko handelt es sich somit um einen unentdeckten Konstruktionsfehler.[149]

Die Frage, ob die Herstellerin für Entwicklungsrisiken haften soll oder nicht, hat in der EU heftige Diskussionen ausgelöst und angesichts dessen, was auf dem Spiel stand, dazu geführt, dass es die EU ihren Mitgliedstaaten überliess, ob sie eine solche Haftung einführen wollen oder nicht. Mit Ausnahme von zwei Mitgliedstaaten haben sich alle für einen Ausschluss der Haftung für Entwicklungsrisiken entschieden, weil sie befürchteten, die Innovationsfreude der Unternehmen könnte gebremst werden. Auch die Schweiz hat sich für diese Lösung entschieden. Lediglich Finnland und Luxemburg haben ohne Einschränkungen die Haftung für Entwicklungsrisiken eingeführt,[150] während Deutschland, Spanien und Frankreich ein gemischtes System wählten: Im Prinzip gibt es *keine Haftung für Entwicklungsrisiken*, mit Ausnahme von gewissen Produkten, nämlich *Pharmazeutika in Deutschland* und *Nahrungsmittelprodukte in Spanien.*[151] *Frankreich* hat seinerseits ausschliesslich eine Haftung für Entwicklungsrisiken bei Produkten, die aus dem menschlichen Körper stammen, eingeführt. Die Tragweite dieser Ausnahme ist allerdings gering, da das französische allgemeine Recht schon früher eine Haftung für unvorhersehbare Risiken kannte, die sich auf die Sicherungspflicht des Verkäufers stützte. Die Rechtslage hat sich dennoch insofern verändert, als der EuGH entschieden hat, dass die Mitgliedstaaten kein allgemeines Recht einführen dürfen, das strenger ist als die PrH-RL:[152] Ausser bei den erwähnten spezifischen Produkten (Pharmazeutika in Deutschland, Nahrungsmittelprodukte in Spanien, aus dem menschlichen Körper stammende Produkte in Frankreich) darf das allgemeine Recht nur dann eine schärfere Haftung vorsehen als die PrH-RL, wenn der Grundsatz der Haftung ein anderer ist als derjenige der PrH-RL, was im französischen Haftungsrecht des Verkäufers nicht der Fall war.[153]

Anzufügen bleibt, dass ein Produkt nicht schon deshalb als fehlerhaft betrachtet werden darf, «weil später ein verbessertes Produkt in Verkehr gebracht wurde» (vgl. Art. 4 Abs. 3 PrHG).

Ist das Produkt einmal in Verkehr gebracht worden, so trifft die Herstellerin gemäss PrHG weder eine *Beobachtungspflicht* noch Warn- oder Rückrufpflichten bezüglich ihrer Produkte.[154] Solche Pflichten können dennoch aus anderen Rechtsgrundlagen herrühren.

---

[149] Dazu u.a. WESSNER, S. 71 ff.
[150] WERRO/PALMER/HAHN, S. 442.
[151] WERRO/PALMER/HAHN, S. 442.
[152] Dazu WERRO, PEG, S. 56 ff.; EuGH, 25. April 2002, *Kommission/Griechenland*, Rs. C-154/00, Slg. 2002, I-3879; EuGH, 25. April 2002, *Kommission/Frankreich*, Rs. C-52/00, Slg. 2002, I-3827; EuGH, 25. April 2002 *Gonzalez Sanchez*, Rs. C-183/00, Slg. 2002, I-3901.
[153] VINEY, Interprétation, S. 1945 ff.; LARROUMET, 2462 ff.
[154] HESS, Art. 4 N 42 ff.; FELLMANN/VON BÜREN-VON MOOS, Rz 345; SCHWENZER, Rz 53.38; WERRO/PALMER/HAHN, S. 437.

a) Zeitpunkt der Erkennbarkeit des Entwicklungsfehlers

Der *massgebliche Zeitpunkt* für die Beurteilung, ob der Entwicklungsfehler erkennbar war, ist derjenige des Inverkehrbringens des *tatsächlich schädigenden Produkts* und nicht etwa derjenige des Inverkehrbringens des ersten Produkts einer Serie.[155] Somit muss eine Herstellerin das Inverkehrbringen eines Produktetyps sofort einstellen, wenn ein Entwicklungsfehler (insbesondere ein Konstruktionsfehler) bekannt wird.[156]

Die konstante Weiterentwicklung der Technik und der Wissenschaft kann dazu führen, dass sich die Herstellerin eines *Teilprodukts* oder eines *Grundstoffes* noch befreien kann, während die nachfolgende Herstellerin des Fertigprodukts sich bereits die seit dem Inverkehrbringen des Teilprodukts oder Grundstoffes eingetretenen wissenschaftlichen Fortschritte entgegenhalten lassen muss.[157] Das Gleiche gilt auch für den Importeur, nicht aber für den Lieferanten, denn seine Haftung ist nur subsidiär; er haftet somit lediglich im Umfang der eigentlichen Herstellerin, d. h. es kommt nur auf den Stand von Wissenschaft und Technik zum Zeitpunkt des Inverkehrbringens durch die eigentliche Herstellerin an.[158] Diese Lösung vermag insofern nicht zu befriedigen, als sie allenfalls einem Lieferanten ermöglicht, technisch veraltete Produkte zu verkaufen. Andererseits würde eine andere Lösung zu dem paradoxen Ergebnis führen, dass ein Geschädigter sich einen anderen Stand von Wissenschaft und Technik entgegenhalten lassen muss, je nachdem, ob der Lieferant den Namen der Herstellerin genannt hat oder nicht.

b) Ermittlung des Stands von Wissenschaft und Technik

Die Haftungsausnahme für Entwicklungsrisiken setzt voraus, dass der Stand von Wissenschaft und Technik, der im Zeitpunkt des Inverkehrbringens galt, es nicht ermöglichte, die Existenz des Fehlers zu entdecken.[159] Das PrHG schweigt zur Frage, wie der Stand von Wissenschaft und Technik bestimmt werden soll und die Schweizer Gerichte mussten sich ebenfalls noch nicht damit auseinandersetzen. Die Lehre nimmt allgemein an, dass es sich um einen *objektiven Standard* handeln muss und nicht um das subjektive Wissen einer bestimmten Herstellerin oder einer anderen Herstellerin gleichartiger Produkte.[160] Somit werden allein die anerkannten Erkenntnisse der internationalen wissenschaftlichen Gemeinschaft und die technisch-naturwissenschaftliche Praxis der Herstellerin entgegengehalten. Im Gegensatz dazu können ihr geheime, nicht veröffentlichte oder unzugängliche Forschungsresultate nicht entgegengehalten werden.

---

[155] BBl 1992 V 427; FELLMANN/VON BÜREN-VON MOOS, Rz 344; HESS, Art. 5 N 55.
[156] WERRO, Rz 808.
[157] FELLMANN/VON BÜREN-VON MOOS, Rz 347; REY, Rz 1218.
[158] CHRISTEN, S. 107.
[159] Art. 5 Abs. 1 lit. e PrHG, Art. 7 lit. e PrH-RL.
[160] REY, Rz 1217.

C. Verteidigungsmittel der Herstellerin

Das Problem liegt nun aber darin, dass die *wissenschaftliche Gemeinschaft selten einstimmig ist*. Somit stellt sich die Frage, ab wann eine Erkenntnis als gefestigt erachtet und der Herstellerin entgegengehalten werden kann. Vermag schon eine *einzelne Stimme* zu genügen, um die Erkennbarkeit eines Fehlers zu begründen? U.E. müssten die Anforderungen an den Grad der Annerkennung einer neuen wissenschaftlichen Erkenntnis variieren. Es sollte somit von einer Herstellerin, die für den Menschen oder für die Umwelt gefährliche Produkte produziert, verlangt werden können, dass sie beunruhigende Erkenntnisse vereinzelter Wissenschaftler nicht ausser Acht lässt, es sei denn, sie entbehren offensichtlich jeglicher Grundlage.[161]

Der EuGH hat sich zur Frage, welcher Stand von Wissenschaft und Technik berücksichtigt werden muss, in einem Verfahren wegen nicht ordnungsgemässer Umsetzung der PrH-RL durch den englischen Gesetzgeber geäussert. Er entschied, dass man auf den *objektiven Stand* von Wissenschaft und Technik, der den *höchsten Stand* einschliesst, wie er zum Zeitpunkt des Inverkehrbringens des betreffenden Produkts existierte, abstellen muss und nicht etwa auf die üblichen Sicherheitspraktiken und -standards im Industriesektor, in welchem die Herstellerin tätig ist.[162] Diese Klärung ist wichtig und wegweisend für die Interpretation des PrHG. Der EuGH hat allerdings damit nicht alle Probleme gelöst. So hat er sich nicht dazu geäussert, welchen Grad der Anerkennung oder der Verbreitung eine Kenntnis haben muss, um ausschlaggebend zu sein. Der EuGH hat allein das Erfordernis der Zugänglichkeit aufgestellt. Er hat keine Stellung zu den Schlussanträgen des Generalanwalts genommen, der die Auffassung vertrat, dass *eine vereinzelte und zugängliche Meinung* genüge, um ein Risiko als voraussehbar zu qualifizieren.[163] Folgte man diesem Standpunkt, so müsste man annehmen, dass die jetzige Minderheitsmeinung, Mobiltelefone seien für die Gesundheit schädlich, genügen würde, um das Risiko bzw. den Fehler bereits jetzt als bekannt zu erachten. Falls sich diese Befürchtungen bewahrheiten sollten, könnte sich die Herstellerin somit nicht auf die Entlastungsmöglichkeiten von Art. 5 Abs. 1 lit. e PrHG berufen.

---

[161] HESS, Art. 5 N 60 m.w.H.
[162] EuGH, 29. Mai 1997, *Kommission/Vereinigtes Königreich,* Rs. C-300/95, Slg. 1997, I-2649.
[163] Schlussanträge des Generalanwalts, Rs. C-300/95, Slg. 1997, I-2649 Rn. 21 und 22. Der Generalanwalt relativiert allerdings seinen Standpunkt dahingehend, dass er das Kriterium der konkreten Zugänglichkeit der Information berücksichtigt. So erachtet er die Forschungsarbeit eines Wissenschaftlers in der Mandschurei, die in chinesischer Sprache in einer lokalen wissenschaftlichen Zeitschrift veröffentlicht wird, für eine europäische Herstellerin als nicht zugänglich, Schlussanträge des Generalanwalts, Rs. 300/95, Slg. 1997, I-2649 Rn. 23. Vgl. auch WERRO/PALMER/HAHN, S. 443 ff.; HOWELLS, S. 652 ff.

c) Kenntnisstand und Sorgfaltspflicht der Herstellerin

Die Herstellerin hat die Pflicht, sich bezüglich der *neuesten Erkenntnisse* in der Forschung auf dem *letzten Stand* zu halten. Sie kann sich nicht auf persönliche Unkenntnis berufen, um der Haftung zu entkommen. Es spielt auch keine Rolle, ob es sich um eine kleine oder grosse Herstellerin handelt. Die Herstellerin muss jede anerkannte und zugängliche Informationsquelle kennen (wissenschaftliche Publikationen, Expertenberichte etc.) und kann sich nicht auf lokale Quellen oder auf in ihrer Sprache verfügbare Dokumente beschränken.[164] Auch die Branchenüblichkeit vermag den Stand von Wissenschaft und Technik nicht zu definieren; sie kann ihm höchstens entsprechen.[165]

In der Sache *Kommission/Vereinigtes Königreich Grossbritannien und Nordirland* hat der EuGH bei der Bestimmung des Kenntnisstands jegliche Berücksichtigung subjektiver Rechtfertigungen ausgeschlossen.[166] Es ging darum, dass das englische Umsetzungsgesetz die Haftung der Herstellerin für den Fall ausschliesst, dass sie nachweist, dass «nach dem Stand der Wissenschaft und Technik zum massgebenden Zeitpunkt nicht davon ausgegangen werden konnte, dass ein Hersteller von Produkten mit der gleichen Beschreibung wie das fragliche Produkt den Fehler erkannt hätte, wenn seine Produkte diesen Fehler aufgewiesen hätten, während sie seiner Kontrolle unterlagen».[167] Die Kommission war der Auffassung, dass diese Bezugnahme auf die Fähigkeit der Herstellerin oder einer anderen Herstellerin gleicher Produkte eine subjektive Beurteilung voraussetze, bei der auf das Verhalten eines vernünftigen Herstellers abgestellt werde. Somit würde das Gesetz das Verteidigungsmittel von Art. 7 lit. e PrH-RL erheblich erweitern und die in Art. 1 PrH-RL vorgesehene verschuldensunabhängige Haftung in eine reine Fahrlässigkeitshaftung umwandeln.[168] Der EuGH entschied entgegen dem Antrag der Kommission, dass das englische Gesetz nicht offensichtlich unvereinbar mit Art. 7 lit. e PrH-RL sei und somit richtlinienkonform ausgelegt werden könne. Bei dieser Gelegenheit betonte der EuGH auch, dass die Richtlinie die Berücksichtigung des subjektiven Kenntnisstandes der Herstellerin verbiete. Ausschlaggebend sei allein der objektive Wissensstand, den die Herstellerin zu kennen habe.[169]

---

[164] BSK OR I-FELLMANN, Art. 5 PrHG N 18; HESS, Art. 5 N 61.
[165] HESS, Art. 5 N 59.
[166] EuGH, 29. Mai 1997, *Kommission/Vereinigtes Königreich*, Rs. C-300/95, Slg. 1997, I-2649.
[167] Schlussanträge des Generalanwalts, Rs. 300/95, Slg. 1997, I-2649 Rn. 3.
[168] EuGH, 29. Mai 1997, *Kommission/Vereinigtes Königreich*, Rs. C-300/95, Slg. 1997, I-2649, Rn. 16 und 17.
[169] Näheres bei WERRO, PEG, S. 68 ff.

C. Verteidigungsmittel der Herstellerin

6. Entlastungsbeweis der Herstellerin eines Grundstoffes oder eines Teilprodukts

Gemäss Art. 5 Abs. 2 PrHG kann sich eine Herstellerin ebenfalls dann befreien, «wenn sie beweist, dass der Fehler durch die Konstruktion des Produkts, in das der Grundstoff oder das Teilprodukt eingearbeitet wurde, oder durch die Anleitungen der Herstellerin dieses Produkts verursacht worden ist.«

A priori besteht eine *Solidarhaftung* zwischen der Herstellerin des Grundstoffes oder des Teilprodukts und der Herstellerin, welche diese in ein Endprodukt eingearbeitet hat. Das Gesetz geht diesbezüglich von der Vermutung aus, dass die Fehlerhaftigkeit des Endprodukts ursprünglich im Grundstoff oder im Teilprodukt liegt. Die Herstellerin des Grundstoffs oder des Teilprodukts muss demnach beweisen, dass der Ursprung des Fehlers ein anderer ist, d.h. in der Konstruktion des Endprodukts oder in den Anleitungen der Herstellerin zu suchen ist.

Dieser Entlastungsgrund macht indessen nichts anderes, als das in Art. 5 Abs. 1 lit. b PrHG aufgestellte Prinzip aufzugreifen, wonach eine Herstellerin nur für ihr Produkt haftet, wenn dieses zum Zeitpunkt des Inverkehrbringens fehlerhaft war.[170] Es ist somit selbstverständlich, dass die Herstellerin eines Grundstoffes oder eines Teilprodukts nicht für das Endprodukt haftbar gemacht werden kann, wenn das von ihr gelieferte Teilprodukt bzw. der Grundstoff fehlerfrei war.

Um sich befreien zu können, muss die Herstellerin beweisen, dass der Fehler ausschliesslich auf die Konstruktion des Endprodukts oder auf die Anleitung der Herstellerin desselben zurückzuführen ist. Der Beweis schlägt somit fehl, wenn das Teilprodukt oder der Grundstoff ebenfalls zum Eintritt des schädigenden Ereignisses beigetragen hat.[171]

Die Fehlerhaftigkeit eines Teilprodukts oder eines Grundstoffes hängt direkt von dessen Verwendung ab. Folglich kann ein Produkt an sich fehlerfrei sein, aber dennoch aufgrund der *mangelhaften Instruktion bezüglich seiner Verwendungsmöglichkeiten* als fehlerhaft qualifiziert werden.[172] Werden also Teilprodukte, deren Anwendungsbereiche (z.B. Belastbarkeit von Materialien) von der Herstellerin klar angegeben sind, von der Herstellerin des Endprodukts instruktionswidrig eingesetzt, so haftet Letztere im Schadensfall allein.

---

[170] HESS, Art. 5 N 76.
[171] CHRISTEN, S. 112 f.; FELLMANN/VON BÜREN-VON MOOS, Rz 351; HESS, Art. 5 N 78.
[172] FELLMANN/VON BÜREN-VON MOOS, Rz 351.

II. Haftungsausschluss oder -reduktion bei Verschulden des Geschädigten

Das Verhalten bzw. das Mitverschulden des Geschädigten kann je nach seiner Intensität zu einer Befreiung der Herstellerin oder zu einer Reduktion der Entschädigung führen. Art. 8 Abs. 2 PrH-RL bestimmt, dass «die Haftung des Herstellers [...] unter Berücksichtigung aller Umstände gemindert werden oder entfallen [kann], wenn der Schaden durch einen Fehler des Produkts und zugleich durch Verschulden des Geschädigten oder einer Person, für die der Geschädigte haftet, verursacht worden ist.»[173] Im Gegensatz zur PrH-RL kennt das PrHG keine solche Norm. Die herrschende Lehre vertritt diesbezüglich die Meinung, dass Art. 11 PrHG insbesondere auch einen Verweis auf Art. 42ff. OR enthält.[174] Somit regeln die *Art. 43 und 44 OR* auch im Anwendungsbereich des PrHG die Bestimmung des Ersatzes und dessen Herabsetzung.

Bei überwiegendem Verschulden des Geschädigten oder einer Person, für die der Geschädigte einzustehen hat, wird der *Kausalzusammenhang* unterbrochen und die Herstellerin von der Haftung befreit.

Sollte hingegen das Verschulden des Geschädigten oder einer Person, für die der Geschädigte einzustehen hat, keine Unterbrechung des Kausalzusammenhanges bewirken, was meistens der Fall sein dürfte, so kann ein *Herabsetzungsgrund* vorliegen.

Um den Schutzzweck, der einer einfachen Kausalhaftung eigen ist, nicht zu gefährden, kann man versucht sein, die *Freiheit des Richters*, gewisse Herabsetzungsgründe zu berücksichtigen, einzuschränken. Dies tut bspw. die berüchtigte französische «Loi Badinter», die eine Gefährdungshaftung für Kraftfahrzeuge einführte: Sie verbietet dem Richter, das Mitverschulden des Geschädigten zu berücksichtigen.[175]

Trotz der Anwendbarkeit von Art. 43 und 44 OR sollte u.E. die Berücksichtigung des Mitverschuldens nicht allzu leichtfertig erfolgen. Man kann nicht einerseits das Produkt als fehlerhaft bezeichnen und andererseits dem Geschädigten vorhalten, er hätte diese Fehlerhaftigkeit erkennen müssen. Der normale Gebrauch eines Produkts bzw. die berechtigten Sicherheitserwartungen schliessen auch Fehlmanipulationen mit ein. Sollte jedoch die Art und Weise, wie das Produkt eingesetzt wurde, derart unerwartet sein, dass sie von den berechtigten Sicherheitserwartungen nicht mehr gedeckt werden kann, so ist das Produkt gar nicht erst als fehlerhaft anzusehen. Anders verhält es sich, wenn das Mitverschulden des Geschädigten nicht den Gebrauch des Produkts betrifft, sondern den Schaden in irgend

---

[173] WERRO, PEG, S. 53 f. m.w.H.; WERRO/PALMER/HAHN, S. 440 f.; vgl. die Übersicht zum amerikanischen Recht bei WERRO, Responsabilité produits, S. 54 f.
[174] HESS, Art. 11 N 2.
[175] Gesetz Nr. 85–677 vom 5. Juli 1985, erstes Kapitel, Sektion 1, Ziff. 3; WERRO, Responsabilité produits, S. 53 ff.

einer anderen Weise mitverursacht hat. In diesem Fall muss sich der Geschädigte sein Verhalten zurechnen lassen, da der Fehler des Produkts nur Teilursache des Schadens war.

Demgemäss sieht das Recht mancher US-Staaten vor, dass das Mitverschulden des Geschädigten grundsätzlich nicht berücksichtigt wird, wenn das Verschulden im Verkennen des Fehlers bestand. Das Mitverschulden wird erst dann relevant, wenn es unabhängig von der Benutzung zum Schadenseintritt beigetragen hat.

So hat das oberste Gericht des Staates Iowa entschieden, dass, obwohl es dem Geschädigten zu beweisen obliegt, dass er das Produkt in einer Weise benutzt hat, welche die Herstellerin hätte vorhersehen können, eine voraussehbare falsche Benutzung des Produkts kein Herabsetzungsgrund darstellt.[176]

Ein Gericht in Ohio hat zudem befunden, eine Herstellerin könne sich nicht darauf berufen, dass der Geschädigte das mit dem Benutzen des Produkts verbundene Risiko akzeptiert habe (*assumption of risk*).[177] Es ging um den Fall eines Bauarbeiters, der bemerkt hatte, dass das Fahrzeug, das er lenken musste, an gewissen Abhängen instabil wurde. Auf das Subordinationsverhältnis des Arbeiters Rücksicht nehmend, lehnte das Gericht die Einrede ab, das Risiko sei vom Bauarbeiter in Kauf genommen worden. Das Gericht betrachtete diesen Einwand als Relikt aus einer vom überholten Konzept des «Laisser-faire» geprägten Zeit.

Andere US-Gerichte haben sich gegenüber den Geschädigten strenger gezeigt. Das oberste Gericht Kaliforniens anerkennt bspw., dass das Verhalten des Geschädigten berücksichtigt wird. Die *dissenting opinion* betonte hingegen mit Nachdruck, dass es dem Wesen einer Kausalhaftung widerspricht, den Fehler des Produkts und das Verhalten des Geschädigten auf der gleichen Ebene zu behandeln. Wenn ein Produkt fehlerhaft sei, habe sich das Gericht darauf zu beschränken, dies festzustellen, sonst laufe man Gefahr, die Herstellerin zu ermuntern, die Sicherheit ihrer Produkte zu vernachlässigen.[178]

Das *Restatement (Third) of Torts* verlangt seinerseits, dass das Verhalten des Geschädigten berücksichtigt werden muss. Der Schadenersatz des Geschädigten wird im Verhältnis zu seinem Verschulden reduziert. Zudem vermag der Fehlgebrauch oder Untergang des Produkts, der für die Herstellerin nicht vorhersehbar war, die Herstellerin von ihrer Haftung zu befreien.

---

[176] *Hughes v. Magic Chef*, Inc. 288 N.W. 2d 542 (1980): «If on trial Hughes proves by a preponderance of the evidence that the use made of the stove was reasonably foreseeable and that the stove was unreasonably dangerous when so used, then he will have established the first element of his case; otherwise the case is over.»
[177] *Cremeans v. Willmar Henderson Manufacturing Co.*, 566 N.E. 2d 1203 (1991).
[178] *Daly v. General Motors Corp.* 575 P. 2d 1162 (1978).

D. Verbot der Haftungsbeschränkung

Art. 8 PrHG (vgl. Art. 12 PrH-RL) bestimmt, dass «Vereinbarungen, welche die Haftpflicht nach diesem Gesetz gegenüber dem Geschädigten beschränken oder wegbedingen», nichtig sind.

Das Gesetz erklärt alle Vereinbarungen als nichtig, welche die Haftung beschränken oder wegbedingen, um eine Verstärkung des Konsumentenschutzes zu erwirken. Hingegen sind Vereinbarungen, durch die der Geschädigte auf seine vertraglichen (z.B. Gewährleistungsansprüche aus Kaufvertrag) oder anderen ausservertraglichen Ansprüche (z.B. für Schäden unter Fr. 900.–) verzichtet, innerhalb der üblichen Schranken des Gesetzes (vgl. Art. 19f. und 100 OR) gültig. Auch wenn das PrHG dies nicht ausdrücklich vorsieht, betrifft das Verbot der Wegbedingung der Haftung nur Vereinbarungen, die *vor dem schädigenden Ereignis* abgeschlossen wurden; somit sind nach dem Schadensfall zur Regulierung desselben getroffene Vereinbarungen zulässig.[179]

Die Abgrenzung zwischen der *Wegbedingung der Haftung* und der *Präsentation des Produkts* kann mithin Schwierigkeiten hervorrufen. Die Präsentation des Produkts umfasst sämtliche äusseren Eigenschaften des Produkts sowie beigelegte Dokumente, welche die Sicherheitserwartungen der Benutzer beeinflussen können.[180] Gemäss Art. 8 PrHG ist eine Wegbedingung der Haftung, in welcher Weise auch immer, untersagt, somit auch, wenn sie auf dem Wege der Produktpräsentation geschieht. Im Einzelfall erweist sich daher die Abgrenzung zwischen zulässiger und erforderlicher Instruktion und unzulässiger Haftungsbeschränkung als schwierig. Eine Präsentation gilt dann als unerlaubte Haftungsbeschränkung, wenn sie in einer zu allgemeinen, unklaren oder unverständlichen Weise auf Risiken hinweist oder alle erdenklichen Gefahren des Produkts auflistet. Auch der Hinweis auf bestehende Fehler vermag die Fehlerhaftigkeit des Produkts nicht zu beseitigen. Hingegen sollte eine Präsentation als gültig erachtet werden, wenn sie die Benutzer auf konkrete Gefahren des Produkts aufmerksam macht: Dies wäre bspw. der Fall bei einem Hinweis darauf, dass ein Medikament für schwangere Frauen schädlich ist oder dass es bei Personen, die unter Asthma leiden, Atembeschwerden verursachen kann.[181]

---

[179] CHRISTEN, S. 134; FELLMANN/VON BÜREN-VON MOOS, Rz 362; HESS, Art. 8 N 21.
[180] HESS, Art. 4 N 63.
[181] CHRISTEN, S. 134; HESS, Art. 8 N 19.

E. Verjährung und Verwirkung

Ansprüche *verjähren* gemäss Art. 9 PrHG *drei Jahre* nach dem Tag, an dem der Geschädigte Kenntnis vom Schaden, dem Fehler und von der Person der Herstellerin erlangt hat oder hätte erlangen müssen.

Die Verjährungsfrist des PrHG verbessert im Vergleich zum allgemeinen Haftpflichtrecht die Stellung des Geschädigten. Letzterer muss sich nicht mehr die kurze einjährige Verjährungsfrist von Art. 60 Abs. 1 OR entgegenhalten lassen, sondern hat nach Kenntnis der erheblichen Tatsachen drei Jahre Zeit, um gegen die Herstellerin oder ihr gleichgestellte Personen vorzugehen. Anders als im allgemeinen Haftpflichtrecht beginnt die Verjährungsfrist des PrHG, wie diejenige der PrH-RL, nicht erst dann zu laufen, wenn der Geschädigte *tatsächlich* Kenntnis vom Schaden, vom Fehler und von der Herstellerin hat, sondern schon zu dem Zeitpunkt, an dem er von diesen Tatsachen *hätte Kenntnis haben müssen*.[182] Im Falle einer verschuldeten Unkenntnis kann es somit vorkommen, dass ein Anspruch bereits verjährt ist, obwohl der Geschädigte *tatsächlich* noch keine Kenntnis von den erheblichen Tatsachen hat.

Neben der relativen Verjährungsfrist sieht das PrHG noch eine *Verwirkungsfrist* vor, wonach die Ansprüche nach PrHG zehn Jahre nach dem Tag, an dem die Herstellerin das Produkt, welches den Schaden verursacht hat, in Verkehr gebracht hat, verwirken (Art. 10 PrHG). Diese Frist setzt der Haftung somit eine absolute zeitliche Grenze. Angesichts der normalen kurzen Lebensdauer vieler Produkte wird diese Verwirkungsfrist indessen oftmals theoretisch bleiben.[183] Doch gibt es auch Produkte, deren erwartete Lebensdauer mehr als zehn Jahre beträgt. Dennoch sehen weder die PrH-RL noch das PrHG eine automatische Verlängerung der Verwirkungsfrist bei solch langlebigen Produkten vor, obwohl der Entscheid, die Haftungsdauer auf zehn Jahre zu begrenzen, hauptsächlich mit dem Hinweis auf die normale Alterung und den Verschleiss des Produkts begründet wurde.[184] Eine Verlängerung der Verwirkungsfrist bei langlebigen Produkten wäre im Hinblick auf den Verbraucherschutz wünschenswert.

Bei der Verwirkung auf den Zeitpunkt des Inverkehrbringens abzustellen, ist nicht unproblematisch. Wie der Fall *O'Byrne/Sanofi Pasteur MSD* zeigt,[185] hängt nämlich der Schutz der Verbraucher entscheidend davon ab, wie das Inverkehrbringen definiert wird bzw. wann das Produkt nach dessen Inverkehrbringen in Kontakt mit einem potentiellen Opfer gerät.[186] Nur in den seltensten Fällen wird

---

[182] FELLMANN/VON BÜREN-VON MOOS, Rz 379; HESS, Art. 9 N 1 ff.
[183] TASCHNER/FRIETSCH, § 13 ProdHaftG N 9.
[184] TASCHNER/FRIETSCH, § 13 ProdHaftG N 10.
[185] EuGH, 9. Februar 2006, *O'Byrne/Sanofi Pasteur MSD Ltd, Sanofi Pasteur SA*, Rs. C-127/04, Publikation in der Slg. Ausstehend.
[186] Siehe oben Kap. C.I.1., S. 439 ff.

der Zeitpunkt des Inverkehrbringens mit demjenigen des ersten Kontakts (z.B. durch Erwerb) mit einem Verbraucher zusammenfallen. Die Verwirkungsfrist wird somit oftmals zu laufen beginnen, bevor die Verbraucher überhaupt mit dem Produkt in Berührung gekommen sind (z.B. weil es längere Zeit bei einem Grossisten gelagert wird oder in den Regalen eines Ladens steht).

Die Verwirkungsfrist kann als gewahrt betrachtet werden, «wenn gegen die Herstellerin binnen zehn Jahren geklagt wird» (Art. 10 Abs. 2 PrHG).

F. Konkurrenzen

Nach Art. 11 Abs. 2 PrHG bleiben dem Geschädigten die Schadenersatzansprüche aufgrund des Obligationenrechts oder anderer Bestimmungen des eidgenössischen oder des kantonalen öffentlichen Rechts gewahrt. Das PrHG gewährt dem Geschädigten somit grundsätzlich Anspruchkonkurrenz, d.h. die unterschiedlichen Ansprüche bestehen unabhängig voneinander. Dem Geschädigten steht es also offen, seine Schadensersatzklage auf das PrHG, Vertragsrecht und/oder Deliktsrecht zu stützen. Es gilt nachfolgend noch zu klären, ob die Anspruchkonkurrenz auch in allen Fällen uneingeschränkt besteht.

I. Allgemeine deliktische Haftung und Haftung nach PrHG

Grundsätzlich findet die Verschuldenshaftung nach Art. 41 OR auf alle Sachverhalte Anwendung, sofern sie nicht unter eine gewöhnliche Kausalhaftung oder eine Gefährdungshaftung fallen (*lex specialis*). Da es sich bei dem PrHG um eine gewöhnliche Kausalhaftung handelt, stellt sich somit die Frage, ob das PrHG als spezielle Haftungsnorm die Anwendung von Art. 41 OR ausschliesst. Art. 41 OR findet zweifelsohne auf diejenigen Schadensfälle Anwendung, die nicht in den Anwendungsbereich des PrHG fallen (bspw. Sachschäden an gewerblich benutzten Sachen). Angesichts des klaren Wortlautes von Art. 11 Abs. 2 PrHG und der Rechtsprechung des EuGH[187] sollte Art. 41 OR aber auch auf diejenigen Sachverhalte anwendbar sein, die von PrHG erfasst werden.[188] Das PrHG stellt somit keine *lex specialis* zu Art. 41 OR dar.

Es wird in der Praxis jedoch kaum zu einer konkurrierenden Anwendung von Art. 41 OR bei Produktehaftpflichtfällen kommen. Einerseits sind die Fälle selten,

---

[187] EuGH, 25. April 2002, *Kommission/Griechenland*, Rs. C-154/00, Slg. 2002, I-3879, Rn. 13–20; EuGH, 25. April 2002, *Kommission/Frankreich*, Rs. C-52/00, Slg. 2002, I-3827, Rn. 17–24; EuGH, 25. April 2002, *Gonzalez Sanchez*, Rs. C-183/00, Slg. 2002, I-3901, Rn. 26ff.

[188] FELLMANN/VON BÜREN-VON MOOS, Rz 466; offenbar a.M. HESS, Art. 11 N 10.

F. Konkurrenzen

in denen die Herstellerin ihre Produkte persönlich herstellt und die Arbeit nicht durch Hilfspersonen (bspw. Arbeitnehmer) verrichten lässt. Andererseits wird es für den Kläger oftmals unmöglich sein, die Fahrlässigkeit der Herstellerin zu beweisen. Ohne profunde Kenntnisse des Herstellungsprozesses dürfte es einem Geschädigten kaum gelingen, den Beweis der Sorgfaltspflichtverletzung durch die Herstellerin zu erbringen.

Praxisrelevanter ist eindeutig die Frage, ob Art. 55 OR konkurrierend zum PrHG Anwendung findet. Auch wenn Art. 11 Abs. 2 PrHG die Schadenersatzansprüche nach dem Obligationenrecht grundsätzlich vorbehält, stellt sich dennoch die Frage, ob das Bundesgericht seine *Rechtsprechung zu Art. 55 OR* auch nach Inkrafttreten des Spezialgesetzes aufrechterhalten wird und ob es in allen Fällen eine Konkurrenz zwischen Art. 55 OR und dem PrHG bejahen wird.[189] Die herrschende Lehre ist der Meinung, eine solche konkurrierende Anwendung und eine Beibehaltung der Rechtsprechung zu Art. 55 OR seien angesichts der *zahlreichen Schutzlücken des PrHG* dringend nötig.[190]

U.E. gilt es zuerst zwischen denjenigen Schadensfällen zu unterscheiden, die in den Anwendungsbereich des PrHG fallen und denjenigen, die davon ausgeschlossen sind. Auf Letztere findet allein das allgemeine Deliktsrecht Anwendung. Um dem Geschädigten dennoch in diesen Fällen einen angemessenen Schutz zu bieten, ist eine Anwendung von Art. 55 OR unter *Beibehaltung der «progressiven» und wohl richtigen Rechtsprechung des Bundesgerichtes* unerlässlich.[191] Eine Fortführung der bisherigen Rechtsprechung drängt sich insbesondere bei Schäden an beruflich benutzten Sachen oder am Produkt selbst auf.[192] Hingegen scheint eine Konkurrenz zwischen Art. 55 OR und dem PrHG bei denjenigen Schäden fraglich, die in den Anwendungsbereich des PrHG fallen, deren Ersatz aber ausgeschlossen (bspw. Schäden unter Fr. 900.– gemäss Art. 6 PrHG) oder gewissen Bedingungen unterstellt ist.

Der EuGH hat nämlich entschieden, Art. 13 PrH-RL sei dahingehend auszulegen, dass die durch die Richtlinie eingeführte Regelung nicht die Anwendung anderer Regelungen der vertraglichen oder ausservertraglichen Haftung ausschliesst, sofern sie, wie die Haftung für verdeckte Mängel oder für Verschulden, auf *anderen Grundlagen beruhen*.[193] Wie schon dargelegt, muss das PrHG im Lichte der europäischen Rechtsprechung interpretiert werden, da gemäss bundesgerichtlicher

---

[189] Obwohl das Bundesgericht die Möglichkeit erhalten hat, diese zwei Fragen zu beantworten, hat es beide in seinem Urteil 4C.307/2005 vom 25. Januar 2006 offen gelassen.
[190] REY, Rz 1236 ff.; HESS, Art. 11 N 6 ff.; BREHM (Art. 55 N 80a ff.) vertritt hingegen die Meinung, Art. 55 OR komme nur für Tatbestände in Betracht, die nicht vom PrHG nicht erfasst werden.
[191] Vgl. BREHM, Art. 55 N 81.
[192] FELLMANN/VON BÜREN-VON MOOS, Rz 487 und 491.
[193] EuGH, 25. April 2002, *Kommission/Griechenland*, Rs. C-154/00, Slg. 2002, I-3879, Rn. 13–20; EuGH, 25. April 2002, *Kommission/Frankreich*, Rs. C-52/00, Slg. 2002, I-3827, Rn. 17–24; EuGH, 25. April 2002, *Gonzalez Sanchez*, Rs. C-183/00, Slg. 2002, I-3901, Rn. 26 ff.

Rechtsprechung ein Schweizer Richter bei der Auslegung von autonom nachvollzogenem Binnenrecht – hier dem Nachvollzug der PrH-RL – die Harmonisierung auch in der Auslegung und Anwendung des Rechts anstreben muss.[194]

Es bieten sich somit zwei Alternativen. Entweder geht man davon aus, dass Art. 55 OR die Haftung auf einen Sicherheitsmangel (*Resultat*) gründet, was gemäss Rechtsprechung des EuGH eine Konkurrenz zwischen dem Art. 55 OR und dem PrHG ausschliessen würde, da beide die *gleiche Haftungsgrundlage* hätten, oder man nimmt an, dass Art. 55 OR auf der Vermutung (oder der Fiktion) einer Sorgfaltspflichtverletzung (*Verhalten*) des Geschäftsherren beruht, wobei gemäss der Rechtsprechung des EuGH eine konkurrierende Anwendung von Art. 55 OR und dem PrHG gestattet wäre. Beide Auslegungen der Haftungsgrundlage von Art. 55 OR sind vertretbar. Erstere entspricht eher der bundesgerichtlichen Rechtsprechung zu Art. 55 OR vor Inkrafttreten des PrHG.[195] Letztere kann sowohl den ursprünglichen – aber umstrittenen – Sinn des Art. 55 OR als auch die jüngste Rechtsprechung des Bundesgerichts, wonach allein die *Sorgfaltspflichtverletzung* bzw. das Verhalten der Herstellerin entscheidend sei, für sich in Anspruch nehmen.[196]

Die Antwort auf diese Frage ist für den Schutz der Geschädigten von grosser Bedeutung. Eine Verneinung der Konkurrenz bei den vom PrHG geregelten Sachverhalten würde für den Geschädigten bedeuten, sich nicht auf Art. 55 OR berufen zu können und somit dessen Vorteile zu verlieren. Nach dem heutigen Stand der Rechtsprechung kennt bspw. Art. 55 OR im Gegensatz zum PrHG (Art. 5 PrHG) keine Ausnahmen von der Haftung. Da zudem die zehnjährige Verwirkungsfrist von Art. 10 PrHG naturgemäss weder gehemmt noch unterbrochen werden kann, schützt sie den Geschädigten schlechter als die zehnjährige absolute Verjährungsfrist von Art. 60 Abs. 1 OR. Der Ausschluss der Konkurrenz hätte somit das paradoxe Resultat zur Folge, dass Konsumenten nach Inkrafttreten des PrHG, welches ja eigentlich zu ihrem Schutz erlassen wurde, teilweise schlechter gestellt wären, als sie es unter dem allgemeinen Haftpflichtrecht waren.

---

[194] BGE 129 III 335 E. 6.
[195] Vgl. den sog. Schachtrahmen-Fall, BGE 110 II 456; BREHM, Art. 55 N 84; WERRO, Commentaire, Art. 55 N 27.
[196] Urteil 4C.307/2005 vom 25. Januar 2006, E. 2. Das Bundesgericht betont ferner in diesem Entscheid (E. 3.2), dass die in der Lehre vertretene Ansicht, wonach es in BGE 110 II 456 im Ergebnis eine Kausalhaftung ohne Befreiungsmöglichkeit eingeführt habe, zu kurz greife. Das Bundesgericht hält indessen fest, der BGE 110 II 456 sei dahingehend zu verstehen, dass die Anforderungen an den Befreiungsbeweis des Geschäftsherrn gemäss Art. 55 Abs. 1 OR nach den tatsächlichen Umständen zu bestimmen seien und dass keine von vornherein unerfüllbaren Anforderungen an den Befreiungsbeweis zu stellen seien. Es gelte bei der Frage nach dem Sorgfaltsmassstab auf die tatsächlich gegebenen Umstände abzustellen.

II. Vertragliche und deliktische Haftung

Einem Produktehaftpflichtfall wird oftmals ein *Kaufvertrag* voraus gegangen sein. Angesichts des weiten Produktbegriffs von Art. 3 PrHG, der auch Einzelanfertigungen erfasst, kann ein Produktehaftpflichtfall aber auch in Verbindung mit einem *Werkvertrag* vorkommen.[197] Es stellt sich somit die Frage nach der Konkurrenz von vertraglicher, allgemeiner deliktischer und spezialgesetzlicher Haftung. Das Bundesgericht bejaht grundsätzlich die Konkurrenz der vertraglichen und ausservertraglichen Rechtsbehelfe.[198]

Liefert der Verkäufer oder Unternehmer eine mangelhafte Sache, so stellt sein Verhalten unter Umständen nicht nur eine Verletzung des Vertrages, sondern gleichzeitig eine unerlaubte Handlung dar (Art. 41 OR). Voraussetzung für eine deliktische Haftung ist, dass der Schaden «widerrechtlich» zugefügt worden ist. Dies ist dann der Fall, wenn absolute Rechte des Geschädigten – insbesondere Leib, Leben oder Eigentum – verletzt worden sind. Reine Vermögensschäden werden hingegen deliktsrechtlich nur dann ersetzt, wenn sie auf die Verletzung einer Schutznorm zurückzuführen sind.[199]

Ist der Verkäufer oder der Unternehmer zudem auch die herstellende Person im Sinne von Art. 2 PrHG, so sind neben den vertraglichen und den allgemeinen deliktischen auch die spezialgesetzlichen Ansprüche zu prüfen. Sowohl die Sachgewährleistung des Kaufrechts als auch diejenige des Werkvertragsrechts setzen voraus, dass dem Kaufgegenstand bzw. dem Werk eine vertraglich geschuldete Eigenschaft fehlt, also ein *Mangel* vorliegt. Der *Fehlerbegriff* des PrHG unterscheidet sich erheblich vom Begriff des Mangels nach Sachgewährleistungsrecht. Während das Sachgewährleistungsrecht auf Leistungsversprechen abstellt und das Vertrauen auf die richtige Erfüllung des Vereinbarten schützt (*Äquivalenzinteresse*), ist beim PrHG der *Mangel an Sicherheit* ausschlaggebend. Beim PrHG ist somit die Gefährdung massgebend, die von einer Sache ausgeht (*Integritätsinteresse*). Angesichts der grundsätzlichen Verschiedenheit von Mangel und Fehler kann nicht ohne weiteres vom einen auf den anderen geschlossen werden. Es kann dennoch gesagt werden, dass ein Mangel an Sicherheit (also ein Fehler gemäss PrHG) oftmals auch einen sachgewährleistungsrechtlichen Mangel darstellt, sofern der Käufer bzw. der Besteller diesen nicht gekannt bzw. akzeptiert hat. Im Falle einer konkurrierenden Anwendung von kaufrechtlichen und allgemeinen deliktischen Ansprüchen (Art. 41 und 55 OR) gilt es, die *umstrittene Rechtsprechung* des Bundesgerichts zu beachten, wonach der Käufer einer mangelhaften Sache – anders als der Besteller eines Werkes[200] – nur dann gestützt auf die Art. 41 und 55 OR vorgehen kann, wenn er die Obliegenheiten, an welche die Sachgewährleistungs-

---
[197] FELLMANN/VON BUREN-VON MOOS, Rz 401.
[198] BGE 120 II 58 E. 3; 118 II 502 E. 3; 113 II 246 E. 3.
[199] BGE 119 II 127 E. 3.
[200] Dazu GAUCH, Werkvertrag, Rz 2351.

klage gebunden ist, erfüllt hat.[201] Das Bundesgericht vertritt zudem die Meinung, dass eine vertragliche Haftungsbeschränkung sowohl bei Kaufverträgen als auch bei Werkverträgen ebenfalls für den deliktischen Anspruch gilt.

Diese Praxis des Bundesgerichts ist zu Recht auf starke Kritik gestossen.[202] Die strengen formellen Voraussetzungen, welche für die Sachgewährleistungsrechte und die in Art. 208 Abs. 2 OR vorgesehene Haftung des Verkäufers für unmittelbare Schäden gelten, rechtfertigen sich allein als Pendant zur verschuldensunabhängigen Kausalhaftung.[203] Wird hingegen gestützt auf Art. 41 OR vorgegangen, so tritt an die Stelle der verschuldensunabhängigen Haftung des Verkäufers eine normale Verschuldenshaftung und es ist nicht gerechtfertigt, vom Verkäufer dennoch die Beachtung der strengen Obliegenheiten zu verlangen. Es gibt aber vor allem keinen ersichtlichen Grund, weshalb eine geschädigte Person, die gleichzeitig Vertragspartner der schädigenden Person ist, schlechter gestellt sein sollte als jemand, der keinerlei vertragliche Beziehungen zur schädigenden Person hat.

Fragwürdig ist auch die vom Bundesgericht aufgestellte Regel, wonach eine vertragliche Haftungsbeschränkung sowohl bei Kaufverträgen als auch bei Werkverträgen grundsätzlich gleichermassen für die deliktischen Ansprüche gilt.[204] Demnach soll der Verkäufer, der sich gültig von seiner Haftung freigezeichnet hat, nicht für den gleichen Schaden ausservertraglich belangt werden können.[205]

Die soeben erwähnte bundesgerichtliche Rechtsprechung die Deliktsansprüche sowie die Haftungsbeschränkung betreffend findet bei Konkurrenz von Schadenersatzansprüchen aus Vertrag und PrHG keine Anwendung. Ist der Verkäufer oder der Unternehmer auch die herstellende Person im Sinne von Art. 2 PrHG, so stehen dem geschädigten Käufer oder Besteller uneingeschränkt die Schadenersatzansprüche nach PrHG zu. Die vollständige Unabhängigkeit des PrHG gegenüber vertraglicher Vereinbarungen beweist auch Art. 8 PrHG, der jegliche Freizeichnung verbietet.[206]

G. Solidarhaftung

Damit es zu einer Solidarhaftung kommen kann, bedarf es zumindest zweier Ersatzpflichtiger.

---

[201] BGE 90 II 86 E. 2.
[202] U.a. GAUCH, Werkvertrag, Rz 2353; WERRO/BELSER, Rz 50.
[203] TERCIER, Contrats, Rz 629.
[204] BGE 107 II 161 E. 8; zustimmend HESS, Art. 8, N 9 f.
[205] Kritisch dazu WERRO, Responsabilité pour faute, S. 69 f.
[206] Vgl. TERCIER, Contrats, Rz 629.

G. Solidarhaftung

Das PrHG sieht diesbezüglich vor, dass mehrere Personen gleichzeitig Herstellerinnen sein können (Art. 2 PrHG) und folglich auch gleichzeitig für dasselbe Produkt haften können. So haften bspw. sowohl die Herstellerin eines fehlerhaften Teilprodukts als auch diejenige des Endprodukts dem Geschädigten gegenüber. Auch die Quasiherstellerin des Produkts oder dessen Importeur haften zusammen mit der tatsächlichen Herstellerin. Allein der Lieferant haftet subsidiär und zwar nur dann, wenn er dem Geschädigten auf entsprechende Aufforderung hin nicht innert angemessener Frist die Herstellerin oder die Person nennt, die ihm das Produkt geliefert hat. Sollte der Lieferant seiner Obliegenheit nicht oder erst verspätet nachkommen, so haftet er wie eine Herstellerin.[207] Haften mehrere Herstellerinnen gleichzeitig, so besteht gemäss Art. 7 PrHG *Solidarhaftung*.

Im Gegensatz zu Art. 5 PrH-RL, der die *Solidarhaftung* auf diejenigen Personen beschränkt, die aufgrund der PrH-RL haften, kennt das PrHG keine solche Beschränkung. Die Solidarität gemäss Art. 7 PrHG erstreckt sich auf alle Ersatzpflichtigen, aus welchem Rechtsgrund auch immer sie für den Schaden einzustehen haben. Damit es zu einer Solidarhaftung zwischen allen Ersatzpflichtigen kommt, genügt es gemäss Art. 7 PrHG, dass der Schaden durch ein *fehlerhaftes Produkt* verursacht wurde. Eine gleichartige Solidarhaftung findet man bspw. auch in Art. 60 SVG.

I. Haftung im Aussenverhältnis

Art. 7 PrHG sieht ausdrücklich eine *Solidarhaftung* derjenigen Personen vor, die – sei es aus Vertrag, Delikt oder PrHG – für einen Schaden einzustehen haben, der durch ein *fehlerhaftes Produkt* verursacht worden ist. Der Gesetzgeber hat damit eine *gesetzliche Solidarhaftung* im Sinne von Art. 143 Abs. 2 OR geschaffen. Zumindest im Aussenverhältnis entfällt somit die umstrittene Unterscheidung zwischen *echter* (Art. 50 OR) und *unechter* (Art. 51 OR) *Solidarhaftung*.[208]

Der Solidarhaftung liegt der Gedanke zu Grunde, dass der Geschädigte nicht deshalb schlechter gestellt sein darf, weil sein Schaden durch mehrere Personen verursacht worden ist.[209]

Wie es dem Wesen der Solidarhaftung entspricht, hat der Geschädigte die Wahl, eine oder mehrere der ihm für den Schadenersatz haftenden Personen ganz oder zu einem Teil in Anspruch zu nehmen. Gemäss Art. 136 Abs. 2 OR unterbricht der Geschädigte die Verjährung gegenüber allen solidarisch haftenden Ersatzpflichtigen, indem er gegen einen von ihnen vorgeht.

---

[207] Vgl. bezüglich der PrH-RL TERCIER, Concours d'actions, S. 195.
[208] Kritisch zur Unterscheidung GAUCH/SCHLUEP/SCHMID/REY, Rz 3972 m.w.H.
[209] Hess, Art. 7 N 2.

II. Haftung im Innenverhältnis

Das PrHG enthält bezüglich des Regresses im Innenverhältnis *keine spezielle Regelung*. Die von Art. 7 PrHG eingeführte Solidarität betrifft allein das Aussenverhältnis. Die Mitschuldner haften dementsprechend im Innenverhältnis nur für den Teil, der ihrer Quote entspricht[210]. Ein Ausfallbetrag sollte im Innenverhältnis den jeweiligen Haftungsquoten entsprechend von den einzelnen Solidarschuldnern getragen werden.[211]

Art. 50 Abs. 2 und Art. 51 OR bestimmen, ob und in welchem Umfang der Ersatzleistende im Innenverhältnis Rückgriff auf die Mithaftpflichtigen nehmen kann. Die Unterscheidung stellt auf den *Rechtsgrund* ab, aus dem die verschiedenen Ersatzpflichtigen haften.[212]

Im Falle einer Haftung aus *gemeinsamem Verschulden* wird die definitive Schadensverteilung vom Richter *nach Ermessen* bestimmt (Art. 50 Abs. 2 OR). Bei der Aufteilung ist in erster Line die Schwere des Verschuldens jedes einzelnen Schädigers massgebend.[213]

Beruht hingegen die jeweilige Haftung auf *verschiedenen Rechtsgründen*, so richtet sich die Verteilung nach der in Art. 51 Abs. 2 OR festgelegten *Rangfolge* und zudem nach *richterlichem Ermessen* (Art. 51 Abs. 1 i.V.m. Art. 50 Abs. 2 OR).

Wie die Einschränkung «*in der Regel*» in Art. 51 Abs. 2 OR besagt, stellt die in Art. 51 Abs. 2 OR stipulierte Rangfolge nur eine Richtlinie für den Richter dar und keinesfalls eine starre Regel.[214] Es gilt somit, bei der Verteilung in einem Produktehaftpflichtfall den Besonderheiten des PrHG Rechnung zu tragen.

Wie bereits dargelegt, kann sich die Herstellerin eines Endprodukts gegenüber dem Geschädigten nicht ihrer Verantwortung entledigen, indem sie geltend macht, dass die Fehlerhaftigkeit ihres Produkts von einem fremden Grundstoff oder einem Teilprodukt herrührt. Die unbeschränkte Haftung der Herstellerin eines Endprodukts wird im Aussenverhältnis durch den Schutz des Geschädigten gerechtfertigt. Im Innenverhältnis jedoch sollte die Herstellerin des Endprodukts grundsätzlich für den gesamten Schaden auf die Herstellerin des Grundstoffes oder des Teilprodukts Rückgriff nehmen können. Auch der Lieferant, der Importeur und die Quasiherstellerin sollten in vollem Umfang auf die tatsächliche Herstellerin Rückgriff nehmen können.[215]

Es hat demnach auch keinen Sinn, der tatsächlichen Herstellerin, die vom Geschädigten in Anspruch genommen wurde, den Rückgriff auf einen eventuellen

---

[210] BGE 103 II 137 E. 4.
[211] GAUCH/SCHLUEP/SCHMID/REY, Rz 3958; SCHWENZER, Rz 88.36.
[212] GAUCH/SCHLUEP/SCHMID/REY, Rz 3967.
[213] BGE 104 II 184 E. 3; SCHWENZER, Rz 88.31; WERRO, La responsabilité civile, Rz. 1566.
[214] BGE 115 II 24 E. 3; SCHWENZER, Rz 88.32.
[215] Gl.M. TERCIER (Concours d'actions, S. 195), der von einer «Garantstellung» des Lieferanten und der Quasiherstellerin spricht.

G. Solidarhaftung

Importeur oder eine Quasiherstellerin zu gestatten. Eine tatsächliche Herstellerin wäre sonst im Innenverhältnis besser gestellt, wenn sie Importeure oder Quasihersteller zwischenschaltet, anstatt ihre Produkte selber zu vermarkten.

Stichwortverzeichnis

A

Abgrenzung Reiseveranstalter/Reisevermittler, 311 f., 313, 380 f.

Abhilfe (Pauschalreiserecht), 346
– s.a. Reisemängel

Abschlusskontrolle (AGB), 135

Abtretung
– des Konsumkredits, s. Zession
– der Reise (Pauschalreiserecht), s. Ersatzreisender

Abzahlungsgeschäft
– s. Abzahlungskauf

Abzahlungskauf, 224, 232, 234, 236, 265 f., 268 f., 270, 276

Abzahlungsrecht, 224, 226, 227, 251, 264, 273, 278, 285

Acquis communautaire, 17, 23, 30, 53

AGB, 118 f., 122, 124, 126 ff., 133, 136, 138, 140
– Begriff, 120
– Einbeziehung in den Vertrag, 136
– Ergänzung des Obligationenrechts, 126
– Europarecht, 188 ff.
– Gesetzgebungsvorstösse, 147 ff.
– Inhaltskontrolle, 88 f., 142
– Kartell, 130
– Kollektivverträge nach KIG, 128
– Konsumenten-AGB, 122
– Konsumkredit, 229, 264, 273, 276, 285
– Konsumvertrag, 138
– Lehre, 118, 147
– marktmächtiger Unternehmen, 130
– Marktzulassungs-Kontrollen, 124
– mehrdeutige, 138
– missbräuchliche, 133
– Nichtigkeit, 129, 131
– paritätisch ausgehandelte, 129
– Rechtsprechung, 118

– Reiserecht, 303, 307 f., 312 Fn. 65, 315, 319 f., 323 ff., 327, 329, 330 ff., 335, 337 f., 341 f., 346, 357, 367, 368 ff., 381, 383
– – Einbeziehung in Vertrag, 323 ff., 327, 340
– – s.a. Information
– ungewöhnliche, 140
– Unternehmens-AGB, 119
– vorvertragliche Information, 129

AGB-Klauseln, 134, 135
– missbräuchliche, 135
– überraschende, 134
– ungewöhnliche, 134

AGB-Kontrolle, 119, 122, 124, 125, 130, 131, 132, 135
– abstrakte, 119, 124
– Auto-Handel, 132
– Banken-AGB, 131
– Kartellrecht, 130
– konkrete, 119
– Kriterium des Aushandelns, 122
– präventive, 124
– nach UWG, 132
– VAG, 124
– Versicherungsbedingungen, 131
– Versicherungsrecht, 125

AGB-Richtlinie 1993, 139, 189 ff.

Agenturvertrag (Reiserecht), 313, 379, 383, 389, 394

Aggressive Verkaufsmethoden (Haustürgeschäfte), 210

Aggressive Vertriebsmethoden (Haustürgeschäfte), 209

Aktionsplan, kohärentes europäisches Vertragsrecht, 23 ff.

Allgemeine Geschäftsbedingungen
– s. AGB

Stichwortverzeichnis

Allgemeine Reisebedingungen (ARB)
– s. AGB, Reiserecht

Allgemeines Privatrecht, 201

Amortisation (Konsumkredit)
– s. Kreditfähigkeitsprüfung, Laufzeitbeschränkungen, Leasing

Amortisationsdarlehen (Konsumkredit), 235

Anbieter, Rechtsfigur, 56 ff

Anbieterverhalten (Haustürgeschäfte), 205

Annahme (Haustürgeschäfte), 204, 206
– Widerruf der 206

Annullation der Reise (Pauschalreiserecht)
– s. Annullierung der Reise, Stornokosten

Annullationskosten (Pauschalreiserecht)
– s. Annullierung der Reise

Annullierung der Reise, 339 ff., 387
– Pauschalreiserecht, 339 ff., 387
– – durch Konsument, 342 f.
– – durch Reiseveranstalter, 320 Fn. 122, 339 ff., 356
– Passagierrechte-VO
– – Begriff, 398 f.
– – s.a. Ausgleichsleistungen, Betreuungsleistungen, Unterstützungsleistungen

Anscheinsvollmacht (Reisevermittlungsrecht)
– s. Reisevermittlung, Vollmacht

Antrag (Haustürgeschäfte), 203, 206
– Widerruf des ~s, 206

Anwendungsbereich,
– Konsumkredit
– – Bereichausnahmen, 239 ff.
– – – Bagatellkredite, 241
– – – Dienstleistungen von Versorgungsbetrieben, 243
– – – Gratiskredite, 241
– – – Grosskredite, 241 f.
– – – grundpfandgesicherte Kredite, s. Hypothekarkredit
– – – kurzfristige Kredite, 242

– – – durch Sicherheiten gedeckte Kredite, 242 f.
– – – s.a. Lombardkredit
– – Grenzen
– – – Kreditkarten, 244, 262
– – – Kundenkarten, 244, 262
– – – Leasing, 244, 262
– – – Überziehungskredit, 244
– – kantonales Recht, 228, 232 f.
– – persönlicher, s. Konsument, Kreditgeber
– – sachlicher, 233 ff.
– – s.a. Abzahlungskauf, Darlehen, Finanzierungshilfe, Gebrauchsüberlassungsvertrag, Kredit, Kreditkarten, Kreditvertrag, Kundenkarten, Leasing, Überziehungskredit, Zahlungsaufschub
– Passagierrechte-VO
– – persönlicher, 396 f.
– – sachlicher, 395 f.
– Pauschalreiserecht
– – Einschränkungen, 314 ff.
– – persönlicher, s. Konsument, Reiseveranstalter, Reisevermittler
– – sachlicher, 309 ff., 314, 317 Fn. 101

Äquivalenzinteresse (Pauschalreiserecht), 343, 354

Auftragspauschale (Reiserecht)
– s. Dossiergebühr

Aufwendungen (Reiserecht)
– s. Verwendungsersatz

Ausflugsfahrt, 207

Ausgleichsleistungen (Passagierrechte-VO), 398, 402 ff., 406 f.
– Entlastungsmöglichkeiten, 403 ff.
– Höhe, 402
– Rechtsnatur, 402
– Voraussetzungen, 403 ff.

Auslegung
– allgemeine Grundsätze
– – Konsumkredit, 230
– – Pauschalreiserecht, 304
– korrigierende (Pauschalreiserecht), 343, 347
– richtlinienkonforme

Stichwortverzeichnis

– – Konsumkredit, 231
– – Pauschalreiserecht, 305, 309, 311 f., 315 Fn. 84, 322, 330 f., 341, 360 f., 363, 370 ff., 377, 380 f.
– teleologische
– – Konsumkredit, 230, 135, 258, 261, 266, 271 Fn. 292, 275 ff., 278 f., 280
– – Pauschalreiserecht, 304 f., 320, 370, 376
– verfassungskonforme
– – Konsumkredit, 230
– – Pauschalreiserecht, 304 f.

Auslegungsgrundsätze (AGB), 138
– grammatisch, 138
– historisch, 138
– systematisch, 138
– teleologisch, 138

Autoleasing
– s. Leasing

Autonomer Nachvollzug, 53 f., 57, 87
– Auslegung desselben, 54 ff.
– Produktehaftpflicht, 415

B

Barkredit
– nicht zweckgebunden, 224, 235, 240, 251, 264 f., 268, 270 ff., 279, 287 f.
– zweckgebunden, 224, 235, 251, 264 f., 277 ff.
– s.a. Darlehen

Barzahlungspreis (Konsumkredit), 260, 265 f., 285

Baukastenreise (Pauschalreiserecht), 311
– s.a. Anwendungsbereich, sachlicher

Beanstandungsobliegenheit (Pauschalreiserecht), 345 ff., 369, 384
– s.a. Reisemängel, Verantwortlichkeit

Beistandspflicht (Pauschalreiserecht), 365 f.

Beobachtungspflicht (Produktehaftpflicht), 445

Beratungsgebühr (Reisevermittlungsrecht)
– s. Dossiergebühr

Betreibungsrecht (Konsumkredit), 247, 250, 253 f., 258, 281, 289

Betreuungsleistungen (Passagierrechte-VO), 400, 406

Bevormundungsthese, 212

Beweiserleichterungen als Konsumentenschutzinstrument, 87

Bewilligungspflicht
– s. Kreditgeber, Kreditvermittler

Binnenmarktgesetz, 209

Buchung
– Pauschalreiserecht, s. Vertragsschluss
– Reisevermittlungsrecht, s. Reisevermittlung (Inhalt)

Buchungsgebühr
– s. Dossiergebühr

Bundesgericht, dynamische Rechtsvergleichung, 54 f.

Bürgschaft (Konsumkredit)
– s. Sicherungsverträge

Bürgschafts-Fall (AGB), 146

C

Cadre Commun de Référence, 23 ff.

C-Geschäft (Konsumkredit), 281 Fn. 361

Checkverbot (Konsumkredit), 281

Code-Sharing (Reiserecht), 396

Commen Frame of Reference, 23 ff.

Consumer expectation test (Produktehaftpflicht), 431 ff.
– Begriff, 431 ff.
– Grenzen, 434 ff.

Credit scoring (Konsumkredit), 252, 261

D

Darlehen (Konsumkredit), 235, 251, 277
– s.a. Barkredit

Stichwortverzeichnis

Debitkarten, 239

Dienstleistungen (Konsumkredit), 224, 271 f., 277, 287

Dienstleistungskredit, 234 f.

Dossiergebühr (Reiserecht), 318, 338, 373, 380, 390
- s.a. Werbung

Dreiecksverhältnis (Konsumkredit), 276, 279 f.

Drittfinanzierung (Konsumkredit), 224, 235, 264 f., 276, 278 f., 287

E

Effektiver Jahreszins (Konsumkredit), 245, 263, 265, 274
- Berechnung, 265 f.
- s.a. Information

Effet utile, 79

Einredenausschlussklausel (Konsumkredit), 276, 280

Einredenerhalt (Konsumkredit), 276 f.
- s.a. Vertragsabwicklung

Einredenverzichtsklausel (Konsumkredit), 276

Einreisebestimmungen
- Pauschalreiserecht, 321, 328 f., 386
- Reisevermittlungsrecht, 386, 393
- - s.a. Information

Einwendungsdurchgriff (Konsumkredit), 277 ff.
- Anwendungsbereich, 278
- indirektes Leasing, 280
- Voraussetzungen, 278 f.
- - Abmachung, 278
- - Ausschliesslichkeit, 278 f.
- - Subsidiarität, 279
- s.a. Vertragsabwicklung

Elektrizität, Haftung für (Produktehaftpflicht), 423

Elektronische Signatur, 264

Elektronischer Geschäftsverkehr, 212

Entgangene Urlaubsfreude
- s. Schaden

Entlastungsgründe (Produktehaftpflicht)
- Ausschluss von Entwicklungsrisiken, 444 ff.
- Begriff, 438 ff.
- Entlastungsbeweis der Herstellerin eines Grundstoffes oder eines Teilprodukts, 449
- fehlendes Inverkehrbringen, 439 ff.
- Herstellung nach verbindlichen Vorschriften, 444
- Herstellung zu privaten Zwecken, 443 f.
- kein Fehler zum Zeitpunkt des Inverkehrbringens, 442 f.

Entwicklungsrisiken (Produktehaftpflicht)
- Ausschluss von 444 ff.

Erklärungswille (AGB), 136, 138, 204, 205, 206

Ersatzleistungen
- Passagierrechte-VO, 401
- Pauschalreiserecht, 348 f., 350
- - s.a. Gewährleistung

Ersatzmassnahmen (Pauschalreiserecht)
- s. Gewährleistung

Ersatzreise, Recht auf (Pauschalreiserecht), 337 ff., 340, 356
- Auswirkungen auf Preis, 339
- s.a. Preiserhöhung, Vertragsänderung

Ersatzreisender (Pauschalreiserecht), 314, 316, 330 ff., 342, 384
- s.a. Konsument, Selbsthilfe

EU-Recht
- AGB, 139
- EU-Verordnungen, 302, 304 f., 321 f., 327, 367, 395 ff.
- - s.a. Auslegung, richtlinienkonforme, Pauschalreise-RL
- Konsumkredit, 224 f., 230 f., 243
- Pauschalreiserecht, 302, 304 f., 329
- s.a. Verbraucherkreditrichtlinie

Eurokompatibilität (Produktehaftpflicht), 415

Eurolex, 43 ff.

Eurolex-Verfahren (Pauschalreiserecht), 302

Europäisches Vertragsgesetzbuch der Gandolfigruppe, 29 ff.

Existenzgründungsdarlehen, 233 Fn. 53

Existenzminimum (Konsumkredit)
– s. Kreditfähigkeitsprüfung, Betreibungsrecht

F

Fabrikationsfehler
– s. Fehler

Fehler (Produktehaftpflicht), 425 ff.
– Begriff, 425 ff.
– Beurteilung des Fehlers, 431 ff.
– Fabrikationsfehler, 428 f.
– Fehlertypen, 428 ff.
– Instruktionsfehler, 430
– Konstruktionsfehler, 429 f.

Ferienwohnung (Pauschalreiserecht), 310, 316

Festkredit, 235

Finanzierungshilfe (Konsumkredit), 235 f.
– s.a. Leasing

Fluggastrechte
– s. Passagierrechte-VO

Fly-Drive-Angebote (Pauschalreiserecht)
– s. Anwendungsbereich, sachlicher

Formerfordernisse
– Konsumkredit
– – Inhaltsangaben, 264 ff.
– – Schriftform, 224, 263 f.
– Pauschalreiserecht, 323, 326 Fn. 156, 346

Formvorschriften als Konsumentenschutzinstrument, 79 ff.

Fortsetzung der Reise
– Passagierrechte-VO, 399 ff.

– Pauschalreiserecht, 348 ff.
– – s.a. Gewährleistung

Frankfurter Tabelle (Pauschalreiserecht), 351

Freizeichnungsklausel (Konsumkredit), 280
– s.a. Allgemeine Geschäftsbedingungen

Frustrationsschaden (Pauschalreiserecht)
– s. Schaden

Furchterregung, 205

G

Garantiefonds (Pauschalreiserecht)
– s. Insolvenzabsicherung

Garantievertrag (Konsumkredit)
– s. Sicherungsverträge

Gebrauchsüberlassungsvertrag (Konsumkredit), 224 f., 235 f., 237 ff., 251
– s.a. Anwendungsbereich, Leasing, Miete, Mietkauf

Gegenrechte (Konsumkredit), 276 ff.
– s.a. Einredenerhalt, Einwendungsdurchgriff

Geldkredit, 452 f., 285

Gelegenheitsveranstalter (Pauschalreiserecht), 315
– s.a. Reiseveranstalter

Geltungskontrolle (AGB), 135
– Konsens der Parteien, 135

Gemeinsamer Referenzrahmen, 23 ff.

Gerichtsstand
– Konsumentengerichtsstand, 63, 68 ff., 88
– Pauschalreiserecht
– – inländisch, 306 f.
– – international, 307 f.
– – s.a. Verfahren

Gerichtsstandsgesetz, 64 ff.

Gerichtsstandsprorogation (Pauschalreiserecht), 307

Stichwortverzeichnis

Gesamtkosten (Konsumkredit), 245, 274, 283

Geschäftsreise (Pauschalreiserecht), 306 Fn. 37
– s.a. Anwendungsbereich

Geschäftswille (AGB), 136, 139

Geschäftswille (Haustürgeschäfte), 204, 205, 206, 210
– mangelfreier, 210

Gesetzesumgehung
– Konsumkredit, 225, 230, 232 Fn. 267, 235, 239, 241 Fn. 108, 243 Fn. 118, 286
– Pauschalreiserecht, 303 f.

Gesetzgebung, konsumentenrechtliche
– Entwicklung zwischen 1981 und 1992, 36 ff.
– – IPRG, 37 ff.
– – – Schutz berechtigter Erwartungen des Konsumenten, 39
– – – Rechtswahlverbot, 39
– – – Rom I, 40 ff.
– – KIG, 42
– – KKG 1993, 44
– – Pauschalreiserecht, 44
– – Produktehaftung, 44
– – UWG, 36
– gescheiterte Vorlagen, 45 ff.
– – Bundesgesetz über den elektronischen Geschäftsverkehr, 45 ff.
– – Bundesgesetz über Teilzeitnutzungsrechte an Immobilien, 51 ff.

Gesundheitspolizeiliche Anforderungen
– Pauschalreiserecht, 321, 328 f.
– Reisevermittlungsrecht, 393
– – s.a. Information

Gewährleistung (Pauschalreiserecht), 343 ff., 347 ff., 366
– Ersatzmassnahmen, 348 f., 356, 406
– Fortsetzung der Reise, 348 ff.
– Preisminderung, 327, 350 f., 353, 406
– s.a. Kündigung, Reisemängel, Schadenersatz, Selbstabhilfe

Gewährleistungsrecht, 46 f., 49
– Anpassung an EU-Niveau, 46 f., 49

Gewerberecht (Reiserecht), 301 f., 376, 377 Fn. 507, 378

Gewerbsmässigkeit
– Konsumkredit, s. Kreditgeber, Kreditvermittler
– Pauschalreiserecht, 315
– – s.a. Reiseveranstalter

Gewinnversprechen, 74 f. Fn 297

Gleichgewicht (AGB)
– der Partcicn, 120
– strukturelles, 120
– bei Unternehmens-AGB, 120

Gleichheit, formal-abstrakte, 13

Gratiskredit, 271
– bei Ausübung des Widerrufsrechts, 271
– bei gesetzeswidriger Kreditfähigkeitsprüfung, 260
– bei Nichtigkeit des Vertrages, 268, 274 f., 288
– s.a. Sanktionen

Grünbuch 2001, 23

Grünbuch 2007, 26
– verschiedene Optionen, 26 f., 60

H

Haftung
– Pauschalreiserecht, 354 ff.
– – Entlastungsgründe, 348, 353 f., 357 f., 363 ff.
– – s.a. Reisemängel, Schadenersatz, Verantwortlichkeit
– Reisevermittlungsrecht, 394 f.

Haftungsausschluss bei Verschulden des Geschädigten (Produktehaftpflicht), 450 f.

Haftungsausschlussklausel (Pauschalreiserecht), 356 Fn. 364, 368
– s.a. AGB

Haftungsbegrenzungsklausel (Pauschalreiserecht), 316, 356 Fn. 364, 368
– s.a. AGB

Stichwortverzeichnis

Haftungsbeschränkung
– Pauschalreiserecht, 355, 366, 367 Fn. 431, 368 f.
– – s.a. AGB
– Produktehaftpflicht
– – Verbot der Haftungsbeschränkung, 452

Haftungsreduktion (Produktehaftpflicht), 450 f.
– bei Verschulden des Geschädigten, 450 f.

Halbzwingende Normen als Konsumentenschutzinstrument, 15, 88

Herkunftslandprinzip, 21

Herstellerin (Produktehaftpflicht)
– Begriff, 419 ff.
– Importeur, 420 f.
– Lieferant, 421
– Quasiherstellerin, 420
– tatsächliche Herstellerin, 420

Höchstzinssatz (Konsumkredit), 228 f., 231, 273 ff., 288
– Kriterien der Festsetzung, 274
– s.a. Nichtigkeit

Höhere Gewalt
– Passagierrechte-VO, 404 f.
– Pauschalreiserecht, 340 f., 353, 365, 368

Hypothekarkredit, 242, 251

I

Immaterielle Unbill (Produktehaftpflicht), 418 f.

Importeur (Produktehaftpflicht), 420 f.

Incentive-Reisen (Pauschalreiserecht), 311, 314 Fn. 77
– s.a. Anwendungsbereich, sachlicher

Individualreiserecht, 300 f.

Information, 303 f., 315, 316 ff., 321, 343 Fn. 272
– Konsumkredit, 226, 264 ff., 270, 286
– – s.a. effektiver Jahreszins, Widerrufsrecht
– marktkomplementäre, 14

– Passagierrechte-VO, 403 f.
– Pauschalreiserecht, 316 ff., 356, 383
– – über Insolvenzabsicherung, 322, 376 f., 386, 392
– – vertragliche, 326 ff.
– – bei Vertragsänderung, 336 f., 340
– – vorvertragliche, 317 f., 319 ff. 322 f.
– Reisevermittlungsrecht, s. Reisevermittlung

Informations- und Machtgefälle (Haustürgeschäfte), 206

Informationsblatt SECO (Reiserecht), 317 f.
– s.a. Preisbekanntgabepflicht, Werbung

Informationsmodell, 14

Informationspflicht
– AGB, 129
– – positive, 129
– Haustürgeschäfte, 211

Informationspflichten
– effet utile, 79
– als Konsumentenschutzinstrument, 75 ff.
– Überinformation, 77

Informationsstand (AGB), 137

Informationsstelle für Konsumkredit (IKO), 254, 258
– Meldepflicht, 254, 258 Fn. 217
– s.a. Kreditfähigkeitsprüfung

Inhaltskontrolle AGB, 137, 142
– direkte, 142, 143
– indirekte, 142
– Rechtsprechung, 143
– nach richterlichem Ermessen, 144

Inkassounternehmen (Konsumkredit), 276

Inkassovollmacht (Reisevermittlungsrecht)
– s. Reisevermittlung, Vollmacht

Insolvenzabsicherung (Pauschalreiserecht), 303, 316, 322, 342, 370 ff.
– Formen, 371
– Grenzen, 372
– Inhalt, 372 ff.
– Nachweis, 342, 376 f.
– Praxis, 377 f.

469

- Sanktionen, 371
- Voraussetzungen, 372

Insolvenzrisiken (Pauschalreiserecht), 369 f., 372 f., 387, 392
- s.a. Insolvenzabsicherung

Insolvenzschutz
- Pauschalreiserecht, 303, 369 ff.
- – s.a. Insolvenzabsicherung
- Reisevermittlungsrecht, 372, 386 f., 392

Instruktionsfehler (Produktehaftpflicht)
- Begriff, 430

Integritätsinteresse (Pauschalreiserecht), 343, 354, 358

Interessenwahrungspflichten (Reisevermittlungsrecht)
- s. Reisevermittlung

Internationales Privatrecht
- konsumentenrechtliche Entwicklungen, 37 ff.
- Pauschalreiserecht
- – anwendbares Recht, 308 f.
- – Gerichtsstand, 307 f.

Internet (Reiserecht), 311, 318, 325 f., 344, 379 f.
- s.a. Lebensrisiko, allgemeines, Verantwortlichkeit, Vertragsschluss, Vertriebswege, Werbung

Inverkehrbringen (Produktehaftpflicht)
- s. Entlastungsgründe

Irrtum (Haustürgeschäfte), 205

K

Kantonales Recht (Konsumkredit)
- Konsumkreditkosten, 226, 228
- Kreditvermittler, 226, 228, 273 Fn. 307, 286
- Überschuldungsprävention, 226, 228, 248

Kaufoption (Konsumkredit)
- s. Leasing

Kausalzusammenhang (Pauschalreiserecht), 362 f.

Kleinkredit
- s. Barkredit, Darlehen

Kohärentes europäisches Vertragsrecht, Aktionsplan, 23 ff.

Kommerzialisierungsschaden (Pauschalreiserecht)
- s. Schaden

Kompensation gestörter Vertragsparität, 13

Konditionen-Wettbewerb (AGB), 127

Konkurrenzen (Produktehaftpflicht)
- allgemein deliktische Haftung und Produktehaftpflicht, 454 ff.
- vertragliche und deliktische Haftung, 457 f.

Konkurs
- Konsumkredit, 250, 539
- Pauschalreiserecht, s. Insolvenzabsicherung

Konstruktionsfehler (Produktehaftpflicht)
- Begriff, 429 f.

Konsument
- Konsumkredit, 233, 237
- Passagierrechte-VO, 396 f.
- Pauschalreiserecht, 306 Fn. 37, 309 Fn. 48, 314 f., 331
- Rechtsfigur, 56 ff.

Konsumentengerichtsstand, 63, 68 ff., 88

Konsumenteninformation (KIG), 42

Konsumentenleitbild
- AGB, 127
- Konsumkredit, 229, 249
- Pauschalreiserecht, 322, 344 f., 350

Konsumentenrecht, europäisches
- s. Verbraucherrecht, europäisches

Konsumentenschutz
- Jedermannsschutz, 51, 73
- Konsumkredit, 224 f., 228 ff., 240 f., 273
- Konzepte, 13 ff.
- Pauschalreiserecht, 302, 303 f., 329, 370

Stichwortverzeichnis

- vertragsrechtliche Kompensationsinstrumente, 73 ff.
- – Informationspflichten, 75 f.

Konsumentenstreitigkeit
- s. Verfahren

Konsumentenverhalten (Haustürgeschäfte), 207

Konsumentenvertrag
- als Basisvertrag, 61 ff.
- Judikatur, 61 Fn 253
- Pauschalreiserecht, 306
- – s.a. Verfahren
- Vertragszweck, 62 f.
- – enger Schutzbereich, 62, 64 ff.
- – Erkennbarkeit, 70
- – privater, 71
- – weiter Schutzbereich, 62, 63

Konsumentenvertragsrecht, 56 ff.

Konsumgüterleasing
- s. Leasing

Konsumkreditgesetz 1993, 44

Konsumkreditrecht
- abschliessende Regelung, 228
- Formen, 224 ff., 233 f.
- – wirtschaftliche Bedeutung, 288 f.
- – s.a. Anwendungsbereich, Dienstleistungskredit, Dienstleistungskredit, Dienstleistungskredit
- Geschichte, 224 ff.
- Konsumkreditgesetz 1993, 242 ff., 229, 231 ff., 235 f., 273, 277 Fn. 337, 281
- Konsumkreditgesetz Entwurf 1978, 225, 248, 251 Fn. 178
- Normzweck
- – Rechtsvereinheitlichung, 226 ff., 286
- – s.a. Konsumentenschutz
- s.a. Kreditfähigkeitsprüfung, Überziehungskredit, Überschuldungsprävention

Konsumrecht, 20 f.
- Legitimation, 205
- Wesen, 205

Konsumvertrag (Haustürgeschäfte), 202 f.
- Abschluss des ~, 203

- einheitliche Auslegung, 202
- positive Definition, 202

Konto, laufendes, 202
- s.a. Überziehungskredit

Kontoüberziehung (Konsumkredit)
- geduldete, 266 Fn. 267, 270 Fn. 289
- vereinbarte, 266 Fn. 267
- s.a. Überziehungskredit

Konventionalstrafe
- Konsumkredit, 272, 282, 286
- Pauschalreiserecht, s. Vertragsstrafe

Konzessionierte Unternehmen (AGB), 144

Kosten (Konsumkredit), 241, 245, 247, 252, 263, 264, 265, 268, 269, 271, 275, 282 f., 288
- ~ermässigung, 283
- s.a. effektiver Jahreszins

Kreditaufstockung
- s. Kreditumschuldung

Kreditdauer, 226
- s.a. Laufzeitbeschränkungen

Kreditfähigkeitsprüfung, 229, 246, 249 ff., 273, 289
- Grundmodell, 252 ff.
- Kriterien der Kreditfähigkeit
- – Amortisationsdauer, 252 f., 255, 261, 288
- – bestehende Konsumkreditverpflichtungen, 253 f., 256 f., 258, 261
- – betriebswirtschaftliche, 249, 251 ff., 261
- – Einkommen, 246, 252 ff., 256 f., 284, 288
- – Existenzminimum, 252 ff., 261, 284
- – Mietzins, 253 f., 261
- – sozialpolitische Aspekte, 249, 251 ff., 259, 261, 289
- – Steuern, 253 f., 261
- – Transparenz, 257, 264
- – Vermögen, 252, 256, 288
- – Vermögenswerte, 256 f.
- – wirtschaftliche Verhältnisse, 256 f.
- Modalitäten, 257 f.

471

Stichwortverzeichnis

- Prüfungspflicht
- - Inhalt, 257 f.
- - Sanktionen, 259 ff.
- - Kalkulationsfehler, 261
- - Meldepflicht, 260 Fn. 226
- - Nichtigkeit des Vertrags, 259 ff., 267 ff., 271
- - Prüfungspflicht, 259 ff.
- - Rechtsverlust, 246 ff., 259 ff.
- - s.a. Präventivwirkung
- Sondermodelle, 255 f.
- Kredit- und Kundenkarten, 256 f., 261
- Leasing, 255 ff., 261
- Überziehungskredit, 256 f., 261
- summarische Prüfung, 256 f.
- unterstellte Kredite, 250 f.
- - s. a. Anwendungsbereich
- Zeitpunkt, 249 f., 251 f.

Kreditgeber, 231 ff., 237

Kreditkarten, 28 Fn. 86, 235 f., 239 f., 241, 244, 251, 254, 265 f., 268, 270 f., 273, 279, 288 f.

Kreditkauf, 234
- s.a. Abzahlungskauf

Kreditkosten
- s. Kosten, effektiver Jahreszins

Kreditlimit, 240, 256

Kreditnehmer
- s. Konsument

Kreditoption
- s. Kreditkarten, Kundenkarten

Kreditumschuldung, 225, 264

Kreditvaluta, 260, 268

Kreditvermittler
- Begriff, 228, 244 ff.
- - s.a. Gewerbsmässigkeit
- Bewilligungspflicht, 228
- öffentliches Recht, 245 f.
- Vergütung, 245

Kreditvertrag, 231
- s.a. Anwendungsbereich

Kreuzfahrt, 310, 318

Kunde
- Pauschalreiserecht, s. Anwendungsbereich, Konsument
- Reisevermittlungsrecht, s. Konsument

Kundenfinanzierung (Konsumkredit), 242

Kundenkarten, 232, 235 f., 239 f., 241, 234, 251, 254, 265 f., 268, 270 f., 276, 287 f.

Kundgabe (Haustürgeschäft), 204

Kündigung
- Konsumkredit, 269, 283 f., 285, 288
- - s.a. Leasing, Recht auf vorzeitige Rückzahlung
- Pauschalreiserecht, 350 ff., 384, 406
- - s.a. Reisemängel

L

Landesüblichkeitsklausel (Pauschalreiserecht), 345
- s.a. Reisemängel

Last-Minute-Reisen, 316, 320, 324 ff.
- s.a. AGB, Internet, Telefonbuchung, Vertragsschluss

Laufzeitbeschränkungen (Konsumkredit), 251 Fn. 172

Lauterkeitsrecht (Haustürgeschäfte), 210

Leasing (Konsumkredit), 232, 235 f., 237 ff., 244 f., 251, 254 ff., 259, 265 f., 269 ff., 276, 279 f., 282 ff., 287 f.
- Nichtigkeit des Vertrages, 259 f., 269 f., 274 f.
- Widerrufsrecht, 270 ff.
- s.a. Einwendungsdurchgriff, Höchstzinssatz, Kreditfähigkeitsprüfung, Laufzeitbeschränkung, Ratenerhöhung, Recht auf vorzeitige Rückzahlung

Leasinggeber
- s. Kreditgeber

Leasingnehmer
- s. Konsument

Leasingvertrag
- s. Leasing

Stichwortverzeichnis

Lebensrisiko, allgemeines (Pauschalreiserecht), 322, 362, 393
– s.a. Haftung

Leistungsstörungen
– Passagierrechte-VO, 395 ff.
– – s.a. Annullierung von Flügen, Reiseverspätung, Überbuchung, Verantwortung
– Pauschalreiserecht, 304, 339, 343, 355 f.
– – s.a. Reisemängel, Verantwortung

Leistungsträger (Pauschalreiserecht), 346 f., 354, 356 f., 364, 366, 368 f.
– s.a. Gewährleistung, Haftung

Leistungsvorbehaltsklausel (Pauschalreiserecht), 332, 335
– s.a. Vertragsänderung

Lieferant
– Konsumkredit, 278 f., 280
– Produktehaftpflicht, s. dort
– s.a. Leasing

Lombardkredit, 242 f.

Low-Cost-Flüge
– Passagierrechte-VO, 397
– Reisevermittlungsrecht, 391

Luftfahrtunternehmen, 321 f., 327, 387, 393, 395 ff.
– s.a. Haftung, Information, Passagierrechte-VO

Luftfrachtführer
– ausführender, 355, 367
– vertraglicher, 355

Luftverkehrsabkommen, bilaterales EU–Schweiz, 302, 305
– s.a. EU-Verordnungen

Lugano-Übereinkommen, 63 f., 88
– Pauschalreiserecht, 307 f.

M

Machtgefälle zwischen Anbieter und Konsument, 12

Macht- und Informationsgefälle (AGB), 123

– im Handelsrecht, 146
– im Konsumrecht, 146
– s.a. Ungleichgewichtsprinzip, 123

Mäklervertrag (Reiserecht), 313, 379, 389

Mangel an Sicherheit (Produktehaftpflicht)
– s. Fehler

Mangelfolgeschaden (Produktehaftpflicht), 418

Mängelprotokoll (Pauschalreiserecht)
– s. Beanstandungsobliegenheit

Märkte und Messen (Haustürgeschäfte), 207

Markttransparenz
– AGB, 129
– Reiserecht, s. Information

Mehrdeutigkeit (AGB), 138

Mehrfachverschuldung (Konsumkredit)
– s. Konsumentenschutz, Kreditfähigkeitsprüfung, Überschuldungsprävention

Mehrwertsteuer
– Konsumkredit, 265 Fn. 259
– Pauschalreiserecht, 333

Mietkauf (Konsumkredit), 235
– s.a. Gebrauchsüberlassungsvertrag

Mietvertrag (Konsumkredit), 235 f.
– s.a. Gebrauchsüberlassungsvertrag

Minderjährigenschutz (Konsumkredit), 267
– s.a. Zustimmungserfordernisse

Mindestharmonisierung, 20 ff.

Mindestteilnehmerzahl (Pauschalreiserecht), 320, 340

Missverhältnis zwischen Leistung und Gegenleistung (AGB), 133, 134

Mitverschulden (Pauschalreiserecht), 363
– s.a. Verantwortlichkeit

Montrealer Übereinkommen (MÜ) (Reiserecht), 302, 304, 355, 366 ff., 395, 399, 404
– Verhältnis zu Passagierrechte-VO, 395, 405

Stichwortverzeichnis

– Verhältnis zu PRG, 355, 367 f.
– s.a. Haftung, Schadenersatz

N

Nationalbank (Konsumkredit), 274 sowie dort Fn. 311

Nichtbeförderung (Passagierrechte-VO)
– Begriff, 397 f.
– s.a. Ausgleichsleistungen, Betreuungsleistungen, Unterstützungsleistungen

Nichterfüllung (Pauschalreiserecht)
– s. Reisemängel

Nichtigkeit
– Konsumkredit, 229, 259, 267 ff.
– – Rückabwicklung, 259 ff., 268 ff., 272
– – s.a. Leasing, Sanktionen
– Pauschalreiserecht, 329, 367 f., 369

Normzweck
– Passagierrechte-VO, 395
– Pauschalreiserecht, 303 f.
– s.a. Konsumentenschutz, Konsumkreditrecht

Notlage (Haustürgeschäfte), 205

Notrufnummer (Pauschalreiserecht), 328, 345
– s.a. Beanstandungsobliegenheit, Information

Nutzungsentschädigung (Konsumkredit)
– Leasing, 283 f.
– Widerrufsrecht, 272, 275

O

Obligationenrecht (Haustürgeschäfte), 210

Ombudsmann (Reiserecht), 307

Online-Buchung (Reiserecht)
– s. Internet, Vertragsschluss

Optionelles Instrument, 23 ff.

Ortsüblichkeitsklausel (Pauschalreiserecht), 345
– s.a. Reisemängel

P

Pacta sunt servanda, 47, 52, 83
– Pauschalreiserecht, 330, 332, 334

Passagierrechte-VO, 302, 304, 307, 395 ff.
– Verhältnis zu Montrealer Übereinkommen (MÜ), 395, 405
– Verhältnis zu Pauschalreiserecht, 395, 400 f., 406 f.
– s.a. Anwendungsbereich, Ausgleichsleistungen, Betreuungsleistungen, Unterstützungsleistungen

Pauschalreiserecht, 303 ff.
– geltende Vorschriften, 304
– Verhältnis zu Montrealer Übereinkommen (MÜ), 355, 367 f.
– Verhältnis zu Passagierrechte-VO, 395, 400 f., 406 f.
– s.a. Abgrenzung Reiseveranstalter/Reisevermittler, Anwendungsbereich, Reisevermittlung (Pauschalreise), Verfahren

Pauschalreise-RL, 302, 305, 318, 333 Fn. 192, 341, 347, 348 Fn. 308, 360 f., 369 f., 371, 374

Pauschalreiseveranstalter
– s. Reiseveranstalter

Personenschaden (Produktehaftpflicht)
– s. Schaden

Präventivwirkung (Konsumkredit), 250, 275
– s.a. Überschuldungsprävention

Preis
– Passagierrechte-VO, 401
– Pauschalreiserecht, 312, 336, 349, 385 f.
– – Rückzahlung, 371, 372 f.
– – Vorauszahlung, 306, 350, 369 f.
– – s.a. Preiserhöhung
– Reisevermittlungsrecht, 382, 385 f., 390 f.

Preisänderungsklausel (Pauschalreiserecht), 332
– s.a. Preiserhöhung

Preisbekanntgabepflicht
– Pauschalreiserecht, 304, 317 f.
– – s.a. Werbung, Pauschalreiserecht

Stichwortverzeichnis

– Reisevermittlungsrecht, 389 f.

Preiserhöhung (Pauschalreiserecht), 315 f., 332 ff., 336 f., 342
– s. Gewährleistung

Preismodalitäten (Reisevermittlungsrecht)
– s. Reisevermittlung, Information

Preiswerbung (Pauschalreiserecht)
– s. Werbung,

Principles of European Contract Law (PECL), 29 ff.

Privathaushalte (Haustürgeschäfte), 202

Privatrecht, soziales (AGB), 145

Produkt (Produktehaftpflicht)
– Begriff, 422 ff.
– Grenzfälle, 424 f.
– Haftung für die Wirksamkeit, 427 f.

Produktehaftpflicht, 411 ff.
– Einwendungen der Herstellerin, s. Entlastungsgründe, Haftungsausschluss, Haftungsreduktion
– der Herstellerin, 419 ff.
– des Importeurs, 420 f.
– des Lieferanten, 421
– der Quasiherstellerin, 420
– der tatsächlichen Herstellerin, 420
– s.a. Fehler, Konkurrenzen, Schaden, Selbstbehalt, Verjährung, Verwirkung

Produktehaftung
– s. Produktehaftpflicht

Prozessualer Konsumentenschutz, 89 ff.

Q

Quasiherstellerin
– s. Produktehaftpflicht

Quasi-Veranstalter
– s. Reiseveranstalter

R

Rahmenvertrag (Konsumkredit), 278
– s.a. Einwendungsdurchgriff

Ratenerhöhung (Konsumkredit), 236 ff., 251, 283 f.
– s.a. Leasing

Ratenkredit
– s. Abzahlungskauf, Darlehen, Leasing

Recht auf vorzeitige Rückzahlung (Konsumkredit), 236, 238, 282 ff., 288 f.

Rechtsmissbrauch (AGB), 144

Rechtsvereinheitlichungsprojekte, 29 ff.

Rechtsverlust (Konsumkredit)
– s. Kreditfähigkeitsprüfung, Nichtigkeit, Präventivwirkung

Rechtswahlklausel (Pauschalreiserecht), 308 f.
– s.a. Internationales Privatrecht

Refinanzierung (Konsumkredit), 268 f., 274, 276

Reiseannullierung
– s. Annullierung der Reise

Reisebestätigung
– Pauschalreiserecht, 319 f., 324, 326 ff., 340
– – s.a. Information, Vertragsschluss
– Reisevermittlungsrecht, 388

Reisebuchung
– Pauschalreiserecht, s. Internet, Last-Minute-Reisen, Telefonbuchung, Vertragsschluss
– Reisevermittlungsrecht, s. Reisevermittlung, Inhalt

Reisebüro
– s. Vertriebswege, Pauschalreiserecht, Reisevermittlungsrecht

Reiseformalitäten
– s. Einreisebestimmungen, Gesundheitspolizeiliche Anforderungen

Reisekatalog (Pauschalreiserecht)
– s. Reiseprospekt

Reiseleitung (Pauschalreiserecht), 313 Fn. 74
– s.a. Haftung

Stichwortverzeichnis

Reisemängel (Pauschalreiserecht), 319, 334, 343 ff., 370, 372, 406
- qualifizierte, 347, 352
- s.a. Abhilfe, Beanstandungsobliegenheit, Zugesicherte Eigenschaften

Reisendengewerbe, 209

Reisender
- s. Konsument

Reisepreis
- s. Prcis (Pauschalreiserecht, Reisevermittlungsrecht)

Reiseprospekt (Pauschalreiserecht)
- Inhaltsanforderungen, 209
- Verbindlichkeit, 319
- s.a. Reisemängel, Werbung

Reiserecht i.e.S., 301

Reiserecht i.w.S., 301

Reiserücktrittsversicherung, 327 f., 387

Reiseveranstalter (Pauschalreiserecht), 313, 316, 355, 379 Fn. 523
- s.a. Abgrenzung Reiseveranstalter/Reisevermittler

Reiseveranstaltungsrecht
- s. Pauschalreiserecht

Reisevermittler, 312 f., 380 f.

Reisevermittlung
- Einzelleistungen
- – Inhalt, 391 f.
- – – Beratung, 391 f.
- – – Buchung, 390, 392
- – – Information, 392 f.
- – – Rechenschaftsablegung, 394
- – – Reisedokumente, 393
- – – Zahlungen, 393 f.
- – Substitution, 390, 395
- – Vollmacht, 393 f.
- Insolvenzabsicherung, 372
- Pauschalreisen
- – Inhalt
- – – Abschluss, 383, 387 f.
- – – Beratung, 385 f.
- – – Buchung, 387 f.
- – – Erklärungen, 384, 387 f.
- – – Information, 383, 385 Fn. 536, 386 f.
- – – Reisedokumente, 383, 388
- – – Zahlungen, 383 f., 388
- – – Vollmacht, 383 f., 388
- – s.a. Abgrenzung Reiseveranstalter/Reisevermittler, Anwendungsbereich, Verantwortlichkeit, Vermittlerklausel

Reisevermittlungsrecht, 301 f., 378 ff.

Reiseverspätung
Montrealer Übereinkommen (MÜ), 405
- Passagierrechte-VO, 398 f., 405
- – s.a. Betreuungsleistungen, Unterstützungsleistungen
- Pauschalreiserecht, s. Reisemängel

Reklamation (Pauschalreiserecht), 346, 369
- s.a. Beanstandungsobliegenheit

Reservierung (Reisevermittlungsrecht)
- s. Reisevermittlung (Inhalt)

Restschuldversicherung (Konsumkredit), 265 Fn. 256

Reugeld (Konsumkredit)
- s. Konventionalstrafe

Risikosphären, Verlagerung, 36

Risk-utility test (Produktehaftpflicht)
- Begriff, 433, 436 f.

Rückerstattung (Pauschalreiserecht), 337, 340, 376

Rückreise
- Passagierrechte-VO, 400 f.
- Pauschalreiserecht, 374 f., 400 f.
- – s.a. Insolvenzabsicherung

Rücktransport, 351 ff., 365, 371, 373 f., 400 f.

Rücktritt
- Passagierrechte-VO, 400 f.
- Pauschalreiserecht, 334, 337 ff., 376, 384, 406

Rückzahlung (Konsumkredit), 241, 246, 281
- Modalitäten, 268, 271
- ~schwierigkeiten, 284 f.

Stichwortverzeichnis

- Verpflichtung, 226, 249, 254, 260, 284 f.
- s.a. Kreditfähigkeitsprüfung, Recht auf vorzeitige Rückzahlung, Verzug

Sachschaden (Produktehaftpflicht)
- s. Schaden

Sanktionen
- Konsumkredit
  - – pönales Element, 259 ff., 268 f., 273 ff.
  - – strafrechtliche, 263
  - – zivilrechtliche, 367 ff., 273 ff.
  - – s.a. Höchstzinssatz, Kreditfähigkeitsprüfung, Vertragsurkunde, Werbung
- Pauschalreiserecht, 318, 320, 33 f.
- – s.a. Werbung

Schaden
- Pauschalreiserecht
  - – entgangene Urlaubsfreude, 359 Fn. 383, 360 f., 368, 406
  - – Frustrations~, 359 f.
  - – immaterieller, 360 f.
  - – Kommerzialisierungs~, 360
  - – Mangelfolge~, 358
  - – Personen~ 355, 358, 366 f., 368
  - – Sach~, 355, 358, 366 f., 368
  - – seelische Unbill, 359
  - – unmittelbarer, 368
  - – Vermögens~, 358, 368
- Produktehaftpflicht
  - – Begriff des Personenschadens, 416
  - – Begriff des Sachschadens, 416 ff.
    ersatzfähige Schäden, 416 ff.

Schadenersatz, 406
- Passagierrechte-VO, 406
- Pauschalreiserecht, 327 f., 339, 348, 355, 358 ff., 365, 370, 372

Schadensberechnung (Produktehaftpflicht), 416

Schadensminderungspflicht (Pauschalreiserecht), 342, 347, 369
- s.a. Verantwortlichkeit

Schadenspauschalierung (Reiserecht), 342, 402, 406

Schriftform
- Konsumkredit, s. Formerfordernisse

- Pauschalreiserecht, s. Formerfordernisse

Schuldenbereinigung (Konsumkredit)
- einvernehmliche private nach SchKG, 247, 250
- kommerzielle, 247 f.
- durch Schuldenberatungsstellen, 247

Schuldenregulierungsvertrag
- s. Schuldenbereinigung

Schuldnerschutz (Konsumkredit), 250, 276 ff., 285 f.
- s.a. Vertragabwicklung, Verzug

Schüleraustauschprogramm (Pauschalreiserecht), 309
- s.a. Anwendungsbereich

Schwächere Vertragspartei (AGB), 121, 123, 140, 141

Selbstabhilfe (Pauschalreiserecht), 339, 349 f., 353, 357, 358 Fn. 378, 364

Selbstbehalt (Produktehaftpflicht), 417 f.

Servicegebühr (Reiserecht)
- s. Dossiergebühr

Sicherheiten (Konsumkredit)
- s. Anwendungsbereich (Bereichsausnahmen), Kreditfähigkeitsprüfung, Sicherungsverträge

Sicherstellung von Kundengeldern (Pauschalreiserecht)
- s. Insolvenzabsicherung

Sicherungsverträge (Konsumkredit), 224, 246 f., 253
- Bürgschaft, 246
- Garantievertrag, 246
- solidarische Haftung, 246

Sittenwidrigkeit (AGB), 143

Software (Produktehaftpflicht), 425
- Haftung für ~, 425

Solidarhaftung, 458 ff.
- Produktehaftpflicht, 458 ff.
- – Haftung im Aussenverhältnis, 459
- – Haftung im Innenverhältnis, 460 f.

Stichwortverzeichnis

– Konsumkredit, s. Sicherungsverträge
– Pauschalreiserecht, 331 f.

Sonderprivatrecht (Haustürgeschäfte), 201, 203
– Geltungsbereich, 203

Sonderwünsche (Pauschalreiserecht), 320, 335, 344, 373, 383, 387

Sorgfaltspflicht, 364
– Pauschalreiserecht, 364
– – s.a. Verantwortlichkeit
– Reisevermittlungsrecht, 384 ff., 390 ff.

Soziale Schutzgedanken, 13
– marktkompensatorische, 14

Sozialschutz
– Konsumkredit, s. Konsumentenschutz
– s. Konsumentenschutz (Pauschalreise)

Sprachgebrauch (AGB), 138

Stornokosten (Pauschalreiserecht), 330, 332
– s.a. Annullierung der Reise

Streik
– Passagierrechte-VO, 404
– Pauschalreiserecht, 341 f.

Stundungsvereinbarungen (Konsumkredit)
– s. Zahlungsaufschub

Subsidiarität, Grundsatz der ~, 18

Substitution (Reisevermittlungsrecht)
– s. Reisevermittlung (Einzelleistungen)

Swisslex, 43 ff.

Swisslex-Verfahren
– Konsumkredit, 224 f.
– Pauschalreiserecht, 302, 305

T

Täuschung (Haustürgeschäfte), 205

Teilzahlung (Konsumkredit), 243, 268 f., 271, 282 Fn. 367

Teilzahlungsdarlehen (Konsumkredit), 235 f., 251

Telefonbuchung (Pauschalreiserecht), 325
– s.a. Vertragsschluss

Tilgungsdarlehen (Konsumkredit), 235

Transaktionskosten (AGB), 127, 129
– Markttransparenz, 127

Transparenzgebot
– AGB, 128
– Konsumkredit, s. Information

U

Überbuchung
– Passagierrechte-VO, 398, 403, 407
– – s.a. Annullierung der Reise, Haftung
– Pauschalreiserecht, 341, 368, 407
– – s.a. Reisemängel
– – s.a. höhere Gewalt

Überrumpelung (Haustürgeschäfte), 206, 208

Überschuldungsprävention (Konsumkredit), 224 ff., 229, 231, 248 ff., 266, 271, 286
– betriebswirtschaftliche Kriterien, 249, 251 ff., 287
– Grenzen, 250
– sozialpolitische Aspekte, 249, 251 ff., 287, 289
– s.a. Information, Konsumentenschutz, Kreditfähigkeitsprüfung, Widerrufsrecht

Übervorteilung (AGB), 143

Überziehungskredit, 236, 240, 244, 251, 254, 259 Fn. 224, 265 f., 268, 270 f., 279, 288

Unbestellte Sache (Haustürgeschäfte), 204

Unerfahrenheit (Haustürgeschäfte), 205

Ungewöhnlichkeitsregel (AGB), 139
– Rechtsprechung, 139

Ungleichgewicht
– AGB, 119, 122, 128, 135, 136
– – Folge, 135
– – im Handelsrecht, 136
– – Informations- und Machtgefälle, 119
– – im Konsumrecht, 136
– – objektive Marktinformation, 128

Stichwortverzeichnis

– – strukturelles, 119, 122
– Haustürgeschäfte, 201
– konsumentenrechtliches
– – Austarierung. 35 f., 74 ff., 86, 90
– – Sonderprivatrecht für ~, 16
– Konsumkredit, 230, 273
– Pauschalreiserecht, 304 f., 329

Ungleichgewichtsprinzip (AGB), 137
– Verhältnis zum Vertrauensprinzip, 137

UNIDROIT Principles of International Commercial Contracts, 29 ff.

Unklarheitsregel (AGB), 138, 139
– Rechtsprechung, 138

Unlauterer Wettbewerb
– Konsumkredit, s. Werbung
– Pauschalreiserecht, s. Werbung

Unterlassungsklage (AGB), 133

Unternehmen (Haustürgeschäfte), 202

Unternehmer, Rechtsfigur, 56 ff.

Unterstützungsleistungen (Passagierrechte-VO), 400 ff., 406 f.

Urlaubsfreude, entgangene
– s. Schaden

V

Veranstalter
– s. Reiseveranstalter

Verantwortlichkeit
– Pauschalreiserecht, 356 ff.
– – Entlastungsgründe, 348, 353 f., 363 ff.
– – s.a. Gewährleistung, Haftung, Schaden, Schadenersatz
– Reisevermittlungsrecht, 394 f.

Verbandsklage (AGB), 133

Verbraucher
– aktiver, 27 f.
– Durchschnittsverbraucher, 27 ff.
– passiver, 27
– Verbraucherleitbild, 27 f.

Verbraucherbegriff, 56 ff.
– Kerngehalt, 59 ff.
– Rechtsprechung des EuGH, 69 f.

Verbraucherbotschaft Kennedys, 11 f.

Verbraucherkreditrichtlinie, 225

Verbraucherpolitik, europäische, 17 f.
– Rechtsgrundlage, Art. 153 EGV, 17
– verbraucherpolitische Strategie 2002–2006, 23
– verbraucherpolitische Strategie 2007–2013, 26

Verbraucherrecht, europäisches
– autonomer Nachvollzug, 43, 53
– – Auslegung autonom nachvollzogenen Rechts, 54
– Fundstellen, 19
– Gemeinsamer Referenzrahmen, 23 ff.
– Grünbuch 2001, 23
– Grünbuch 2007, 26
– Herkunftslandprinzip, 21
– Rechtsvereinheitlichungsprojekte, 29 ff.
– Subsidiarität, 18
– verbraucherpolitische Strategie 2002–2006, 23
– Verbraucherschutzrichtlinien, 19 f., 24, 41
– Vollharmonisierung, 21 f.

Verbraucherschutzrichtlinien, 19 f., 24, 41

Verbrauchervertrag
s. Konsumentenvertrag

Verfahren (Pauschalreiserecht)
– aussergerichtlich, 307
– gerichtlich, 306 f., 369

Verfassungsartikel zum Konsumentenschutz
– Pauschalreiserecht, 303, 306, 370
– Konsumkredit, 224, 228, 230

Verfassungsgrundlage
– Art. 31^{sexies} aBV, 32 ff.
– – prozessuale Besserstellung der Konsumenten, 33
– Art. 97 BV, 34 f.
– – Auslegungsgrundsatz, 34 f.
– – Gesetzgebungsmaxime, 34 f.

479

Vergütung (Reiserecht)
– s. Preis, Dossiergebühr

Verjährung
– Pauschalreiserecht, 304, 354, 369
– Produktehaftpflicht, 453 f.
– Reisevermittlungsrecht, 395

Verkehrssicherungspflicht (Pauschalreiserecht)
– s. Haftung

Vermittlerklausel (Pauschalreiserecht), 315, 357, 381
– s.a. Reisevermittlungsrecht, Verantwortlichkeit

Verrechnungseinrede (Konsumkredit), 277

Versäumnisse des Kunden (Pauschalreiserecht), 362 f.
– s.a. Verantwortlichkeit

Versicherungen
– Pauschalreiserecht, 327 f., 343, 377, 387
– – s.a. Information, Insolvenzabsicherung
– Reisevermittlungsrecht, 393

Versorgungsbetriebe (Konsumkredit), 243
– – s.a. Anwendungsbereich, Bereichsausnahmen

Verspätung von Flügen (Passagierrechte-VO)
– s. Montrealer Übereinkommen (MÜ), Reiseverspätung

Verteidigungsrechte des Konsumenten (Konsumkredit)
– s. Einredenerhalt, Einwendungsdurchgriff, Vertragsabwicklung

Vertrag (Haustürgeschäfte), 201
– Geltung, 201
– Zustandekommen, 201

Vertragabwicklung (Konsumkredit), 273 ff.
– Einredenerhalt, 276 f.
– Einwendungsdurchgriff, 277 ff.
– Wechsel- und Checkverbot, 281
– s.a. Recht auf vorzeitige Rückzahlung, Verzug des Konsumenten

Vertragsänderung
– Konsumkredit, 264
– Pauschalreiserecht, 330 f., 332 f., 334 ff., 342, 356, 406
– – Information, 336 f.
– – s.a. Ersatzreisender, Preiserhöhung, Wahlrechte des Konsumenten

Vertragsbedingungen (Pauschalreiserecht)
– s. AGB, Information

Vertragsbindung (Haustürgeschäfte), 204

Vertragsentschliessungsfreiheit
– Konsumkredit, 262 ff., 286
– – s.a. Formerfordernisse, Kreditlimit, Werbung, Widerrufsrecht, Zustimmungserfordernisse
– Pauschalreiserecht, 303, 316 ff.
– – s.a. Information, Werbung

Vertragsfreiheit
– AGB, 132, 144
– Konsumkredit, 246, 249, 273
– Pauschalreiserecht, 329
– s.a. Konsumentenschutz, Zwingendes Recht

Vertragsgerechtigkeit
– AGB, 118
– – formelle, 118
– – materielle, 118, 119
– materielle, 13

Vertragsinhalt (AGB), 133

Vertragsklauseln (AGB), 121
– Aushandeln, 121

Vertragskonsens (Haustürgeschäfte), 203, 204

Vertragsschluss
– Pauschalreiserecht, 316, 323 ff., 383, 387 f.
– – s.a. AGB
– Reisevermittlungsrecht, 382 f., 387 f.

Vertragsstrafe
– Konsumkredit, s. Konventionalstrafe
– Pauschalreiserecht, 342 f.

Vertragsurkunde (Konsumkredit), 257, 263 ff., 283

Stichwortverzeichnis

– s.a. AGB, Formerfordernisse

Vertragsverhandlungen (Haustürgeschäfte), 203, 204, 207
– psychischer Druck, 208

Vertrauensprinzip (AGB), 136, 142

Vertriebswege (Reiserecht), 301, 379 f.

Verwendungsersatz
– Pauschalreiserecht, 342, 350, 359 f., 374 f.
– – s.a. Insolvenzabsicherung
– Reisevermittlungsrecht, 392, 394

Verwirkung (Produktehaftpflicht), 453 f.

Verzicht auf Beförderung (Passagierrechte-VO), 403

Verzug des Konsumenten (Konsumkredit), 284 ff., 289

Verzugszinsen (Konsumkredit), 286 f.

Vollharmonisierung, 21 ff.

Vollkaskoversicherung (Leasing), 265 Fn. 260
– s.a. effektiver Jahreszins

Vorauskasseklausel (Pauschalreiserecht), 306, 350, 369 f.
– s.a. AGB, Insolvenzschutz, Verfahren

Vorfälligkeitsentschädigung (Konsumkredit), 282 ff.
– s.a. Recht auf vorzeitige Rückzahlung

Vorstellung (Haustürgeschäft), 206

Vorzeitige Rückzahlung (Konsumkredit)
– s. Recht auf vorzeitige Rückzahlung

W

Wahlrechte des Konsumenten (Pauschalreiserecht), 334, 336 ff., 384
– s.a. Ersatzreise, Rücktritt

Warenkredit, 234, 285, 287

Wechselverbot (Konsumkredit), 280 f.

Werbung
– Konsumkredit, 244, 262 f.

– – Erinnerungswerbung, 262
– – Inhaltsangaben, 262 f.
– – Sanktionen, 263
– – Täuschungsverbot, 262
– – Warngebot, 262 f.
– – s.a. effektiver Jahreszins
– Pauschalreiserecht, 304, 317 ff., 344
– Reisevermittlungsrecht, 389 f.

Wertkarten (Konsumkredit), 239

Wertverlust (Leasing),
– s. Nichtigkeit, vorzeitige Kündigung, Widerrufsrecht

Widerrechtlichkeit (AGB), 143

Widerruf, 206, 212, 214, 215
– der Annahme, 212
– des Antrags, 212
– des Konsumkredits, 212
– nicht des Konsumvertrags, 214
– vor der Kundgabe, 206
– nach der Kundgabe, 206
– der Partnervermittlung, 212
– der Pauschalreise, 212
– Rechtsfolgen, 215
– Schriftlichkeit, 214
– des Versicherungsvertrags, 212
– des Vorauszahlungsvertrags, 212
– der Willenserklärung, 214

Widerrufsrecht, 204, 208, 210, 211, 213, 214, 215
– und Anfechtbarkeit, 215
– im digitalen Distanzgeschäft, 211
– Klägergerichtsstand, 208
– als Konsumentenschutzinstrument, 82 ff.
– Konsumkredit, 213, 224, 246, 257, 270 ff., 278, 286
– – Ausübungsmodalitäten, 229, 270 ff.
– – Information über ~, 270 f.
– – Rechtsfolgen
– – vor Kreditgewährung, 271
– – nach Kreditgewährung, 271 f.
– und Nichtigkeit, 214
– Partnervermittlung, 213
– Pauschalreise, 213
– Systemkonformität, 204

481

– Versicherungsvertrag, 213

Wille (Haustürgeschäfte), 206

Z

Zahlungsaufschub (Konsumkredit), 234 f., 239, 251

Zahlungsunfähigkeit (Pauschalreiserecht), 303, 372
– s.a. Insolvenzabsicherung

Zentralstelle für Kreditinformation (ZEK)
– s. Informationsstelle für Konsumkredit (IKO), Kreditfähigkeitsprüfung

Zession (Konsumkredit), 276 f., 278 Fn 338, 280 Fn. 355
– s.a. Vertragsabwicklung

Zinsen (Konsumkredit), 241, 252, 265, 267 Fn. 268, 268 f., 271, 275, 282 f., 288
– Erlass, 283
– s.a. effektiver Jahreszins, Höchstzinssatz

Zivilprozess, schweizerischer
– Mediation, 95
– Schlichtungsstelle, 93 ff.

– – Entscheid, 96
– – Urteilsvorschlag, 95 f.
– vereinfachtes Verfahren, 97 f.
– Vereinheitlichung, 93 ff.

Zugang zum Recht, 89 f.

Zugesicherte Eigenschaften (Pauschalreiserecht), 319, 335, 344, 356
– s.a. Reisemängel

Zusatzleistungen (Pauschalreiserecht), 313, 370
– s.a. Anwendungsbereich

Zustimmungserfordernisse (Konsumkredit), 267

Zweiparteienverhältnis (Konsumkredit), 239, 276

Zweitkreditverbot, 225, 251 Fn. 173

Zwingendes Recht
– AGB, 125 f., 185 f.
– Konsumkredit, 242, 229 f., 273, 276, 282
– Passagierrechte-VO, 395
– Pauschalreiserecht, 303 f., 329, 356
– Produktehaftpflicht, 444

Inhalt des Gesamtwerks
SCHWEIZERISCHES PRIVATRECHT

Band I **Geschichte und Geltungsbereich**
Herausgegeben von
MAX GUTZWILLER

FERDINAND ELSENER	Geschichtliche Grundlegung
MARCO JAGMETTI	Vorbehaltenes kantonales Privatrecht
GERARDO BROGGINI	Intertemporales Privatrecht
FRANK VISCHER	Internationales Privatrecht

Neubearbeitungen
Herausgegeben von
PIERRE TERCIER

Band I/2
DENIS PIOTET Ergänzendes kantonales Recht

Band II **Einleitung und Personenrecht**
Herausgegeben von
MAX GUTZWILLER

HENRY DESCHENAUX	Der Einleitungstitel
JACQUES-MICHEL GROSSEN	Das Recht der Einzelpersonen
ERNST GÖTZ	Die Beurkundung des Personenstandes
MAX GUTZWILLER	Die Verbandspersonen – Grundsätzliches
ANTON HEINI	Die Vereine
MAX GUTZWILLER	Die Stiftungen

Neubearbeitungen
Herausgegeben von
PIERRE TERCIER

Band II/3
HENRI-ROBERT SCHÜPBACH Der Personenstand

Band II/4
ROLF H. WEBER Juristische Personen

Band II/5
ANTON HEINI/
WOLFGANG PORTMANN Das Schweizerische Vereinsrecht

Band III	**Familienrecht**
	Herausgegeben von
	JACQUES-MICHEL GROSSEN

	Band III/2
MARTIN STETTLER	Das Kindesrecht

Band IV	**Erbrecht**
	Herausgegeben von
	PAUL PIOTET

	Band IV/1 und IV/2,
	mit Nachtrag zu beiden Bänden
PAUL PIOTET	Erbrecht

Band V	**Sachenrecht**
	Herausgegeben von
	ARTHUR MEIER-HAYOZ

	Band V/1
PETER LIVER	Das Eigentum
HANS HINDERLING	Der Besitz
PAUL PIOTET	Dienstbarkeiten und Grundlasten

	Band V/3
HENRI DESCHENAUX	Das Grundbuch

Band VI	**Obligationenrecht –**
	Allgemeine Bestimmungen

	Band VI/1
	Herausgegeben von
	HANS MERZ
HANS MERZ	Einleitung, Entstehung, allgemeine Charakterisierung, die Obligation

---

Band VII	**Obligationenrecht –**
	Besondere Vertragsverhältnisse
	Herausgegeben von
	FRANK VISCHER

Band VII/1

Pierre Cavin	Kauf, Tausch, Schenkung
Claude Reymond	Gebrauchsüberlassungsverträge
Frank Vischer	Der Arbeitsvertrag
Mario M. Pedrazzini	Werkvertrag, Verlagsvertrag, Lizenzvertrag
René J. Baerlocher	Der Hinterlegungsvertrag

Band VII/2

Josef Hofstetter	Auftrag und Geschäftsführung ohne Auftrag
Bernhard Christ	Der Darlehensvertrag
Kurt Amonn	Der Kollektivanlagevertrag
Georges Scyboz	Garantievertrag und Bürgschaft
Willy Koenig	Der Versicherungsvertrag
Helmuth Stofer	Leibrentenversprechung und Verpfründungsvertrag
Walter R. Schluep	Innominatverträge

Neubearbeitungen
Herausgegeben von
Wolfgang Wiegand

Band VII/4

Frank Vischer	Der Arbeitsvertrag

Band VII/6

Josef Hofstetter	Der Auftrag und die Geschäftsführung ohne Auftrag

---

Band VIII Handelsrecht
Herausgegeben von
Werner von Steiger

Band VIII/1

Robert Patry	Grundlagen des Handelsrechts
Werner von Steiger	Gesellschaftsrecht – Allgemeiner Teil
	Besonderer Teil – Die Personengesellschaften

Band VIII/2

Christoph von Greyerz	Die Aktiengesellschaft
Herbert Wohlmann	Die Gesellschaft mit beschränkter Haftung

Neubearbeitungen
Herausgegeben von
Roland von Büren

Band VIII/5

Jacques-André Reymond	Die Genossenschaft

	Band VIII/6
Roland von Büren	Der Konzern
	Band VIII/7
Anne Petitpierre-Sauvain	Les papiers-valeurs
	Band VIII/8
Piera Beretta	Strukturanpassungen

	Band X	**Konsumentenschutz im Privatrecht**
		Herausgegeben von
		Ernst A. Kramer
Marlis Koller-Tumler		Einführung in die Grundlagen des privatrechtlichen Konsumentenschutzes
Alexander Brunner		Allgemeine Geschäftsbedingungen
Alexander Brunner		Haustürgeschäfte
Bernd Stauder		Konsumkreditrecht
Bernd Stauder		Reiserecht
Franz Werro/ Sébastien Chaulmontet		Produktehaftpflicht

	Band XI	**Internationales Privatrecht**
		Herausgegeben von
		Daniel Girsberger
	Band XI/1	
Andreas Furrer/ Daniel Girsberger Kurt Siehr		Allgemeine Lehren

Folgender weiterer Hauptband ist in Planung:

Band IX **Bankenrecht**
Herausgegeben von
Wolfgang Wiegand